A DEFESA DA CONSTITUIÇÃO E DO ESTADO DE DIREITO

homenagem aos 20 anos do Ministro
Gilmar Mendes no STF

CONTRACORRENTE

Sérgio Antônio Ferreira Victor
Luciano Felício Fuck
Fábio Lima Quintas
Georges Abboud
(Organizadores)

A DEFESA DA CONSTITUIÇÃO E DO ESTADO DE DIREITO

homenagem aos 20 anos do Ministro Gilmar Mendes no STF

SÃO PAULO
2022

idp
CONTRACORRENTE
IREE

Alameda Itu, 852 | 1º andar |
CEP 01421 002
www.loja-editoracontracorrente.com.br
contato@editoracontracorrente.com.br

EDITORES
Camila Almeida Janela Valim
Gustavo Marinho de Carvalho
Rafael Valim
Walfrido Warde
Silvio Almeida

EQUIPE EDITORIAL
COORDENAÇÃO DE PROJETO: Juliana Daglio
REVISÃO: Luciana Moreira, Graziela Reis, Sandra Dantas Lima, Jade Amorim, Marcelo Madeira
REVISÃO TÉCNICA: Douglas Magalhães
PREPARAÇÃO DE TEXTO: Amanda Dorth
DIAGRAMAÇÃO: Marina Avila
CAPA: Marina Avila

EQUIPE DE APOIO
Fabiana Celli
Carla Vasconcelos
Fernando Pereira
Valéria Pucci
Regina Gomes
Nathalia Oliveira

Dados Internacionais de Catalogação na Publicação (CIP)
(Câmara Brasileira do Livro, SP, Brasil)

A Defesa da constituição e do Estado de Direito : homenagem aos 20 anos do Ministro Gilmar Mendes no STF / coordenação Sérgio Antônio Ferreira Victor...[et al.]. -- São Paulo, SP : Editora Contracorrente, 2022.

Outros coordenadores: Georges Abboud, Luciano Felício Fuck, Fábio Lima Quintas.

ISBN 978-65-5396-024-4

1. Brasil. Supremo Tribunal Federal 2. Direito constitucional - Brasil 3. Estado de Direito 4. Mendes, Gilmar Ferreira, 1955- I. Victor, Sérgio Antônio Ferreira. II. Abboud, Georges. III. Fuck, Luciano Felício. IV. Quintas, Fábio Lima.

22-111769 CDU-342(81)

Índices para catálogo sistemático:
1. Direito constitucional : Brasil : Direito 342(81)
Eliete Marques da Silva - Bibliotecária - CRB-8/9380

@editoracontracorrente
Editora Contracorrente
@ContraEditora

SUMÁRIO

APRESENTAÇÃO

Esta obra é singela homenagem ao Ministro Gilmar Mendes, que completou 20 anos como Ministro do Supremo Tribunal Federal. Ao longo de sua trajetória, além de dignificar o cargo exercido, sem exagero, podemos afirmar que sua atuação revolucionou a jurisdição constitucional e o controle de constitucionalidade brasileiros.

Gilmar Ferreira Mendes nasceu em Diamantino, Mato Grosso, em 1955, onde concluiu o ensino primário, em 1967. No mesmo município, em 1971, concluiu o Ensino Fundamental no Ginásio Conceição. Ingressou, em 1972, no Colégio Salesiano, São Gonçalo, agora, em Cuiabá, para cursar o primeiro ano do antigo curso científico. Já o segundo ano, cursou no Colégio Diocesano La Salle, de São Carlos, em 1973, em São Paulo. O último ano, do antigo segundo grau, cursou no Colégio Pré-Universitário, em Brasília, em 1974.

E em 1975 foi aprovado, em primeiro lugar, no curso de Direito na Universidade de Brasília, finalizando o bacharelado em 1978. Perante a mesma instituição, obteve o título de Mestre em Direito e Estado, com a dissertação "Controle de constitucionalidade: aspectos jurídicos e políticos", aprovado com distinção, sob orientação do Ministro Moreira Alves, em 1987.

De 1988 a 1989, concluiu mais um curso de mestrado, dessa vez na prestigiosa Universidade de Münster, Alemanha, com a apresentação do trabalho "*Die Zulässigkeitsvoraussetzungen der abstrakten Normenkontrolle vor dem Bundesverfassungsgericht*" (Pressupostos de admissibilidade do controle abstrato de normas perante a Corte Constitucional Alemã), sob a orientação do Professor Hans-Uwe Erichsen, Reitor da instituição.

Dando continuidade aos seus estudos, em novembro de 1990, também sob orientação do Professor Hans-Uwe Erichsen, concluiu o curso de doutorado com a tese "*Die abstrakte Normenkontrolle vor dem Bundesverfassungsgericht und vor dem brasilianischen* Supremo Tribunal Federal" (O controle abstrato de normas perante a Corte Constitucional Alemã e perante o Supremo Tribunal Federal), aprovado com o predicado *Magna cum laudae.*

A tese de doutorado tornou-se o livro "Jurisdição constitucional: o controle abstrato de normas no Brasil e na Alemanhal", clássico instantâneo do Direito Constitucional. Na obra, o estabelecimento de paralelo entre a Corte Constitucional alemã e o Supremo Tribunal Federal forneceu ao acervo doutrinário brasileiro uma obra fundamental para recepção de diversas inovações em nosso ordenamento jurídico.

Com essa trajetória, não resta dúvidas de como o direito constitucional brasileiro foi profundamente influenciado pela obra do Ministro Gilmar Mendes; dentre os diversos avanços, podemos destacar organização de um verdadeiro processo constitucional brasileiro, a sistematização das técnicas interpretativas da decisão de inconstitucionalidade, a correta compreensão dos efeitos vinculante e *erga omnes,* bem como o pioneirismo no tratamento da modulação de efeitos.

O brilhantismo do Ministro Gilmar Mendes também é perceptível do ponto de vista didático, uma vez que exerceu a docência em prestigiadas instituições. Lecionou as disciplinas Instituições de Direito Público e Ética e Legislação dos Meios de Comunicação no Departamento de Direito da Universidade de Brasília. Na Associação de Ensino Unificado do Distrito Federal, foi professor assistente de Direito das Obrigações. Coordenou o Curso sobre

Direitos Fundamentais no Centro de Estudos Unificados de Brasília. Foi professor assistente substituto da Faculdade de Direito da Universidade de Brasília. É professor de Cursos de Mestrado, de Doutorado, de Extensão, de Especialização e de Graduação do IDP.

Na sua carreira profissional, antes mesmo de concluir o curso de Direito pela Universidade de Brasília, Gilmar Mendes atuou como oficial de chancelaria em Brasília, de 1976 a 1979, e em Bonn, Alemanha, entre 1979 e 1982. Experiência internacional que contribuiu para seu desenvolvimento acadêmico.

Ao retornar da Alemanha, foi aprovado em três concursos no ano de 1983 – para Juiz Federal, Assessor Legislativo do Senado Federal na área de Direito Constitucional e Administrativo – com nomeação suspensa a pedido, em 1984 – e, em primeiro lugar, para o cargo de Procurador da República, cargo no qual optou tomar posse e exercer o múnus público.

De 1990 a 1991, foi Adjunto da Subsecretaria-Geral da Presidência da República. Também exerceu cargo de Consultor-Jurídico da Secretaria-Geral da Presidência da República entre 1991 a 1992. Foi, ainda, Assessor Técnico na Relatoria da Revisão Constitucional na Câmara dos Deputados entre 1993 e 1994. De 1995 a 1996, foi Assessor Técnico do Ministério da Justiça. Exerceu, também, o cargo de Subchefe para Assuntos Jurídicos da Casa Civil no período compreendido entre 1996 a 2000.

No ano 2000, assumiu a Advocacia-Geral da União até o ano de 2002, tendo efetuado a reestruturação do órgão e realizado medidas legislativas que aperfeiçoaram os instrumentos de defesa do patrimônio público. Para o cargo de Ministro do Supremo Tribunal Federal, foi indicado pelo Presidente Fernando Henrique Cardoso no ano de 2002. De 2004 a 2006, além do cargo de Ministro do Supremo Tribunal Federal, cumulou com o cargo de Ministro do Tribunal Superior Eleitoral. Nesse período, assumiu, rapidamente, de 21 de fevereiro a 27 de abril de 2006, a Presidência da Corte Eleitoral, mas renunciou em razão de posse na vice-Presidência do Supremo Tribunal Federal.

Em 2008, assumiu a Presidência do Supremo Tribunal Federal e do Conselho Nacional de Justiça, encerrada em 2010. Sua gestão foi marcada pela defesa aos direitos e garantias constitucionais, período em que a Corte enfrentou casos de grande relevância nacional. De 2016 a 2018, assumiu novamente a Presidência do Tribunal Superior Eleitoral, ficando à frente das eleições municipais do ano de 2016.

O Ministro Gilmar também contribuiu valorosamente com diversos atos legislativos. Foi um dos autores do texto da Proposta de Emenda à Constituição n. 130, de 1992, de autoria do Deputado Roberto Campos, propondo a instituição da Ação Declaratória de Constitucionalidade que, desde então, com alteração no texto inicial, incorporou-se à Constituição por meio da Emenda Constitucional n. 3, de 1993. Coordenando o Programa Federal de Consolidação de Leis, redigiu, em 1995, o texto-base, que resultou na Lei Complementar n. 95, de 1998. E, em 1996, integrou comissão destinada a elaborar anteprojeto de lei para disciplinar a Arguição de Descumprimento de Preceito Fundamental; desse anteprojeto resultou a edição da Lei 9.882, de 1999.

Ainda em 1996, integrou Comissão para deliberação de matéria constitucional, sob Coordenação de Caio Tácito, na qual relatou anteprojeto de lei sobre processo e julgamento da Ação Diretas de Inconstitucionalidade e da Ação Declaratória de Constitucionalidade, tornando-se a atual Lei 9.868, de 1999. Em 1997, foi autor do texto que instituiu os juizados especiais federais, doravante convertido na Lei 10.259, de 2001.

O Ministro Gilmar atuou, ainda, como um dos autores do texto do Projeto de Lei 4.070, de 1998, convertido na Lei 9.756, de 1998, que implementou alterações na legislação processual civil.

Ainda em termos legislativos, o Ministro Gilmar Mendes trabalhou no texto do Projeto de Lei 113, de 2000, posteriormente convertido na Lei Complementar 103, de 2000, versando sobre a delegação aos Estados-Membros da competência para fixação do piso salarial regional.

O homenageado é apaixonado pelo direito constitucional e incansável em sua dedicação para a melhoria do direito brasileiro. Atualmente, é o Presidente da Comissão Legislativa formada para promover a melhoria e a reforma do processo constitucional brasileiro. Sem dúvida, o direito brasileiro atual deve em grande medida sua conformação ao espírito público e trabalho incansável do nosso homenageado.

A defesa do Ministro Gilmar Mendes da ordem jurídica constitucional reflete-se em decisões paradigmáticas. Em universo numeroso de julgados que merecem minuciosos estudos, os autores da presente obra recolheram uma amostra que desenha a capacidade que tem o homenageado de lançar luz sobre casos de extrema complexidade.

Prestigiando a presente obra estão alguns pares do Ministro Gilmar Mendes do Supremo Tribunal Federal. A inestimável participação do historiador da Corte, Ministro Celso de Mello, contribuindo com artigo intitulado "A jurisdição das liberdades na jurisprudência do Supremo Tribunal Federal, prestigia este trabalho. O Ministro Ricardo Lewandowski contribuiu com o texto "Papel do Senado Federal no controle difuso de constitucionalidade: duas perspectivas distintas", sempre preciso e trazendo à homenagem maior tecnicidade e clareza. O Ministro Edson Fachin, em trabalho conjunto com a estimada Christine Peter, marcou a obra com o artigo "Registro e reflexões sobre dilemas contemporâneos da concretização de direitos humanos pelo Supremo Tribunal Federal", destaque para abordagem dos direitos humanos discutidos pela Suprema Corte.

Por fim, cumpre destacar que o STF não teria a importância e a grandeza de hoje sem as contribuições decisórias e intelectuais do Ministro Gilmar. Nas últimas décadas, a história institucional do STF se confunde com a biografia do homenageado. Por onde passou, o Ministro Gilmar Mendes contribuiu decisivamente para o fortalecimento das instituições e o desenvolvimento de suas missões constitucionais, a exemplo de sua passagem pela Subchefia para

Assuntos Jurídicos da Casa Civil e pela Advocacia-Geral da União. Na Corte Suprema, a história não foi diferente. Ninguém coloca em dúvida o sensível incremento de protagonismo e relevância de instituição já tão importante como o STF nos últimos 20 anos.

Recordamos de um poema de Alberto Caeiro, um dos heterônimos mais interessantes de Fernando Pessoa, que afirmava: *o meu olhar é nítido como um girassol.* A analogia é solar e impactante, descreve essa capacidade quase circular de percorrer o horizonte, em busca da luz que guia e seduz os olhos e que permite o real conhecimento, para além de qualquer sombra. Um conhecimento que acompanha o raio de sol, independente de onde ele for. A metáfora do poeta que aprende a existir seria insuficiente para dar contar da vivência profundamente dedicada de Gilmar Mendes, mas Caeiro tem uma capacidade de síntese que nos permite uma apropriação às avessas: não do fazer poético, mas do estar poeta no mundo (mesmo no mundo pouco figurativo do direito): *Sei ter o pasmo essencial.* Gilmar, como Caeiro, também sabe.

Sérgio Antônio Ferreira Victor
Luciano Felício Fuck
Fábio Lima Quintas
Georges Abboud

SOBRE OS AUTORES

ADMAR GONZAGA NETO

Advogado. Ministro do Tribunal Superior Eleitoral (TSE). Membro Consultor da Comissão Especial de Direito Eleitoral do Conselho Federal da Ordem dos Advogados do Brasil. Membro da Comissão de Juristas destinada à elaboração do Anteprojeto do Novo Código Eleitoral. Membro do Instituto Brasileiro de Direito Eleitoral.

ANDRÉ MACEDO DE OLIVEIRA

Professor Adjunto da Faculdade de Direito da Universidade de Brasília (UnB), onde concluiu o Doutorado e Mestrado em Direito. Desembargador Titular do Tribunal Regional Eleitoral do Distrito Federal (TRE-DF) no biênio 2016-2018. Membro do Instituto Brasileiro de Direito Processual (IBDP) e da Associação Brasiliense de Direito Processual Civil (ABPC) e do Instituto dos Advogados do Distrito Federal (IAB-DF). Advogado.

ARNOLDO WALD

Advogado. Professor Catedrático da Faculdade de Direito da UERJ. Fundador do Escritório Wald e Associados Advogados.

BEATRIZ BASTIDE HORBACH

Assessora do Ministro Gilmar Mendes no Supremo Tribunal Federal. Mestre em Direito Público pela Ebehard-Karls Universität Tübingen, Alemanha.

CELSO DE BARROS CORREIA NETO

Doutor em Direito pela USP. Chefe de Gabinete de Ministro do STF. Professor da Graduação e do Mestrado da Universidade Católica de Brasília e da Pós-Graduação *lato sensu* do Instituto Brasiliense de Direito Público.

CHRISTINE PETER DA SILVA

Doutora e Mestre em Direito, Estado e Constituição pela UnB. Professora Associada do Mestrado e Doutorado em Direito das Relações Internacionais do Centro Universitário de Brasília (UniCeub). Pesquisadora do Centro Brasileiro de Estudos Constitucionais ICPD/UniCeub. Assessora de Ministro do Supremo Tribunal Federal.

DANIEL MARCHIONATTI BARBOSA

Magistrado Instrutor no Supremo Tribunal Federal. Juiz Federal. Mestre em Direito pela Universidade Federal do Rio Grande do Sul (UFRGS). Professor do Instituto Brasiliense de Direito Público (IDP).

ENRIQUE RICARDO LEWANDOWSKI

Professor Titular da Faculdade de Direito da Universidade de São Paulo e Ministro do Supremo Tribunal Federal.

FÁBIO LIMA QUINTAS

Pós-doutor em Ciências Jurídico-Processuais pela Faculdade de Direito da Universidade de Coimbra (2021). Doutor em Direito do Estado (Direito Constitucional) pela Universidade de São Paulo (2013). Mestre em Direito e Estado pela Universidade de Brasília (2005). Graduado em Direito pela Universidade de Brasília (2002). É professor do Instituto Brasileiro de Ensino, Desenvolvimento e Pesquisa - IDP (Brasília-DF), vinculado ao programa de pós-graduação, nos cursos de mestrado e doutorado. Advogado.

FLÁVIA PIOVESAN

Professora Doutora em Direito Constitucional e Direitos Humanos da Pontifícia Universidade Católica de São Paulo. Professora de Direitos Humanos do Programa de Pós-Graduação da Pontifícia Universidade Católica de São Paulo. *Visiting fellow* do Human Rights Program da Harvard Law School (1995 e 2000), *visiting fellow* do Centre for Brazilian Studies da University of Oxford (2005), *visiting fellow* do Max Planck Institute for Comparative Public Law and International Law (Heidelberg – 2007; 2008; 2015; 2016; e 2017). Humboldt Foundation Georg Forster Research Fellow no Max Planck Institute (Heidelberg – 2009-2014). Membra do Conselho Nacional de Defesa dos Direitos da Pessoa Humana. Foi membra da UN High Level Task Force on the implementation of the right to development e é membra do OAS Working Group para o monitoramento do Protocolo de San Salvador em matéria de direitos econômicos, sociais e culturais. Eleita para a Comissão Interamericana de Direitos Humanos (2018 a 2021).

GEORGES ABBOUD

Livre-Docente, Doutor e Mestre em Direito pela Pontifícia Universidade Católica de São Paulo - PUC-SP. Professor de Direito Processual Civil da PUC-SP e do programa de mestrado e doutorado em Direito Constitucional do Instituto Brasileiro de Ensino - IDP-DF. Advogado sócio do Warde Advogados e consultor jurídico.

GUSTAVO TEPEDINO

Professor Titular de Direito Civil e ex-Diretor da Faculdade de Direito da Universidade do Estado do Rio de Janeiro. Sócio fundador do escritório Gustavo Tepedino Advogados.

HENRIQUE NEVES DA SILVA

Advogado. Vice-Diretor da Escola Judiciária Eleitoral (2002-2006). Ministro Substituto do Tribunal Superior Eleitoral (2008-2012). Ministro Efetivo do Tribunal Superior Eleitoral (2012-2017).

HUMBERTO ÁVILA

Professor Titular de Direito Tributário da Universidade de São Paulo. Advogado em São Paulo e Porto Alegre.

HUMBERTO MARTINS

Humberto Eustáquio Soares Martins é Ministro do Superior Tribunal de Justiça, onde exerce atualmente o cargo de Vice-Presidente. Bacharel em Direito pela Universidade Federal de Alagoas e em Administração de Empresas pelo Centro de Estudos Superiores de Maceió – CESMAC. Foi professor na Universidade Federal de Alagoas e, contemporaneamente, participa em diversas palestras e conferências no Brasil e no exterior.

IVES GANDRA DA SILVA MARTINS

Advogado. Professor. Possui Especialização em Direito Constitucional e em Direito Tributário pela Faculdade de Direito da Universidade de São Paulo. Doutor em Direito pela Universidade Mackenzie.

IVES GANDRA DA SILVA MARTINS FILHO

Ministro Presidente do Tribunal Superior do Trabalho.

JOÃO FERREIRA BRAGA

Professor do Instituto Brasiliense de Direito Público – IDP.

JORGE OCTÁVIO LAVOCAT GALVÃO

Professor Adjunto da Universidade de Brasília (UnB) e do Mestrado do Instituto de Direito Público (IDP). Procurador do Distrito Federal e advogado constitucionalista. Mestre em Direito pela *New York University* (NYU). Doutor em Direito do Estado pela Universidade de São Paulo (USP) e *Visiting Researcher* na *Yale Law School* (2012).

JOSÉ CELSO DE MELLO FILHO

Ministro e ex-Presidente do Supremo Tribunal Federal.

JOSÉ ROBERTO RODRIGUES AFONSO

Economista e contabilista. Doutor em economia pela UNICAMP e mestre pela UFRJ. Professor da cadeira de Federalismo do Mestrado de Direito Constitucional do IDP, pesquisador do FGV/IBRE e consultor especializado em finanças públicas e federalismo, inclusive de organismos internacionais.

JOSÉ S. CARVALHO FILHO

Doutorando em Direito Público pelo *Institut d'Études Politiques d'Aix-en-Provence (Sciences-po Aix/Aix-Marseille Université)*, com bolsa da Capes. Mestre e especialista em Direito Constitucional pelo Instituto Brasiliense de Direito Público (IDP). Assessor de Ministro do Supremo Tribunal Federal, editor jurídico e professor de Direito Constitucional em cursos de graduação e pós-graduação da Escola de Direito de Brasília (EDB).

LUCIANO FELÍCIO FUCK

Luciano Felício Fuck é professor no Instituto Brasiliense de Direito Público. Doutor em Direito Tributário pela Universidade de São Paulo e Mestre (LL.M. Eur) em Direito pela Ludwig-Maximilians-Universität de Munique (Alemanha).

LUIZ EDSON FACHIN

Ministro do Supremo Tribunal Federal. Professor Titular de Direito Civil da Universidade Federal do Paraná (UFPR). Doutor e Mestre em Direito pela PUC-SP.

MANOEL GONÇALVES FERREIRA FILHO

Professor Emérito da Faculdade de Direito da USP. Professor Titular (aposentado) de Direito Constitucional da Faculdade de Direito da USP. Doutor *honoris causa* da Universidade de Lisboa. Doutor pela Universidade de Paris. Ex-Professor visitante da Faculdade de Direito de *Aix-en-Provence* (França). Membro da Academia Brasileira de Letras Jurídicas. Presidente do Instituto Pimenta Bueno – Associação Brasileira dos Constitucionalistas.

MAURO CAMPBELL MARQUES

Ministro do Superior Tribunal de Justiça.

MISABEL ABREU MACHADO DERZI

Professora Titular de Direito Tributário e Financeiro da UFMG e das Faculdades Milton Campos. Doutora em Direito Público pela UFMG. Pres. Honorária da ABRADT e Pres. da Comissão Permanente de Revisão e Simplificação da Legislação Tributária do Estado de Minas Gerais.

OG FERNANDES

Ministro do Superior Tribunal de Justiça.

ONOFRE ALVES BATISTA JÚNIOR

Professor Adjunto de Direito Público da UFMG. Doutor em Direito pela UFMG. Mestre pela Universidade de Lisboa. Pós-Doutor em Democracia e Direitos Humanos pela Universidade de Coimbra. Advogado-Geral do Estado de Minas Gerais.

PAULO GUSTAVO GONET BRANCO

Doutor em Direito (UnB), Professor de graduação e de pós-graduação do Instituto Brasiliense de Direito Público – IDP. Professor da Escola Superior do Ministério Público do Distrito Federal e dos Territórios. Membro do Ministério Público Federal.

RAFAEL CAMPOS SOARES DA FONSECA

Mestre em Direito, Estado e Constituição pela Universidade de Brasília. Professor do Instituto Brasiliense de Direito Público. Assessor de Ministro do Supremo Tribunal Federal.

RAFAEL VALIM

Doutor e Mestre em Direito Administrativo pela PUC-SP, onde lecionou de 2015 a 2018. Professor Visitante na University of Manchester (Inglaterra) e na Université Le Havre Normandie (França). Professor da Maestría Anticorrupción da Universidad Panamericana (México), da Maestría en Contratación Estatal da Universidad de La Sabana (Colômbia) e da Universidad de Comahue (Argentina). Diretor do Instituto para a Reforma das Relações entre Estado e Empresa – IREE. Advogado.

RAPHAEL MARCELINO

Mestre e Bacharel em Direito pela Universidade de Brasília. Professor de Direito Civil em cursos de graduação e pós-graduação. Advogado.

REYNALDO SOARES DA FONSECA

Doutorando em Direito pela FADISP. Mestre em Direito Público pela PUC/SP. Professor da Universidade Federal do Maranhão. Ministro do Superior Tribunal de Justiça.

RICARDO VILLAS BOAS CUÊVA

Ministro do Superior Tribunal de Justiça. *Master of Laws* (LL.M.) e *International Tax Program* em Direito Tributário pela Harvard Law School (Cambridge). Doutor em Direito Tributário Ambiental pela Johann Wolfgang Goethe Universität (Alemanha).

RODRIGO DE OLIVEIRA KAUFMANN

Advogado, Sócio do Escritório Wald e Associados Advogados. Professor do Instituto Brasiliense de Direito Público.

RODRIGO MUDROVITSCH

Doutor em Direito pela Universidade de São Paulo, Mestre e Bacharel pela Universidade de Brasília. Professor de Direito Constitucional em cursos de graduação e pós-graduação. Advogado.

ROGER STIEFELMANN LEAL

Doutor em Direito do Estado pela Universidade de São Paulo (USP). Professor de Direito Constitucional na Faculdade de Direito da USP. Procurador da Fazenda Nacional.

ROGERIO SCHIETTI

Doutor e Mestre em Direito Processual (USP). Ministro do Superior Tribunal de Justiça.

RUI STOCO

Desembargador aposentado. Conselheiro do Conselho Nacional de Justiça no período de 2007/2009.

SACHA CALMON NAVARRO COÊLHO

Advogado, Coordenador do curso de especialização em Direito Tributário das Faculdades Milton Campos, Ex-Professor Titular das Faculdades de Direito da Universidade Federal de Minas Gerais (UFMG) e Universidade Federal do Rio de Janeiro (UFRJ). Ex-Juiz Federal. Ex-Procurador Chefe da Procuradoria Fiscal de Minas Gerais. Ex-Presidente da Associação Brasileira de Direito Financeiro (ABDF) no Rio de Janeiro. Autor do "Curso de Direito Tributário Brasileiro (Forense).

SÉRGIO ANTÔNIO FERREIRA VICTOR

Pós-doutor em Teoria do Direito pela Universidade de Frankfurt, Doutor em Direito do Estado pela Universidade de São Paulo, Mestre em Direito e Políticas Públicas pelo Centro Universitário de Brasília. Professor dos Cursos de Mestrado e Doutorado da UniNove. Advogado.

TARCISIO VIEIRA DE CARVALHO NETO

Ministro do Tribunal Superior Eleitoral. Doutor e Mestre em Direito do Estado pela Faculdade de Direito da Universidade de

São Paulo – FD/USP. Professor Adjunto da Faculdade de Direito da Universidade de Brasília – FD/UnB. Subprocurador-Geral do Distrito Federal. Advogado.

WALFRIDO WARDE

Bacharel em Direito e em Filosofia pela Universidade de São Paulo – USP. Master of Laws pela New York University School of Law. Doutor em Direito Comercial pela Faculdade de Direito da USP. Presidente do Instituto para a Reforma das Relações entre Estado e Empresa – IREE. Advogado.

CAPÍTULO I

AÇÃO DE IMPUGNAÇÃO DE MANDATO ELETIVO: MARCOS PRECLUSIVOS DO PROCESSO ELEITORAL E OS REFLEXOS NA AÇÃO DE IMPUGNAÇÃO DE MANDATO ELETIVO

Admar Gonzaga Neto

Introdução

A Constituição Federal de 1988 previu, em seu texto, o meio de desconstituição do mandato eletivo, segundo o disposto em seu art. 14, § 10, em face de ilícitos graves, cometidos em detrimento da legitimidade e da lisura do pleito.

Uma relevante controvérsia associada à ação de impugnação de mandato eletivo e merecedora de análise diz respeito à observância de prazo preclusivo para a sua propositura e à consequente vinculação dos fatos a serem apurados que podem ser considerados para o exame da procedência da demanda, diante da necessidade de observância da legitimidade popular e também da necessidade de se conferir estabilidade aos mandatos.

Isso posto, buscaremos abordar com o presente artigo as principais características da referida ação, a evolução histórica do instituto, a existência de marcos preclusivos para o manejo da demanda e a influência dessa limitação temporal no julgamento do feito.

1 Breves notas sobre a ação de impugnação de mandato eletivo

A ação de impugnação de mandato eletivo, prevista no art. 14, § 10 da Constituição Federal, tem a natureza de ação cível-eleitoral voltada à apuração de corrupção, abuso do poder econômico e fraude, com a finalidade de preservação da legitimidade, da lisura e da normalidade das eleições, definindo-a parte da doutrina como autêntica ação popular de cunho eleitoral, ainda que sua legitimidade seja restrita aos sujeitos do processo eleitoral e com exclusão do eleitor.

2 Evolução histórica

Com vistas a analisar sua atual previsão legal, bem como os efeitos decorrentes da decisão de eventual procedência da ação de impugnação de mandato eletivo, faz-se necessário investigar suas origens no ordenamento jurídico brasileiro.

O primeiro Código Eleitoral, o Decreto n. 21.076, de 24.2.1932 – que instituiu a Justiça Eleitoral no Brasil e adotou o voto feminino e o sufrágio universal, direto e secreto –, determinava, em seu art. 97, que: "Será nula a votação: (...) 3) feita mediante listas de eleitores falsas ou fraudulentas e (...) 7) quando se provar a coação, ou fraude, que altere o resultado final do pleito".

O art. 160 da Lei n. 48, de 4.5.1935, por sua vez, que pode ser considerado o segundo Código Eleitoral do país, também previa a nulidade da votação, quando "feita em folhas de votação falsas ou fraudulentas, ou não estando devidamente assignada a acta de encerramento" e "quando se provar coação ou fraude".

Regra do mesmo teor veio prevista no art. 104 do Decreto-Lei n. 7.586, de 28.5.1945, que restabeleceu a Justiça Eleitoral – após sua extinção pela Constituição de 1937 –, e na Lei n. 1.164, de 24.7.1950, em seus arts. 124 e 153.

O art. 222 da Lei n. 4.737, de 15.7.1965, o atual Código Eleitoral, teve parte de sua redação suprimida, e o texto original trazia dois parágrafos, sendo o primeiro deles com quatro incisos, nos quais se estabeleciam os princípios a serem seguidos em processos, cujo objetivo era produzir prova necessária à anulação da votação por falsidade, fraude, coação etc.

Tal processo apartado, incidente e de rito bastante sumário, deveria estar julgado antes da diplomação e, de acordo com a previsão do § 2º, a sentença anulatória da votação – conforme a intensidade do dolo ou do grau da culpa – poderia denegar o diploma ao candidato responsável, independentemente dos resultados escoimados de nulidades.

Com a revogação de seus parágrafos, por meio da Lei n. 4.961, de 4.5.1966, o mencionado art. 222 ficou com a seguinte redação: "Art. 222. É também anulável a votação, quando viciada de falsidade, fraude, coação, uso de meios de que trata o art. 237, ou emprego de processo de propaganda ou captação de sufrágios vedado por lei".

Nessa linha, bem recordou o Ministro Sepúlveda Pertence, em seu voto no Recurso TSE 9.145, Acórdão 12.030, de 16.9.1991, que a origem mais remota da AIME se encontra na redação original do art. 222 e respectivos parágrafos do Código Eleitoral.

Mais adiante, com a edição da Lei n. 7.493, em 1986, que regulamentava as eleições gerais daquele ano, o art. 23 estabeleceu: "Art. 23. A diplomação não impede a perda do mandato, pela Justiça Eleitoral, em caso de sentença julgada, quando se comprovar que foi obtido por meio de abuso do poder político ou econômico".

No entanto, foi a Lei n. 7.664, de 29.6.1988, que disciplinou o pleito municipal daquele ano, que tratou de ação de impugnação de mandato eletivo propriamente dita, ao determinar o seguinte:

> Art. 24. O mandato eletivo poderá ser impugnado ante à Justiça Eleitoral após a diplomação, instruída a ação com provas conclusivas de abuso do poder econômico, corrupção ou fraude e transgressões eleitorais.
>
> Parágrafo único. A ação de impugnação de mandato tramitará em segredo de justiça, respondendo o autor, na forma da lei, se temerária ou de manifesta má-fé.

Norma com semelhante conteúdo ganhou *status* constitucional com a promulgação da Carta de 1988, cuja redação dos §§ 10 e 11 do art. 14, além de definir o prazo para a propositura da ação – 15 dias a contar da diplomação –, abandonou as expressões "provas conclusivas" e "transgressões eleitorais", conforme analisaremos neste artigo.

Registre-se, ademais, que a Constituição não estabeleceu rito próprio para essa ação, e assim houve a necessidade de construção, doutrinária e jurisprudencial, de contornos mais definidos para a sua aplicação.

De qualquer forma, tal como ocorre em relação às demais normas eleitorais, o objetivo é proteger vontade do eleitor. Assegurar que a expressão do eleitorado, sufragada nas urnas, seja livre, consciente e independente. Em outras palavras, que o eleito tenha sido efetivamente escolhido pelo povo, por ser a pessoa detentora das qualidades necessárias à missão que lhe foi confiada.

3 Ilícitos apuráveis na AIME

Abandonada em parte a redação da pretérita previsão infraconstitucional, no que concerne à punição pela tipificação genérica de "transgressões eleitorais" e mediante redação mais precisa, a

Constituição Federal passou expressamente a prever a AIME como ação eleitoral autônoma.

Na atual redação dada pela Carta Magna, a AIME pune essencialmente três ilícitos, quais sejam, abuso do poder econômico, corrupção ou fraude.

Como se pode observar nas linhas seguintes, Egas Dirceu Moniz de Aragão[1] ensina que as situações concretas que preenchem o significado dos três conceitos das citadas infrações são as mais diversas.

As três figuras básicas que a Constituição menciona constituem conceitos abertos; não há noções fechadas de abuso de poder econômico, de fraude e de coação no processo eleitoral. O exame das disposições constantes nos Códigos Eleitorais nada acrescenta. Todos preocupam-se com a falsidade, a fraude e a coação, tendo o atual acrescentado hipóteses aparentemente novas que, no entanto, não parecem alargar o âmbito de sua incidência, e sim melhor explicitá-las, como acontece com o "emprego de propaganda" ou a "captação de sufrágios vedados por lei". Ora, infringir a vedação da lei é fraudá-la; tal violação cabe, pois, no conceito de fraude. Mesmo a "interferência do poder econômico" ou o "desvio ou abuso de poder de autoridade" cabem na noção de fraude, e o abuso do poder, provindo de autoridade, pode eventualmente constituir coação. Em suma, a dicção da norma constitucional parece abarcar tudo quanto se relaciona com a lisura dos pleitos.

Por outro lado, segundo a jurisprudência consolidada do Tribunal Superior Eleitoral, o termo corrupção deve ser interpretado de forma mais ampla, até mesmo prosaica, de modo a alcançar não apenas os tipos penais correspondentes à corrupção passiva e ativa, mas toda conduta que conspurque, desnature ou degrade o processo eleitoral. Em certo grau, tal orientação já estaria

1 *Apud* PUGLIESE, 2001.

abrangida, sob algum enfoque, pela própria prática de abuso do poder econômico com viés político.

Quanto ao ilícito em tela, cito, nessa perspectiva, trecho do voto proferido pelo Ministro Ayres Britto, no julgamento do REspe 28.040, ocorrido em 22.4.2008, *in verbis*:

> 12. Bem, a explicação não me parece difícil. É que, para melhor cumprir os seus eminentes fins tutelares, a Constituição preferiu falar de corrupção naquele sentido coloquial (não tecnicamente penal) de "conspurcação", "degeneração", "putrefação", "degradação", "depravação", enfim. No caso, conspurcação ou degeneração ou putrefação ou degradação ou depravação do processo eleitoral em si, com seus perniciosos e concretos efeitos de cunho ético-isonômico-democráticos. Atenta a nossa Lei Fundamental para o mais abrangente raio de alcance material do termo "corrupção", se comparado com o abuso do poder político; pois se toda corrupção do detentor do mandato eletivo, agindo ele nessa qualidade, não deixa de ser um abuso do poder político, a recíproca não é verdadeira. Basta lembrar, por hipótese, o cometimento de autoritarismo ou truculência, que, sendo um nítido abuso do poder político, nem por isso implica ato de corrupção. Ao menos para fins eleitorais.
>
> 13. Daqui se infere que o propósito da Lei Republicana, ao sacar do substantivo "corrupção", não foi excluir o abuso no exercício de função, cargo ou emprego públicos enquanto pressuposto do manejo da AIME. Bem ao contrário, o intento da Lei Maior foi detectar do modo mais eficaz possível a abusividade de tal exercício para fins eleitorais. Alargando, então, e nunca estreitando, as possibilidades de uso da única ação eleitoral de expressa nominação constitucional.
>
> 14. Em síntese, a palavra "corrupção", tanto quanto o vocábulo "fraude", ambos estão ali no parágrafo 10 do art. 14 da Magna Carta sob o deliberado intuito de se fazer de uma acepção prosaica um lídimo instituto de Direito Constitucional-eleitoral. Não propriamente de Direito Constitucional-penal, renove-se o juízo.

Do mesmo modo, o termo fraude, não obstante a prevalência de concepção mais restrita durante certo tempo,[2] passou a ser interpretado de forma mais ampla, podendo "englobar todas as situações em que a normalidade das eleições e a legitimidade do mandato eletivo são afetadas por ações fraudulentas, inclusive nos casos de fraude à lei".[3]

O abuso do poder econômico, assim como todo abuso, é conceito igualmente amplo, englobando toda sorte de emprego desproporcional de bens em prol de determinada campanha. Segundo autorizada doutrina:

> O abuso de poder constitui conceito jurídico indeterminado, fluido e aberto, cuja delimitação semântica só pode ser feita na prática, diante das circunstâncias que o evento apresentar. Portanto, em geral, somente as peculiaridades do caso concreto é que permitirão ao intérprete afirmar se esta ou aquela situação real configura ou não abuso.[4]

A maior controvérsia em sede doutrinária acerca do cabimento da ação de impugnação de mandato eletivo diz respeito à possibilidade de se aventar, isoladamente, o abuso do poder político.

Não obstante parcela respeitável da doutrina considere possível enquadrar esse conceito em um dos vocábulos – sobretudo no alusivo à corrupção –, a jurisprudência do TSE se firmou, de início, sob uma ótica mais estrita, estabelecendo que

> a teor do art. 14, § 10, da Constituição Federal, na AIME serão apreciadas apenas alegações de abuso do poder

---

2 Confira-se, entre muitos outros: "a fraude que pode ensejar ação de impugnação de mandato é aquela que tem reflexos na votação ou na apuração de votos" (AI 3.009, rel. Min. Fernando Neves, DJ de 16.11.2001).

3 REspe 149, rel. Min. Henrique Neves da Silva, DJE de 21.10.2015.

4 GOMES, José Jair. *Direito Eleitoral*. 10ª ed. São Paulo: Atlas, 2014, p. 221.

> econômico, corrupção ou fraude, não sendo possível estender o seu cabimento para a apuração de abuso do poder político, ou de autoridade *stricto sensu*.[5]

Entretanto, em tempos mais recentes, integrantes da mais alta Corte Eleitoral têm defendido que

> o cabimento da ação de impugnação de mandato eletivo deve ser admitido como instrumento processual de salvaguarda da legitimidade e da normalidade das eleições contra toda sorte de abuso, corrupção ou fraude, não cabendo impor limitações ao texto constitucional que não estejam previstas na própria Constituição Federal.[6]

No que tange ao rito, a jurisprudência do Tribunal Superior Eleitoral, reafirmada recentemente,[7] se firmou no sentido de que "o procedimento ordinário eleitoral, previsto na Lei Complementar n. 64/90, deve ser observado na ação de impugnação de mandato eletivo, com todas as garantias asseguradas aos acusados",[8] com gratuidade de custas, por se tratar de ato necessário ao exercício da cidadania (art. 1º, IV, da Lei 9.265/96).

Além disso, assim como todas as ações eleitorais voltadas à cassação do registro, do diploma ou do mandato, a ação de impugnação de mandato eletivo deve ser julgada dentro de um ano de sua propositura, a teor do art. 97-A da Lei 9.504/97.

A eficácia da sentença de procedência é desconstitutiva ou constitutiva negativa, com a retirada do mandato daquele que foi escolhido pelo voto popular, pronunciamento revelador do caráter antimajoritário e excepcional da atuação da Justiça Eleitoral.

---

5 AI 2145-74, rel. Min. Marcelo Ribeiro, DJE de 14.9.2011.

6 (REspe 1-49, rel. Min. Henrique Neves da Silva, DJE de 21.10.2015).

7 Confira-se: AIME 7-61, rel. Min. Herman Benjamin, DJE de 29.5.2017.

8 AC 1.319, rel. Min. Fernando Neves da Silva, DJ de 30.4.2004.

Assim, como bem ilustra o professor e Ministro do Tribunal Superior Eleitoral

Luiz Fux:

> A importância da AIME, examinada pelo viés material, salta aos olhos por ser a única ação eleitoral que conta com lastro constitucional para retirar um agente político investido no mandato pelo batismo das urnas, de ordem a mitigar, em consequência, o cânone da soberania popular.[9]

E arremata o eminente ministro que "a ação de impugnação de mandato eletivo (AIME) ocupa uma *preferred position* em relação às demais ações eleitorais, ante a jusfundamentalidade formal e material gravada pelo constituinte de 1988".

Exatamente por essa especial peculiaridade, o bem tutelado pela ação de impugnação é a legitimidade do pleito, de modo a alcançar apenas as condutas que afetarem gravemente a manifestação popular, com sensível desequilíbrio entre os candidatos. Ou seja, condutas isoladas, sem maior repercussão na disputa, não ensejam a cassação do mandato por meio da AIME, conquanto possam caracterizar outros ilícitos eleitorais.

No ponto, a jurisprudência do TSE se firmou no sentido de que "a procedência da Ação de Impugnação de Mandato Eletivo exige a demonstração da gravidade dos fatos a ponto de ferir a normalidade e a legitimidade do prélio eleitoral" (RO 6213-34, rel. Min. Dias Toffoli, DJE de 24.3.2014). Na mesma linha, já se assentou que:

> 7. A *ratio essendi* da ação de impugnação de mandato eletivo é impedir que os mandatos eletivos sejam desempenhados por candidatos eleitos que adotaram comportamentos censuráveis durante o prélio eleitoral, com vilipêndio aos valores

9 REspe 11-75, rel. Min. Luiz Fux, DJE de 30.6.2017.

> mais caros ao processo político, tais como a igualdade de chances entre os *players* da competição eleitoral, a liberdade de voto dos cidadãos e a estrita observância das disposições constitucionais e legais respeitantes ao processo eleitoral.
>
> 8. A legitimidade e a normalidade das eleições se afiguram pressupostos materiais para a investidura idônea e legítima do cidadão eleito, bem como para a consequente fruição de seu mandato eletivo.
>
> 9. A ação de impugnação de mandato eletivo transcende a mera tutela de pretensões subjetivas (e.g., do titular que pretende não ter seu mandato eletivo desconstituído), conectando-se, precipuamente, com a salvaguarda de interesses transindividuais (e.g., a legitimidade, a normalidade das eleições, a higidez e a boa-fé da competição eleitoral), a revelar, com extrema nitidez, o caráter híbrido que marca o processo eleitoral.[10]

Embora normalmente não mereçam grande atenção dos juristas, são essenciais para a delimitação e para a correta compreensão desse instrumento processual no sistema de ações eleitorais de cassação três aspectos relevantes referentes às exigências de que seja (i) "instruída a ação com provas de abuso do poder econômico, corrupção ou fraude", bem como de que haja (ii) a possibilidade de o autor responder "na forma da lei, se temerária ou de manifesta má-fé" e (iii) a necessidade de a ação ser intentada no prazo decadencial de 15 dias da diplomação.

Essas três características, longe de serem estanques, se conectam para moldar uma ação verdadeiramente nobre, séria, baseada em alegações graves e que precisam ser apuradas com a maior brevidade possível para expungir eventual incerteza que paire acerca dos mandatários eleitos.

10 REspe 1546-66, rel. Min. Luiz Fux, DJE de 2.6.2017.

Antes, porém, de proceder a análise mais vertical das implicações desses dispositivos, cumpre tecer alguns comentários acerca do processo eleitoral e dos seus marcos preclusivos.

4 Os marcos preclusivos do processo eleitoral e os reflexos na ação de impugnação de mandato eletivo

Segundo Djalma Pinto, em concepção mais ampla, "todo processo que tramita perante a Justiça Eleitoral é processo eleitoral. Afinal, a competência para a atuação desta é demarcada pela Constituição e restringe-se à matéria eleitoral".[11] Por outro lado, em concepção mais restrita, Joel J. Candido afirma que o processo eleitoral corresponde ao período que "começa com a convenção para escolha de candidatos e termina com a diplomação".[12]

O TSE também já teve a oportunidade de assentar que "o período eleitoral (*rectius*: processo eleitoral) se inicia com a realização das convenções municipais destinadas à deliberação das coligações e escolhas de candidatos, findando-se com a diplomação dos eleitos".[13]

De toda sorte, o que de importante se extrai dessas definições é que o processo eleitoral é uma sucessão de atos encadeados, destinados à escolha e ao registro de candidatos, à realização do pleito, à divulgação do resultado e à diplomação dos eleitos. Após o ato final de consagração dos candidatos alçados à condição de mandatários, por certo, ações eleitorais de cassação – propostas ainda no curso ou ao mesmo ao final do processo eleitoral – tramitarão e poderão ensejar a severa reprimenda de cassação dos

---

11 PINTO, Djalma. *Direito Eleitoral:* Improbidade Administrativa e Responsabilidade Fiscal. 4ª ed. São Paulo: Atlas, 2008, p. 204.

12 CÂNDIDO, Joel J. *Direito Eleitoral brasileiro.* 12ª ed. Bauru: Edipro, 2006, p. 82.

13 REspe 172-10, rel. Min. Fernando Neves, PSESS em 26.10.2000.

eleitos, em face da prática de ilícito eleitoral relevante cometido durante a disputa.

Percebe-se, pois, um aspecto relevante, próprio do interesse tutelado por esse processo – a garantia da regular manifestação da soberania popular –, que se denota a partir da visão do processo eleitoral como uma marcha sempre para frente, com vistas à outorga dos mandatos nos prazos constitucionais adequados e evitando-se eventual vacância no exercício do poder ou instabilidade no exercício da representação popular.

Por essas razões, uma vez ultimado o prazo respectivo de cada fase desse processo, não cabe repetir o ato pelo sujeito ou pela autoridade a quem cabia a potestade de praticá-lo no prazo legal.

Assim, por exemplo, se o partido não realizou convenções no período de 20 de julho a 5 de agosto do ano da eleição (art. 8º da Lei 9.504/97), não poderá mais fazê-lo posteriormente. De modo similar, se não for requerido o registro de candidatura até às 19 horas do dia 15 de agosto do ano em que se realizarem as eleições (art. 11 da Lei 9.504/97), em regra, não serão admitidos registros de candidatura após essa data.

Tal progressividade, marcada por prazos bem delineados, se espraia pelos mais diversos atos do processo eleitoral, que vão desde o limite temporal para a substituição de candidatos (art. 13, § 3º, da Lei 9.504/97), a impugnação à identidade do voto do eleitor (art. 147, § 1º, do Código Eleitoral) ou o limite temporal para a impugnação do mapa geral da circunscrição dos votos apurados (art. 209, § 3º, do Código Eleitoral) até a data final da diplomação.

Todos esses atos, em regra, não se repetem e não comportam elastecimento do prazo por uma razão muito simples: diante de imperativo constitucional e por motivos de ordem prática, é preciso definir, com celeridade, os novos mandatários que tomarão posse no ano subsequente ao pleito e conferir estabilidade ao exercício dos respectivos mandatos. Com efeito, além de destinar-se à apuração da vontade popular, o processo democrático deve dirigir-se à consumação da política, jurídica e social.

Portanto, além dos prazos relacionados aos atos administrativos do processo eleitoral, a legislação e a jurisprudência estipulam marcos preclusivos para os manejos das ações eleitorais, tenham elas reflexos diretos no exercício do mandato ou se refiram apenas ao descumprimento de outras regras eleitorais.

Nesse sentido, cita-se, por exemplo: o prazo de cinco dias, contados da publicação do edital, para a impugnação de candidaturas (art. 3º da Lei Complementar 64/90); os prazos para o oferecimento de representação pleiteando direito de resposta, de acordo com o meio no qual tenha sido veiculada a ofensa (art. 58, § 1º, da Lei 9.504/97); o prazo para o manejo das representações com vistas à apuração de captação ilícita de sufrágio, de conduta vedada, ou mesmo voltada à abertura de investigação judicial eleitoral (art. 22, XIV, da Lei Complementar 64/90); o prazo para a apresentação do recurso contra a expedição de diploma (art. 262 do Código Eleitoral); o marco final para a propositura da representação para apurar a captação ilícita ou o uso indevido de recursos de campanha (art. 30-A da Lei 9.504/97); e o prazo fatal para o ajuizamento da ação de impugnação de mandato eletivo (art. 14, § 10, da Constituição Federal).

Todos esses prazos, além de indicarem a celeridade que deve marcar a atuação da Justiça Eleitoral, delimitam o objeto e o espaçotemporal subjacentes a essas demandas eleitorais, as quais estão vinculadas a fatos ocorridos durante o processo eleitoral, normalmente na campanha e que, portanto, tenham alguma repercussão na expressão da vontade popular que se busca resguardar.

No mais, evita-se, com a observância rígida desses marcos preclusivos, a perenização dos litígios eleitorais e o manejo do processo como arma de campanha ou instrumento de chantagem entre os contendores. Por isso mesmo, a jurisprudência do TSE sempre foi muito profícua em combater o cognominado armazenamento tático de ações, mesmo quando ausente regramento legal expresso.[14]

Nesse sentido, o TSE assentou que:

> Não há como se admitir ilimitado exercício do direito de ação na Justiça Eleitoral porque isso implicaria a insegurança dos pleitos, comprometendo o processo eleitoral como um todo, também regido por normas constitucionais, que atendem ao interesse público, daí decorrendo a tipicidade dos meios de impugnação que vigora nesta Justiça Especializada.[15]

---

14 Cito, por exemplo:

ELEIÇÕES DE 2008. CABIMENTO DE RECURSO ESPECIAL. RECURSO CONTRA EXPEDIÇÃO DE DIPLOMA. INELEGIBILIDADE CONSTITUCIONAL. ARTIGO 14, §§ 5º E 7º, DA CF. INEXISTÊNCIA. PRECLUSÃO. IRMÃO DE VICE-PREFEITO JÁ REELEITO CANDIDATO AO MESMO CARGO. IMPOSSIBILIDADE. NÃO OCORRÊNCIA. CONTAMINAÇÃO CHAPA. DESPROVIMENTO DOS RECURSOS. (...)

A inelegibilidade de natureza pessoal do vice-prefeito (artigo 14, § 7º, CF) arguida após o pleito não macula a legitimidade das eleições, mormente quando se evidencia o armazenamento tático de demanda visando atingir prefeito diplomado que não deu causa à inelegibilidade.

(...) (REspe 222-13, rel. Min. Gilson Dipp, DJE de 28.2.2014.)

AGRAVO REGIMENTAL. AGRAVO DE INSTRUMENTO. RECURSO ESPECIAL. REPRESENTAÇÃO. PROPAGANDA ANTECIPADA NA PROPAGANDA PARTIDÁRIA. MULTA. POSSIBILIDADE. PRAZO DE 48 HORAS. NÃO APLICAÇÃO. DISSÍDIO JURISPRUDENCIAL NÃO DEMONSTRADO. REEXAME DE PROVAS. IMPOSSIBILIDADE. (...)

- O prazo de 48h (quarenta e oito horas) para a propositura das representações por invasão de horário da propaganda e nos casos da veiculação de propaganda irregular no horário normal das emissoras, segundo o entendimento desta Corte, tem como finalidade evitar o armazenamento tático de reclamações a serem feitas no momento da campanha eleitoral, em que se torne mais útil subtrair o tempo do adversário. Tal prazo não se aplica às representações por propaganda antecipada, cuja penalidade é a de multa, prevista no art. 36, § 3º, da Lei das Eleições.

(...) (AI 6.204, rel. Min. Gerardo Grossi, DJ de 1º.8.2007).

15 AI 4.598, rel. Min. Fernando Neves, DJ de 13.8.2014

Tudo isso leva em conta um princípio estruturante do Estado de Direito, que é o da segurança jurídica, cuja faceta mais sensível no âmbito eleitoral é a necessidade de estabilização dos mandatos, preferencialmente no curto prazo de um ano da apresentação de eventual ação impugnativa do mandato.

No caso específico da ação de impugnação de mandato eletivo, como já explicitado acima, há a especial circunstância de que a tutela se volta contra quem já foi submetido ao crivo das urnas, o que só reforça a necessidade de prudência e autocontenção da Justiça Eleitoral ao apreciar a matéria trazida a juízo.

Tal concepção não passou despercebida pelo Ministro Sepúlveda Pertence, no julgamento do RO 516, DJ de 15.3.2002:

> O que se visa (...) não é punir o candidato ímprobo, tanto que a sua procedência independe de que lhe sejam imputáveis o abuso, a fraude ou a corrupção. Cuida, sim, na ação de impugnação, é da cassação do mandato viciado na sua origem por vícios que se possam reputar capazes de haver influído – com provável influência causal – no resultado do pleito.

No mesmo sentido, asseverou o eminente jurista que:

> A ação de impugnação, após a diplomação, visou, sem prejuízo de um rígido sistema de preclusões que a exigência de celeridade impôs ao processo eleitoral – a criar um remédio rescisório de sua conclusão, documentada pela diplomação dos eleitos quando se demonstrassem posteriormente a ocorrência de vícios que maculassem a legitimidade dos mandatos resultantes.[16]

16 REspe 9.145, rel. Min. Hugo Gueiros, DJ de 25.6.1991.

Ademais, Adriano Soares da Costa igualmente concorda que "a ação de impugnação de mandato eletivo não ataca o diploma, mas atos ilícitos que são anteriores".[17]

Igualmente não por acaso, o legislador constituinte limitou o manejo da ação a curtos quinze dias após a diplomação e condicionou o recebimento da inicial à apresentação de um contexto probatório mínimo, alusivo aos alegados abuso do poder econômico, corrupção ou fraude. Conforme asseverou o Ministro Gilmar Mendes, no julgamento dos feitos presidenciais referentes ao pleito de 2014, tal limite temporal para a propositura da ação de impugnação decorre de seu objeto peculiar e que envolve a sensível necessidade de prevalência da soberania popular.

Trata-se de prazo de **natureza decadencial**, que não admite interrupção ou suspensão e se implementa pelo simples decurso do tempo sem o exercício do direito a ele correlato, tendo em vista a necessidade de pacificação social.

Sobre esse tema, cito as lições de Agnelo Amorim Filho:

> As considerações feitas acima levam, inevitavelmente, à conclusão de que, quando a lei, visando à paz social, entende de fixar prazos para o exercício de alguns direitos potestativos (seja exercício por meio de simples declaração de vontade, como o direito de preempção ou preferência; seja exercício por meio de ação, como o direito de promover a anulação do casamento), o decurso do prazo sem o exercício do direito implica na extinção deste, pois, a não ser assim, não haveria razão para a fixação do prazo. Tal consequência (a extinção do direito) tem uma explicação perfeitamente lógica: É que (ao contrário do que ocorre com os direitos suscetíveis de lesão) nos direitos potestativos subordinados a prazo o que causa intranquilidade social

---

17 COSTA, Adriano Soares. *Instituições de Direito Eleitoral*. São Paulo: Fórum, 2016, p. 424.

> não é, propriamente, a existência da pretensão (pois deles não se irradiam pretensões) nem a existência da ação, mas a existência do direito, tanto que há direitos desta classe ligados a prazo, embora não sejam exercitáveis por meio de ação. O que intranquiliza não é a possibilidade de ser exercitada a pretensão ou proposta a ação, mas a possibilidade de ser exercido o direito. Assim, tolher a eficácia da ação, e deixar o direito sobreviver (como ocorre na prescrição), de nada adiantaria, pois a situação de intranquilidade continuaria de pé. Infere-se, daí, que quando a lei fixa prazo para o exercício de um direito potestativo, o que ela tem em vista, em primeiro lugar, é a extinção desse direito, e não a extinção da ação. Essa também se extingue, mas por via indireta, como consequência da extinção do direito.[18]

Por esse motivo é que a fixação dos prazos decadenciais nas ações típicas de cassação – e na AIME especificamente – se revela essencial, pois constitui o único meio de pacificar o ambiente de disputa eleitoral, conferindo o mínimo de estabilidade e legitimidade aos que exerçam o poder político, os quais não podem tomar decisões importantes que repercutem nos interesses de inúmeros cidadãos com a "espada de Dâmocles" judicial sobre as suas cabeças.

Ao se pronunciar sobre os marcos iniciais e finais da ação de investigação judicial eleitoral, José Jairo Gomes asseverou que:

> Pode a AIJE ser intentada desde o início do processo eleitoral (que se dá com a realização das convenções) até a data da diplomação dos eleitos.
>
> Esse marco inicial não é aleatório. A ação em apreço tem sempre em mira determinado processo eleitoral, bem como fatos relacionados a candidatos ou pré-candidatos que nele

---

18 FILHO, Agnelo Amorim. *Critério científico para distinguir a prescrição da decadência e para identificar as ações imprescritíveis*. Disponível em: http://www.direitocontemporaneo.com/wp-content/uploads/2014/02/prescricao--agnelo1.pdf. Acessado em: 24.05.2022.

> disputarão mandato eletivo. Se procedente o pedido exordial, o resultado será a declaração do abuso de poder aliada à desconstituição do registro ou mandato e/ou decretação da inelegibilidade do candidato beneficiado com a prática malsã. Nesse quadro, inútil será o processo judicial iniciado antes da convenção se o representado não vier a ser escolhido – ou mesmo se nem disputar a indicação de seu nome.
>
> (...)
>
> Ultrapassado o marco final – fixado na diplomação –, a parte legitimada decai do direito de ingressar com a ação em foco, não mais podendo ajuizá-la. Essa solução afina-se com o princípio da segurança jurídica. **Visa a impedir a ocorrência de demandas oportunistas**, em épocas já recuadas da data do pleito, **bem como obstar que as discussões a respeito dos acontecimentos em torno das eleições fiquem eternamente pendentes, o que carrearia instabilidade ao exercício dos mandatos.**[19]

Cito, ademais, as lições de Caio Mário da Silva Pereira acerca dos prazos decadenciais e do exercício de direitos são as seguintes:

> O fundamento da decadência é não se ter o sujeito utilizado de um poder de ação, dentro dos limites temporais estabelecidos à sua utilização. É que direitos trazem, em si, o germe da própria destruição. São faculdades condicionais ao exercício dentro de tempo certo, e, então, o perecimento da relação jurídica é causa ínsita ao próprio direito que oferece esta alternativa: exerce-se no prazo preestabelecido, ou nunca mais. Quando, pois, o direito subjetivo pode ser exercido sem a predeterminação de um prazo extingue-se por prescrição levantada por quem tenha um interesse contrário: mas, quando a lei marca um tempo, como condição

---

19 GOMES, José Jair. *Direito Eleitoral.* 10ª ed. São Paulo: Atlas, 2014, p. 545.

> de exercício, o vencimento desse limite temporal importa na caducidade ou decadência do direito.[20]

Também a jurisprudência do Tribunal Superior Eleitoral tem assentado a incidência de marcos preclusivos estritos para o exercício do direito de ação, mormente quando envolve a possibilidade de cassação de registro, diploma ou mandato. Nessa linha, cito:

> Representação. Conduta vedada. Litisconsórcio passivo necessário. O agente público, tido como responsável pela prática da conduta vedada, é litisconsorte passivo necessário em representação proposta contra os eventuais beneficiários.
>
> Não requerida a citação de litisconsorte passivo necessário até a data da diplomação – data final para a propositura de representação por conduta vedada –, deve o processo ser julgado extinto, em virtude da decadência. Recursos ordinários do Governador e do Vice-Governador providos e recurso do PSDB julgado prejudicado. (RO 1696-77, rel. Min. Arnaldo Versiani, DJE de 29.11.2011).
>
> ELEIÇÕES 2008. AGRAVO REGIMENTAL. RECURSO EM MANDADO DE SEGURANÇA. AÇÃO DE INVESTIGAÇÃO JUDICIAL ELEITORAL. PRAZO. PROPOSITURA. DIPLOMAÇÃO. DESPROVIMENTO.
>
> De acordo com a jurisprudência deste Tribunal Superior Eleitoral, as ações de investigação judicial eleitoral (AIJE) fundamentadas em abuso de poder e condutas vedadas a agentes públicos podem ser propostas até a data da diplomação (RO 1.453, Rel. Min. Felix Fischer, DJe de 5.4.2010.
>
> Esse entendimento já era pacífico durante as Eleições 2008 e, com a inclusão do § 12 ao art. 73 da Lei n. 9.504/1997 (redação dada pela Lei n. 12.034/2009), não se confirma a suposta violação ao princípio da anterioridade da Lei Eleitoral (art. 16, da Constituição Federal de 1988).

---

20 PEREIRA, Cáio Mário da Silva. *Instituições de Direito Civil.* Atualização Maria Celina Bodin de Moraes. ed. Rio de Janeiro: Forense, 2006, p. 689-690.

> Agravo regimental não provido.
>
> (AgR-RMS 53-90, rel. Min. João Otávio de Noronha, DJE de 29.05.2014).
>
> RECURSO ESPECIAL. AÇÃO DE IMPUGNAÇÃO DE MANDATO ELETIVO. LITISCONSÓRCIO. DECADÊNCIA. HIPÓTESE.
>
> Se os vícios arrolados como fundamentos de fato da ação de impugnação de mandado eletivo contaminam os votos atribuídos à chapa, deverá a ação, dirigida contra ambos os mandatos, estar ajuizada no prazo decadencial de quinze dias.
>
> Precedentes.
>
> Recurso especial não conhecido.
>
> (REspe 156-58, rel. Min. Maurício José Corrêa, DJ de 25.08.2000).

De igual modo, o TSE já decidiu que, "decorrido o prazo para a propositura de ação de impugnação de mandado eletivo sem inclusão do vice no polo passivo da demanda, não é possível emenda à inicial, o que acarreta a extinção do feito sem resolução de mérito".[21]

No entanto, apesar da importância da fixação de prazo para o exercício do direito de provocar a jurisdição eleitoral, essa previsão não é suficiente para expurgar o ambiente de intranquilidade que poderia decorrer de demandas temerárias ou que narrem fatos não relacionados ao processo eleitoral.

Não à toa, consta da previsão constitucional que a ação deve ser instruída com provas do abuso do poder econômico, corrupção ou fraude, respondendo o autor se a propositura for temerária ou de manifesta má-fé.

Para além de regras processuais alusivas aos requisitos das petições iniciais, tais preceitos, quando combinados com o marco

---

21 AI 2549-28, rel. Min. Arnaldo Versiani, DJE de 12.08.2011.

preclusivo fatal característico da AIME, revela que os fatos aduzidos nas petições iniciais devem necessariamente dizer respeito a certo processo eleitoral, a ele sendo contemporâneos.

Desse modo, as impugnações de mandatários eleitos devem ser sérias, fundadas em fatos graves e apuradas a partir de contexto probatório mínimo, não sendo admitidas as ações de natureza meramente prospectiva, que visam alcançar fatos estranhos ao período de campanha.

Tal limitação não se restringe à parte, mas também ao Estado-juiz. Afinal, se o prazo para o ajuizamento das ações é decadencial, se não se admite ação sem lastro probatório e se o autor pode responder por litigância de má-fé, não se pode admitir que, uma vez o processo instaurado, o magistrado possa considerar fatos supervenientes independentes daqueles narrados na petição inicial, o que consistiria verdadeira burla ao marco preclusivo legal.

Nesse ponto, destaco trecho do voto que proferi por ocasião do julgamento da AIME 7-61, concluído em 09.06.2017:

> Assim, se o prazo para o ajuizamento das ações é decadencial, se não se admite a integração da lide por litisconsorte passivo necessário após esse prazo, se não se cogita da instauração de ação eleitoral *ex officio*, não se pode igualmente admitir que, uma vez o processo instaurado, o magistrado possa considerar fatos supervenientes alheios àqueles narrados na petição inicial. No caso, como já asseverado, por mais graves que sejam o alegado recebimento de recursos não contabilizados, a suposta compra de apoio político de partidos e o narrado gasto ilícito de recursos por meio de contas bancárias no exterior, não podem eles ser considerados no presente julgamento, porquanto surgiram nos autos sem a provocação da parte (regra da coerência), após o saneamento do feito (regra da estabilização objetiva) e, sobretudo, muito após o decurso dos prazos decadenciais das ações ora em apreço, que têm prazo de um ano para terminar. Vejam o cuidado, não só da Constituição como

> também do legislador, de ainda apontar na Constituição da República que a ação deve vir munida de provas do abuso do poder econômico, da corrupção e da fraude. Ainda que não sejam provas robustas, mas elementos que tragam cognição mínima, nexo mínimo com o pedido posto ao final. Repita-se: por mais graves que sejam esses supostos ilícitos – os quais, reitero, devem ser amplamente apurados nas searas próprias –, eles não integram o contencioso judicial eleitoral referente às Eleições de 2014, pois não constaram das vias impugnativas então manejadas. Afinal, a eleição precisa acabar um dia.

Por todo o exposto, o que de principal se extrai é que a jurisdição eleitoral, embora seja essencial para a garantia da lisura e da normalidade das eleições, não pode ser usada como mecanismo de (per)turbação política e social, por meio de imputações genéricas, prospectivas e sem contexto probatório adequado.

Por fim, é de se relembrar antiga lição, assente na Corte Superior Eleitoral, segundo a qual "a competência da Justiça Eleitoral se encerra com a diplomação dos eleitos",[22] não cabendo a esse ramo do Poder Judiciário perscrutar a respeito de fatos que tenham ocorrido após o encerramento do processo eleitoral, ou seja, após a diplomação dos eleitos.

Referências bibliográficas

CÂNDIDO, Joel J. *Direito Eleitoral brasileiro*. 12ª ed. Bauru: Edipro, 2006.

COSTA, Adriano Soares. *Instituições de Direito Eleitoral*. São Paulo: Fórum, 2016.

FILHO, Agnelo Amorim. *Critério científico para distinguir a prescrição da decadência e para identificar as ações imprescritíveis*. Disponível em:

22 RO 656, rel. Min. Ellen Gracie, DJ de 24.10.2003.

http://www.direitocontemporaneo.com/wp-content/uploads/2014/02/prescricao- agnelo1.pdf. Acessado em: 24.05.2022.

GOMES, José Jair. *Direito Eleitoral.* 10ª ed. São Paulo: Atlas, 2014.

PEREIRA, Caio Mário da Silva. *Instituições de Direito Civil.* Atualização Maria Celina Bodin de Moraes. 21ª ed. Rio de Janeiro: Forense, 2006.

PINTO, Djalma. *Direito Eleitoral:* Improbidade Administrativa e Responsabilidade Fiscal. 4ª ed. São Paulo: Atlas, 2008.

CAPÍTULO II

PRERROGATIVA DE FORO E QUESTÕES DE POLÍTICAS PÚBLICAS: A CONTRIBUIÇÃO DO MINISTRO GILMAR MENDES

Arnoldo Wald
Rodrigo de Oliveira Kaufmann

O tema da prerrogativa de foro, além de atual, insere-se dentre aqueles nos quais o STF e a doutrina se colocam em um contínuo processo de amadurecimento e refinamento, de forma que o seu desenho normativo se restrinja aos casos essenciais nos quais a competência especial realmente se justifica em virtude do cargo ou função pública, e não em razão da pessoa processada.

Para esse "construtivismo pragmático"[23] do instituto previsto na Constituição, tem contribuído imensamente o jurista Gilmar

23 A expressão foi recentemente utilizada por André Castro Carvalho e Otavio Augusto Venturini De Sousa para se referir à característica de Hely Lopes Meirelles de sempre "buscar construir soluções jurídicas organizadas a partir de problemas relevantes verificados no cotidiano" e com "atuação racional sempre ancorada na realidade e as formulações que estabelece são guiadas por uma intencionalidade solucionadora de questões que a própria realidade

Mendes, seja como doutrinador, seja como Ministro do STF. Sua sofisticada apreensão da relação entre Direito e Política e sua aguçada interpretação da Constituição têm servido para regular e conformar as críticas ao instituto, fazendo preservar a sua própria teleologia e evitando que sua finalidade histórica e institucional não seja esquecida em virtude da oposição fácil e, algumas vezes, precipitada. Desde sua participação decisiva na RCL n. 2.138, na RCL n. 2.186 e nos trabalhos publicados, Gilmar Mendes tem demonstrado rara inteligência e percuciência no trato dos atos de natureza política e na responsabilidade dos agentes políticos e a repercussão dessas questões na discussão em torno da prerrogativa de função.

1 Separação de poderes e prerrogativa de foro

Um dos postulados mais importantes da Constituição, alçado a esse posto pela posição consensual da doutrina e da jurisprudência, é o princípio da separação de poderes previstos no art. 2º e que, resultado de um longo processo de estratificação e concretização conceitual, chegou a nós por meio da noção ampla de que os "Poderes da União" são "independentes e harmônicos entre si".

Esse verdadeiro princípio estruturante de nosso modelo político serve, em realidade, como lastro para se compreender e se interpretar vários dos institutos do Direito Público previstos no próprio texto constitucional. Um dos exemplos marcantes da versatilidade do princípio está no instituto da **prerrogativa de foro**; quando por meio desse instrumento, a Constituição está a dizer que determinadas autoridades políticas do Poder Executivo, do Poder Legislativo e também do Poder Judiciário somente poderiam

---

impõe ao operador do Direito". ("O construtivismo pragmático de Hely Lopes Meirelles e o seu legado para o Direito Administrativo Brasileiro". *In*: WALD, Arnoldo; JUSTEN FILHO, Marçal; PEREIRA, Cesar Augusto Guimarães (Coord.). *O Direito Administrativo na atualidade*: estudos em homenagem ao centenário de Hely Lopes Meirelles (1917-2017). São Paulo: Malheiros, 2017, p. 162).

ser processados e julgados por órgãos específicos ou instâncias jurisdicionais especiais.

Trata-se de um daqueles exemplos que mostra que o princípio da separação de poderes não produz apenas âmbitos normativos que sugerem restrições ou limites de atuação de cada um dos poderes, mas que também promove a lógica de que um Poder deve proteger a forma de exercício pleno de atribuições que a própria Constituição atribuiu ao outro Poder. Dito de outra forma, a **prerrogativa de foro, lido sob a ótica do princípio da separação de poderes, é a maneira com que a Constituição exige que um deles (o Poder Judiciário, principalmente) deve garantir a liberdade de atuação política de outro Poder.** Como bem já decidiu o STF: "as restrições impostas ao exercício das competências constitucionais conferidas ao Poder Executivo, incluída a definição de políticas públicas, importam em contrariedade ao princípio da independência e harmonia entre os Poderes".[24]

Essa proteção – que deve ser substancial e procedimental –, nesse contexto, atesta o funcionamento pleno de um dos Poderes por meio do reconhecimento da necessária estatura que deve ter o órgão judiciário (ou outro órgão especial) que irá processar e julgar a autoridade política. Essa dimensão demonstra de que forma também se dá a relação harmoniosa entre os Poderes da República.

Essa relação simbiótica que se extrai do instituto da prerrogativa de foro com o princípio da separação dos poderes concede a devida envergadura da importância dessa regra de competência para o próprio sistema constitucional. Não é por outro motivo que a figura da prerrogativa de foro nos é tão tradicional, tendo sua primeira previsão já na Constituição de 1824 e, após, com a Constituição de 1891, com a nova forma republicana de governo.

Também se torna claro nessa perspectiva que a prerrogativa de função não é, do ponto de vista constitucional, um privilégio

24 ADI n. 4.102, relatora Ministra CÁRMEN LÚCIA, *DJe* 10.2.2015.

pessoal, **mas um atributo do regime jurídico da autoridade política**, que atua não em nome da pessoa que ocupa uma posição temporária, mas em nome do próprio interesso público no contexto da realização da atividade institucional-política. Trata-se de uma "garantia institucional", diria o Ministro Gilmar Mendes, lembrando a terminologia utilizada por Carl Schmitt.

A precisão dessa ideia é a chave da melhor e mais adequada interpretação constitucional que se deve atribuir a esse instituto que, nos últimos anos, merece, de fato, aprimoramento, de maneira a evitar que seja cooptado ou sequestrado por pessoas corruptas e de baixa índole transvestidos de agentes públicos. Esse trabalho vem nesse esforço de contribuir com a sofisticação da noção originária do instituto, de forma a se manter ainda sua importante utilidade para a promoção do *munus* político-democrático.

2 A prerrogativa de foro nas Constituições anteriores

A prerrogativa de função esteve presente na história constitucional brasileira, mesmo quando era lembrada em sentido proibitivo. De fato, a Constituição imperial de 1824 trazia previsão expressa que proibia a prerrogativa de foro, tal como está no art. 179, XVII, *ipsi literis*: "à excepção das Causas, que por sua natureza pertencem a Juizos particulares, na conformidade das Leis, não haverá Foro privilegiado, nem Commissões especiaes nas Causas cíveis, ou crimes".

Esse dispositivo específico está em concordância com o modelo de responsabilidade que a Constituição de 1824 estabelece. Em realidade, ao elevar o Imperador ao patamar de uma figura "inviolável" e "não sujeito a responsabilidade alguma" (art. 99) a quem cabia o exercício do Poder Moderador (arts. 98 e 101), não poderia atribuir condições constitucionais especiais a seus súditos.

De qualquer sorte, é evidente que o texto do art. 179, XVII, tinha incidência limitada, diante das várias previsões que a própria Constituição de 1824 trazia em relação ao tratamento de competência especial para algumas autoridades, como as dos arts. 26, 27, 28 e 47 para Deputados e Senadores; arts. 38 e 47 para Ministros, conselheiros de Estado, membros da Família Imperial (com competência do Senado); além do art. 164, II que tratava da competência do Tribunal de Justiça.

O modelo de 1824 já se colocou como uma evolução diante da superação do antigo "privilégio de foro pessoal", que vinha da Idade Média, como bem atestou o grande comentarista imperial Pimenta Bueno: "felizmente não temos mais o privilegio de fôro pessoal propriamente dito, e só sim alguns privilégios reaes, isto é, ligados aos cargos e serviço publico, ou alto interesse social (...)".[25]

Curiosamente, foi com a primeira Constituição republicana que a figura da prerrogativa de foro estabeleceu-se no Brasil com mais clareza, especialmente por meio do seu art. 57, § 2º (ao estabelecer a competência do Senado para julgar membros do Supremo Tribunal Federal nos crimes de responsabilidade e do próprio STF para julgar os juízes federais "*inferiores*") e do art. 59, I, "b" (quando fixou a competência do STF para processar e julgar o Presidente da República, nos crimes comuns, e os Ministros de Estado, além dos Ministros diplomáticos).[26] Também se repetia, no capítulo referente aos direitos individuais o texto da proibição genérica do "foro privilegiado", salvo nas causas que "*por sua natureza, pertencem a juízos especiais*" (art. 72, § 23), o que também remetia a uma interpretação sistemática da Constituição com a identificação das situações de exceção.

25 PIMENTA BUENO, José Antonio. *Direito Publico Brazileiro e analyse da Constituição do Imperio*. Segunda Parte. Rio de Janeiro: Typographia Imp. e Const. de J. Villeneuve, E C., 1857, p. 427.

26 A redação originária da Constituição de 1891 foi repetida, no sentido, pela Emenda Constitucional de 03.09.1926. Sobre esse tema e a diferenciação de regime entre o crime de responsabilidade e os crimes comuns, ver PEREIRA DOS SANTOS, Carlos Maximiliano. *Comentários à Constituição Brasileira de 1891*. Brasília: Senado Federal, Conselho Editorial, 2005, pp. 579 e ss.

Nesse ponto de nossa história constitucional, já fica claro a relação que existiria entre o foro privilegiado e o princípio da igualdade. Nos primeiros momentos da proteção constitucional, a proibição do **foro privilegiado** (tal como se deu na Constituição de 1824 com o art. 179, § 17 e na Constituição de 1891 com o art. 72, § 23) estava inegavelmente associado ao foro por pessoa, ou seja, ao privilégio de atribuir instância especial de julgamento em virtude da pessoa processada, e não à natureza de sua atividade ou atribuição ou mesmo à natureza dos "negócios". A pessoalização da jurisdição, assim, era o que se chamava de "foro privilegiado". A **prerrogativa de função**, entretanto, era avaliada constitucionalmente sob outra ótica e, assim, não era considerada privilégio, mas consectário direto e inafastável do atributo do cargo ou função pública. Em outras palavras, **o princípio da igualdade era associado ao "foro privilegiado" e o princípio da separação dos poderes estava associado à "prerrogativa de foro".**[27]

A mesma lógica de resguardar uma instância de julgamento especial em virtude do cargo ou função ocupada pela autoridade política foi também prevista na Constituição de 1934 (art. 58) em relação à competência da "Corte Suprema" para processar e julgar o Presidente da República nos crimes comuns e, nos crimes de responsabilidade, por um "Tribunal Especial, que terá como presidente o da referida Corte e se comporá de nove Juízes, sendo três Ministros da Corte Suprema, três membros do Senado e três membros da Câmara dos Deputados".

Já o art. 76, I, "a" e "b" estabelecia, tal como na Constituição de 1891, a competência do STF para processar e julgar os Ministros de Estado, o Procurador-Geral da República, os Juízes dos Tribunais Federais e bem assim os das Cortes de Apelação dos Estados, do Distrito Federal e dos Territórios, os Ministros do

27 Essa divisão conceitual está subjacente no comentário de João Barbalho Uchôa Cavalcanti em seu *Constituição Federal Brasileira (1891)*. Brasília: Senado Federal, Conselho Editorial, 2002, p. 329.

Tribunal de Contas e os Embaixadores e Ministros diplomáticos nos crimes comuns e nos de responsabilidade.

O mesmo formato foi repetido pela Constituição de 1937 (art. 101, I, "a" e "b"), embora com novidades em algumas hipóteses, uma vez que o Presidente da República seria processado e julgado perante o "Conselho Federal", com prévia aceitação da Câmara dos Deputados pela procedência da acusação (art. 86).

É importante destacar que, em paralelo às normas constitucionais que fixaram as regras de prerrogativa de foro na Constituição de 1937, também se observa cláusula que isenta os Ministros de Estado "*pelos conselhos dados ao Presidente da República*" (art. 89), tal como já se tinha com a Constituição de 1891 (art. 52), embora todas as Constituições tenham prevista a responsabilidade desse Ministros pelos atos praticados, mesmo que em conjunto com o Presidente da República (Constituição de 1891, art. 52, § 1º; Constituição de 1934, art. 61, § 2º; Constituição de 1937, art. 89, § 1º).

As regras de prerrogativa de foro também constaram na Constituição de 1946 (art. 62, I e II; art. 92; art. 100; e art. 101, I, "b" e "c") e da Constituição de 1967 (art. 32, § 4º; art. 119, I, "a", "b", "c" e "d", além do art. 144, § 3º).

3 Constituição de 1988 e as premissas interpretativas do instituto

Chega-se, portanto, à Constituição de 1988 com mais um capítulo de um instituto tradicional do direito público a proteger as funções institucionais daquela autoridade pública. É interessante notar, contudo, que com o passar o tempo as figuras do "foro privilegiado" e da "prerrogativa de foro" tenham indevidamente se aproximado, criando-se uma grande confusão e fazendo com que juristas entendam como acertada a crítica ao instituto da prerrogativa de foro com base no princípio da igualdade e atribuam à competência especial para julgar atos e práticas político-institucionais a alcunha de um instituto superado.

A Constituição de 1988, na linha da história do instituto, apresenta múltiplas hipóteses de prerrogativa de foro, como:

> Art. 29, X – competência do Tribunal de Justiça para julgar prefeito, desde que sem temas da competência da justiça comum estadual;[28]
>
> Art. 53, § 1º – competência do STF para processar e julgar Deputados Federais e Senadores desde a expedição do diploma;
>
> Art. 96, III – competência dos Tribunais de Justiça para julgar os juízes estaduais e do Distrito Federal e os membros do Ministério Público nos crimes comuns e de responsabilidade, salvo a competência eleitoral;
>
> Art. 102, I, "b" – competência do STF para processar e julgar, originariamente, nas infrações penais comuns, o Presidente da República, o Vice-Presidente, os membros do Congresso Nacional, seus próprios Ministros e o Procurador-Geral da República;
>
> Art. 102, I, "c" – competência do STF para processar e julgar, originariamente, nas infrações penais comuns e nos crimes de responsabilidade, os Ministros de Estado e os Comandantes da Marinha, do Exército e da Aeronáutica (ressalvado o disposto no art. 52, I), os membros dos Tribunais Superiores, os do Tribunal de Contas da União e os chefes de missão diplomática de caráter permanente;

---

28 É importante dizer que a prerrogativa de foro dos prefeitos se aplica também aos crimes dolosos contra a vida, afastando, portanto, a competência do Tribunal do Júri (art. 5º, XXXVIII, da CF). Segundo a Súmula n. 702 do STF, "a competência do tribunal de justiça para julgar prefeitos restringe- se aos crimes de competência da justiça comum estadual; nos demais casos, a competência originária caberá ao respectivo tribunal de segundo grau". Esse entendimento foi reafirmado no julgamento da ADI n. 687, relator Ministro CELSO DE MELLO, DJ 10.2.2006. O STF também já decidiu que a Súmula n. 702 também se aplica aos vereadores (ACO n. 1.614, relator Ministro DIAS TOFFOLI, DJe 21.6.2012).

> Art. 105, I, "a" – competência do Superior Tribunal de Justiça para processar e julgar, originariamente, os Governadores de Estado e do Distrito Federal nos crimes comuns e nesses crimes e nos de responsabilidade, os desembargadores dos Tribunais de Justiça dos Estados e do Distrito Federal, os membros dos Tribunais de Contas dos Estados e do Distrito Federal, os dos Tribunais Regionais Federais, dos Tribunais Regionais Eleitorais e do Trabalho,
>
> os membros dos Conselhos ou Tribunais de Contas dos Municípios e os do Ministério Público da União;
>
> Art. 108, I, "a" – competência dos Tribunais Regionais Federais para processar e julgar os juízes federais, os juízes da Justiça Militar e da Justiça do Trabalho, nos crimes comuns e de responsabilidade, e os membros do Ministério Público da União, salvo a competência eleitoral.

A prerrogativa de foro, portanto, não foi uma novidade implantada pela Constituição de 1988, mas, ao contrário, a repetição e a ampliação de um modelo que, como já dito, significa a concretização de uma faceta poderosa do princípio da separação dos poderes, na dimensão da garantia do exercício pleno das atribuições constitucionais de outro Poder.

O que se tem como novidade é a premissa confusa de que a prerrogativa de função pode ser lida com base no princípio da igualdade, quando, em realidade, essa é a pauta interpretativa para julgar inconstitucional a figura do "foro privilegiado" ou para evitar com que a prerrogativa de função seja lida e compreendida como uma hipótese de "foro privilegiado".

É por esse motivo que o foro por prerrogativa não é a proteção da pessoa. Trata-se de uma forma republicana de defender os atos políticos e institucionais inerentes às funções ocupadas pelas autoridades, no exercício de sua plenitude de autonomia política. Como já bem anotado pelo próprio STF: "a prerrogativa de foro, prevista em norma a encerrar direito estrito, visa a beneficiar não a pessoa, mas o cargo ocupado".[29] Em outras palavras, o instituto tem natureza *intuitu funcionae*.

Além disso, o STF tem aplicado ao regime da prerrogativa de foro interpretação especial ao reconhecer que sua incidência prevalece sobre outras previsões constitucionais de competência, como a competência geral do Tribunal do Júri,[30] mesmo que também já se tenha decidido no Tribunal que essa competência do Tribunal do Júri ainda prevalece sobre a prerrogativa de função fixada exclusivamente em Constituição Estadual por ser questão não abrangida pelo art. 125, § 1º, da CF.[31]

4 A crítica ao "foro privilegiado" e sua extensão ao instituto da prerrogativa de foro

Embora haja certa concordância em relação às justificativas em torno da existência do instituto da prerrogativa de foro, vemos, nos últimos anos, uma forte tendência em criticar a sua extensão e a necessidade de "podar" as suas arestas,[32] especialmente diante das últimas operações de investigação de atos de corrupção e principalmente em virtude da divulgação dos números em torno da baixa estatística de condenações penais no STF.

---

29 HC n. 88.536, relator Ministro MARCO AURÉLIO, *DJe* 15.2.2008. Também nessa linha, vejam INQ n. 2.453-AgR, relator Ministro RICARDO LEWANDOWSKI, (DJ 29.6.2007).

30 Veja, nesse sentido, o julgamento do AP n. 333, relator Ministro JOAQUIM BARBOSA (*DJe* 11.4.2008) e AP n. 396, relatora Ministra CÁRMEN LÚCIA (*DJe* 28.4.2011).

31 Nesse sentido, ver RHC n. 80.477, relator Ministro NÉRI DA SILVEIRA (*DJ* 4.5.2001); e HC n. 78.168, relator Ministro NÉRI DA SILVEIRA (*DJ* 29.8.2003). Ainda nesse sentido, ver a Súmula Vinculante n. 45: "A competência constitucional do Tribunal do Júri prevalece sobre o foro por prerrogativa de função estabelecido exclusivamente pela Constituição estadual". (também Súmula n. 721 do STF).

32 De fato, havia no STF uma leitura relativamente benevolente em relação ao instituto, o que fica claro se consultadas as Súmulas n. 394 e n. 704 do STF, por exemplo.

De fato, tais estatísticas se tornaram públicas com o agravamento do sentimento de impunidade atrelado à figura da prerrogativa de foro.[33] Desde 1988, por exemplo, o STF processou e investigou mais de 500 parlamentares, tendo condenado apenas 16. As primeiras condenações do STF somente vieram a ocorrer em 2010, com o julgamento das AP n. 409 em 13.05.2010,[34] da AP n. 516 em 27.09.2010;[35] e da AP n. 396 em 28.10.2010.[36] Além disso, segundo os levantamentos, foram 290 inquéritos arquivados somente entre julho de 2013 e julho de 2015, sendo desse total 63 processos arquivados por prescrição (22% do total). 34 deputados, portanto, se livraram de penas em virtude do transcurso do prazo apenas nesses últimos anos. Outro dado importante é que até 2014 206 inquéritos e ações penais que corriam contra 93 deputados foram remetidos a instâncias inferiores em virtude do término de mandatos e perda do "foro privilegiado", o que sugere para alguns uma alta taxa de improdutividade do Tribunal no julgamento desse tipo de processo.

Esse contexto reforça a posição daqueles que destacam que o STF, por sua própria envergadura institucional, não está preparado

---

33 Veja, nesse sentido, o levantamento realizado pela revista *Congresso em Foco*, n. 7, de agosto de 2015.

34 Condenação do Deputado Federal JOSÉ GERARDO (PMDB-CE) a 2 anos e 2 meses de detenção (convertida em 50 salários-mínimos) por crime de responsabilidade ao empregar subvenções, auxílios, empréstimos ou recursos de qualquer natureza em desacordo com os planos ou programas a que se destinam. AP n. 409, relator Ministro AYRES BRITTO, *DJe* 01.07.2010.

35 Condenação do Deputado Federal JOSÉ TATICO (PTB-GO) a 7 anos de prisão e 60 dias-multa pela prática de crimes de apropriação indébita previdenciária e sonegação de contribuição previdenciária. AP n. 516, relator Ministro AYRES BRITTO, *DJe* 06.12.2010 e julgamento final dos Segundos Embargos de Declaração em 30.06.2016.

36 Condenação do Deputado NATAN DONADON (PMDB-RO) a 13 anos, 4 meses e 10 dias de reclusão pelos crimes de formação de quadrilha e peculato. AP n. 396, relator Ministro RICARDO LEWANDOWSKI, *DJe* 28.04.2011. A determinação de prisão veio em 26.06.2013 com a rejeição dos Segundos Embargos de Declaração.

para julgar acusações criminais, tampouco é uma Corte com experiência e dotada de capacidade para instruir e coletar provas nesse tipo de processo. Essa crítica que era difusa, embora vindo de diversos setores jurídicos,[37] começa a ser avaliada pelos próprios Ministros do Tribunal que também reconhecem essa incapacidade.[38]

Diante desse quadro, alega-se que as regras de prerrogativa de foro funcionam como uma espécie de exceção ao princípio republicano ou ao princípio do estado democrático de direito (art. 1º da Constituição de 1988), **uma vez que garante às autoridades públicas um tratamento privilegiado**, restringindo a competência para processá-los e julgá-los a um órgão jurisdicional que historicamente garante a impunidade. Nessa linha, torna-se evidente a quebra também do princípio da igualdade, o que "dá lugar a distorções exóticas e a espertezas diversas".[39]

De fato, chegou-se a vivenciar no Brasil ampliações do âmbito de incidência das normas constitucionais sobre prerrogativa de foro, em tentativa de atribuir a determinados cargos institucionais uma proteção especial em virtude de suas funções.[40] Mais recen-

---

37 Disponível em: http://www.conjur.com.br/2016-mar-30/stf-nao-sabe-julgar-processos-penais-procurador-lava-jato; https://brasil.elpais.com/brasil/2015/08/22/politica/1440198867_786163.html.

38 Dentre os Ministros que já se manifestaram acerca dessa posição, estão o Ministro Marco Aurélio (Revista *Congresso em Foco*, n. 7, entrevista) e o Ministro Roberto Barroso. Disponível em: http://www.conjur.com.br/2014-abr-02/luis-roberto-barroso-foro-privilegiado-restrito-autoridades.

39 Luís Roberto Barros, no seu artigo "Foro privilegiado deve ser restrito a poucas autoridades" (publicado no site CONJUR em 2.4.2014. Disponível em: http://www.conjur.com.br/2014-abr-02/luis-roberto-barroso-foro-privilegiado-restrito-autoridades).

40 Relembre-se que o art. 1º Medida Provisória n. 2.049-22, de 28.8.2000 (que alterou o art. 13, parágrafo único, da Lei n. 9.649, de 27.5.1998) e em confirmação ao que disposto no art. 1º, parágrafo único, da Lei n. 8.682, de 14.7.1993, transformou o cargo de Advogado-Geral da União (que, pelo texto explícito da Constituição, não teria foro especial) em cargo de Ministro de Estado, fazendo-se incidir o dispositivo do art. 102, I, "c", da CF. Essa ampliação do escopo da norma constitucional chegou a ser avaliada pelo

temente, passou-se a um segundo momento de verdadeiro abuso da interpretação desses dispositivos, com a nomeação deliberada de nomes para posição institucionais de destaque apenas para que essas pessoas se "privilegiassem" da competência de julgamento do STF.[41] Houve, portanto, um desvirtuamento do instituto da "prerrogativa de foro", aproximando-o, em sua utilidade, à ideia de "foro privilegiado".

Sob a perspectiva do próprio STF, a questão da prerrogativa de foro sempre foi tratada como tema afeto à chamada "jurisprudência defensiva", ou seja, a necessidade de diminuir o número de processos originários, especialmente em casos penais. Alega-se que o STF deve se dirigir a se tornar uma verdadeira Corte Constitucional e, portanto, seria conveniente a eliminação dessas regras indesejadas de competência especial.

É sempre fundamental destacar que todos os casos de natureza penal exigem do julgador uma atenção especial em virtude do tipo de pena que pode ser atribuída ao réu. Além disso, tais casos geralmente trazem uma alta dose de tensão política, uma vez que o

---

STF quando do julgamento do INQ n. 1.660 – QO, relator Ministro SEPÚLVEDA PERTENCE (DJ 6.6.2003). Em decisão final, após voto contrário do ministro relator (em que se dizia não ter o Advogado-Geral da União prerrogativa de ser julgado perante o STF), o Tribunal suspendeu a sessão para examinar os efeitos da MP n. 2.049-22, de 28.8.2000, concluindo, ao final, por sua competência para processar e julgar queixa-crime contra o Advogado-Geral da União.

41 Caso rumoroso que destacou esse ponto ocorreu no deferimento de liminar pelo Ministro GILMAR MENDES nos autos do MS n. 34.070 e MS n. 34.071, por meio do qual o Ministro relator suspendeu a eficácia da nomeação do ex-Presidente Luiz Inácio Lula da Silva para o cargo de Ministro Chefe da Casa Civil sob o argumento de que a nomeação era tentativa abusiva de retirar o ex-Presidente da competência de julgamento da 13ª Vara Federal de Curitiba. Acusação semelhante foi recentemente dirigida à publicação da MP n. 782, de 31.5.2017, que teria dado o "foro privilegiado" ao então Secretário-Geral da Presidência, MOREIRA FRANCO. O STF, entretanto, por meio da decisão do Ministro CELSO DE MELLO, não aceitou a alegação de "desvio de finalidade" na nomeação e indeferiu o pedido de liminar feita nos autos da MS n. 34.609 e MS n. 34.615.

processo não deixa de caracterizar a delicada situação de um Poder apenando o membro de um outro Poder, em situação de aparente crise, o que sempre levanta a tese da violação ao próprio princípio da separação dos poderes.[42] Por essa razão é que os 375 inquéritos e as 103 ações penais que tramitam no STF (dados de fevereiro de 2017)[43] não podem ser considerados apenas 478 processos, mas 478 potenciais crises institucionais em hibernação.

Finalmente, diante do envolvimento do Tribunal em casos paradigmáticos como o Mensalão e a Operação Lava Jato, envolvimento esse que acaba por restringir a pauta normal da Corte, certas vozes começaram a se levantar no sentido de tentar demonstrar que o tratamento quase que exclusivo dos Ministros às matérias

---

42 A jurisprudência do STF tem produzido inúmeros exemplos de julgamentos dessa natureza que inauguram verdadeiras crises entre Poderes e trocas de acusações. Em 5.12.2016, por exemplo, o Ministro MARCO AURÉLIO, nos autos da ADPF n. 402 (na qual se discute se autoridades políticas rés em processos penais podem fazer parte da linha sucessória), deferiu liminar para determinar o afastamento do senador RENAN CALHEIROS (PMDB-AL) do cargo de Presidente do Senado Federal. O julgamento da ADPF já tinha se iniciado em 3.11.2016, com 5 votos que acompanhavam a posição do relator. O julgamento, entretanto, foi suspenso em virtude do pedido de vista feito pelo Ministro DIAS TOFFOLI. A decisão gerou forte reação no Senado e deu início a uma crise entre poderes. O senador chegou a questionar a decisão por meio da impetração do MS n. 34.534, distribuído à Ministra ROSA WEBER. Com o julgamento final da ADPF n. 402 em 7.12.2016 no sentido de que os réus em ação penal perante o STF não podem substituir o presidente da república, desistiu-se do MS e se estancou crise.

Recentemente, em 26.9.2017, a 1ª Turma do STF, por maioria de votos, no julgamento da AC n. 4.327 (relator Ministro MARCO AURÉLIO), determinou a suspensão das funções parlamentares do senador AÉCIO NEVES (PSDB-MG), denunciado pela PGR pela suposta prática dos crimes de corrupção passiva e obstrução de investigação de infração penal que envolve organização criminosa. A decisão da 1ª Turma também determinou o "recolhimento domiciliar noturno" do senador. A decisão inaugurou nova crise entre Poderes com críticas, inclusive, de Ministros do STF componente da 2ª Turma.

43 Disponível em: https://jota.info/justica/stf-tem-357-inqueritos-e-103-acoes-penais-de-politicos-16022017. O dado consta também da decisão do Ministro ROBERTO BARROSO proferida na AP n. 937 em 10.2.2017.

penais retira espaço na pauta institucional do STF para julgar as demais importantes questões submetidas ao seu julgamento.

É nessa perspectiva "defensiva" que pode ser entendido, por exemplo, o movimento jurisprudencial do STF ao revisar a Súmula n. 394 por meio do julgamento da AP n. 315-QO e INQ n. 687-QO, em 25.8.1999.[44]

A Súmula n. 394, aprovada pelo STF em 3.4.1964, estabelecia que o crime praticado durante o exercício funcional deveria ser da competência do STF mesmo depois de terminado o mandato da autoridade política. Segundo o próprio STF no julgamento que decidiu pelo cancelamento da Súmula: "depois de cessado o exercício da função, não deve manter-se o foro por prerrogativa de função, porque cessada a investidura a que essa prerrogativa é inerente, deve esta cessar por não tê-la estendido mais além da própria Constituição" (AP n. 315-QO).

Com a extinção da chamada *perpetuatio jurisdictionis* e ainda no contexto da visão de que a prerrogativa de foro é um privilégio, os parlamentares, em reação ao cancelamento da súmula, fizeram aprovar a Lei n. 10.628, de 24.12.2002, que alterava o art. 84 do Decreto-lei n. 3.689, de 3.10.1941 (Código de Processo Penal), para fixar que a competência especial relativa a atos administrativos de agentes prevaleceria ainda que o inquérito ou ação penal fossem iniciados após a cessão do exercício da função pública.

Os então novos §§ 1º e 2º do art. 84 do Código de Processo Penal, entretanto, foram declarados inconstitucionais pelo STF por meio do julgamento da ADI n. 2.797 e da ADI n. 2.860[45] que entendeu que "tanto a Súmula 394, com a decisão do Supremo Tribunal, que a cancelou, derivaram de interpretação direta e

---

44 AP n. 315-QO, (*DJ* 31.10.2001) e AP n. 313-QO, relatados pelo Ministro MOREIRA ALVES (*DJ* 09.11.2001); e INQ n. 687-QO, relator Ministro SYDNEY SANCHES (*DJ* 9.11.2001).

45 26 ADI n. 2.797 (*DJ* 19.12.2006); e ADI n. 2.860, relatados pelo Ministro SEPÚLVEDA PERTENCE *(DJ* 19.12.2006).

exclusiva da Constituição Federal" e, por isso, "não pode a lei ordinária pretender impor, como seu objetivo imediato, uma interpretação da Constituição".

É certo também que mesmo essa decisão do STF que reduziu – ao menos temporalmente – o âmbito de incidência da norma constitucional da prerrogativa de foro, acabou gerando anomalias no sistema e permitindo que investigados no âmbito desses processos renunciassem proximamente ao julgamento do caso, de maneira a criar atraso, confusão e forçar uma reanálise de todo o processo pelo juiz de 1ª instância.[46] Assim fazendo, tais parlamentares manipulavam as regras de competência com o intuito de gerar morosidade e apostar na solução prescricional. O STF teve posteriormente a oportunidade de criar mecanismos de maneira a evitar esse comportamento abusivo e evasivo do réu.[47]

O fato importante, portanto, **é que o instituto da prerrogativa de foro caiu em descrédito,** e há um esforço especialmente jurisprudencial para rever as bases de sua aplicação, atenuando as hipóteses da competência do STF para processar e julgar as questões penais especialmente dos deputados, senadores e dos Ministros de Estado.

Esse amplo quadro de descrédito com o instituto da prerrogativa de foro foi bem delineado com as observações feitas pelo Ministro ROBERTO BARROSO em sua decisão proferida na AP n. 937, de 10.2.2017, a saber:

---

46 Exemplo desse procedimento abusivo se pôde constatar nas proximidades de julgamento da AP n. 333, de relatoria do Ministro JOAQUIM BARBOSA (com a renúncia do ex-Deputado Federal RONALDO CUNHA LIMA); e da AP n. 536, de relatoria do Ministro ROBERTO BARROSO (com a renúncia ao cargo de Deputado Federal por parte de EDUARDO AZEREDO).

47 Confira-se a AP n. 396, de relatoria da Ministra CÁRMEN LÚCIA (*DJe* 28.4.2011).

....

7. O presente caso revela a disfuncionalidade prática do regime de foro privilegiado, potencializado pela atual interpretação constitucional ampliativa acerca de sua aplicação (...).

8. O sistema é feito para não funcionar. Mesmo quem defende a ideia de que o foro por prerrogativa de função não é um mal em si, na sua origem e inspiração, não tem como deixar de reconhecer que, entre nós, ele se tornou uma perversão da Justiça. No presente caso, por exemplo, as diversas declinações de competência estão prestes a gerar a prescrição pela pena provável, de modo a frustrar a realização da justiça, em caso de eventual condenação. De outro lado, a movimentação da máquina do STF para julgar o varejo dos casos concretos em matéria penal apenas contribui para o congestionamento do tribunal, em prejuízo de suas principais atribuições constitucionais (...).

De lege ferenda (i.e., em uma urgente modificação do Direito vigente), o foro por prerrogativa de função deve ser reduzido a um número mínimo de autoridades, aí incluídos os chefes de Poder e pouquíssimas mais. Sintomaticamente apelidado de foro privilegiado, passou a constituir um mal para o Supremo Tribunal Federal e para o país. Há três ordens de razões que justificam sua eliminação ou redução drástica. Em primeiro lugar, existem razões filosóficas: trata-se de uma reminiscência aristocrática, não republicana, que dá privilégio a alguns, sem um fundamento razoável. Em segundo lugar, devido a razões estruturais: Cortes Constitucionais, como o STF, não foram concebidas para funcionarem como juízos criminais de 1º grau, nem têm estrutura para isso. O julgamento da Ação Penal 470 (conhecida como Mensalão) ocupou o Tribunal por um ano e meio, em 69 sessões. Por fim, há razões de justiça: o foro por prerrogativa é causa frequente de impunidade, porque dele resulta maior demora

> na tramitação dos processos e permite a manipulação da jurisdição do Tribunal.
>
> ....[48]

Esse sentimento acerca dos equívocos na interpretação das normas que estabelecem a prerrogativa de foro (especialmente aquela constante do art. 53, § 1º, da CF) pode levar a uma alteração do modelo vigente. Não é por outro motivo que o Senado, por exemplo, já discute, em sua Comissão de Constituição e Justiça, a Proposta de Emenda Constitucional (PEC n. 10/2013) que acaba com o "foro privilegiado" para todas as autoridades suspeitas de terem cometido crime comum, alterando os arts. 102, 105, 108 e 125 da CF (embora não haja a revogação expressa do art. 53, § 1º, da CF, o que certamente traria dúvidas jurídicas importantes acerca da revogação dessa prerrogativa no caso dos parlamentares). A proposta se baseia no número apurado de que 22 mil autoridades públicas no Brasil se "beneficiam" com o privilégio do foro por conta do cargo que ocupam.

5 Prerrogativa de foro apenas para os crimes cometidos em razão da função ou ofício

Não há dúvida que o modelo da prerrogativa de função precisa ser burilado para que a sua aplicação se restrinja às hipóteses nas quais, de fato, a dimensão positiva do princípio da separação dos poderes esteja evidenciada. Por outro lado, é preciso se reconhecer que sua incidência desmedida acabou por animar um espaço normativo tangencial que, de fato, ressuscitou a ideia de um "foro privilegiado" pelo transbordamento da ideia da "prerrogativa de foro". É preciso se fazer, portanto, um ajuste fino.

48 AP n. 937, relator Ministro ROBERTO BARROSO, despacho publicado em 20.2.2017.

Alguma evolução no modelo, entretanto, poderia ser produzida por meio de modificação das premissas na interpretação constitucional, alterações essas que preservassem o objetivo originário do instituto, assegurando a devida liberdade e autonomia para que a autoridade pública possa realizar suas opções políticas e promover com coragem as políticas públicas das quais o Brasil precisa.

No caso da AP n. 937, a sugestão do Ministro ROBERTO BARROSO vai no sentido de delimitar no tempo a ocorrência dos atos ensejadores da configuração penal a precisamente o período de exercício do mandato parlamentar.

O próprio Ministro CELSO DE MELLO já defendeu essa nova premissa da hermenêutica constitucional em entrevista publicada na *Folha de São Paulo* de 26.2.2012, a saber:

> A minha proposta é um pouco radical, porque proponho a supressão pura e simples de todas as hipóteses constitucionais de prerrogativa de foro em matéria criminal.
>
> (...)
>
> Mas acho que o STF talvez devesse, enquanto a Constituição mantiver essas inúmeras hipóteses de prerrogativa de foro, interpretar a regra constitucional nos seguintes termos: enquanto não for alterada a Constituição, a prerrogativa de foro, interpretar a regra constitucional nos seguintes termos: enquanto não for alterada a Constituição, a prerrogativa de foro seria cabível apenas para os delitos cometidos em razão do ofício.[49]

De fato, parece ser um exagero na interpretação do instituto que a competência especial possa sobreviver ao final do período parlamentar mesmo para atos praticados durante esse mandato, ou mesmo que se reconheça essa prerrogativa para crimes praticados

49 "Ministro do STF defende fim do foro privilegiado", *Folha de São Paulo*, 26.2.2012.

antes do mandato. Nos dois casos, parece que se fala do "foro privilegiado" e não da "prerrogativa de função".

A proposta do Ministro ROBERTO BARROSO foi submetida ao plenário do STF com voto lido em 31.5.2017. Em 1.6.2017, após os votos do Ministro Marco Aurélio, acompanhando em parte do ministro relator, e dos votos das Ministras ROSA WEBER e CÁRMEN LÚCIA, acompanhando integralmente o ministro relator, o Ministro ALEXANDRE DE MORAES pediu vista.

6 Aproximações para uma segunda sugestão: os atos de políticas públicas

6.1 Atos Pertinentes à Atuação Política

Após essas considerações acerca do instituto da prerrogativa de foro, é importante a indicação acerca de algumas conclusões pertinentes ao tema:

(a) grande parcela da sensação de impunidade e a razão de ocorrência dos fatos que geram a morosidade na tramitação dos processos de prerrogativa de foro no STF estão relacionadas ao julgamento de questões penais (crimes comuns) atribuídas a parlamentares;

(b) para esse nível de preocupação, é possível a adoção de medidas legislativas (como alterações constitucionais e da legislação ordinária) e de alterações da jurisprudência que possam resultar em uma efetiva alteração do modelo que hoje se tem, com eventuais resultados positivos para o regime constitucional; e

(c) no que tange à alteração do modelo de interpretação, a questão já está endereçada no plenário do STF por meio da decisão que será adotada no julgamento da AP n. 937.

O tema da prerrogativa de foro, entretanto, é muito mais amplo do que esse aspecto da discussão que realmente parece concentrar boa parcela dos desvirtuamentos do modelo. Em qualquer proposta de alteração do modelo constitucional, especialmente se se está falando de um instituto estratificado ao longo da história constitucional brasileira, é preciso se ter bastante cuidado e precisão no planejamento dessas mudanças, para que, ao final, se tenha como resguardado os motivos, igualmente nobres e republicanos, que justificaram ao longo dessa evolução a utilização do modelo.

De fato, a prerrogativa de foro se sustenta também no princípio da separação de poderes, não como forma de limitar a atuação do Poder, mas, ao contrário, como maneira de garantir que os membros desse outro Poder tenham a adequada liberdade e autonomia política que os cargos que ocupam e as funções que exercem pressupõe para o pleno exercício de suas obrigações.

Certamente, quando a questão é colocada sob esse prisma, não se está falando, geralmente, de **crimes comuns que, por conceito, nada se referem ao pleno exercício de alguma função pública** (salvo no caso dos chamados "crimes de opinião", que, de fato, pode resultar, no exercício do mandato parlamentar, em limitação à liberdade de propor, discutir, opinar, discordar e questionar ideias e propostas no processo legislativo).[50] Ao contrário, o tratamento da questão sob o enfoque do direito penal remete inexoravelmente a um ato pessoal, subjetivo, que é desprendido de qualquer atuação pública ou política.

Por outro lado, a relação entre prerrogativa de foro e a necessidade de garantir a liberdade de tomar decisões políticas têm maior pertinência com a atividade de execução política e administrativa, mesmo no plano da elaboração e programas de Estado ou de Governo. Assim sendo, essa perspectiva de tratamento do tema se dirige mais às autoridades públicas do Poder Executivo.

---

50 Na linha da Súmula n. 396 do STF: "Para a ação penal por ofensa à honra, sendo admissível a exceção da verdade quanto ao desempenho de função pública, prevalece a competência especial por prerrogativa de função, ainda que já tenha cessado o exercício funcional do ofendido".

Está se falando, portanto, nessa outra dimensão da discussão em torno da prerrogativa de foro, dos chamados **crimes de responsabilidade**, geralmente projetados sobre os atos e decisões tomadas por Ministros de Estado na execução de políticas públicas e programas políticos de Estado ou de governo.

Essa dimensão da questão, entretanto, tem sido tratada pelo STF em uma outra vertente jurisprudencial que também encontra em um caso de plenário seu momento de julgamento decisivo.

Nesse outro caso (AgReg na PET n. 3.240), há claramente premissas delicadas que precisam ser refletivas e bem articuladas de maneira a que essa dimensão de proteção da ação política de agentes do Poder Executivo – que está na gênese do instituto da prerrogativa de foro – não sejam ignoradas com base em razões teóricas e práticas que se dirigem aos problemas causados pela competência especial para processamento e julgamento de parlamentares de crimes comuns (nas quais o ranço do "foro privilegiado" se coloca).

6.2 Jurisprudência do STF a partir da RCL n. 2.138

A origem dessa segunda vertente do debate está na interpretação da Lei n. 8.429, de 2.6.1992, que trata das sanções aplicáveis aos agentes públicos nos casos de improbidade administrativa e a interpretação da Constituição com foco na interpretação sistêmica a ponto de compatibilizar o sentido do art. 37, § 4º, da CF (quando a Constituição se refere aos atos de improbidade administrativa praticados pelo servidor público) com o art. 102, I, "c", da CF (quando a Constituição se refere aos crimes de responsabilidade).

No primeiro julgamento importante acerca do tema no STF, as discussões entre os Ministros e o resultado do julgamento projetaram a dicotomia entre dois regimes jurídicos: o regime jurídico da improbidade administrativa (regulado pela Lei n. 8.429, de 2.6.1992) e o regime jurídico do crime de responsabilidade (regulado pela Lei n. 1.079, de 10.4.1950).

Naquele primeiro caso, o Advogado-Geral da União ingressou com a RCL n. 2.138, tendo como reclamados o juiz federal substituto da 14ª Vara da Seção Judiciária do Distrito Federal e o Relator, no TRIBUNAL REGIONAL FEDERAL da 1ª REGIÃO (TRF1), de ação cautelar, relatores de ação de improbidade administrativa contra o então Ministro-Chefe de Assuntos Estratégicos (SAE) no tempo da conduta apontada como criminosa e que depois se tornou Ministro de Estado da Ciência e Tecnologia. É importante que se diga que, naquele caso, a acusação se voltava como ato de natureza administrativa consistente da utilização de aeronaves da FAB para transporte particular, "sem vinculação às suas atividades funcionais".

O então relator, Ministro NELSON JOBIM, deferiu a liminar para suspender a eficácia da sentença e sustar a tramitação do processo, em 11.9.2002. Após longo processo de julgamento no plenário do STF, com múltiplos pedidos de vista e renovações de pedidos de vista,[51] o Tribunal chegou ao entendimento de que os dois regimes de responsabilização de agentes públicos previstos na Constituição eram incompatíveis entre si:

> II.2. Distinção entre os regimes de responsabilização político- administrativa. O sistema constitucional brasileiro distingue o regime de responsabilidade dos agentes políticos dos demais agentes públicos. A Constituição não admite a concorrência entre dois regimes de responsabilidade político-administrativa para os agentes políticos: o previsto no art. 37, § 4º (regulado pela Lei n. 8.429/1992) e o regime fixado

---

51 O Ministro CARLOS VELLOSO pediu vista do processo em 20.11.2002, renovado em 28.4.2004; o Ministro JOAQUIM BARBOSA pediu vista em 14.12.2005, renovado em 22.2.2006; e o Ministro EROS GRAU pediu vista em 1.3.2006. A decisão final do caso somente ocorreu em 13.6.2007 com votos vencidos do Ministro MARCO AURÉLIO, Ministro CARLOS VELLOSO, Ministro JOAQUIM BARBOSA, Ministro CELSO DE MELLO e Ministro SEPÚLVEDA PERTENCE. Os Ministros vencedores foram NELSON JOBIM, GILMAR MENDES, ELLEN GRACIE, MAURÍCIO CORRÊA, ILMAR GALVÃO e CEZAR PELUSO.

> no art. 102, I, "c" (disciplinado pela Lei n. 1.079/1950). Se a competência para processar e julgar a ação de improbidade (CF, art. 37, § 4º) pudesse abranger também atos praticados pelos agentes políticos, submetidos a regime de responsabilidade especial, ter-se-ia uma interpretação ab-rogante do disposto no art. 102, I, "c", da Constituição.[52]

A tese vencedora naquela oportunidade era de que haveria, na análise das regras de responsabilidade, uma diferença implícita entre servidores públicos e agentes políticos e que a Constituição teria dirigido aos agentes políticos um regime de responsabilização específica, qual seja, os crimes de responsabilidade, tratados pela Lei n. 1.079, de 10.4.1950.

Nessa linha e por consequência da interpretação do art. 102, I, "c", da CF, a competência para julgamento de responsabilidade de agentes políticos (crimes de responsabilidade) era do STF.

É importante notar que o STF, nesse caso, optou por fazer diferenciação subjetiva, em função da natureza do agente público, e não em função da natureza do ato ou da conduta praticados. Assim, pela interpretação do STF, atos de natureza administrativa que não necessariamente tivessem relação com o desenvolvimento da atividade política do agente (como era o caso concreto julgado) somente poderiam ser examinados pela via da competência especial, uma vez que seriam, por conceito, tipos de crimes de responsabilidade.

Em 13.3.2008, o plenário do STF, aplicando sua jurisprudência, analisou a PET n. 3.211[53] e reafirmou essa tese ao firmar que "compete ao Supremo Tribunal Federal julgar ação de improbidade contra seus membros", determinando o arquivamento da

---

52 RCL n. 2.138-6 DF, relator para o acórdão Ministro GILMAR MENDES (art. 38, IV, "b", do RISTF), *DJe*. 18.4.2008.

53 PET n. 3.211-QO, relator para o acórdão Ministro MENEZES DIREITO (*DJe* 27.6.2008).

ação de improbidade administrativa e remetendo o processo ao juízo de 1ª instância.

O próprio Ministro LUIZ LUX chegou a afirmar, no julgamento do MS n. 31.234-MC, que

> o entendimento de que agentes políticos podem responder como réus em ação de improbidade, mas com observância da prerrogativa de foro, tem se consolidado mais recentemente na jurisprudência pátria, e em particular, no âmbito desta Suprema Corte, o que impõe a desconstituição do ato impugnado neste *writ*.[54]

O STF, portanto, na tentativa de assegurar os motivos justificadores da prerrogativa de foro, ampliava seus horizontes, para incluir no seu âmbito de proteção atos que não necessariamente tinham relação de pertinência com o desempenho da função político-pública. Assim, **o Tribunal abria uma delicada brecha, uma vez que** "personificava" o regime da prerrogativa de função, aproximando-o perigosamente à proibição genérica de adoção do "foro privilegiado".

Ao mesmo tempo que se consolidava a aproximação inconveniente entre "prerrogativa de foro" e a noção de "foro privilegiado", fortalecia-se a tese que havia restado vencida, por mínima margem, quando do julgamento da RCL n. 2.138 de que os regimes de responsabilidade por crime de responsabilidade e por improbidade administrativa não eram incompatíveis entre si, a teor do que previa o art. 37, § 4º, da própria CF.

6.3 Alteração do Modelo e a ADI n. 2.797

É interessante notar que o modelo da competência especial começou a sofrer abalos de vários fatores exteriores, tal como

54 MS n. 31.234, relator Ministro LUIZ FUX (*DJe* 27.3.2012).

esse sentimento de impunidade diante da morosidade na tramitação dos casos penais contra autoridades políticas e dos casos não resolvidos no mérito, em virtude da incidência das regras de prescrição. Entretanto, curiosamente, o próprio STF bem identificou que as bases da tese vencedora na RCL n. 2.138 poderiam ser "indexadas" às tentativas abusivas de uso indevido da prerrogativa de função, tal como fincou claro no julgamento da ADI n. 2.797, ainda em 15.9.2005. Veja trecho da ementa desse julgado que indica essa questão:

> 5. De outro lado, pretende a lei questionada equiparar a ação de improbidade administrativa, de natureza civil (CF, art. 37, § 4º), à ação penal contra os mais altos dignitários da República, para o fim de estabelecer competência originária do Supremo Tribunal, em relação à qual a jurisprudência do Tribunal sempre estabeleceu nítida distinção entre as duas espécies.[55]

Ou seja, a distinção entre agentes públicos para fins de definição da prerrogativa de foro (e não a distinção da natureza do ato praticado) ajudava aqueles agentes políticos que queriam se utilizar desse regime para se proteger da persecução em 1ª instância em acusações cíveis ou penais, tal como ocorreu na aprovação da Lei n. 10.628, de 24.12.2002.

O ato abusivo de legislar contra a competência do STF em matéria de interpretação autêntica da Constituição rendeu, em realidade, a fixação de uma nova premissa: a de que as ações de improbidade administrativa teriam natureza cível e, por isso, não poderiam ser interpretadas em analogia à competência especial do STF em matéria de crimes de responsabilidade, uma vez que "resultaria na criação de nova hipótese de competência originária não prevista no rol taxativo da Constituição Federal".[56]

---

55 ADI n. 2.797, relator Ministro SEPÚLVEDA PERTENCE (*DJe* 19.12.2006).

56 *Informativo do STF*, n. 401, de 12 a 16 de setembro de 2005.

Esse entendimento fixado no julgamento das ADIs n. 2.797 e n. 2.860 foi reafirmado no exame da RCL n. 2.762-Agr, de relatoria também do Ministro SEPÚLVEDA PERTENCE, ocorrido em 1.6.2006.

Assim sendo, na conjunção dos julgados do STF, a orientação jurisprudencial passou a ser que uma vez que o agente político terminasse seu mandato ou sua investidura, o processo teria que baixar à 1ª instância, uma vez que deixava de ser contra "agente político" e, assim, a ação de improbidade administrativa somente poderia correr em 1º grau e com base no art. 37, § 4º, da CF e na Lei n. 8.429, de 2.6.1992.

Fundiram-se os horizontes das duas linhas de jurisprudência (a que reafirmava a revogação da Súmula n. 394 do STF e a que fixava que a prerrogativa de foro se daria com base na natureza do agente público) e, com isso, construiu-se situação esdrúxula e inadequada do ponto de vista da própria história constitucional: a possibilidade de ato de natureza público-política praticado por agente político ser examinado pela primeira instância em virtude do término do mandato, tal como se decidiu na RCL n. 2.186-Agr em 15.3.2016, na linha do que se fixou na RCL n. 3.004-Agr julgada na mesma data.

6.4 Os Atos de Natureza Política: Planejamento e Execução de Políticas Públicas

Evidentemente, o estado atual da jurisprudência nessa questão não parece ser o mais preciso e, muito menos, o mais adequado. É necessária uma evolução da interpretação dos dispositivos constitucionais para que atos de natureza política sejam sempre da competência especial de processamento e julgamento do STF, independentemente no término do mandato da pessoa que, embora tenha sido autora do ato, não agiu de maneira pessoal, mas na realização do interesse público.

Para os casos de prerrogativa de foro no STF, é fundamental que a distinção **não se dê com base no agente público, mas com base na natureza do ato que foi praticado.** Isso porque, a par dos atos de mera gestão ou simplesmente administrativos (que, em tese, poderiam ser praticados por qualquer servidor público), existem atos que somente podem ser praticados pela autoridade política.

São atos que se ligam intimamente às responsabilidades do cargo e da função e se consolidam em um verdadeiro poder-dever de decidir, uma vez que estão ligados ao próprio "agir" do Estado, na linha dos objetivos constitucionais e governamentais.

O próprio Ministro GILMAR MENDES já teve a oportunidade, na decisão proferida nos autos da RCL n. 2.186, de indicar a importância da responsabilidade política desses agentes em virtude de seu mandato político:

> Não se pode deixar que consignar que um dos problemas fundamentais da sociedade de risco é a assinalagmaticidade do risco. Tal observação é bastante pertinente para uma correta compreensão da atividade desempenhada pelos Ministros de Estado, bem como do diferenciado regime de responsabilização de tais agentes. **De fato, o risco presente nas decisões de um Ministro de Estado jamais poderia ser equiparado ao risco de uma decisão de um agente público comum.** Daí o equívoco das abordagens que pretendem ver a prerrogativa de foro como ofensiva ao princípio da isonomia.
>
> **Esse é um ônus da atividade de quem tem obrigatoriamente que decidir.** O que parece absurdo é tentar estabelecer uma equação no sentido de que todo e qualquer ato ilegal imputável à administração pública implica um ato de improbidade de um agente público.
>
> Essa confusão inaceitável é coirmã da concepção que tenta vislumbrar as ações de improbidade como um simples mecanismo de responsabilização civil. De fato, não é correto tomar as sanções por improbidade como sanções de índole meramente civil.

> ....
>
> E não se diga que o fato de os reclamantes não mais estarem ocupando os cargos políticos, que ocupavam à época do ajuizamento das ações de improbidade, desloca a competência desta Corte, pois não é possível modificar a situação fático-histórica de se estar julgamento supostos crimes de responsabilidade, os quais são de competência exclusiva do Supremo Tribunal Federal. Não há outro juízo competente para processar e julgar os reclamantes pela prática de crime de responsabilidade, já que os atos supostamente ilícitos a eles imputados referem-se à época em que ocupavam cargos de agentes políticos (grifo nosso).

O poder-dever de decidir da autoridade política não advém simplesmente do regime legal do serviço público, mas da autoridade política que lhe é conferida pela legitimidade democrática de uma disputa eleitoral, fundado nos poderes institucionais fixados pela Constituição.

Diferentemente do servidor público (que, quando regulares, pratica atos de mera gestão, vinculados ao serviço burocrático da máquina estatal), os agentes políticos podem praticar, além desses atos administrativos, atos de natureza política, constituindo-se esses, em realidade, a principal parcela de seu *munus* e de sua responsabilidade.

Os atos de natureza política envolvem principalmente aqueles atos que se dirigem a realizar, no plano do planejamento e execução, as chamadas políticas públicas. Política pública, nesse sentido, forma um campo de conhecimento que visa colocar o governo em ação, examinar essa ação, propondo mudanças no curso de desenvolvimento dessa atuação.[57] É uma forma de analisar a atuação

57 SOUZA, Celina. "Políticas públicas: uma revisão da literatura". *Sociologias*, Porto Alegre, ano 8, nº 16, jul./dez. de 2006, p. 26: "Pode-se, então, resumir política pública como o campo do conhecimento que busca, ao mesmo tempo, colocar o governo em ação e/ou analisar essa ação (variável

do governo à luz das grandes questões públicas sob a perspectiva do atingimento de seus objetivos maiores. É o processo de escolha (política) dos meios para realização dos objetivos do governo.[58]

É importante destacar, entretanto, que as políticas públicas se orientam para objetivos que podem estar direta ou indiretamente na Constituição. Quando a Constituição prevê objetivos institucionais de maneira direta, geralmente o faz por meio do estabelecimento de um direito que pode ser auferido de maneira subjetiva e individual ou por meio difuso ou coletivo. Nesses casos, as políticas públicas podem ser descritas como programas, planos, projetos e planejamentos da ação do Estado que visam realizar direitos fundamentais (em qualquer das suas dimensões). São exemplos desse tipo mais óbvio de políticas públicas as ações públicas dirigidas à universalização da educação, à ampliação da oferta de moradias, à melhoria dos serviços de saúde, às políticas dirigidas às minorias e à promoção da igualdade, à reforma agrária, à geração de empregos, à redução da fome, à proteção da família, da criança, da mulher e do idoso, à erradicação do trabalho infantil, à seguridade social etc.

Por outro lado, a Constituição também estabelece objetivos estatais que não se revelam como direitos fundamentais diretamente, mas como princípios e orientações mais amplas para o bom funcionamento dos Poderes, das instituições e dos procedimentos públicos de forma a se atingir objetivos mais amplos e institucionais. Fariam parte desse grupo todas as demais ações do Estado, como as políticas ligadas ao desenvolvimento nacional, à segurança pública, à defesa da soberania, às relações exteriores, as políticas

---

independente) e, quando necessário, propor mudanças no rumo ou curso dessas ações (variável dependente). A formulação de políticas públicas constitui-se no estágio em que os governos democráticos traduzem seus propósitos e plataformas eleitorais em programas e ações que produzirão resultados ou mudanças no mundo real".

58 BUCCI, Maria Paula Dallari. *Direito Administrativo e Políticas Públicas.* São Paulo: Saraiva, 2006, p. 256.

de desenvolvimento dos setores da economia, como transporte (rodoviário, ferroviário, hidroviário, marítimo e aéreo), energia elétrica, combustíveis, petróleo e gás, mineração, gestão da água, saneamento básico, mobilidade, estabilidade econômica e da moeda, relações entre os poderes, desenvolvimento do procedimento legislativo, políticas de eficiência no Judiciário etc.

Para as políticas públicas previstas diretamente na Constituição, o STF tem entendido que, diante da inadimplência constitucional do Poder Executivo, pode o Poder Judiciário determinar a execução de atos para a sua implementação, tal como faz prova a decisão no AI n. 734.487, AgR,[59] em que afirmou que "é possível ao Poder Judiciário determinar a implementação pelo Estado, quando inadimplente, de políticas públicas constitucionalmente previstas, sem que haja ingerência em questão que envolve o poder discricionários do Poder Executivo".

Nessa mesma linha, é exemplificativo a manifestação do Ministro CELSO DE MELLO, no julgamento do RE n. 410.715-AgR:

> Embora resida, primariamente, nos Poderes Legislativo e Executivo, a prerrogativa de formular e executar políticas públicas revela-se possível, no entanto, ao Poder Judiciário, determinar, ainda que em bases excepcionais, especialmente nas hipóteses de políticas públicas definidas pela própria Constituição, sejam estas implementadas pelos órgãos estatais inadimplentes, cuja omissão – por importar em descumprimento dos encargos político-jurídicos que sobre eles incidem em caráter mandatório – mostra-se apta a comprometer a eficácia e a integridade de direitos sociais e culturais impregnados de estatura constitucional.[60]

---

59 AI n. 734.487 AgR, relatora Ministra ELLEN GRACIE (*DJe* 20.8.2010).

60 RE n. 410.715/SP-AgR, Segunda Turma, Relator Ministro CELSO DE MELLO, dj 3.2.2006. Também nessa linha, ADI n. 1.484, relator Ministro CELSO DE MELLO (*DJ* 28.8.2001); RE n. 440.028, relator Ministro MARCO AURÉLIO (*DJ* 26.11.2013).

O fato importante a ser destacado é que os atos de políticas públicas, seja no seu planejamento, seja na sua execução, sejam aqueles primários (ligados intimamente ao atingimento dos objetivos institucionais), sejam aqueles secundários (que, embora indiretos, estão no bojo da realização do objetivo) são tipicamente atos políticos, de realização de objetivos institucionais e de funções político-democráticas.

São, portanto, por essência, atos umbilicalmente ligados ao cargo e à função do agente político e, por isso, somente poderiam ser investigados no âmbito de uma jurisdição igualmente política, de estatura institucional privilegiada e superior com competência nacional. As políticas públicas do Governo Federal, ou seja, da União, são nacionais e não podem ser julgadas, direta ou indiretamente, pelas autoridades judiciárias regionais ou locais, cuja competência é limitada a determinada área. Não podem esses atos ficarem expostos e submetidos à avaliação meramente jurídica do juízo de 1ª instância, como se o seu cumprimento fosse o resultado de uma operação silogística e hermenêutica de uma norma jurídica infraconstitucional. Os atos políticos (como são os atos ligados às políticas públicas) são realizados no cumprimento de um programa de Governo vencedor de uma eleição democrática ou de projetos constitucionais, executados no âmbito da discricionariedade política da atuação da cúpula dos Poderes. Exigem, portanto, negociação e parceria institucional, bem como composição de interesses e, muitas vezes, de visões ideológicas partidárias. A complexidade política e normativa desse tipo de ação exige naturalmente o cumprimento da prerrogativa de foro como mecanismo essencial para se conservar e proteger o espaço de independência e autonomia no qual tais atos são e devem ser praticados.

Considerações finais

O objetivo deste trabalho foi contribuir com uma proposta de releitura do instituto da "prerrogativa de foro" de forma que, mesmo assimilando as críticas a ele dirigidas, se pudesse conservar sua importante utilidade institucional ao servir como proteção para a prática dos chamados atos políticos de planejamento e execução de políticas públicas.

De fato, há uma diferença importante entre a ideia de "foro privilegiado" (proibido no Brasil desde a Constituição de 1824) e a noção de "prerrogativa de foro" (existente no Brasil também desde a Constituição do Império). Enquanto no primeiro caso a legislação permitiria a fixação de uma competência especial para processamento e julgamento em função da pessoa investigada, no segundo caso essa competência especial viria do cargo ou função exercidos pelo agente público. No primeiro caso, portanto, estar-se-ia diante de um problema evidente de quebra do princípio da isonomia e, no segundo caso, a hipótese seria de realização da faceta positiva e ativa do princípio da separação de poderes.

A proximidade das duas figuras, entretanto, exige do intérprete da Constituição uma visão progressista, moderna e dinâmica, uma vez que a ampliação dos horizontes de incidência da "prerrogativa de foro" pode se convolar em um problema de "foro privilegiado", tendo em vista que o foco da prerrogativa poderá migrar para a pessoa do acusado, fazendo supor nesse modelo a aplicação das críticas de morosidade e impunidade que vêm sendo dirigidas ao STF.

A partir dessa separação importante e além da propositura de solução parcial contida da AP n. 957, o presente trabalho demonstrou que a "prerrogativa de foro" poderá ser melhor aplicada se se considerar, ao invés do tipo de agente público (se servidor público ou agente político), a natureza do ato praticado (se ato de mera gestão ou administrativo ou ato de realização de políticas públicas). Seguindo nessa linha, torna-se evidente a necessidade imperiosa da competência especial para processamento e julgamento dos atos praticados pelos agentes políticos do Estado, uma vez que se circunscrevem no exercício de um poder político legítimo, confirmado pelas eleições democráticas, e visando ao atingimento de políticas públicas constitucionais, cuja interpretação, inclusive em relação às responsabilidades deles decorrentes, cabe final e exclusivamente ao STF no Estado de Direito.

Referências bibliográficas

BUCCI, Maria Paula Dallari. *Direito Administrativo e Políticas Públicas*. São Paulo: Saraiva, 2006.

SOUZA, Celina. "Políticas públicas: uma revisão da literatura". *Sociologias,* Porto Alegre, ano 8, n. 16, jul./dez. de 2006.

WALD, Arnoldo; JUSTEN FILHO, Marçal; PEREIRA, Cesar Augusto Guimarães (Coord.). *O Direito Administrativo na atualidade*: estudos em homenagem ao centenário de Hely Lopes Meirelles (1917-2017). São Paulo: Malheiros, 2017.

CAPÍTULO III

O ÂMBITO DE PROTEÇÃO DA LIBERDADE ARTÍSTICA

Beatriz Bastide Horbach

A liberdade artística é um espectro da liberdade de expressão que, como esta, gera discussões acerca de seus reais limites. Não apenas no Brasil, mas também no Direito Comparado, trata-se de tema complexo, para o qual as Cortes Constitucionais, quando demandadas, em diversos casos precisam estabelecer critérios para separar o conceito de arte da prática de ato que configure algum ilícito ou agressão a terceiros.

O presente artigo traçará algumas considerações essenciais sobre o conceito de arte e, consequentemente, sobre seu âmbito de proteção. Elencará julgados do Supremo Tribunal Federal em que o tema foi abordado para, por fim, analisar o voto-vista do Min. Gilmar Mendes no HC 83.996, no qual foi discutido o limite da liberdade artística de um teatrólogo.

1 Liberdade artística: preceitos gerais

A arte como fenômeno social envolve uma teia de relações, que reclamam "condições de segurança, de liberdade e de justiça para o seu desenvolvimento".[61] Entre nós, a liberdade artística está assegurada na Constituição Federal de 1988 em seu art. 5º, IX, que prescreve ser "livre a expressão da atividade intelectual, artística, científica e de comunicação, independentemente de censura ou licença".[62]

No texto constitucional anterior, a expressão *artística* encontrava-se desvinculada à estrita manifestação do pensamento,[63]

---

61 FERREIRA, Eduardo André Folque. Liberdade de criação artística, liberdade de expressão e sentimentos religiosos. *In*: *Revista da Faculdade de Direito da Universidade de Lisboa*. Coimbra Editora, vol. XLII, nº 1, 2001, p. 229. Este mesmo autor elenca sete finalidades principais que *levam o Direito, em geral, e o Estado, em especial, a interessarem-se pela Arte, ora como limitação desse mesmo poder, ora como instrumento de regulação, ora como enquadramento institucional de fomento e expansão do fenômeno artístico: a) político-ideológicas; b) filosóficas e religiosas; c) econômicas e sociais; d) técnico-funcionais; e) científicas e educativas; f) estéticas; e, g) de desenvolvimento da personalidade.* FERREIRA, Eduardo André Folque. Liberdade de criação artística, liberdade de expressão e sentimentos religiosos. *In*: *Revista da Faculdade de Direito da Universidade de Lisboa.* Coimbra Editora, vol. XLII, nº 1, 2001, p. 231.

62 A liberdade de expressão, essencial a qualquer regime democrático, não é entre nós adotada como gênero que englobe a livre manifestação de pensamento, a liberdade de consciência e de crença, a livre expressão de consciência, e outras manifestações similares. De qualquer forma, é inevitável que, pelo caráter de tais liberdades, elas sejam tratadas em conjunto. (SARLET, Ingo Wolfgang; MARINONI, Luiz Guilherme; MITIDIERO, Daniel. *Curso de Direito Constitucional.* São Paulo: Editora Revista dos Tribunais, 2012, p. 435.)

63 Art. 153 Constituição Federal de 1967: A Constituição assegura aos brasileiros e aos estrangeiros residentes no País a inviolabilidade dos direitos concernentes à vida, à liberdade, à segurança e à propriedade, nos termos seguintes: § 8º - É livre a manifestação de pensamento, de convicção política ou filosófica e a prestação de informação sem sujeição à censura, salvo quanto a espetáculos de diversões públicas, respondendo cada um, nos termos da lei, pelos abusos que cometer. É assegurado o direito de resposta. A publicação de livros, jornais e periódicos independe de licença da autoridade. Não será, porém, tolerada a propaganda de guerra, de subversão da ordem ou de preconceitos de raça ou de classe. §25: Aos autores de obras literárias, artísticas e científicas pertence o direito exclusivo de utilizá-las. Esse direito é transmissível por herança, pelo tempo que a lei fixar.

fato de grande importância ao regime passado, que vedava publicações e exteriorizações contrárias à moral e aos bons costumes, em especial em relação a *diversões e espetáculos públicos*.[64] Nesse ponto, Manoel Gonçalves Ferreira Filho indica que:

> A diferença entre diversões e espetáculos, sujeitos ambos, todavia, à censura, está em que aquelas não têm e estes necessariamente possuem conteúdo intelectual. Os espetáculos, sem dúvida, podem divertir, mas o fazem ao mesmo tempo que transmitem uma mensagem; servem, portanto, para a expressão do pensamento. É o caso típico do teatro, ao qual se pode associar, sem dificuldade, o cinema. Já as diversões não importam, ao menos diretamente, na comunicação de um pensamento, faltando-lhes o conteúdo intelectual.[65]

Justificativa para tais proibições era a repercussão que determinada obra poderia gerar sobre a comunidade.[66] Diversas foram censuradas nos últimos séculos e em vários países sob a alegação de que poderiam atingir a moral e os bons costumes da sociedade

---

64 SILVA, José Afonso da. Liberdade de expressão cultural. *In*: *Revista Latino-americana de Estudos Constitucionais*, p. 38.

65 FERREIRA FILHO, Manoel Gonçalves. *Comentários à Constituição Brasileira*. Emenda Constitucional n. 1, de 17-10-1969, com as alterações introduzidas pelas Emendas Constitucionais até a de n. 24, de 1-12-1983. São Paulo: Saraiva, 1984, p. 597. Esta censura foi explicitada, pela primeira vez, na Constituição de 1934 (art. 113, n.9), dispositivo copiado pelos textos posteriores. Os artigos correspondentes nas Constituições de 1824 (art. 175, 5°) e de 1891 (art. 72, §12) proibiam a censura, ainda que, na prática, entendia-se que aí não estaria abarcada a censura a diversões e espetáculos públicos. FERREIRA FILHO, Manoel Gonçalves. *Comentários à Constituição Brasileira*. Emenda Constitucional n. 1, de 17-10-1969, com as alterações introduzidas pelas Emendas Constitucionais até a de n. 24, de 1-12-1983. São Paulo: Saraiva, 1984, p. 597

66 FERREIRA FILHO, Manoel Gonçalves. *Comentários à Constituição Brasileira*. Emenda Constitucional n. 1, de 17-10-1969, com as alterações introduzidas pelas Emendas Constitucionais até a de n. 24, de 1-12-1983. São Paulo: Saraiva, 1984, p. 597.

então vigente. Daí, por exemplo, terem sido condenados por obscenidade, na França, Baudelaire e Flaubert, por seus livros *Les Fleus du Mal* e *Mme. Bovary.*[67]

Atualmente, o texto constitucional brasileiro estabelece que diversões e espetáculos públicos ficam sujeitos a regulamentações especiais.[68] No caso, interferência do Poder Público para informar sobre sua natureza e faixa etária, além de locais ou horários em que sua apresentação seria inadequada. Não há, em princípio, o ato de censura, comum no regime pré-1988.[69]

---

67 GRINOVER, Ada Pellegrini. O Poder Público e o exercício da liberdade de pensamento. *In*: *Revista da Procuradoria Geral do Estado de São Paulo.* São Paulo, 1973, p. 58.

68 Art. 220. A manifestação do pensamento, a criação, a expressão e a informação, sob qualquer forma, processo ou veículo não sofrerão qualquer restrição, observado o disposto nesta Constituição. § 1º - Nenhuma lei conterá dispositivo que possa constituir embaraço à plena liberdade de informação jornalística em qualquer veículo de comunicação social, observado o disposto no art. 5º, IV, V, X, XIII e XIV. § 2º - É vedada toda e qualquer censura de natureza política, ideológica e artística. § 3º - Compete à lei federal: I - regular as diversões e espetáculos públicos, cabendo ao Poder Público informar sobre a natureza deles, as faixas etárias a que não se recomendem, locais e horários em que sua apresentação se mostre inadequada; II - estabelecer os meios legais que garantam à pessoa e à família a possibilidade de se defenderem de programas ou programações de rádio e televisão que contrariem o disposto no art. 221, bem como da propaganda de produtos, práticas e serviços que possam ser nocivos à saúde e ao meio ambiente (...).

69 Todavia, "... a proibição de censura não pode ser tomada em termos tão absolutos, nos casos de colisão com outros bens constitucionalmente protegidos. (...). Nesta matéria, cabe falar na existência de reserva de jurisdição pela relevância dos interesses em jogo. Por isso, é apenas o Poder Judiciário que pode, em hipóteses absolutamente excepcionais, vedar a divulgação de qualquer mensagem pelos meios de comunicação, quando isto de justifique após um cuidadoso juízo de proporcionalidade". SARMENTO, Daniel; CANOTILHO, J.J. Gomes *et al.* (Coord.). *Comentários à Constituição do Brasil.* São Paulo: Saraiva, 2013, p. 2037.

2 Delimitação do conceito de arte

A delimitação do conceito de *arte*[70] e de *artista*, para daí apreciar seus limites, não é questão muito debatida no Brasil.[71] Sua análise acaba por ser genérica, limitando-se a incluí-la como integrante da liberdade de expressão.

É bem verdade que "tentativas de definir materialmente arte, para além de se revelarem pouco frutíferas, parecem tornar o artista refém da qualidade que terceiros possam encontrar na sua obra".[72] No Direito comparado, a doutrina alemã – da qual a autora se vale, por seu histórico acadêmico – reporta ser praticamente em vão as tentativas de se desenvolver definição de arte universalmente aceita.[73] Todavia, estabelece critérios que podem ter validade entre nós.

Algumas considerações foram traçadas pelo Tribunal Constitucional Federal alemão no famoso caso *Mephisto*, de 24.2.1971,

---

70 A atividade artística é considerada o principal elemento do chamado *Estado Cultural*. Sobre o tema: SILVA, José Afonso da. Liberdade de expressão cultural. *In*: *Revista Latino-americana de Estudos Constitucionais,* p. 38. HÄBERLE, Peter. Verfassungsrechtliche Aspekte der Kulturellen Identität. *In*: *Revista latino-americana de estudos constitucionais*, nº 6, p. 637-648, jul./dez. 2005. HÄBERLE, Peter. Verfassungslehre als Kulturwissenschaft. *In*: *Revista Latino-Americana de Estudos Constitucionais,* nº 4, p. 99-115, jul./dez. 2004. FERREIRA, Eduardo André Folque. Liberdade de criação artística, liberdade de expressão e sentimentos religiosos. *In*: *Revista da Faculdade de Direito da Universidade de Lisboa*. Coimbra Editora, vol. XLII, nº 1, 2001.

71 DIMOULIS, Dimitri; CHRISTOPOULOS, Dimitris. O direito de ofender: sobre os limites da liberdade de expressão artística. *In*: *Revista Brasileira de Estudos Constitucionais - RBEC*, vol. 3, nº 10, p. 49-65, abr./jun. 2009, p.51.

72 FERREIRA, Eduardo André Folque. Liberdade de criação artística, liberdade de expressão e sentimentos religiosos. *In*: *Revista da Faculdade de Direito da Universidade de Lisboa*. Coimbra Editora, vol. XLII, nº 1, 2001, p. 255.

73 PIEROTH, Bodo; SCHLINK, Bernhard. *Direitos Fundamentais*. São Paulo: Saraiva, 2012, p. 293. PIEROTH, Bodo; SCHLINK, Bernhard. *Grundrechte Staatsrecht II*. Heidelberg: C.F. Müller, 2008, p. 153.

relacionado à publicação de romance de Klaus Mann, cuja personagem principal foi flagrantemente inspirada no falecido ator e diretor de teatro Gustaf Gründgen.[74] Seu filho adotivo postulou a proibição do livro ao argumento de que se cuidava de biografia depreciativa e injuriosa da memória de seu pai. O caso chegou ao Tribunal por recurso constitucional interposto pela editora que tivera a comercialização dos livros proibida.

Nesse julgamento, a Corte entendeu que:

> O essencial da atividade artística é a livre conformação criadora, na qual as impressões, experiências e vivências do artista são trazidas para a contemplação direta, por meio de uma determinada linguagem das formas. Toda a atividade artística é um entrelaçamento de processos conscientes e inconscientes que não podem ser dissolvidos racionalmente. Na criação artística atuam conjuntamente intuição, fantasia e compreensão da arte; não é primariamente comunicação, mas expressão, a expressão mais direta da personalidade individual do artista.[75]

Ainda que arte seja, substancialmente, liberdade, o direito à liberdade artística não pode ser ilimitado e encontra balizas em outros valores constitucionalmente assegurados.[76] No caso, a semelhança era tanta que não se podia distinguir realidade da liberdade de criação artística.[77]

---

74 BVerfGE 30, 173 – de 24.2.1971.

75 BVerfGE 30, 173 – de 24.2.1971. SCHWABE, Jürgen. *Cinquenta anos de jurisprudência do Tribunal Constitucional Federal alemão.* Montevidéu: Konrad-Adenauer-Stiftung E.V., p. 481.

76 Cf. MENDES, Gilmar Ferreira. Colisão de direitos fundamentais: liberdade de expressão e de comunicação e direito à honra e à imagem. *Revista dos Tribunais*, nº 5 out/dez de 1993.

77 Caso mais recente na Alemanha foi o chamado Esra-Urteil (BVerfGE 119,1, de 13.6.2007). O livro *Esra*, publicado em 2003, é um romance que relata o amor entre um jovem escritor judeu e uma artista turca. A ex-namorada

O julgamento foi importante para iniciar discussões sobre o tema. A partir de decisões do *Bundesverfassunsgericht*, o conceito de arte pode ser dividido em três grupos:

> O conceito de arte, por ele designado como **material**, no acórdão Mephisto; um conceito de arte, por ele chamado **formal**, que vê "o essencial de uma obra de arte" no fato de esta poder ser classificada em determinado tipo de obra (pintura, escultura, poesia, representação teatral, etc.); um conceito de arte de certo modo **aberto**, que vê a "marca distintiva de uma manifestação artística no fato de ser possível, em virtude da variedade de sua mensagem, extrair do que nela estão representados, por via de uma interpretação continuada, significados de cada vez maior alcance, de modo que daí resulte uma transmissão de informação praticamente inesgotável e a vários níveis.[78]

A doutrina alemã frisa ainda a importância do denominado *critério de reconhecimento por terceiros*, isto é, se a obra tem condições de ser vista como tal. Além disso, indica que, por haver amplo conceito de "arte", há consenso de que esta deve ser

---

do autor reconheceu-se na obra e requereu sua proibição. O Tribunal Constitucional Federal entendeu que o livro ofenderia o direito de personalidade da requerente por conter relatos detalhados da relação amorosa que teve com o autor. Utilizou-se de argumentos semelhantes aos adotados no caso Mephisto, último precedente semelhante, e decidiu que "quanto mais a reprodução coincide com o modelo, mais afetado é o direito de personalidade. Quanto mais a representação artística toca dimensões especialmente protegidas do direito de personalidade, mais intensa tem que ser a ficcionalização para se excluir uma violação do direito de personalidade". Dos oito juízes, três foram contrários à proibição por compreender que o romance "não reproduz um universo de experiências reais e autobiográficas, mas segue um programa estético literário, correspondendo a uma construção narrativa. A sentença representaria, portanto, uma violação do direito de expressão artística".

78 PIEROTH, Bodo; SCHLINK, Bernhard. *Direitos Fundamentais*. São Paulo: Saraiva, 2012, p. 293. PIEROTH, Bodo; SCHLINK, Bernhard. *Grundrechte Staatsrecht II*. Heidelberg: C.F. Müller, 2008, p. 153.

interpretada "de maneira aberta e de também abranger formas expressivas fora do comum e surpreendentes (*happening*, autocolante satírico, provocação pornográfica, prova de cheiros em que os participantes estão com os olhos vendados, grafite etc.)".[79] Do mesmo modo, o fato de a obra ter procurado um fim político ou religioso não altera sua classificação como "obra".[80]

Ressalte-se que a proteção não alcança apenas o artista, mas também todos seus mediadores e destinatários.[81] No Caso Mephisto, a Corte especificou que a "liberdade artística abrange não apenas a atividade artística, mas também a apresentação e divulgação da obra de arte".[82] Aí estaria incluída a propaganda, a crítica, a mídia para divulgação e inclusive os espaços da instalação, ou seja, a "extensão fática" (*tatsächlichen Verbreitung*) da obra. Isso porque:

> A garantia da liberdade artística abrange de igual modo tanto o "âmbito da obra" quanto o "âmbito do efeito" da criação artística. Ambos os âmbitos formam uma unidade indissolúvel. Não apenas a atividade artística (âmbito da obra), mas, além disso, a apresentação e a divulgação da obra de arte são objetivamente necessárias para o encontro com a obra como um processo específico da arte; esse "âmbito do efeito" no qual de proporciona ao público o acesso à obra de arte é o solo no qual cresceu, sobretudo, a garantia de liberdade do Art. 5 III GG (...).[83]

---

79 PIEROTH, Bodo; SCHLINK, Bernhard. *Direitos Fundamentais*. São Paulo: Saraiva, 2012, p. 298. PIEROTH, Bodo; SCHLINK, Bernhard. *Grundrechte Staatsrecht II*. Heidelberg: C.F. Müller, 2008, p. 155.

80 JARASS, Hans D.; PIEROTH, Bodo. *Grundgesetz für die Bundesrepublik Deutschland*. Munique: C.H. Beck, p. 208.

81 MICHAEL, Lothar; MORLOK, Martin. *Grundrechte*. Baden-Baden: Nomos, 2008, p. 141.

82 BVerfGE 30, 173 – de 24.2.1971. SCHWABE, Jürgen. *Cinquenta anos de jurisprudência do Tribunal Constitucional Federal alemão*. Montevidéu: Konrad-Adenauer-Stiftung E.V., p. 496.

83 BVerfGE 30, 173 – de 24.2.1971. SCHWABE, Jürgen. *Cinquenta anos de jurisprudência do Tribunal Constitucional Federal alemão*. Montevidéu:

A liberdade artística não se restringe aos conhecidos publicamente por ter a arte como sua profissão, mas é garantida também ao particular, quando por meio dela queira se expressar.[84] Algumas limitações são claras. Para proteção à criança e ao adolescente, o direito à liberdade artística pode ser limitado para evitar a divulgação de obras que tenham material perigoso à juventude. Em feriados religiosos, apresentações artísticas nas ruas podem ser canceladas.[85] De qualquer forma, a arte sempre se reinventa e se concretiza inclusive a ponto de alterar os limites do que não é considerado arte.[86]

Finalmente, Eduardo André Folque Ferreira, valendo-se de jurisprudência e doutrina portuguesa, alemã e de outros países, sistematiza questões relacionadas à liberdade de criação artística:

a) a liberdade de criar (produzir) e a de não criar, independentemente do talento ou génio do artista;
b) a liberdade de criar, consentindo, ou não, divulgar a obra;
c) direito a divulgar (compreendendo a reprodução), a obra própria ou alheia (consentida a divulgação), podendo esta mesma divulgação conferir um valor artístico criativo acrescentado;
d) a liberdade de escolha do género, das técnicas e dos meios de manifestação artística, bem como o de fazer surgir novas modalidades de intervenção artística;
e) a liberdade de acompanhar ou de dissidir das tendências e movimentos artísticos;
f) a proteção contra intromissões (por direção ou orientação) não consentidas (livremente) relativas ao tempo da criação,

---

Konrad-Adenauer-Stiftung E.V., p. 496.

84 JARASS, Hans D.; PIEROTH, Bodo. *Grundgesetz für die Bundesrepublik Deutschland*. Munique: C.H. Beck, p. 209.

85 JARASS, Hans D.; PIEROTH, Bodo. *Grundgesetz für die Bundesrepublik Deutschland*. Munique: C.H. Beck, p. 211.

86 MICHAEL, Lothar; MORLOK, Martin. *Grundrechte*. Baden-Baden: Nomos, 2008, p. 140.

ao seu conteúdo (significante), ao seu objeto (significado) e os direitos a reagir e a exigir defesas contra as mesmas ingerências;

g) direito a ver acompanhada a exteriorização da obra pelo reconhecimento do vínculo desta com a personalidade do artista, por forma a ver respeitada a paternidade e a integralidade da obra;

h) direito a introduzir modificações sobre a obra produzida;

i) direito de acesso aos meios necessários para a criação artística;

j) direito de praticar atos jurídicos concernentes, quer ao processo criativo, quer ao seu resultado (a obra);

k) direito ao segredo sobre a atividade criadora e sobre a obra não divulgada;

l) direito a não ser privado da atividade artística;

m) garantia contra os efeitos discriminatórios por conta de apreciações não artísticas da obra de arte;

n) garantia contra apreciações estéticas negativas da obra lesivas da atividade artística (a liberdade da arte não pode depender da qualidade da obra, nem ser reservada aos autores de reconhecido talento).[87]

Trata-se de interessante apanhado, que resume os principais entendimentos sobre a matéria.

3 Liberdade artística na jurisprudência do Supremo Tribunal Federal

Entre nós, poucos são os julgados do Supremo Tribunal Federal em que a liberdade artística foi apreciada.

---

87 FERREIRA, Eduardo André Folque. Liberdade de criação artística, liberdade de expressão e sentimentos religiosos. *In*: *Revista da Faculdade de Direito da Universidade de Lisboa*. Coimbra Editora, vol. XLII, nº 1, 2001, p.250.

Em caso sobre a necessidade de inscrição de músicos em conselho nacional como pressuposto de exercício profissional,[88] o Plenário entendeu pela não obrigatoriedade de tal cadastro. Nessa hipótese, aventaram-se quais qualificações profissionais seriam exigidas para a manifestação do talento artístico.[89] Chegou-se então a comentar que em breve poderia ser organizado concurso para músico com seleção a partir de critérios estatais,[90] em flagrante tom jocoso.

Como alerta, Min. Celso de Mello ressaltou que

> a **excessiva** intervenção do Estado **no âmbito** das atividades profissionais, **notadamente** daquelas de natureza intelectual e artística**, além do perigo** que essa intrusão governamental significa para as liberdades do pensamento, **também pode** constituir indício revelador de preocupante tendência autocrática **em curso** no interior do próprio aparelho estatal.

Min. Ellen Gracie, relatora do caso, concluiu que

> exigir do músico inscrição em conselho para o exercício da sua atividade equivaleria a exigir do escritor o mesmo, ou do jornalista. Para exercer atividade de músico, para escrever e publicar romances, contos ou poemas, para noticiar e comentar acontecimentos da vida individual e social, não há que se exigir qualificação específica nem requisito formal.[91]

---

88 BRASIL. Supremo Tribunal Federal. RE 414.426, Rel. Min. Ellen Gracie, julgamento em 1.8.2011.

89 BRASIL. Supremo Tribunal Federal. RE 414.426, Rel. Min. Ellen Gracie, julgamento em 1.8.2011. Aparte Min. Ayres Britto.

90 BRASIL. Supremo Tribunal Federal. RE 414.426, Rel. Min. Ellen Gracie, julgamento em 1.8.2011. Aparte Min. Gilmar Mendes.

91 Entendimento semelhante foi aventado na decisão sobre a inconstitucionalidade da exigência do diploma de jornalismo e registro profissional no Ministério do Trabalho como condição para o exercício de profissão de jornalista (RE 511.961, Rel. Min. Gilmar Mendes, julgamento em 17.6.2000).

Já com especial enfoque na censura, o STF, ao analisar a obrigatoriedade de prévia autorização de pessoas cujas vidas são biografadas por terceiros, ponderou valores relacionados à liberdade de criação intelectual e artística do autor da obra (biógrafo); à liberdade de expressão do público, que inclui o interesse na história narrada, bem como a proteção da memória e da história nacional;[92] e, claro, ao direito à esfera privada do biografado. Tratava-se de ação direta de inconstitucionalidade para dar interpretação conforme a Constituição aos arts. 20 e 21 do Código Civil[93] relativos à divulgação de escritos, à transmissão da palavra, à produção, publicação, exposição ou utilização da imagem.[94]

O pedido acabou julgado procedente para declarar a inconstitucionalidade sem redução de texto, no sentido de não ser necessário pedido de prévia autorização à pessoa biografada relativa a obras literárias ou audiovisuais sobre sua vida. Levou-se em consideração, portanto, a observância aos direitos fundamentais à liberdade de pensamento e de sua expressão, de criação artística, produção científica, afastando-se a censura prévia, mas não a possibilidade de buscar-se eventual reparação posterior.

Restou assentado já na ementa que:

---

92 Min. Roberto Barroso, voto na ADI 4815, Rel. Min. Cármen Lúcia, julgamento em 10.6.2015.

93 Código Civil, "Art. 20. Salvo se autorizadas, ou se necessárias à administração da justiça ou à manutenção da ordem pública, a divulgação de escritos, a transmissão da palavra, ou a publicação, a exposição ou a utilização da imagem de uma pessoa poderão ser proibidas, a seu requerimento e sem prejuízo da indenização que couber, se lhe atingirem a honra, a boa fama ou a respeitabilidade, ou se se destinarem a fins comerciais. Parágrafo único. Em se tratando de morto ou de ausente, são partes legítimas para requerer essa proteção o cônjuge, os ascendentes ou os descendentes. Art. 21. A vida privada da pessoa natural é inviolável, e o juiz, a requerimento do interessado, adotará as providências necessárias para impedir ou fazer cessar ato contrário a esta norma".

94 BRASIL. Supremo Tribunal Federal. ADI 4815, Rel. Min. Cármen Lúcia, julgamento em 10.6.2015.

> Biografia é história. A vida não se desenvolve apenas a partir da soleira da porta de casa. Autorização prévia para biografia constitui censura prévia particular. O recolhimento de obras é censura judicial, a substituir a administrativa. O risco é próprio do viver. Erros corrigem-se segundo o direito, não se coartando liberdades conquistadas.[95]

A liberdade artística também foi mencionada em ação que declarou inconstitucional a proibição de veiculação ou produção, pelas emissoras de rádio e de televisão, a partir de 1º de julho do ano de eleição, de "truncagem, montagem ou outro recurso de áudio ou vídeo que, de qualquer forma, degradem ou ridicularizem o candidato, partido ou coligação" (art. 45, II, Lei 9504/97).[96] O receio então era que programas humorísticos, charges ou caricaturas pudessem ser eventualmente proibidos.

> Ao deferir a cautelar, confirmada pelo Plenário, para suspender os efeitos desse dispositivo, o relator, Min. Ayres Britto, consignou a ideia de que "humor jornalístico" inclui o conceito de pensamento crítico, de informação e de criação artística, bem como que:
>
> "Humorismo, segundo feliz definição atribuída ao escritor Ziraldo, que não é apenas uma forma de fazer rir". Isto pode ser chamado de comicidade ou qualquer outro termo equivalente. O humor é uma visão crítica do mundo e o riso, efeito colateral pela descoberta inesperada da verdade que ele revela (cito de memória). Logo, a previsível utilidade social do labor jornalístico a compensar, de muito, eventuais excessos desse ou daquele escrito, dessa ou daquela charge ou caricatura, desse ou daquele programa.

---

95 BRASIL. Supremo Tribunal Federal. ADI 4815, Rel. Min. Cármen Lúcia, julgamento em 10.6.2015.

96 BRASIL. Supremo Tribunal Federal. ADI 4451-MC, Rel. Min. Ayres Britto, julgamento em 2.9.2010.

> Relançando ou expondo por outra forma o pensamento, o fato é que programas humorísticos, charges e modo caricatural de pôr em circulação ideias, opiniões, frases e quadros espirituosos compõem as atividades de "imprensa", sinônimo perfeito de "informação jornalística" (§ 1º do art. 220). Nessa medida, gozam da plenitude de liberdade que a ela, imprensa, é assegurada pela Constituição até por forma literal. Dando-se que o exercício concreto dessa liberdade em plenitude assegura ao jornalista o direito de expender críticas a qualquer pessoa, ainda que em tom áspero, contundente, sarcástico, irônico ou irreverente, especialmente contra as autoridades e aparelhos de Estado. Respondendo, penal e civilmente, pelos abusos que cometer, e sujeitando-se ao direito de resposta a que se refere a Constituição.

Min. Dias Toffoli, por sua vez, apresentou distinção entre as atividades humorística e jornalística, conceituando cada gênero. Ao votar pelo deferimento da cautelar, com declaração de inconstitucionalidade parcial das normas impugnadas, mediante interpretação conforme, apontou que:

> Não cabe confundir humorismo com jornalismo. É certo que o jornalismo pode ser realizado a partir de uma visão alegre e, algumas vezes, jocosa mesmo. Mas, o jornalismo, em sua acepção clássica, deve partir sempre de fatos verídicos e concretos e tem como missão primeira levar a informação ao público em geral.
>
> A sátira e a paródia, por outro lado, não ficam restritas à realidade e encontram na ficção um campo extremamente fecundo. Por isso não podem ser confundidas com a divulgação de informação. O exercício da crítica parte, sempre, de um fato da vida real. No humor, por outro lado, imaginam-se situações muitas vezes irreais e fabulosas.
>
> Aqui seria necessário distinguir a sátira ou a caricatura que partem de um fato real e, como tais, podem ser vistas como exercício do direito de crítica, dentro dos limites próprios,

> daquela criação ficcional que imputa fato inverídico, muitas vezes inacreditável, como forma de produzir o riso.
>
> (...)
>
> O humorista não ridiculariza, degrada, humilha, agride ou ofende. Ele satiriza, ironiza, faz uso do sarcasmo, da crítica (muitas vezes ferina) e põe em destaque as contradições, as incoerências, insinceridade do objeto de sua atividade artística. O inciso II, por essa razão, jamais poderia ter sido (como nunca o foi) para punir, reprimir ou censurar o humor, onde quer que ele apareça, onde quer que ele se faça exibir, inclusive nos meios de comunicação social eletrônica.
>
> O humor presta serviço à Democracia. Com seu modo elegante ou um tanto agressivo, fino ou mais explícito, direto ou por ironia, ele consegue escancarar os conflitos sociais, políticos e culturais de uma forma não violenta, mas reflexiva.

Em breve síntese jurisprudencial, vê-se que, de fato, a Corte teve poucas oportunidades para adentrar na questão específica da liberdade artística.[97] Uma das mais representativas foi discutida no HC 83.996, Rel. Min. Carlos Velloso, Redator para acórdão Min. Gilmar Mendes.[98]

---

97 Nesse sentido, liberdade artística já foi mencionada em célebre acórdão de 1968, que será analisado neste artigo (BRASIL. Supremo Tribunal Federal. RMS 18534, Min. Aliomar Baleeiro, j. em 1.10.1968 – Segunda Turma) e apareceu, também, em discussões incidentais, como na decisão sobre a imunidade tributária de "álbum de figurinhas" (BRASIL. Supremo Tribunal Federal. RE 221.239, Rel. Min. Ellen Gracie, julgamento em 25.5.2004, Segunda Turma);

98 BRASIL. Supremo Tribunal Federal. HC 83.996, Rel. Min. Carlos Velloso, Redator para acórdão Min. Gilmar Mendes, j. em 17.8.2004.

4 Voto-vista do Min. Gilmar Mendes no HC 83.996

A Segunda Turma do Supremo Tribunal Federal apreciou *habeas corpus* impetrado da decisão da Primeira Turma Recursal Criminal do Juizado Especial Criminal do Estado do Rio de Janeiro, que denegara a ordem para trancamento de ação penal, requerida sob justificativa de atipicidade da conduta praticada pelo réu.

No caso, em questão estava atitude de famoso teatrólogo que, ao ser vaiado ao final da apresentação de sua peça, mostrou as nádegas para o público e simulou ato de masturbação. A denúncia então oferecida contra o paciente tipificava sua conduta como ato obsceno, nos termos do art. 233 do Código Penal.[99]

A defesa alegou: "a) atipicidade da conduta descrita na inicial, pois o conceito de pudor público, elemento normativo do tipo, deve ser interpretado de acordo com o local e circunstâncias em que a conduta foi praticada; b) relatividade do grau ofensivo da nudez humana e do próprio conceito de ato obsceno, nos dias atuais; c) ausência de conotação sexual na atitude do paciente, mas sim desprezo pela parte do público que o vaiava".

O Ministério Público Federal opinou pelo conhecimento e pela denegação da ordem. Nesse sentido votaram o relator, Min. Carlos Velloso, e a Min. Ellen Gracie. Min. Gilmar Mendes, contudo, pediu vista, para melhor apreciar a questão.

Em seu voto-vista, Min. Gilmar Mendes refutou os argumentos até então utilizados e indicou que "em razão da evolução cultural, a nudez humana tem-se apresentado constantemente nos veículos de comunicação, mas nem por isso pode ser considerada ofensiva ao público". Ressaltou que o local e as circunstâncias em que o ato foi praticado – dentro de um teatro, às duas horas da

---

99 Art. 233, Código Penal: Praticar ato obsceno em lugar público, ou aberto ou exposto ao público: Pena – detenção, de três meses a um ano, ou multa.

manhã, para um público adulto – evidenciam que a plateia não deve ter ficado chocada com a atitude do artista.

Discordou da ocorrência do crime descrito na conduta e asseverou que "ainda que se cuide, talvez, de manifestação deseducada e de extremo mau gosto, tudo está a indicar um **protesto** ou uma reação – provavelmente grosseira – contra o público". Apontou que jornal de grande circulação descreveu a situação como uma forma de protesto: "fazendo graça, o diretor gesticulava para a audiência, pedindo mais. Para mostrar desprezo, fingiu que se masturbava, e saiu de cena".

Min. Gilmar Mendes apontou que o gesto não estaria completamente fora do contexto da peça teatral então objeto da vaia. No próprio espetáculo, uma das atrizes, durante a apresentação, simulou masturbar-se. Com isso, "não se pode olvidar o contexto no qual se verificou o ato incriminado, além de que um exame objetivo da querela há de indicar que a discussão está integralmente inserida no contexto da liberdade de expressão, ainda que inadequada ou deseducada". Ademais, lembrou que a sociedade moderna dispõe de "mecanismos próprios e adequados para esse tipo de situação, como a própria crítica", o que tornaria dispensável o enquadramento penal.

O voto-vista apresentou, também, antiga decisão da própria Segunda Turma em que se diferenciou a caracterização da obscenidade em razão do público-alvo. Nas palavras do relator, Min. Aliomar Baleeiro:

> À falta de conceito legal do que é pornográfico, obsceno ou contrário aos bons costumes, a autoridade deverá guiar-se pela consciência de homem médio de seu tempo, perscrutando os propósitos dos autores do material suspeito, notadamente a ausência, neles, de qualquer valor literário, artístico, educacional ou científico que o redima de seus aspectos mais crus e chocantes. A apreensão de periódicos obscenos cometida ao juiz de Menores pela Lei de Imprensa visa à proteção de crianças e adolescentes contra o que é

> impróprio à sua formação moral e psicológica, o que não importa em vedação absoluta do acesso de adultos que o queiram ler. Nesse sentido, o Juiz poderá adotar medidas razoáveis que impeçam a venda aos menores até o limite de idade que julgar conveniente, desses materiais, ou a consulta dos mesmos por parte deles.[100]

E continuou, com a manifestação do Min. Evandro Lins e Silva no mesmo caso:

> Conceito de obscenidade é variável no tempo e no espaço. O que era considerado obsceno, há bem pouco tempo, deixou de o ser, com a mudança de costumes e o conhecimento que a juventude passou a ter de problema que lhe eram proibidos estudar e conhecer, até recentemente.[101]

Com isso, Min. Gilmar Mendes concluiu que "o conceito de obsceno, imoral, contrário aos bons costumes é condicionado ao local e à época. Inúmeras atitudes aceitas no passado são repudiadas hoje, do mesmo modo que aceitamos sem pestanejar procedimentos repugnantes às gerações anteriores".

Ao utilizar-se destes argumentos, entendeu não estarem configurados os elementos que caracterizariam o ato obsceno e votou pela concessão da ordem, para determinar o trancamento da ação penal. Min. Celso de Mello acompanhou o voto-vista e, pelo empate, a ordem acabou sendo concedida.[102]

---

100 BRASIL. Supremo Tribunal Federal. RMS 18534, Min. Aliomar Baleeiro, j. em 1.10.1968 – Segunda Turma.

101 BRASIL. Supremo Tribunal Federal. RMS 18534, Min. Aliomar Baleeiro, j. em 1.10.1968 – Segunda Turma.

102 A Min. Ellen Gracie, que seguiu o voto do relator, asseverou, todavia, que o ato pareceu demonstrar um desprezo pela opinião desse público, que é a única e maior razão da existência das artes cênicas. Figuras bem mais qualificadas – refiro-me apenas a Victor Hugo na estreia do *Hernani*, onde houve inclusive uma batalha campal – adotaram postura de humildade

Considerações finais

Os argumentos utilizados no voto divergente do Min. Gilmar Mendes no HC 83.996, inclusive com base em antigo julgado da Segunda Turma do Supremo Tribunal Federal, são válidos para indicar que, apesar de possuir conceito aberto e relativo, a arte deve ser entendida a partir de determinados pressupostos.

Como visto, o conceito de liberdade artística é extremamente amplo e variável. A adequação da conduta ao tempo, ao local e ao contexto em que praticada é essencial para sua caracterização. Ainda assim, há de se proteger manifestações que hoje podem ser consideradas chocantes pela maioria, uma vez que a liberdade artística, como liberdade de expressão, é um dos instrumentos utilizados pelo ser humano como forma de manifestação para própria evolução de ideias. Afinal, *o sentido e a razão* do direito fundamental de liberdade de expressão é "assegurar o combate intelectual de opiniões" (*den geistigen Kampf der Meinung zu gewährleisten*).[103]

Daí a perceber-se que a linha interpretativa dos limites da liberdade artística é bastante tênue. Os julgadores precisam ponderar e valer-se do princípio da proporcionalidade nas hipóteses em que esse direito colida com outros, constitucionalmente garantidos, sem deixar de considerar a flexibilidade conceitual inerente à atividade artística, em constante desenvolvimento.

---

diante daqueles que não compreenderam, na época, as inovações introduzidas em suas criações. BRASIL. Supremo Tribunal Federal. HC 83.996, Rel. Min. Carlos Velloso, Redator para acórdão Min. Gilmar Mendes, j. em 17.8.2004.

103 PIEROTH, Bodo; SCHLINK, Bernhard. *Grundrechte Staatsrecht II*. Heidelberg: C.F. Müller, 2007, p. 137.

CAPÍTULO IV

O *HABEAS CORPUS* NA ORIENTAÇÃO DE GILMAR MENDES

Daniel Marchionatti Barbosa

Introdução

O Ministro Gilmar Mendes lidera a defesa da ação de *habeas corpus*. Nenhum outro jurista atribui à ação constitucional semelhante importância, ressaltando a amplitude de suas hipóteses de cabimento, a estreiteza dos seus pressupostos e condições e a perenidade do interesse na decisão de seu mérito.

O presente artigo busca sistematizar decisões proferidas pelo Ministro Gilmar Mendes no curso dos seus quinze anos de magistratura que testaram os limites da ação de *habeas corpus*. Também são lembrados episódios de sua atuação fora dos autos que se ligam ao tema.

Na primeira seção, são reunidas as controvérsias quanto ao cabimento da ação, tendo em vista o direito defendido.

Na segunda seção, são tratadas as polêmicas sobre embaraços processuais ao cabimento da ação.

Da terceira seção, constam os debates sobre o prejuízo da impetração.

1 Cabimento do *habeas corpus* em razão do objeto

O art. 5º, LXVIII, da CF, relaciona a ação de *habeas corpus* à defesa da liberdade de locomoção – "conceder-se-á *habeas corpus* sempre que alguém sofrer ou se achar ameaçado de sofrer violência ou coação em sua liberdade de locomoção, por ilegalidade ou abuso de poder".

Dois limites ao *habeas corpus* são erigidos por meio da interpretação do que vem a ser o direito à liberdade de locomoção tutelável por tal meio processual. O cabimento da ação é afastado se (i) a liberdade de locomoção é meio para exercício de outro direito, ou (ii) a ofensa à liberdade de locomoção é indireta. A interpretação do Ministro Gilmar Mendes testa ambos os limites.

1.1 Liberdade de locomoção como meio para exercício de outro direito

O *habeas corpus* pode ser empregado para a defesa contra atos que têm por objeto restringir a liberdade de locomoção – pena privativa de liberdade, prisão processual, prisão civil, medida socioeducativa de internação, internação involuntária ou compulsória etc. Entretanto, a liberdade de locomoção também é meio para o exercício de outros direitos. Nesses casos, surge importante controvérsia. Ada Pellegrini Grinover, Antonio Magalhaes Gomes Filho e Antonio Scarance Fernandes defendem que a ação é inadequada para "remediar situações de ilegalidade contra outros direitos, mesmo aqueles que têm na liberdade de locomoção condição de seu exercício".[104]

---

104 GRINOVER, Ada Pellegrini; GOMES FILHO, Antonio Magalhães; FERNANDES, Antonio Scarance. *Recursos no processo penal*. 7ª ed. São Paulo:

A polêmica manifestou-se na jurisprudência em casos em que empregado o *habeas corpus* não para sair, mas para ingressar na prisão. É direito da pessoa presa a "visita do cônjuge, da companheira, de parentes e amigos em dias determinados" (art. 41, X, da Lei 7.210/84). O exercício desse direito exige que a administração do estabelecimento penal franqueie o acesso do visitante ao seu interior. Ou seja, a liberdade de locomoção do visitante é meio para o exercício do direito à visita. Em paradigma da relatoria do Ministro Gilmar Mendes, o STF admitiu o *habeas corpus*.[105] Seu voto destacou que "a liberdade de locomoção há de ser entendida de forma ampla, afetando toda e qualquer medida de autoridade que possa em tese acarretar constrangimento para liberdade de ir e vir", afirmando a necessidade de colocar em marcha "processo de ampliação gradual" da garantia judicial do processo, "para conferir maior força normativa ao texto constitucional".

Além da defesa da liberdade de locomoção do visitante ao ingressar no estabelecimento penal, a decisão ressaltou outro aspecto da questão: o potencial excesso de execução, representado pela violação ao direito de receber a visita, agravaria "ainda mais o grau de restrição da liberdade do preso". Ou seja, o excesso na execução penal, representado pelas condições gravosas no cárcere, seria tutelável via *habeas corpus*.

Extrapolando o argumento, outras violações a direitos do preso, ainda que não relacionados à liberdade, também seriam defensáveis via *habeas corpus*. Vários direitos enumerados no art. 41 da Lei 7.210/84 inserem-se nessa situação: "alimentação suficiente e vestuário" (I), "atribuição de trabalho e sua remuneração" (II), "proporcionalidade na distribuição do tempo para o trabalho, o descanso e a recreação" (V); "exercício das atividades profissionais, intelectuais, artísticas e desportivas anteriores, desde que

---

RT, 2011, p. 278.

105 HC 107.701, Rel. Min. Gilmar Mendes, Segunda Turma, julgado em 13.9.2011.

compatíveis com a execução da pena" (VI); "assistência material, à saúde, jurídica, educacional, social e religiosa" (VII); "proteção contra qualquer forma de sensacionalismo" (VIII); "entrevista pessoal e reservada com o advogado" (IX); "chamamento nominal" (XI); "igualdade de tratamento salvo quanto às exigências da individualização da pena" (XII); "audiência especial com o diretor do estabelecimento" (XIII); "representação e petição a qualquer autoridade, em defesa de direito" (XIV); "contato com o mundo exterior por meio de correspondência escrita, da leitura e de outros meios de informação que não comprometam a moral e os bons costumes" (XV); "atestado de pena a cumprir, emitido anualmente" (XVI). Todos eles dizem não com a liberdade de ir e vir, mas com direitos da pessoa presa no curso do encarceramento.

Infelizmente, o entendimento acabou revisto. Em maio de 2016, o Tribunal negou-se a apreciar *habeas corpus* impetrado em defesa do direito de visita de filho preso pela mãe.[106] O Ministro Gilmar Mendes divergiu, restando vencido. Em seu voto-vogal, reiterou a defesa da ação como meio para "adequar as condições da prisão". Acrescentou a preocupação com a efetividade da tutela jurisdicional, caso fechada a porta do *habeas corpus*:

> Veja que, a partir dessa opção, a parte conseguiu chegar ao Supremo Tribunal Federal; do contrário, teria de lançar mão de um eventual mandado de segurança, não é? E, daí, um eventual recurso ordinário, para, daí, um recurso extraordinário de longínquas chances de conhecimento.

Em outro precedente, o Ministro Gilmar Mendes liderou o entendimento pelo cabimento da ação para combater medida cautelar pessoal, determinada em processo penal, que nem sequer poderia ser convertida em prisão preventiva.[107] O paciente,

---

106 HC 133.305, Rel. Min. Dias Toffoli, Segunda Turma, julgado em 24.5.2016.

107 HC 90.617 QO, Rel. Min. Gilmar Mendes, Segunda Turma, julgado em 19.6.2007.

desembargador, fora afastado cautelarmente do cargo público por decisão do Superior Tribunal de Justiça, no curso de ação penal em seu desfavor. Na época, não vigia a Lei 12.403/11, a qual permite a prisão preventiva em caso de descumprimento de medidas cautelares diversas (art. 282, § 4º, do CPP). O afastamento fora fundado no art. 29 da Lei Orgânica da Magistratura:

> Quando, pela natureza ou gravidade da infração penal, se torne aconselhável o recebimento de denúncia ou de queixa contra magistrado, o Tribunal, ou seu órgão especial, poderá, em decisão tomada pelo voto de dois terços de seus membros, determinar o afastamento do cargo do magistrado denunciado.

Ou seja, não havia perspectiva de conversão da medida cautelar em prisão. Entretanto, a instrução da ação penal prolongou-se de forma irrazoável e não imputável à defesa.

Prevaleceu o entendimento pelo cabimento da ação, por ser o meio possível para fazer sanar a violação ao direito à duração razoável do processo. Transcrevo, do voto condutor:

> Nestes termos, considerada essa configuração fática excepcional, entendo ser o caso de se estabelecer um *distinguishing* com relação à referida jurisprudência tradicional deste Tribunal quanto à matéria do cabimento do *habeas corpus*. Entendo que o *writ* é cabível porque, na espécie, discute-se efetivamente aquilo que a dogmática constitucional e penal alemã – a exemplo da ilustre obra *Freiheitliches Strafrecht* (*Direito Penal Libertário*), de Winfried Hassemer, – tem denominado *Justizgrundrechte*.
>
> Essa expressão tem sido utilizada para se referir a um elenco de normas constantes da Constituição que tem por escopo proteger o indivíduo no contexto do processo judicial. Não tenho dúvidas que o termo seja imperfeito, uma vez que, amiúde, esses direitos transcendem a esfera propriamente judicial.

> Assim, à falta de outra denominação genérica, também nós optamos por adotar designação assemelhada – direitos fundamentais de caráter judicial e garantias constitucionais do processo –, embora conscientes de que se cuida de denominações que pecam por imprecisão. De toda forma, independentemente dessa questão terminológica, um elemento decisivo é o de que, no caso concreto ora em apreço, invoca-se garantia processual de natureza judicial e administrativa, que tem repercussão direta quanto ao devido processo legal penal e à dignidade pessoal e profissional do paciente.
>
> Desse modo, o tema da razoável duração do processo (CF, art. 5º, LXXVIII), por expressa disposição constitucional, envolve não somente a invocação de pretensão à "direito subjetivo" de célere tramitação dos processos judiciais e administrativos, mas também o reconhecimento judicial de "meios que garantam a celeridade de sua tramitação". Em outras palavras, a interpretação desse dispositivo também está relacionada à efetivação de legítimas garantias constitucionais como mecanismos de defesa e proteção em face de atrocidades e desrespeitos aos postulados do Estado democrático de Direito (CF, art. 1º).
>
> Nesse particular, entendo que, preliminarmente, o *habeas corpus* é garantia cabível e apta para levar ao conhecimento deste Tribunal a apreciação do tema do excesso de prazo para a instrução criminal.
>
> É dizer, embora a decisão impugnada não repercuta diretamente no direito de ir e vir do paciente (liberdade de locomoção *stricto sensu*), observa-se situação de constrangimento ilegal decorrente de mora na prestação jurisdicional no âmbito processual penal.

Essa mesma tese foi adotada e ampliada no HC 121.089, Segunda Turma, julgado em 16.12.2014, a ser comentado.

Desses precedentes, recolhe-se orientação pró-*habeas corpus*, ainda que para defesa da liberdade de locomoção como meio para o exercício de outros direitos e até contra coação ilegal em processo criminal que não afeta a liberdade de locomoção, se não houver outro meio hábil para fazer sanar a ilegalidade.

Como caso limite, o Ministro Gilmar Mendes liderou a divergência vencedora, defendendo ser inviável "pretender-se a solução de questão relativa à guarda de filhos" via *habeas corpus*. A tese que admitia a ação alegava o direito da criança de permanecer sob a guarda de uma das partes na disputa.[108]

1.2 Ofensa indireta à liberdade de locomoção

Outra polêmica ligada ao objeto da ação de *habeas corpus* é a possibilidade de seu emprego contra ofensas indiretas à liberdade de locomoção.

Como lembra Nucci, "originalmente, o *habeas corpus* era utilizado para fazer cessar a prisão ilegal", mas, atualmente, "seu alcance tem sido estendido" para atos indiretamente constritivos à liberdade.[109]

Uma observação atenta permite identificar que há um espectro de ofensas à liberdade de locomoção. De um lado, estão as ofensas diretas, atos que restringem de forma imediata a liberdade física, como a prisão preventiva. Na outra ponta, estão as ofensas indiretas, atos que apenas eventualmente redundam em restrição à liberdade de locomoção. Essas últimas podem representar risco mais próximo à liberdade de locomoção, como a condenação à pena privativa de liberdade substituída por pena restritiva de direitos, a ser novamente convertida em privativa de liberdade, em caso de descumprimento injustificado (art. 44, § 4º, do CP); ou mais distante, como a condenação à multa, que agravará eventual

---

108 HC 99.945 AgR, Rel. Min. Marco Aurélio, Redator para Acórdão Min. Gilmar Mendes, Tribunal Pleno, julgado em 7.2.2013.

109 NUCCI, Guilherme de Souza. *Código de Processo Penal Comentado*. 15ª ed. Rio de Janeiro: Forense, 2016, p. 902-903.

pena privativa de liberdade em hipotética nova condenação por fato futuro, tendo em vista a reincidência (art. 63 do CP).

Não há dúvida quanto ao cabimento de *habeas corpus* contra ofensas diretas à liberdade de locomoção. Mas, quanto ao espectro das ofensas indiretas, o aplicador precisará se posicionar.

As súmulas 693, 694 e 695 do STF afastam o cabimento do *habeas corpus*, em determinadas circunstâncias. A razão de decidir dessa jurisprudência é que, em suas hipóteses, a ofensa à liberdade de locomoção é muito indireta ou inexistente. Transcrevo:

> Súmula 693: Não cabe *habeas corpus* contra decisão condenatória a pena de multa, ou relativo a processo em curso por infração penal a que a pena pecuniária seja a única cominada.
>
> Súmula 694: Não cabe *habeas corpus* contra a imposição da pena de exclusão de militar ou de perda de patente ou de função pública.
>
> Súmula 695: Não cabe *habeas corpus* quando já extinta a pena privativa de liberdade.

A análise dos casos julgados pelo Ministro Gilmar Mendes indica seu entendimento de que nenhuma ofensa potencial à liberdade de locomoção é indireta o suficiente para afastar o uso da ação de *habeas corpus*.

Em sede doutrinária, relembra ele que a ação tem sido admitida contra "a instauração de inquérito criminal", "o indiciamento de determinada pessoa em inquérito policial", "o recebimento da denúncia", "a decisão de pronúncia" e "a sentença condenatória".[110]

---

110 MENDES, Gilmar Ferreira. Direitos fundamentais de caráter judicial e garantias constitucionais do processo. *In*: MENDES, Gilmar Ferreira; BRANCO, Paulo Gonet. *Curso de direito constitucional*. 12ª ed. São Paulo: Saraiva, 2017.

De seus pronunciamentos jurisdicionais, recolhem-se outras hipóteses menos remansosas.

A Lei 12.403/11 alterou disposições do Código de Processo Penal relativos à prisão e à liberdade no curso do processo. As novas disposições passaram a prever a prisão preventiva como a *ultima ratio,* medida ser aplicada "quando não for cabível a sua substituição por outra" (art. 282, § 6º, do CPP), e introduziram um rol de medidas cautelares diversas da prisão (art. 319, do CPP),[111] as quais, se descumpridas, podem ser substituídas pela prisão preventiva (art. 282, § 4º, do CPP). O Ministro Gilmar Mendes relatou precedente que assentou que as "medidas cautelares criminais diversas da prisão são onerosas ao implicado e podem ser convertidas em prisão se descumpridas", pelo que é "cabível a ação de *habeas corpus* contra coação ilegal decorrente da aplicação ou da execução de tais medidas".[112] A Primeira Turma do Tribunal, entretanto, não admite a utilização do *habeas corpus* em casos semelhantes.[113]

Outra hipótese controversa é a impetração de *habeas corpus* contra a utilização de provas ilícitas. Só haverá ofensa à liberdade de locomoção se a prova lastrear a condenação ou o decreto de prisão. Ainda assim, os precedentes do Ministro Gilmar Mendes são no sentido de que cabe, desde logo, a arguição de ilicitude de provas pela via do *habeas corpus.*[114]

---

111 Essa lei também é fruto do trabalho do Ministro Gilmar Mendes. Foi editada como resultado do II Pacto Republicano, assinado em abril de 2009 pelos presidentes dos três poderes com o objetivo de implementação de políticas públicas com foco na agilidade e efetividade da Justiça e na concretização dos direitos fundamentais. Na época, o Ministro Gilmar Mendes presidia o Supremo Tribunal Federal.

112 HC 121.089, Segunda Turma, julgado em 16.12.2014.

113 HC 114.490 AgR, rel. Min. Luiz Fux, Primeira Turma, julgado em 10.12.2013.

114 HC 112.851, Segunda Turma, julgado em 5.3.2013; HC 106.566, Segunda Turma, julgado em 9.12.2014.

A postura favorável à utilização do *habeas corpus* contra ofensas indiretas também se manifestou fora dos julgamentos. Em 2016, o Ministério Público Federal organizou campanha intitulada "10 Medidas contra a Corrupção". Dela resultou a apresentação de projeto de lei de iniciativa popular – PL 4.850/2016. O projeto pretendia limitar o *habeas corpus* à defesa de ofensa ou ameaça direta à liberdade de locomoção. Ao participar de audiência temática no Senado Federal, o Ministro Gilmar Mendes qualificou o projeto de autoritário. Afirmou que ele suprimiria a garantia. A alteração acabou retirada do texto em tramitação.[115]

Em sede doutrinária,[116] atacou as Súmulas 693 a 695 do STF, ressaltando que "a condenação criminal tem consequências para a vida futura do paciente".

2 Embaraços processuais ao *habeas corpus*

A jurisprudência é pródiga em revelar embaraços processuais ao conhecimento do *habeas corpus*. O Ministro Gilmar Mendes vem, sistematicamente, tomando posição em sentido contrário.

Em impetração contra decisão transitada em julgado, após o voto do relator, que negava conhecimento ao pedido, sob o fundamento de que o *habeas corpus* não pode ser usado como sucedâneo de revisão criminal, proferiu voto-vista, sustentando que "o cabimento do *habeas corpus* no Supremo Tribunal e nos tribunais superiores deve ter dois filtros: a) existência de prova pré-constituída e b) inexistência de controvérsia quanto à situação de fato", evitando-se exigências adicionais. Defendeu o uso do

---

115 Disponível em: https://www.youtube.com/watch?v=yLwEgcYcCZg. Acessado em: 02.8.2017.

116 MENDES, Gilmar Ferreira. Direitos fundamentais de caráter judicial e garantias constitucionais do processo. *In*: MENDES, Gilmar Ferreira; BRANCO, Paulo Gonet. *Curso de direito constitucional*. 12ª ed. São Paulo: Saraiva, 2017, p. 434.

habeas corpus como sucedâneo de revisão criminal ou de recurso ordinário ou extraordinário.[117] Transcrevo:

> A 1ª Turma do Supremo Tribunal Federal vem considerando inadmissível o *habeas corpus* nessas três hipóteses.
>
> (i) Contra decisão condenatória transitada em julgado: "(...) HC 121.255, Relator Min. LUIZ FUX, Primeira Turma, julgado em 3.6.2014".
>
> (ii) Quando cabível recurso ordinário: "(...) HC 109.956, Relator Min. MARCO AURÉLIO, Primeira Turma, julgado em 7.8.2012".
>
> (iii) Quando cabível recurso especial ou extraordinário: "(...) HC 121.144 AgR, Relator Min. ROBERTO BARROSO, Primeira Turma, julgado em 25.3.2014".
>
> A 2ª Turma tem adotado posturas menos restritivas.
>
> (i) Contra decisão condenatória transitada em julgado: não há uma linha clara, muito embora registre precedente restritivo – HC 121.435, Relatora Min. CÁRMEN LÚCIA, Segunda Turma, julgado em 24.6.2014.
>
> (ii) Quando cabível recurso ordinário: a Turma admite o *habeas corpus* substitutivo do recurso ordinário, com a ressalva do entendimento em contrário da Ministra Cármen Lúcia: "(...) HC 111.670, Relatora Min. CÁRMEN LÚCIA, Segunda Turma, julgado em 25.6.2013".
>
> (iii) Quando cabível recurso especial ou extraordinário: não há jurisprudência formada.
>
> A utilização do *habeas corpus* como substitutivo do recurso ordinário foi levada ao Pleno deste Tribunal no julgamento do HC 113198/PI, rel. Min. Dias Toffoli, 19.12.2013. Após o voto do relator, afirmando o cabimento do *habeas corpus*, e do Ministro Barroso, em sentido contrário, o julgamento foi interrompido. Sobreveio decisão julgando prejudicada a ação, pelo que a questão acabou não resolvida.

---

117 RHC 121.419, Rel. Min. Ricardo Lewandowski, Segunda Turma, julgado em 2.9.2014.

Em sede doutrinária, já manifestei preocupação quanto à interpretação restritiva do cabimento do *habeas corpus*.

Ao analisar a Súmula 695 do STF – não cabimento do *habeas corpus* quando extinta a pena –, afirmei (MENDES, Gilmar Ferreira. BRANCO, Paulo Gustavo Gonet. *Curso de Direito Constitucional*. 8ª ed. São Paulo: Saraiva, 2013, p. 414):

"Entende-se, ainda, ser inadmissível o *habeas corpus* quando, por qualquer razão, já estiver extinta a pena privativa de liberdade (Súmula 695 do STF). Assim, segundo essa orientação, não cabe *habeas corpus* para obter reconhecimento de nulidade de processo em que a pena imposta já foi cumprida ou declarada extinta.

Essa orientação restritiva, embora compreensível em razão das características processuais do instituto, suscita dúvidas legítimas, uma vez que a condenação criminal tem consequências para a vida futura do paciente (questão de reincidência, maus antecedentes)".

No julgamento do HC 111.670, Segunda Turma, julgado em 25.6.2013, votei pelo cabimento do *habeas corpus* substitutivo do recurso ordinário nos seguintes termos:

"Como já tive a oportunidade de me manifestar, não olvido as legítimas razões que alimentam a preocupação com o alargamento das hipóteses de cabimento do *habeas corpus* e, com efeito, as distorções que dele decorrem. Contudo, incomoda-me mais, ante os fatos históricos, restringir seu espectro de tutela.

O valor fundamental da liberdade, que constitui o lastro principiológico do sistema normativo penal, sobrepõe-se a qualquer regra processual cujos efeitos práticos e específicos venham a anular o pleno exercício de direitos fundamentais pelo indivíduo. Ao Supremo Tribunal Federal, como guardião das liberdades fundamentais asseguradas pela Constituição, cabe adotar soluções que, traduzindo as especificidades de cada caso concreto, visem reparar as ilegalidades perpetradas por decisões que, em estrito respeito a normas processuais, acabem criando estados de desvalor constitucional".

Indo além, tenho que o trânsito em julgado da decisão ou o cabimento de recursos ordinários ou extraordinários não impedem o conhecimento do *habeas corpus*.

A Constituição Federal não faz tais exigências, nem elas decorrem do sistema.

Como afirma José Barcelos de Souza, "a existência de um recurso não exclui a possibilidade da impetração e da concessão de *habeas corpus*, se for o caso dele" (Do *habeas corpus*. *Revista do Ministério Público*. Rio de Janeiro, n. 49, 2013, p. 165-186).

Mais grave ainda é a conjugação das exigências. Negar o uso do *habeas corpus* porque a decisão condenatória transitou em julgado e ao mesmo tempo negar porque cabe outro recurso da decisão coatora é afirmar que o remédio só será cabível contra decisões sem previsão de recurso na lei. O *habeas corpus* ficaria, na prática, esvaziado. Se, por um lado essas limitações prestigiariam o sistema recursal, por outro, impediriam que questões relevantes relativas ao direito de liberdade fossem prontamente analisadas.

Tenho que o cabimento do *habeas corpus* no Supremo Tribunal e nos tribunais superiores deve ter dois filtros: a) existência de prova pré-constituída e b) inexistência de controvérsia quanto à situação de fato.

Ambos estão ligados ao caráter sumário do *habeas corpus* nos tribunais. Por um lado, é uma ação que não tolera a produção de provas. Por outro, não é o local adequado para revisar a análise probatória realizada nas instâncias ordinárias.

Satisfeitos esses limites, não há razão para exigir que a defesa opte pela interposição dos recursos ordinários e extraordinários, ou que a decisão não tenha transitado em julgado.

Imagine-se, por exemplo, que o julgador não tenha notado a revogação de uma lei e aplique uma pena nela baseado. Ainda que essa decisão tenha transitado em julgado, o tribunal pode julgar *habeas corpus* e afastar a pena. A questão será exclusivamente jurídica. Não há razão para exigir a utilização da revisão criminal.

> Assim, o trânsito em julgado da decisão ou o cabimento de recursos não impedem o conhecimento do *habeas corpus*.

Daquela feita, seu voto ficou vencido. Entretanto, a Segunda Turma firmou posição pela admissão da impetração como substitutivo de recursos.[118]

Outro ponto de inconformismo do Ministro Gilmar Mendes é a exigência de esgotamento das instâncias antecedentes. A Súmula 691 da Corte afirma que "não compete ao Supremo Tribunal Federal conhecer de *habeas corpus* impetrado contra decisão do Relator que, em *habeas corpus* requerido a tribunal superior, indefere a liminar". Ainda assim, constatada a coação ilegal grave e patente, o entendimento da Corte é no sentido de afastar o óbice e conceder a ordem de ofício. Em julgado, o Ministro Gilmar Mendes afirmou que vê a aplicação do enunciado sumular como compreensível "quando os fatos não estão muito claros", mas foi crítico de seu uso exagerado "como um argumento para não enfrentar a questão naquele momento". Acresceu que a Súmula 691 "serve de valhacouto de covardes", "para fugir de questões que são realmente relevantes".[119]

Em sede doutrinária, o Ministro Gilmar Mendes sustenta a possibilidade de impetração do *habeas corpus* em caráter coletivo,[120] muito embora ainda não tenha enfrentado a questão como julgador.

Percebe-se sua firme posição contrária a deixar de conhecer do pedido em razão de óbices processuais transponíveis.

---

118 Extraordinário: HC 143.034, Rel. Min. Ricardo Lewandowski, Segunda Turma, julgado em 13.6.2017. Ordinário: HC 141.152, Rel. Min. Edson Fachin, Segunda Turma, julgado em 16.5.2017.

119 Pet 7.063, Rel. Min. Edson Fachin, julgada em 1.8.2017.

120 MENDES, Gilmar Ferreira. Direitos fundamentais de caráter judicial e garantias constitucionais do processo. *In*: MENDES, Gilmar Ferreira; BRANCO, Paulo Gonet. Curso de direito constitucional. 12ª ed. São Paulo: Saraiva, 2017, p. 432.

3 Perda do objeto

Por fim, o Ministro Gilmar Mendes não se conforma com a extinção da ação de *habeas corpus* sem julgamento de mérito, pela simples substituição da decisão que deu causa à impetração, sem inovação quanto aos fundamentos.

Esse problema ocorre em duas hipóteses: (*i*) superveniência de sentença condenatória, no *habeas corpus* impetrado contra decisão interlocutória que decreta a prisão preventiva; (*ii*) superveniência de julgamento colegiado, no *habeas corpus* impetrado contra ato de relator.

Os precedentes da Primeira Turma do STF afirmam o prejuízo da impetração em ambos os casos.[121]

Em abril de 2017, a Segunda Turma do Supremo Tribunal retomou o debate desses temas e afastou o prejuízo, por votação unânime, na superveniência da sentença condenatória,[122] e majoritária, na superveniência de julgamento colegiado.[123]

Naqueles julgamentos, o Ministro Gilmar Mendes ressaltou que reconhecer o prejuízo à impetração atribui um elemento aleatório ao conhecimento ou não da ação de *habeas corpus*. Mencionou que se estabelece uma espécie de "corrida maluca", uma premência de ver julgada a ação de *habeas corpus* antes da apreciação do mérito da ação que lhe deu causa.

---

121 Nas duas hipóteses, o Ministro Marco Aurélio adota entendimento divergente. Para a superveniência da sentença condenatória, por exemplo: HC 137.155 AgR, Rel. Min. Luiz Fux, Primeira Turma, julgado em 24/3/2017. Para o *habeas corpus* impetrado contra ato do relator, por exemplo: HC 128.124, Rel. Min. Marco Aurélio, Redator para acórdão Min. Alexandre de Moraes, Primeira Turma, julgado em 13.6.2017.

122 HC 137.728 AgR, Rel. Min. Edson Fachin, julgado em 25.4.2017.

123 Vencido o Min. Edson Fachin – HC 140.312 AgR-AgR, Rel. Min. Edson Fachin, Redator para acordão Min. Dias Toffoli, julgado em 25.4.2017.

Considerações finais

O esforço do Ministro Gilmar Mendes na defesa do *habeas corpus* resta muito claro da análise de suas decisões, as quais se negam a ver as ofensas à liberdade de locomoção como suficientemente indiretas, ou o direito de ir, vir e permanecer como um simples direito-meio impassível de tutela autônoma, ou as razões processuais como relevantes para negar a análise do mérito, ou as novas decisões que mantêm a coação ilegal como prejuízo ao pedido.

A importância da ação de *habeas corpus* em nosso Direito é assentada com ênfase na própria Constituição Federal – art. 5º, LXVIII e LXXVII. O *habeas corpus* não é uma simples conveniência, é o meio processual que assegura a inafastabilidade da jurisdição em defesa da liberdade – art. 5º, XXXV – e a prestação dessa tutela em prazo razoável – art. 5º, LXXVIII. O que se deduz das disposições constitucionais é que se trata de uma ação especialíssima, destinada a assegurar, de forma ampla, simples e rápida, o acesso ao Poder Judiciário para defender a liberdade. Em alguma medida, afastar o cabimento do *habeas corpus* é negar a tutela ao direito material afetado.

Ao defender o *habeas corpus*, o Ministro Gilmar Mendes defende a liberdade. E vice-versa.

Referências bibliográficas

GRINOVER, Ada Pellegrini; GOMES FILHO, Antonio Magalhães; FERNANDES, Antonio Scarance. *Recursos no processo penal.* 7ª ed. São Paulo: RT, 2011, p. 278.

MENDES, Gilmar Ferreira; BRANCO, Paulo Gonet. *Curso de direito constitucional.* 12ª ed. São Paulo: Saraiva, 2017.

NUCCI, Guilherme de Souza. *Código de Processo Penal Comentado.* 15ª ed. Rio de Janeiro: Forense, 2016.

CAPÍTULO V

HIERARQUIA DOS TRATADOS INTERNACIONAIS DE PROTEÇÃO DOS DIREITOS HUMANOS E CONTROLE DE CONVENCIONALIDADE: O VOTO DO MINISTRO GILMAR MENDES NO RE 466.343 E A EMERGÊNCIA DE UM NOVO PARADIGMA JURÍDICO

Flávia Piovesan

Introdução

A proposta deste artigo é enfocar a hierarquia dos tratados internacionais de proteção dos direitos humanos à luz da Constituição Brasileira de 1988 (CF/88), com destaque à jurisprudência produzida pelo Supremo Tribunal Federal (STF) e em especial à significativa contribuição do Ministro Gilmar Mendes no julgamento do RE 466.343. Considerado um *leading case*, este caso paradigmático impulsionou no Brasil o instituto do "controle de convencionalidade", sendo o voto do Ministro Gilmar Mendes um componente central à emergência deste novo paradigma jurídico.

Neste sentido, primeiramente serão apresentadas as especificidades desses tratados, bem como de sua fonte – o chamado Direito Internacional dos Direitos Humanos. Em um segundo momento, o destaque será dado à posição do Brasil em face dos instrumentos internacionais de proteção dos direitos humanos. Em seqüência, será desenvolvida a avaliação do modo pelo qual a CF/88 tece a incorporação desses tratados, com ênfase na jurisprudência do STF sobre a matéria.

Por fim, será enfocado o *leading case* concernente ao RE 466.343, julgado em dezembro de 2008, com realce ao voto do Ministro Gilmar Mendes, na qualidade de componente central à emergência de um novo paradigma jurídico radicado em uma perspectiva inovadora atinente à hierarquia dos tratados de direitos humanos, fomentando o controle de convencionalidade na cultura jurídica brasileira.

1 Tratados Internacionais de proteção dos direitos humanos: gênese e principiologia

Os tratados internacionais de direitos humanos têm como fonte um campo do Direito recente, denominado Direito Internacional dos Direitos Humanos, que é o Direito do pós-guerra, nascido como resposta às atrocidades e aos horrores cometidos pelo nazismo.[124]

O legado do nazismo foi condicionar a titularidade de direitos, ou seja, a condição de sujeito de direito, à pertença à determinada

124 Como explica Louis Henkin: "Subsequentemente à Segunda Guerra Mundial, os acordos internacionais de direitos humanos têm criado obrigações e responsabilidades para os Estados, com respeito às pessoas sujeitas à sua jurisdição, e um direito costumeiro internacional tem se desenvolvido. O emergente Direito Internacional dos Direitos Humanos institui obrigações aos Estados para com todas as pessoas humanas e não apenas para com estrangeiros. Este Direito reflete a aceitação geral de que todo indivíduo deve ter direitos, os quais todos os Estados devem respeitar e proteger. Logo, a observância dos direitos humanos é não apenas um assunto de interesse particular do Estado (e relacionado à jurisdição doméstica), mas é matéria de interesse internacional e objeto próprio de regulação do Direito Internacional". Cf. HENKIN, L. *et al. International law:* cases and materials. 3ª ed. Minnesota: West Publishing, 1993, p. 375-376.

raça – a raça pura ariana. Para Ignacy Sachs, o século XX foi marcado por duas guerras mundiais e pelo horror absoluto do genocídio concebido como projeto político e industrial.[125]

A barbárie do totalitarismo significou a ruptura do paradigma dos direitos humanos, por meio da negação do valor da pessoa humana como valor fonte do Direito. Se a Segunda Guerra significou a ruptura com os direitos humanos, o Pós-Guerra deveria significar a sua reconstrução. Nas palavras de Thomas Buergenthal:

> O moderno Direito Internacional dos Direitos Humanos é um fenômeno do pós-guerra. Seu desenvolvimento pode ser atribuído às monstruosas violações de direitos humanos da era Hitler e à crença de que parte destas violações poderiam ser prevenidas se um efetivo sistema de proteção internacional de direitos humanos existisse.[126]

Em face do regime de terror, no qual imperava a lógica da destruição e no qual as pessoas eram consideradas descartáveis, ou seja, em face do flagelo da Segunda Guerra Mundial, emerge a necessidade de reconstrução do valor dos direitos humanos, como paradigma e referencial ético a orientar a ordem internacional. O sistema internacional de proteção dos direitos humanos constitui o legado maior da chamada "Era dos Direitos",[127] que tem permitido

---

125 SACHS, Ignacy. *Caminhos para o desenvolvimento sustentável*. Rio de Janeiro: Garamond, 2009, p. 47/48.

126 BUERGENTHAL, Thomas. *International Human Rights in a Nutshell*. Minnesotta: West Publising Co, 1988, p. 32.

127 Acerca dessa travessia dos direitos humanos, cumpre frisar: "No final desse processo, os direitos do cidadão terão se transformado, realmente, positivamente, em direitos do homem. Ou, pelo menos, serão os direitos do cidadão daquela cidade que não tem fronteiras, porque compreende toda humanidade; ou, em outras palavras, serão os direitos do homem enquanto direitos do cidadão do mundo". (BOBBIO, Norberto. *A Era dos Direitos*. trad. Carlos Nelson Coutinho. Rio de Janeiro: Campus, 1992, p. 50).

a internacionalização dos direitos humanos e a humanização do Direito Internacional contemporâneo.

Fortalece-se a ideia de que a proteção dos direitos humanos não deve se reduzir ao domínio reservado do Estado, porque revela tema de legítimo interesse internacional. Prenuncia-se, deste modo, o fim da era em que a forma pela qual o Estado tratava seus nacionais era concebida como um problema de jurisdição doméstica, decorrência de sua soberania. Para Andrew Hurrell:

> O aumento significativo das ambições normativas da sociedade internacional é particularmente visível no campo dos direitos humanos e da democracia, com base na ideia de que as relações entre governantes e governados, Estados e cidadãos, passam a ser suscetíveis de legítima preocupação da comunidade internacional; de que os maus-tratos a cidadãos e a inexistência de regimes democráticos devem demandar ação internacional; e que a legitimidade internacional de um Estado passa crescentemente a depender do modo pelo qual as sociedades domésticas são politicamente ordenadas.[128]

No dizer de Kathryn Sikkink:

> O Direito Internacional dos Direitos Humanos pressupõe como legítima e necessária a preocupação de atores estatais e não estatais a respeito do modo pelo qual os habitantes de outros Estados são tratados. A rede de proteção dos direitos humanos internacionais busca redefinir o que é matéria de exclusiva jurisdição doméstica dos Estados.[129]

---

128 HURREL, Andrew. Power, principles and prudence: protecting human rights in a deeply divided world. *In*: DUNNE, Tim; WHEELER, Nicholas J. *Human Rights in Global Politics*. Cambridge: Cambridge University Press, 1999, p. 277.

129 SIKKINK, Kathryn. Human rights: principled issuenetworks and sovereignty in Latin America. *In*: *International Organizations*. Massachusetts:

Neste cenário, a Declaração de 1948 vem a inovar a gramática dos direitos humanos, ao introduzir a chamada concepção contemporânea de direitos humanos, marcada pela universalidade e indivisibilidade destes direitos. Universalidade porque clama pela extensão universal dos direitos humanos, sob a crença de que a condição de pessoa é o requisito único para a titularidade de direitos, considerando o ser humano como um ser essencialmente moral, dotado de unicidade existencial e dignidade, esta como valor intrínseco à condição humana. Indivisibilidade porque a garantia dos direitos civis e políticos é condição para a observância dos direitos sociais, econômicos e culturais e vice-versa. Quando um deles é violado, os demais também o são. Os direitos humanos compõem, assim, uma unidade indivisível, interdependente e inter-relacionada, capaz de conjugar o catálogo de direitos civis e políticos com o catálogo de direitos sociais, econômicos e culturais.

A partir da Declaração de 1948, começa a se desenvolver o Direito Internacional dos Direitos Humanos, mediante a adoção de inúmeros instrumentos internacionais de proteção. O processo de universalização dos direitos humanos permitiu a formação de um sistema internacional de proteção destes direitos. Este sistema é integrado por tratados internacionais de proteção que refletem, sobretudo, a consciência ética contemporânea compartilhada pelos Estados, na medida em que invocam o consenso internacional acerca de temas centrais aos direitos humanos, na busca da salvaguarda de parâmetros protetivos mínimos – do "mínimo ético irredutível". O Direito Internacional dos Direitos Humanos é capaz de estabelecer parâmetros protetivos mínimos; de compensar déficits nacionais; e de fomentar novas dinâmicas envolvendo os diversos atores sociais.

IO Foundation/Massachusetts Institute of Technology, 1993, p. 413. Acrescenta a mesma autora: "Os direitos individuais básicos não são do domínio exclusivo do Estado, mas constituem uma legítima preocupação da comunidade internacional" (p. 441).

Nesse sentido, cabe destacar que, até 2016, o Pacto Internacional dos Direitos Civis e Políticos contava com 168 Estados-partes; o Pacto Internacional dos Direitos Econômicos, Sociais e Culturais contava com 164 Estados-partes; a Convenção contra a Tortura contava com 159 Estados-partes; a Convenção sobre a Eliminação da Discriminação Racial contava com 177 Estados-partes; a Convenção sobre a Eliminação da Discriminação contra a Mulher contava com 189 Estados-partes; e a Convenção sobre os Direitos da Criança apresentava a mais ampla adesão, com 196 Estados-partes.[130]

Ao lado do sistema normativo global, surgem os sistemas regionais de proteção, que buscam internacionalizar os direitos humanos nos planos regionais, particularmente na Europa, América e África, somados a incipientes esforços de criação de sistemas regionais no mundo árabe e asiático. Consolida-se, assim, a convivência do sistema global da ONU com instrumentos do sistema regional, por sua vez, integrado pelos sistemas interamericano, europeu e africano de proteção aos direitos humanos.

Os sistemas global e regional não são dicotômicos, mas complementares. Inspirados pelos valores e princípios da Declaração Universal, compõem o universo instrumental de proteção dos direitos humanos no plano internacional. Nesta ótica, os diversos sistemas de proteção de direitos humanos interagem em benefício dos indivíduos protegidos. Ao adotar o valor da primazia da pessoa humana, estes sistemas se complementam, somando-se ao sistema nacional de proteção, a fim de proporcionar a maior efetividade possível na tutela e promoção de direitos fundamentais. Esta é inclusive a lógica e principiologia próprias do Direito dos Direitos Humanos. Emerge, dessa forma, um novo paradigma baseado em um sistema jurídico multinível marcardo por diálogos,

---

130 Dados do Alto Comissariado de Direitos Humanos das Nações Unidas, *Status of Ratifications of the Principal International Human Rights Treaties. Disponível em:* www.unhchr.ch/pdf/report.pdf.

permeabilidade e incidências mútuas e recíprocas, sob a inspiração do princípio maior da dignidade humana.

Feitas essas breves considerações a respeito dos tratados internacionais de direitos humanos, passa-se à análise do modo pelo qual o Brasil se relaciona com o aparato internacional de proteção dos direitos humanos.

2 O Estado Brasileiro em face do Sistema Internacional de Proteção dos Direitos Humanos

No que se refere à posição do Brasil em relação ao sistema internacional de proteção dos direitos humanos, observa-se que, somente a partir do processo de democratização do país deflagrado em 1985, é que o Estado brasileiro passou a ratificar relevantes tratados internacionais de direitos humanos.

O marco inicial do processo de incorporação de tratados internacionais de direitos humanos pelo Direito brasileiro foi a ratificação, em 1989, da Convenção contra a Tortura e Outros Tratamentos Cruéis, Desumanos ou Degradantes. A partir dessa ratificação, inúmeros outros importantes instrumentos internacionais de proteção dos direitos humanos foram também incorporados pelo Direito Brasileiro, sob a égide da CF/88.

Assim, a partir da CF/88, importantes tratados internacionais de direitos humanos foram ratificados pelo Brasil. Dentre eles, destaque-se a ratificação: a) da Convenção Interamericana para Prevenir e Punir a Tortura, em 20 de julho de 1989; b) da Convenção contra a Tortura e outros Tratamentos Cruéis, Desumanos ou Degradantes, em 28 de setembro de 1989; c) da Convenção sobre os Direitos da Criança, em 24 de setembro de 1990; d) do Pacto Internacional dos Direitos Civis e Políticos, em 24 de janeiro de 1992; e) do Pacto Internacional dos Direitos Econômicos, Sociais e Culturais, em 24 de janeiro de 1992; f) da Convenção Americana de Direitos Humanos, em 25 de setembro de 1992; g) da Convenção Interamericana para Prevenir, Punir e Erradicar a Violência contra a Mulher, em 27 de novembro de 1995; h) do Protocolo à Convenção Americana referente à Abolição da Pena de Morte, em 13 de agosto de 1996; i) do Protocolo à Convenção Americana referente aos Direitos Econômicos, Sociais e Culturais (Protocolo de San Salvador), em 21 de agosto de 1996; j) da Convenção Interamericana para Eliminação de todas as formas de Discriminação contra Pessoas Portadoras de Deficiência, em 15 de agosto de 2001; k) do Estatuto de Roma, que cria o Tribunal Penal Internacional, em 20 de junho de 2002; l) do Protocolo Facultativo à Convenção sobre a Eliminação de todas as formas de Discriminação contra a Mulher, em 28 de junho de 2002; m) do Protocolo Facultativo à Convenção sobre os Direitos da Criança sobre o Envolvimento de Crianças em Conflitos Armados, em 27 de janeiro de 2004; n) do Protocolo Facultativo à Convenção sobre os Direitos da Criança sobre Venda, Prostituição e Pornografia Infantis, também em 27 de janeiro de 2004; o) do Protocolo Facultativo à Convenção contra a Tortura, em 11 de janeiro de 2007; p) da Convenção sobre os Direitos das Pessoas com Deficiência e seu Protocolo Facultativo, em 1 de agosto de 2008; q) do Protocolo Facultativo ao Pacto Internacional dos Direitos Civis e Políticos, bem como do Segundo Protocolo ao mesmo Pacto visando à Abolição da Pena de Morte, em 25 de setembro de 2009; r) da Convenção Internacional para a Proteção de todas as Pessoas contra o Desaparecimento Forçado, em 29 de novembro de 2010; e s) da Convenção Interamericana sobre o Desaparecimento Forçado de Pessoas, em 3 fevereiro de 2014.

As inovações introduzidas pela CF/88 – especialmente no que tange ao primado da prevalência dos direitos humanos, como princípio orientador das relações internacionais – foram fundamentais para a ratificação desses importantes instrumentos de proteção dos direitos humanos.[131]

---

131 Para J. A. Lindgren Alves: "Com a adesão aos dois Pactos Internacionais da ONU, assim como ao Pacto de São José, no âmbito da OEA, em 1992, e havendo anteriormente ratificado todos os instrumentos jurídicos internacionais

Além das inovações constitucionais, como importante fator para a ratificação desses tratados internacionais, acrescente-se a necessidade do Estado brasileiro de reorganizar sua agenda internacional, de modo mais condizente com as transformações internas decorrentes do processo de democratização. Este esforço se conjuga com o objetivo de compor uma imagem mais positiva do Estado brasileiro no contexto internacional, como país respeitador e garantidor dos direitos humanos. Adicione-se que a subscrição do Brasil aos tratados internacionais de direitos humanos simboliza ainda o aceite do Brasil para com a ideia contemporânea de internacionalização dos direitos humanos, bem como para com a ideia da legitimidade das preocupações da comunidade internacional no tocante à matéria. Por fim, há que se acrescer o elevado grau de universalidade desses instrumentos, que contam com significativa adesão dos demais Estados integrantes da ordem internacional.

Logo, faz-se clara a relação entre o processo de democratização no Brasil e o processo de incorporação de relevantes instrumentos internacionais de proteção dos direitos humanos, tendo em vista que, se o processo de democratização permitiu a ratificação de relevantes tratados de direitos humanos, por sua vez essa ratificação permitiu o fortalecimento do processo democrático, mediante a ampliação e do reforço do universo de direitos por ele assegurado.

---

significativos sobre a matéria, o Brasil já cumpriu praticamente todas as formalidades externas necessárias à sua integração ao sistema internacional de proteção aos direitos humanos. Internamente, por outro lado, as garantias aos amplos direitos entronizados na Constituição de 1988, não passíveis de emendas e, ainda, extensivas a outros decorrentes de tratados de que o país seja parte, asseguram a disposição do Estado democrático brasileiro de conformar-se plenamente às obrigações internacionais por ele contraídas", cf. LINDGREN ALVES, J.A. *Os direitos humanos como tema global.* São Paulo: Perspectiva/Fundação Alexandre de Gusmão, 1994, p. 108).

3 A Hierarquia dos Tratados Internacionais de Proteção de Direitos Humanos à luz da CF/88 e a Jurisprudência do STF

Preliminarmente, é necessário frisar que a CF/88 constitui o marco jurídico da transição democrática e da institucionalização dos direitos humanos no Brasil. O texto de 1988, ao simbolizar a ruptura com o regime autoritário, empresta aos direitos e garantias ênfase extraordinária, situando-se como o documento mais avançado, abrangente e pormenorizado sobre a matéria, na história constitucional do país.

O valor da dignidade humana – ineditamente elevado a princípio fundamental da CF/88, nos termos do art. 1º, III – impõe-se como núcleo básico e informador do ordenamento jurídico brasileiro, como critério e parâmetro de valoração a orientar a interpretação e compreensão do sistema constitucional instaurado em 1988. A dignidade humana e os direitos fundamentais vêm a constituir os princípios constitucionais que incorporam as exigências de justiça e dos valores éticos, conferindo suporte axiológico a todo o sistema jurídico brasileiro. Na ordem de 1988, esses valores passam a ser dotados de uma especial força expansiva, projetando-se por todo universo constitucional e servindo como critério interpretativo de todas as normas do ordenamento jurídico nacional.

É nesse contexto que há de se interpretar o disposto no art. 5º, § 2º do texto, que tece a interação entre o Direito brasileiro e os tratados internacionais de direitos humanos. Ao fim da extensa Declaração de Direitos enunciada pelo art. 5º, a CF/88 estabelece que os direitos e garantias expressos na CF/88 "não excluem outros decorrentes do regime e dos princípios por ela adotados, ou dos tratados internacionais em que a República Federativa do Brasil seja parte". À luz desse dispositivo constitucional, os direitos fundamentais podem ser organizados em três distintos grupos: a) o dos direitos expressos na CF/88; b) o dos direitos implícitos, decorrentes do regime e dos princípios adotados pela Carta constitucional; e c) o dos direitos expressos nos tratados internacionais subscritos pelo

Brasil. A CF/88 inova, assim, ao incluir, dentre os direitos constitucionalmente protegidos, os direitos enunciados nos tratados internacionais de que o Brasil seja signatário. Ao efetuar tal incorporação, a CF/88 está a atribuir aos direitos internacionais uma hierarquia especial e diferenciada, qual seja, a de norma constitucional.

Essa conclusão advém de interpretação sistemática e teleológica do texto, especialmente em face da força expansiva dos valores da dignidade humana e dos direitos fundamentais, como parâmetros axiológicos a orientar a compreensão do fenômeno constitucional.[132] A esse raciocínio se acrescentam o princípio da máxima efetividade das normas constitucionais referentes a direitos e garantias fundamentais e a natureza materialmente constitucional dos direitos fundamentais,[133] o que justifica estender aos direitos enunciados

---

132 Para José Joaquim Gomes Canotilho: "A legitimidade material da Constituição não se basta com um "dar forma" ou "constituir" de órgãos; exige uma fundamentação substantiva para os actos dos poderes públicos e daí que ela tenha de ser um parâmetro material, directivo e inspirador desses actos. A fundamentação material é hoje essencialmente fornecida pelo catálogo de direitos fundamentais (direitos, liberdades e garantias e direitos econômicos, sociais e culturais)", cf. CANOTILHO, J. J. G. *Direito constitucional.* 6ª ed. rev. Coimbra: Almedina, 1993, p. 74.

133 Sobre o tema, afirma José Joaquim Gomes Canotilho: "Ao apontar para a dimensão material, o critério em análise coloca-nos perante um dos temas mais polêmicos do direito constitucional: qual é o conteúdo ou matéria da Constituição? O conteúdo da Constituição varia de época para época e de país para país e, por isso, é tendencialmente correcto afirmar que não há reserva de Constituição no sentido de que certas matérias têm necessariamente de ser incorporadas na Constituição pelo Poder Constituinte. Registre-se, porém, que, historicamente (na experiência constitucional), foram consideradas matérias constitucionais, *par excellence*, a organização do poder político (informada pelo princípio da divisão de poderes) e o catálogo dos direitos, liberdades e garantias. Posteriormente, verificou-se o "enriquecimento" da matéria constitucional através da inserção de novos conteúdos, até então considerados de valor jurídico-constitucional irrelevante, de valor administrativo ou de natureza subconstitucional (direitos econômicos, sociais e culturais, direitos de participação e dos trabalhadores e constituição econômica)", cf. *Direito constitucional*, Op. cit., p. 68). Prossegue o mesmo autor: "Um *topos* caracterizador da modernidade e do constitucionalismo foi sempre o da consideração dos 'direitos do homem' como *ratio essendi*

em tratados o regime constitucional conferido aos demais direitos e garantias fundamentais. Essa conclusão decorre também do processo de internacionalização, que propicia e estimula a abertura da CF/88 à normatividade internacional, resultando na ampliação do "bloco de constitucionalidade", que passa a incorporar preceitos asseguradores de direitos fundamentais. Adicione-se, ainda, o fato de as Constituições latino-americanas conferirem aos tratados de direitos humanos um *status* jurídico especial e diferenciado, destacando-se, neste sentido, a Constituição da Argentina que, em seu art. 75, § 22, eleva os principais tratados de direitos humanos à hierarquia de norma constitucional.

Logo, por força do art. 5°, §§ 1° e 2°, a CF/88 atribui aos direitos enunciados em tratados internacionais a hierarquia de norma constitucional, incluindo-os no elenco dos direitos constitucionalmente garantidos, que apresentam aplicabilidade imediata. A hierarquia constitucional dos tratados de proteção dos direitos humanos decorre da previsão constitucional do art. 5º, § 2º, à luz de uma interpretação sistemática e teleológica da Carta, particularmente da prioridade que atribui aos direitos fundamentais e ao princípio da dignidade da pessoa humana. Essa opção do constituinte de 1988 se justifica em face do caráter especial dos tratados de direitos humanos e, no entender de parte da doutrina, da superioridade desses tratados no plano internacional, tendo em vista que integrariam o chamado *jus cogens* (direito cogente e inderrogável).

Enfatize-se que, enquanto os demais tratados internacionais têm força hierárquica infraconstitucional, nos termos do art. 102, III, "b" do texto (que admite o cabimento de recurso extraordinário de decisão que declarar a inconstitucionalidade de tratado), os direitos enunciados em tratados internacionais de proteção

---

do Estado Constitucional. Quer fossem considerados como 'direitos naturais', 'direitos inalienáveis' ou 'direitos racionais' do indivíduo, os direitos do homem, constitucionalmente reconhecidos, possuíam uma dimensão projectiva de comensuração universal" (Ibid, p. 18).

dos direitos humanos detêm natureza de norma constitucional. Esse tratamento jurídico diferenciado se justifica, na medida em que os tratados internacionais de direitos humanos apresentam um caráter especial, distinguindo-se dos tratados internacionais comuns. Enquanto estes buscam o equilíbrio e a reciprocidade de relações entre Estados-partes, aqueles transcendem os meros compromissos recíprocos entre os Estados pactuantes, tendo em vista que objetivam a salvaguarda dos direitos do ser humano, e não das prerrogativas dos Estados. No mesmo sentido, argumenta Juan Antonio Travieso:

> Los tratados modernos sobre derechos humanos en general, y, en particular la Convención Americana no son tratados multilaterales del tipo tradicional concluidos en función de un intercambio recíproco de derechos para el beneficio mutuo de los Estados contratantes. Su objeto y fin son la protección de los derechos fundamentales de los seres humanos independientemente de su nacionalidad, tanto frente a su proprio Estado como frente a los otros Estados contratantes. Al aprobar estos tratados sobre derechos humanos, los Estados se someten a un orden legal dentro del cual ellos, por el bién común, asumen varias obligaciones, no en relación con otros Estados, sino hacia los individuos bajo su jurisdicción. Por tanto, la Convención no sólo vincula a los Estados partes, sino que otorga garantías a las personas. Por ese motivo, justificadamente, no puede interpretarse como cualquier otro tratado.[134]

---

134 TRAVIESO, Juan Antonio. *Derechos humanos y derecho internacional.* Buenos Aires: Heliasta, 1990, p. 90. Compartilhando do mesmo entendimento, leciona Jorge Reinaldo Vanossi: "La declaración de la Constitución argentina es concordante con as Declaraciones que han adoptado los organismos internacionales, y se refuerza con la ratificación argentina a las convenciones os pactos internacionales de derechos humanos destinados a hacerlos efectivos y brindar protección concreta a las personas a través de instituciones internacionales". (*La Constitución Nacional y los derechos humanos.* 3ª ed. Buenos Aires: Eudeba, 1988, p. 35).

Esse caráter especial vem a justificar o *status* constitucional atribuído aos tratados internacionais de proteção dos direitos humanos. Observe-se que a hierarquia infraconstitucional dos demais tratados internacionais é extraída do art. 102, III, *b*, da CF/88, que confere ao STF a competência para julgar, mediante recurso extraordinário, "as causas decididas em única ou última instância, quando a decisão recorrida declarar a inconstitucionalidade de tratado ou lei federal".

Sustenta-se, assim, que os tratados tradicionais têm hierarquia infraconstitucional, mas supralegal. Esse posicionamento se coaduna com o princípio da boa-fé, vigente no direito internacional (o *pacta sunt servanda*), consagrado no art. 26 da Convenção de Viena e que tem como reflexo o art. 27 da mesma Convenção, segundo o qual não cabe ao Estado invocar disposições de seu direito interno como justificativa para o não-cumprimento de tratado.

À luz do mencionado dispositivo constitucional, uma tendência da doutrina brasileira, contudo, passou a acolher a concepção de que os tratados internacionais e as leis federais apresentavam a mesma hierarquia jurídica, sendo, portanto, aplicável o princípio "lei posterior revoga lei anterior que seja com ela incompatível". Essa concepção não apenas compromete o princípio da boa-fé, mas constitui afronta à Convenção de Viena sobre o Direito dos Tratados.

Desde 1977 o STF, com base nesse raciocínio, acolhe o sistema que equipara juridicamente o tratado internacional à lei federal. Com efeito, no julgamento do Recurso Extraordinário n. 80.004, em 1977, o STF firmou o entendimento de que os tratados internacionais estão em paridade com a lei federal, apresentando a mesma hierarquia que esta. Por consequência, concluiu ser aplicável o princípio segundo o qual a norma posterior revoga a norma anterior com ela incompatível. Nesse sentido, pronuncia-se o Ministro Francisco Rezek:

> De setembro de 1975 a junho de 1977 estendeu-se, no plenário do Supremo Tribunal Federal, o julgamento do RE

> 80.004, em que ficou assentada, por maioria, a tese de que, ante a realidade do conflito entre tratado e lei posterior, esta, porque expressão última da vontade do legislador republicano deve ter sua prevalência garantida pela Justiça – sem embargo das consequências do descumprimento do tratado, no plano internacional. Admitiram as vozes majoritárias que, faltante na Constituição do Brasil garantia de privilégio hierárquico do tratado internacional sobre as leis do Congresso, era inevitável que a Justiça devesse garantir a autoridade da mais recente das normas, porque paritária sua estatura no ordenamento jurídico.[135]

A respeito afirma Jacob Dolinger:

> Hans Kelsen, que deu ao monismo jurídico sua expressão científica definitiva, advogava a primazia do direito internacional sobre o direito interno por motivos de ordem prática: a primazia do direito interno acarretaria o despedaçamento do direito e, consequentemente, sua negação. De acordo com a teoria kelseniana, a ordem jurídica interna deriva da ordem jurídica internacional como sua delegada. Esta foi a posição abraçada pelos internacionalistas brasileiros, tanto os publicistas como os privatistas, e que era geralmente aceita pelos Tribunais brasileiros, inclusive pelo Supremo Tribunal Federal, até que, em 1977, ao julgar o Recurso Extraordinário n. 80.004, a Suprema Corte modificou seu

---

135 REZEK, F. *Direito internacional público:* curso elementar. São Paulo: Saraiva, 1991, p. 106. Na lição crítica de André Gonçalves Pereira e Fausto de Quadros, ao enfocarem o direito brasileiro: "Quanto aos tratados em geral, a doutrina e a jurisprudência têm entendido, não sem hesitações, que o tratado e a lei estão no mesmo nível hierárquico, ou seja, que entre aquela e este se verifica uma 'paridade' – paridade essa que, todavia, funciona a favor da lei. De facto, a lei não pode ser afastada por tratado com ela incompatível; mas se ao tratado se suceder uma lei que bula com ele, essa lei não revoga, em sentido técnico, o tratado, mas 'afasta sua aplicação', o que quer dizer que o tratado só se aplicará se e quando aquela lei for revogada" (*Manual de direito internacional público.* 3ª ed. Coimbra: Almedina, 1993, p. 103).

> ponto de vista, admitindo a derrogação de um tratado por lei posterior, posição que vem sendo criticada pela doutrina pátria. Esta nova posição da Excelsa Corte brasileira enraizou-se de tal maneira que o Ministro José Francisco Resek pronunciou-se recentemente de forma assaz contundente, dizendo da "prevalência à última palavra do Congresso Nacional, expressa no texto doméstico, não obstante isto importasse o reconhecimento da afronta, pelo país, de um compromisso internacional. Tal seria um fato resultante da culpa dos poderes políticos, a que o Judiciário não teria como dar remédio.[136]

Observe-se que, anteriormente a 1977, há diversos acórdãos consagrando o primado do Direito Internacional, como é o caso da União Federal c. Cia. Rádio Internacional do Brasil (1951), em que o STF decidiu unanimemente que um tratado revogava as leis anteriores (Apelação Cível 9.587). Merece também menção um acórdão do STF, em 1914, no Pedido de Extradição n. 7 de 1913, em que se declarava estar em vigor e aplicável um tratado, apesar de haver uma lei posterior contrária a ele. O acórdão na Apelação Cível 7.872 de 1943, com base no voto de Philadelpho de Azevedo, também afirma que a lei não revoga o tratado. Ainda neste sentido está a Lei n. 5.172 de 25/10/66 que estabelece: "Os tratados e as convenções internacionais revogam ou modificam a legislação tributária interna e serão observados pela que lhe sobrevenha".[137]

Contudo, realça Celso D. Albuquerque Mello:

> A tendência mais recente no Brasil é a de um verdadeiro retrocesso nesta matéria. No recurso extraordinário n. 80.004, decidido em 1977, o Supremo Tribunal Federal estabeleceu que uma lei revoga o tratado anterior. Esta decisão viola

---

136 DOLINGER, J. *A nova Constituição e o direito internacional.* Rio de Janeiro: Freitas Bastos, 1987, p. 13.

137 MELLO, C. D. A. *Curso de direito internacional público.* 6ª ed. Rio de Janeiro: Freitas Bastos, 1979, p. 69.

> também a Convenção de Viena sobre Direito dos Tratados (1969) que não admite o término de tratado por mudança de direito superveniente.[138]

Acredita-se que o entendimento firmado a partir do julgamento do Recurso Extraordinário 80.004 enseja, de fato, um aspecto crítico, que é a sua indiferença diante das consequências do descumprimento do tratado no plano internacional, na medida em que autoriza o Estado-parte a violar dispositivos da ordem internacional – os quais se comprometeu a cumprir de boa-fé. Essa posição afronta, ademais, o disposto pelo art. 27 da Convenção de Viena sobre o Direito dos Tratados, que determina não poder o Estado-parte invocar posteriormente disposições de direito interno como justificativa para o não cumprimento de tratado. Tal dispositivo reitera a importância, na esfera internacional, do princípio da boa-fé, pelo qual cabe ao Estado conferir cumprimento às disposições de tratado, com o qual livremente consentiu. Ora, se o Estado, no livre e pleno exercício de sua soberania, ratifica um tratado, não pode posteriormente obstar seu cumprimento. Além disso, o término de um tratado está submetido à disciplina da denúncia, ato unilateral do Estado pelo qual manifesta seu desejo de deixar de ser parte de um tratado. Vale dizer, em face do regime de Direito Internacional, apenas o ato da denúncia implica a retirada do Estado de determinado tratado internacional. Assim, na hipótese da inexistência do ato da denúncia, persiste a responsabilidade do Estado na ordem internacional.

Embora a tese da paridade entre tratado e lei federal tenha sido firmada pelo STF em 1977, sendo anterior, portanto, à CF/88, e refira-se ainda a tema comercial (conflito entre a Convenção de Genebra – Lei Uniforme sobre Letras de Câmbio e Notas Promissórias – e o Decreto-lei n. 427, de 1969), constata-se ter sido ela reiterada pelo STF em novembro de 1995, quando do julgamento, em grau de *habeas corpus*, de caso relativo à prisão civil por dívida do depositário infiel.

---

138 Ibid, p. 70.

Com efeito, no julgamento do HC 72.131-RJ (22.11.1995), ao enfrentar a questão concernente ao impacto do Pacto de São José da Costa Rica (particularmente do art. 7, VII, que proíbe a prisão civil por dívida, salvo no caso de alimentos) no Direito brasileiro, o STF, em votação não unânime (vencidos os Ministros Marco Aurélio, Carlos Velloso e Sepúlveda Pertence), afirmou que:

> Inexiste, na perspectiva do modelo constitucional vigente no Brasil, qualquer precedência ou primazia hierárquico-normativa dos tratados ou convenções internacionais sobre o direito positivo interno, sobretudo em face das cláusulas inscritas no texto da Constituição da República, eis que a ordem normativa externa não se superpõe, em hipótese alguma, ao que prescreve a Lei Fundamental da República. (...) a ordem constitucional vigente no Brasil não pode sofrer interpretação que conduza ao reconhecimento de que o Estado brasileiro, mediante convenção internacional, ter-se-ia interditado a possibilidade de exercer, no plano interno, a competência institucional que lhe foi outorgada expressamente pela própria Constituição da República. A circunstância do Brasil haver aderido ao Pacto de São José da Costa Rica – cuja posição, no plano da hierarquia das fontes jurídicas, situa-se no mesmo nível de eficácia e autoridade das leis ordinárias internas – não impede que o Congresso Nacional, em tema de prisão civil por dívida, aprove legislação comum instituidora desse meio excepcional de coerção processual (...). Os tratados internacionais não podem transgredir a normatividade emergente da Constituição, pois, além de não disporem de autoridade para restringir a eficácia jurídica das cláusulas constitucionais, não possuem força para conter ou para delimitar a esfera de abrangência normativa dos preceitos inscritos no texto da Lei Fundamental. (...) Diversa seria a situação, se a Constituição do Brasil – à semelhança do que hoje estabelece a Constituição argentina, no texto emendado pela Reforma Constitucional de 1994 (art. 75, n. 22) – houvesse outorgado hierarquia constitucional aos tratados celebrados em matéria de direitos humanos. (...) Parece-me irrecusável, no

> exame da questão concernente à primazia das normas de direito internacional público sobre a legislação interna ou doméstica do Estado brasileiro, que não cabe atribuir, por efeito do que prescreve o art. 5º, parágrafo 2º, da Carta Política, um inexistente grau hierárquico das convenções internacionais sobre o direito positivo interno vigente no Brasil, especialmente sobre as prescrições fundadas em texto constitucional, sob pena de essa interpretação inviabilizar, com manifesta ofensa à supremacia da Constituição – que expressamente autoriza a instituição da prisão civil por dívida em duas hipóteses extraordinárias (CF, art. 5º, LXVII) – o próprio exercício, pelo Congresso Nacional, de sua típica atividade político-jurídica consistente no desempenho da função de legislar. (...) A indiscutível supremacia da ordem constitucional brasileira sobre os tratados internacionais, além de traduzir um imperativo que decorre de nossa própria Constituição (art. 102, III, *b*), reflete o sistema que, com algumas poucas exceções, tem prevalecido no plano do direito comparado.[139]

Insiste-se que a teoria da paridade entre o tratado internacional e a legislação federal não se aplica aos tratados internacionais de direitos humanos, tendo em vista que a CF/88 assegura a estes garantia de privilégio hierárquico. Esse tratamento jurídico diferenciado, conferido pelo art. 5º, § 2º, da Carta de 1988, justifica-se na medida em que os tratados internacionais de direitos humanos apresentam um caráter especial, distinguindo-se dos tratados internacionais comuns. Como esclarece a Corte Interamericana de Direitos Humanos, em sua Opinião Consultiva n. 2, de setembro de 1982: "Ao aprovar estes tratados sobre direitos humanos, os Estados se submetem a uma ordem legal dentro da qual eles, em prol do bem comum, assumem várias obrigações, não em relação

139 Estes trechos foram extraídos do voto do Ministro Celso de Mello no julgamento do HC 72.131-RJ, em 22.11.1995. Note-se que esse entendimento foi posteriormente reiterado nos julgamentos do RE 206.482-SP; HC 76-561-SP, Plenário, 27.5.1998, e RE 243613, 27.4.1999.

a outros Estados, mas em relação aos indivíduos que estão sob a sua jurisdição". O caráter especial vem a justificar o *status* constitucional atribuído aos tratados internacionais de proteção dos direitos humanos.

Esses argumentos sustentam a conclusão de que o direito brasileiro faz opção por um sistema misto disciplinador dos tratados, sistema que se caracteriza por combinar regimes jurídicos diferenciados: um regime aplicável aos tratados de direitos humanos e outro aplicável aos tratados tradicionais. Enquanto os tratados internacionais de proteção dos direitos humanos – por força do art. 5º, § 2º – apresentam hierarquia constitucional, os demais tratados internacionais apresentam hierarquia infraconstitucional.

Acrescente-se que, além da concepção que confere aos tratados de direitos humanos natureza constitucional (concepção defendida por esta autora) e da concepção que confere aos tratados *status* paritário ao da lei federal, destacam-se outras duas correntes doutrinárias. Uma delas sustenta que os tratados de direitos humanos têm hierarquia supraconstitucional, enquanto a outra corrente defende a hierarquia infraconstitucional, mas supralegal, dos tratados de direitos humanos.

No dizer de Agustín Gordillo, para quem os tratados de direitos humanos têm hierarquia supraconstitucional:

> A supremacia da ordem supranacional sobre a ordem nacional preexistente não pode ser senão uma supremacia jurídica, normativa, detentora de força coativa e de imperatividade. Estamos, em suma, ante um normativismo supranacional. Concluímos, pois, que as características da Constituição, como ordem jurídica suprema do direito interno, são aplicáveis em um todo às normas da Convenção, enquanto ordem jurídica suprema supranacional. Não duvidamos de que muitos intérpretes resistirão a considerá-la direito supranacional e supraconstitucional, sem prejuízo

> dos que se negarão a considerá-la sequer direito interno, ou, mesmo, direito.[140]

Nessa mesma direção, afirmam André Gonçalves Pereira e Fausto de Quadros:

> No Brasil, a Constituição de 1988 não regula a vigência do Direito Internacional na ordem interna, salvo quanto aos tratados internacionais sobre os Direitos do Homem, quanto aos quais o art. 5º, parágrafo 2º, contém uma disposição muito próxima do art. 16, n. 1, da Constituição da República Portuguesa de 1976 que, como demonstraremos adiante, deve ser interpretada como conferindo grau supraconstitucional àqueles tratados. (...) ao estabelecer que "os direitos fundamentais consagrados na Constituição não excluem quaisquer outros constantes das regras aplicáveis do Direito Internacional", o seu art. 16, n. 1, ainda que implicitamente, está a conceder grau supraconstitucional a todo o Direito Internacional dos Direitos do Homem, tanto de fonte consuetudinária como convencional. De facto, à expressão "não excluem" não pode ser concedido um alcance meramente quantitativo: ela tem de ser interpretada como querendo significar também que, em caso de conflito entre as normas constitucionais e o Direito Internacional em matéria de direitos fundamentais, será este que prevalecerá.[141]

Destaca-se, ainda, a corrente doutrinária que defende a hierarquia infraconstitucional, mas supralegal, dos tratados de

---

140 GORDILLO, A. *Derechos humanos, doctrina, casos y materiales:* parte general. Buenos Aires: Fundación de Derecho Administrativo, 1990, p. 53 e 55.

141 PEREIRA, A. G.; e QUADROS, F. Op. Cit., p. 103 e 117. Vide também MELLO, C. A.M. O parágrafo 2º do art. 5º da Constituição Federal, in Torres, R. L. *Teoria dos direitos fundamentais*, Rio de Janeiro, ed. Renovar, 1999, p. 25.

direitos humanos. A respeito, merece menção o entendimento do Ministro Sepúlveda Pertence por ocasião do julgamento do RHC 79.785-RJ, no STF, em maio de 2000, que envolvia o alcance interpretativo do princípio do duplo grau de jurisdição, previsto pela Convenção Americana de Direitos Humanos. Ressaltou, em seu voto, o referido Ministro:

> Desde logo, participo do entendimento unânime do Tribunal que recusa a prevalência sobre a Constituição de qualquer convenção internacional (cf. decisão preliminar sobre o cabimento da ADIn 1.480, cit., Inf. STF 48)". E prosseguiu: "Na ordem interna, direitos e garantias fundamentais o são, com grande frequência, precisamente porque – alçados ao texto constitucional – se erigem em limitações positivas ou negativas ao conteúdo das leis futuras, assim como à recepção das anteriores à Constituição (KELSEN, Hans. *Teoria Geral do Direito e do Estado*. Tradução M. Fontes. Brasília: UnB, 1990, p. 255). Se assim é, à primeira vista, parificar às leis ordinárias os tratados a que alude o art. 5º § 2º, da Constituição, seria esvaziar de muito do seu sentido útil a inovação, que, malgrado os termos equívocos do seu enunciado, traduziu uma abertura significativa ao movimento de internacionalização de direitos humanos. Ainda sem certezas suficientemente amadurecidas, tendo assim – aproximando-me, creio, da linha desenvolvida no Brasil por Cançado Trindade (Memorial em prol de uma nova mentalidade quanto à proteção de direitos humanos nos planos internacional e nacional em *Arquivos de Direitos Humanos*, 2000, 1/3, 43) e pela ilustrada Flávia Piovesan (BOUCAULT, E.; ARAÚJO, N. [Coord.]. A Constituição Brasileira de 1988 e os Tratados Internacionais de Proteção dos Direitos Humanos. *In*: *Os Direitos Humanos e o Direito Interno*) – a aceitar a outorga de força supralegal às convenções de direitos humanos, de modo a dar aplicação direta às suas normas – até, se necessário, contra a lei ordinária – sempre que, sem ferir a Constituição, a complementem, especificando ou ampliando os direitos e garantias dela constantes.

Esse entendimento consagra a hierarquia infraconstitucional, mas supralegal, dos tratados internacionais de direitos humanos, distinguindo-os dos tratados tradicionais.

Em síntese, há quatro correntes acerca da hierarquia dos tratados de proteção dos direitos humanos, que sustentam: a) a hierarquia supraconstitucional de tais tratados; b) a hierarquia constitucional; c) a hierarquia infraconstitucional, mas supralegal e d) a paridade hierárquica entre tratado e lei federal.

Vale realçar que a jurisprudência do Supremo Tribunal Federal pertinente à hierarquia dos tratados de direitos humanos tem se revelado marcadamente oscilante, cabendo apontar quatro relevantes precedentes jurisprudenciais: a) o entendimento jurisprudencial até 1977, que consagrava o primado do Direito Internacional; b) a decisão do Recurso Extraordinário n. 80.004, em 1977, que equiparou juridicamente tratado e lei federal; c) a decisão do *Habeas Corpus* n. 72.131, em 1995, que manteve, à luz da Constituição de 1988, a teoria da paridade hierárquica entre tratado e lei federal; e, finalmente, d) a decisão do Recurso Extraordinário n. 466.343, em 2008, que conferiu aos tratados de direitos humanos uma hierarquia especial e privilegiada, com realce às teses da supralegalidade e da constitucionalidade desses tratados, sendo a primeira a majoritária, como será a seguir enfocado.

No sentido de responder à polêmica doutrinária e jurisprudencial concernente à hierarquia dos tratados internacionais de proteção dos direitos humanos, a Emenda Constitucional n. 45, de 8 dezembro de 2004, introduziu um § 3º no art. 5º, dispondo: "Os tratados e convenções internacionais sobre direitos humanos que forem aprovados, em cada Casa do Congresso Nacional, em dois turnos, por três quintos dos votos dos respectivos membros, serão equivalentes às emendas à Constituição".

Em face de todos os argumentos já expostos, sustenta-se que hierarquia constitucional já se extrai de interpretação conferida ao próprio art. 5º, § 2º, da CF/88. Vale dizer, seria mais adequado que a redação do aludido § 3º do art. 5º endossasse a hierarquia formalmente constitucional de todos os tratados internacionais de proteção dos direitos humanos ratificados, afirmando – tal como o fez o texto argentino – que os tratados internacionais de proteção de direitos humanos ratificados pelo Estado brasileiro têm hierarquia constitucional.[142]

No entanto, estabelece o § 3º do art. 5º que os tratados internacionais de direitos humanos aprovados, em cada Casa do Congresso Nacional, em dois turnos, por três quintos dos votos dos respectivos membros, serão equivalentes às emendas à CF/88.

Desde logo, há que afastar o entendimento segundo o qual, em face do § 3º do art. 5º, todos os tratados de direitos humanos já ratificados seriam recepcionados como lei federal, pois não teriam obtido o *quorum* qualificado de três quintos, demandado pelo aludido parágrafo.

Observe-se que os tratados de proteção dos direitos humanos ratificados anteriormente à Emenda Constitucional n. 45/2004 contaram com ampla maioria na Câmara dos Deputados e no Senado Federal, excedendo, inclusive, o *quorum* dos três quintos dos membros em cada Casa. Todavia, não foram aprovados por dois turnos de votação, mas em um único turno de votação em cada Casa, uma vez que o procedimento de dois turnos não era tampouco previsto.

Reitere-se que, por força do art. 5º, § 2º, todos os tratados de direitos humanos, independentemente do *quorum* de sua aprovação, são materialmente constitucionais, compondo o bloco de constitucionalidade. O *quorum* qualificado está tão-somente a reforçar tal natureza, ao adicionar um lastro formalmente constitucional aos tratados ratificados, propiciando a "constitucionalização formal" dos tratados de direitos humanos no âmbito jurídico

142 Defendi essa posição em parecer sobre o tema, aprovado em sessão do Conselho Nacional de Defesa dos Direitos da Pessoa Humana, em março de 2004.

interno. Como já defendido por este trabalho, na hermenêutica emancipatória dos direitos há que imperar uma lógica material e não formal, orientada por valores, a celebrar o valor fundante da prevalência da dignidade humana. À hierarquia de valores deve corresponder uma hierarquia de normas,[143] e não o oposto. Vale dizer, a preponderância material de um bem jurídico, como é o caso de um direito fundamental, deve condicionar a forma no plano jurídico-normativo, e não ser condicionado por ela.

Não seria razoável sustentar que os tratados de direitos humanos já ratificados fossem recepcionados como lei federal, enquanto os demais adquirissem hierarquia constitucional exclusivamente em virtude de seu *quorum* de aprovação. A título de exemplo, destaque-se que o Brasil é parte da Convenção contra a Tortura e outros Tratamentos ou Penas Cruéis, Desumanos ou Degradantes desde 1989, estando em vias de ratificar seu Protocolo Facultativo. Não haveria qualquer razoabilidade se a este último – um tratado complementar e subsidiário ao principal – fosse conferida hierarquia constitucional, e ao instrumento principal fosse conferida hierarquia meramente legal. Tal situação importaria em agudo anacronismo do sistema jurídico, afrontando, ainda, a teoria geral da recepção acolhida no direito brasileiro.[144]

Ademais, como realça Celso Lafer:

> o novo parágrafo 3º do art. 5º pode ser considerado como uma lei interpretativa destinada a encerrar as controvérsias jurisprudenciais e doutrinárias suscitadas pelo parágrafo 2º do art. 5º. De acordo com a opinião doutrinária tradicional,

143 MELLO, C. A. O parágrafo 2º do art. 5º da Constituição Federal, Op. cit., p. 25.

144 A título de exemplo, cite-se o Código Tributário Nacional (Lei 5.172, de 25 de outubro de 1966), que, embora seja lei ordinária, foi recepcionado como lei complementar, nos termos do artigo 146 da Constituição Federal.

> uma lei interpretativa nada mais faz do que declarar o que pré-existe, ao clarificar a lei existente.[145]

Uma vez mais, corrobora-se o entendimento de que os tratados internacionais de direitos humanos ratificados anteriormente ao mencionado parágrafo, ou seja, anteriormente à Emenda Constitucional n. 45/2004, têm hierarquia constitucional, situando-se como normas material e formalmente constitucionais. Esse entendimento decorre de quatro argumentos: a) a interpretação sistemática da CF/88, de forma a dialogarem os §§ 2º e 3º do art. 5º, já que o último não revogou o primeiro, mas deve, ao revés, ser interpretado à luz do sistema constitucional; b) a lógica e racionalidade material que devem orientar a hermenêutica dos direitos humanos; c) a necessidade de evitar interpretações que apontem a agudos anacronismos da ordem jurídica; e d) a teoria geral da recepção do Direito brasileiro.

Como será a seguir enfocado, o impacto da inovação introduzida pelo art. 5º, § 3º e a necessidade de evolução e atualização jurisprudencial foram também realçadas no STF, quando do julgamento do RE 466.343,[146] em emblemático voto proferido pelo Ministro Gilmar Mendes.

4 O voto do Ministro Gilmar Mendes no RE 466.343: controle de convencionalidade e a emergência de um novo paradigma jurídico

Em 3 de dezembro de 2008, o Supremo Tribunal Federal negou provimento ao Recurso Extraordinário n. 466.343, estendendo a

---

145 LAFER, C. *A internacionalização dos direitos humanos: Constituição, racismo e relações internacionais*, São Paulo, ed. Manole, 2005, p. 16.

146 Vide Recurso Extraordinário 466.343-1, São Paulo, relator Ministro Cezar Peluso, recorrente Banco Bradesco S/A e recorrido Luciano Cardoso Santos. Note-se que o julgamento envolvia a temática da prisão civil por dívida e a aplicação da Convenção Americana de Direitos Humanos.

proibição da prisão civil por dívida à hipótese de alienação fiduciária em garantia, com fundamento na Convenção Americana de Direitos Humanos (art. 7º, § 7º). Tal dispositivo proíbe a prisão civil por dívida, salvo no caso de inadimplemento de obrigação alimentícia. Diversamente, a Constituição Federal de 1988, no art. 5º, LXVII, embora estabeleça a proibição da prisão civil por dívida, excepciona as hipóteses do depositário infiel e do devedor de alimentos. Como afirma o Ministro Gilmar Mendes:

> Nesse caso, o Tribunal, por votação unânime, negou provimento ao RE 466.343-S, concedeu ordem em *habeas corpus* sobre assunto idêntico, e revogou a Súmula 619, segundo a qual "a prisão do depositário judicial pode ser decretada no próprio processo em que se constituiu o encargo, independentemente da propositura de ação de depósito". Finalmente, editou a Súmula Vinculante n. 25, que prevê a ilicitude da prisão civil de depositário infiel, qualquer que seja a modalidade do depósito.[147]

O entendimento unânime do Supremo Tribunal Federal foi no sentido de conferir prevalência ao valor da liberdade, em detrimento do valor da propriedade, em se tratando de prisão civil do depositário infiel, com ênfase na importância do respeito aos direitos humanos. O Supremo firmou, assim, orientação no sentido de que a prisão civil por dívida no Brasil está restrita à hipótese de inadimplemento voluntário e inescusável de prestação alimentícia. Convergiu, ainda, o Supremo Tribunal Federal em conferir aos tratados de direitos humanos um regime especial e diferenciado, distinto do regime jurídico aplicável aos tratados tradicionais. Todavia, divergiu no que se refere especificamente à hierarquia a ser atribuída aos tratados de direitos humanos, remanescendo dividido entre a tese da supralegalidade e a tese da constitucionalidade dos tratados de direitos humanos, sendo a primeira tese a majoritária.

---

147 HC 92566/SP, Rel. Min. Marco Aurélio, DJ 12.12.2008

No RE 466.343, julgado em dezembro de 2008, cabe realce ao voto do Ministro Gilmar Mendes, na qualidade de componente central à emergência de um novo paradigma jurídico radicado em uma perspectiva inovadora atinente à hierarquia dos tratados de direitos humanos, fomentando o controle de convencionalidade na cultura jurídica brasileira. Sustentou o Ministro Gilmar Mendes:

> (...) a reforma acabou por ressaltar o caráter especial dos tratados de direitos humanos em relação aos demais tratados de reciprocidade entre Estados pactuantes, conferindo-lhes lugar privilegiado no ordenamento jurídico. (...) a mudança constitucional ao menos acena para a insuficiência da tese da legalidade ordinária dos tratados já ratificados pelo Brasil, a qual tem sido preconizada pela jurisprudência do Supremo Tribunal Federal desde o remoto julgamento do RE n. 80.004/SE, de relatoria do Ministro Xavier de Albuquerque (julgado em 1.6.1977; DJ 29.12.1977) e encontra respaldo em largo repertório de casos julgados após o advento da Constituição de 1988. (...) Tudo indica, portanto, que a jurisprudência do Supremo Tribunal Federal, sem sombra de dúvidas, tem de ser revisitada criticamente. (...) Assim, a premente necessidade de se dar efetividade à proteção dos direitos humanos nos planos interno e internacional torna imperiosa uma mudança de posição quanto ao papel dos tratados internacionais sobre direitos na ordem jurídica nacional. É necessário assumir uma postura jurisdicional mais adequada às realidades emergentes em âmbitos supranacionais, voltadas primordialmente à proteção do ser humano. (...) Deixo acentuado, também, que a evolução jurisprudencial sempre foi uma marca de qualquer jurisdição constitucional. (...) Tenho certeza de que o espírito desta Corte, hoje, mais que que nunca, está preparado para essa atualização jurisprudencial.

Argumentou o Ministro Gilmar Mendes:

> Não se pode perder de vista que, hoje, vivemos em um "Estado Constitucional Cooperativo", identificado pelo Professor Peter Häberle como aquele que não mais se apresenta como um Estado Constitucional voltado para si mesmo, mas que se disponibiliza como referência para os outros Estados Constitucionais membros de uma comunidade, e no qual ganha relevo o papel dos direitos humanos e fundamentais.[148]

O primoroso voto proferido pelo Ministro Gilmar Mendes, no Recurso Extraordinário n. 466.343, apresenta ao menos três impactos relevantes: a) ressalta o caráter especial dos tratados de direitos humanos em relação aos demais tratados de reciprocidade entre Estados pactuantes, conferindo-lhes lugar privilegiado no ordenamento jurídico; b) rompe em definitivo com a jurisprudência anterior do Supremo Tribunal Federal que, desde 1977, parificava os tratados internacionais às leis ordinárias, relativamente aos tratados de direitos humanos; e c) defende a revisão crítica da jurisprudência do Supremo, tendo em vista a premente necessidade de se dar efetividade à proteção dos direitos humanos nos planos interno e internacional, demandando uma mudança de posição quanto ao papel dos tratados internacionais sobre direitos na ordem jurídica nacional, vindo a sustentar a tese da supralegalidade dos tratados de direitos humanos.

O julgado proferido em dezembro de 2008 constitui uma decisão paradigmática, tendo a força catalisadora de impactar a jurisprudência nacional, a fim de assegurar aos tratados de direitos humanos um regime privilegiado no sistema jurídico brasileiro, propiciando a incorporação de parâmetros protetivos internacionais no âmbito doméstico e o advento do controle da convencionalidade das leis. Isto é, por unanimidade, entendeu-se que os tratados de direitos humanos se situam acima da legalidade ordinária. Logo,

---

148 HÄBERLE, Peter. *El estado constitucional*. Trad. de Hector Fix-Fierro. México: Universidad Nacional Autónoma de México, 2003, p. 75-77.

toda e qualquer norma deve ser interpretada à luz dos parâmetros constitucionais e convencionais. Ao controle de constitucionalidade soma-se o controle de convencionalidade das leis.

O controle de convencionalidade aponta à emergência de um novo paradigma jurídico pautado no sistema jurídico multinível, dotado de permeabilidades mediante a estatalidade aberta, em que diálogos, empréstimos e interações se movem sob a inspiração do princípio maior da dignidade humana.

Como enfatiza a Corte Interamericana de Direitos Humanos:

> Quando um Estado ratifica um tratado internacional como a Convenção Americana, seus juízes, como parte do aparato do Estado, também estão submetidos a ela, o que lhes obriga a zelar que o efeitos dos dispositivos da Convenção não se vejam mitigados pela aplicação de leis contrárias a seu objeto, e que desde o início carecem de efeitos jurídicos (...) o Poder Judiciário deve exercer uma espécie de 'controle da convencionalidade das leis' entre as normas jurídicas internas que aplicam nos casos concretos e a Convenção Americana sobre Direitos Humanos. Nesta tarefa, o Poder Judiciário deve ter em conta não somente o tratado, mas também a interpretação que do mesmo tem feito a Corte Interamericana, intérprete última da Convenção Americana.[149]

---

149 Corte Interamericana de Direitos Humanos, caso Almonacid Arellano e outros *vs*. Chile, sentença de 26 de setembro de 2006. Escassa ainda é a jurisprudência do Supremo Tribunal Federal que implementa a jurisprudência da Corte Interamericana, destacando-se até março de 2010 apenas e tão somente dois casos: a) um relativo ao direito do estrangeiro detido de ser informado sobre a assistência consular como parte do devido processo legal criminal, com base na Opinião Consultiva da Corte Interamericana n. 16 de 1999 (ver decisão proferida pelo Supremo Tribunal Federal em 2006, na Extradição n. 954/2006); e b) outro caso relativo ao fim da exigência de diploma para a profissão de jornalista, com fundamento no direito à informação e na liberdade de expressão, à luz da Opinião Consultiva da Corte Interamericana n. 5 de 1985 (ver decisão proferida pelo Supremo Tribunal Federal em 2009,

A jurisprudência do Supremo Tribunal Federal tem se orientado pelo emblemático julgado proferido no Recurso Extraordinário n. 466.343, destacando-se um amplo repertório jurisprudencial que o adota como referência interpretativa, de forma a consolidar a tese do caráter especial dos tratados internacionais de direitos humanos e de sua supralegalidade.

A partir da CF/88 intensifica-se a interação e conjugação do Direito internacional e do Direito interno, que fortalecem a sistemática de proteção dos direitos fundamentais, com uma principiologia e lógica próprias, fundadas no princípio da primazia dos direitos humanos. Testemunha-se o processo de internacionalização do Direito Constitucional somado ao processo de constitucionalização do Direito Internacional.

Observe-se que, no contexto latino-americano, o diálogo entre as Constituições e o Direito Internacional dos Direitos Humanos tem como pressuposto cláusulas de abertura constitucional, que, com maior ou menor grau de refinamento, conferem aos tratados de direitos humanos hierarquia privilegiada na ordem jurídica, por vezes atribuindo-lhes incorporação automática sob a égide do princípio *pro persona*, radicado na prevalência da dignidade humana. As Constituições latino-americanas estabelecem cláusulas constitucionais abertas, que permitem a integração entre a ordem constitucional e a

---

no RE 511.961). Levantamento realizado acerca das decisões do Supremo Tribunal Federal baseadas em precedentes judiciais de órgãos internacionais e estrangeiros, constata que 80 casos aludem à jurisprudência da Suprema Corte dos EUA, ao passo que 58 casos aludem à jurisprudência do Tribunal Constitucional Federal da Alemanha — enquanto, reitere-se, apenas 2 casos amparam-se na jurisprudência da Corte Interamericana. Nesse sentido, Virgílio Afonso da Silva, Integração e diálogo constitucional na América do Sul, *In*: Armin Von Bogdandy, Flávia Piovesan e Mariela Morales Antoniazzi (Coord.). *Direitos humanos, democracia e integração jurídica na América do Sul*. Rio de Janeiro: Lumen Juris, 2010, p. 529. Apenas são localizados julgados que remetem à incidência de dispositivos da Convenção Americana — nesta edição, foram localizados 79 acórdãos versando sobre: prisão do depositário infiel; duplo grau de jurisdição; uso de algemas; individualização da pena; presunção de inocência; direito de recorrer em liberdade; razoável duração do processo, dentre outros temas especialmente afetos ao garantismo penal.

ordem internacional, especialmente no campo dos direitos humanos, ampliando e expandindo o bloco de constitucionalidade.

Se, de um lado, há a tendência de as Constituições latino-americanas contemplarem cláusulas de abertura constitucional, por outro, há a permeabilidade do Direito Internacional dos Direitos Humanos ao diálogo, considerando sua vocação em fixar parâmetros protetivos mínimos sob o lema da primazia da norma mais favorável e mais benéfica à vítima.

É a partir dos diálogos local-regional-global em um sistema jurídico multinível que se vislumbra a emergência de um novo paradigma jurídico. Reitera o Ministro Gilmar Mendes a abertura cada vez maior do Estado constitucional a ordens jurídicas supranacionais de proteção de direitos humanos.

Sob esta perspectiva contemporânea, o primoroso voto do Ministro Gilmar Mendes no RE 466.343 oferece extraordinária contribuição, ao conferir aos tratados de direitos humanos uma hierarquia especial e privilegiada na ordem jurídica, impulsionando o instituto do "controle de convencionalidade". Como conclui o próprio Ministro, faz-se essencial "assumir uma postura jurisdicional mais adequada às realidades emergentes em âmbitos supranacionais, voltadas primordialmente à proteção do ser humano", realçando, por fim, que "a evolução jurisprudencial sempre foi uma marca de qualquer jurisdição constitucional".

CAPÍTULO VI

A EFICÁCIA DOS DIREITOS FUNDAMENTAIS ENTRE PARTICULARES E O RE 201.819: CONTROLE VALORATIVO DA AUTONOMIA PRIVADA NA EXCLUSÃO E ADMISSÃO DE ASSOCIADOS

Gustavo Tepedino[150]

1 Disciplina jurídica das associações

A liberdade de associação encontra-se proclamada na Constituição da República, nos incisos XVII a XXI do artigo 5º, além de previsões esparsas relacionadas aos partidos políticos e organizações sindicais. Os dispositivos constitucionais comportam variadas faculdades, tais como a de constituir associações; a de nelas ingressar; a de abandoná-las e a de não se associar; e, finalmente,

150 O autor agradece ao mestrando Francisco de Assis Viégas, da Faculdade de Direito da UERJ, pela pesquisa, construtivo diálogo e revisão do texto. Sinceros agradecimentos são também dirigidos às bolsistas de iniciação científica da Faculdade de Direito da UERJ, Danielle Tavares Peçanha e Giulia Lunardi, pela dedicada colaboração nas pesquisas bibliográficas e jurisprudenciais.

a autonomia para a organização e desenvolvimento, pelos associados, de suas atividades associativas.[151] Por outro lado, tem-se sustentado que a liberdade de associação "depende, pelo menos parcialmente, da existência de normas disciplinadoras do Direito de Sociedade (constituição e organização de pessoa jurídica etc.)".[152] Outorga-se ao legislador, portanto, considerável liberdade de conformação na matéria, o que, evidentemente, não o libera das limitações constitucionais.

No âmbito dessa reserva legal, o Código Civil dedica às associações capítulo específico, definindo-as como "a união de pessoas que se organizem para fins não econômicos" (art. 53). As associações diferenciam-se, assim, na tipologia das pessoas jurídicas de direito privado, das fundações e das sociedades.[153] Como se sabe, as fundações exigem dotação especial de bens por meio de escritura pública ou testamento, para fins limitados pelo próprio Código Civil,[154] sujeitando-se, por isso mesmo, a regime jurídico especial e ao controle do Ministério Público.[155] As sociedades, por sua vez, requerem contribuição inicial específica e se dirigem ao

---

151 MENDES, Gilmar F.; CANOTILHO, J. J. G.; SARLET, Ingo W.; STRECK, Lenio L. *Comentários à Constituição do Brasil*. São Paulo: Saraiva; Almedina, 2013, p. 308.

152 MENDES, Gilmar F.; COELHO, Inocêncio M.; BRANCO, Paulo Gustavo G. *Hermenêutica constitucional e direitos fundamentais*. Brasília: Brasília Jurídica, 2002, p. 201.

153 "Art. 44. São pessoas jurídicas de direito privado: I – as associações; II – as sociedades; III – as fundações".

154 "Art. 62. Para criar uma fundação, o seu instituidor fará, por escritura pública ou testamento, dotação especial de bens livres, especificando o fim a que se destina, e declarando, se quiser, a maneira de administrá-la. Parágrafo único. A fundação somente poderá constituir-se para fins religiosos, morais, culturais ou de assistência".

155 "Art. 66. Velará pelas fundações o Ministério Público do Estado onde situadas. § 1º. Se funcionarem no Distrito Federal, ou em Território, caberá o encargo ao Ministério Público Federal. § 2º. Se estenderem a atividade por mais de um Estado, caberá o encargo, em cada um deles, ao respectivo Ministério Público".

desenvolvimento de atividade lucrativa, cujos resultados devem ser necessariamente partilhados entre os sócios.[156]

Ao contrário do que poderia sugerir a literalidade do dispositivo legal, não é o caráter econômico da atividade desempenhada o fator primordial para diferenciar as associações das sociedades. De fato, embora o artigo 53 do Código Civil defina as associações como entidades voltadas para "fins não econômicos", a antiga concepção da associação como entidade altruística encontra-se, há muito, superada.[157] Ao se unirem para determinado fim, os associados têm como escopo a obtenção de alguma espécie de vantagem, que não raro resulta de atividade ou serviço prestado pela associação, havendo aí, por definição, atividade econômica. O que não há, nas associações, é finalidade lucrativa, ou seja, o objetivo de produzir lucros e reparti-los entre os associados.[158] Essa persecução do lucro e sua partilha configuram traços que

---

156 "Art. 981. Celebram contrato de sociedade as pessoas que reciprocamente se obrigam a contribuir, com bens ou serviços, para o exercício de atividade econômica e a partilha, entre si, dos resultados. Parágrafo único. A atividade pode restringir-se à realização de um ou mais negócios determinados". A ideia de partilha necessária dos resultados é reforçada em passagens específicas do Código Civil, como a do artigo 1.008, em que se lê: "É nula a estipulação contratual que exclua qualquer sócio de participar dos lucros e das perdas".

157 "Su questo ostacolo è fondata la critica alla formulazione classica, secondo cui l'associazione avrebbe uno scopo altruistico, mentre lo scopo della società sarebbe egoistico. Contro questa teoria è stato obiettato che essa dimentica l'esistenza di associazioni che nascono per realizzare un vantaggio degli associati". (AURICCHIO, Alberto. Associazioni (diritto civile) – Premessa generale. *In*: CALASSO, Francesco (Coord.). *Enciclopedia del Diritto*. Milano: Giuffrè, 1958, p. 873). Em tradução livre: "Acerca deste obstáculo funda-se a crítica à formulação clássica, segundo à qual a associação teria um escopo altruístico, enquanto o escopo da sociedade seria egoístico. Contra esta teoria objetou-se que se esquece da existência de associações que nascem para a realização de vantagens para seus associados".

158 Nesta direção, a lição sempre referida de Tullio Ascarelli (ASCARELLI, Tullio. "Società, associazione, consorzi, cooperative e trasformazione". *Rivista del Diritto Commerciale e del Diritto Geneale delle Obbligazioni*, anno XLVII, parte seconda, pp. 425-426, 1949).

caracterizam as sociedades, e que servem justamente a diferenciá-las das associações.[159]

Dito diversamente, ainda que o aludido artigo 53 se valha da expressão *não econômico*, o traço distintivo entre sociedades e associações reside, como visto, no fato de estas não visarem lucro. Daqui a lição da doutrina no sentido de que não desnatura a associação a realização de negócios com o escopo de manter ou aumentar seu patrimônio, sem repartição dos ganhos entre os associados.[160]

---

159 Na feliz síntese de Caio Mário da Silva Pereira (*Instituições de Direito Civil*. vol. I. Rio de Janeiro: Forense, 2016, p. 295): "Associação é aquela que se propõe a realizar atividades não destinadas a proporcionar interesse econômico aos associados; sociedade é aquela que oferece vantagens pecuniárias aos seus componentes. Com este critério, classificam-se ainda na categoria de associações aquelas que realizam negócios visando ao alargamento patrimonial da pessoa jurídica, sem proporcionar ganhos aos associados". Na mesma direção, José Edwaldo Tavares Borba (*Direito Societário*. Rio de Janeiro: Renovar, 2003, p. 5), o qual ressalta: "O Código Civil, ao defini-las, afasta a imprecisão terminológica outrora dominante, na medida em que estabelece uma nítida distinção entre associação e sociedade, aliás consagrando o entendimento doutrinário, que já considerava a primeira uma entidade sem fins econômicos, enquanto a segunda objetiva o lucro para distribuição aos seus sócios". A despeito da distinção, a prática eventual e anômala de ato com escopo lucrativo não pode, por si só, levar à conversão de uma associação em uma sociedade, sem a participação da vontade dos associados, conforme registrou Rofolfo Sacco: "non è possibile che un'operazione di questo genere (od anche una serie di operazioni di questo genere) fatte senza il consenso di tutti i soci, valga a trasformare l'associazione in una società, con tutte le sue gravi conseguenze (fra cui l'illiceità degli atti di concorrenza dei soci). Tutt'al più, si potrà pensare che l'utile dell'operazione venga spartito fra gli associati" (SACCO, Rofolfo. "Società ed associazione". *Rivista del Diritto Commerciale e del Diritto Geneale delle Obbligazioni*, anno XLVIII, parte seconda, p. 171, 1950). Em tradução livre: "não é possível que uma operação deste gênero (ou mesmo uma série de operações deste gênero) feita sem o consenso de todos os sócios, sirva para transformar a associação em uma sociedade, com todas as suas graves consequências (dentre as quais a ilicitude dos atos de concorrência dos sócios). No máximo, se poderá pensar que os ganhos da operação venham a ser repartidos entre os associados".

160 Como já destacava Henri De Page, "le désintéressement du but ne se perd pas par la recherche d'avantages matériels accessoires qui sont indispensables pour permettre à l'association de vivre et d'atteindre son but d'ordre moral".

Os associados não possuem expectativa legítima de lucratividade; seu ingresso na associação caracteriza-se por vantagens de outra ordem e por propósito essencialmente diverso daquele que guia, por exemplo, o investimento do acionista na sociedade anônima.

Atento aos característicos próprios das associações, o Código Civil inovou ao disciplinar as associações, inclusive ao especificar matérias cujo tratamento é imprescindível ao estatuto social, sob pena de nulidade. Confira-se a dicção do artigo 54:

> Sob pena de nulidade, o estatuto das associações conterá: I - a denominação, os fins e a sede da associação; II - *os requisitos para a admissão, demissão e exclusão dos associados*; III - os direitos e deveres dos associados; IV - as fontes de recursos para sua manutenção; V - o modo de constituição e de funcionamento dos órgãos deliberativos; VI - as condições para a alteração das disposições estatutárias e para a dissolução. VII - a forma de gestão administrativa e de aprovação das respectivas contas.

De especial interesse mostra-se o inciso II acima transcrito, que baliza os procedimentos de admissão ou exclusão de associados, estabelecendo parâmetros que, fixados estatutariamente, adquirem natureza imperativa. Por se tratar de união de pessoas

---

Explica o autor que tais atividades, "n'ont pas pour objet de répartir un gain matériel entre les membres, mais de réunir les ressources nécessaires pour consacrer les efforts de l'association au but plus élevé qu'elle s'est assigné. De même, le fait que les recettes excèdent les dépenses ne prouve pas, à lui seul, le but lucratif" (PAGE, Henri De. *Traité Élémentaire de Droit Civil Belge*. vol. I. 2ª ed. Bruxelles: Établissement Émile Bruylant, 1948, p. 582). Em tradução livre: "o escopo desinteressado não se perde pela busca de ganhos materiais acessórios que são indispensáveis para permitir à associação manter-se e alcançar sua finalidade de ordem moral". Explica o autor que tais atividades "não têm por objetivo repartir ganhos materiais entre os membros, mas reunir os recursos necessários para concentrar os esforços da associação para a finalidade mais importante a que se destina. Da mesma forma, o fato de que as receitas excedam as despesas não prova, em si, o lucro".

que se associam, com autonomia organizacional, para fins não econômicos, não há, a princípio, arbitrariedade na recusa, respaldada nas regras estatutárias, de admissão de sócio, em face do não preenchimento, pelo proponente, de requisitos voltados para a unidade e o bem do corpo associativo (afinal, autonomia, etimologicamente, revela a expressão grega para *auto nomos*, lei de si mesmo). Contudo, não poderá o estatuto funcionar como realidade externa e alheia à legalidade constitucional, devendo-se compatibilizar a ampla liberdade associativa com a tábua principiológica estabelecida pela Constituição da República.

A rigor, mostra-se essencial às associações a afinidade entre seus membros para persecução dos fins almejados: trata-se de *universitas personarum*, cumprindo ao corpo social a aprovação de novos associados.[161] Por isso mesmo, não encontraria justificativa no sistema jurídico a imposição, aos associados, da aceitação de novos integrantes que não se mostrassem aptos a auxiliar na busca do fim colimado, a ameaçar, desse modo, os ideais associativos. Tem-se, assim, que os associados, reunidos em assembleia ou por meio de disposição estatutária, possuem a liberdade juridicamente tutelada de definir os critérios a serem aplicados na admissão de seus associados.

Em sentido análogo, o Código Civil permite a livre diferenciação entre as categorias de sócios, desde que o estatuto assim

---

161 Conforme anota Francisco Amaral (*Direito Civil*: introdução. Rio de Janeiro: Renovar, 2008, p. 327), as associações se caracterizam "pelo seu aspecto eminentemente pessoal (*Universitas personarum*), enquanto nas fundações o aspecto dominante é o material (*Universitas bonorum*)". Quanto à elementar importância da compatibilidade entre os membros da associação, valiosa é a lição de Alberto Trabucchi (*Istituzioni di Diritto Civile*. Padova: Cedam, 2013, p. 324): "*Il vincolo associativo è aperto per coloro che siano dotati delle prerogative richieste, perché è in armonia con l'intenzione degli originari contraenti consentire l'accesso solo a chi abbia interessi ed aspirazioni affini*". Em tradução livre: "o vínculo associativo é franqueado àqueles que possuam as prerrogativas exigidas, porque se encontra em harmonia com a intenção dos contraentes originários consentir o acesso somente a quem possuir afinidade de interesses e aspirações".

preveja, dispondo expressamente em seu artigo 55: "Os associados devem ter iguais direitos, mas o estatuto poderá instituir categorias com vantagens especiais". O texto legal admite a diferenciação estatutária entre os sócios, embora não estabeleça os limites para tal distinção. Afirma-se em doutrina que o permissivo legal, disposto no artigo 55, admite a diferenciação de qualidade de associados, em cujas vantagens e restrições se insere a possibilidade de supressão do direito de voto nas assembleias. Tal diferenciação, entretanto, deve seguir critérios razoáveis, merecedores de tutela pelo ordenamento pátrio. Há de se examinar, nesta esteira, a adequação funcional dos critérios utilizados à consecução das finalidades da associação, e a correspondência da distinção à capacidade participativa e contributiva dos associados segundo as diversas classes previstas no estatuto.[162] O mesmo vale, por consectário lógico, para a fixação de critérios admissionais.

Com isso, surge o potencial conflito entre a liberdade associativa, traduzida na fixação de critérios admissionais diferenciados, e a incidência de outros direitos fundamentais. Para a análise do problema, impende analisar, brevemente, a evolução da eficácia normativa das normas constitucionais.

2 A eficácia dos direitos fundamentais entre particulares na experiência brasileira

Admite-se no panorama doutrinário brasileiro, com certo consenso, a força normativa das normas constitucionais e, em consequência, a eficácia dos direitos fundamentais nas relações privadas. Todavia, a análise do percurso histórico da eficácia das

162 Como observa Renan Lotufo, "a exceção à igualdade de direitos dos sócios deve decorrer de exceção expressa, que confirme o princípio da igualdade na sua operacionalidade, isto é, desigualdade decorrente das condições participativas dos associados, quer pelas contribuições, quer pela intensidade de labor" (LOTUFO, Renan. *Código Civil comentado*. vol. 1. São Paulo: Saraiva, 2003, p. 160).

normas constitucionais entre particulares mostra-se relevante, a fim de que se possa identificar aspectos que ainda demandam atenção no que diz respeito à efetiva aplicação ponderada de princípios constitucionais, notadamente no âmbito das associações civis.

Tem-se por consabido que, na tradição liberal, atribuía-se às normas constitucionais papel meramente político, consubstanciando-se em convite para a atuação dos Poderes Públicos. Não se lhes reconhecia o *status* de norma jurídica.[163] Neste contexto, os direitos fundamentais se afiguravam como liberdades negativas, vale dizer, direitos de defesa do indivíduo em face do Estado.[164] Impunha-se ao Estado, nessa perspectiva, deveres negativos de não interferir na esfera privada. Por isso mesmo, apenas os Poderes Públicos eram considerados destinatários dos direitos fundamentais, a estes vinculando-se a produção legislativa.[165] Associava-se a tal construção a dicotomia entre o Direito Público e o Direito Privado, em que ao primeiro cabia disciplinar as relações de Direito Público, nas quais figurasse como protagonista o Estado, e, ao Direito Privado

163 Por todos, BARROSO, Luís Roberto. "Neoconstitucionalismo e Constitucionalização do Direito (o triunfo tardio do direito constitucional no Brasil)". *In*: PEREIRA NETO, Cláudio de S.; SARMENTO, Daniel (Coord.). *A constitucionalização do direito*: fundamentos teóricos e aplicações específicas. Rio de Janeiro: Lumen Juris, 2007, p. 209.

164 "A História aponta o Poder Público como o destinatário precípuo das obrigações decorrentes dos direitos fundamentais. A finalidade para a qual os direitos fundamentais foram inicialmente concebidos consistia, exatamente, em estabelecer um espaço de imunidade do indivíduo em face dos poderes estatais" (MENDES, Gilmar F.; BRANCO, Paulo Gustavo G. *Curso de direito constitucional*. São Paulo: Saraiva, 2012, p. 200).

165 "Durante um bom período campeou, sobretudo na Europa, em razão da ausência de uma jurisdição constitucional, a ideia de que a Constituição conteria uma proclamação de princípios políticos, que dependeriam sempre do legislador para a produção de efeitos concretos. Ela dirigir-se-ia aos poderes constituídos, e em especial ao Executivo e ao Legislativo, mas não seria acessível ao juiz, nem muito menos ao cidadão" (SARMENTO, Daniel. *Direitos fundamentais e relações privadas*. Rio de Janeiro: Lumen Juris, 2004, pp. 70-71).

incumbia garantir esfera de atuação dos particulares (autonomia da vontade), livre das ingerências estatais.[166]

Posteriormente, no curso do século XX, passou-se a admitir progressivamente a eficácia dos direitos fundamentais nas relações privadas, especialmente a partir da doutrina alemã do *drittwirkung*.[167] Na esteira do chamado pós-positivismo, que sobreveio à Segunda Guerra Mundial, propugnou-se a incorporação de valores à concepção de ordenamento jurídico e o reconhecimento, em definitivo, da

166 "L'ensemble des règles qui régissent les relations de l'homme avec ses semblables, en tant que collectivité, constitue le droit public au sens large du mot (...) Celles qui gouvernent les rapport d'intérêt particulier qui se forment entre individus constituent le droit privé" (PAGE, Henri De. *Traité Élémentaire de Droit Civil Belge*. 2ª ed. Bruxelles: Établissement Émile Bruylant, 1948, p. 4). Em tradução livre: "O conjunto de regras que regem as relações do homem com seus semelhantes, como uma coletividade, constitui o direito público no sentido amplo (...) Aquelas que governam as relações de interesse particular que formam entre indivíduos constituem o direito privado". Como já se observou em outra sede, sustentava-se àquela altura que "a sublimação do indivíduo no direito civil dá-se pela autonomia da vontade, enquanto as garantias fundamentais, concebidas pelo direito público, afastam as ingerências do Estado na esfera privada" (TEPEDINO, Gustavo. A incorporação dos direitos fundamentais pelo ordenamento brasileiro: sua eficácia nas relações jurídicas privadas. *In*: MATOS, Ana Clara H. (Coord.). *A construção dos novos direitos*. Porto Alegre: Núria Fabris, 2008, p. 152).

167 Para uma análise do debate acerca da eficácia dos direitos fundamentais nas relações privadas no âmbito da Corte Constitucional alemã, ver: MENDES, Gilmar F. *Direitos fundamentais e controle de constitucionalidade*: estudos de direito constitucional. São Paulo: Instituto Brasileiro de Direito Constitucional, 1999, pp. 219-229. Ver, ainda, SARMENTO, Daniel. *A vinculação dos particulares aos Direitos fundamentais no Direito comparado e no Brasil*. *In*: BARROSO, Luís Roberto (Coord.). *A reconstrução democrática do direito público no Brasil*. Rio de Janeiro: Renovar, 2007, p. 314, o qual, após creditar à doutrina alemã o surgimento da teoria da eficácia direta dos direitos fundamentais nas relações privadas, observa: "A jurisprudência do Tribunal Federal do Trabalho alemão adotou em algumas decisões esta doutrina, sendo célebre o caso, julgado em 1957, no qual reconheceu, com base em preceitos constitucionais, sem a invocação de nenhuma norma ordinária da legislação trabalhista, a invalidade de cláusula contratual que previa a extinção do contrato de trabalho de enfermeiras de um hospital privado, caso estas viessem a contrair matrimônio".

força normativa das normas constitucionais. Intensifica-se, a partir de então, a eficácia normativa das normas constitucionais às relações privadas, sendo certo que, na experiência brasileira, a Constituição de 1988 se apresenta como estuário de longo processo histórico de incorporação ao sistema jurídico de direitos sociais e existenciais, alterando-se, de modo radical, a tábua axiológica que informa a ordem pública interna. Nesta esteira, nota-se, a partir do exame da recente jurisprudência do Supremo Tribunal Federal, a evolução no processo de consolidação da efetividade das normas constitucionais.

Ilustrativamente, pode-se mencionar, em recente voto no julgamento do Recurso Extraordinário n. 845.779/SC, a constatação do Ministro Luiz Edson Fachin de que "as inflexões constitucionais, especialmente à luz da dignidade da pessoa humana – fundamento maior de nossa República –, dos direitos humanos e fundamentais, foram as grandes responsáveis pela repersonalização dos vários ramos do Direito Privado".[168] No caso, ainda pendente de julgamento, uma mulher transexual foi abordada no toalete feminino por funcionária de determinado shopping, que solicitou que fizesse uso do banheiro masculino. Observou o Ministro Fachin, à luz dos princípios constitucionais da isonomia substancial e da solidariedade social, que "a sujeição à utilização de banheiros designados ao gênero masculino pelas mulheres transexuais que externalizam a sua vontade de identificação de gênero na dupla dimensão do direito à identidade" revela-se "absolutamente violadora de sua dignidade".[169]

---

168 Sobre a importância histórica para o direito civil da presença do Ministro Luiz Edson Fachin na Corte Suprema, ver TEPEDINO, Gustavo. "O Supremo Tribunal Federal e a Virada de Copérnico". *Revista Brasileira de Direito Civil – RBDCivil*, Rio de Janeiro, vol. 4, p. 8, abr./jun., 2015. Disponível em: https://www.ibdcivil.org.br/image/data/revista/volume4/ibdcivil_volume_4_gustavo-tepedino_pg6-9.pdf. Acessado em: 31.08.2017.

169 Em seu voto, o Ministro Luiz Edson Fachin, acompanhando o Relator Ministro Luís Roberto Barroso, reconhece "a ocorrência de dano moral na hipótese de restrição injustificada do uso de banheiro público adequado à identidade de gênero de mulher transexual". Para uma análise aprofundada da questão, ver FACHIN, Luiz Edson. "O corpo do registro no registro do corpo: mudança de nome e sexo sem cirurgia de redesignação". *Revista*

Na mesma direção, merece destaque o julgamento, em 2015, da ADI n. 4.815, em que o Ministro Luís Roberto Barroso enfatizou a importância da técnica da ponderação para a harmonização das normas constitucionais, considerando que "a característica das Constituições contemporâneas é precisamente esse caráter compromissório e dialético de abrigarem valores diversos". No caso, o STF outorgou interpretação conforme a Constituição aos artigos 20 e 21 do Código Civil, afastando a exigibilidade de prévia autorização para publicação de biografias de pessoas famosas.[170]

A consequência, do ponto de vista da teoria da interpretação, é a afirmação crescente dos valores constitucionais na atividade jurisdicional, sustentando-se entre os civilistas, desde a década de 1980 no século passado, a aplicação direta das normas constitucionais no âmbito das relações contratuais, do exercício do direito de propriedade, das comunidades intermediárias, especialmente as entidades familiares e as associativas.[171] Opera-se, dessa ma-

---

Brasileira de Direito Civil – RBDCivil, Rio de Janeiro, vol. 1, pp. 36-60, jul./set. 2014. Disponível em: https://www.ibdcivil.org.br/image/data/revista/volume1/rbdcivil-volume-1-doutrina_002.pdf. Acessado em: 31.08.2017.

170 STF, Tribunal Pleno, ADI 4815, Rel. Min. Cármen Lúcia, julg. 10.06.2015. Particularmente significativa a manifestação do Ministro Luís Roberto Barroso, em que se destaca a precedência das liberdades constitucionais em relação à regra do Código Civil que hierarquizaria, abstratamente e em prejuízo da liberdade, os direitos fundamentais: "A solução do Código Civil coloca em posição inferior justamente a liberdade de expressão, que nas democracias deve ser tratada como uma liberdade preferencial". Segundo observou o eminente Ministro, tal tratamento "significa que a sua superação transfere o ônus argumentativo para o outro lado". Sobre o tema, seja consentido remeter a TEPEDINO, Gustavo. "Liberdade de informação e de expressão: reflexão sobre as biografias não autorizadas" *Revista da Faculdade de Direito – UFPR*, Curitiba, vol. 61, nº 2, pp. 25-40, mai./ago., 2016.

171 Sobre o ponto, ver TEPEDINO, Gustavo. "Normas constitucionais e direito civil na construção unitária do ordenamento". *In*: TEPEDINO, Gustavo. *Temas de direito civil*, vol. III, Rio de Janeiro: Renovar, 2009, p. 15, na qual se sublinha o papel da doutrina do direito civil em "estabelecer parâmetros para tutelar a pessoa humana diante dos novos bens jurídicos que se tornam objeto de situações existenciais suscitadas pelo avanço da cibernética e da tecnologia".

neira, mudança qualitativa da autonomia privada, que deve se conformar aos valores constitucionais, deixando de configurar valor em si mesma, e merecendo tutela se (e somente se) representar, em concreto, a realização de valor constitucionalmente tutelado.[172] Assiste-se, então, ao deslocamento dos princípios fundamentais do Código Civil para a Constituição, a revelar profunda transformação dogmática, em que a autonomia privada passa a ser remodelada por valores não patrimoniais, de cunho existencial, inseridos na noção de ordem pública.[173] Conforme se observou em outra sede,

> propriedade, empresa, família, relações contratuais tornam-se institutos funcionalizados à realização dos valores constitucionais, em especial da dignidade da pessoa humana, não mais havendo setores imunes a tal incidência

---

172 "A iniciativa econômica privada, ainda que definida livre (art. 41, § 1, Const.), é submetida a controles, a intervenções por parte do legislador – e não somente do legislador – não mais finalizados a um regime de autossuficiência econômica (*autarchia*) e inspirados a um princípio corporativo, mas voltados a realizar um sistema diverso com novos valores colocados no vértice de sua hierarquia. Não se pode discorrer sobre limites de um dogma ou mesmo sobre exceções: a Constituição operou uma reviravolta qualitativa e quantitativa na ordem normativa. Os chamados limites à autonomia, colocados à tutela dos contraentes mais frágeis, não são mais externos e excepcionais, mas, antes, internos, na medida em que são expressão direta do ato e de seu significado constitucional" (PERLINGIERI, Pietro. *Perfis do Direito Civil*. Rio de Janeiro: Renovar, 2007, p. 280).

173 TEPEDINO, Gustavo. "O papel atual da doutrina do direito civil entre o sujeito e a pessoa". *In*: TEPEDINO, Gustavo; TEIXEIRA, Ana Carolina B.; ALMEIDA, Vitor (Coord.). *O direito civil entre o sujeito e a pessoa*: estudos em homenagem ao Professor Stefano Rodotà. Belo Horizonte: Fórum, 2016, p. 17. Sobre os atuais desafios na consolidação da aludida transformação dogmática, ver SCHREIBER, Anderson; KONDER, Carlos Nelson. "Uma agenda para o direito civil-constitucional". *Revista Brasileira de Direito Civil – RBDCivil*, Rio de Janeiro, vol. 10, pp. 9-27, out./dez. 2016. Disponível em: https://www.ibdcivil.org.br/image/data/revista/volume10/rbdcivil_vol_10_02_doutrina-nacional_uma-agenda.pdf. Acessado em: 31.08.2017.

> axiológica, espécies de zonas *francas* para a atuação da autonomia privada.[174]

Na mesma direção, a jurisprudência das últimas décadas, em trajetória evolutiva, tem reconhecido gradativamente a incidência dos direitos fundamentais às relações de Direito Privado. Alude-se difusamente à doutrina da incidência horizontal dos direitos fundamentais, valendo destacar o julgamento emblemático, pelo Supremo Tribunal Federal na década de 1990, do Recurso Extraordinário em que se discutia a legitimidade de revista íntima efetuada por empresa fabricante de peças íntimas femininas em suas empregadas, procedimento este autorizado por cláusula expressa do contrato de trabalho.[175]

---

174 TEPEDINO, Gustavo. "Do sujeito de direito à pessoa humana". *In*: *Temas de Direito Civil*. vol. II. Rio de Janeiro: Renovar, 2006, p. 341. Ver, ainda, sobre o tema, TEPEDINO, Gustavo. "Normas constitucionais e direito civil na construção unitária do ordenamento". *In*: *Temas de direito civil*, vol. III, Rio de Janeiro: Renovar, 2009, pp. 5-6.

175 Na hipótese, por força da decretação de prescrição, o Ministro Relator Sepúlveda Pertence não pôde apreciar o mérito da questão, embora tenha admitido a incidência da norma constitucional na atividade econômica privada: "Lamento que a irreversibilidade do tempo corrido faça impossível enfrentar a relevante questão de direitos fundamentais da pessoa humana, que o caso suscita, e que a radical contraposição de perspectivas entre a sentença e o recurso, de um lado, e o exacerbado privatismo do acórdão, de outro, tornaria fascinante". Confira-se a ementa do julgado em questão: "Recurso extraordinário: legitimação da ofendida – ainda que equivocadamente arrolada como testemunha –, não habilitada anteriormente, o que, porém, não a inibe de interpor o recurso, nos quinze dias seguintes ao término do prazo do Ministério Público, (STF, Sums. 210 e 448). II. Constrangimento ilegal: submissão das operárias de indústria de vestuário a revista íntima, sob ameaça de dispensa; sentença condenatória de primeiro grau fundada na garantia constitucional da intimidade e acórdão absolutório do Tribunal de Justiça, porque o constrangimento questionado à intimidade das trabalhadoras, embora existente, fora admitido por sua adesão ao contrato de trabalho: questão que, malgrado a sua relevância constitucional, já não pode ser solvida neste processo, dada a prescrição superveniente, contada desde a sentença de primeira instância e jamais interrompida, desde então" (STF, RE 160.222, 1ª T., Rel. Min. Sepúlveda Pertence, julg. 01.09.1995).

Em outra ocasião, o Supremo Tribunal Federal foi instado a decidir sobre a exclusão de associado de cooperativa ao arrepio de regras estatutárias. Na ocasião, a Corte afirmou que o princípio do devido processo legal, consagrado no artigo 5º, inciso LIV da Constituição, em conjunto com os princípios da legalidade (C.R., art. 5º, II) e da ampla defesa (C.R., art. 5º, LV), tornariam inválidos os atos da Assembleia que resultaram na exclusão do cooperativado, independentemente da livre manifestação de vontade do órgão coletivo e da liberdade estatutária ínsita ao princípio constitucional da autonomia privada. Ficou assentado, portanto, que "na hipótese de exclusão de associado decorrente de conduta contrária aos estatutos, impõe-se a observância ao devido processo legal, viabilizado o exercício amplo da defesa".[176]

Em outra significativa decisão, a Suprema Corte estendeu, mediante a aplicação do princípio da igualdade (C.R., art. 5º, *caput*), os direitos de trabalhadores estrangeiros aos brasileiros empregados na mesma companhia.[177] Na hipótese, ex-empregado brasileiro de empresa francesa alegava não ter recebido diversos benefícios concedidos pela empregadora a funcionários de

---

176 STF, RE 158.215, 2ª T., Rel. Min. Marco Aurélio, julg. 30.04.1996. Sobre o acórdão, ver BRANCO, Paulo Gustavo G. "Associações, expulsão de sócios e direitos fundamentais". *In*: *Direito público*. vol. 1, nº 2, Brasília: Instituto Brasiliense de Direito Público, 2003, pp. 170-174.

177 STF, RE 161.243, 2ª T, Rel. Min. Carlos Velloso, julg. 29.10.1996. Com base nessas decisões, a doutrina já apontava o reconhecimento pelo STF da aplicação direta das normas constitucionais às relações privadas. Ver MENDES, Gilmar F.; BRANCO, Paulo Gustavo G. *Curso de direito constitucional*. São Paulo: Saraiva, 2012, pp. 208-209. Ver, também, Daniel Sarmento: "Por estes acórdãos, infere-se que o STF aceita a aplicação de direitos fundamentais na resolução de conflitos interprivados, independentemente da mediação do legislador. Embora o Pretório Excelso não tenha chegado a discutir em seus julgados as diversas teorias sobre a forma de vinculação dos particulares aos direitos constitucionais, é possível extrair dos seus posicionamentos a adesão à tese mais progressista, da eficácia direta e imediata dos direitos fundamentais nas relações privadas" (SARMENTO, Daniel. *Direitos fundamentais e relações privadas*. Rio de Janeiro: Lumen Juris, 2004, p. 294).

nacionalidade francesa, a qual, segundo o estatuto do pessoal da companhia, consistia em requisito para a concessão de tais benefícios pleiteados. Na visão do Supremo, tal previsão estatutária, embora pactuada como expressão de liberdade fundamental, afronta o princípio constitucional da isonomia (C.R., art. 5º, *caput*), pois "a discriminação que se baseia em atributo, qualidade, nota intrínseca ou extrínseca do indivíduo, como o sexo, a raça, a nacionalidade, o credo religioso, etc., é inconstitucional". Uma vez mais, o Supremo fez incidir norma constitucional à relação essencialmente privada.[178] Confira-se elucidativo trecho do voto do Ministro Néri da Silveira:

> o princípio do nosso sistema é o da igualdade de tratamento. Em consequência, não pode uma empresa, no Brasil, seja nacional ou estrangeira, desde que funcione, opere, no território nacional, estabelecer discriminação decorrente da nacionalidade para seus empregados, em regulamento de empresa, a tanto correspondendo o estatuto dos servidores da empresa, tão-só pela circunstância de não ser um nacional francês.

Nesta trilha evolutiva, o julgamento do Recurso Extraordinário n. 201.819 configurou verdadeiro *leading case* na experiência brasileira. Com efeito, pode-se afirmar que a aplicação dos direitos fundamentais às relações privadas consolidou-se com o exame do RE 201.819, julgado em 11 de outubro de 2005 (Caso UBC). No caso, o Supremo Tribunal Federal analisou hipótese em que determinada associação de direito privado determinou a

---

178 É o que se extrai do voto do Min. Maurício Corrêa: "Evidentemente, como o tom da nossa Constituição é o da igualdade de tratamento, não podendo haver desigualdade entre iguais, razão pela qual quem aqui se instala há que obedecer ao nosso ordenamento legal, máxime no que diz respeito aos ditames ordenados pela Constituição Federal. Tanto mais que essa discriminação que foi feita não se coaduna com a razoabilidade, e muito menos não se coaduna com o ordenamento constitucional brasileiro" (STF, RE 161.243, 2ª T., Rel. Min. Carlos Velloso, julg. 29.10.1996).

exclusão de associado, com fundamento em norma estatutária que a autorizava, sem que lhe fosse conferida a oportunidade de se defender das acusações (violações estatutárias) que lhe eram imputadas. A Corte rejeitou, por maioria, o argumento de que o princípio da ampla defesa não se aplicaria aos procedimentos internos das instituições privadas e entendeu que, apesar de se regerem pelas normas do Código Civil, "a ordem jurídico-constitucional brasileira não conferiu a qualquer associação civil a possibilidade de agir à revelia dos princípios inscritos nas leis e, em especial, dos postulados que têm por fundamento direto o próprio texto da Constituição da República, notadamente em tema de proteção às liberdades e garantias fundamentais". Conforme afirmado no substancioso voto do Relator Ministro Gilmar Mendes, "os direitos fundamentais assegurados pela Constituição vinculam diretamente não apenas os poderes públicos, estando direcionados também à proteção dos particulares em face dos poderes privados".[179]

A importância do acórdão evidencia-se diante de sua corrente invocação nos tribunais brasileiros, muitas vezes com o escopo de, recorrendo ao posicionamento da Corte Constitucional, garantir a efetividade dos direitos fundamentais nas relações privadas. Nessa esteira, o Tribunal de Justiça de Santa Catarina já afirmou, citando expressamente o RE n. 201.819, ser inconstitucional "o ato de exclusão de sócio de associação civil sem fins lucrativos que não tenha sido precedido do devido processo legal, assegurado o direito de defesa e de recurso, mesmo que a expulsão sumária encontre amparo no estatuto da entidade".[180] Na mesma direção, o Tribunal de Justiça do Distrito Federal, apontando o RE n. 201.819 como *leading case*, considerou ilícita a aplicação de multa a condômino sem que fossem observados o contraditório e

---

179 STF, RE 201819, 2ª T., Rel. Min. Ellen Gracie, Rel. p/ Acórdão Min. Gilmar Mendes, julg. 11.10.2005.

180 TJSC, Ap. Cív. 753837 SC 2008.075383-7, 2ª C.D.C., Rel. Des. Luiz Carlos Freyesleben, julg. 10.9.2010.

a ampla defesa.[181] A decisão da Corte Suprema, como se percebe, assumiu papel determinante na consolidação da eficácia horizontal dos direitos fundamentais nos tribunais brasileiros.[182]

A partir do posicionamento firmado no RE n. 201.819, verifica-se a consolidação da incidência das normas constitucionais às relações de Direito Privado nos tribunais brasileiros, sobretudo as definidoras de direitos fundamentais, conferindo eficácia às normas constitucionais, seja na ausência de regra infraconstitucional específica, seja reformulando a interpretação literal e corrente de regra infraconstitucional, seja contra previsão expressa de regra infraconstitucional. Notadamente em matéria de exclusão de associado, objeto do RE n. 201.819, o Supremo Tribunal Federal mostra-se inequívoco e intransigente quanto à imperiosa observância

---

181 TJDF, Ap. Cív. 20060710193779 DF, 1ª T. R. J., Rel. Des. Leila Arlanch, julg. 16.10.2007.

182 Ilustrativamente, entre as decisões que citam expressamente o RE 201.819, v. TJRJ, Ap. Cív. 0185525-67.2011.8.19.0001, 24ª C.C.C., Rel. Des. Ana Célia Montemor Soares Rios Gonçalves, julg. 14.06.2017; TJMA, Ap. Cív. 0010223-54.2003.8.10.0001, 4ª C.C., Rel. Des. Luiz Gonzaga Almeida Filho, julg. 25.08.2015; TJSP, AI 2116629-38.2014.8.26.0000, 10ª C.D.Priv., Rel. Des. Carlos Alberto Garbi, julg. 09.09.2014, no qual afirmou-se: "Cumpre lembrar que se aplicam às relações privadas as garantias constitucionais do contraditório e da ampla defesa. Incide sobre o caso em exame a teoria da eficácia horizontal dos direitos fundamentais, amplamente discutida em julgado paradigma do Egrégio Supremo Tribunal Federal (Recurso Extraordinário n. 201.819-8/RJ, relatado pelo Min. Gilmar Mendes, dj 11.10.2005)". O mesmo se verifica em relação a acórdãos mais recentes do Supremo Tribunal Federal, nos quais o RE 201.819 é invocado para garantir-se a incidência dos direitos fundamentais no âmbito das relações privadas. Nessa direção. v. STF, ARE 814135, 1ª T., Rel. Min. Roberto Barroso, julg. 02.10.2014; STF, ARE 1008625 AgR, 1ª T., Rel. Min. Luiz Fux, julg. 17.03.2017: "as normas definidoras dos direitos e garantias fundamentais têm aplicação imediata, não havendo bloqueio constitucional quanto à irradiação de efeitos dos direitos fundamentais às relações jurídicas de direito privado, tem-se que as normas definidoras de direitos e garantias fundamentais têm campo de incidência em qualquer relação jurídica, seja ela pública, mista ou privada, donde os direitos fundamentais assegurados pela Carta Política vinculam não apenas os poderes públicos, alcançando também as relações privadas".

dos princípios constitucionais do contraditório e da ampla defesa, sob pena de invalidação da vontade coletiva, ainda que estatutária e formalmente regular, manifestada legitimamente pela entidade privada. Tal posicionamento inspira, do mesmo modo, a reflexão a respeito dos critérios para admissão de associados, na qual os princípios constitucionais funcionam como filtro valorativo da faculdade, também de estatura constitucional, de auto-organização dos associados. Na esteira do entendimento firmado pelo Supremo Tribunal Federal no julgamento do RE n. 201.819, a partir do emblemático voto do Ministro Gilmar Mendes, o desafio que se apresenta é a definição de parâmetros que permitam identificar hipóteses em que se faz necessária a intervenção do Estado na organização interna das associações, com o escopo de garantir a efetividade dos princípios constitucionais.

3 A legitimidade de critérios para admissão de associados: ponderação e juízo de merecimento de tutela

Observou-se argutamente que, "como consequência do direito de não se associar e como resultado do veto à interferência estatal no funcionamento das associações, há de se reconhecer a liberdade de escolha de associados".[183] A liberdade de associação importa em liberdade de definição das afinidades que, decotando o universo de pessoas que compõem a sociedade, permitirão o desenvolvimento dos objetivos perseguidos pelos associados. Por isso mesmo, não se pode restringir aprioristicamente a liberdade de estabelecer, mediante regras estatutárias claras, como prevê o mencionado artigo 54, II, do

183 MENDES, Gilmar F.; CANOTILHO, J. J. G.; SARLET, Ingo W.; STRECK, Lenio L. *Comentários à Constituição do Brasil*. São Paulo: Saraiva; Almedina, pp. 310-311, o qual pondera: "Em linha de princípio, o Estado não pode impor o ingresso de alguém numa associação; do contrário, estaria obrigando os anteriores sócios a se associarem com quem não desejam. Há casos, porém, em que não será legítimo barrar o ingresso de novo sócio em certos tipos de associações".

Código Civil, "os requisitos para a admissão, demissão e exclusão dos associados". Tais parâmetros balizarão o convívio social, sendo expressão da liberdade que, como tal, deve ser compreendida (não apartada, mas inserida) na legalidade constitucional.

Em consequência, o estímulo ao exercício da liberdade associativa não quer significar ausência de deveres e de responsabilidades por parte dos seus membros, espécie de salvo-conduto para reger sem qualquer limite externo as atividades a serem desenvolvidas. Dito diversamente, a associação privada não há de ser compreendida como espaço de não direito, expressão da liberdade insuscetível de controle social.[184] Pelo contrário, mostra-se consentânea com os valores constitucionais a compatibilização entre, de um lado, a ausência de ingerência estatal na vida privada, como incentivo à mais livre e lídima consecução dos objetivos traçados pelos associados e, de outro, o respeito aos valores constitucionais de modo a impedir discriminações de qualquer natureza e a violação do princípio da igualdade.[185]

---

184 Para uma crítica à doutrina dos espaços de não direito, ver TEPEDINO, Gustavo. "Itinerário para um imprescindível debate metodológico". *Revista Trimestral de Direito Civil*, Rio de Janeiro, vol. 35, p. 2, 2000: "Não há espaços de não-direito, isto é, não há espaço de subjetividade imune ao espectro de abrangência do projeto constitucional, uma vez que a liberdade não é um dado pré-jurídico. O entendimento contrário pressupõe a dualidade entre o fato social e a norma, contrapõe a liberdade à intervenção legislativa (reduzindo-se o direito à função repressora), de modo a autorizar, aprioristicamente, certos comportamentos humanos, desresponsabilizando seus titulares. Ao contrário, as liberdades hão de ser exercidas plena e intensamente na ordem pública (de solidariedade e igualdade) constitucional".

185 A convivência entre direitos fundamentais, na hipótese de colisão de interesses, é estabelecida mediante a técnica da ponderação, tendo-se em conta as circunstâncias fáticas do caso concreto. Para o exame dos critérios amplamente utilizados, com este propósito, no âmbito do direito privado, especialmente em matéria de responsabilidade civil. Ver SCHREIBER, Anderson. *Novos paradigmas da responsabilidade civil*: da erosão dos filtros da reparação à diluição dos danos. São Paulo: Atlas, 2011, pp. 156-157, na qual se ressalta a importância da ponderação para o exame das "circunstâncias fáticas que, consideradas à luz do exame do dado normativo, e em especial das normas

Como acentuado em doutrina, a "atividade associativa não constitui uma área subtraída ao primado da pessoa", sendo certo que "as suas vicissitudes internas devem caracterizar-se pelo respeito aos direitos dos indivíduos, da sua dignidade, sem ostracismos injustificados e qualquer tipo de prevaricação".[186]

Tal perspectiva, que permeia a vida associativa, mostra-se de maior ou menor intensidade de acordo com os objetivos da associação e com as circunstâncias fáticas que atestam a maior vulnerabilidade de princípios constitucionais. Nessa trilha, o Direito Constitucional tem procurado distinguir as associações "*expressivas*" (de cunho espiritual, religioso), que demandariam menor ingerência estatal, das "*não expressivas*" (de finalidades profissionais ou comerciais), que exigiriam controle mais rígido, especialmente quando voltadas para o exercício de atividades em regime monopolizador, ou tendo-se em conta a relevância da função social ou econômica levada a cabo. Admite-se, nessa linha de raciocínio, que essas associações não expressivas, "ao contrário das expressivas, estão sujeitas a imposições estatais relacionadas com o seu o modo de existir, em virtude da pertinência a elas de outros valores constitucionais concorrentes". Teriam, assim, segundo a mesma doutrina, natureza "*menos privada*" em razão das finalidades sociais ou forma de atuação, a reclamarem, conseguintemente, constante controle judicial.[187]

---

constitucionais relevantes para solução da colisão no caso concreto, permitem determinar a área de legítima atuação de cada interesse conflitante".

186 PERLINGIERI, Pietro. *Perfis do Direito Civil.* Rio de Janeiro: Renovar, 2007, pp. 300-302, lê-se, ainda: "a incompatibilidade não pode ser fundada no arbítrio, nem deduzida dos interesses da maioria, mas deve ser avaliada caso por caso no interesse das pessoas associadas, ou que querem associar-se, em relação ao escopo associativo e ao papel que ele exerce para a realização da personalidade dos indivíduos".

187 MENDES, Gilmar F.; CANOTILHO, J. J. G.; SARLET, Ingo W.; STRECK, Lenio L. *Comentários à Constituição do Brasil.* São Paulo: Saraiva; Almedina, 2013, p. 310.

O critério apontado, embora não se apresente definitivo (e nem possa conduzir à equivocada conclusão de que seriam *mais privadas* as comunidades associativas sem controle estatal), revela-se útil como mecanismo de avaliação das circunstâncias fáticas que incidem em cada hipótese. Nessa vertente, o raciocínio desenvolvido pelo STF na decisão do "caso UBC" (RE n. 201.819) parece bastante condizente com a natureza específica daquela associação, destinada à cobrança de Direitos Autorais de seus associados, cuja exclusão representaria interferência direta em sua atividade profissional e artística. Além disso, do ponto de vista procedimental, princípios democráticos impõem o respeito intransponível ao direito à ampla defesa, ainda que a exclusão se mostre, *prima facie*, justificável estatutariamente. Tal aspecto, aliás, não passou desapercebido no voto do Ministro Gilmar Mendes, no qual observou-se que a União Brasileira de Compositores (UBC), entidade sobre o qual pendia a controvérsia,

> se caracteriza por integrar aquilo que poderíamos denominar como *espaço público* ainda que *não-estatal* (...). Logo, as penalidades impostas pela recorrente ao recorrido extrapolam, em muito, a liberdade do direito de associação e, sobretudo, o de defesa. Conclusivamente, é imperiosa a observância das garantias constitucionais do devido processo legal, do contraditório e da ampla defesa (art. 5, LIV e LV, da CF).

No âmbito do controle de constitucionalidade dos critérios admissionais, a colisão entre a liberdade de fixação de restrições estatutárias e o princípio da igualdade foi analisada em acórdão da 3ª Turma do Superior Tribunal de Justiça. A hipótese dizia respeito à admissão de associados cuja permanência na entidade associativa submetia-se a termo final, com o consequente desligamento imediato do sócio. Embora vencido, é de se aplaudir o voto do Ministro João Otávio de Noronha, para quem

> a adesão temporária de associados é coerente em uma entidade que promove *fins ideológicos*, podendo-se imaginar

> que os fundadores adotem esse mecanismo de admissão de membros com o fito de garantir que o *ideário* ou a *concepção de mundo* que eles comungam seja realmente compartilhado entre todos os membros da associação.[188]

Na mesma linha de raciocínio, na percepção da Ministra Maria Isabel Gallotti, haveria de se prestigiar a vontade estatutária, já que "a ingerência judicial nesse aspecto, além de ofender, *data vênia*, o direito de associação violará o núcleo essencial de autonomia privada coletiva".[189]

Tal debate no âmbito do Superior Tribunal de Justiça parece eloquente, a demonstrar que, a prescindir da concordância com a solução apontada no caso concreto, a Corte, confirmando o prestigioso precedente do Supremo Tribunal Federal, consagra, na jurisprudência brasileira, *a autonomia privada associativa (auto nomos)*, com a presunção de legitimidade dos associados, e especialmente dos fundadores da entidade, que modelam o seu Estatuto, para a formação da vontade social expressa em escolhas acerca do quadro associativo mais consentâneo com as finalidades perseguidas.

---

188 STJ, REsp 650.373/SP, 4ª T., Rel. Min. João Otávio de Noronha, Rel. p/ Acórdão Ministro Luís Felipe Salomão, julg. 27.3.2012.

189 Acrescentou-se, no mesmo voto: "Ao direito de associação é inerente, a meu ver, o direito de escolha daqueles a quem se quer associar, em que condições e por quanto tempo. Os fundadores, ao conceber a sociedade e redigir seu estatuto, quiseram admitir a integração temporária à sociedade, por prazo certo, sem direito a voto, dos chamados 'sócios efetivos'. A permanência por prazo superior dependeria, sempre, de aquiescência da assembleia geral. Preservaram, contudo, o direito de escolha daqueles que admitiriam como 'sócios fundadores', aos quais seria dado, nos termos do estatuto, o direito de integrar definitivamente a sociedade e participar da formação de sua vontade social por meio do voto".

Considerações finais

A liberdade associativa, prevista diretamente pelo artigo 5º, XVII, da C. R., há de ser amplamente assegurada como direito fundamental e manifestação da dignidade da pessoa humana, fundamento da República e expressão de relação existencial indispensável ao desenvolvimento da personalidade. Segue-se daqui a legitimidade de critérios admissionais ou demissionais estatutariamente previstos, o que não afasta o exame de merecimento de tutela das hipóteses concretamente consideradas, mediante a técnica da ponderação, por força da incidência direta das normas constitucionais.

Nesta direção, pode-se afirmar, em síntese estreita, que a sujeição da admissão ou da expulsão de associados a critérios restritivos ou seletivos, ainda que exóticos ou fúteis, não parece ser, só por si, incompatível com a tábua de valores constitucional, devendo-se ponderar liberdade e igualdade, tendo-se por parâmetros de valoração, como antes analisado: (i) os critérios estatutários (CC, art. 54); (ii) o respeito a procedimentos democráticos em atenção aos princípios da legalidade, do devido processo legal e da ampla defesa (C.R., art. 5º, II, LIV e LV); (iii) a natureza e as finalidades da associação; (iv) as circunstâncias fáticas que no caso específico poderão indicar ausência de merecimento de tutela do critério estatutário.

Referências bibliográficas

AMARAL, Francisco. *Direito Civil*: introdução. Rio de Janeiro: Renovar, 2008.

ASCARELLI, Tullio. "Società, associazione, consorzi, cooperative e trasformazione". *Rivista del diritto commerciale e del diritto geneale delle obbligazioni*, anno XLVII, parte seconda, 1949.

AURICCHIO, Alberto. "Associazioni (diritto civile) – Premessa generale'. *In*: CALASSO, Francesco (Coord.). *Enciclopedia del Diritto*. Milano: Giuffrè, 1958.

BARROSO, Luís Roberto. "Neoconstitucionalismo e Constitucionalização do Direito (o triunfo tardio do direito constitucional no Brasil). *In*: PEREIRA NETO, Cláudio de S.; SARMENTO. Daniel (Coord.). *A constitucionalização do Direito*: fundamentos teóricos e aplicações específicas. Rio de Janeiro: Lumen Juris, 2007.

BORBA, José Edwaldo T. *Direito societário*. Rio de Janeiro: Renovar, 2003.

BRANCO, Paulo Gustavo G. "Associações, expulsão de sócios e direitos fundamentais". *Direito público*, vol. 1, n. 2, Brasília: Instituto Brasiliense de Direito Público, 2003.

FACHIN, Luiz Edson. "O corpo do registro no registro do corpo: mudança de nome e sexo sem cirurgia de redesignação". *Revista Brasileira de Direito Civil – RBDCivil*, Rio de Janeiro, vol. 1, jul./set. 2014. Disponível em: https://www.ibdcivil.org.br/image/data/revista/volume1/rbdcivil-volume-1-doutrina_002.pdf. Acessado em: 31.08.2017.

LOTUFO, Renan. *Código civil comentado*. vol. 1. São Paulo: Saraiva, 2003.

MENDES, Gilmar F. *Direitos fundamentais e controle de constitucionalidade*: estudos de direito constitucional. São Paulo: Instituto Brasileiro de Direito Constitucional, 1999.

MENDES, Gilmar F; COELHO, Inocêncio M.; BRANCO, Paulo G. *Hermenêutica constitucional e direitos fundamentais*. Brasília: Brasília Jurídica, 2002.

MENDES, Gilmar F; BRANCO, Paulo Gustavo G. *Curso de direito constitucional*. São Paulo: Saraiva, 2012.

MENDES, Gilmar F; CANOTILHO, J. J. G.; SARLET, Ingo W.; STRECK, Lenio L. *Comentários à Constituição do Brasil*. São Paulo: Saraiva; Almedina, 2013.

PAGE, Henri De. *Traité Élémentaire de Droit Civil Belge*. Bruxelles: Établissement Émile Bruylant, 1948.

PEREIRA, Caio Mário da Silva. *Instituições de direito civil*. vol. I. Rio de Janeiro: Forense, 2016.

PERLINGIERI, Pietro. *Perfis do direito civil*. Rio de Janeiro: Renovar, 2007.

SACCO, Rofolfo. "Società ed associazione". *Rivista del Diritto commerciale e del diritto geneale delle obbligazioni*, anno XLVIII, parte seconda, 1950.

SARMENTO, Daniel. "A vinculação dos particulares aos direitos fundamentais no direito comparado e no Brasil". *In*: BARROSO, Luís Roberto (Coord.). *A reconstrução democrática do direito público no Brasil*. Rio de Janeiro: Renovar, 2007.

______. *Direitos fundamentais e relações privadas*. Rio de Janeiro: Lumen Juris, 2004.

SCHREIBER, Anderson. *Novos paradigmas da responsabilidade civil*: da erosão dos filtros da reparação à diluição dos danos. São Paulo: Atlas, 2011.

SCHREIBER, Anderson; KONDER, Carlos Nelson. "Uma agenda para o direito civil-constitucional". *Revista Brasileira de Direito Civil – RBDCivil*, Rio de Janeiro, vol. 10, pp. 9-27, out.-dez. 2016. Disponível em: https://www.ibdcivil.org.br/image/data/revista/volume10/rbdcivil_vol_10_02_doutrina-nacional_uma-agenda.pdf. Acessado em: 31.08.2017.

TEPEDINO, Gustavo. "Itinerário para um imprescindível debate metodológico". *Revista Trimestral de Direito Civil*, Rio de Janeiro, vol. 35, 2000.

______. "A incorporação dos direitos fundamentais pelo ordenamento brasileiro: sua eficácia nas relações jurídicas privadas". *In*: MATOS, Ana Clara H. (Coord.). *A construção dos novos direitos*, Porto Alegre: Núria Fabris, 2008.

______. "Do Sujeito de Direito à Pessoa Humana". *In*: TEPEDINO, Gustavo. *Temas de Direito Civil*, vol. II. Rio de Janeiro: Renovar, 2006.

______. "Normas constitucionais e direito civil na construção unitária do ordenamento". *In*: *Temas de direito civil*. vol. III. Rio de Janeiro: Renovar, 2009.

______. "O papel atual da doutrina do direito civil entre o sujeito e a pessoa". *In*: TEPEDINO, Gustavo; TEIXEIRA, Ana Carolina Brochado; ALMEIDA, Vitor (Coord.). *O direito civil entre o sujeito e a pessoa*: estudos em homenagem ao Professor Stefano Rodotà. Belo Horizonte: Fórum, 2016.

______. "O Supremo Tribunal Federal e a Virada de Copérnico". *Revista Brasileira de Direito Civil – RBDCivil*, Rio de Janeiro, vol. 4, abr.-jun. 2015. Disponível em: https://www.ibdcivil.org.br/image/data/revista/volume4/ibdcivil_volume_4_gustavo-tepedino_pg6-9.pdf. Acessado em: 31.08.2017.

______. "Liberdade de informação e de expressão: reflexão sobre as biografias não autorizadas". *Revista da Faculdade de Direito* – UFPR, Curitiba, vol. 61, n. 2, pp. 25-40, mai.-ago. 2016.

TRABUCCHI, Alberto. *Istituzioni di Diritto Civile*, Padova: Cedam, 2013.

CAPÍTULO VII

DISTORÇÕES DO SISTEMA PROPORCIONAL BRASILEIRO

Henrique Neves da Silva

O sistema eleitoral brasileiro tem sido alvo de críticas constantes. Nos anos que antecedem a eleição, quando as reformas são discutidas, as propostas de alteração do sistema proporcional para as eleições parlamentares são sempre debatidas, inclusive com sugestões de extinção e substituição do modelo por outros em razão das distorções verificadas há várias décadas no País.

As críticas mais comuns ao sistema proporcional brasileiro dizem respeito ao formato de listas abertas aliado com a possibilidade de alianças partidárias temporárias formadas sem nenhum controle ou correlação ideológica. O primeiro adversário do candidato é o seu colega de partido que precisa ser ultrapassado, mas não pode ser aniquilado. O eleitor nem sempre percebe a peculiaridade do seu voto ser computado primeiro para o partido político ou coligação e, apesar de ser uninominal, beneficiar todos seus candidatos.

Isso porque, conforme previsto nos artigos 106 e seguintes do Código Eleitoral Brasileiro, o resultado da eleição é obtido pela verificação do quociente eleitoral, que equivale ao número de votos válidos dividido pelo número de vagas em disputa. Em seguida, calcula-se o quociente partidário pela divisão dos votos obtidos pela agremiação pelo quociente eleitoral. Dessa segunda operação resulta o número de vagas que são preenchidas diretamente. As sobras são apuradas pelo método de médias mais fortes, calculada pela divisão do número de votos obtidos pelo partido ou coligação pelo número de vagas já preenchidas, mais um.

Somente após a definição da quantidade de cadeiras atribuída aos partidos e coligações é que voto nominal passa a ser considerado para a atribuição das vagas obtidas pelos candidatos com maior votação individual, a qual não pode ser inferior a dez por cento do quociente eleitoral.

A utilização desse método faz com que o voto sirva primordialmente para o partido obter uma ou mais vagas. A escolha individualizada do eleitor somente será considerada se a agremiação lograr êxito para efeito de ordenação da lista dos candidatos do partido ou da coligação. Com isso, os votos uninominais, além de servirem para o sucesso do partido e das coligações, são – justamente por isso – aproveitados para todos os concorrentes e não apenas para o candidato individualmente escolhido pelo eleitor. Em outras palavras, a escolha individualizada do eleitor pode contribuir para a vitória do candidato de sua preferência, se ele terminar bem-posicionado na lista partidária, mas certamente contribuirá para a eleição dos candidatos do partido ou coligação que estiverem bem-posicionados no final da apuração.

Juntamente com essa fórmula de resultado e, talvez justamente em razão dela, o sistema proporcional brasileiro é marcado por uma propaganda eleitoral extremamente individualizada, concentrada na figura do candidato. As coligações são formadas apenas para disputar a eleição e não estão submetidas a nenhum critério de congruência ou vinculação ideológica. Encerrado o pleito, as alianças temporárias são imediatamente desfeitas, sem nenhum compromisso reminiscente para o exercício dos mandatos conquistados.

Tais características significam que o voto dado a um candidato que defende determinada proposta pode servir para a eleição de outro que defenda ideias diametralmente opostas àquelas que impressionaram o eleitor no momento de escolher seu representante.

Na reforma eleitoral de 2017, vários aspectos do sistema proporcional brasileiro foram discutidos e, ao final, duas importantes modificações foram aprovadas para minimizar as distorções verificadas.

A primeira, de ordem constitucional, proíbe a realização de coligações partidárias para disputa de cargos proporcionais, a partir das eleições municipais de 2020, conforme previsto na Emenda Constitucional n. 97 que alterou o § 1º do art. 17 da Constituição da República. A segunda, realizada no plano infraconstitucional, trata da alteração da regra de resultado das eleições, com modificação do teor do § 2º do art. 109 do Código Eleitoral, de modo a permitir que os partidos (e, em 2018, as coligações) que não alcancem o quociente eleitoral possam participar do cálculo das sobras das cadeiras apuradas pelo quociente partidário.

Tais modificações são importantes e complementares. Em face do número de partidos políticos registrados perante a Justiça Eleitoral, o quociente eleitoral, especialmente nas unidades da federação de menor população, pode representar uma elevada cláusula de barreira. Confira-se, por exemplo, que no Distrito Federal nos Estados em que são disputadas apenas oito cadeiras para Câmara dos Deputados, o quociente eleitoral corresponde a 12,5% dos votos válidos apurados na eleição. Com a extinção das coligações proporcionais, tornou-se presente o risco de um único partido político ultrapassar esse patamar e, de acordo com as regras anteriores, preencher todas as cadeiras do Estado. Com as alterações realizadas, essa possibilidade passa a ser rara e se assegura melhor oportunidade de as minorias serem representadas.

As modificações introduzidas em 2017 tendem a melhorar o sistema proporcional brasileiro, mas não são definitivas para permitir uma representação popular efetivamente equilibrada, a qual, aliás, dificilmente será obtida, uma vez que o modelo brasileiro tem sido constitucionalmente distorcido, desde o início da República.

Com efeito. Para que se possa verificar a distorção existente, é necessário lembrar que no Brasil, como ensina Paulo Gustavo Gonet Branco:

> [O] legislativo opera por meio do Congresso Nacional, que é bicameral, já que composto por duas Casas: a Câmara dos Deputados e o Senado Federal. A Câmara dos Deputados é a casa dos representantes do povo, eleitos pelo sistema proporcional em cada Estado e no Distrito Federal. O senado é composto por três representantes de cada Estado e do Distrito Federal, eleitos pelo sistema majoritário.[190]

Ainda que não haja precisão histórica quando ao surgimento do bicameralismo, a concepção de um modelo de dois órgãos legislativos, na lição de José Afonso da Silva, "associava-se à de ideia de interesses estamentais: nobres representariam nobres, comuns representariam comuns, cada qual com sua Câmara – o que deu a estrutura bicameral do Poder Legislativo".[191]

Ao defender esse tipo de sistema, logo após a independência dos Estados Unidos, Madison propagava que:

> [N]o governo republicano predomina necessariamente a autoridade legislativa. A solução para este inconveniente está em repartir essa autoridade entre diferentes ramos e torná-los, utilizando maneiras diferenciadas de eleição e distintos princípios de ação, tão pouco interligados quanto for permitido por suas funções comuns e dependência da mesma comunidade.[192]

---

190 MENDES, Gilmar F.; COELHO Inocêncio M.; BRANCO, Paulo Gustavo G. *Curso de Direito constitucional.* São Paulo: Saraiva, 2007, p. 807.

191 SILVA, José Afonso da. *Comentário Contextual à Constituição.* 3ª ed. Malheiros: São Paulo, p. 386.

192 HAMILTON, Alexander; JAY, John; MADISON, James. *O Federalista, n. 51.* Tradução de Ricardo Rodrigues Gama. 2ª ed. Campinas: Russel Editores, 2005, p. 323.

O sistema bicameral, cuja essencialidade reside na existência de duas Câmaras como poderes semelhantes e compostas de formas diferente, age como meio de autolimitação do Poder Legislativo para que os interesses dos representantes dos homens comuns não se sobreponham aos da aristocracia, atualmente substituída, pelos interesses dos Estados na maioria dos modelos existentes.

Nessa linha, nos Estados Unidos as discussões que antecederam a celebração do Grande Compromisso de 1787, que pacificou a disputa entre os grandes e os pequenos Estados, foram concluídas com a adoção de um sistema no qual os interesses do povo de um Estado de menor população não são contidos pela vontade do maior número de representantes dos grandes estados. Para mitigar a supremacia dos representantes do povo, no modelo americano foi estipulada a competência exclusiva da Casa dos Representantes para iniciar o processo legislativo em determinadas matérias, ao passo que se garantiu a igualdade absoluta a cada Estado nas votações no Senado.[193]

De igual forma, no Brasil, o número de Senadores é estático, fixado em três por Estado e pelo Distrito Federal, revelando perfeito equilíbrio entre as Unidades da Federação. Entretanto,

---

193 Sobre a iniciativa de leis, confira-se a seção 7 do art. 1º da Constituição norte-americana, no original: "All Bills for raising Revenue shall originate in the House of Representatives; but the Senate may propose or concur with Amendments as on other Bills". E, no que tange a preservação do voto igualitário dos Estados no Senado, o artigo 5º. No original: "The Congress, whenever two thirds of both Houses shall deem it necessary, shall propose Amendments to this Constitution, or, on the Application of the Legislatures of two thirds of the several States, shall call a Convention for proposing Amendments, which, in either Case, shall be valid to all Intents and Purposes, as Part of this Constitution, when ratified by the Legislatures of three fourths of the several States, or by Conventions in three fourths thereof, as the one or the other Mode of Ratification may be proposed by the Congress; Provided that no Amendment which may be made prior to the Year One thousand eight hundred and eight shall in any Manner affect the first and fourth Clauses in the Ninth Section of the first Article; and that no State, without its Consent, shall be deprived of its equal Suffrage in the Senat".

no que tange à atribuição de competências, além da Constituição brasileira contemplar um número maior de competências específicas do Congresso Nacional e do Senado Federal (CF, art. 49 e 52), ela também estabelece a exclusividade da iniciativa de proposições legislativas sobre determinados temas ao Presidente da República (CF, art. 61, § 1º).

Não obstante, o equilíbrio entre os Poderes e dentro do Poder Legislativo, ainda que com espiração em outros países, foi equacionado de forma particular pelos constituintes brasileiros, assegurando-se uma representatividade mínima a cada Estado.

Comparando as situações, no sistema eleitoral proporcional dos Estados Unidos, cada um dos cinquenta Estados elege, no mínimo, um deputado e, a partir do 51º, a distribuição do restante das 435 cadeiras é feita pela regra de iguais proporções (*equal proportions*), atualizando-se a cada dez anos a distribuição das cadeiras entre os Estados, de acordo com os censos demográficos completos que são realizados neste período. Por isso, atualmente, a Califórnia, Estado mais populoso, possui cinquenta e três assentos, enquanto outros têm apenas um membro na Casa dos Representantes.[194]

No Brasil, o art. 45 da Constituição Federal estabelece que os deputados são eleitos pelo sistema proporcional. Entretanto, desde a Proclamação da República, as sucessivas constituições brasileiras previram números mínimos de Deputados por Estado, com a adoção, a cada momento, de cálculos diversos baseados no número de habitantes ou na quantidade de eleitores.

O art. 28, § 1º, da Constituição de 1891 estabelecia que o número de deputados, a ser fixado em lei, não poderia exceder

---

194 Conforme divulgado pela Casa de Representantes, atualmente o estado com o maior número de congressistas é a Califórnia, com 53 Deputados, ao passo que Alaska, Delaware, Montana, Dakota do Norte, Dakota do Sul, Vermont e Wyoming possuem apenas um assento na Casa equivalente a Câmara dos Deputados. (Cf.: https://www.house.gov/representatives/. Acessado em: 11.10.2017).

a um por setenta mil habitantes, assegurando-se o mínimo de quatro por estado.

Na Constituição de 1934, estabeleceu-se que número de deputados não poderia ser superior a proporção de um para cento e cinquenta mil habitantes até o máximo de vinte e, acima desse limite, um por 250 mil habitantes (art. 23, § 1°), estabelecendo-se, também, que o cálculo do total de vagas por Estado seria realizado pelo Tribunal Superior de Justiça Eleitoral (art. 23, § 2°).

Em 1937, abandonou-se a relação entre o número de deputados e habitantes para prever somente o mínimo de cinco e o máximo de trinta e cinco deputados por Estado e pelo Distrito Federal, assegurado dois deputados ao território do Acre (Art. 48).

A Constituição de 1946 retornou à regra de proporção de acordo com o número de habitantes e estabeleceu a quantidade mínima de deputados por Estado e pelo Distrito Federal (art. 58, *caput* e § 1°). Carlos Maximiliano ao comentar o texto constitucional assinalava que "*para que não fique demasiadamente fraca a defesa dos direitos e interesses dos Estados pequenos, nenhum elege menos de sete deputados*".[195]

O mínimo de sete deputados foi mantido no texto original de 1967, que também estipulava a proporção de um deputado para cada trezentos mil habitantes, até vinte e cinco, e a partir daí um para cada milhão de habitantes (art. 41, §§ 2° e 4°).

Na EC 1/69, o critério foi alterado. Deixou-se de lado o número de habitantes para considerar o número de eleitores. Estabeleceu-se, também, que os estados com até cem mil eleitores teriam três deputados; os com mais de cem mil e menos de três milhões, mais um deputado por cada grupo de cem mil eleitores, ou fração superior a cinquenta mil; os entre três e seis milhões de eleitores, mais um deputado para cada grupo de trezentos mil ou

---

195 MAXIMILIANO, Carlos. *Comentários a Constituição Brasileira*. vol. II. [S.l.]: Freitas Bastos, 1954, p. 94. (grifo nosso).

fração superior a cento e cinquenta; e, por fim, os estados com mais de seis milhões de eleitores teriam mais um deputado a cada grupo de quinhentos mil ou fração superior a duzentos e cinquenta mil. (art. 39, § 3º).

Com vocação pouco democrática, a Carta decaída confundia conceitos clássicos ao prever que, com exceção de Fernando de Noronha, cada *território* (ao invés do *povo de cada território*) seria representado por um deputado (art. 39, §4º).

Em 1977, com a edição da Emenda Constitucional n. 8, o número de representantes na Câmara dos Deputados foi fixado em 420 deputados, retornando-se a regra de representação pelo número de habitantes, em quantia a ser estabelecida pela Justiça Eleitoral "*para cada legislatura, proporcionalmente à população*". Previu-se, ainda, o máximo de 55 e o mínimo de 6 deputados provenientes de cada Estado, com dois para cada território (Art. 39, *caput*, §§ 2º e 3º, cf. redação EC 8/77).

A redemocratização do País não foi suficiente para afastar a característica histórica brasileira de impor um mínimo elevado de deputados por Unidade da Federação. Ao tratar da matéria, o constituinte de 1988, estabeleceu no §1º do art. 45 da Constituição da República, que "*o número total de Deputados, bem como a representação por Estado e pelo Distrito Federal, será estabelecido por lei complementar, proporcionalmente à população, procedendo-se aos ajustes necessários, no ano anterior às eleições, para que nenhuma daquelas unidades da Federação tenha menos de oito ou mais de setenta Deputados*".

Além disso, nas disposições transitórias, em artigo cujo *caput* tratava da duração do mandato do Presidente da República de então, acrescentou-se: "*é assegurada a irredutibilidade da atual representação dos Estados e do Distrito Federal na Câmara dos Deputados*" (ADCT, art. 4º, § 2º).

Essa antiga peculiaridade do sistema proporcional brasileiro de estabelecer números mínimos e mais recentemente máximos de

Deputados Federais tem sido alvo de constantes críticas. Sampaio Dória, ao examinar a ordem constitucional de 1946, afirmou de forma contundente:

> *[P]rática bastarda tem sido a de se quebrar o padrão justo ao quanto de representação nacional que incumbe a cada província eleger. Aqui, são necessários, digamos, dez mil eleitores para eleger um representante. Ali, com dez mil votos se elegem três, quatro, ou mais. É despropósito que o passado político explica, mas que o direito repele. Considerações apaixonadas, de ordem partidária, podem manter o sistema da desigualdade, para as províncias, na relação entre o número de representantes e o quanto de votos necessários para eleger. Mas, fora das conveniências partidárias, não se explica que valha mais, pese mais, decida mais o voto de uns eleitores que o voto de outros, dentro do mesmo país, nas mesmas eleições, para os mesmos postos, para exercer as mesmas atribuições, com votos de igual valor perante a lei.*[196]

Para o emérito professor, a solução estaria na adoção de regra nacional única para a eleição dos Deputados Federais, como se vê:

> *[O] sistema sensato e justo será o que fixe o mesmo quociente eleitoral para todo o país. O divisor é o número de representantes, fixado em lei. O dividendo é o total dos votos válidos, em cada eleição. O quociente eleitoral que resulta da divisão dessas duas quantidades exprime a fração mínima, ponderável, da opinião nacional, que não pode deixar de ter um representante.*[197]

---

196 DÓRIA, A. de Sampaio. *Direito Constitucional*. vol. I, tomo I. São Paulo: Max Limonad, 1958, pp. 377-378. (grifo nosso).

197 DÓRIA, A. de Sampaio. *Direito Constitucional*. vol. I, tomo I. São Paulo: Max Limonad, 1958, p. 378. (grifo nosso).

Em coro, José Afonso da Silva, ao examinar a grande diferença dos votos necessários para a eleição em cada Estado, conclui que "*em qualquer Matemática isso não é proporção, mas brutal desproporção*"[198] e, em seguida, relembra a lição de Miguel Reale, afirma:

> *[T]al fato constitui verdadeiro atentado ao princípio da representação proporcional. A Câmara dos Deputados deve ser o espelho fiel das forças demográficas de um povo; nada justifica que, a pretexto de existirem grandes e pequenos Estados, os grandes sejam tolhidos e sacrificado em direitos fundamentais de representação.*[199]

O pensamento de Miguel Reale encontra eco nas palavras de Manoel Gonçalves Ferreira Filho, que expõe, sem meias palavras, sua pertinente crítica ao sistema proporcional brasileiro, ao dizer que

> *[I]ndiscutivelmente a repartição das cadeiras e injusta e ilógica. É ilógica porque todos sendo iguais perante a lei não há por que valorizar a representação de parcela do povo residentes nos pequenos Estados em detrimento da população que pertence aos Estados populosos. É injusta porque super-representa a população de certos Estados e sub-representa a de outros. Veja-se que, na eleição de 2002, São Paulo, com 37.932.403 habitantes, elegeu setenta deputados (1/529.034), enquanto Roraima, com 324.397 habitantes, elegeu oito (1/40.549). Ou seja, uma relação de 1/13, de modo que um habitante daquele pequeno Estado,*

198 SILVA, José Afonso da. *Direito Constitucional.* vol. I, tomo I. São Paulo: Max Limonad, 1958, p. 391. (grifo nosso).

199 REALE, Miguel. "Parlamentarismo Brasileiro". 2ª ed, p. 31 apud SILVA, José Afonso.

> *pesa, na Câmara dos Deputados, cerca de treze vezes mais que um habitante de São Paulo.*[200]

Realmente, o estabelecimento dos limites previstos na Constituição Brasileira deturpa a concepção clássica de um sistema proporcional, transferindo o equilíbrio das Unidades da Federação – normalmente atribuído às Câmaras Altas (Senado), cujos representantes são eleitos pelo critério majoritário – para o âmago da Casa que representa a população de todo o país, no caso a Câmara dos Deputados.

Na concepção histórica definida por Bobbio, o sistema proporcional "procura estabelecer a perfeita igualdade de voto e dar a todos os eleitores o mesmo peso, prescindido de preferência manifesta".[201] Igualmente, o professor Giusti Tavares inicia o seu estudo sobre os sistemas eleitorais proporcionais destacando que:

> [N]o limite, a representação proporcional é aquela em que o sistema eleitoral assegura, para cada um dos diferentes partidos, uma participação percentual na totalidade da representação parlamentar e, por via de consequência, na Constituição do governo (se o sistema de governo for parlamentar) ou pelo menos no controle sobre ele (se o sistema do governo for presidencial), igual à sua participação percentual na distribuição de preferências, materializadas em votos, do corpo eleitoral.[202]

Nesse sentido, o sistema proporcional normalmente impõe que o Parlamento reflita a opinião política de todo o povo, em

---

200 FERREIRA FILHO, Manoel Gonçalves. *Curso de Direito Constitucional.* 35ª ed. São Paulo: Saraiva, 2009, p. 176. (grifo nosso).

201 BOBBIO, Norberto. *Dicionário da Política.* vol. II. 10ª ed. [S.l.]: UnV, [s.d.], p. 1.175.

202 TAVARES, JOSÉ ANTONIO GIUTI. *Sistemas eleitorais nas democracias contemporâneas.* [S.l.]: Relume Dumará, 1994, p.123.

igualdade de condições, o que servir para concretizar o fundamento da República relativo ao pluralismo político (CF, art. 1°, V) e a universalidade e igualdade valor dos votos (CF, art. 14).

Nessa linha, Reinhold Zippelius, ao tratar da aferição das opiniões políticas dominantes do povo e da representação por meio dos partidos políticos, adverte que

> (...) é necessário um sistema eleitoral de acordo com o qual os partidos sejam representados no parlamento em igual proporção à dos votos obtidos dos eleitores. Num tal sistema de sufrágio proporcional, o voto expresso pelo eleitor deve, portanto, ser atribuído a um partido político e seu programa. A personalidade do candidato diretamente eleitor passa para o segundo plano. Surge apenas como representante do seu partido na lista eleitoral deste último.[203]

Caso fosse aplicada a proposta de Sampaio Dória, a partir de um critério matemático nacional e considerando que o Brasil possui atualmente cerca de cento e quarenta e cinco milhões de eleitores e 513 cadeiras na Câmara dos Deputados, o justo, na visão do renomado autor, seria imaginar que cada cadeira representaria pouco mais do que duzentos e oitenta e dois eleitores, evitando-se, com isso, o desequilíbrio anotado por Manoel Gonçalves Ferreira Filho, valendo destacar que nesse exercício imaginário, os eleitores do Estado de São Paulo teriam direito a 105 cadeiras na Câmara dos Deputados, enquanto os eleitores de Roraima contariam com apenas um representante.

Ainda que não se concorde, como o fazem os autores acima citados, com sistema de limitações ao número de deputados federais por Estado a partir do critério político reconhecido historicamente pelas Constituições brasileiras, é certo que essa anomalia somente

---

203 ZIPPELIUS, Reinhold; *Teoria Geral do Estado*. 12ª ed. Lisboa: Caluste Gulbenkian, 1997, p. 260.

pode ser alterada por meio do adequado e legítimo processo legislativo reformador ou por um novo poder constituinte originário, cuja superveniência não é desejável.

Há, porém, um aspecto que tem sido sistematicamente negligenciado pelas instituições nacionais, que agrava – em muito – as distorções vivenciadas. A regra peculiar da representação proporcional prevista na Constituição Federal não desconsidera as variações naturais que, de tempos em tempos, alteram a população e, em consequência, o número de habitantes de cada Unidade da Federação representados no Parlamento.

Ao contrário, como se viu, o §1º do art. 45, ao transferir para o legislador complementar a fixação do número total de deputados, também previu que a representação por Estado e pelo Distrito Federal, de acordo com o máximo e mínimo prevista, deveria ser proporcional à população "procedendo-se aos ajustes necessários, no ano anterior às eleições".

Tal regra, contudo, tem sido paulatinamente desrespeitada pelas instituições brasileiras, que não atendem o comando constitucional que impõe a realização de atualizações periódicas para fixação do número das bancadas estaduais dos Deputados Federais.

Mesmo as pessoas que entendem que as garantias decorrentes da estipulação dos limites mínimos e máximo são politicamente lógicas e servem ao equilíbrio e à preservação das minorias populacionais, mesmo eles, não podem olvidar que a Carta Política determina a realização de ajustes períodos, a serem realizados sempre no ano anterior de cada eleição. Desconhecer ou desobedecer a essa regra e impedir a adoção dos meios necessários para a sua implantação, ainda que por omissão, falando com o máximo respeito, significa descumprir e desconsiderar a Constituição Federal.

Em suma, se a limitação do número de deputados, segundo alguns mestres, já deturba, em si, gravemente a essência do sistema proporcional, a estagnação das representações, ainda que dentro dos limites previstos, agravam fortemente a anomalia a partir do desconhecimento voluntário das mutações demográficas naturais.

Esse tema já foi debatido judicialmente em diversos momentos, pois após a promulgação da Constituição de 1988, a lei complementar prevista no §1º do art. 45 não foi editada no primeiro momento.

Anotando a ausência da lei complementar específica exigida pela Constituição, o Tribunal Superior Eleitoral editou a Resolução n. 16.336[204] para reger as eleições de 1990. Em suma, com base nas novas disposições constitucionais e de acordo com a regra do art. 4º, §2º do ADCT, o Tribunal manteve o número de deputados e as bancadas da última legislatura (495), acrescentando oito novas cadeiras para serem preenchidas pela representação parlamentar do Distrito Federal, reconhecida pela Constituição de 1988. Com isso, o número total de deputados federais foi fixado em 503.

Tal medida gerou inconformismo dos candidatos e representantes do Estado de São Paulo que contavam apenas com sessenta vagas para deputados federais. Por ser o Estado brasileiro mais populoso, os paulistas almejavam ter uma representação que correspondesse ao número máximo (70), previsto na Constituição.

Foram impetrados vários mandados de injunção perante o Supremo Tribunal Federal, o que acarretou o entendimento da Corte Suprema no sentido de que "o parágrafo 1º do artigo 45 da Constituição Federal, como resulta claramente de seu próprio texto, não é autoaplicável".[205]

Em debate travado sobre a matéria no STF,[206] o Ministro Célio Borja, ao examinar questão preliminar, asseverou que "não

---

204 TSE. Resolução 16.336 de 22.3.1990, rel. Min. Octávio Gallotti, DJ de 30.03.1990.

205 STF, MI 233, Relator Min. MOREIRA ALVES, Tribunal Pleno, julgado em 02.08.1990, DJ de 08.02.1991.

206 STF, MI 233, Relator Min. MOREIRA ALVES, Tribunal Pleno, julgado em 02.08.1990, DJ de 08.02.1991.

se criam vagas, vagas ocorrem, surgem da representação fixada; foi isso que o constituinte fez, quando disse, nesse mesmo §1º do art. 45: "no ano anterior às eleições". Tanto a lei complementar que fixa o número de representantes do Estado quanto as leis que vierem a estabelecer os ajustes necessários em razão da fixação de um novo *numerus clausus* para o total da representação. O Ministro Moreira Alves, relator do feito, interveio afirmando:

> admito, até, que a lei complementar outorgue à Justiça Eleitoral o ajuste. (...) Disse, então, o Ministro Célio Borja: Em tese, é possível. É alguma coisa a examinar-se. Fixados os critérios na lei, é possível que uma autoridade judiciária, competente na matéria, venha a fixar o número de representantes.

Com base na insistência dos representantes de São Paulo e na interpretação dada pelo Supremo Tribunal, o Congresso Nacional aprovou, em dezembro de 1993, a Lei Complementar n. 78, prevendo que:

> Proporcional à população dos Estados e do Distrito Federal, o número de deputados federais não ultrapassará quinhentos e treze representantes, fornecida, pela Fundação Instituto Brasileiro de Geografia e Estatística, no ano anterior às eleições, a atualização estatística demográfica das unidades da Federação (art. 1).

Estabeleceu, ainda, que: "*feitos os cálculos da representação dos Estados e do Distrito Federal, o Tribunal Superior Eleitoral fornecerá aos Tribunais Regionais Eleitorais e aos partidos políticos o número de vagas a serem disputadas*". (art. 1, parágrafo único).

Com o acréscimo de dez novas cadeiras, majorando o número de deputados federais de 503 para 513, o Tribunal Superior Eleitoral editou nova Instrução para ajustar o número de deputados. Por meio da Resolução 14.235,[207] as dez novas vagas foram atribuídas

207 TSE. Res. 14.235, de 12.04.94, rel. Min. Diniz de Andrada, DJ de 18.04.1994.

ao Estado de São Paulo, elevando o número de representantes para o máximo de setenta cadeiras previsto na Constituição.

No âmbito desse processo administrativo que tramitou no TSE, o Diretor-Geral apresentou duas minutas. Na primeira, considerou-se a variação da população, já percebida naquele momento, que assegurava ao Estado de São Paulo setenta vagas, acrescia três integrantes à bancada da Bahia, dois de Minas Gerais e do Pará, um do Rio Grande do Sul e Rio Grande do Norte e reduzia, em uma cadeira, as bancadas do Rio de Janeiro, Paraná, Maranhão, Paraíba, Piauí e Espírito Santo e em três a bancada de Goiás. Na outra, adotava-se a representação de então, acrescentando as dez novas vagas para o Estado de São Paulo.

O Ministro Diniz de Andrada, relator do caso, entendeu que a regra do § 2° do art. 4 do ADCT seria aplicável à primeira legislatura após a edição da Lei Complementar. Com isso e por considerar que a referência constitucional no limite máximo seria ao Estado de São Paulo, as dez novas cadeiras foram integralmente destinadas aos representantes paulistas, com meio de atingir o mencionado limite máximo. Assim, a representação das demais Unidades da Federação foi mantida e apenas a bancada de São Paulo foi alterada, de sessenta para setenta deputados federais.

A Res.-TSE n. 14.235 foi atacada pela Procuradoria Geral do Estado do Pará, por meio de Mandado de Segurança n. 2.189, mas o *writ* foi julgado prejudicado em face da realização das convenções partidárias, com o processamento dos registros de candidatura, que não poderiam ser desconstituídos. A decisão monocrática foi mantida pelo Plenário.[208]

Com o passar dos anos, diversos Estados que tiveram crescimento populacional acima da média nacional passaram a se movimentar e requerer à Justiça Eleitoral a atualização das bancadas de acordo com a atualização dos danos demográficos.

---

208 TSE. MS 2.189, rel. Min. Antônio de Pádua Ribeiro, DJ de 05.08.1994.

Ao examinar o pedido formulado pela Assembleia Legislativa do Rio Grande do Norte, na PET n. 1.643, o relator do feito, Ministro Caputo Bastos, votou para determinar a realização dos cálculos de ajuste do número de deputados conforme a variação de habitantes de cada Estado. O eminente Ministro Marco Aurélio dissentiu. Afirmou que

> (...) cabe realmente ao Tribunal Superior Eleitoral, como está no parágrafo único do artigo 1º da Lei Complementar n. 78, de 30 de dezembro de 1993, a fixação considerada a população, a repercutir, tendo em conta o disposto no artigo 27 da Lei Fundamental, nas Assembleias Legislativas. Mas, é preciso caminhar-se com um cuidado maior em termos de dados a serem fornecidos pelo Instituto Brasileiro de Geografia e Estatística.

A maioria seguiu o voto divergente e, assim, considerou que o cálculo de ajuste somente poderia ser realizado a partir do levantamento preciso da população brasileira, a ser apurado nos censos oficiais que ocorrem a cada década. Por igual razão, o Ministro Arnaldo Versiani negou seguimento a PET n. 2.970, em momento posterior.

Realizado o censo de 2010, o Estado do Amazonas ajuizou a PET n. 954-57, na qual voltou a insistir que o Tribunal Superior Eleitoral realizasse a adequação do quadro de cadeiras na Câmara dos Deputados, pois, apesar de a população ter crescido com média nacional de 14,74%, o aumento não foi uniforme em todo o país. Por exemplo, o Acre cresceu 38,81%; Alagoas, apenas 12%; São Paulo manteve-se na média nacional.

A partir dos dados oficiais do IBGE, o Tribunal Superior Eleitoral ajustou para as eleições de 2014, o número de cada representante na proporção de seus habitantes, respeitando o mínimo de oito e o máximo de setenta, mediante a edição da Resolução 23.389.[209]

---

209 TSE. PET 954-57, rel. Min. Nancy Andrighi, DJE de 09.04.2013.

A reação dos Estados que tiveram suas bancadas reduzidas foi forte. O Congresso Nacional editou o Decreto Legislativo n. 424/13 para sustar os efeitos da Resolução do TSE e, perante o Supremo Tribunal Federal, foram ajuizadas seis ações diretas de inconstitucionalidade (ADI's 4947, 4963, 4965, 5020, 5028 e 5130) e uma ação direta de constitucionalidade (ADC 33).

No âmbito administrativo, o Tribunal Superior Eleitoral, ao ter ciência da edição do Decreto Legislativo, reafirmou o teor de sua resolução destacando que "somente uma lei complementar, com quórum qualificado, e não um decreto legislativo, poderia alterar tal delegação".[210]

Entretanto, o Plenário do Supremo Tribunal Federal, por maioria, entendeu que a Lei Complementar n. 78 seria inconstitucional, pois

> (...) cabe ao legislador complementar definir, dentre as possibilidades existentes, o critério de distribuição do número de Deputados dos Estados e do Distrito Federal, proporcionalmente à população, observados os demais parâmetros constitucionais. De todo inviável transferir a escolha de tal critério, que necessariamente envolve juízo de valor, ao Tribunal Superior Eleitoral ou a outro órgão.[211]

No que tange o Decreto Legislativo editado pelo Congresso Nacional, o Supremo Tribunal Federal, ao julgar a ADC n. 33, entendeu de forma unânime que, diante da ausência de previsão constitucional, não seria possível a "edição de decretos legislativos que visem a sustar atos emanados do Poder Judiciário", medida que, inclusive, violaria a separação dos Poderes. Ademais, também se verificou que "o DL 424/2013 foi editado no mês de dezembro

---

210 TSE. QO na PET 954-57, rel. Min. Dias Toffoli, DJE de 16.06.2014.

211 STF. ADI 5028, rel. Min. Gilmar Mendes, red. p/acórdão Min. Rosa Weber, Tribunal Pleno, DJE de 29.10.2014.

de 2013, portanto, há menos de 1 (um) ano das eleições gerais de 2014", o que viola a regra da anualidade eleitoral prevista no art. 16 da Constituição da República. Com isso, a inconstitucionalidade formal e material do Decreto-Lei foi reconhecida pelo Supremo Tribunal Federal.[212]

Ainda que essa decisão não tenha sido capaz de manter a resolução editada pelo Tribunal Superior Eleitoral, em razão do resultado das ações diretas de inconstitucionalidade julgadas em conjunto, a partir da sua análise é possível verificar a importante contribuição que o Ministro Gilmar Mendes trouxe para os debates travados no Plenário do Supremo Tribunal Federal, os quais, com certeza, precisam ser reativados, em face da manifesta e reiterada inobservância da Constituição da República que tem sido verificada nos últimos anos, com a manutenção de uma deturpação permanente da representação popular no Congresso Nacional.

Além de trazer a história constitucional sobre a representação popular na Câmara dos Deputados, para afastar a alegação de que ela deveria ser proporcional ao número de eleitores – ao invés da referência expressa à população – e de examinar os aspectos relativos à constitucionalidade formal da LC n. 78/93, afastando qualquer vício, o eminente Ministro Gilmar Mendes examinou com percuciência a atribuição de competência à Justiça Eleitoral para a realização dos cálculos de atualização das representações. Nesse tópico, demonstrou e concluiu que a participação da Justiça Eleitoral na atualização da distribuição das cadeiras do parlamento era tradicional no direito constitucional brasileiro, conforme expresso na Constituição de 1934 e na EC n. 8/77.

Analisando os debates travados que antecederam a Constituição de 1988, o eminente ministro também evidenciou que o tema não fugiu à análise dos constituintes, sendo natural esse tipo de atribuição ao órgão eleitoral. Nessa linha, recordou que

---

212 STF, ADC 33. Rel. Min. Gilmar Mendes, Tribunal Pleno, julgada em 18.6.2014, DJE de 30.10.2014.

> a fixação das bancadas sempre foi tarefa do Tribunal Superior Eleitoral, desde a Resolução n. 13.336, de 22 de março de 1990, passando pela Resolução n. 14.235, de 12 de abril de 1994, a primeira posterior à edição da LC n. 78/93, até a Resolução n. 23.389, objeto das ações em exame.

Por isso, Sua Excelência afirmou, com a precisão que lhe é peculiar:

> não admitir que o legislador complementar delegue ao TSE essa função de atualização não apenas nega a realidade política do país –e o Direito Constitucional não pode ser compreendido dissociadamente da realidade política que o circunscreve –, como também faz pouco da história institucional brasileira e coloca em situação de inconstitucionalidade todas as eleições realizadas no Brasil posteriormente ao advento da Constituição de 1988.

Realmente, e falando com o máximo respeito, o que resta inexplicável é como seria possível – sem modulação de efeitos – considerar legítimas as resoluções editadas pelo TSE em períodos anteriores, inclusive a que atribuiu as dez vagas criadas pela LC n. 78/93 ao Estado de São Paulo, quando se entende, como entendeu a douta maioria, que não seria constitucionalmente permitido que o Legislador Complementar atribuísse à Justiça Eleitoral a função de estabelecer os critérios para o cálculo da proporção a ser observada no rateio das cadeiras da Câmara dos Deputados. Correta ou incorretamente, ao editar a Resolução n. 14.235, em 1994, o Tribunal adotou um critério específico ao destinar as dez novas vagas ao Estado de São Paulo.

Da mesma forma, seria necessário estudar como o disposto no art. 45, §1º da Constituição não é, ao mesmo tempo, autoaplicável em relação ao limite máximo do número de deputados – como sempre perquirido pelo Estado de São Paulo, antes da edição da LC n. 78/93 –, mas serve para assegurar, o mesmo dispositivo, a aplicação do limite mínimo aos Estados de menor população e ao Distrito Federal.

Se não há critério a ser seguido por quem quer que seja o responsável pela atualização da distribuição das cadeiras da Câmara dos Deputados, em face do reconhecimento da inconstitucionalidade do dispositivo que remetia tal função ao Tribunal Superior Eleitoral, como afirmar, então, que a distribuição hoje existente é constitucionalmente perfeita?

No precedente em comento, o Ministro Gilmar Mendes, com maestria, afastou as alegações de que a Ministra Nancy Andrighi, relatora da Resolução no TSE e o próprio Tribunal teriam escolhido um critério dentre vários possíveis. Neste ponto, em prol do registro histórico, deve ser anotado que o que efetivamente houve – e não havia como deixar de ocorrer – é que a partir das diversas manifestações de setores da sociedade em audiência pública, foram apresentados critérios alternativos de distribuição das cadeiras no âmbito do processo administrativo de acordo com a percepção de terceiros. A existência de tais alegações no bojo do processo exigiu que a matéria fosse analisada para que as propostas fossem afastadas de forma fundamentada, até mesmo porque não calçadas em lei, ao contrário do critério adotado pelo tribunal com base nas regras contidas no Código Eleitoral para o cálculo do resultado das eleições proporcionais. Não se tratou propriamente de uma escolha entre possibilidades, mas o afastamento de propostas não previstas na legislação e a preponderância do antigo critério expresso no Código Eleitoral utilizado para regular as eleições proporcionais.

De toda essa análise, resta uma certeza indubitável: independentemente dos limites previstos na Constituição da República que deturpam o equilíbrio da soberania popular, outorgando maior representatividade a um pequeno grupo de habitantes em detrimento de outros que residem em estados mais populosos, a representação proporcional brasileira, por inércia e recalcitrância, tem sido deturbada a cada pleito, com a sistemática desobediência da regra do art. 45, §1º da Constituição Federal.

A situação, com o passar do tempo, tende a se agravar a cada eleição. Postergar o respeito à Constituição da República e negar o seu espírito somente contribui para o adensamento das tensões regionais, em completo desfavor da Federação e do Estado Democrático de Direito. As lições do eminente Ministro Gilmar Mendes, resumidas de forma simples neste singelo artigo, que compõe merecida obra doutrinária editada em sua homenagem, devem ser lidas, percebidas e estudadas pelos homens públicos para que o necessário debate não cesse e gere frutos em prol da força e da aplicabilidade da Constituição, em sintonia com a representação popular, a universalidade e isonomia do voto e, sobretudo, o respeito ao eleitor nacional.

Referências bibliográficas

BOBBIO, Norberto. *Dicionário da Política*. vol. II. 10ª ed. [S.l.]: UnV, [s.d.].

DÓRIA, A. de Sampaio. *Direito Constitucional*. vol. I, tomo I. São Paulo: Max Limonad, 1958.

FERREIRA FILHO, Manoel Gonçalves. *Curso de Direito Constitucional*. 35ª ed. São Paulo: Saraiva, 2009.

HAMILTON, Alexander; JAY, John; MADISON, James. *O Federalista, n. 51*. Tradução de Ricardo Rodrigues Gama. 2ª ed. Campinas: Russel Editores, 2005.

MAXIMILIANO, Carlos. *Comentários a Constituição Brasileira*. vol. II. [S.l.]: Freitas Bastos, 1954.

MENDES, Gilmar F.; COELHO Inocêncio M.; BRANCO, Paulo Gustavo G. *Curso de direito constitucional*. São Paulo: Saraiva, 2007.

SILVA, José Afonso da. *Comentário contextual à Constituição*. 3ª ed. Malheiros: São Paulo.

SILVA, José Afonso da. *Direito Constitucional*. vol. I, tomo I. São Paulo: Max Limonad, 1958.

TAVARES, JOSÉ ANTONIO GIUTI. *Sistemas eleitorais nas democracias contemporâneas*. [S.l.]: Relume Dumará, 1994.

ZIPPELIUS, Reinhold; *Teoria Geral do Estado*. 12ª ed. Lisboa: Caluste Gulbenkian, 1997.

CAPÍTULO VIII

A NÃO-CUMULATIVIDADE DAS CONTRIBUIÇÕES AO PIS E À COFINS: OS GASTOS COM A MÃO DE OBRA COMO INSUMOS

Humberto Ávila

A principal questão a ser debatida neste capítulo é a de saber se os gastos com mão de obra, tais como as despesas relativas à concessão de vale-refeição, vale-alimentação e vale-transporte, constituem insumos para as pessoas jurídicas que utilizam intensa mão de obra e, consequentemente, conferem ou não direito de crédito para as contribuições ao PIS e à COFINS na sistemática não-cumulativa. Para respondê-la, é essencial reconstruir o sentido da não-cumulatividade das contribuições ao PIS e à COFINS primeiro em nível constitucional, e, segundo, em nível legal.

Para tanto, este capítulo divide-se em três partes. Na primeira, reconstrói-se o sentido da não-cumulatividade a partir do texto constitucional, evidenciando que este não constitui favor ou benefício fiscal sujeito às discricionariedades do legislador. A partir do contraste com dispositivos constitucionais aplicáveis a outros tributos, percebe-se que todos os custos, despesas e encargos, direta ou indiretamente relacionados à formação das receitas auferidas em razão das atividades empresariais, devem ser abrangidos na definição do conceito de insumo para fins da não-cumulatividade das contribuições ao PIS e à COFINS.

Na segunda parte deste capítulo, analisa-se a não-cumulatividade em nível legal, a partir das Leis n. 10.637/02, n. 10.833/03 e n. 10.865/04. O conceito de insumo pretendido por esses diplomas normativos é inconstitucional porque, de um lado, adota um conceito restrito, desconsiderando as características próprias da não-cumulatividade aplicável às contribuições sociais sobre a receita e, de outro lado, viola o princípio da igualdade ao estabelecer um regime não-cumulativo das contribuições ao PIS e à COFINS incoerente e com exceções injustificáveis. Por fim, na terceira parte, sustenta-se que as empresas que utilizam intensa mão de obra na realização de sua atividade-fim tem direito de creditar-se com os gastos a ela relativos para as contribuições ao PIS e à COFINS.

1 A não-cumulatividade das contribuições sobre a receita em nível constitucional

1.1 A reconstrução de sentido da não-cumulatividade a partir do texto constitucional

O princípio da não-cumulatividade visa evitar o acúmulo da carga tributária ao longo do ciclo econômico de produção e de comercialização de bens ou serviços. Com ele, impede-se que o tributo incida mais de uma vez sobre uma manifestação de capacidade econômica tributada anteriormente, mediante o direito de deduzir, na etapa seguinte, aquilo que foi suportado na etapa anterior. Para saber o conteúdo e o alcance do princípio da não-cumulatividade para as contribuições sociais, é preciso verificar como são positivados os princípios em geral e como foi positivado o princípio da não-cumulatividade para as contribuições sociais em especial.

Em primeiro lugar, os princípios podem ser positivados por meio de lei sem que haja uma previsão constitucional expressa:

nesse caso, a Constituição não contém disposição alguma sobre determinado princípio. Por decorrência, o legislador ordinário possui liberdade não apenas para adotá-lo (liberdade com relação ao "se"), como também liberdade amplíssima para o configurar (liberdade com relação a "como" e a "quanto"). Como, nessa hipótese, a Constituição não positiva o fim a ser promovido, nem o meio destinado a promovê-lo, o legislador não é obrigado a incorporá-lo na estruturação do regime jurídico de determinado tributo. Caso decida incorporá-lo a esse regime, poderá fazê-lo com amplíssima margem de configuração, respeitadas, naturalmente, outras normas constitucionais que indiretamente possam limitar a sua atuação.

Esse foi o modo adotado pela Constituição para positivar o princípio da não-cumulatividade das contribuições sociais até o advento da Emenda Constitucional n. 42/03. Antes dessa Emenda, embora a Constituição contivesse, desde a origem, disposições a respeito do princípio da não-cumulatividade dos impostos sobre a industrialização de produtos (IPI) e a circulação de mercadorias (ICMS), ela nada dizia a respeito à não-cumulatividade das contribuições sociais. Desse modo, o legislador tributário tinha liberdade com relação a adotá-lo ou não ("se"), de que forma o configurar ("como") e em que medida o assegurar ("quanto"), desde que respeitado o limite mínimo à sua efetividade como princípio legalmente previsto. A adoção da não-cumulatividade pela Lei n. 10.637/02, editada antes da mudança constitucional que introduziu a não-cumulatividade em nível constitucional, e pela Lei n. 10.833/03, promulgada dez dias após a referida Emenda, foi, por conseguinte, uma opção do legislador, e não a concretização de uma imposição constitucional diretamente aplicável.

Em segundo lugar, os princípios tributários podem ser positivados mediante previsão constitucional genérica: a Constituição simplesmente prevê o princípio, mas sem lhe atribuir qualquer conteúdo específico. Nessa hipótese, embora o legislador ordinário não possua liberdade para adotar ou não o princípio ("se"), ele possui liberdade ampla para concretizá-lo de várias formas ("como") e em várias intensidades ("quanto"), desde que acima do mínimo essencial à sua efetividade. Como a Constituição positiva o fim a ser promovido, mas não o meio destinado a promovê-lo, o legislador é obrigado a concretizá-lo ao estruturar o regime jurídico de determinado tributo, porém com ampla margem de configuração.

Essa foi a forma utilizada pela Constituição para positivar vários princípios tributários. Por exemplo, os princípios da generalidade, da universalidade e da progressividade do imposto sobre a renda estão previstos na Constituição (art. 153, § 2º, inciso I). O legislador, por conseguinte, deverá concretizá-los. No entanto, a Constituição concede ao legislador uma ampla margem de configuração, pois não delimita diretamente o seu conteúdo, limitando-se a prescrever que o "imposto será informado pelos critérios da generalidade, da universalidade e da progressividade na forma da lei". Desse modo, conquanto o legislador ordinário não possua liberdade para adotar ou não o princípio ("se"), ele possui liberdade para concretizá-lo de várias formas ("como") e com diferentes intensidades, desde que acima do nível indispensável à sua mínima efetividade como princípio constitucionalmente previsto ("quanto").

Em terceiro lugar, os princípios tributários podem ser positivados por meio de previsão constitucional específica: nessa hipótese, a Constituição não só prevê o princípio, como também predetermina, sob algum aspecto e em alguma medida, o seu próprio conteúdo. Dessa forma, o legislador ordinário não possui liberdade nem para adotá-lo ("se"), nem para concretizá-lo de qualquer forma ("como") ou com qualquer intensidade ("quanto"). Como a Constituição positiva o fim a ser promovido, sem qualquer exceção abstrata, e, em alguma medida, o meio destinado a promovê-lo, o legislador é obrigado a concretizá-lo ao estruturar o regime jurídico do tributo, devendo fazê-lo com alguma margem de configuração e sempre com o propósito de promover o ideal constitucionalmente consagrado.

Foi precisamente esta a forma empregada pela Constituição para normatizar o princípio da não-cumulatividade das contribuições sociais. Com efeito, a Constituição, com a redação que lhe deu a Emenda Constitucional n. 42/03, assim estabeleceu o "princípio da não-cumulatividade das contribuições": § 12. A lei definirá os setores de atividade econômica para os quais as contribuições incidentes na forma dos incisos I, b; e IV do *caput*, serão não-cumulativas.

Conforme esse dispositivo, cujas partes essenciais são por mim grifadas, "a lei *definirá* os setores" para os quais as contribuições sobre a receita e a importação "*serão* não-cumulativas". Embora o dispositivo use a forma indicativa ("a lei *definirá* os setores", "*serão* não-cumulativas"), o enunciado normativo é usado com clara função *prescritiva*, pois visa a *dirigir* a conduta do legislador, em vez de meramente descrevê-la ou prevê-la. Veja-se que o mesmo é feito em vários outros dispositivos constitucionais: no artigo 145, § 1º, há previsão de que os impostos "terão" caráter pessoal e "serão" graduados segundo a capacidade econômica do contribuinte; nos artigos 153, § 3º, inciso II e 155, § 2º, inciso I, há previsão de que os impostos sobre produtos industrializados e sobre a circulação de mercadorias "serão" não-cumulativos, "compensando-se" o que for devido em cada operação com o montante cobrado nas anteriores; no artigo 5, inciso XXXIII, há previsão de que as informações de interesse individual ou coletivo "serão" prestadas no prazo da lei, sob pena de responsabilidade. Ao assim fazê-lo, a Constituição naturalmente não está nem fazendo *previsões* sobre a conduta futura do legislador, nem lhe dando *conselhos* a respeito do que seria importante ele fazer. Em vez disso, e com nitidez, a Constituição está *ordenando* que o legislador adote uma medida e promova um ideal.

Isso significa dizer que o importante não é a *forma sintática* empregada pelo dispositivo, se indicativa ou imperativa, mas a *função exercida* pelo enunciado nele contido, se prescritiva ou descritiva. Tanto é assim que a forma indicativa pode ser usada para prescrever e a imperativa para descrever. Com efeito, às vezes, usa-se a forma indicativa com a nítida função de prescrever, como ocorre, por exemplo, na previsão legal do crime de moeda falsa: o legislador estabelece que quem circula moeda sabidamente falsa "é punido" com detenção. Ao fazê-lo, o legislador naturalmente não está descrevendo a situação concreta em que alguém "é punido"; está, em vez disso, determinando que ele "deve ser" punido caso venha a cometer tal crime. Noutras vezes, usa-se a forma imperativa com a clara função de descrever, como sucede, por exemplo, quando os juristas comentam tipos penais afirmando que quem os viola "deve ser" punido. Ao assim proceder, os juristas evidentemente não estão estatuindo prescrições, como se legisladores fossem; estão apenas reconstruindo as prescrições estabelecidas pelo legislador, o que é algo bem diverso. O essencial, por consequência, é o modo como o enunciado é *usado*, se para cumprir uma *função* prescritiva ou descritiva, e não a sua estrutura sintática, se indicativa ou imperativa.[213]

Para o objeto ora analisado, isso significa dizer que o legislador tem a *obrigação* de definir os setores e de instituir uma sistemática de não-cumulatividade para as contribuições sociais, ainda que tenha liberdade para escolher os setores a serem por ela abrangidos, respeitados outros princípios constitucionais, como o princípio da igualdade. Logo se vê, em vista de tudo quanto se afirmou até aqui, que a liberdade do legislador é bastante restrita com relação à não-cumulatividade das contribuições sociais: ela se circunscreve aos *setores* a serem alcançados pela mesma, mas não alcança nem a própria definição dos setores, nem a instituição da sistemática da não-cumulatividade. E isso, repita-se o quanto necessário, pela singela razão de que "a lei *definirá* os setores" para os quais as contribuições sobre a receita e a importação "*serão* não-cumulativas".

Por conseguinte, e retomando a linguagem anteriormente utilizada, o legislador ordinário não possui nem liberdade para adotar ou não o princípio da não-cumulatividade ("se"), nem liberdade total para concretizá-lo de qualquer forma ("como") ou em qualquer grau ("quanto"): como as contribuições "serão não-cumulativas", cabendo à lei definir apenas "os setores" para os quais elas serão

---

213 GUASTINI, Riccardo. *La sintassi del diritto*. Torino: Giappichelli, 2011, p. 28.

assim concebidas, o legislador até possui *alguma* liberdade para escolher *a técnica* de realização da não-cumulatividade, se imposto contra imposto, ou débito contra débito, por exemplo. Todavia, ele não pode deixar de promover a não-cumulatividade para os setores que ele próprio inseriu nessa sistemática, eliminando toda e qualquer cumulação da carga tributária gerada na apuração das contribuições sociais.

As considerações anteriores demonstram que a intepretação do § 12° do artigo 195 produz um princípio, mas a concretização deste não gera uma mera *regra de competência*, e sim uma *regra atribuidora de tarefa legislativa*. Este tipo de regra se diferencia de uma regra de competência por prescrever uma finalidade a ser obrigatoriamente promovida, em vez de simplesmente atribuir uma faculdade, que pode ou não ser exercida, sem que o seu não-exercício viole a Constituição. Em outras palavras, as regras definidoras de tarefas impõem *deveres de agir* para promover determinadas finalidades, enquanto as regras de competência conferem *faculdades de agir* para exercer determinados poderes.[214]

Como afirmam Weinberger e Weinberger, as "normas desse tipo definem quais finalidades devem ser alcançadas. Elas determinam tarefas, mas não indicam de que forma tais tarefas deverão ser cumpridas".[215] Noutro dizer, o legislador tem o dever de agir para evitar a não-cumulatividade das contribuições sociais, embora tenha liberdade para escolher a técnica a ser utilizada para concretizar esse ideal. Isso porque, como aduz Sommermann, "as regras de competência abrem a possibilidade de atuação, enquanto as disposições sobre finalidades estatais constituem obrigações de atuação ou envolvimento do ente competente".[216]

---

214 SOMMERMANN, Karl-Peter. *Staatsziele und Staatszielbestimmungen.* Tübingen: Mohr Siebeck, 1997, p. 366.

215 WEINBERGER, Christiane; WEINBERGER, Ota. *Logik, Semantik, Hermeneutik.* Munique: C.H. Beck, 1979, p. 119.

216 SOMMERMANN, Karl-Peter. *Staatsziele und Staatszielbestimmungen.* Tübingen: Mohr Siebeck, 1997, p. 366.

Exatamente por isso, as regras atribuidoras de tarefa são radicalmente diferentes das regras de competência. Enquanto as primeiras instituem um dever específico de agir em razão de uma competência já conferida, as segundas estabelecem apenas uma faculdade de agir. A regra de competência prevista no artigo 153, inciso VII, da Constituição, por exemplo, confere poder à União para instituir o imposto sobre grandes fortunas. Portanto, a União tem a faculdade de instituir ou não o referido imposto, mas não é obrigada a fazê-lo, nem é obrigada a fazê-lo para promover determinada finalidade. Entretanto, em relação às contribuições ao PIS e à COFINS, a Constituição não apenas prevê regras de competência (art. 195, *caput*) autorizando a União a instituir contribuições sociais sobre determinadas bases; como também a obriga, por meio de uma regra atribuidora de tarefa (§ 12º), a delimitar os setores econômicos para os quais as referidas contribuições serão não-cumulativas.

Há, portanto, duas normas diferentes a serem consideradas para compreensão do objeto deste capítulo. De um lado, a norma resultante da interpretação do disposto no *caput* do artigo 195: uma regra que *atribui competência* à União para instituir contribuições sociais. De outro lado, a norma decorrente da interpretação do disposto no § 12º do mesmo artigo 195: uma regra que *delimita o objeto da competência*, vinculando o seu exercício à promoção do ideal de não-cumulatividade.[217]

Essas considerações preambulares comprovam que existe, digamos, um "conceito constitucional" de não-cumulatividade com relação às contribuições ao PIS e à COFINS: ao contrário de outros princípios, que podem ou não ser adotados e, quando adotados, podem ter o seu conteúdo amplamente configurado pelo legislador ordinário, o princípio da não-cumulatividade das contribuições sociais não foi apenas positivado pela Constituição, como também

---

217 GUASTINI, Riccardo. *Teoria e Dogmatica delle Fonti*. Milano: Giuffrè, 1998, p. 51.

teve o seu conteúdo parcialmente definido por ela mediante uma regra atribuidora de tarefa. Por consequência, embora o legislador ordinário tenha liberdade para definir os setores para os quais as contribuições sobre a receita e a importação serão não-cumulativas e a técnica a ser empregada para sua efetivação, ele *deve* definir os setores abrangidos e *deve* estabelecer um sistema que afaste a cumulação da carga tributária, seja diretamente, pela definição da própria não-cumulatividade, seja indiretamente, pela definição dos seus elementos funcionais, como é o caso do conceito de insumo, adiante esmiuçado.

1.2 A não-cumulatividade não é um benefício fiscal

Considerando a natureza de princípio constitucional da não-cumulatividade das contribuições sobre a receita, a sistemática não-cumulativa das contribuições sociais não pode ser considerada uma espécie de favor ou de benefício fiscal. A noção de *favor* envolve um elemento de discricionariedade: repousa sobre a livre decisão de quem tem a faculdade de concedê-lo e a liberdade de decidir como e em que medida o fazer. Em virtude do seu caráter unilateral, é marcado por uma dose de capricho, de arbitrariedade e de bel-prazer.[218] Não por outro motivo que a ideia mesma de favor é contrária à de Estado de Direito, na medida em que este repele a liberalidade, a pessoalidade e o arbítrio.[219]

Por isso, a não-cumulatividade das contribuições sociais evidentemente não pode ser definida como um favor e, como tal, ser manipulada pelo legislador e eventualmente totalmente suprimida. Ao contrário e como visto, ela é uma *imposição constitucional*,

---

218 CHEVALLIER, Jacques. "Posface". *In*: GUGLIELMI, Gilles (Coord.). *La faveur et le droit*. Paris: PUF, 2009, pp. 403-404.

219 CHAUVET, Clèment. "Arbitraire et discrétionnaire em droit administratif". *In*: GUGLIELMI, Gilles (Coord.). *La faveur et le droit*. Paris: PUF, 2009, p. 290.

na medida em que decorre de disposição constitucional expressa e deve ser obrigatoriamente concretizada, ainda que com alguma margem de configuração com relação à técnica a ser empregada para sua concretização.

A noção de *benefício fiscal* também envolve um elevado grau de discricionariedade, uma vez que a finalidade que o Poder Público visa a promover por meio dela pode ser realizada de vários modos, não necessariamente mediante configuração do regime jurídico de determinado tributo. Por exemplo, a Constituição estabelece o princípio da redução de desigualdades regionais (art. 3°, inciso III). Este princípio, contudo, pode ser concretizado de várias formas e em vários setores, como é o caso dos incentivos tributários, financeiros, creditícios ou patrimoniais, das políticas públicas gerais ou mesmo das ações administrativas específicas. Desse modo, ainda que a Constituição tenha positivado o fim *geral* a ser promovido, não obrigou o legislador ordinário a concretizá-lo especificamente mediante estruturação do regime jurídico de determinado tributo. Em virtude dessa constatação, pode-se afirmar que o que caracteriza um benefício fiscal é a faculdade que possui o poder público de realizá-lo por qualquer meio, sem a obrigatoriedade de fazê-lo mediante a configuração do regime jurídico de um tributo específico.

Feita a caracterização dos benefícios fiscais, vê-se que a sistemática da não-cumulatividade não pode ser qualificada como uma de suas espécies. Conforme as disposições constitucionais vigentes, uma vez cumprido o dever de definir os setores, o legislador, para dar cumprimento ao mandamento constitucional no sentido de que "a lei *definirá* os setores" para os quais as contribuições sobre a receita e a importação "*serão* não-cumulativas", é *obrigado* a adotar uma sistemática não-cumulativa na configuração do regime jurídico das contribuições sociais. Em outras palavras, o legislador não tem a faculdade de instituí-la, nem a liberdade de deixar de concretizá-la por meio da configuração do regime jurídico de determinado tributo – ele é obrigado a fazê-lo, caso decida exercer a sua faculdade de instituir contribuições sociais.

A qualificação da não-cumulatividade como um benefício fiscal decorre de vários argumentos que não encontram respaldo na Constituição. Dentre estes, alguns podem ser destacados. Em primeiro lugar, o *argumento do caráter setorial da não-cumulatividade*: de acordo com este argumento, a não-cumulatividade deveria ser qualificada como um benefício fiscal, porque, se o legislador tem poder para escolher os setores para os quais as contribuições sociais serão não-cumulativas, então ele também teria tanto o poder de deixar de institui-la quanto o poder de instituí-la para quem bem o desejasse. Por esse motivo – assim segue o raciocínio –, a não-cumulatividade poderia ou não ser adotada e, em razão disso, configuraria um benefício fiscal. Essa compreensão, no entanto, não pode ser aceita.

De um lado, porque a *força normativa* de uma norma nada tem a ver com a sua *generalidade*. A força normativa de uma norma depende da função prescritiva do enunciado a partir do qual ela é reconstruída e da rigidez que lhe é atribuída pelo aplicador quando da sua aplicação. Se a força normativa decorresse da generalidade da norma, os princípios constitucionais setoriais, por exemplo, não teriam força normativa, na medida em que se dirigem apenas a alguns setores, e não a todos. Nessa concepção, a concretização do princípio da proteção do trabalho, por exemplo, por se dirigir apenas a um setor da economia, seria um mero benefício a ser caprichosamente concretizado pelo legislador. A essa conclusão, é claro, não se pode chegar.

De outro lado, porque o argumento de que a força normativa decorre da generalidade da norma padece de um vício lógico, porquanto presume que a generalidade é uma propriedade necessária das normas, quando é uma qualidade meramente contingente delas. A estrutura do raciocínio é esta: "se é geral, então é norma; como o princípio da não-cumulatividade não é geral, então não é norma". O erro do raciocínio, conhecido como "negação do antecedente", está na pressuposição de que a generalidade é uma propriedade necessária das normas. Fosse isso verdadeiro, então as normas setoriais e as normas individuais, para dar apenas dois exemplos, não seriam normas! Nessa acepção, o mesmo princípio da proteção do trabalho não seria uma verdadeira norma, a ser obrigatoriamente cumprida, mas um mero conselho, a ser caprichosamente considerado pelo legislador. Também essa concepção, evidentemente, não pode ser aceita.

Em segundo lugar, *o argumento do caráter genérico da não-cumulatividade*: esta deveria ser qualificada como um benefício fiscal porque a Constituição a teria garantido sem especificar o modo como deveria ser concretizada. Por esse motivo – assim se desenvolve o raciocínio –, se ela poderia ser concretizada de qualquer modo, então poderia ser concretizada de modo nenhum. Essa compreensão também não pode ser admitida.

Por um lado, porque não é sequer verdade que a Constituição tenha atribuído liberdade total ao legislador para definir os setores e para adotar a sistemática da não-cumulatividade. Como visto, a sua liberdade se circunscreve à escolha dos setores para os quais as contribuições sociais serão não-cumulativas, mas não alcança nem o *dever* de definir os setores ("a lei *definirá* os setores"), nem o *dever* de instituir um regime irrestrito de não-cumulativo para os referidos setores ("*serão* não-cumulativas").

Por outro lado, porque a força normativa nada tem a ver com o caráter genérico de uma norma. Ela depende, como dito, da função prescritiva do enunciado a partir do qual é reconstruída e da rigidez que lhe é atribuída pelo aplicador quando da sua aplicação, não da estrutura da norma e da margem de configuração que ela proporciona para ser concretizada de modos diversos e alternativos.[220] Se a mesma decorresse da estrutura da norma e, portanto, do seu caráter genérico, os denominados princípios do Estado de Direito, da separação dos poderes, da segurança jurídica e da igualdade, por exemplo, por serem normas genéricas e poderem ser concretizadas de modos alternativos e diversos, não teriam força normativa alguma!

---

220 GUASTINI, Riccardo. *Interpretare e argomentare*. Milano: Giuffrè, 2011, p. 179.

Seriam meros favores ou benefícios do legislador. A esse resultado, naturalmente, também não se pode chegar.

Em terceiro lugar, *o argumento do caráter principiológico da não-cumulatividade*: esta deveria ser caracterizada como um benefício fiscal porque seria garantida por um "mero" princípio constitucional que, como tal, poderia ou não ser concretizado por uma opção do legislador, a quem caberia decidir pela concretização e dar eventual preferência diante de outros princípios colidentes. Esse entendimento igualmente não pode ser admitido, pois remonta à noção de princípio como *norma programática*, isto é, como norma que indica um programa que pode ou não ser seguido pelo legislador.

Essa compreensão, todavia, foi ultrapassada há muito, na medida em que, "sedimentado o caráter normativo das normas constitucionais, o Direito contemporâneo é caracterizado pela passagem da Constituição para o centro do sistema jurídico, onde desfruta não apenas da supremacia formal que sempre teve, mas também de uma supremacia material, axiológica".[221] Nessa nova compreensão, todas as normas constitucionais possuem força normativa, inclusive as tributárias.[222]

Em quarto lugar, *o argumento do caráter parcial da não--cumulatividade*: esta deveria ser qualificada como um benefício fiscal, porque supostamente não poderia ser aplicada a todas as contribuições referidas pelo dispositivo constitucional. A alegação é a de que, como o dispositivo constitucional, faz referência às

221 BARROSO, Luís Roberto. *Curso de Direito Constitucional Contemporâneo*. 4ª ed. São Paulo: Saraiva, 2013, pp. 108-109.

222 "O exercício do poder tributário, pelo Estado, submete-se, por inteiro, aos modelos jurídicos positivados no texto constitucional, que institui, de modo explícito ou implícito, em favor dos contribuintes, decisivas limitações à competência estatal para impor e exigir, coativamente, as diversas espécies tributárias existentes (...)". (STF, Voto do Ministro Celso de Mello no julgamento da Ação Direta de Inconstitucionalidade n. 447, Tribunal Pleno, julgado em 05.06.1991).

contribuições incidentes sobre a receita e a importação, mas esta só incide uma vez, no momento da importação, sem se inserir num ciclo econômico com várias etapas em que a carga tributária vai se acumulando, o referido dispositivo só faria sentido – assim o argumento – se a não-cumulatividade fosse entendida como não-cumulatividade "entre contribuições", isto é, como o direito que o contribuinte teria de descontar o valor pago na importação quando fosse pagar, internamente, as contribuições sobre a receita. Em decorrência, como só haveria uma não-cumulatividade "entre contribuições", qualquer outra forma de não-cumulatividade, de que é exemplo a não-cumulatividade das contribuições ao PIS e à COFINS, caracterizaria um mero benefício fiscal a ser livremente concedido pelo legislador. Esse entendimento igualmente não merece prosperar.

De um lado, porque o dispositivo constitucional não contém qualquer termo ou expressão que limite a não-cumulatividade a um mero direito de descontar o valor de uma contribuição no pagamento de outras. O dispositivo constitucional, em vez disso, estabelece que a lei definirá os setores para os quais as contribuições sobre a receita e a importação serão não-cumulativas. Não fez referência sequer a eventuais exceções, como ocorre no caso do ICMS, em que a Constituição expressamente afastou o direito de crédito no caso de isenção ou não-incidência. Sendo assim, o que se pode deduzir do texto constitucional é uma não-cumulatividade ampla, que deverá abranger tanto uma não-cumulatividade entre as contribuições sobre a importação e a receita, quanto uma não-cumulatividade das contribuições sobre a receita. Logo se percebe que uma espécie de não-cumulatividade não exclui a outra. Ao contrário, uma pressupõe a outra: ao determinar o ideal de não-cumulatividade, de modo pleno e sem limitação alguma, a Constituição buscou afastar *toda* e *qualquer* forma de acúmulo da carga tributária no pagamento das contribuições sociais, tanto a que existiria se o valor pago na importação não pudesse ser deduzido do valor a ser pago internamente quanto a que existiria caso não se pudesse deduzir o valor que vai sendo acumulado nas várias etapas do ciclo econômico interno.

De outro lado, porque o argumento de que a não-cumulatividade não se aplica aos dois casos padece de um vício lógico, porquanto presume que aquilo que supostamente não pode valer para uma contribuição (sobre a importação) necessariamente não vale para as outras (sobre a receita). O raciocínio é no sentido de que aquilo que não vale para todos os casos, não vale para nenhum. Como a não-cumulatividade não poderia valer para contribuição sobre importação, então também não poderia valer para as contribuições sobre a receita. O erro do raciocínio, conhecido como "erro de composição", está na pressuposição de que aquilo que é verdadeiro para as *partes* também é para o *todo*. Fosse isso correto, as normas defectíveis, isto é, aquelas que admitem exceções concretas que limitam o seu alcance objetivo ou subjetivo, por exemplo, não seriam normas, simplesmente porque não se aplicam a todos os casos cobertos pela sua hipótese. O princípio da capacidade contributiva, por não se aplicar a alguns impostos reais e a impostos com finalidade extrafiscal, por exemplo, não seria um princípio constitucional vinculante: como ele não seria obrigatório para os impostos reais e com finalidade extrafiscal, então não seria obrigatório para nenhum imposto! No caso do princípio da capacidade contributiva, vale na verdade o oposto: sempre que possível, os impostos devem ser graduados conforme a capacidade contributiva. O mesmo vale para o princípio da não-cumulatividade das contribuições sociais: sempre que possível, as contribuições sociais serão não-cumulativas, como ocorre no caso das contribuições sobre a receita.

Por todas as razões anteriores, pode-se tanto afirmar que existe um "conceito constitucional" de não-cumulatividade com relação às contribuições ao PIS e à COFINS quanto que a sistemática não-cumulativa dessas contribuições, na forma como prevista na Constituição, não pode ser qualificada como um favor ou benefício fiscal. Esta sistemática configura, em vez disso, uma verdadeira imposição constitucional. Resta saber qual é o seu conteúdo. É o que se passa a examinar.

1.3 A reconstrução de sentido da não-cumulatividade das contribuições ao PIS e à COFINS a partir do contraste entre os dispositivos aplicáveis a outros tributos

A reconstrução de sentido da não-cumulatividade das contribuições sociais sobre a receita também pode ser feita a partir da comparação entre o seu regramento e aquele aplicável a outros tributos. Em que pese esteja presente em outros tributos, a não-cumulatividade não é concretizada da mesma forma para todos eles, seja porque as *regras* aplicáveis a cada um deles são diferentes, seja porque a sua *natureza* é distinta.

No caso dos impostos sobre a industrialização dos produtos e a circulação das mercadorias, a Constituição determina que "serão" não-cumulativos, "compensando-se o que for devido em cada operação com o montante cobrado nas anteriores" (art. 153, § 3º, inciso II, e 155, § 2º, inciso I). Depois de longa evolução jurisprudencial – cujo acerto ora não se discute –, consolidou-se o entendimento de que a técnica usada para promover a não-cumulatividade desses tributos é a do "imposto contra imposto": aquilo que incidiu na etapa anterior pode, digamos, ser descontado na fase posterior.

Como os tributos incidem sobre as operações de produção e de comercialização de "bens" (produtos industrializados e mercadorias), chegou-se também à conclusão – cuja correção também ora não se discute – no sentido de que a não-cumulatividade dependeria de o ônus tributário suportado na fase anterior referir-se diretamente ao bem objeto de várias operações ao longo do ciclo econômico. Assim se consolidou o chamado "crédito físico": somente o imposto que repercute diretamente na produção ou na comercialização do bem pode ser deduzido do imposto a ser pago na operação posterior, e não todo e qualquer imposto que repercutiu indiretamente na produção ou comercialização do bem, como é o caso do imposto incidente sobre a aquisição de máquinas ou sobre os serviços de telefonia e energia elétrica. Esse entendimento pode ser ilustrado pelo voto do Eminente Ministro Luiz Fux, quando ainda integrante do Superior Tribunal de Justiça: "O crédito é físico porque decorre do imposto incidente na operação anterior sobre a mercadoria efetivamente empregada no processo de industrialização".[223]

Logo se percebe que tanto a técnica do "imposto contra imposto" quanto a modalidade de "crédito físico" são meras consequências normativas diretas das *regras* específicas aplicáveis e da *natureza* dos tributos. São consequência das regras específicas porque, no caso dos impostos sobre produtos industrializados e sobre a circulação de mercadorias, a Constituição dispôs que eles serão não-cumulativos, "compensando-se o que for devido em cada operação com o montante cobrado nas anteriores". A linguagem constitucional vinculou a não-cumulatividade às operações de industrialização e comercialização de bens, segundo o entendimento consolidado pela jurisprudência.

E são consequência da natureza dos tributos porque os impostos sobre produtos industrializados e sobre a circulação de mercadorias são tributos indiretos, reais e plurifásicos: *indiretos*, porque o seu ônus econômico é destacado na nota e transferido ao consumidor final; *reais*, porque – e no sentido de que – incidem sobre bens corpóreos, isto é, sobre produtos industrializados e mercadorias vendidas; e *plurifásicos*, porque incidem sobre as várias fases do ciclo de venda da mercadoria do produtor ou industrial até o consumidor final.

O que se quer dizer com as considerações anteriores é que a noção de crédito físico seria uma mera *inferência* das regras aplicáveis aos impostos incidentes sobre bens e da natureza dos referidos impostos. Por essa razão é que a jurisprudência – se bem ou mal é algo que também não se discute aqui – consolidou o entendimento de que o contribuinte só tem direito a crédito do tributo incidente

---

223 Voto do Min. Luiz Fux no Agravo Regimental no Recurso Extraordinário n. 387592, Primeira Turma, julgado em 20.09.2011, p. 100 do Acórdão.

sobre elementos que passaram a ser incorporados ao próprio produto industrializado ou à própria mercadoria comercializada.

Sendo isso verdadeiro, constata-se que a não-cumulatividade das contribuições sociais deve ser diversa da aplicável aos impostos incidentes sobre bens, tanto porque as *regras* são diferentes, quanto porque a *natureza* das contribuições também é distinta. No caso das contribuições sociais sobre a receita, a Constituição estabelece que a "a lei *definirá* os setores" para os quais as contribuições sobre a receita e a importação "*serão* não-cumulativas" (art. 195, § 12º). O dispositivo constitucional, portanto, não faz referência a operações com bens, como ocorre no caso dos impostos sobre produtos industrializados e sobre circulação de mercadorias. Ele apenas estabelece o ideal de não-cumulatividade a ser obrigatoriamente perseguido, sem qualquer tipo de exceção constitucionalmente prevista.

Além disso, as referidas contribuições não incidem sobre operações relativas a "bens" (produtos industrializados e mercadorias); elas incidem sobre a obtenção de receita, sem qualquer referência direta ou indireta a bens. Evidencia-se, com isso, que tanto a técnica do "imposto contra imposto" quanto a modalidade de "crédito físico", que são consequências normativas das *regras* específicas aplicáveis e da *natureza* dos tributos, não podem ser aplicadas às contribuições sociais.

De um lado, porque, no caso das contribuições sociais, a Constituição não dispôs que elas serão não-cumulativas, "compensando-se o que for devido em cada operação com o montante cobrado nas anteriores", com exceções expressas para a hipóteses de isenção e não-incidência, como previsto no caso do ICMS; ela, em vez disso, dispôs que "a lei *definirá* os setores" para os quais as contribuições sobre a receita e a importação "*serão* não-cumulativas", sem qualquer tipo de exceção ao ideal de não-cumulatividade. Nesse caso, a linguagem constitucional não vinculou a não-cumulatividade a qualquer tipo de relação com a industrialização e a comercialização de bens.

De outro lado, porque as contribuições sociais, ao contrário dos impostos sobre produtos industrializados e sobre a circulação de mercadorias, são tributos diretos, unipessoais e monofásicos: *diretos*, porque o seu ônus econômico é suportado diretamente pelo contribuinte, sem qualquer técnica jurídica de destaque do ônus e de transferência ao consumidor final; *pessoais*, porque incidem sobre um valor auferido pelo próprio contribuinte em decorrência da sua individualidade; e *monofásicos*, porque incidem de maneira individual e unipessoal sobre cada fase do ciclo econômico.

Sendo assim, porém, não se pode pretender aplicar a técnica do "imposto contra imposto" na modalidade de "crédito físico" para as contribuições sociais sobre a receita. E isso porque a não-cumulatividade dos impostos sobre produtos industrializados e sobre a circulação de mercadorias é diferente, em *elementos essenciais*, da não-cumulatividade das contribuições ao PIS e à COFINS, como comprova a comparação feita com base nos critérios seguintes:

> a) Regra de competência: enquanto a não-cumulatividade dos impostos sobre produtos industrializados e circulação de mercadorias decorre do sentido e alcance dos artigos 153 e 155 da Constituição, a não-cumulatividade das contribuições sobre a receita decorre do sentido e alcance do artigo 195 e do seu § 12º, da mesma Constituição. Tal distinção é decisiva, pois a interpretação de determinado dispositivo constitucional não pode produzir um sentido que possa ser atribuído a outro dispositivo constitucional que apresente diferente redação, esteja inserido em capítulo diverso e esteja sujeito à interpretação com base em critérios diferentes, como será adiante aprofundado.
>
> b) Ente federado: enquanto a não-cumulatividade dos impostos sobre produtos industrializados e circulação de mercadorias diz respeito a competências diversas, da União e dos Estados, relativamente a tributos plurifásicos, a não-cumulatividade das contribuições sobre a receita diz respeito a uma competência única da União, relativamente a um tributo de incidência unipessoal. Tal distinção também é crucial,

porque, como se terá ocasião de detalhar, um dos critérios eleitos pela Constituição para financiar a seguridade social é o critério da *equidade*, conforme previsto no inciso V do artigo 194. A equidade tem o significado, consolidado tanto no Direito quanto na Filosofia, de tratamento individualizado. A desconsideração dos custos, despesas e encargos de cada contribuinte, individualmente considerado, colide com a exigência de tratamento individualizado prescrito pela Constituição.

c) Tributo: os impostos sobre produtos industrializados e circulação de mercadorias e as contribuições sobre a receita são tributos distintos em numerosos aspectos, dentre os quais os seguintes:

i) *espécie tributária*: enquanto o IPI e o ICMS são impostos cuja natureza distintiva é atribuída pelo seu *fato gerador* e não pela sua finalidade ou pelo destino da sua arrecadação, as contribuições ao PIS e à COFINS são contribuições cuja natureza diferenciadora é atribuída precisamente pela sua *finalidade* e pelo *destino da sua arrecadação*;

ii) *ônus tributário*: enquanto o IPI e o ICMS são tributos *indiretos*, na medida em que o ônus econômico é repassado ao consumidor, por critérios jurídicos estabelecidos pelo artigo 166 do Código Tributário Nacional (destaque na nota e transferência do encargo), as contribuições ao PIS e à COFINS são tributos *diretos*, por não permitirem a transferência direta e separada do seu ônus econômico a terceiros;

iii) *objeto tributado*: enquanto o IPI e o ICMS são tributos *reais*, no sentido específico de tributos que incidem sobre operações envolvendo objetos, porque incidem sobre a venda de bens (produto industrializado ou mercadoria), as contribuições ao PIS e à COFINS são tributos *pessoais*, na acepção de tributos que incidem sobre grandezas auferidas por alguém, porque incidem sobre um elemento individual e unipessoal (receita);

iv) *ciclo econômico envolvido*: enquanto o IPI e o ICMS são tributos *plurifásicos*, na medida em que incidem sobre as várias fases do ciclo de venda da mercadoria do industrial ou do produtor até o consumidor final, as contribuições ao PIS e à COFINS são tributos *monofásicos*, na medida em que incidem individualmente e de modo unipessoal uma única vez;

v) base de cálculo prevista: enquanto o IPI e o ICMS têm como base de cálculo o valor da operação de industrialização do produto e de circulação de mercadoria, as contribuições ao PIS e à COFINS têm como base de cálculo a receita da empresa;

vi) *exceções previstas*: enquanto no caso do ICMS a Constituição previu exceções expressas para as hipóteses de isenção e não-incidência, no caso das contribuições ao PIS e à COFINS, a Constituição não previu qualquer tipo de exceção ao ideal de não-cumulatividade;

vii) *princípios aplicáveis*: enquanto o IPI e o ICMS se submetem aos princípios da *essencialidade da mercadoria* (art. 153, § 3º, inciso I e art. 155, § 2º, inciso III) e da *não-cumulatividade* (art. 153, §3º, inciso II e art. 155, §2º, inciso I), entendida esta como envolvendo apenas créditos físicos, porque vinculados às operações de venda de bens do produtor ou industrial até o consumidor final, as contribuições ao PIS e à COFINS se submetem aos princípios da *equidade do custeio* (art. 194, inciso V) e da *não-cumulatividade específica* (art. 195, § 12º), entendida esta de modo vinculado à geração da receita e não à venda de bens, como será logo demonstrado.

O que resulta evidente, em relação à comparação entre os regimes jurídico-positivos da não-cumulatividade dos impostos sobre produtos industrializados e circulação de mercadorias e da não-cumulatividade das contribuições sobre a receita, é que eles apresentam estruturas normativas totalmente diferentes em elementos absolutamente essenciais.

Sendo isso verdadeiro, a noção de "crédito físico", utilizada para os impostos indiretos, reais e plurifásicos, simplesmente não pode ser *transposta* às contribuições sociais, caracterizadas como tributos diretos, pessoais e monofásicos. Nesse sentido, a não-cumulatividade das contribuições não pode, por exemplo, depender de o ônus tributário suportado na fase anterior referir-se diretamente ao bem tributado na fase posterior, como ocorre com o IPI e o ICMS, pela singela razão de que as contribuições sociais não incidem sobre "bens", mas sobre "receitas", o que é algo totalmente diferente, como será adiante examinado. Esse entendimento diverso para a não-cumulatividade das contribuições sociais já foi enunciado pelo Desembargador Leandro Paulsen, em voto proferido no Tribunal Regional Federal da 4ª Região, do seguinte modo:

> A coerência de um sistema de não-cumulatividade de tributo direto sobre a receita exige que se considere o universo de receitas e o universo de despesas necessárias para obtê-las, considerados à luz da finalidade de evitar sobreposição das contribuições e, portanto, de eventuais ônus que a tal título já tenham sido suportados pelas empresas com quem se contratou.
>
> O crédito, em matéria de PIS e COFINS, não é um crédito meramente físico, que pressuponha, como no IPI, a integração do insumo ao produto final ou seu uso ou exaurimento no processo produtivo. A perspectiva é mais ampla e disso depende a razoabilidade do sistema instituído e, após a EC 42/03, o próprio respeito ao critério constitucional.[224]

Por consequência, as decisões judiciais proferidas pelo Egrégio Supremo Tribunal Federal, referentes a determinados tributos (IPI e ICMS), instituídos com base em regras específicas de competência (art. 153 e 155) e por determinados entes federados (Estados e União), com determinadas caraterísticas (impostos, indiretos, reais, plurifásicos, incidente sobre o valor das operações de industrialização de produtos e venda de mercadoria, e submetidos aos

224 TRF4, Apelação Cível n. 0000007-25.2010.404.7200, Primeira Turma, Relator Leandro Paulsen, D.E. 04.07.2012.

princípios da essencialidade e da não-cumulatividade vinculada à venda de bens, com exceções previstas pela Constituição), não podem servir de precedente para que o mesmo Tribunal decida sobre outros tributos (contribuições ao PIS e à COFINS), baseados em outras regras de competência (art. 195 e 240), instituídos por outro ente federado (União), e com outras caraterísticas (contribuições, diretas, pessoais, monofásicas, incidentes sobre a receita das empresas, e submetidas aos princípios da equidade e da não--cumulatividade vinculada à geração de receita, sem exceções previstas pela Constituição).

Em face dessas considerações, igualmente não se pode tratar as decisões antigas proferidas pelo Supremo Tribunal Federal para os impostos incidentes sobre bens, apenas porque trataram de algo com nomenclatura semelhante ("não-cumulatividade"), como *precedentes* para decidir os contornos jurídicos de um princípio para uma relação jurídica completamente diferente. Fazê-lo seria proceder a uma falsa analogia, na medida em que implicaria desprezar diferenças essenciais entre os casos que foram decididos e o que está por ser decidido. Isso levaria a tratar meras decisões, aplicáveis a casos específicos, como se fossem precedentes para casos diversos, fora do contexto em que foram proferidas.[225]

O que resta, das considerações precedentes, é a conclusão de que a sistemática da não-cumulatividade das contribuições incidentes sobre a receita e o consequente conceito de insumo no seu âmbito *não se identificam, nem se equiparam* à sistemática da não-cumulatividade dos impostos incidentes sobre bens e o decorrente conceito de insumo no seu âmbito.

As considerações anteriores demonstram que a Constituição prescreveu a não-cumulatividade para as contribuições sobre a receita de forma ampla. Ela está relacionada à geração de receita, e não à

---

225 CROSS, Ruppert; HARRIS, J. W. Harris. *Precedent in English Law* (1961). 4ª ed. Oxford: Oxford University Press, 1991, p. 43: "judgments must be read in the light of the facts of the cases in which they are delivered".

comercialização de um “bem” ou à fabricação de um “produto”. Sendo assim, porém, a própria vinculação da não-cumulatividade ao conceito de “insumo”, conceito esse relacionado à atividade de produção de bens, já parte de um pressuposto equivocado, a saber, o de que a não-cumulatividade estaria unicamente vinculada à produção de bens, quando está, na verdade, vinculada à geração de receitas.

Nesse sentido e como será aprofundado adiante, o fato de as leis reguladoras da não-cumulatividade se referirem ao conceito de “insumo” já revela um preconceito e uma restrição dos “custos e despesas” que darão direito a crédito, na medida em que se cria uma vinculação da não-cumulatividade apenas às atividades de produção, quando ela deve estar vinculada à geração de receitas, não apenas à atividade industrial como também à atividade de prestação de serviços. Sendo assim, a única forma de manter a constitucionalidade do conceito legal de “insumo” é por meio da atribuição de um sentido amplo a esse conceito, mediante a reconstrução da sistemática própria da não-cumulatividade das contribuições sociais sobre a receita.

Isso significa dizer que a análise apenas da Constituição revela que todos os custos, despesas e encargos, direta ou indiretamente relacionados à *formação das receitas* auferidas em razão das atividades empresariais, devem ser abrangidos na definição do conceito de insumo para fins da não-cumulatividade das contribuições ao PIS e à COFINS. Estabelecida esta premissa, passa-se a analisar como o tema vem sendo enfrentado pela jurisprudência do Supremo Tribunal Federal.

1.4 a não-cumulatividade na jurisprudência do Supremo Tribunal Federal

A matéria da não-cumulatividade das contribuições sobre a receita ainda não foi objeto, de forma sistemática e aprofundada, de análise por parte do Supremo Tribunal Federal. Tal ausência de análise decorre de dois motivos principais: o primeiro, pelo fato de a sistemática não-cumulativa ser uma inovação relativamente recente no ordenamento tributário brasileiro; o segundo, pelo entendimento do Supremo Tribunal Federal de que a violação envolvendo a sistemática não-cumulativa das contribuições ao PIS e à COFINS teria natureza infraconstitucional, uma vez que "não alcança status constitucional, porquanto solvida à luz da interpretação da legislação infraconstitucional aplicável à espécie".[226]

Em que pese tal constatação, o Tribunal já teve a oportunidade de analisar a incidência cumulativa das contribuições ao PIS e à COFINS em relação às receitas oriundas de transferência a terceiros de créditos de ICMS decorrentes de exportação. Tal decisão, que toma como principal fundamento a imunidade conferida às exportações, ao invés da não-cumulatividade ou a da incidência em cascata da contribuição, é relevante porque fornece indicativos acerca do entendimento da Corte sobre a não-cumulatividade das contribuições ao PIS e à COFINS. Ao decidir, a Ministra Relatora Rosa Weber focou a análise sobre as imunidades às exportações presentes no texto constitucional, mas teceu considerações sobre a não-cumulatividade das contribuições sociais sobre a receita:

> Nessa linha, sujeitar à incidência do PIS e da COFINS os valores auferidos pela transferência dos créditos de ICMS a terceiros significaria vilipendiar a letra e o escopo da imunidade estampada no art. 155, § 2º, X, "a", da Carta Constitucional. **Violar-se-ia a sua letra porque se estaria obstaculizando o integral "*aproveitamento do montante do imposto cobrado nas operações e prestações anteriores*", mediante a expropriação parcial dos créditos, na parcela correspondente à carga tributária advinda da incidência das contribuições citadas.** Ofender-se-ia o seu escopo porque se estaria chancelando a exportação de tributos, nomeadamente do PIS e da COFINS incidentes sobre os créditos de

226 Agravo Regimental no Recurso Extraordinário n. 707.179, Primeira Turma, Relatora Ministra Rosa Weber, publicado DJ 29.10.2013.

> ICMS cedidos a terceiros, cujo ônus econômico fatalmente teria de ser acrescido ao valor das mercadorias oferecidas à venda pelas empresas exportadoras, abalando-se, assim, a sua competitividade no âmbito internacional e lesando-se, por consequência, a finalidade última do art. 155, § 2º, X, "a", da Carta Constitucional: garantir o desenvolvimento nacional e erradicar a pobreza, objetivos fundamentais da República Federativa do Brasil, nos termos do art. 3º, II e III, da Lei Fundamental.[227]

Ao final, o Tribunal reconheceu que não incidem as contribuições ao PIS e à COFINS não-cumulativas às receitas decorrentes de tais transferências de créditos de ICMS. Conquanto a decisão não trate especificamente da sistemática não-cumulativa das contribuições, as razões de decidir do Tribunal Pleno indicam que a incidência das contribuições sobre a receita teria efeitos posteriores e seriam repercutidos no preço final da mercadoria, anulando-se as previsões constitucionais da imunidade para exportações e não incidência cumulativa de tais contribuições.

Além de tal decisão, o Supremo Tribunal Federal já reconheceu a repercussão geral em outros dois processos, nos quais se discute especificamente a sistemática não-cumulativa das contribuições sobre a receita. O Recurso Extraordinário n. 587.108 (Relator Ministro Ricardo Lewandowski) e o Recurso Extraordinário com Agravo n. 790.928 (Relator Ministro Luiz Fux), já tiveram a sua repercussão geral reconhecida pelo plenário do Tribunal e aguardam julgamento.[228]

Até o momento, contudo, o Supremo Tribunal Federal não vem reconhecendo a natureza de imposição constitucional da

---

227 Recurso Extraordinário n. 606.107, Tribunal Pleno, Relatora Ministra Rosa Weber, julgado em 22.05.2013. (grifo nosso).

228 Recurso Extraordinário n. 587.108, Relator Ministro Ricardo Lewandoski, julgado em 14.08.2009; e Agravo no Recurso Extraordinário n. 790.928, Relator Ministro Luiz Fux, julgado em 15.08.2014.

não-cumulatividade das contribuições sociais sobre a receita. Tal entendimento, com a devida vênia, se mostra equivocado. Conforme já referido, o princípio da não-cumulatividade das contribuições ao PIS e à COFINS tem natureza constitucional, tendo sido definido de forma prescritiva pela Constituição. O não reconhecimento deste status constitucional viola a Constituição duplamente: não apenas desconsidera as normas constitucionais, como também confere ao legislador infraconstitucional um poder maior do que aquele que lhe foi conferido pela Constituição. É o que se passa a analisar.

2 A não-cumulatividade em nível legal

2.1 O conceito de insumo e a inconstitucionalidade das Leis n. 10.637/02, n. 10.833/03 e n. 10.865/04

A não-cumulatividade das contribuições sociais sobre a receita foi regulada por uma série de leis desde a sua previsão no texto constitucional. Em primeiro lugar, a Lei n. 10.637/02, tanto originalmente quanto com as modificações previstas pela Lei n. 10.865/04, permitiu descontar da base de cálculo da contribuição ao PIS, entre outros, somente créditos calculados em relação a *bens* adquiridos para revenda (art. 3°, inciso I), *bens e serviços*, utilizados como insumo na prestação de serviços e na produção ou fabricação de *bens* ou *produtos* destinados à venda (art. 3°, inciso II), máquinas, equipamentos e outros bens incorporados ao ativo imobilizado, adquiridos ou fabricados para locação a terceiros ou para utilização na produção de *bens* destinados à venda ou na prestação de serviços (art. 3°, inciso VI), bens recebidos em devolução (art. 3°, inciso VIII).

Em segundo lugar, a Lei n. 10.833/03, tanto originalmente, quanto com as modificações previstas pela Lei n. 10.865/04, seguiu a mesma lógica da legislação aplicável à contribuição ao PIS e permitiu descontar da base de cálculo da contribuição à COFINS, entre outros, somente créditos calculados em relação a *bens* adquiridos para revenda (art. 3°, inciso I), bens e serviços, utilizados como insumo na prestação de serviços e na produção ou fabricação de bens ou produtos destinados à venda, (art. 3º, inciso II), e bens recebidos em devolução (art. 3º, inciso VIII).

E as Instruções Normativas RFB n. 247/02 e n. 404/04, ao regulamentarem as leis antes mencionadas, especificaram ainda mais o conceito restrito de insumo adotado pela legislação, ao permitir somente a dedução de créditos vinculados a bens para revenda, bens e serviços utilizados como insumos na fabricação de produtos destinados à venda ou na prestação de serviços.

A breve leitura das disposições legais contidas nestes instrumentos legislativos revela que o legislador infraconstitucional, ao tratar da não-cumulatividade das contribuições sociais sobre a receita, restringiu o seu alcance, em detrimento do conceito amplo de não-cumulatividade acolhido pela Constituição. Adotou-se, portanto, para as contribuições sociais sobre a receita, a mesma lógica existente nos impostos sobre industrialização e circulação de bens e mercadorias, vinculada à noção de "crédito físico". Conforme referido, esta noção de "crédito físico" decorreu da natureza dos impostos sobre produtos industrializados e sobre a circulação de mercadorias: como eles incidem sobre a venda de bens e tem como base de cálculo o seu preço, qualquer acúmulo da carga tributária decorrente de incidências diretamente relacionadas à sua produção e à sua comercialização deve ser afastada por meio da sistemática da não-cumulatividade.

Retomando, nesse sentido, a comparação já realizada, a não-cumulatividade é uma consequência normativa do fato gerador, da base de cálculo e dos princípios orientadores dos mencionados tributos: como os impostos sobre produtos industrializados e sobre a circulação de mercadorias têm fatos geradores vinculados à produção de bens (industrialização e comercialização de bens), bases de cálculo relativas a bens (preço do produto ou da mercadoria) e se submetem a princípios referentes a esses bens (essencialidade do produto e da mercadoria), a sua não-cumulatividade é *fisicamente orientada* (crédito físico).

As contribuições sobre a receita, no entanto, possuem fatos geradores, bases de cálculo e princípios orientadores diversos: como elas têm fatos geradores vinculados a valores recebidos (exercício de atividade empresarial), bases de cálculo referentes às atividades empresariais (faturamento ou receita da empresa) e se submetem a princípios vinculados aos contribuintes (igualdade e equidade no custeio da seguridade social), então, para seguir na mesma lógica, a sua não-cumulatividade deve ser *financeiramente orientada* (crédito em sentido amplo).

Sendo assim, todos os custos, despesas e encargos, direta ou indiretamente relacionados à *formação das receitas* auferidas em razão das atividades empresariais devem ser abrangidos na definição do conceito de insumo para fins da não-cumulatividade das contribuições ao PIS e à COFINS. Entendimento diverso, no sentido de que somente elementos físicos, como matérias-primas e material de embalagem, podem ser abrangidos no conceito de insumo para efeito da não-cumulatividade das contribuições sobre a receita contraria os fatos geradores, as bases de cálculo e os princípios aplicáveis; e, portanto, a sistemática não-cumulativa imposta pela Constituição.

Em primeiro lugar, viola os *fatos geradores* das contribuições sociais porque estes (exercício de atividade empresarial) estão vinculados ao produto da atividade empresarial concernente à venda de bens e à prestação de serviços, não sendo vinculados nem à industrialização de produtos, nem à comercialização de mercadorias. Em segundo lugar, infringe as *bases de cálculo* das contribuições porque estas (faturamento ou a receita da empresa) estão vinculadas às atividades empresariais, não sendo vinculados nem à industrialização de produtos, nem à comercialização de mercadorias. E, em terceiro lugar, contrapõe-se ao *princípio* aplicável às contribuições porque este (equidade no custeio da seguridade social) está vinculado à individualidade das atividades desempenhadas pelos próprios contribuintes, não sendo relacionado nem aos bens produzidos ou comercializados (essencialidade do produto ou da mercadoria), nem presumindo a capacidade contributiva de um terceiro a quem o ônus econômico é juridicamente repassado (consumidor final).

Assim, o conceito de insumo, para dar cumprimento à não-cumulatividade das contribuições, há de ser interpretado da maneira *mais ampla possível*, seja porque a natureza das contribuições assim o exige, seja porque a Constituição, ao contrário do que prescreveu com relação ao ICMS, não previu qualquer tipo de limitação ao direito de crédito dos contribuintes. Nesse sentido, o conceito de insumo não pode ter qualquer tipo de limitação decorrente da sua vinculação a bens produzidos ou a etapas necessárias à sua produção ou fabricação.

Isso significa que são inconstitucionais as disposições das Leis n. 10.637/02, n. 10.833/03 e n. 10.865/04, e das Instruções Normativas RFB n. 247/02 e n. 404/04 a respeito da definição do conceito de insumo para fins de não-cumulatividade das contribuições ao PIS e à COFINS, por restringirem as hipóteses de reconhecimento aos créditos físicos, na apuração dos valores a serem recolhidos ao Fisco.

Em outras palavras, esta legislação utilizou um *conceito restrito* de insumo tendo em vista uma não-cumulatividade *fisicamente orientada*, própria dos impostos sobre produtos industrializados e circulação de mercadorias, e não um *conceito amplo* de insumo tendo em vista uma não-cumulatividade *financeiramente orientada*, própria das contribuições sociais sobre a receita. Ao assim proceder, no entanto, esses diplomas normativos violaram a Constituição.

Sustentar que o conceito de insumo para efeito da não-cumulatividade das contribuições sociais deve ser entendido de forma restrita, além de violar a Constituição, como já demonstrado, revela uma conduta totalmente contraditória da União. De fato, não pode ela defender, de um lado, um conceito amplo de fato gerador — cuja correção é aqui desconsiderada —, como sendo toda e qualquer entrada decorrente da atividade empresarial, independente da sua natureza e destinação, e, de outro, defender uma base de cálculo restrita e um consequente conceito de insumo ainda mais restrito, porquanto limitado apenas à produção e fabricação de bens na última etapa.

Ora, a base de cálculo de um tributo deve refletir o seu fato gerador. Desse modo, não se pode sustentar que o fato gerador de um tributo seja amplo e, ao mesmo tempo, defender que a sua base de cálculo seja restrita. Tal compreensão, ademais de violar a sistemática não-cumulativa constitucionalmente estabelecida para as contribuições, ainda revela conduta manifestamente contraditória do Poder Público, que ofende tanto o princípio da moralidade, que veda condutas desleais e contraditórias, quanto o princípio da segurança jurídica, que proíbe manifestações estatais incompreensíveis, instáveis e imprevisíveis.

Em face das considerações precedentes, pode-se concluir no sentido de que a sistemática de não-cumulatividade das contribuições sociais não se identifica nem se equipara à sistemática e ao conceito de insumo empregado para fins de não-cumulatividade de IPI e de ICMS. Em razão disso, a definição do conceito de insumo para fins da não-cumulatividade das contribuições ao PIS e à COFINS se aplica a todos os custos, despesas e encargos, direta ou indiretamente relacionados à formação de receitas auferidas em razão das atividades empresariais, sendo inconstitucional limitar a sua abrangência apenas a elementos físicos relacionados à produção e à fabricação de bens.

Não se alegue, por último, que o conceito amplo de "insumo", decorrente do princípio da não-cumulatividade, não poderia ser aceito porque transformaria as contribuições sobre a receita em tributos sobre o resultado líquido, como são o imposto sobre a renda e a contribuição sobre o lucro. Como defendido ao longo deste artigo, o legislador ordinário tem liberdade para definir os setores para os quais as contribuições sobre a receita e a importação serão não-cumulativas e a técnica a ser empregada para sua efetivação. Mas, tendo ele definido os setores abrangidos e estabelecido um sistema que afaste a cumulação da carga tributária, a consequência da sua decisão é forçosamente no sentido de que todos os custos, despesas e encargos, direta ou indiretamente relacionados à formação das receitas auferidas em razão das atividades empresariais devem ser abrangidos na definição do conceito de insumo. Por isso, é juridicamente irrelevante para a análise da constitucionalidade das contribuições sociais sobre a receita se a decisão do legislador fará com que elas tenham, para alguns setores, um regime contábil similar ao dos tributos sobre o resultado líquido.

2.2 A coerência na aplicação da não-cumulatividade

Ainda que as considerações anteriores não fossem verdadeiras, e o princípio da não-cumulatividade das contribuições sociais não fosse uma imposição constitucional, o que se admite apenas para argumentar, mesmo assim ela teria de ser coerentemente concretizada pelo legislador.

Isso se deve ao fato de que, independentemente de a sistemática da não-cumulatividade ser ou não uma imposição constitucional, ela terminou sendo instituída pelas Leis n. 10.637/02, n. 10.833/03 e n. 10.865/04. Dessa forma, tendo o legislador adotado a não-cumulatividade como princípio diretor do regime jurídico das contribuições sociais sobre a receita, não pode concretizá-la pela metade, de forma incoerente e arbitrária, sob pena de violar o princípio constitucional da igualdade. Em palavras bastante singelas e com a permissão para usar uma metáfora, ainda que o legislador fosse livre para rezar, tendo ele se ajoelhado, ele está obrigado a rezar.

Foi precisamente isso que ocorreu. Veja-se que a Lei n. 10.637/02 foi instituída com a seguinte ementa: "dispõe sobre a não-cumulatividade na cobrança da contribuição para os Programas de Integração Social (PIS) e de Formação do Patrimônio do Servidor Público (Pasep)". E todos os seus artigos foram configurados de modo a concretizar a sistemática da não-cumulatividade para as contribuições sociais. Note-se que o mesmo ocorreu com as Leis n. 10.833/03 e n. 10.865/04, cujos dispositivos foram estabelecidos para consolidar a sistemática da não-cumulatividade das contribuições. Isso tudo sem mencionar o fato de que esses diplomas promoveram um aumento significativo das alíquotas sob a justificativa de que implementariam uma sistemática não-cumulativa.

Sendo assim, pouco importa se a não-cumulatividade é ou não uma imposição constitucional direta. Tendo ela sido estabelecida pelo legislador como princípio diretor do regime jurídico das contribuições, deve a partir de então ser concretizada de forma coerente e isenta de contradições, sob pena de o legislador violar o princípio constitucional da igualdade.

O princípio da igualdade pressupõe a relação entre dois sujeitos com base em um critério que serve de instrumento para a concretização de um fim.[229] Haverá tratamento desigual se os sujeitos forem diferenciados com base em um critério que não mantenha relação de razoabilidade com o fim que justifica a sua utilização. Ora, tendo o legislador eleito o fim a ser promovido – evitar a cumulação da carga tributária na sistemática de apuração das contribuições sociais sobre a receita –, o critério de diferenciação entre os contribuintes passou a ser, por consequência, a capacidade de gerar qualquer acúmulo da carga tributária durante o ciclo econômico. Sendo assim, porém, todo dispositivo legal ou infralegal que provocar o acúmulo da carga tributária não manterá relação de razoabilidade com a finalidade estruturadora da sistemática da não-cumulatividade e, por isso, implicará tratamento desigual injustificado.

Além de exigir uma relação de razoabilidade entre critério e finalidade, o princípio da igualdade obriga o Estado a agir de forma coerente e consequente.[230] Isso porque, quando analisado

229 ÁVILA, Humberto. *Teoria da igualdade tributária.* 3ª ed. São Paulo: Malheiros, 2015, p. 198.

230 OSTERLOH, Lerke. "Folgerichtigkeit. Verfassungsrechtliche Rationalitätsanforderungen in der Demokratie". *In*: BÄUERLE, Michael (Coord.). *Demokratie-Perspektiven.* Tübingen: Mohr Siebeck, 2013, p. 433.

em sua perspectiva temporal, o princípio da igualdade gera o denominado *dever de coerência.*[231] Isso significa que o legislador, tendo decidido estabelecer uma sistemática não-cumulativa para as contribuições, deve desenvolvê-la de modo coerente e livre de contradições. Mais, ele não poderá afastar-se do fundamento de tal decisão, a não ser que ele próprio possa suficientemente justificar e fundamentar esta mudança de posição. Não sendo assim, haverá violação ao princípio da igualdade, que proíbe distinções irrazoáveis e injustificáveis.

Assim, mesmo que, inicialmente, o legislador tivesse liberdade para adotar uma sistemática de não-cumulatividade para as contribuições, uma vez tendo exercido esta liberdade por meio da escolha de determinado critério de tributação, este deverá servir de base de comparação entre os contribuintes para a configuração de todo o regime legal tributário. Isso porque o dever decorrente da igualdade impõe a consequente implementação dos critérios previamente estabelecidos pelo próprio legislador.[232]

Tendo tomado a decisão de majorar alíquotas em função da nova sistemática não-cumulativa, deve o legislador desenvolvê-la e implementá-la às inteiras, de modo consequente e livre de contradições. Mesmo que a Constituição não a determinasse expressamente, ao ter decidido pela não-cumulatividade, o legislador deveria tê-la adotado de modo a respeitar o princípio da igualdade. Isso, entretanto, não ocorreu. O legislador não implementou o regime não-cumulativo de forma consequente e livre de contradições. Com efeito, após ter decidido pela não-cumulatividade, o legislador não se manteve fiel aos próprios fundamentos que justificaram a sua instituição.

---

231 ÁVILA, Humberto. *Teoria da segurança jurídica.* 3ª ed. São Paulo: Malheiros, 2014, pp. 628 e ss.

232 ÁVILA, Humberto. "O 'Postulado do Legislador Coerente' e a Não-cumulatividade das Contribuições". *In*: ROCHA, Valdir de Oliveira. *Grandes questões atuais do direito tributário.* 11 vol. São Paulo: Dialética, 2007, p. 177.

Em primeiro lugar, porque não honra o critério de distinção eleito. A atual sistemática não-cumulativa das contribuições deixa de implementar de forma consistente este regime, uma vez que é desvinculada da capacidade compensatória de créditos anteriores. Em segundo lugar, porque não concretiza a finalidade que o justifica. O atual regime não-cumulativo não consegue afastar os efeitos econômicos perversos do acúmulo da carga tributária durante o ciclo econômico.

A conclusão, portanto, é no sentido de que o legislador violou o princípio da igualdade ao não desenvolver e implementar de forma coerente e consequente o regime não-cumulativo das contribuições ao PIS e à COFINS, com exceções injustificáveis ao direito de crédito de tudo quanto impacta a geração de receitas.

As considerações anteriores demonstram que as limitações impostas ao regime não-cumulativo pela legislação infraconstitucional são inconstitucionais. Primeiro, porque restringiram o conceito amplo de não-cumulatividade adotado pela Constituição e o fizeram através da transposição equivocada do sistema referencial dos impostos sobre a industrialização e a circulação de bens e mercadorias, o que não se coaduna com as diferenças existentes entre estes tributos e a sua respectiva não-cumulatividade. E, segundo, porque, independentemente do regime constitucional imposto pela Constituição, o legislador infraconstitucional violou a igualdade ao estabelecer um regime incoerente e contraditório.

Isso significa dizer que, em que pese as limitações impostas pela legislação infraconstitucional, a não-cumulatividade das contribuições sociais sobre a receita enquanto imposição constitucional e enquanto dever de coerência do legislador leva a um conceito amplo de insumo, vinculado a todo e qualquer custo relacionado à geração de receita. Estabelecidas estas premissas, passa-se a analisar a jurisprudência do Superior Tribunal de Justiça sobre o tema.

2.3 A não-cumulatividade na jurisprudência do Superior Tribunal de Justiça

O Superior Tribunal de Justiça teve a oportunidade de analisar, de forma aprofundada, a sistemática não-cumulativa das contribuições sociais sobre a receita no Recurso Especial n. 1.246.317, de Relatoria do Ministro Mauro Campbell Marques.[233] Neste precedente, o Tribunal decidiu pelo reconhecimento do direito aos créditos das contribuições ao PIS e à COFINS, na sistemática não-cumulativa, dos insumos relativos aos produtos de higienização e limpeza de uma empresa de alimentos, que está sujeita a rígidas normas sanitárias.

Neste julgamento, o Tribunal utilizou um conceito amplo de insumo, determinando como consequência a ilegalidade das instruções normativas da Receita Federal que restringiam tal conceito, além de desvincular o conceito de insumo aplicáveis ao IPI e ao ICMS. Para chegar a tal conclusão, o Tribunal utilizou-se de um fundamento em relação à sistemática não-cumulativa das contribuições, que consta do voto do Ministro Relator Mauro Campbell: "[n]ão se trata, portanto, de desonerar a cadeia produtiva, mas sim o processo produtivo de um determinado produtor ou a atividade-fim de determinado prestador de serviço".

A *ratio* da decisão do Superior Tribunal de Justiça, portanto, foi preservar a desoneração do processo produtivo e da atividade-fim, evitando a sua tributação em cascata. Isso significa que a não-cumulatividade das contribuições ao PIS e à COFINS não pretende apenas desonerar a cadeia produtiva. Pretende ir além. Pretende desonerar o próprio processo produtivo do produtor ou a atividade-fim do prestador de serviço.

Este fundamento transforma, por completo, a concepção da sistemática não-cumulativa das contribuições sociais sobre a

---

233 STJ, Recurso Especial n. 1.246.317, Segunda Turma, Relator Ministro Mauro Campbell Marques, publicado DJe 29.06.2015.

receita, em especial a conceituação de insumos. Para o Tribunal, a determinação de um insumo cujo crédito deve ser reconhecido passa por três critérios. O primeiro critério exige que o insumo guarde relação de pertinência ao processo produtivo ou à atividade-fim, não ao produto em si. Este critério exige, tão somente, que o insumo tenha relação com o processo produtivo ou com a atividade-fim do contribuinte, integrando-o, direta ou indiretamente, sem que seja necessária uma relação direta com o produto ou serviço.

O segundo critério exige que o insumo guarde relação de essencialidade com o processo produtivo, ou seja, que a cadeia produtiva ou a prestação do serviço dependa do insumo e somente com a sua utilização seja ela viável. Em relação à essencialidade do insumo ao processo produtivo, destaca-se a seguinte decisão:

> Ora, se a prestação do serviço ou produção depende da própria aquisição do bem ou serviço e do seu emprego, direta ou indiretamente, na prestação do serviço ou na produção, surge daí o conceito de essencialidade do bem ou serviço para fins de receber a qualificação legal de insumo. Veja-se, não se trata da essencialidade em relação exclusiva ao produto e sua composição, mas essencialidade em relação ao próprio processo produtivo. Os combustíveis utilizados na maquinaria não são essenciais à composição do produto, mas são essenciais ao processo produtivo, pois sem eles as máquinas param. Do mesmo modo, a manutenção da maquinaria pertencente à linha de produção.
>
> (...) É preciso que ele seja essencial. É preciso que a sua subtração importe na impossibilidade mesma da prestação do serviço ou da produção, isto é, obste a atividade da empresa, ou implique em substancial perda de qualidade do produto ou serviço daí resultante.[234]

234 STJ, Recurso Especial n. 1.246.317, Segunda Turma, Relator Ministro Mauro Campbell Marques, publicado DJe 29.06.2015.

O terceiro critério exige que o insumo seja utilizado direta ou indiretamente, sendo desnecessário o seu contato direto com o produto final ou a prestação de serviço. Por tal critério, o Superior Tribunal de Justiça rejeitou a aplicação de critérios de incorporação ou consumo, utilizados aos insumos na não-cumulatividade do ICMS e do IPI, determinando que mesmo que não haja consumo direto ou sua incorporação ao produto final, os bens também devem ser considerados insumos para fins de não-cumulatividade das contribuições sociais sobre a receita.

Como consequência das razões utilizadas na decisão, o Superior Tribunal de Justiça alcançou um conceito de insumo. Embora não se possa negar à função jurisdicional a possibilidade de elaborar conceitos, ao fazê-lo a jurisprudência apenas determina a sua aplicação relativa ao caso concreto, sem que haja necessária vinculação a casos futuros com particularidades distintas ou mesmo vinculação futura do legislador. Com isto em mente, deve-se atentar que o conceito proposto integra os critérios explicitados nas razões acima analisadas:

> Insumos, para efeitos do art. 3º, II, da Lei n. 10.637/2002, e art. 3º, II, da Lei n. 10.833/2003 são todos aqueles bens e serviços pertinentes ao, ou que viabilizam o processo produtivo e a prestação de serviços, que neles possam ser direta ou indiretamente empregados e cuja subtração importa na impossibilidade mesma da prestação do serviço ou da produção, isto é, cuja subtração obsta a atividade da empresa, ou implica em substancial perda de qualidade do produto ou serviço daí resultantes.[235]

No mesmo sentido, o Superior Tribunal de Justiça teve a oportunidade de analisar a sistemática não-cumulativa das contribuições ao PIS e à COFINS no Recurso Especial n. 1.235.979, originalmente

---

235 Recurso Especial n. 1.246.317, Segunda Turma, Relator Ministro Mauro Campbell Marques, publicado DJe 29.06.2015.

de relatoria do Ministro Herman Benjamin, mas com acórdão redigido pelo Ministro Mauro Campbell Marques, assim ementado:

> TRIBUTÁRIO. CONTRIBUIÇÕES AO PIS E COFINS NÃO-CUMULATIVAS. CREDITAMENTO. COMBUSTÍVEIS, LUBRIFICANTES E PEÇAS UTILIZADOS COMO INSUMOS NA PRESTAÇÃO DE SERVIÇOS DE ENTREGA DE MERCADORIAS VENDIDAS PELA PRÓPRIA EMPRESA. ARTS. 3º, II, DAS LEIS N. N. 10.637/2002 E 10.833/2003. 1. O creditamento pelos insumos previstos nos arts. 3º, II, da Lei n. 10.833/2003 e da Lei n. 10.637/2002 abrange os custos com peças, combustíveis e lubrificantes utilizados por empresa que, conjugada com a venda de mercadorias, exerce também a atividade de prestação de serviços de transporte da própria mercadoria que revende.[236]

Nesse caso, o Tribunal foi chamado a decidir sobre a incidência cumulativa das contribuições ao PIS e à COFINS em relação aos combustíveis, lubrificantes e peças utilizados como insumos na prestação de serviços de entrega de mercadorias vendidas pela própria empresa contribuinte. A discussão centrava-se, portanto, em saber se haveria crédito sobre determinados elementos indispensáveis às atividades típicas da empresa contribuinte, ou seja, se aqueles materiais deveriam ser considerados insumos.

As razões de decidir do Tribunal indicam que a sistemática não-cumulativa das contribuições tem como finalidade a determinação de créditos das contribuições ao PIS e à COFINS para as atividades típicas do contribuinte (prestação de serviços, comercialização ou industrialização), desde que previstas no contrato ou estatuto e façam parte do objeto social da empresa contribuinte. Do voto do Ministro Relator Mauro Campbell

---

236 Recurso Especial n. 1.235.979, Segunda Turma, Relator Ministro Herman Benjamin, Relator para o acórdão Ministro Mauro Campbell Marques, publicado DJe 19.12.2014.

extrai-se importantes razões para o reconhecimento do crédito em relação aos elementos que devem ser considerados insumos em relação às atividades do contribuinte:

> O que importa aqui saber é se, conjugada com essa venda de mercadorias, a empresa exerce também a atividade de prestação de serviços de transporte da própria mercadoria que revende. Isto porque é o próprio art. 3º, da Lei n. 10.833/2003, que dá expressamente o direito ao creditamento para a pessoa jurídica pelos bens utilizados como insumo na prestação de serviços, incluindo no conceito desses bens os combustíveis e lubrificantes. (...) Em outras palavras, caracterizada a prestação de serviços de transporte, ainda que associada à venda de suas próprias mercadorias, há de ser reconhecido o direito ao creditamento pelo valor pago na aquisição das peças, combustíveis e lubrificantes necessários a esse serviço, posto que insumos.[237]

O Ministro Cesar Asfor Rocha, em seu voto, faz referência expressa à inaplicabilidade das decisões anteriores relativas ao reconhecimento de créditos de ICMS à sistemática não-cumulativa das contribuições sobre a receita, como se verifica no seguinte trecho de seu voto:

> Não há dúvida, quanto à configuração fática, de que a empresa, além de ser distribuidora de alimentos, tem em seu objeto social, como parte dos objetivos, o transporte rodoviário de cargas em geral. Evidentemente, há uma maior razão para distribuir a mercadoria que ela própria vende, que é uma opção que ela fez. Outras empresas podem terceirizar essa entrega da mercadoria.

237 Voto do Ministro Mauro Campbell no Recurso Especial n. 1.235.979, Segunda Turma, Relator Ministro Herman Benjamin, Relator para o acórdão Ministro Mauro Campbell Marques, publicado DJe 19.12.2014.

> Sem dúvida nenhuma, essa atividade integra o insumo da própria empresa. Os precedentes que foram trazidos pelo eminente Relator, pelo que pude rapidamente verificar pelo nosso sistema de informática, não se ajustam ao caso ora em debate, eles se reportam a hipóteses desassemelhadas das que ora se cogita. Por isso, entendo que, no caso das aquisições de combustíveis, lubrificantes e peças de reposição, como aqui pontuado pela recorrente, ocorre, como a própria recorrente referenciou, o fenômeno peculiar que justifica o creditamento pretendido.[238]

Da mesma forma, o Ministro Relator Mauro Campbell nega o critério da incorporação ao produto final, aplicável em grande medida ao IPI e ao ICMS, para as contribuições sociais sobre a receita não-cumulativas:

> Aliás, as discussões propostas no sentido de que os combustíveis e lubrificantes não poderiam ser considerados insumos porque não se agregam a qualquer produto durante o processo produtivo ou de que a prestação de serviços de transportes se daria por parte da empresa para si mesma me parecem de todo inadequadas. *Primeiro porque não se pode exigir creditamento físico de empresas que atuam no setor de serviços, já que não fabricam nada.* Segundo porque a discussão sobre quem presta o serviço de transportes para quem é inócua pois, além de depender do que dispõe o contrato de compra e venda (se está incluso ou não o preço do transporte — art. 490, CC/2002), no campo econômico o transporte sempre representa custo (econômico) para a empresa transportadora que ela repassa implícita ou explicitamente no preço final que cobra de seus clientes, destacado ou não na fatura.[239]

---

238 Voto do Ministro Asfor Rocha no Recurso Especial n. 1.235.979, Segunda Turma, Relator Ministro Herman Benjamin, Relator para o acórdão Ministro Mauro Campbell Marques, publicado DJe 19.12.2014.

239 Voto do Ministro Mauro Campbell no Recurso Especial n. 1.235.979, Segunda Turma, Relator Ministro Herman Benjamin, Relator para o acórdão

Por fim, deve-se ressaltar que há recursos repetitivos sobre o tema aguardando julgamento da Primeira Seção do Superior Tribunal Justiça. As decisões citadas, contudo, já servem de indicativo no sentido de que o Superior Tribunal de Justiça vem reconhecendo o conceito distinto entre insumos para fins de não-cumulatividade dos impostos em comparação com a não-cumulatividade das contribuições sociais sobre a receita.

As considerações anteriores demonstram que o conceito de insumo para fins de aplicação da sistemática não-cumulativa das contribuições ao PIS e à COFINS é diferente daquele utilizado para o IPI e o ICMS. Em suma, a noção de "crédito físico", utilizada para os impostos indiretos, reais e plurifásicos, simplesmente não pode ser *transposta* às contribuições sociais, caracterizadas como tributos diretos, pessoais e monofásicos.

Estabelecida esta premissa fundamental, está-se apto a analisar o objeto do presente artigo a saber, o direito de crédito com gastos com mão de obra, tais como as despesas relativas à concessão de vale-refeição, vale-alimentação e vale-transporte. É o que se passa a fazer.

3 Aplicação do conceito de insumo: o direito de creditamento nas contribuições ao PIS e à COFINS dos gastos com a mão de obra

A questão a ser respondida neste artigo diz respeito a saber se despesas obrigatórias, tais como vale-transporte, vale-refeição e vale-alimentação, vinculadas aos funcionários responsáveis pela prestação dos serviços que configuram a atividade-fim de determinada pessoa jurídica geram créditos na sistemática não-cumulativa das contribuições ao PIS e à COFINS. São exemplos de atividades que demandam intensiva mão-de-obra para serem executadas as

---

Ministro Mauro Campbell Marques, publicado DJe 19.12.2014. (grifo nosso).

atividades de limpeza, de conservação, de segurança e demais atividades operacionais em geral.

A resposta é afirmativa, por três fundamentos principais: primeiro, porque estas despesas enquadram-se no conceito de insumo; segundo, porque estas despesas preenchem os requisitos definidos pela jurisprudência do Superior Tribunal de Justiça com relação à interpretação conferida à legislação infraconstitucional; e, terceiro, porque há específica previsão legal para tanto. Passa-se a analisá-los um a um.

Em primeiro lugar, estas despesas enquadram-se no conceito de insumo antes delineado. Estas despesas são essenciais para a atividade-fim da empresa, na medida em que a utilização de mão de obra é fundamental para a efetivação do próprio objeto social da empresa. Isso significa dizer que estas despesas estão diretamente relacionadas à geração de receita, até mesmo porque empresas que se valem do uso intensivo de mão de obra não comercializam um "bem" ou fabricam um "produto". Seu objeto é exatamente a prestação de um serviço que depende de funcionários qualificados para tanto. Em outras palavras, estas são despesas diretamente relacionadas à formação da receita auferida em razão da sua atividade principal – despesas estas sem as quais a própria atividade não poderia ser prestada. Assim sendo, estas despesas estão abrangidas pela definição de conceito de insumo tendo em vista uma não-cumulatividade *financeiramente orientada*, própria das contribuições sociais sobre a receita.

Em segundo lugar, tal situação preenche os três requisitos indicados pela jurisprudência do Superior Tribunal de Justiça ao interpretar a legislação infraconstitucional sobre o tema. Primeiro, o *critério de pertinência*: estas despesas guardam relação de pertinência com a atividade-fim da empresa porque esta demanda uma intensa utilização de mão de obra. Segundo, o *critério da essencialidade*: os encargos são essenciais para a própria prestação do serviço, na medida em que este realiza-se por meio da mão de obra da empresa. Ressalta-se que, em alguns casos, por força de convenções e acordos coletivos, o fornecimento de vale-transporte, vale-refeição e vale-alimentação, por exemplo, são obrigatórios, de tal sorte que os gastos se tornam necessários para que a atividade da empresa seja efetivada. E, terceiro, o *critério da utilização direta ou indireta* com a atividade-fim: as despesas obrigatórias com o quadro de funcionários que presta a atividade-fim vinculam-se diretamente à prestação do serviço.

E, em terceiro lugar, o direito de creditar-se com relação às despesas de vale-refeição, vale-alimentação e vale-transporte decorre da própria previsão legal nesse sentido. Com efeito, a Lei n. 11.898/09, que alterou as Leis n. 10.637/02 e n. 10.833/03, estabelece que a pessoa jurídica prestadora de serviços de limpeza, conservação e manutenção, que apurar as contribuições ao PIS e à COFINS pelo regime não-cumulativo, poderá creditar-se das despesas com vale-transporte, vale-refeição e vale-alimentação, nos seguintes termos:

> Lei n. 10.637/02
>
> Art. 3º Do valor apurado na forma do art. 2º a pessoa jurídica poderá descontar créditos calculados em relação a:
>
> (...) X – vale-transporte, vale-refeição ou vale-alimentação, fardamento ou uniforme fornecidos aos empregados por pessoa jurídica que explore as atividades de prestação de serviços de limpeza, conservação e manutenção.
>
> Lei n. 10.833/03
>
> Art. 3º Do valor apurado na forma do art. 2º a pessoa jurídica poderá descontar créditos calculados em relação a:
>
> (...) X – vale-transporte, vale-refeição ou vale-alimentação, fardamento ou uniforme fornecidos aos empregados por pessoa jurídica que explore as atividades de prestação de serviços de limpeza, conservação e manutenção.

Pois bem, as atividades realizadas por empresas que se valem de intensa mão de obra para prestação de serviços enquadram-se nestes dispositivos legais na medida em que as suas atividades operacionais possuem a mesma natureza das atividades de limpeza, conservação e manutenção. O critério para a concessão do crédito nesse caso diz respeito à necessidade de mão de obra qualificada para a prestação do serviço. Com efeito, o dispositivo prevê o direito de crédito nesses casos em virtude da necessidade de um grande número de funcionários para a realização destes serviços. A igualdade com relação ao critério legal é clara: tanto nas atividades de limpeza, conservação e manutenção, como em qualquer outra atividade que se vale de intensa mão de obra para prestação de serviços há uma demanda elevada de mão de obra a ser empregada para a execução do objeto da empresa.

Isso significa dizer que o dispositivo deve ser interpretado de modo extensivo, na medida em que ele tem natureza expletiva, ao reconhecer que nestas atividades as despesas referentes aos funcionários que prestam a atividade-fim da empresa devem ser consideradas como custos inerentes à formação da receita e, portanto, como insumos geradores de direito a crédito. Em outras palavras, presente o critério (necessidade de mão de obra) para a promoção da finalidade (assegurar a não-cumulatividade) deve-se reconhecer o direito de crédito. Tal interpretação corrobora as afirmações até aqui feitas no sentido de que há direito a crédito com relação às despesas inerentes com a mão de obra que presta os serviços vinculados ao objeto social da empresa.

E nem se diga que o fato de determinadas empresas explorarem serviços diversos das atividades de prestação de serviços de limpeza, conservação e manutenção afastaria a aplicação destes dispositivos. Os dispositivos legais são exemplificativos, e não criam qualquer tipo de restrição com relação ao local ou à especificidade da prestação desses serviços. Pelo contrário: os dispositivos são amplos exatamente por reconhecer que em atividades desta natureza e similares, independentemente do local da prestação, a mão de obra é essencial para a prestação do serviço e, por isso, as despesas com ela se tornam necessárias e diretamente vinculadas ao auferimento da receita.

Pelo exposto, verifica-se que os gastos com mão de obra constituem insumos para as pessoas jurídicas que utilizam intensa mão de obra e, consequentemente, conferem direito de crédito para as contribuições ao PIS e à COFINS: primeiro, porque estas despesas enquadram-se no conceito de insumo *financeiramente orientado* na sistemática não-cumulativa das contribuições sociais; segundo, porque estas despesas preenchem os critérios reconstruídos pela jurisprudência do Superior Tribunal de Justiça; e, terceiro, porque há inclusive reconhecimento legal acerca deste direito de crédito.

Considerações finais

As considerações expostas neste capítulo permitem chegar à conclusão de que a Constituição, ao positivar o princípio da não-cumulatividade das contribuições sociais, com a redação que lhe deu a Emenda Constitucional n. 42/03, o fez de uma forma específica: a Constituição não apenas prevê o princípio, como predetermina, sob algum aspecto e em alguma medida, o seu próprio conteúdo; desse modo, o legislador ordinário não possui liberdade nem para adotá-lo ("se"), nem para concretizá-lo de qualquer forma ("como") ou com qualquer intensidade ("quanto").

Nesse sentido, a não-cumulatividade das contribuições sociais evidentemente não pode ser definida como um favor e, como tal, ser manipulada pelo legislador e eventualmente totalmente suprimida; ao contrário, ela é uma imposição constitucional, na medida em que decorre de disposição constitucional expressa e deve ser obrigatoriamente concretizada, ainda que com alguma margem de configuração com relação à técnica a ser empregada para sua concretização.

Dessa forma, a partir do texto constitucional, é possível reconstruir o sentido do princípio da não-cumulatividade aplicável às contribuições sociais, o qual não se confunde com aquele aplicável aos impostos incidentes sobre bens, tanto porque as regras são diferentes, quanto porque a natureza das contribuições também é distinta; por isso, a noção de "crédito físico", utilizada para os impostos indiretos, reais e plurifásicos, simplesmente não pode ser transposta às contribuições sociais, caracterizadas como tributos diretos, pessoais e monofásicos.

Assim, o legislador infraconstitucional, ao tratar da não-cumulatividade das contribuições sociais sobre a receita, restringiu o seu alcance, em detrimento do conceito amplo de não-cumulatividade adotado pela Constituição. Isso significa que são inconstitucionais as disposições das Leis n. 10.637/02, n. 10.833/03 e n. 10.865/04, e das Instruções Normativas RFB n. 247/02 e n. 404/04 a respeito da definição do conceito de insumo para fins de não-cumulatividade das contribuições ao PIS e à COFINS, por restringirem as hipóteses de reconhecimento aos créditos a um conceito restrito de insumo tendo em vista uma não-cumulatividade fisicamente orientada, própria dos impostos sobre produtos industrializados e circulação de mercadorias, e não a um conceito amplo de insumo tendo em vista uma não-cumulatividade financeiramente orientada, própria das contribuições sociais sobre a receita. Além disso, mesmo que a Constituição não a determinasse expressamente, ao ter decidido pela não-cumulatividade, o legislador deveria tê-la adotado de modo a respeitar o princípio da igualdade, implementando o regime não-cumulativo de forma consequente e livre de contradições, com fidelidade aos próprios fundamentos que justificaram a sua instituição.

Tudo isso permite concluir que empresas que utilizam intensa mão de obra para a realização da sua atividade-fim tem o direito de creditar-se sobre as despesas com os seus funcionários, tais como vale-refeição, vale-alimentação e vale-transporte porque estas despesas enquadram-se no conceito de insumo financeiramente orientado na sistemática não-cumulativa das contribuições sociais.

Referências bibliográficas

ÁVILA, Humberto. "O 'Postulado do Legislador Coerente' e a Não-cumulatividade das Contribuições". *In*: ROCHA, Valdir de Oliveira. *Grandes questões atuais do direito tributário*. 11 vol. São Paulo: Dialética, 2007.

______. *Teoria da segurança jurídica*. 3ª ed. São Paulo: Malheiros, 2014.

______. *Teoria da igualdade tributária*. 3ª ed. São Paulo: Malheiros, 2015.

BARROSO, Luís Roberto. *Curso de direito constitucional contemporâneo*. 4ª ed. São Paulo: Saraiva, 2013.

CHAUVET, Clèment. "Arbitraire et discrétionnaire em droit administratif". *In*: GUGLIELMI, Gilles (Coord.). *La faveur et le droit*. Paris: PUF, 2009.

CHEVALLIER, Jacques. "Posface". *In*: GUGLIELMI, Gilles (Coord.). *La faveur et le droit*. Paris: PUF, 2009.

CROSS, Ruppert; HARRIS, J. W. Harris. *Precedent in English Law* (1961). 4ª ed. Oxford: Oxford University Press, 1991.

GUASTINI, Riccardo. *Teoria e Dogmatica delle Fonti*. Milano: Giuffrè, 1998.

______. *La sintassi del diritto*. Torino: Giappichelli, 2011.

______. *Interpretare e argomentare*. Milano: Giuffrè, 2011.

OSTERLOH, Lerke. "Folgerichtigkeit. Verfassungsrechtliche Rationalitätsanforderungen in der Demokratie". *In*: BÄUERLE, Michael (Coord.). *Demokratie-Perspektiven*. Tübingen: Mohr Siebeck, 2013.

SOMMERMANN, Karl-Peter. *Staatsziele und Staatszielbestimmungen*. Tübingen: Mohr Siebeck, 1997.

WEINBERGER, Christiane; WEINBERGER, Ota. *Logik, Semantik, Hermeneutik*. Munique: C. H. Beck, 1979.

CAPÍTULO IX

OS LIMITES AO CONTROLE JUDICIAL SOBRE AS QUESTÕES DE CONCURSOS PÚBLICOS: COMENTÁRIOS AO ACÓRDÃO DO RECURSO EXTRAORDINÁRIO 632.853/CE

Humberto Martins

Introdução

A Constituição Federal de 1988 reiterou as conclusões produzidas pelo Supremo Tribunal Federal acerca do art. 95 da Carta Política de 1967[240] e, assim, generalizou a obrigação de prévio concurso público para a nomeação em cargos de provimento efetivo. A Constituição Federal de 1988 aprofundou o tema, ainda, para que a exigência de prévio concurso público pudesse abranger a contratação de pessoal para as empresas públicas e as sociedades de economia mista, além de incorporar as autarquias e fundações,

240 MENDES, Gilmar. "O princípio do concurso público na jurisprudência do Supremo Tribunal Federal: alguns aspectos". *Revista de Informação Legislativa*, Brasília, ano 25, nº 100, out./dez. 1988, pp. 163-174.

também, no âmbito da norma constitucional. O avanço civilizacional da generalização da seleção pública para o provimento de cargos é um tema bastante tratado na literatura jurídica, sendo tal exigência passível de entendimento como passo necessário à concretização de princípios constitucionais, como o referente à impessoalidade, que, na dicção de Inocêncio Mártires Coelho, assim pode ser definido:

> Corolário do princípio maior da legalidade, que a rigor o absorve – a lei é a expressão da vontade geral –, o princípio da impessoalidade consubstancia a ideia de que a Administração Pública, enquanto estrutura composta de órgãos e de pessoas incumbidos de gerir a coisa pública, tem de desempenhar esse múnus sem levar em conta interesses pessoais, próprios ou de terceiros, a não ser quando o atendimento de pretensões parciais constitua concretização do interesse geral. Afinal de contas, a otimização da ordem jurídica objetiva não raro se concretiza, precisamente, no respeito e na satisfação de pretensões subjetivas albergadas pelo ordenamento jurídico. O princípio da impessoalidade, por outro lado, convoca o da igualdade, na medida em que este último postulado impõe aos agentes públicos, em geral, e não apenas ao administrador, medir a todos com o mesmo metro.[241]

Contudo, é necessário ter em conta que a concretização desse princípio envolve a definição refinada de contornos jurídicos para os concursos públicos. O acervo de direito legislado sobre o tema substantivo da realização dos concursos públicos é escasso. É certo que existem as prescrições constitucionais, de aplicação direta aos mecanismos de seleção pública, bem como algumas provisões nas

241 COELHO, Inocêncio Mártires. "Princípios constitucionais da Administração Pública". *In*: MENDES, Gilmar; COELHO, Inocêncio Mártires; BRANCO, Paulo Gustavo. *Curso de direito constitucional*. 4ª ed. São Paulo: Saraiva, 2009, p. 883.

leis que fixam os regimes jurídicos aplicáveis aos servidores públicos da União, dos Estados, do Distrito Federal e dos municípios. Na União, existe um decreto sobre o tema, Decreto Presidencial n. 6.944/2009, o qual busca harmonizar a realização dos concursos públicos no âmbito do Poder Executivo federal. Porém, o tema dos concursos acabou sendo definido por uma longa cadeia de decisões judiciais relevantes e por meio de súmulas do Supremo Tribunal Federal. O tema dos direitos relacionados aos concursos públicos, portanto, aparece fortemente marcado pela produção jurídica de caráter pretoriano. O Plenário do Supremo Tribunal Federal se debruçou, por diversas vezes, sobre o assunto. Os vários ministros que compõem atualmente a Corte e, ainda, aqueles que nela julgaram, no passado, ergueram uma longa sequência de julgados exemplares. O Ministro Gilmar Mendes é parte relevantíssima dessa história, tendo relatado alguns dos precedentes mais relevantes sobre a matéria. É possível citar a Ação Direta de Inconstitucionalidade n. 3.580/DF, que apreciou a questão da pontuação dos títulos no concurso público para notários.[242] O Ministro Gilmar Mendes relatou o Recurso Extraordinário n. 630.733/DF, que tratou da possibilidade de segunda chamada para a realização de testes de aptidão física.[243] O ministro relatou também o Recurso Extraordinário n. 598.099/MS, que trata do importante tema da existência, ou não, do direito à nomeação de candidato aprovado no rol de vagas previstas no edital do concurso público.[244] Ainda,

---

242 BRASIL. Supremo Tribunal Federal. Ação direta de inconstitucionalidade n. 3580/DF, Relator Min. Gilmar Mendes, Tribunal Pleno, julgado em 20 maio 2015, Acórdão Eletrônico publicado no Diário da Justiça Eletrônico em 31 jul. 2015. Disponível em: http://www.stf.jus.br. Acessado em: 25.05.2022.

243 BRASIL. Supremo Tribunal Federal. Recurso extraordinário n. 630.733/DF, Relator Min. Gilmar Mendes, Tribunal Pleno, julgado em 15 maio 2013, Acórdão de Repercussão Geral - Mérito publicado no Diário da Justiça Eletrônico em 20 nov. 2013. Disponível em: http://www.stf.jus.br. Acessado em: 25.05.2022.

244 BRASIL. Supremo Tribunal Federal. Recurso Extraordinário n. 598.099/MS, Relator Min. Gilmar Mendes, Tribunal Pleno, julgado em 10 ago. 2011, Acórdão de Repercussão Geral – Mérito, publicado no Diário da

é cabível indicar a análise sobre a juridicidade da estipulação de cláusulas de barreira entre as diversas fases de concursos público, apreciada no Recurso Extraordinário n. 635.739/AL.[245] Além dos julgados citados acima, um tema muito relevante foi apreciado no Recurso Extraordinário n. 632.853/CE, que versou sobre os limites do controle judicial dos concursos públicos, no tocante à substância dos certames. Esse tema é bastante controvertido e complexo em relação à prática judiciária. Afinal, por um lado, é razoável considerar que o Poder Judiciário não deveria adentrar no mérito dos atos administrativos de avaliação dos candidatos. Assim entendido, realizar a reapreciação da formulação de questões não seria uma conduta própria ao controle jurisdicional. Todavia, por outro lado, podem existir casos nos quais o controle judicial seja necessário em relação ao mérito, uma vez que poderia haver – hipoteticamente – erros tão crassos e facilmente perceptíveis, sobre os quais não pairariam dúvidas, que poderiam ser considerados como teratológicos.

O presente texto fará o seguinte percurso expositivo. Na primeira parte, serão analisadas as prescrições constitucionais incidentes sobre a matéria dos concursos públicos, para demonstrar que existe um sistema constitucional de normas relacionadas com tal prescrição. Depois, será debatida a questão do exame judicial do mérito administrativo, para se demonstrar que existe uma tendência contemporânea em prol da maximização da possibilidade de sua apreciação em sede de controle judicial, quando a própria substância do ato evidenciar a ausência de juridicidade. Assim, concluir-se-á que a análise judicial do mérito – ou do merecimento – do ato administrativo poderia ocorrer em casos excepcionais.

Justiça Eletrônico em 3 out. 2011. Disponível em: http://www.stf.jus.br. Acessado em: 25.05.2022.

245 BRASIL. Supremo Tribunal Federal. Recurso Extraordinário n. 635.739/AL, Relator Min. Gilmar Mendes, Tribunal Pleno, julgado em 19.02. 2014, Acórdão Eletrônico de Repercussão Geral – Mérito publicado no Diário da Justiça Eletrônico em 03.10.2014. Disponível em: http://www.stf.jus.br. Acessado em: 25.05.2022.

Porém, tal análise do mérito administrativo poderia ocorrer tão somente quando houvesse uma evidência clara de ilegalidade no ato administrativo sob escrutínio. Serão indicados casos do Superior Tribunal de Justiça que demonstram a possibilidade de controle judicial dos concursos públicos. Depois, a parte subsequente do texto analisará o Recurso Extraordinário n. 632.853/CE e evidenciará que este possui uma relação com o debate acerca do controle geral do mérito administrativo, tendo fixado a baliza para evitar que o Poder Judiciário adentre nos critérios substantivos das questões formuladas e aferidas pelas bancas examinadoras. A conclusão do presente texto defende que é muito relevante haver atenção ao tema da definição de balizas para o julgamento de processos judiciais, para evitar que o exame da legalidade ultrapasse a limitação da separação funcional do aparelho estatal.

1 O sistema constitucional de normas referentes aos concursos públicos

São vários os incisos do art. 37 da Constituição Federal de 1988 que fixam o que se configura como a base de um direito constitucional e nacional dos concursos públicos. Essas normas são primeiramente dirigidas ao Estado. Contudo, a partir delas é possível, também, localizar direitos passíveis de atribuição e fruição pelos cidadãos. O exemplo mais evidente é o inciso I do art. 37, que fixa a ampla acessibilidade aos cargos, empregos e funções públicas. Ele delega a exequibilidade dessa ampla acessibilidade aos requisitos fixados na legislação específica. Dessa forma, vários dos requisitos legais de investidura têm sido objeto de estipulação por leis específicas, como planos de carreira. Também, os regimes jurídicos gerais dos servidores públicos civis e militares têm fixado os requisitos para acesso aos cargos, empregos e funções, bem como têm detalhado os procedimentos dos concursos públicos. A exigência de prévio concurso público para o provimento em cargos ou para a contratação em empregos públicos de caráter efetivo está prevista no inciso II do art. 37, o qual fixa, ainda, duas modalidades gerais de certames: provas; e provas e títulos. O inciso III do mesmo artigo fixa o prazo de validade máximo dos concursos públicos para até dois anos, sendo possível sua prorrogação por igual período. Ainda, o inciso IV determina a observância estrita e clara da lista de classificação dos candidatos aprovados.

O inciso V do art. 37 trata dos cargos em comissão e das funções de confiança, os quais, com base na exceção existente no inciso I do mesmo artigo, podem ser providos por pessoas que não sejam ocupantes de cargos de provimento efetivo. Existem limitações regulamentares sobre percentuais de reserva, também. Outra exceção ao concurso público está prevista no inciso IX do art. 37, o qual estabelece a possibilidade de que a Administração Pública realize a contratação de pessoal temporário, em casos excepcionais. Por fim, o inciso VIII do art. 37 delega à lei ordinária a fixação de percentuais e de políticas para que haja a participação de portadores de deficiência nos concursos públicos.

Além dessas disposições gerais, aplicáveis para todas as esferas e níveis da Administração Pública, a Constituição Federal traz prescrições jurídicas específicas de exigência de concurso público prévio para ingresso em carreiras como a magistratura (art. 93, I), Ministério Público (art. 127, § 2º, e art. 129, § 3º), membros da Advocacia-Geral da União (art. 131, § 2º) e das procuradorias dos Estados e do Distrito Federal (art. 132, *caput*), defensorias públicas (art. 134, § 1º), professores da rede pública (art. 206, V) e notários e registradores (art. 236, § 3º). Além das normas gerais sobre concursos públicos, existem regras específicas, cuja aplicação se estende para casos esparsos. O § 1º do art. 28 estabelece que os governadores de Estado não perderão o seu cargo eletivo em virtude da posse em outro cargo, desde que aquele tenha sido objeto de concurso público.

De fato, do exame da Constituição Federal de 1988, bem se identifica que as disposições sobre concursos públicos se configuram como prescrições jurídicas amplas. Assim, antes mesmo do advento da Constituição Federal de 1988, o Supremo Tribunal

Federal já havia editado várias súmulas referentes aos concursos públicos. Uma delas é a Súmula 15, que estipula o direito de nomeação do candidato em razão da ocorrência de preterição, ou seja, inobservância — pela Administração Pública — da ordem na lista de aprovados. A Súmula 16 se relaciona com a outorga de garantia do direito à posse pelo candidato nomeado. E, ainda, a Súmula 17 indica que aqueles nomeados sem prévio concurso público poderiam ter o seu ato desfeito antes da posse, ao contrário do que ocorreria com os aprovados em certames. A Súmula 478 possui uma similitude com a Súmula 15, uma vez que ela também trata da ordem classificatória, indicando-a como mandatória. O tema dos concursos públicos continuou no marco da Constituição Federal de 1988, como seria de se esperar. O Supremo Tribunal Federal publicou quatro verbetes sobre o assunto. O primeiro foi a Súmula 683, que frisou que o limite de idade para ingresso em cargos públicos somente poderia ser estabelecido com atenção às atribuições funcionais do cargo em questão. O exemplo mais usual de limitação para ingresso é o referente às atividades militares. A Súmula 684 é uma decorrência direta do art. 37, I, da Constituição Federal. Ela estabelece que a negativa de participação de candidato em concurso público somente pode ocorrer com a devida motivação. A Súmula 685, ainda, firma a inconstitucionalidade de modalidades de provimento derivado em cargos públicos sem o prévio concurso público. O caso mais típico é a ascensão, modelo pelo qual um servidor poderia ser provido numa outra carreira — de nível superior — em razão de ter sido antes aprovado para outro cargo, de nível médio. Tal provimento seria inconstitucional. Ainda, entendeu e sumulou o Supremo Tribunal Federal que somente a legislação pode determinar a realização de exame psicotécnico como fase de concurso público. Além dessas súmulas, o Supremo Tribunal Federal aprovou duas súmulas vinculantes, cuja aplicação é obrigatória para os tribunais e para a Administração Pública. No caso, as duas súmulas vinculantes tratam de temas que estavam pacificados por outras súmulas (no caso, as Súmulas 685 e 686). A Súmula Vinculante 43 determina a inconstitucionalidade de qualquer provimento de servidor público para cargo de carreira diversa, em razão da aprovação em um certame anterior. A mudança de carreira, em suma, exige novo concurso público. Assim, a Súmula Vinculante 43 repete o exato teor da Súmula 685. Ainda, a Súmula Vinculante 44 repete o previsto na Súmula 686 e fixa que somente a legislação pode demandar a aplicação de fase de exame psicotécnico em certame.

Em suma, é possível concluir, portanto, que a construção de um sistema constitucional relacionado aos concursos públicos deriva de uma constante interpretação da Carta Política de 1988 por parte do Supremo Tribunal Federal. Também é possível indicar o magistério de Hely Lopes Meirelles que trata da necessidade de que a Administração Pública regulamente a matéria para que haja previsibilidade na aplicação das normas existentes na Constituição Federal:

> Os concursos públicos não têm forma ou procedimento estabelecido na Constituição, mas é de toda conveniência que sejam precedidos de uma regulamentação legal ou administrativa, amplamente divulgada, para que os candidatos se inteirem de suas bases e matérias exigidas. Suas normas ou seu edital, desde que conformes com a Constituição Federal e a lei, obrigam tanto os candidatos quanto a Administração. Como atos administrativos, devem ser realizados através de bancas ou comissões examinadoras, regularmente constituídas com elementos capazes e idôneos dos quadros do funcionalismo ou não, e com recurso para órgãos superiores, visto que o regime democrático é contrário a decisões únicas, soberanas e irrecorríveis. De qualquer forma, caberá sempre reapreciação judicial do resultado dos concursos (...).[246]

246 MEIRELLES, Hely Lopes. *Direito administrativo brasileiro.* 37ª ed. São Paulo: Malheiros, 2011, pp. 477-478.

Essa conclusão parcial de que o Supremo Tribunal Federal configura um órgão muito relevante na fixação e na defesa da implementação de um sistema em prol da impessoal aferição do mérito para seleção de agentes públicos será detalhada na próxima parte do texto. Será descrita a controvérsia contemporânea relacionada à fixação de limites ao controle jurisdicional do mérito do ato administrativo.

2 A ato administrativo e os limites da sua reapreciação judicial

A doutrina administrativista sempre firmou que o mérito do ato administrativo não poderia ser reapreciado judicialmente, uma vez que ele se referiria ao espaço de exame próprio da Administração Pública. Nesse sentido pronunciou-se José Cretella Júnior, citando autores clássicos como Seabra Fagundes e Hely Lopes Meirelles, por exemplo. A conclusão do estudo de José Cretella Júnior é convergente com a apreciação do tema na jurisprudência do Supremo Tribunal Federal e do antigo Tribunal Federal de Recursos. Cito:

> Relativamente ao ato administrativo, o mérito tem sentido especialíssimo, referindo-se à oportunidade e à conveniência das medidas, sendo, pois, inexaminável pelo Poder Judiciário sob qualquer aspecto. (...) Tudo isso é exame da legalidade, porque o mérito do ato administrativo continua a ser campo privativo da Administração, impenetrável ao Judiciário.[247]

Assim, o Poder Judiciário somente poderia apreciar a legalidade de fatos e atos. Porém, o substrato central do mérito não seria passível de controle. Afinal, a ação do administrador público envolveria a opção entre possibilidades, no marco da legalidade, o que ganha contornos de discricionariedade. Não obstante, é

---

247 CRETELLA JÚNIOR, José. "O mérito do ato administrativo". *Revista de Direito Administrativo*, Rio de Janeiro, vol. 79, pp. 23-37, jun. 1965, p. 37.

possível indicar que essa opção formalista acabou por se tornar um pouco mais complexa em razão de um processo conhecido como a materialização do direito. O tema havia sido identificado por Max Weber e consta da sua obra clássica, denominada "Economia e Sociedade".[248] O referido processo social pode ser entendido pela tendência dos sistemas jurídicos contemporâneos de integrarem prescrições substantivas às normas formais de direito. Assim, a legislação europeia e moderna começava, a partir do fim do século XIX, a incorporar prescrições materiais. Um exemplo aclara a questão. Em vez de prescrever que as provas de um concurso público conterão questões de múltipla escolha e de caráter discursivo, cujos temas serão definidos pela banca examinadora e cuja bibliografia de referência será disponibilizada no edital, ter-se-ia uma hipotética lei que determinaria que os conteúdos deveriam ser aferidos com o objetivo de propugnar valores. Em tal lei hipotética, determinar-se-ia a produção de uma prova que não se bastaria somente à aferição de conhecimentos, mas que também servisse à proposição de valores escolhidos de uma ampla palheta, por exemplo. Essa tendência ocorreu em todos os sistemas jurídicos e pode ser entendida por meio de diversos conceitos, guardados os seus mais detalhados significados, como a defesa de princípios.

O risco – bem identificado por Max Weber no final do século XIX – seria exatamente permitir que o marco do exame da legalidade, antes adstrito às formas e não aos conteúdos, começasse a se misturar. Logo, o risco seria haver um potencial acréscimo da interveniência judicial – fundada em princípios abertos, um tipo de direito substantivo na acepção weberiana – e uma intromissão no rol de opções legítimas e motivadas da Administração Pública. Esse tema se evidencia pelo aumento da tensão no funcionamento do Poder Judiciário contemporâneo, com a pretensão de que o reexame substantivo das matérias sob análise se torne mais aprofundado. Os concursos públicos configuram um bom exemplo para análise

---

248 WEBER, Max. *Economia e sociedade*. vol. 2. Brasília: Editora Universidade de Brasília, 1999.

da problemática. Afinal, os valores submetidos à questão se configuram mais como uma correção material – o correto exame de fundo da matéria arguida pelas bancas – do que uma retificação formal, o respeito ao fixado no edital e na legislação.

É bom verificar exemplos de apreciação jurisdicional que se ateve ao exame da legalidade no prisma formal. O primeiro deles é o respeito ao edital do concurso público. Uma vez publicado o edital, o limite para sua modificação deve ser limitado às situações inescapáveis. Um exemplo típico se refere aos prazos para eventuais fases. No caso de ter havido uma previsão – cronograma – que não possa ter sido mantida em razão de um fato superveniente, não é desarrazoado que a Administração Pública retifique a previsão de andamento temporal do certame. Porém, há outros casos de mudança que não são aceitáveis, como o aparecimento de uma exigência não prevista, no meio do certame. Imaginemos que o edital de um concurso público para o cargo de médico especializado estabeleça a necessidade de um certificado de residência médica. Não é possível, ao longo do certame que haja alteração substantiva de tal previsão. Exemplifico:

> Recurso ordinário interposto contra acórdão no qual se denegou a ordem ao mandado de segurança impetrado contra o indeferimento do cômputo do título de especialista de candidato no concurso público para médico; a comissão do certame houve por considerar que somente seriam válidos títulos registrados no conselho regional de medicina no Estado e indeferido aqueles que tivessem registro em outras unidades da federação. 2. O Tribunal de origem consignou assistir razão ao impetrante, porém firmou que não seria possível a concessão da ordem, uma vez que ao Poder Judiciário seria vedada a incursão no mérito dos atos administrativos de concurso público; não é o caso, pois se trata de apreciar a legalidade de interpretação de disposição do edital que frisava a necessidade de registro do título junto ao Conselho Regional de Medicina (fls. 39-40), sem determinar que somente seriam aceitos os registrados localmente. 3. O

> princípio da vinculação ao edital é consolidado no direito pátrio e expressa direitos que são firmados nas relações entre a Administração Pública e os candidatos; logo, se o edital em questão previa a necessidade apenas de registro junto ao Conselho Regional de Medicina, sem especificar o Estado, não é dada a possibilidade de que seja criada uma exigência adicional. 4. A jurisprudência do Superior Tribunal de Justiça bem indica que a apreciação da vinculação ao edital é um ponto nodal da possibilidade da aferição da legalidade dos certames: (...) 5. Ademais, a residência médica está incluída no rol do ensino de pós-graduação, com as suas peculiaridades, possuindo regulação da Comissão Nacional de Residência Médica, junto ao Ministério da Educação, por força da Lei 6.932/81, e tais títulos possuem validade nacional com base no art. 48 da Lei 9.394/96 (Lei de Diretrizes e Bases da Educação Nacional), regulamentada especialmente no tópico pelo Decreto 7.562/2011.[249]

Exigir o certificado seria razoável. Todavia, não seria razoável somente aceitar um certificado emitido por um conselho regional em detrimento. Outro exemplo de clara aferição da legalidade formal é a análise da aderência de uma exigência do edital à legislação vigente. Um exemplo típico é a demanda por exames psicotécnicos nos concursos públicos para determinados cargos. O Supremo Tribunal Federal determinou que, para haver tal previsão em editais, deveria ela decorrer da legislação. Segue exemplo:

> 1. Cuida-se de recurso ordinário interposto contra acórdão que denegou a ordem mandamental ao *writ* impetrado contra a reprovação do candidato no exame psicotécnico em meio ao concurso público para o cargo de soldado da

249 BRASIL. Superior Tribunal de Justiça. Agravo regimental no recurso ordinário em mandado de segurança n. 46.726/PE, Relator Min. Humberto Martins, Segunda Turma, julgado em 15.10.2015, publicado no Diário da Justiça Eletrônico em 26.10.2015. Disponível em: http://www.stj.jus.br. Acessado em: 25.05.2022.

> polícia militar estadual; alega que a metodologia utilizada não seria considerada objetiva e científica. 2. É reconhecida a legalidade dos exames psicológicos em concursos públicos se forem atendidos três padrões: previsão em lei, previsão no edital, com a devida publicidade dos critérios objetivos fixados e, por fim, possibilidade de recurso. (...) 3. A Lei Complementar Estadual n. 164/2006 (Estatuto dos Militares do Estado do Acre) prevê a aplicação de exames psicológicos para o ingresso nos quadros da Polícia Militar e, em atenção aos ditames legais, foi editada a Portaria n. 016/GC, de 24.9.2008, que fixou critérios objetivos para os exames, definindo um perfil profissiográfico, acatados e frisados no Edital n. 025/2012 SGA/PMAC, de 14.6.2012, que, por fim, também, prevê a possibilidade de recurso. 4. Ademais, o teste aplicado consta como "aprovado para uso", na base eletrônica – disponível na Internet – "Sistema de Avaliação de Testes Psicológicos", mantida pelo Conselho Federal de Psicologia, o que denota sua viabilidade técnica que, não pode ser contraditada na via mandamental.[250]

Não se debate se determinada metodologia para o exame psicotécnico é melhor do que outra. Apenas se existe chancela legal para a sua aplicação. Assim, os dois exemplos demonstram que o controle judicial dos atos administrativos dos concursos públicos pode ser realizado pelo prisma da aferição forma de legalidade. Não obstante, existe uma linha complicada que vinha sendo cruzada em vários processos judiciais e que precisou ser definida pelo Supremo Tribunal Federal, como será analisado na próxima parte: os limites da revisão judicial dos conteúdos dos concursos públicos pelo Poder Judiciário.

---

250 BRASIL. Superior Tribunal de Justiça. Recurso ordinário em mandado de segurança n. 43.416/AC, Relator Min. Humberto Martins, Segunda Turma, julgado em 18.02.2014, publicado no Diário da Justiça Eletrônico de 24.02.2014. Disponível em: http://www.stj.jus.br. Acessado em: 25.05.2022.

3 A fixação de limites ao exame substantivo de decisões de bancas examinadoras

O tema fixado no Recurso Extraordinário n. 632.853/CE é bastante complexo. Ele poderia ser resolvido, de um modo simplificador, a partir da atribuição de uma soberania na prática do ato de avaliação às bancas examinadoras dos concursos públicos. A questão central é que, em muitos casos, pode ocorrer equívoco e violação do edital do concurso público. O tema clássico é o desrespeito ao conteúdo fixado para o certame pela banca examinadora. No caso concreto do *leading case*, julgado pelo Supremo Tribunal Federal, havia um concurso público para o cargo de enfermeiro na área de médico de família. A prova aplicada era de múltipla escolha. Tanto a sentença quanto o Tribunal de Justiça acabaram por reapreciar as respostas possíveis às questões e consideraram que teria havido um erro de formulação, pois existiriam – no entender dos julgadores estaduais – várias respostas possíveis para as questões. Para atingir tal conclusão, houve o exame da literatura pertinente à substância do concurso público.

O Ministro Gilmar Mendes bem descreveu o caso:

> No caso dos autos, as recorridas ajuizaram ação ordinária com pedido de tutela antecipada com o objetivo de declarar a nulidade de dez questões do concurso público para provimento do cargo de enfermeiro da Secretaria da Saúde do Estado do Ceará, ao fundamento de que não houve respostas ao indeferimento dos recursos administrativos. (...) Ademais, defendem que as questões impugnadas possuem mais de uma assertiva correta, uma vez que o gabarito divulgado contraria leis federais, conceitos oficiais do Ministério da Saúde, da ANVISA, dos manuais técnicos de enfermagem e da própria doutrina recomendada pelo edital do concurso. O acórdão recorrido confirmou a sentença que declarou nulas as questões objetivas 23, 25, 26, 27, 29, 39, 42 e 48 do concurso, por entender que elas possuem mais de uma

> alternativa correta, conforme a doutrina indicada no edital do certame.

O que se verifica no caso concreto, além da ocorrência de substituição da banca examinadora pelo Poder Judiciário, é a estipulação processual de uma situação de violação da isonomia. Afinal, se o caso tratasse de uma anulação de questões, tal decisão poderia ser aplicada aos demais candidatos. No caso concreto, o Poder Judiciário fez as vezes de uma "comissão recursal" e atribuiu os pontos para os candidatos, como explicou o Ministro Gilmar Mendes ao relatar as razões recursais da pessoa jurídica de direito público recorrente: "ademais, sustenta violação aos princípios da isonomia e da moralidade, uma vez que atribuiu pontos a determinado candidato em detrimento dos demais".

A atuação do Poder Judiciário em prol de uma renovada correção das provas é o que mais deve ser evitado. Afinal, a anulação de um ato administrativo ilegal é uma situação bem diversa da produção judicial de um novo ato administrativo em substituição àquele que foi anulado. A renovação da correção, com a atribuição de pontos para alguns em detrimento de outros, acaba por efetivamente inserir o Poder Judiciário no papel administrativo. Essa é a sutileza jurídica da situação controversa. Ao fim, o Ministro Gilmar Mendes bem expõe a necessidade de manter a tese que era muito pacificada no Supremo Tribunal Federal sobre a controvérsia:

> Na espécie, o acórdão recorrido divergiu desse entendimento ao entrar no mérito do ato administrativo e substituir a banca examinadora para renovar a correção de questões de concurso público, violando o princípio da separação dos poderes e a própria reserva de administração (*Verwaltungsvorbehalt*). Não se trata de controle de conteúdo das provas ante os limites expressos no edital, admitido pela jurisprudência do STF nas controvérsias judiciais sobre concurso público. Ao contrário, o acórdão recorrido, expressamente, substituiu a banca do certame, de forma a proceder à nova correção das questões. Tanto a sentença quanto o aresto recorrido

> reavaliaram as respostas apresentadas pelos candidatos para determinar quais seriam os itens corretos e falsos de acordo com a doutrina e a literatura técnica em enfermagem. Com base nessa literatura especializada, o acórdão recorrido infirmou o entendimento da banca e identificou mais de um item correto em determinadas questões do certame, extrapolando o controle de legalidade e constitucionalidade, para realizar análise doutrinária das respostas. Em outras palavras, os juízos ordinários não se limitaram a controlar a pertinência do exame aplicado ao conteúdo discriminado no edital, mas foram além para apreciar os critérios de avaliação e a própria correção técnica do gabarito oficial. Assim, houve indevido ingresso do Poder Judiciário na correção de provas de concurso público, em flagrante violação à jurisprudência do Supremo Tribunal Federal.

Não se trata de anuir com uma soberania cega às bancas examinadoras. Afinal, elas devem se submeter à legalidade e aos ditames formais e substantivos do edital. O tema do acórdão julgado em sede de repercussão geral não diz respeito à impossibilidade de que o Poder Judiciário aprecie as questões materiais e substantivas referentes aos concursos públicos. O tema em questão se refere à impossibilidade de que o Poder Judiciário aja como um administrador ativo e, em decisão judicial, refaça a avaliação produzida pelas bancas examinadoras para atribuir ou suprimir pontos de tal e qual candidato.

Um dos problemas remanescentes ainda se refere ao exame de eventual teratologia no conteúdo de uma questão de concurso público sob exame judicial. No debate para formulação da tese fixada em repercussão geral, o então Ministro Presidente, Ricardo Lewandowski, mencionou o que consta nas notas taquigráficas: "Evidentemente, diante do princípio da inafastabilidade da jurisdição, os casos teratológicos serão naturalmente revistos". Assim, o próprio Supremo Tribunal Federal definiu uma possibilidade de exceção em prol da anulação de questões teratológicas em concursos públicos. Outro tema remanescente se relacionava à questão da substituição da banca pelo Poder Judiciário. Qual seria a delimitação racional para a expressão "substituição da banca". Ela seria somente para vedar a renovação da correção da prova? Para o próprio Ministro Gilmar Mendes, em sintonia com a Ministra Cármen Lúcia, a solução do tema jurídico exigiria não utilizar a expressão em questão ("substituição" da banca"), mas usar "vedação à utilização de novos critérios para correção".

Considerações finais

O julgado em questão adentra nos detalhes da reapreciação judicial da atuação das bancas e das comissões examinadoras dos concursos públicos, para evitar que o Poder Judiciário cruze o limite substantivo da sua atuação precípua, que é a aferição da legalidade dos atos administrativos. Porém, o que se encontra em discussão, em termos bem mais amplos, é a tendência histórica de defender o concurso público como um meio de expansão do sistema de prestígio ao mérito na escolha dos ocupantes dos cargos, dos empregos e das funções públicas, como já havia sido indicado pelo Ministro Gilmar Mendes em artigo publicado no ano de 1988:

> Como restou assente, a Constituição de 1967 traduz um significativo marco na concorrência do princípio da acessibilidade dos cargos públicos aos nacionais. Mesmo a alteração introduzida pela Emenda Constitucional n. 1, de 1969, não se mostrou suficiente para atenuar a força normativa do preceito constitucional. E a interpretação consagrada pelo Supremo Tribunal, que impõe âmbito material restrito à cláusula "salvo os casos indicados em lei" vem contribuindo, de forma decisiva, na implantação do *merit system* no Serviço Público Brasileiro.[251]

251 MENDES, Gilmar F. "O princípio do concurso público na jurisprudência do Supremo Tribunal Federal: alguns aspectos". *Revista de Informação Legislativa*, Brasília, ano 25, nº 100, pp. 163-174, out./dez. 1988, p. 174.

O trecho acima transcrito ainda evidencia que o Supremo Tribunal Federal possuía, já no passado, um papel central como indutor à racionalidade no funcionamento geral da Administração Pública brasileira. Esse tema, bem presente naquele texto antigo, continua a ser desempenhado no Pretório Excelso pela construção de uma jurisprudência que defenda a mais qualificada execução dos concursos públicos com base no primado do fortalecimento do sistema de mérito, em atenção aos ditames fixados na Constituição Federal de 1988.

Referências bibliográficas

BRASIL. Supremo Tribunal Federal. Ação direta de inconstitucionalidade n. 3580/DF, Relator Min. Gilmar Mendes, Tribunal Pleno, julgado em 20.05.2015, Acórdão Eletrônico publicado no Diário da Justiça Eletrônico em 31.07.2015. Disponível em: http://www.stf.jus.br. Acessado em: 25.05.2022.

BRASIL. Supremo Tribunal Federal. Recurso extraordinário n. 630.733/DF, Relator Min. Gilmar Mendes, Tribunal Pleno, julgado em 15.05.2013, Acórdão de Repercussão Geral — Mérito publicado no Diário da Justiça Eletrônico em 20.11.2013. Disponível em: http://www.stf.jus.br. Acessado em: 25.05.2022.

BRASIL. Supremo Tribunal Federal. Recurso Extraordinário n. 598.099/MS, Relator Min. Gilmar Mendes, Tribunal Pleno, julgado em 10.08.2011, Acórdão de Repercussão Geral – Mérito, publicado no Diário da Justiça Eletrônico em 03.10.2011. Disponível em: http://www.stf.jus.br. Acessado em: 25.05.2022.

BRASIL. Supremo Tribunal Federal. Recurso Extraordinário n. 635.739/AL, Relator Min. Gilmar Mendes, Tribunal Pleno, julgado em 19.02.2014, Acórdão Eletrônico de Repercussão Geral – Mérito publicado no Diário da Justiça Eletrônico em 03.10.2014. Disponível em: http://www.stf.jus.br. Acessado em: 25.05.2022.

BRASIL. Superior Tribunal de Justiça. Agravo regimental no recurso ordinário em mandado de segurança n. 46.726/PE, Relator Min. Humberto Martins, Segunda Turma, julgado em 15.10.2015, publicado no Diário da Justiça Eletrônico em 26.10.2015. Disponível: http://www.stj.jus.br. Acessado em: 25.05.2022.

BRASIL. Superior Tribunal de Justiça. Recurso ordinário em mandado de segurança n. 43.416/AC, Relator Min. Humberto Martins, Segunda Turma, julgado em 18.02.2014, publicado no Diário da Justiça Eletrônico de 24.02.2014. Disponível em: http://www.stj.jus.br. Acessado em: 25.05.2022.

COELHO, Inocêncio Mártires. "Princípios constitucionais da Administração Pública". *In*: MENDES, Gilmar; COELHO, Inocêncio Mártires; BRANCO, Paulo Gustavo. *Curso de direito constitucional*. 4ª ed. São Paulo: Saraiva, 2009.

CRETELLA JÚNIOR, José. "O mérito do ato administrativo". *Revista de Direito Administrativo*, Rio de Janeiro, vol. 79, jun. 1965.

MENDES, Gilmar F. "O princípio do concurso público na jurisprudência do Supremo Tribunal Federal: alguns aspectos". *Revista de Informação Legislativa*, Brasília, ano 25, n. 100, out./dez. 1988.

MENDES, Gilmar F.; COELHO, Inocêncio Mártires; BRANCO, Paulo Gustavo. *Curso de direito constitucional*. 4ª ed. São Paulo: Saraiva, 2009.

MEIRELLES, Hely L. *Direito administrativo brasileiro*. 37ª ed. São Paulo: Malheiros, 2011.

WEBER, Max. *Economia e sociedade*. vol.2. Brasília: Editora Universidade de Brasília, 1999.

CAPÍTULO X

GREVE DOS SERVIDORES PÚBLICOS: MANDADO DE INJUNÇÃO 708-0-DF

Ives Gandra da Silva Martins Filho

Por muitos anos, a jurisprudência assente no Supremo Tribunal Federal a respeito das *potencialidades do mandado de injunção* apoiava-se no decidido em *questão de ordem* no *MI 107-3-DF* (DJ 21.09.1990), do qual foi relator o *Ministro Moreira Alves*, e que externava fundamentalmente a postura de seu relator em relação não apenas ao instrumento processual em concreto, mas em relação à própria atividade jurisdicional como um todo.

O Ministro Moreira Alves sempre sustentou que o Poder Judiciário apenas poderia ser *legislador negativo*, retirando do ordenamento jurídico as leis consideradas inconstitucionais. Mas *nunca legislador positivo*, suprindo as omissões do legislador, em opções que são de natureza política e não jurídica.

Assim, se uma lei feriu o *princípio constitucional da isonomia*, poderia o Supremo Tribunal Federal, ao declará-la inconstitucional, retirá-la do ordenamento jurídico, mas *não estender aos discriminados o benefício originariamente concedido para determinada coletividade*, pois, nesse caso, estaria legislando, criando encargos e deveres além daqueles originariamente admitidos pelos representantes do povo.

Nesse sentido, a orientação traçada na questão de ordem decidida pelo STF no MI 107 para o instituto do mandado de segurança é o de que poderia, em seus limites constitucionais, *aferir a omissão inconstitucional* do legislador infraconstitucional, ao não regulamentar norma constitucional que exigisse norma integrativa. *Mas não a suprir* mediante o estabelecimento de comandos judiciais substitutivos de norma regulamentadora.

Teria, pois, o mandado de injunção, na esteira do pensamento do STF externado pelo Min. *Moreira Alves*, a *natureza jurídica de ação declaratória de omissão inconstitucional e não de ação constitutiva supletiva* dessa omissão, sendo-lhe aplicável, por analogia, o procedimento do mandado de segurança, até que veio a lume a Lei 13.300/16, ditando-lhe normas processuais específicas.

O voto do Min. Moreira Alves, quanto à questão de ordem da *autoaplicabilidade*, ou não, do mandado de segurança e seu perfil constitucional, ficou assim ementado:

> Mandado de Injunção. Questão de ordem sobre a sua autoaplicabilidade ou não. Em face dos textos da Constituição Federal relativos ao mandado de injunção, é ele ação outorgada ao titular de direito, garantia ou prerrogativa a que alude o artigo 5º, LXXI, dos quais o exercício está inviabilizado pela falta de norma regulamentadora, e ação que visa a obter do Poder Judiciário a declaração de inconstitucionalidade dessa omissão se estiver caracterizada a mora em regulamentar por porte do Poder, órgão, entidade ou autoridade de que ela dependa, com a finalidade de que se lhe dê ciência dessa declaração, para que adote as providências necessárias, à semelhança do que ocorre com a ação direta de inconstitucionalidade por omissão (artigo 103, § 2º da Carta Magna), e de que se determine, se se tratar de direito constitucional oponível contra o Estado, a suspensão dos processos judiciais ou administrativos de

> que possa advir para o impetrante dano que não ocorreria se não houvesse a omissão inconstitucional. Assim fixada a natureza jurídica desse mandado, é ele, no âmbito da competência desta Corte – que está devidamente definida pelo art. 102, I, q –, autoexecutável, uma vez que, para ser utilizado, não depende de norma jurídica que o regulamente, inclusive quanto ao procedimento, aplicável que lhe é analogicamente o procedimento do mandado de segurança, no que couber. Questão de ordem que se resolve no sentido da autoaplicabilidade do mandado de injunção, nos termos do voto do relator (julgado em 23.11.1989).

A linha exegética concreta, além da postura mais geral de *aversão a qualquer ativismo judiciário*, era a de que, se a própria *ação declaratória de omissão inconstitucional* não admitia que o Supremo Tribunal Federal se substituísse ao legislador, editando norma concreta, mas apenas notificasse o Congresso Nacional, conferindo-lhe prazo para sanar a omissão, quanto mais no mandado de injunção, em que o *controle da omissão é difuso e concreto, e não concentrado e abstrato*, como na ação de inconstitucionalidade por omissão.

Os instrumentos processuais em confronto estão previstos na Constituição Federal de 1988 com o seguinte perfil:

> Art. 5º (...)
>
> LXXI – conceder-se-á *mandado de injunção* sempre que a falta de norma regulamentadora torne inviável o exercício dos direitos e liberdades constitucionais e das prerrogativas inerentes à nacionalidade, à soberania e à cidadania;
>
> Art. 103. Podem propor a *ação direta de inconstitucionalidade* (e a ação declaratória de constitucionalidade): (...)
>
> § 2º – Declarada a *inconstitucionalidade por omissão* de medida para tornar efetiva norma constitucional, será dada ciência ao Poder competente para a adoção das providências necessárias e, em se tratando de órgão administrativo, para

> fazê-lo em trinta dias (grifos nossos para destacar a redação original da CF/88).

Lembrava o relator do MI-107, em seu voto, que, no *projeto da Constituição de 1988, chegou-se a cogitar da ação supletiva do STF*, no caso do decurso *in albis* do prazo consignado ao Legislador para editar a norma, mas foi a proposta afastada, em face de sua *inviabilidade prática.*

Com efeito, como poderia o STF estabelecer, para *determinado impetrante*, *regras específicas* regulamentadoras de determinado direito ou garantia individual constitucionalmente assegurado, se tal regra poderia colidir com a ausência de um regramento geral para todos os demais cidadãos nessa matéria, uma vez *inadmitida a via judicial supletiva da ação de omissão inconstitucional*?

E mais. A *falta de condições técnicas* para substituir-se ao legislador foi também reconhecida pelo relator do MI 107, além dos óbices intransponíveis para se dar eficácia *erga omnes* a decisões que poderiam ser conflitantes em mandados de injunção sobre a mesma matéria e por relatores ou tribunais diversos.

Em *matéria eleitoral*, por exemplo, como poderia o mandado de injunção ser acolhido para assegurar a determinado impetrante poder votar segundo determinado sistema, se com isso se diferenciasse dos demais cidadãos e seu voto pudesse ser identificado?

O máximo a que chegou o STF, nesse precedente, foi admitir a *suspensão de processos administrativos e judiciais* em que o Direito postulado pendente de regulamentação pelo Legislativo estivesse em discussão.

Essa visão restritiva das potencialidades do mandado de injunção imperou durante décadas no Supremo Tribunal Federal, numa Corte que prezava por sua *missão de intérprete de aplicadora maior da Constituição Federal, e não de criadora do Direito e inovadora no ordenamento jurídico*, como parece ser a vocação a que se sente chamada nos tempos atuais.

Nesse contexto é que a contribuição do *Ministro Gilmar Mendes* se coloca como de *releitura do instituto do mandado de injunção*, a partir do caso concreto da greve dos servidores públicos, veiculada através dos *mandados de injunção 670 e 708*, dos quais foi redator designado e relator, respectivamente.

Ao apreciar, como relator, o *MI 708*, já estampou claramente na ementa o *contraste* entre a *jurisprudência anterior* e a *nova visão do mandado de injunção* que propunha, como instrumento de realização prática dos direitos constitucionais pendentes de regulamentação. Assim se encontra *ementado o julgado*:

> EMENTA: MANDADO DE INJUNÇÃO. GARANTIA FUNDAMENTAL (CF, ART. 5º, INCISO LXXI). DIREITO DE GREVE DOS SERVIDORES PÚBLICOS CIVIS (CF, ART. 37, INCISO VII). EVOLUÇÃO DO TEMA NA JURISPRUDÊNCIA DO SUPREMO TRIBUNAL FEDERAL (STF). DEFINIÇÃO DOS PARÂMETROS DE COMPETÊNCIA CONSTITUCIONAL PARA APRECIAÇÃO NO ÂMBITO DA JUSTIÇA FEDERAL E DA JUSTIÇA ESTADUAL ATÉ A EDIÇÃO DA LEGISLAÇÃO ESPECÍFICA PERTINENTE, NOS TERMOS DO ART. 37, VII, DA CF. EM OBSERVÂNCIA AOS DITAMES DA SEGURANÇA JURÍDICA E À EVOLUÇÃO JURISPRUDENCIAL NA INTERPRETAÇÃO DA OMISSÃO LEGISLATIVA SOBRE O DIREITO DE GREVE DOS SERVIDORES PÚBLICOS CIVIS, FIXAÇÃO DO PRAZO DE 60 (SESSENTA) DIAS PARA QUE O CONGRESSO NACIONAL LEGISLE SOBRE A MATÉRIA. MANDADO DE INJUNÇÃO DEFERIDO PARA DETERMINAR A APLICAÇÃO DAS LEIS Nos 7.701/1988 E 7.783/1989. 1. SINAIS DE EVOLUÇÃO DA GARANTIA FUNDAMENTAL DO MANDADO DE INJUNÇÃO NA JURISPRUDÊNCIA DO SUPREMO TRIBUNAL FEDERAL (STF). 1.1. No julgamento do MI no 107/DF, Rel. Min. Moreira Alves, DJ 21.09.1990, o Plenário do STF consolidou entendimento que conferiu ao mandado de injunção os seguintes elementos operacionais: i) os direitos constitucionalmente garantidos por meio de

mandado de injunção apresentam-se como direitos à expedição de um ato normativo, os quais, via de regra, não poderiam ser diretamente satisfeitos por meio de provimento jurisdicional do STF; ii) a decisão judicial que declara a existência de uma omissão inconstitucional constata, igualmente, a mora do órgão ou poder legiferante, insta-o a editar a norma requerida; iii) a omissão inconstitucional tanto pode referir-se a uma omissão total do legislador quanto a uma omissão parcial; iv) a decisão proferida em sede do controle abstrato de normas acerca da existência, ou não, de omissão é dotada de eficácia erga omnes, e não apresenta diferença significativa em relação a atos decisórios proferidos no contexto de mandado de injunção; iv) o STF possui competência constitucional para, na ação de mandado de injunção, determinar a suspensão de processos administrativos ou judiciais, com o intuito de assegurar ao interessado a possibilidade de ser contemplado por norma mais benéfica, ou que lhe assegure o direito constitucional invocado; v) por fim, esse plexo de poderes institucionais legitima que o STF determine a edição de outras medidas que garantam a posição do impetrante até a oportuna expedição de normas pelo legislador. 1.2. Apesar dos avanços proporcionados por essa construção jurisprudencial inicial, o STF flexibilizou a interpretação constitucional primeiramente fixada para conferir uma compreensão mais abrangente à garantia fundamental do mandado de injunção. A partir de uma série de precedentes, o Tribunal passou a admitir soluções "normativas" para a decisão judicial como alternativa legítima de tornar a proteção judicial efetiva (CF, art. 5, XXXV). Precedentes: MI no 283, Rel. Min. Sepúlveda Pertence, DJ 14.11.1991; MI no 232/RJ, Rel. Min. Moreira Alves, DJ 27.03.1992; MI n. 284, Rel. Min. Marco Aurélio, Red. para o acórdão Min. Celso de Mello, DJ 26.06.1992; MI no 543/DF, Rel. Min. Octavio Gallotti, DJ 24.05.2002; MI no 679/DF, Rel. Min. Celso de Mello, DJ 17.12.2002; e MI no 562/DF, Rel. Min. Ellen Gracie, DJ 20.06.2003. 2. O MANDADO DE INJUNÇÃO E O DIREITO DE GREVE DOS SERVIDORES PÚBLICOS CIVIS NA

JURISPRUDÊNCIA DO STF. 2.1. O tema da existência, ou não, de omissão legislativa quanto à definição das possibilidades, condições e limites para o exercício do direito de greve por servidores públicos civis já foi, por diversas vezes, apreciado pelo STF. Em todas as oportunidades, esta Corte firmou o entendimento de que o objeto do mandado de injunção cingir-se-ia à declaração da existência, ou não, de mora legislativa para a edição de norma regulamentadora específica. Precedentes: MI no 20/DF, Rel. Min. Celso de Mello, DJ 22.11.1996; MI no 585/TO, Rel. Min. Ilmar Galvão, DJ 02.08.2002; e MI no 485/MT, Rel. Min. Maurício Corrêa, DJ 23.08.2002. 2.2. Em alguns precedentes (em especial, no voto do Min. Carlos Velloso, proferido no julgamento do MI no 631/MS, Rel. Min. Ilmar Galvão, DJ 02.08.2002), aventou-se a possibilidade de aplicação aos servidores públicos civis da lei que disciplina os movimentos grevistas no âmbito do setor privado (Lei no 7.783/1989). 3. DIREITO DE GREVE DOS SERVIDORES PÚBLICOS CIVIS. HIPÓTESE DE OMISSÃO LEGISLATIVA INCONSTITUCIONAL. MORA JUDICIAL, POR DIVERSAS VEZES, DECLARADA PELO PLENÁRIO DO STF. RISCOS DE CONSOLIDAÇÃO DE TÍPICA OMISSÃO JUDICIAL QUANTO À MATÉRIA. A EXPERIÊNCIA DO DIREITO COMPARADO. LEGITIMIDADE DE ADOÇÃO DE ALTERNATIVAS NORMATIVAS E INSTITUCIONAIS DE SUPERAÇÃO DA SITUAÇÃO DE OMISSÃO. 3.1. A permanência da situação de não-regulamentação do direito de greve dos servidores públicos civis contribui para a ampliação da regularidade das instituições de um Estado democrático de Direito (CF, art. 1°). Além de o tema envolver uma série de questões estratégicas e orçamentárias diretamente relacionadas aos serviços públicos, a ausência de parâmetros jurídicos de controle dos abusos cometidos na deflagração desse tipo específico de movimento grevista tem favorecido que o legítimo exercício de direitos constitucionais seja afastado por uma verdadeira "lei da selva". 3.2. Apesar das modificações implementadas pela Emenda Constitucional no 19/1998 quanto à modificação da reserva legal de lei complementar para a de lei ordinária específica (CF, art. 37, VII), observa-se que o direito de greve dos servidores públicos civis continua sem receber tratamento legislativo minimamente satisfatório para garantir o exercício dessa prerrogativa em consonância com imperativos constitucionais. 3.3. Tendo em vista as imperiosas balizas jurídico-políticas que demandam a concretização do direito de greve a todos os trabalhadores, o STF não pode se abster de reconhecer que, assim como o controle judicial deve incidir sobre a atividade do legislador, é possível que a Corte Constitucional atue também nos casos de inatividade ou omissão do Legislativo. 3.4. A mora legislativa em questão já foi, por diversas vezes, declarada na ordem constitucional brasileira. Por esse motivo, a permanência dessa situação de ausência de regulamentação do direito de greve dos servidores públicos civis passa a invocar, para si, os riscos de consolidação de uma típica omissão judicial. 3.5. Na experiência do direito comparado (em especial, na Alemanha e na Itália), admite-se que o Poder Judiciário adote medidas normativas como alternativa legítima de superação de omissões inconstitucionais, sem que a proteção judicial efetiva a direitos fundamentais se configure como ofensa ao modelo de separação de poderes (CF, art. 2º). 4. DIREITO DE GREVE DOS SERVIDORES PÚBLICOS CIVIS. REGULAMENTAÇÃO DA LEI DE GREVE DOS TRABALHADORES EM GERAL (LEI No 7.783/1989). FIXAÇÃO DE PARÂMETROS DE CONTROLE JUDICIAL DO EXERCÍCIO DO DIREITO DE GREVE PELO LEGISLADOR INFRACONSTITUCIONAL. 4.1. A disciplina do direito de greve para os trabalhadores em geral, quanto às "atividades essenciais", é especificamente delineada nos arts. 9º a 11 da Lei n. 7.783/1989. Na hipótese de aplicação dessa legislação geral ao caso específico do direito de greve dos servidores públicos, antes de tudo, afigura-se inegável o conflito existente entre as necessidades mínimas de legislação para o exercício do direito de greve dos servidores públicos civis (CF, art. 9o, caput, c/c art. 37, VII), de um lado, e o direito a serviços públicos adequados e prestados de forma contínua a todos os cidadãos (CF, art. 9o, §1o), de outro. Evidentemente, não se outorgaria ao legislador qualquer poder discricionário quanto à edição, ou não, da lei disciplinadora do direito de greve. O legislador poderia adotar um modelo mais ou menos rígido, mais ou menos restritivo do direito de greve no âmbito do serviço público, mas não poderia deixar de reconhecer direito previamente definido pelo texto da Constituição. Considerada a evolução jurisprudencial do tema perante o STF, em sede do mandado de injunção, não se pode atribuir amplamente ao legislador a última palavra acerca da concessão, ou não, do direito de greve dos servidores públicos civis, sob pena de se esvaziar direito fundamental positivado. Tal premissa, contudo, não impede que, futuramente, o legislador infraconstitucional confira novos contornos acerca da adequada configuração da disciplina desse direito constitucional. 4.2 Considerada a omissão legislativa alegada na espécie, seria o caso de se acolher a pretensão, tão-somente no sentido de que se aplique a Lei n. 7.783/1989 enquanto a omissão não for devidamente regulamentada por lei específica para os servidores públicos civis (CF, art. 37, VII). 4.3 Em razão dos imperativos da continuidade dos serviços públicos, contudo, não se pode afastar que, de acordo com as peculiaridades de cada caso concreto e mediante solicitação de entidade ou órgão legítimo, seja facultado ao tribunal competente impor a observância a regime de greve mais severo em razão de tratar-se de "serviços ou atividades essenciais", nos termos do regime fixado pelos arts. 9º a 11 da Lei n. 7.783/1989. Isso ocorre porque não se pode deixar de cogitar dos riscos decorrentes das possibilidades de que a regulação dos serviços públicos que tenham características afins a esses "serviços ou atividades essenciais" seja menos severa que a disciplina dispensada aos serviços privados ditos "essenciais". 4.4. O sistema de judicialização do direito de greve dos servidores públicos civis está aberto para que outras atividades sejam submetidas a idêntico regime. Pela complexidade e variedade dos serviços públicos e atividades estratégicas típicas do Estado, há outros serviços públicos, cuja essencialidade não está contemplada pelo rol dos arts. 9º a 11 da Lei n. 7.783/1989. Para os fins desta decisão, a enunciação do regime fixado pelos arts. 9º a 11 da Lei n. 7.783/1989 é apenas exemplificativa (*numerus apertus*). 5. O PROCESSAMENTO E O JULGAMENTO DE EVENTUAIS DISSÍDIOS DE GREVE QUE ENVOLVAM SERVIDORES PÚBLICOS CIVIS DEVEM OBEDECER AO MODELO DE COMPETÊNCIAS E ATRIBUIÇÕES APLICÁVEL AOS TRABALHADORES EM GERAL (CELETISTAS), NOS TERMOS DA REGULAMENTAÇÃO DA LEI N. 7.783/1989. A APLICAÇÃO COMPLEMENTAR DA LEI N. 7.701/1988 VISA À JUDICIALIZAÇÃO DOS CONFLITOS QUE ENVOLVAM OS SERVIDORES PÚBLICOS CIVIS NO CONTEXTO DO ATENDIMENTO DE ATIVIDADES RELACIONADAS A NECESSIDADES INADIÁVEIS DA COMUNIDADE QUE, SE NÃO ATENDIDAS, COLOQUEM "EM PERIGO IMINENTE A SOBREVIVÊNCIA, A SAÚDE OU A SEGURANÇA DA POPULAÇÃO" (LEI N. 7.783/1989, PARÁGRAFO ÚNICO, ART. 11). 5.1. Pendência do julgamento de mérito da ADI no 3.395/DF, Rel. Min. Cezar Peluso, na qual se discute a competência constitucional para a apreciação das "ações oriundas da relação de trabalho, abrangidos os entes de direito público externo e da administração pública direta e indireta da União, dos Estados, do Distrito Federal e dos Municípios" (CF, art. 114, I, na redação conferida pela EC n. 45/2004). 5.2. Diante da singularidade do debate constitucional do direito de greve dos servidores públicos civis, sob pena de injustificada e inadmissível negativa de prestação jurisdicional nos âmbitos federal, estadual e municipal, devem-se fixar também os parâmetros institucionais e constitucionais de definição de competência, provisória e ampliativa, para a apreciação de dissídios de greve instaurados entre o Poder Público e os servidores públicos civis. 5.3. No plano procedimental, afigura-se recomendável aplicar ao caso concreto a disciplina da Lei n. 7.701/1988 (que versa sobre especialização das turmas dos Tribunais do Trabalho em processos coletivos), no que tange à competência para apreciar e julgar eventuais conflitos judiciais referentes à greve de servidores públicos que sejam suscitados até o momento de colmatação legislativa específica da lacuna ora declarada, nos termos do inciso VII do art. 37 da CF. 5.4. A adequação e a necessidade da definição dessas questões de organização e procedimento dizem respeito a elementos de fixação de competência constitucional de modo a assegurar, a um só tempo, a possibilidade e, sobretudo, os limites ao exercício do direito constitucional de greve dos servidores públicos, e a continuidade na prestação dos serviços públicos. Ao adotar essa medida, este Tribunal passa a assegurar o direito de greve constitucionalmente garantido no art. 37, VII, da Constituição Federal, sem desconsiderar a garantia da continuidade de prestação de serviços públicos — um elemento fundamental para a preservação do interesse público em áreas que são extremamente demandadas pela sociedade. 6. DEFINIÇÃO DOS PARÂMETROS DE COMPETÊNCIA CONSTITUCIONAL PARA APRECIAÇÃO DO TEMA NO ÂMBITO DA JUSTIÇA FEDERAL E DA JUSTIÇA ESTADUAL ATÉ A EDIÇÃO DA LEGISLAÇÃO ESPECÍFICA PERTINENTE, NOS TERMOS DO ART. 37, VII, DA CF. FIXAÇÃO DO PRAZO DE 60 (SESSENTA) DIAS PARA QUE O CONGRESSO NACIONAL LEGISLE SOBRE A MATÉRIA. MANDADO DE INJUNÇÃO DEFERIDO PARA DETERMINAR A APLICAÇÃO DAS LEIS N. 7.701/1988 E 7.783/1989. 6.1. Aplicabilidade aos servidores públicos civis da Lei n. 7.783/1989, sem prejuízo de que, diante do caso concreto e mediante solicitação de entidade ou órgão legítimo, seja facultado ao juízo competente a fixação de regime de greve mais severo, em razão de tratarem de "serviços ou atividades essenciais" (Lei n. 7.783/1989, arts. 9º a 11). 6.2. Nessa extensão do deferimento do mandado de injunção, aplicação da Lei no 7.701/1988, no que tange à competência para apreciar e julgar eventuais conflitos judiciais referentes à greve de servidores públicos que sejam suscitados até o momento de colmatação legislativa específica da lacuna ora declarada, nos termos do inciso VII do art. 37 da CF.

6.3. Até a devida disciplina legislativa, devem-se definir as situações provisórias de competência constitucional para a apreciação desses dissídios no contexto nacional, regional, estadual e municipal. Assim, nas condições acima especificadas, se a paralisação for de âmbito nacional, ou abranger mais de uma região da justiça federal, ou ainda, compreender mais de uma unidade da federação, a competência para o dissídio de greve será do Superior Tribunal de Justiça (por aplicação analógica do art. 2°, I, "a", da Lei no 7.701/1988). Ainda no âmbito federal, se a controvérsia estiver adstrita a uma única região da justiça federal, a competência será dos Tribunais Regionais Federais (aplicação analógica do art. 6o da Lei n. 7.701/1988). Para o caso da jurisdição no contexto estadual ou municipal, se a controvérsia estiver adstrita a uma unidade da federação, a competência será do respectivo Tribunal de Justiça (também por aplicação analógica do art. 6° da Lei n. 7.701/1988). As greves de âmbito local ou municipal serão dirimidas pelo Tribunal de Justiça ou Tribunal Regional Federal com jurisdição sobre o local da paralisação, conforme se trate de greve de servidores municipais, estaduais ou federais. 6.4. Considerados os parâmetros acima delineados, a par da competência para o dissídio de greve em si, no qual se discuta a abusividade, ou não, da greve, os referidos tribunais, nos âmbitos de sua jurisdição, serão competentes para decidir acerca do mérito do pagamento, ou não, dos dias de paralisação em consonância com a excepcionalidade de que esse juízo se reveste. Nesse contexto, nos termos do art. 7° da Lei n. 7.783/1989, a deflagração da greve, em princípio, corresponde à suspensão do contrato de trabalho. Como regra geral, portanto, os salários dos dias de paralisação não deverão ser pagos, salvo no caso em que a greve tenha sido provocada justamente por atraso no pagamento aos servidores públicos civis, ou por outras situações excepcionais que justifiquem o afastamento da premissa da suspensão do contrato de trabalho (art. 7° da Lei n. 7.783/1989, *in fine*). 6.5. Os tribunais mencionados também serão competentes para apreciar e julgar medidas cautelares

> eventualmente incidentes relacionadas ao exercício do direito de greve dos servidores públicos civis, tais como: i) aquelas nas quais se postule a preservação do objeto da querela judicial, qual seja, o percentual mínimo de servidores públicos que deve continuar trabalhando durante o movimento paredista, ou mesmo a proibição de qualquer tipo de paralisação; ii) os interditos possessórios para a desocupação de dependências dos órgãos públicos eventualmente tomados por grevistas; e iii) as demais medidas cautelares que apresentem conexão direta com o dissídio coletivo de greve. 6.6. Em razão da evolução jurisprudencial sobre o tema da interpretação da omissão legislativa do direito de greve dos servidores públicos civis e em respeito aos ditames de segurança jurídica, fixa-se o prazo de 60 (sessenta) dias para que o Congresso Nacional legisle sobre a matéria. 6.7. Mandado de injunção conhecido e, no mérito, deferido para, nos termos acima especificados, determinar a aplicação das Leis n. 7.701/1988 e 7.783/1989 aos conflitos e às ações judiciais que envolvam a interpretação do direito de greve dos servidores públicos civis.[252]

Neste singelo estudo comemorativo dos 20 anos de magistratura do Ministro Gilmar Ferreira Mendes, um dos expoentes máximos de nossa Suprema Corte, ao lado do Ministro *José Carlos Moreira Alves*, nosso mestre comum na Universidade de Brasília, limitar-me-ei a destacar o que houve de *guinada* na *concepção do mandado de injunção* pelo Pretório Excelso, a partir da visão do Ministro Gilmar Mendes, a par de destacar, na solução do caso concreto, a *contribuição do Direito e do Processo do Trabalho* para seu deslinde, onde o Ministro Gilmar Mendes foi buscar um paradigma já existente.

Em pese não comungar do *ativismo judiciário* hoje imperante não apenas na Suprema Corte, mas no Poder Judiciário como um

---

252 MI 708-0-DF, Rel. Min. Gilmar Mendes, Tribunal Pleno, julgado em 25.10.2007, DJe 31.10.2008.

todo, o que, no meu modo de ver, tem contribuído mais para a *insegurança jurídica* do que para o deslinde satisfatório das lides judiciais, mormente em face de se aplicar como luva à mão o ditame de que "cada cabeça uma sentença", diferentemente da univocidade das leis votadas pelo Parlamento, a *nova concepção do mandado de injunção*, ao menos com o *novo figurino* traçado pelo Min. Gilmar Mendes, não fugiu dos *parâmetros da razoabilidade*, mormente por não inovar completamente no mundo jurídico, mas louvar-se na *experiência pré-existente e já positivada.*

Sensível aos problemas sociais, até porque laborou como Subchefe Jurídico da Casa Civil da Presidência da República, onde era diuturnamente cobrado a encontrar soluções jurídicas para os maiores e mais graves dilemas políticos, econômicos e sociais com os quais um governo pudesse defrontar-se, percebeu desde logo, o Min. Gilmar Mendes, que a questão da *greve dos servidores públicos dificilmente seria regulamentada* por qualquer governo, uma vez que se trata de direito oponível contra o próprio Estado.

O dilema do envio de um projeto de lei regulamentador do direito de greve no serviço público se coloca para todo e qualquer governo, seja de direita ou de esquerda, uma vez que, se for restritivo demais, o governo será tachado de reacionário e antidemocrático, e se for pródigo, esse mesmo governo poderá estar dando um tiro no pé, ao ter de enfrentar greves sem os instrumentos que impeçam seu desvirtuamento, para motivações políticas e não salariais, bem como para abusos, que venham a prejudicar a própria sociedade, beneficiária maior do serviço público.

Dez anos passados da decisão da Suprema Corte sobre a regulamentação do direito de greve no serviço público, nem os governos de viés socialista, nem os de linha liberal, atreveram-se a propor tal regulamentação, mostrando como *nosso Pretório Excelso acertou ao fixar subsidiariamente ao legislador os parâmetros do direito de greve no serviço público* através do mandado de injunção 708. Do contrário, quer sob o prisma da forma como exercer esse direito, quer quanto ao procedimento de se dirimirem tais greves, a insegurança jurídica continuaria a imperar, em detrimento da paz social.

O notável do novo precedente concreto, quer sob o prisma de Direito Material, quer quanto ao Direito Processual, foi justamente *prestigiar modelo vivenciado há décadas no setor privado e pela Justiça do Trabalho*, com o sucesso reconhecido na composição de greves de empresas públicas ou privadas.

Com efeito, o primeiro ponto de destaque na solução encontrada é o reconhecimento de que o *serviço público*, em termos de condições de sua prestação, *não difere substancialmente* daquilo que se considera "serviços essenciais" na esfera privada.

Na *concepção de Estado* abraçada pela Constituição Federal de 1988, de *intervenção moderada no domínio econômico*, com delegação de serviços públicos à iniciativa privada e controle através de agências reguladoras, a distinção entre "serviços essenciais" e demais serviços é de suma importância, quando se trata de definir parâmetros para o exercício do direito de greve, sabendo-se que este é o *direito de paralisação da atividade produtiva, total ou parcial*, com impacto significativo na população.

Já desde o *regime militar* se fazia a *distinção daqueles* "serviços essenciais" cuja *greve*, antes de 1988, era *vedada* (CF/67, art. 162; Lei n. 4.330/64 e Decreto-Lei n. 1.632/78), e que, após a Carta Política de 1988, passaram a ser *passíveis de paralisação, sob determinadas condições*, diferenciadas em relação às demais atividades produtivas de bens e serviços (CF/88, art. 9º; Lei n. 7.783/89).

As *duas condições básicas*, diferenciadas quanto aos denominados "serviços essenciais", para efeito de aproveitamento quanto ao reconhecimento do direito ao exercício do *direito de greve pelo servidor público* (CF, art. 37, VII), são, nos termos da Lei n. 7.783/89):

> a) *aviso prévio de 72 horas* ao empregador e à população (art. 13), em contraposição às meras 48 horas no caso dos demais ramos produtivos (art. 3º, parágrafo único); e

b) *manutenção de contingente mínimo* de servidores, para o atendimento às necessidades inadiáveis da população (arts. 9º e 11).

Assim, a determinação de *aplicação analógica da Lei n. 7.783/89*, no que regula a *greve nos serviços essenciais*, à *greve no serviço público*, fixada no *MI 708*, supriu devidamente e sem dificuldades técnicas de maior relevância, a lacuna existente no nosso ordenamento jurídico, sendo solução cuja longevidade é tanto maior quanto menor o ânimo de qualquer governo em voltar a tocar nessa delicada questão legislativa.

Porém, a *maior contribuição* dada à questão das greves no setor público pela decisão de relatoria do Min. Gilmar Mendes foi *quanto ao procedimento de dirimir esses conflitos coletivos*, traçando-lhes, também por analogia um pouco mais sofisticada, o *procedimento* a ser seguido e a *competência funcional* para sua composição.

Com efeito, a *larga experiência da Justiça do Trabalho* na composição de dissídios coletivos, especialmente de greve, pesou para se adotar, no MI 708, o modelo jurisdicional trabalhista nesses conflitos.

O *princípio básico* da jurisdição trabalhista em matéria de *dissídios coletivos* é atribuí-la exclusivamente aos *tribunais*, ou seja, aos Tribunais Regionais do Trabalho e ao Tribunal Superior do Trabalho, ainda que as greves ou conflitos coletivos sejam de âmbito local ou municipal.

O *impacto social de uma greve*, especialmente em serviços essenciais, e a necessidade de uma *experiência diferenciada* na composição do conflito, levando-se em conta a possibilidade do exercício de *poder normativo* pela Justiça do Trabalho, fixando novas condições de trabalho, mormente em matéria remuneratória (CLT, art. 766), fizeram com que o legislador, desde a edição da CLT em 1943, atribuísse aos tribunais trabalhistas a composição dos dissídios coletivos. Mais recentemente, a *Lei n. 7.701/88*, de organização judiciária da Justiça do Trabalho, veio a estabelecer as seções especializadas em dissídios coletivos nos tribunais, para apreciação e composição desses conflitos.

Ora, o Min. Gilmar Mendes, no que respeita ao procedimento de solução das greves no setor público, determinou a aplicação desse mesmo *modelo jurisdicional*, até então impensável na esfera da *Justiça Comum*, tanto estadual quanto federal.

Assim, as *greves de âmbito nacional* na esfera federal, passam a ser julgadas pelo *Superior Tribunal de Justiça*, enquanto as greves de caráter regional ou local, também de servidores federais, são originariamente enfrentadas pelos *Tribunais Regionais Federais*, com direito a recurso ordinário para o STJ.

Quanto às greves de *servidores estaduais e municipais*, as greves serão dirimidas sempre, originariamente, pelos *Tribunais de Justiça* das respectivas jurisdições, com possibilidade, também, de recurso ordinário para o STJ.

A diferença, em comparação com a Justiça do Trabalho, é que a *Justiça Comum não possui poder normativo*, até porque vantagens e caráter econômico para servidores públicos necessitam ser previamente definidas na lei orçamentária anual. Assim, o âmbito de discussão judicial quanto às greves no serviço público serão relativas ao *abuso, ou não, do direito de greve*, pelo cumprimento das condições de sua deflagração (Lei n. 7.783/89, art. 14), e das *consequências jurídicas* dessa declaração, no que diz respeito ao *desconto, ou não, dos dias parados*, sabendo-se que a greve é hipótese de *suspensão do contrato de trabalho* (Lei n. 7.783/89, art. 7º), ou seja, não se trabalha e não se recebe salário.

Em suma, a decisão em exame – Mandado de Injunção 708 – é daquelas que engalana a jurisdição constitucional do Ministro Gilmar Ferreira Mendes no Supremo Tribunal Federal, implementando o art. 37, VII, da Constituição Federal de 1988, a merecer figurar com especial destaque no livro que ora se produz para celebrar seus 20 anos de magistratura suprema.

CAPÍTULO XI

OS EFEITOS LIMITADOS NA EFICÁCIA DE DECISÕES DO RE 197.917-8 SÃO PAULO

Ives Gandra da Silva Martins

Decidiu, a Suprema Corte, que, apesar de o número de vereadores do Município de Mira Estrela ser superior ao permitido pela Lei Maior, seriam eles mantidos até o fim do mandato, devendo a Lei Orgânica adaptar-se para que, nas eleições seguintes, o número permitido pela Constituição Federal fosse respeitado.

A ementa do referido acordão é a seguinte, sendo da relatoria do Ministro Maurício Corrêa:

> RECURSO EXTRAORDINÁRIO 197.917-8 SÃO PAULO
>
> RELATOR: MIN. MAURÍCIO CORRÊA
>
> RECORRENTE: MINISTÉRIO PÚBLICO ESTADUAL
>
> RECORRIDOS: CÂMARA MUNICIPAL DE MIRA ESTRELA E OUTROS
>
> ADVOGADO: JAIR CESAR NATTES
>
> RECURSO EXTRAORDINÁRIO. MUNICÍPIOS. CÂMARA DE VEREADORES. COMPOSIÇÃO. AUTONOMIA MUNICIPAL. LIMITES CONSTITUCIONAIS.

> NÚMERO DE VEREADORES PROPORCIONAL À POPULAÇÃO. CF, ARTIGO 29, IV. APLICAÇÃO DE CRITÉRIO ARITMÉTICO RÍGIDO. INVOCAÇÃO DOS PRINCÍPIOS DA ISONOMIA E DA RAZOABILIDADE. INCOMPATIBILIDADE ENTRE A POPULAÇÃO E O NÚMERO DE VEREADORES. INCONSTITUCIONALIDADE, "INCIDENTER TANTUM", DA NORMA MUNICIPAL. EFEITOS PARA O FUTURO. SITUAÇÃO EXCEPCIONAL", continuando: "7. Inconstitucionalidade, "incidenter tantum", da lei local que fixou em 11 (onze) o número de Vereadores dado que sua população de pouco mais de 2600 habitantes somente comporta 09 representantes.
>
> 8. Efeitos. Princípio da segurança jurídica. Situação em que a declaração de nulidade, com seus normais efeitos "ex tunc", resultaria grave ameaça a todo o sistema vigente. Prevalência do interesse público para assegurar, em caráter de exceção, efeitos "pro futuro" à declaração incidental de inconstitucionalidade.[253] (grifos nossos).

Na ocasião, o Ministro Gilmar Mendes proferiu voto de adesão àquele do Relator, apresentando, todavia, fundamentos diversos.

Neste breve artigo em homenagem ao eminente Mestre e Constitucionalista de escola – respeitado no país e no exterior, que admiro desde os tempos em que começou sua carreira no Ministério Público Federal, nos inícios da década de 80 – antes de examinar seu voto, quero tecer rápidas considerações sobre a discussão da eficácia "ex tunc" ou "ex nunc", ou mesmo além do próprio momento da decisão pretoriana, como ocorreu no caso do Município Mira Estrela, cuja eficácia da decisão foi postergada para as eleições seguintes, pois o debate ainda não foi encerrado, apesar da clara sinalização do Pretório Excelso, neste e em outros acórdãos.

---

253 BONAVIDES, Paulo. *Estudos de Direito Constitucional:* em homenagem a Cesar Asfor Rocha. Rio de Janeiro: Renovar, 2009, pp. 415/416.

De início, para que não pairem dúvidas sobre minha convicção atual sobre o tema, já manifestada em pareceres, estudos e conferências, é mister que declare que, quando da elaboração das Leis n. 9.868 e n. 9.882 de 1999 – que tratam de ações judiciais no âmbito do controle concentrado de constitucionalidade – em conversas com o Ministro Gilmar Mendes, relator do anteprojeto dos dois diplomas legislativos, demonstrei meu desconforto pela adoção, no País, de instituto calcado no modelo alemão. Fui, inclusive, voto vencido, na Comissão nomeada pelo Presidente Fernando Henrique para redigir a Lei n. 9882/99 (ADPF), quanto à redação do art. 11, aprovado, entretanto, pelos demais membros Professores Gilmar Mendes, Celso Bastos, Arnoldo Wald e Oscar Corrêa.

Temi, em decorrência de minha maior atuação no campo tributário, que a modulação dos efeitos da declaração de inconstitucionalidade pudesse gerar a irresponsabilidade absoluta dos Poderes Tributantes, "autorizando-os", sempre que editassem leis inconstitucionais, a pleitear, posteriormente, sua eficácia "ex nunc", para livrarem-se dos riscos de compensações ou repetições de indébito.

Escrevi, tão logo aprovada a Lei, que:

> Embora, as decisões tomadas pela Comissão tenham sido quase sempre consensuais, em um ponto divergi de meus ilustres colegas Arnoldo Wald, Celso Bastos, Oscar Corrêa e Gilmar Mendes, qual seja, na extensão dada ao artigo 11, que reproduzo neste trabalho:
>
> Art. 11. Ao declarar a inconstitucionalidade de lei ou ato normativo, no processo de arguição de descumprimento de preceito fundamental, e tendo em vista razões de segurança jurídica ou de excepcional interesse social, poderá o Supremo Tribunal Federal, por maioria de dois terços de seus membros, restringir os efeitos daquela declaração ou decidir que ela só tenha eficácia a partir de seu trânsito em julgado ou de outro momento que venha a ser fixado".

> Não me parece possa ser o texto mencionado tido por constitucional, na medida em que adota princípio do direito alemão de não possível hospedagem pelo direito brasileiro.
>
> Embora tenha sido voto vencido na Comissão, passo a expor as razões de minha inteligência sobre o dispositivo.
>
> A norma admite que uma lei considerada inconstitucional pela arguição de descumprimento de preceito fundamental, possa ter eficácia "ex nunc" ou mesmo dilatada por tempo posterior à declaração.
>
> O vício, portanto, da inconstitucionalidade não prevaleceria "ex tunc", maculando a lei "ab-initio", visto que por decisão de 2/3 de seus integrantes, o Supremo Tribunal Federal poderia "constitucionalizar" e "desconstitucionalizar" o mesmo texto legal, admitindo sua "inconstitucionalidade com eficácia de constitucionalidade" até a decisão, para depois declarar uma "inconstitucionalidade sem eficácia da constitucionalidade", a partir do novo espaço temporal determinado pelo Pretório Excelso.[254]

O dispositivo, a meu ver, fere claramente o já disposto pela Suprema Corte na ADIN 2/1992, em que foi relator o Ministro Paulo Brossard.

Em seu voto, S. Exa. Declara:

> AÇÃO DIRETA DE INCONSTITUCIONALIDADE N. 2/1992.

254 "Arguição de descumprimento de preceito fundamental: análises à luz da Lei n. 9882/99", livro organizado por André Ramos Tavares e Walter Claudius Rothenburg, com a participação dos seguintes autores: Alexandre de Moraes, André Ramos Tavares, Celso Seixas Ribeiro Bastos, Daniel Sarmento, Elival da Silva Ramos, Gilmar Ferreira Mendes, Ingo Wolfgang Sarlet, Ives Gandra Martins, Sérgio Resende de Barros e Walter Claudius Rothenburg, São Paulo: Atlas Jurídico, 2001, pp. 172-174.

> Origem: Distrito Federal – Relator: Min. Paulo Brossard – Requerente: Fed. Nac. dos Estabelecimentos de Ensino – FENEN – Requerido: Presidente da República.
>
> EMENTA:
>
> CONSTITUIÇÃO. LEI ANTERIOR QUE A CONTRARIE. REVOGAÇÃO. INCONSTITUCIONALIDADE SUPERVENIENTE. IMPOSSIBILIDADE.
>
> A lei ou é constitucional ou não é lei. Lei inconstitucional é uma contradição em si. A lei é constitucional quando fiel à Constituição; inconstitucional, na medida em que a desrespeita, dispondo sobre o que lhe era vedado. O vício da inconstitucionalidade é congênito à lei e há de ser apurado em face da Constituição vigente ao tempo de sua elaboração. Lei anterior não pode ser inconstitucional em relação à Constituição superveniente; nem o legislador poderia infringir Constituição futura. A Constituição sobrevinda não torna inconstitucionais leis anteriores com ela conflitantes: revoga-as. Pelo fato de ser superior, a Constituição não deixa de produzir efeitos revogatórios. Sería ilógico que a lei fundamental, por ser suprema, não revogasse, ao ser promulgada, leis ordinárias. A lei maior valeria menos que a lei ordinária.
>
> Reafirmação da antiga jurisprudência do SUPREMO TRIBUNAL FEDERAL, mais que cinquentenária.
>
> Ação direta de que se não conhece por impossibilidade jurídica do pedido. (grifos nossos) (SUPREMO TRIBUNAL FEDERAL, Tribunal Pleno, DJ 21/11/97, Ementário 1892-01).[255]

Aprovadas as leis, por diversas vezes, em congressos de que participamos, o Min. Gilmar Mendes e eu debatemos a matéria, inclusive em evento por ele organizado, no Instituto Brasileiro de

255 TAVARES, Ramos André; ROTHENBURG, Claudius Walter (Coord.) *Arguição de descumprimento de preceito fundamental:* análises à luz da Lei n. 9882/99. São Paulo: Atlas Jurídico, 2001, p. 174.

Direito Público, em Brasília, nos primórdios do Instituto. Tanto ele quanto eu acabamos por modificar nossas rígidas posições anteriores. De minha parte, admitindo que, em inúmeras circunstâncias, o efeito prospectivo seria a única forma de assegurar um dos cinco fundamentos da Constituição, esculpidos no seu "caput", que é a segurança jurídica, argumento básico de seu voto vista no caso Mira Estrela. Por sua vez, reconheceu, o autor intelectual de ambos os diplomas, que, em matéria tributária, seria muito difícil a concessão de efeitos prospectivos a favor dos poderes tributantes.[256]

De rigor, tal posição foi hospedada pela Suprema Corte:

> AI-AgR651224 / RJ - RIO DE JANEIRO
>
> AG.REG.NO AGRAVO DE INSTRUMENTO
>
> Relator(a): Min. MARCO AURÉLIO
>
> Julgamento: 26/08/2008
>
> Órgão Julgador: Primeira Turma
>
> Publicação: DJe—222 DIVULG 20—11—2008 PUBLIC 21-11-2008
>
> EMENT VOL-02342-23 PP—04708
>
> Parte(s)
>
> AGTE. (S) MUNICÍPIO DO RIO DE JANEIRO
>
> AGDO. (A/S): SANTA CASA DE MISERICÓRDIA DO RIO DE JANEIRO
>
> Ementa
>
> TRIBUTO - DESARMONIA COM A CONSTITUIÇÃO FEDERAL - PRONUNCIAMENTO JUDICIAL
>
> - EFICÁCIA PROSPECTIVA - INADEQUAÇÃO. A fixação de efeito prospectivo à decisão no sentido da glosa de tributo disciplinado em norma não compatível com a

256 No livro "Estudos de Direito Constitucional", editado pela Renovar (2009) e coordenado por Paulo Bonavides, Germana Moraes e Roberto Rosas em homenagem ao Ministro Cesar Asfor Rocha, tracei a história da evolução de meu pensamento e do Ministro Gilmar Mendes, às pp. 409-425.

> Constituição implica estímulo à edição de leis à margem da Carta da República, visando à feitura de caixa, com o enriquecimento ilícito por parte do Estado -gênero-, em detrimento dos contribuintes, que já suportam grande carga tributária. (grifos nossos).
>
> Decisão
>
> A Turma negou provimento ao agravo regimental no agravo de instrumento, nos termos do voto do Relator. Unânime. Ausentes, justificadamente, o Ministro Carlos Britto e a Ministra Cármen Lúcia. 1a. Turma, 26.08.2008.[257]

Hoje, estou convencido de que os dois artigos – que têm sido aplicados, inclusive, em decisões do STF em controle difuso, como ocorreu com o acórdão do RE 197.917-8-SP (Município Mira Estrela), ou seja, em recurso extraordinário –, são uma excelente solução processual para a viabilização da segurança jurídica, e impedem que o direito positivo venha a cair no absolutismo do adágio romano de que "summum jus, summa injuria".[258]

Em determinados casos – e são poucos –, o efeito prospectivo é a única solução, exatamente para evitar injustiças e afastar incertezas.

---

257 BRASIL. Supremo Tribunal Federal. Agravo Regimental no Agravo de Instrumento N. 651224. Relator: Ministro Marco Aurélio. Rio de Janeiro/RJ. Julgamento: 26.08.2008. DJe—222 DIVULG 20—11—2008 PUBLIC 21-11-2008 EMENT VOL-02342-23 PP—04708. Disponível em: https://jurisprudencia.stf.jus.br/pages/search/sjur86178/false

258 Renzo Tosi esclarece: "Esse famoso adágio adverte que aplicar rigidamente a lei, <u>sem a necessária flexibilidade e sem prestar atenção às situações concretas, leva a cometer graves injustiças</u>: tal formulação, apreciada pela contraposição paradoxal "*ius/iniuria*", é referida por Cícero (*De finibus*, 1.10.33) como explicitamente proverbial, sendo retomada textualmente na Idade Média (por exemplo, por João de Salisbury, Policrático, 3,11 [PL 199, 499c])". (grifos nossos) (*Dicionário de Sentenças Latinas e Gregas*. São Paulo: Martins Fontes, 1996, p. 508).

E, com frequência, o Pretório Excelso – e também o Egrégio Tribunal de Justiça de São Paulo –, tem assim se posicionado, sobre diversos temas, como se pode ler, nos acórdãos abaixo elencados:

> 1) "ADI 2501 / MG - MINAS GERAIS
>
> AÇÃO DIRETA DE INCONSTITUCIONALIDADE
>
> Relator(a): Min. JOAQUIM BARBOSA
>
> Julgamento: 04/09/2008
>
> Órgão Julgador: Tribunal Pleno
>
> ....
>
> 7. Inconstitucionalidade formal do art. 82, § 1°, II da Constituição do Estado de Minas Grais que se reconhece por invasão de competência da União para legislar sobre diretrizes e bases da educação (art. 22, XXIV da CF/88). Inconstitucionalidade por arrastamento dos § 40, § 5° e § 6° do mesmo art. 82, inseridos pela Emenda Constitucional Estadual 70/2005. 8. A autorização, o credenciamento e o reconhecimento dos cursos superiores de instituições privadas são regulados pela lei federal 9.394/1996, Lei de Diretrizes e Bases da Educação. Portanto, a presente decisão não abrange as instituições de ensino superior estaduais, criadas e mantidas pelo Estado de Minas Gerais - art. 10, IV c/c art. 17, I e II da lei 9.394/1996. 9. Tendo em vista o excepcional interesse social, consistente no fato de que milhares de estudantes frequentaram e frequentam cursos oferecidos pelas instituições superiores mantidas pela iniciativa privada no Estado de Minas Gerais, <u>é deferida a modulação dos efeitos da decisão (art. 27 da lei 9.868/1999), a fim de que sejam considerados válidos os atos (diplomas, certificados, certidões etc.) praticados pelas instituições superiores de ensino atingidas por essa decisão, até a presente data, sem prejuízo do ulterior exercício, pelo Ministério da Educação, de suas atribuições legais em relação a essas instituições superiores</u>" (grifos nossos).[259]

---

259 BRASIL. Supremo Tribunal Federal. Ação Direta de Inconstitucionalidade N. 2501. Relator: Ministro Joaquim Barbosa. Minas Gerais/MG.

2) "ADI 3660 / MS - MATO GROSSO DO SUL
AÇÃO DIRETA DE INCONSTITUCIONALIDADE
Relator(a): Min. GILMAR MENDES
Julgamento: 13/03/2008
Órgão Julgador: Tribunal Pleno
....

Ementa

EMENTA: Ação direta de inconstitucionalidade. 2. Efeito repristinatório da declaração de inconstitucionalidade. 3. Custas judiciais. Destinação a entidades privadas. Inconstitucionalidade. O Supremo Tribunal Federal já manifestou, por diversas vezes, o entendimento de que é vedada a destinação dos valores recolhidos a título de custas e emolumentos a pessoas jurídicas de direito privado. Precedentes. 4. Ação julgada procedente. Tendo em vista razões de segurança jurídica e de excepcional interesse social, aplica-se o art. 27 da Lei nº 9.868/99, para atribuir à declaração de inconstitucionalidade efeitos a partir da Emenda Constitucional nº 45, de 31.12.2004" (grifos nossos).[260]

3) "ADI 3458 / GO - GOIÁS
AÇÃO DIRETA DE INCONSTITUCIONALIDADE
Relator(a): MIN. EROS GRAU
Julgamento: 21/02/2008
Órgão Julgador: Tribunal Pleno
....

Julgamento: 04.09.2008. DJe-241 DIVULG 18-12-2008 PUBLIC 19-12-2008 EMENT VOL-020346-01 PP-00074 RTJ VOL-00207-03 PP-01046. Disponível em: https://jurisprudencia.stf.jus.br/pages/search/sjur87974/false

260 BRASIL. Supremo Tribunal Federal. Ação Direta de Inconstitucionalidade N. 3660. Relator: Ministro Gilmar Mendes. Mato Grosso do Sul/MS. Julgamento: 13.03.2008. DJe-083 DIVULG 08-05-2008 PUBLIC 09-05-2008 EMENT VOL-02318-01 PP-00045 RTJ VOL-00205-02 PP-00686 LEXSTF vol. 30, n. 355, 2008, p 102-127. Disponível em: https://jurisprudencia.stf.jus.br/pages/search/sjur90452/false

Ementa

EMENTA: AÇÃO DIRETA DE INCONSTITUCIONALIDADE. LEI N. 15.010, DO ESTADO DE GOIÁS, DE 18 DE NOVEMBRO DE 2004. DECRETO ESTADUAL N. 6.042, DE 3 DE DEZEMBRO DE 2004. INSTRUÇÃO NORMATIVA N. 01/04 - GSF/GPTJ, DE 14 DE DEZEMBRO DE 2004. SISTEMA DE CONTA ÚNICA DE DEPÓSITOS JUDICIAIS E EXTRAJUDICIAIS. PROJETO DE LEI DEFLAGRADO PELO CHEFE DO PODER EXECUTIVO ESTADUAL. VIOLAÇÃO AO DISPOSTO NO ARTIGO 61, § 1°, DA CONSTITUIÇÃO DO BRASIL. INCONSTITUCIONALIDADE FORMAL. MATÉRIA QUE DEMANDARIA INICIATIVA DO PODER JUDICIÁRIO. TESOURO ESTADUAL DEFINIDO COMO ADMINISTRADOR DA CONTA DE DEPÓSITOS JUDICIAIS. INCONSTITUCIONALIDADE MATERIAL. VIOLAÇÃO DO DISPOSTO NO ARTIGO 2° DA CONSTITUIÇÃO DO BRASIL. INDEPENDÊNCIA E HARMONIA ENTRE OS PODERES. 1. Ação direta de inconstitucionalidade não conhecida no tocante ao decreto estadual n. 6.042 e à Instrução Normativa n. 01/04, ambos do Estado de Goiás. Não cabimento de ação direta para impugnar atos regulamentares. Precedentes. 2. A iniciativa legislativa, no que respeita à criação de conta única de depósitos judiciais e extrajudiciais, cabe ao Poder Judiciário. A deflagração do processo legislativo pelo Chefe do Poder Executivo consubstancia afronta ao texto da Constituição do Brasil [artigo 61, § 1°]. 3. Cumpre ao Poder Judiciário a administração e os rendimentos referentes à conta única de depósitos judiciais e extrajudiciais. Atribuir ao Poder Executivo essas funções viola o disposto no artigo 2° da Constituição do Brasil, que afirma a interdependência --- independência e harmonia entre o Legislativo, o Executivo e o Judiciário. 4. Ação direta julgada procedente para declarar a inconstitucionalidade da Lei n. 15.010, do Estado de Goiás. O Tribunal, por maioria, modulou os efeitos da declaração de inconstitucionalidade para dar efetividade à decisão 60 [sessenta] dias após a publicação do acórdão" (grifos nossos).[261]

4) "MS 26604/ DF - DISTRITO FEDERAL MANDADO DE SEGURANÇA

Relator(a): Min. CARMEN LÚCIA

Julgamento: 04/1012007

Órgão Julgador: Tribunal Pleno

....

EMENTA: DIREITO CONSTITUCIONAL E ELEITORAL MANDADO DE SEGURANÇA IMPETRADO PELO PARTIDO DOS DEMOCRATAS - DEM CONTRA ATO DO PRESIDENTE DA CÂMARA DOS DEPUTADOS - NATUREZA JURÍDICA E EFEITOS DA DECISÃO DO TRIBUNAL SUPERIOR ELEITORAL - TSE NA CONSULTA N. 1.398/2007. NATUREZA E TITULARIDADE DO MANDATO LEGISLATIVO. OS PARTIDOS POLÍTICOS E OS ELEITOS NO SISTEMA REPRESENTATIVO PROPORCIONAL. FIDELIDADE PARTIDÁRIA. EFEITOS DA DESFILIAÇÃO PARTIDÁRIA PELO ELEITO: PERDA DO DIREITO DE CONTINUAR A EXERCER O MANDATO ELETIVO. DISTINÇÃO ENTRE SANÇÃO POR ILÍCITO E SACRIFÍCIO DO DIREITO POR PRATICA LÍCITA E JURIDICAMENTE CONSEQÜENTE. IMPERTI-NÊNCIA DA INVOCAÇÃO DO ART. 55 DA CONSTITUIÇÃO DA REPÚBLICA. DIREITO DO IMPETRANTE DE MANTER O NÚMERO DE CADEIRAS OBTIDAS NA CÂMARA DOS DEPUTADOS NAS ELEIÇÕES. DIREITO À AMPLA DEFESA DO PARLAMENTAR QUE SE DESFILIE DO PARTIDO POLÍTICO. PRINCÍPIO DA SEGURANÇA JURÍDICA E MODULAÇÃO DOS

---

261 BRASIL. Supremo Tribunal Federal. Ação Direta de Inconstitucionalidade N. 3458. Relator: Ministro Eros Grau. Goiás/GO. Julgamento: 21.02.2008. DJe-088 DIVULG 15-05-2008 PUBLIC 16-05-2008 EMENT VOL-02319-02 PP-00350 RTJ VOL-00205-02 PP-00665 LEXSTF vol. 30, n. 354, 2008, p. 87-109. Disponível em: https://jurisprudencia.stf.jus.br/pages/search/sjur88951/false

EFEITOS DA MUDANÇA DE ORIENTAÇÃO JURISPRUDENCIAL: MARCO TEMPORAL FIXADO EM 27.3.2007. MANDADO DE SEGURANÇA CONHECIDO E PARCIALMENTE CONCEDIDO.

....

10. Razões de segurança jurídica, e que se impõem também na evolução jurisprudencial, determinam seja o cuidado novo sobre tema antigo pela jurisdição concebido como forma de certeza e não causa de sobressaltos para os cidadãos. Não tendo havido mudanças na legislação sobre o tema, tem-se reconhecido o direito de o Impetrante titularizar os mandatos por ele obtidos nas eleições de 2006, mas com modulação dos efeitos dessa decisão para que se produzam eles a partir da data da resposta do Tribunal Superior Eleitoral à Consulta n. 1.398/2007. 11. Mandado de segurança conhecido e parcialmente concedido" (grifos nossos).[262]

5) "ADI 1351 / DF - DISTRITO FEDERAL

AÇÃO DIRETA DE INCONSTITUCIONALIDADE

Relator(a): Min. MARCO AURÉLIO

Julgamento: 07/12/2006 Órgão Julgador: Tribunal Pleno

....

Ementa

PARTIDO POLÍTICO - FUNCIONAMENTO PARLAMENTAR - PROPAGANDA PARTIDÁRIA GRATUITA - FUNDO PARTIDÁRIO. Surge conflitante com a Constituição Federal lei que, em face da gradação de votos obtidos por partido político, afasta o funcionamento parlamentar e reduz, substancialmente, o tempo de propaganda partidária gratuita e a participação no rateio do Fundo Partidário.

---

262 BRASIL. Supremo Tribunal Federal. Mandado de Segurança N. 26604. Relator(a): Ministra Cármen Lúcia. Distrito Federal/DF. Julgamento: 04.10.2007. DJe-187 DIVULG 02-10-2008 PUBLIC 03-10-2008 EMENT VOL-02335-02 PP-00135 RTJ VOL-00206-02 PP-00626. Disponível em: https://jurisprudencia.stf.jus.br/pages/search/sjur87394/false

NORMATIZAÇÃO - INCONSTITUCIONALIDADE - VÁCUO. Ante a declaração de inconstitucionalidade de leis, incumbe atentar para a inconveniência do vácuo normativo, projetando-se, no tempo, a vigência de preceito transitório, isso visando a aguardar nova atuação das Casas do Congresso Nacional" (grifos nossos).[263]

6) "ADI 3615 / PB - PARAÍBA

AÇÃO DIRETA DE INCONSTITUCIONALIDADE

Relator(a): Min. ELLEN GRACIE

Julgamento: 30/08/2006 Órgão Julgador: Tribunal Pleno.

....

Ementa

AÇÃO DIRETA DE INCONSTITUCIONALIDADE. ARTIGO 51 DO ATO DAS DISPOSIÇÕES CONSTITUCIONAIS TRANSITÓRIAS DO ESTADO DA PARAÍBA. REDEFINIÇÃO DOS LIMITES TERRITORIAIS DO MUNICÍPIO DO CONDE. DESMEMBRAMENTO DE PARTE DE MUNICÍPIO E INCORPORAÇÃO DA ÁREA SEPARADA AO TERRITÓRIO DA MUNICIPALIDADE LIMÍTROFE, TUDO SEM A PRÉVIA CONSULTA, MEDIANTE PLEBISCITO, DAS POPULAÇÕES DE AMBAS AS LOCALIDADES. OFENSA AO ART. 18, § 4º DA CONSTITUIÇÃO FEDERAL. 1. Para a averiguação da violação apontada pelo requerente, qual seja, o desrespeito, pelo legislador constituinte paraibano, das exigências de consulta prévia e de edição de lei estadual para o desmembramento de município, não foi a norma contida no art. 18, § 40, da Constituição Federal substancialmente alterada, uma vez que tais requisitos, já existentes no seu texto primitivo,

263 BRASIL. Supremo Tribunal Federal. Ação Direta de Inconstitucionalidade N. 1351. Relator: Ministro Marco Aurélio. Distrito Federal/DF. Julgamento: 07.12.2006. DJ 30-03-2007 PP-00068 EMENT VOL-02270-01 PP-00019 REPUBLICAÇÃO: DJ 29-06-2007 PP-00031 RTJ VOL-00207-01 PP-00116. Disponível em: https://jurisprudencia.stf.jus.br/pages/search/sjur90910/false

permaneceram inalterados após a edição da EC 15/96. Precedentes: ADI 458, rel. Min. Sydney Sanches, DJ 11.09.98 e ADI 2.391, rel. Min. Ellen Gracie, Informativo STF 316. 2. Afastada a alegação de que a norma impugnada, sendo fruto da atividade do legislador constituinte estadual, gozaria de uma inaugural presunção de constitucionalidade, pois, segundo a jurisprudência desta Corte, o exercício do poder constituinte deferido aos Estados-membros está subordinado aos princípios adotados e proclamados pela Constituição Federal. Precedente: ADI 192, rel. Min. Moreira Alves, DJ 06.09.01. 3. Pesquisas de opinião, abaixo-assinados e declarações de organizações comunitárias, favoráveis à criação, à incorporação ou ao desmembramento de município, não são capazes de suprir o rigor e a legitimidade do plebiscito exigido pelo § 4° do art. 18 da Carta Magna. Precedente: ADI 2.994, rel. Min. Ellen Gracie, DJ 04.06.04. A esse rol de instrumentos ineficazes que buscam driblar a exigência de plebiscito expressa no art. 18, § 4°, da Constituição Federal, soma-se, agora, este de emenda popular ao projeto de Constituição estadual. 4. Ação direta cujo pedido se julga procedente, com a aplicação de efeitos ex nunc, nos termos do art. 27 da Lei 9.868/99" (grifos nossos).[264]

7) "ADI 3685 / DF - DISTRITO FEDERAL

AÇÃO DIRETA DE INCONSTITUCIONALIDADE

Relator(a): Min. ELLEN GRACIE

Julgamento: 22/03/2006 Órgão Julgador: Tribunal Pleno

....

5. Além de o referido princípio conter, em si mesmo, elementos que o caracterizam como uma garantia fundamental oponível até mesmo à atividade do legislador constituinte

264 BRASIL. Supremo Tribunal Federal. Ação Direta de Inconstitucionalidade N. 3615. Relator(a): Ministra Ellen Grace. Paraíba/PB. Julgamento: 30.08.2006. DJ 09-03-2007 PP-00025 EMENT VOL-02267-01 PP-00143 LEXSTF vol. 29, n° 341, 2007, pp. 64-83. Disponível em: https://jurisprudencia.stf.jus.br/pages/search/sjur6830/false

derivado, nos termos dos arts. 5°, § 2°, e 60, § 4°, IV, a burla ao que contido no art. 16 ainda afronta os direitos individuais da segurança jurídica (CF, art. 5°, "caput") e do devido processo legal (CF, art. 50, LIV). 6. A modificação no texto do art. 16 pela EC 4/93 em nada alterou seu conteúdo principiológico fundamental. Tratou-se de mero aperfeiçoamento técnico levado a efeito para facilitar a regulamentação do processo eleitoral. 7. Pedido que se julga procedente para dar interpretação conforme no sentido de que a inovação trazida no art. 1° da EC 52/06 somente seja aplicada após decorrido um ano da data de sua vigência" (grifos nossos).[265]

8) "RE 442683/RS - RIO GRANDE DO SUL
RECURSO EXTRAORDINÁRIO
Relator(a): MIN. CARLOS VELLOSO
Julgamento: 13/12/2005 Órgão Julgador: Segunda Turma
....

EMENTA: CONSTITUCIONAL. SERVIDOR PÚBLICO: PROVIMENTO DERIVADO:
INCONSTITUCIONALIDADE: EFEITO EX NUNC. PRINCÍPIOS DA BOA-FÉ E DA SEGURANÇA JURÍDICA. 1. - A Constituição de 1988 instituiu o concurso público como forma de acesso aos cargos públicos. CF, art. 37, II. Pedido de desconstituição de ato administrativo que deferiu, mediante concurso interno, a progressão de servidores públicos. Acontece que, à época dos fatos 1987 a 1992, o entendimento a respeito do tema não era pacífico, certo que, apenas em 17.02.1993, é que o Supremo Tribunal Federal suspendeu, com efeito *ex nunc*, a eficácia do art. 8°, III; art.

265 BRASIL. Supremo Tribunal Federal. Ação Direta de Inconstitucionalidade N. 3685. Relator(a): Ministra Ellen Gracie. Distrito Federal/DF. Julgamento: 22.03.2006. DJ 10-08-2006 PP-00019 EMENT VOL-02241-02 PP-00193 RTJ VOL-00199-03 PP-00957. Disponível em: https://jurisprudencia.stf.jus.br/pages/search/sjur92320/false

10, parágrafo único; art. 13, § 4º; art. 17 e art. 33, IV, da Lei 8.112, de 1990, dispositivos esses que foram declarados inconstitucionais em 27.8.1998: ADI 837/DF, Relator o Ministro Moreira Alves, DJ de 25.6.1999. II. - Os princípios da boa-fé e da segurança jurídica autorizam a adoção do efeito ex nunc para a decisão que decreta a inconstitucionalidade. Ademais, os prejuízos que adviriam para a Administração seriam maiores que eventuais vantagens do desfazimento dos atos administrativos. III. - Precedentes do Supremo Tribunal Federal. IV. - RE conhecido, mas não provido" (grifos nossos).[266]

9) "PET-MC-segunda 2859 / SP -SÃO PAULO
SEG. MED. CAUT. EM PETIÇÃO
Relator(a): Min. GILMAR MENDES
Julgamento: 03/02/2005 Órgão Julgador: Tribunal Pleno

....

EMENTA: Ação cautelar inominada. Recurso extraordinário. Efeito suspensivo. 2. Decisão monocrática concessiva. Referendum do Plenário. 3. Operação Urbana Centro. Acórdão do Tribunal de Justiça do Estado de São Paulo que, em ADI estadual, declarou a inconstitucionalidade de lei do Município de São Paulo. 4. Eficácia dos efeitos dessa declaração para momento futuro - "pro futuro". Art. 27 da Lei no 9.868, de 10.1.1.99. 5. Existência de plausibilidade jurídica do pedido de declaração de inconstitucionalidade com eficácia "ex nunc" e ocorrência do *periculum in mora*. 5. Cautelar, em questão de ordem, referendada" (grifos nossos).[267]

---

266 BRASIL. Supremo Tribunal Federal. Recurso Extraordinário N. 442683. Relator: Ministro Carlos Velloso. Rio Grande do Sul/RS. Julgamento: 13.12.2005. DJ 24-03-2006 PP-00055 EMENT VOL-02226-04 PP-00814 LEXSTF vol. 28, n. 330, 2006, pp. 282-299. Disponível em: https://jurisprudencia.stf.jus.br/pages/search/sjur91803/false

267 BRASIL. Supremo Tribunal Federal. Seg. Med. Caut. Em Petição N. 2859. Relator: Ministro Gilmar Mendes. São Paulo/SP. Julgamento: 03/02/2005. DJ 20-05-2005 PP-00007 EMENT VOL-02192-2 PP-00333 LEXSTF vol.

O aspecto mais relevante de seu entendimento – após percucientes análises de questões semelhantes tratadas pelas Cortes de outros países e a enunciação de posições favoráveis à tese professada por doutrinadores estrangeiros de reconhecimento internacional – foi a da segurança jurídica, ainda que Gilmar Mendes não tenha adotado, quanto às decisões que acatam soluções flexíveis para a aplicação da Lei Suprema, a terminologia "efeitos prospectivos", mas "efeitos limitados", na exegese constitucional.

Assim é que, ao examinar a decisão proferida no Re 105.789, de relatoria do Ministro Carlos Madeira (RTJ 118, p. 301), segundo a qual a declaração de inconstitucionalidade de leis que concederam vantagens a funcionários públicos não poderia implicar a devolução dos subsídios:

> (...) a irredutibilidade dos vencimentos dos magistrados garante, sobretudo, o direito que já nasceu e que não pode ser suprimido sem que sejam diminuídas as prerrogativas que suportam o seu cargo. (RE 105.789, Rel. Min. Carlos Madeira, RTJ 118, p. 301).

Esclareceu o eminente homenageado que:

> Essa tentativa, um tanto quanto heterodoxa, de preservar as vantagens pecuniárias já pagas a servidores públicos, com base numa lei posteriormente declarada inconstitucional, parece carecer de fundamentação jurídica consistente em face da doutrina da nulidade da lei inconstitucional. Ela demonstra, ademais, que o Tribunal, na hipótese, acabou por produzir uma mitigação de efeitos com base em artifícios quase que exclusivamente retóricos. Mais apropriado seria reconhecer que, nos casos referidos, a retroatividade plena haveria de ser afastada com fundamento no princípio da

---

27, n. 319, 2005, p. 169-202. RTJ VOL-00193-03 PP-00866. Disponível em: https://jurisprudencia.stf.jus.br/pages/search/sjur94688/false

> segurança jurídica, que, como se sabe, também entre nós é dotado de hierarquia constitucional. (RE 197.917/SP).

Ao analisar, por outro lado, a inexistência de Defensoria Pública no Estado de São Paulo, diante de necessidade de representação em juízo da parte lesada por crime, em ação reparatória, esclareceu, o Ministro Gilmar Mendes, acerca da possibilidade de se considerar ainda vigente o artigo 68 do Código Penal até que fosse criada a referida Defensoria:

> Fica evidente, pois, que o STF deu um passo significativo rumo à flexibilização das técnicas de decisão no juízo de controle de constitucionalidade, introduzindo, ao lado da fórmula apoditica da declaração de inconstitucional idade com equivalência de nulidade, o reconhecimento de um estado imperfeito, insuficiente para justificar a declaração de ilegitimidade da lei, ou bastante para justificar a sua aplicação provisória.

Chegou, pois, a conclusão de que:

> Essas considerações demonstram que razões de segurança jurídica podem revelar-se aptas a justificar a não-aplicação do princípio da nulidade da lei inconstitucional.
>
> Nesses termos, resta evidente que a norma contida no art. 27 da Lei 9.868, de 1999, tem caráter fundamentalmente interpretativo, desde que se entenda que os conceitos jurídicos indeterminados utilizados – segurança jurídica e excepcional interesse social – se revestem de base constitucional. No que diz respeito à segurança jurídica, parece não haver dúvida de que encontra expressão no próprio princípio do Estado de Direito consoante, amplamente aceito pela doutrina pátria e alienígena. Excepcional interesse social pode encontrar fundamento em diversas normas constitucionais. O que importa assinalar é que, consoante a interpretação aqui preconizada, o princípio da nulidade somente há de ser afastado se se puder demonstrar,

> com base numa ponderação concreta, que a declaração de inconstitucionalidade ortodoxa envolveria o sacrifício da segurança jurídica ou de outro valor constitucional materializável sob a forma de interesse social.[268] (RE 197.917/SP).

O voto de Gilmar Mendes – que foi, de rigor, o autor dos artigos 27 da Lei n. 9.868/99 e 11 da Lei n. 9.882/99 – parece, por seus fundamentos, lastreado em sólida doutrina comparada e na experiência de outros países e na interpretação autêntica dos dois dispositivos de sua autoria. Esse entendimento está a demonstrar que, apesar da turbulência provocada para sua aceitação no direito brasileiro, em casos excepcionalíssimos, o instituto caminha para definitiva consolidação, mormente após as decisões por ele elencadas e por mim revisitadas, neste breve estudo de homenagem ao querido amigo e símbolo de jurista, que ultrapassa de muito o teórico acadêmico voltado à reflexão jurídica.

Com toda justiça, o Brasil tem-no consagrado como autêntico modelo de cidadania, elevada a sua maior expressão. Um magistrado justo, voltado à consolidação de nossas instituições e à conformação de um Brasil maior.

Referências bibliográficas

BRASIL. Supremo Tribunal Federal. Agravo Regimental no Agravo de Instrumento N. 651224. Relator: Ministro Marco Aurélio. Rio de Janeiro/RJ. Julgamento: 26.08.2008. DJe—222 DIVULG 20—11—2008 PUBLIC 21-11-2008 EMENT VOL-02342-23 PP—04708. Disponível em: https://jurisprudencia.stf.jus.br/pages/search/sjur86178/false.

BRASIL. Supremo Tribunal Federal. Ação Direta de Inconstitucionalidade N. 2501. Relator: Ministro Joaquim Barbosa. Minas Gerais/MG. Julgamento: 04.09.2008. DJe-241 DIVULG 18-12-2008 PUBLIC 19-12-2008 EMENT VOL-020346-01 PP-00074 RTJ VOL-00207-

268 Cf. a propósito do direito português, MEDEIROS, Rui. *A Decisão de Inconstitucionalidade*. Lisboa: UCP, 1999, p. 716.

03 PP-01046. Disponível em: https://jurisprudencia.stf.jus.br/pages/search/sjur87974/false.

BRASIL. Supremo Tribunal Federal. Ação Direta de Inconstitucionalidade N. 3660. Relator: Ministro Gilmar Mendes. Mato Grosso do Sul/MS. Julgamento: 13.03.2008. DJe-083 DIVULG 08-05-2008 PUBLIC 09-05-2008 EMENT VOL-02318-01 PP-00045 RTJ VOL-00205-02 PP-00686 LEXSTF vol. 30, n. 355, 2008, p 102-127. Disponível em: https://jurisprudencia.stf.jus.br/pages/search/sjur90452/false.

BRASIL. Supremo Tribunal Federal. Ação Direta de Inconstitucionalidade N. 3458. Relator: Ministro Eros Grau. Goiás/GO. Julgamento: 21.02.2008. DJe-088 DIVULG 15-05-2008 PUBLIC 16-05-2008 EMENT VOL-02319-02 PP-00350 RTJ VOL-00205-02 PP-00665 LEXSTF vol. 30, n. 354, 2008, p. 87-109. Disponível em: https://jurisprudencia.stf.jus.br/pages/search/sjur88951/false.

BRASIL. Supremo Tribunal Federal. Mandado de Segurança N. 26604. Relator(a): Ministra Cármen Lúcia. Distrito Federal/DF. Julgamento: 04.10.2007. DJe-187 DIVULG 02-10-2008 PUBLIC 03-10-2008 EMENT VOL-02335-02 PP-00135 RTJ VOL-00206-02 PP-00626. Disponível em: https://jurisprudencia.stf.jus.br/pages/search/sjur87394/false.

BRASIL. Supremo Tribunal Federal. Ação Direta de Inconstitucionalidade N. 1351. Relator: Ministro Marco Aurélio. Distrito Federal/DF. Julgamento: 07.12.2006. DJ 30-03-2007 PP-00068 EMENT VOL-02270-01 PP-00019 REPUBLICAÇÃO: DJ 29-06-2007 PP-00031 RTJ VOL-00207-01 PP-00116. Disponível em: https://jurisprudencia.stf.jus.br/pages/search/sjur90910/false.

BRASIL. Supremo Tribunal Federal. Ação Direta de Inconstitucionalidade N. 3615. Relator(a): Ministra Ellen Grace. Paraíba/PB. Julgamento: 30.08.2006. DJ 09-03-2007 PP-00025 EMENT VOL-02267-01 PP-00143 LEXSTF vol. 29, n. 341, 2007, p. 64-83. Disponível em: https://jurisprudencia.stf.jus.br/pages/search/sjur6830/false.

BRASIL. Supremo Tribunal Federal. Ação Direta de Inconstitucionalidade N. 3685. Relator(a): Ministra Ellen Gracie. Distrito Federal/DF. Julgamento: 22.03.2006. DJ 10-08-2006 PP-00019 EMENT VOL-02241-02 PP-00193 RTJ VOL-00199-03 PP-00957. Disponível em: https://jurisprudencia.stf.jus.br/pages/search/sjur92320/false.

BRASIL. Supremo Tribunal Federal. Recurso Extraordinário N. 442683. Relator: Ministro Carlos Velloso. Rio Grande do Sul/RS. Julgamento: 13.12.2005. DJ 24-03-2006 PP-00055 EMENT VOL-02226-04 PP-00814 LEXSTF vol. 28, n. 330, 2006, pp. 282-299. Disponível em: https://jurisprudencia.stf.jus.br/pages/search/sjur91803/false.

BRASIL. Supremo Tribunal Federal. Seg. Med. Caut. Em Petição N. 2859. Relator: Ministro Gilmar Mendes. São Paulo/SP. Julgamento: 03/02/2005. DJ 20-05-2005 PP-00007 EMENT VOL-02192-2 PP-00333 LEXSTF vol. 27, n. 319, 2005, p. 169-202. RTJ VOL-00193-03 PP-00866. Disponível em: https://jurisprudencia.stf.jus.br/pages/search/sjur94688/false.

BONAVIDES, Paulo; MORAES, Germana; ROSAS, Roberto (Coord.). *Estudos de Direito Constitucional:* em homenagem a Cesar Asfor Rocha. Rio de Janeiro: Renovar, 2009.

TOSI, Renzo. *Dicionário de Sentenças Latinas e Gregas*. São Paulo: Martins Fontes, 1996.

TAVARES, André Ramos; ROTHENBURG, Walter Claudius (Coord.). *Arguição de descumprimento de preceito fundamental:* análises à luz da Lei n. 9882/99. São Paulo: Atlas Jurídico, 2001.

CAPÍTULO XII

SEGURANÇA JURÍDICA E JURISDIÇÃO CONSTITUCIONAL: A (IN) CONSTITUCIONALIDADE DA REGULAMENTAÇÃO DA AÇÃO RESCISÓRIA NO CPC/15

Jorge Octávio Lavocat Galvão

O Ministro Gilmar Mendes é, sem sombra de dúvidas, o maior arquiteto do atual modelo de controle de constitucionalidade no Brasil. Sua contribuição não se restringe ao plano acadêmico, no qual suas obras se destacam como de maior influência no período pós-88, mas também no campo profissional, em que boa parte de suas energias foram voltadas à sistematização das categorias aplicáveis ao nosso peculiar modelo misto. Destacam-se, nesse sentido, a sua colaboração direta na edição das Leis 9.868/99 e 9.882/99 – que podem ser consideradas como a espinha dorsal do controle de concentrado no Brasil – e a sua arguta atuação em inúmeros casos no Supremo Tribunal Federal (STF) no sentido de conferir maior racionalidade ao nosso sistema.

Dentre as suas contribuições, pretende-se discutir no presente ensaio a tese por ele acertadamente defendida de que a decisão proferida em sede de controle de constitucionalidade, a despeito de possuir eficácia *erga omnes* e efeito vinculante, não atinge as situações individuais consolidadas. A lição do eminente constitucionalista, ora homenageado, pode ser resumida no seguinte trecho:

> Embora a ordem jurídica brasileira não contenha regra expressa sobre o assunto e se aceite, genericamente, a ideia de que o ato fundado em lei inconstitucional está eivado, igualmente, de iliceidade, concede-se proteção *ao ato singular*, procedendo-se à diferenciação entre o efeito da decisão no *plano normativo* e no *plano do ato singular* mediante a utilização das *fórmulas de preclusão.*
>
> Os atos praticados com base na lei inconstitucional que não mais se afigurem suscetíveis de revisão não são afetados pela declaração de inconstitucionalidade.[269]

Ao se referir às formulas de preclusão, Gilmar Mendes defende a intangibilidade das sentenças judiciais já acobertadas pelo manto da coisa julgada e dos atos administrativos praticados há mais de 5 (cinco) anos que já não mais podem ser anulados por força do art. 54 da Lei n. 9.784/99.[270] Nada mais justo, nesse sentido, que os particulares, com base no princípio da segurança jurídica, não sejam prejudicados anos após consolidarem sua situação subjetiva por julgamento superveniente do STF, em caso do qual eles não puderam participar. A lição doutrinária do eminente constitucionalista tenta, nesse sentido, aliar as pretensões prospectivas inerentes

---

269 MENDES, Gilmar. BRANCO, Paulo. *Curso de Direito Constitucional.* 12ª ed. São Paulo: Saraiva, 2017, p. 1.438.

270 Art. 54. O direito da Administração de anular os atos administrativos de que decorram efeitos favoráveis para os destinatários decai em cinco anos, contados da data em que foram praticados, salvo comprovada má-fé.§ 1º No caso de efeitos patrimoniais contínuos, o prazo de decadência contar-se-á da percepção do primeiro pagamento.§ 2º Considera-se exercício do direito de anular qualquer medida de autoridade administrativa que importe impugnação à validade do ato.

à própria jurisdição constitucional contemporânea com os direitos consolidados dos cidadãos.

O que tristemente se constata, contudo, é que tal orientação doutrinária vem sido mitigada tanto pela jurisprudência do STF e quanto pela legislação. Com efeito, há precedente, que consideramos censurável, no sentido de que a declaração de inconstitucionalidade de determinada lei produz efeitos imediatos em atos administrativos já acobertado pela decadência prevista na Lei n. 9.784/99. É o caso, por exemplo, do julgado no Mandado de Segurança n. 28.279/DF, de relatoria da Ministra Ellen Gracie, do qual se extrai o seguinte trecho da ementa:

> 5. Situações flagrantemente inconstitucionais como o provimento de serventia extrajudicial sem a devida submissão a concurso público não podem e não devem ser superadas pela simples incidência do que dispõe o art. 54 da Lei 9.784/1999, sob pena de subversão das determinações insertas na Constituição Federal.

Já no plano legislativo, o Código de Processo Civil de 2015 também apresenta relativização da outra fórmula de preclusão prevista no ordenamento jurídico brasileiro, qual seja, a da coisa julgada. De fato, há previsão expressa de que decisões de inconstitucionalidade de leis proferidas após 2 anos do trânsito em julgado de determinado processo podem servir de fundamento para rescisão do julgado. O que se pretende argumentar nesse artigo é que o CPC/15, nesse ponto, padece de vício de inconstitucionalidade.

***

Em maio de 2016, no meio de uma agenda judiciária bastante tumultuada, principalmente em razão dos inúmeros questionamentos levados ao STF acerca do *impeachment*, passou despercebido o julgamento da ADI n. 2.418, ajuizada pelo Conselho Federal da OAB para impugnar, dentre outros, o parágrafo único do art. 741 do revogado CPC de 1973. Tal dispositivo permitia ao devedor que em sede de embargos à execução alegasse a inexigibilidade do título judicial ao argumento de que ele estaria "*fundado em lei ou ato normativo declarados inconstitucionais pelo Supremo Tribunal Federal*".

O referido julgamento foi inovador não apenas por romper com a jurisprudência do Pretório de Excelso, de julgar prejudicada ADI movida contra ato normativo revogado durante sua tramitação, mas, principalmente, por chancelar uma hipótese de *rescisão da coisa julgada* por meio de simples petição de defesa do executado. O parágrafo único do art. 741 do CPC/73 tratava daquilo que a doutrina passou a chamar de *coisa julgada inconstitucional*, disciplinando que, independentemente de ação rescisória, título judicial passado em julgado se tornaria inexigível após decisão do STF no sentido de declarar a inconstitucionalidade da lei que lhe deu ensejo.[271] Não há dúvida se tratar de um dos temas mais palpitantes no âmbito do direito processual civil, que envolve o conflito entre o princípio da segurança jurídica e o da supremacia da Constituição.

O tema ganha mais relevo quando se verifica que o CPC de 2015 prevê hipótese semelhante de desconstituição de coisa julgada em sede de impugnação ao cumprimento de sentença, especificando

---

271 Como bem alertava o Ministro Teori Zavascki, não é apenas na hipótese de declaração de inconstitucionalidade que o referido disposto teria aplicação: "*A interpretação literal desse dispositivo sugere que são três os vícios de inconstitucionalidade que permitem a utilização do novo mecanismo: (a) a aplicação da lei inconstitucional; ou (b) a aplicação da lei a situação considerada inconstitucional; ou, ainda, (c) a aplicação de lei com um sentido (=uma interpretação) inconstitucional. (...) Considerando o atual sistema de controle de constitucionalidade e dos efeitos da sentença do STF dele decorrentes, não há como negar que há outra situação, nele implícita, que autoriza a invocação da inexigibilidade da obrigação contida no título executivo judicial: é quando a sentença exequenda reconheceu a inconstitucionalidade de norma que o Supremo Tribunal Federal declarou constitucional*". (ADI 2.418) Para facilitar a compreensão do texto, todas as hipóteses de aplicação da norma serão tratadas como hipótese de inconstitucionalidade da lei que deu ensejo ao título judicial.

que o precedente que dá ensejo à inexigibilidade do título pode ser proferido tanto em sede de controle concentrado quanto difuso (art. 535, §5°) e, mais importante, que, se o precedente do STF for posterior ao trânsito em julgado da ação executada, será necessário o ajuizamento de ação rescisória para desconstituir o título, cujo prazo decadencial de 2 (dois) anos terá início após o trânsito em julgado do precedente do STF invocado (art. 535, §8°).[272]

Ou seja, de acordo com o novo marco processual, toda decisão proferida pela Corte Constitucional, em qualquer modalidade de controle, terá o condão de reiniciar o prazo para propositura de ação rescisória de títulos judiciais há muito transitados em julgado, desde que incompatíveis com a nova orientação constitucional firmada pelo STF.

Trata-se de significativa mudança no perfil da coisa julgada em nosso ordenamento jurídico, que inevitavelmente ensejará

---

272 Art. 535. A Fazenda Pública será intimada na pessoa de seu representante judicial, por carga, remessa ou meio eletrônico, para, querendo, no prazo de 30 (trinta) dias e nos próprios autos, impugnar a execução, podendo arguir:

(...)

II - inexequibilidade do título ou inexigibilidade da obrigação;

(...)

§ 5º Para efeito do disposto no inciso III do caput deste artigo, considera-se também inexigível a obrigação reconhecida em título executivo judicial fundado em lei ou ato normativo considerado inconstitucional pelo Supremo Tribunal Federal, ou fundado em aplicação ou interpretação da lei ou do ato normativo tido pelo Supremo Tribunal Federal como incompatível com a Constituição Federal, em controle de constitucionalidade concentrado ou difuso.

§ 6º No caso do § 5º, os efeitos da decisão do Supremo Tribunal Federal poderão ser modulados no tempo, de modo a favorecer a segurança jurídica.

§ 7º A decisão do Supremo Tribunal Federal referida no § 5º deve ter sido proferida antes do trânsito em julgado da decisão exequenda.

§ 8º Se a decisão referida no § 5º for proferida após o trânsito em julgado da decisão exequenda, caberá ação rescisória, cujo prazo será contado do trânsito em julgado da decisão proferida pelo Supremo Tribunal Federal.

questionamentos quanto à constitucionalidade do dispositivo em questão (art. 535, §8º).[273] O presente ensaio parte de alguns precedentes recentes do STF sobre os limites da coisa julgada, inclusive a mencionada ADI n. 2.418, para, a partir de uma análise sistemática desses julgados, tentar antever o posicionamento do Pretório Excelso sobre o tema

***

Inicialmente, é importante observar que, desde 2014, o STF vem decidindo inúmeros casos relevantes sobre a eficácia de decisões da Corte Constitucional contrárias a títulos judiciais transitados em julgado. Pode-se citar, como exemplo, os Recursos Extraordinários (RREE) n. 590.809, 730.462 e 611.503 (este ainda pendente de julgamento), além da ADI n. 2.418. Tais julgamentos devem ser interpretados em conjunto a fim de se extrair uma rede coerente de princípios que permita identificar a essência da concepção de coisa julgada adotada pela Constituição Federal de 1988. Assim, ainda que o STF já tenha assentado que o instituto da coisa julgada tem sua conformação essencialmente delineada pelo legislador ordinário (RE n. 681.953), se a solução legal adotada pelo Congresso Nacional retira por completo a eficácia normativa do referido princípio, não há alternativa senão considerá-la inconstitucional. Dito isso, passa-se à análise dos casos.

O primeiro precedente importante para a análise da questão é o RE n. 590.809, de relatoria do Ministro Marco Aurélio, em que se discutia se a mudança de orientação jurisprudencial do STF sobre creditamento de IPI de insumos sujeitos à alíquota zero seria motivo apto a ensejar a rescisão do julgado. No caso, a Fazenda Nacional ajuizou ação rescisória no tribunal de origem, julgada procedente, para desconstituir título judicial que conferiu benefício

273 Não custa mencionar que o art. 535, §8º, do CPC/15 tem redação idêntica ao art. 525, §15º, do mesmo diploma, que disciplina a impugnação ao cumprimento de sentença. As críticas do presente ensaio obviamente valem para ambos os dispositivos.

para particular, posteriormente considerado inconstitucional pelo STF. Contra o acórdão rescisório, a empresa prejudicada interpôs recurso extraordinário, alegando violação à coisa julgada e à segurança jurídica. Em julgamento realizado em outubro de 2014, o Pretório Excelso decidiu modificar sua orientação quanto à Súmula n. 343/STF[274] – que até então não se aplicava a matérias constitucionais – para afirmar que, se no momento da decisão rescindenda havia controvérsia sobre a interpretação da norma constitucional, não seria cabível ação rescisória. Em outras palavras, o STF proveu o recurso extraordinário para afirmar que a ação rescisória não serve como instrumento de uniformização de jurisprudência, mesmo nos casos envolvendo interpretação do texto constitucional, privilegiando-se, assim, a coisa julgada.

Em maio de 2015, outro caso emblemático foi decidido pelo STF quanto à desconstituição de títulos judiciais transitados em julgado por posterior decisão proferida em sede de controle concentrado. Como se sabe, o §2° do art. 102 da CF/88 confere eficácia *erga omnes* e efeito vinculante às decisões proferidas em sede de ADI, o que levou vários doutrinadores a defender a automática rescisão dos julgados contrários à decisão do STF. No RE n. 730.462, de relatoria do Ministro Teori Zavascki, discutiu-se se após a declaração de inconstitucionalidade do art. 9° da Medida Provisória n. 2.164 em sede de ADI, que proibia a condenação de honorários advocatícios em demandas sobre FGTS, seria possível a execução de tais verbas nos casos em que não houve a sua fixação por força da referida lei. O STF fixou a tese de que a decisão em controle concentrado não produz a automática reforma ou rescisão das sentenças anteriores que tenham adotado entendimento diferente, sendo indispensável, para tanto, o ajuizamento da ação rescisória dentro do prazo decadencial. Nesse contexto, caso a sentença tenha transitado em julgado há mais de 2 (dois) anos da

274 Súmula n. 343/STF: "Não cabe ação rescisória por ofensa a literal dispositivo de lei, quando a decisão rescindenda se tiver baseado em texto legal de interpretação controvertida nos tribunais".

decisão da ADI, não haveria nenhum remédio processual apto a proteger o direito daquele que seria beneficiado pela decisão em controle concentrado.

Mais recentemente, em maio do corrente ano, na já mencionada ADI n. 2.418, também de relatoria do Ministro Teori Zavascki, o STF considerou constitucional o parágrafo único do art. 741 do CPC/73, mas limitou drasticamente o seu alcance. Com efeito, restou assentado nesse precedente que a inexigibilidade de título judicial baseado em lei posteriormente declarada inconstitucional pelo Pretório Excelso somente poderia ser arguida como matéria de defesa em embargos à execução caso "*o reconhecimento dessa inconstitucionalidade tenha decorrido de julgamento do STF realizado em data anterior ao trânsito em julgado da sentença exequenda*". Ou seja, uma vez transitado o título judicial, decisão posterior do STF em sentido contrário não pode ser utilizada como matéria de defesa na execução. O mesmo entendimento foi reafirmado por nove ministros no julgamento do RE 611.503, iniciado em junho de 2016, faltando, apenas, a colheita do voto-vista do Ministro Ricardo Lewandowski.

Já em 2017, o Ministro Celso de Mello concedeu liminar no Mandado de Segurança n. 35.078 para suspender decisão do Tribunal de Contas de União (TCU) que cancelou o pagamento de quintos e décimos – adicionais pagos para o exercício de cargos comissionados – a um servidor aposentado. No caso específico, o particular saiu-se vitorioso em ação judicial transitada em julgada em 2012 para ver reconhecido o direito de incorporar tais benefícios. Em 2015, contudo, o STF decidiu, em recurso extraordinário com repercussão geral reconhecida, a inconstitucionalidade de tal incorporação, o que motivou a atuação da Corte de Contas. O Ministro Celso de Mello, por sua vez, entendeu que uma sentença transitada em julgado não pode ser modificada por precedente superveniente do STF, em prejuízo do particular.

***

Extrai-se dos referidos julgados algumas conclusões. Em primeiro lugar, a mudança de jurisprudência do STF não tem o condão de modificar a natureza dos títulos judiciais já transitados em julgado em razão da súmula n. 343/STF. Em segundo lugar, a decisão do STF em sede de controle concentrado pode dar ensejo à desconstituição de títulos executivos transitados em julgado, por meio de ação rescisória, desde que não seja hipótese de alteração de entendimento do STF. Em outras palavras, a decisão proferida no RE n. 590.809 garante que uma decisão do STF acerca da constitucionalidade de determinada lei pode dar ensejo à rescisão de título judicial transitado em julgado que não se subordine à orientação da Corte Constitucional, desde que a ação seja proposta dentro do prazo de 2 (dois) anos e que se trate de matéria nova na jurisprudência da Corte, e não mera mudança de jurisprudência. Por derradeiro, a ADI n. 2.418 autoriza que, se o STF declarar a inconstitucionalidade de determinada interpretação que deu ensejo a um título judicial antes de seu trânsito em julgado, será possível arguir a inexigibilidade de tal título em sede de embargos à execução.

O CPC/15, por seu turno, em seu art. art. 535, §8º, é explícito em afirmar que o prazo da rescisória começa a contar da data da decisão da Corte Constitucional que declara a inconstitucionalidade da lei que deu ensejo à decisão judicial. Então, no regime do novo código, haverá um termo inicial distinto para a rescisória no caso de o STF vir a interpretar a Constituição de maneira diferente daquela estipulada em título judicial transitado em julgado. Pelo CPC/15, uma sentença transitada em julgado há mais de uma década poderá estar sujeita à rescisão no caso de o STF mudar o seu entendimento quanto à constitucionalidade da norma que lhe deu ensejo. Tal orientação, obviamente, fere de morte a segurança jurídica, na medida em que qualquer título judicial estaria sob perigo no caso de mudança de jurisprudência do Pretório Excelso. Pelo CPC/15, nem mesmo a fluência do prazo decadencial de 2 (dois) anos seria suficiente para deixar o cidadão tranquilo quanto à certeza de seu direito, visto que a mudança de jurisprudência constitucional sobre o tema seria motivo hábil a provocar a rescisão do julgado.

Como dito anteriormente, não obstante a definição de coisa julgada ser eminentemente legal, não se pode conceber que o legislador ordinário venha a esvaziar por completo o referido conceito constitucional. A coisa julgada impõe a observância de determinados princípios, como o da segurança jurídica, que foram frontalmente atingidos pelo CPC/15. O próprio STF deu pistas, em seus últimos precedentes, de que a concepção adotada pelo *novel códex* não se coaduna com o texto e o espírito da Constituição.

CAPÍTULO XIII

A JURISDIÇÃO DAS LIBERDADES NA JURISPRUDÊNCIA DO SUPREMO TRIBUNAL FEDERAL

José Celso de Mello Filho

1 O significado da defesa da Constituição

Impõe-se *ao Supremo Tribunal Federal*, tornado guardião da ordem constitucional por deliberação soberana da própria Assembleia Nacional Constituinte, reafirmar, *a cada momento*, o seu respeito, o seu apreço e a sua lealdade ao texto sagrado da Constituição democrática do Brasil.

Nesse contexto, incumbe aos magistrados e Tribunais, notadamente aos Juízes da Corte Suprema do Brasil, o desempenho do dever que lhes é inerente: *o de velar* pela integridade dos direitos fundamentais de todas as pessoas, *o de repelir* condutas governamentais abusivas, *o de conferir* prevalência à essencial dignidade da pessoa humana, *o de fazer cumprir* os pactos internacionais que protegem os grupos vulneráveis expostos a práticas discriminatórias *e o de neutralizar* qualquer ensaio de opressão estatal.

O Supremo Tribunal Federal possui a exata percepção dessa realidade e, por isso mesmo, no desempenho de suas funções, tem um grave compromisso com o Brasil e com o seu povo, e que consiste em preservar a intangibilidade da Constituição que nos governa a todos, sendo o garante de sua integridade, impedindo que razões de pragmatismo governamental ou de mera conveniência de grupos, instituições ou estamentos prevaleçam e deformem o significado da própria Lei Fundamental.

Torna-se de vital importância reconhecer que o Supremo Tribunal Federal não pode renunciar ao exercício desse encargo, pois, *se* a Suprema Corte falhar no desempenho da gravíssima atribuição que lhe foi outorgada, *a integridade* do sistema político, *a proteção* das liberdades públicas, *a estabilidade* do ordenamento normativo do Estado, *a segurança* das relações jurídicas *e a legitimidade* das instituições da República restarão profundamente comprometidas.

Nenhum dos Poderes da República pode submeter a Constituição *a seus próprios* desígnios, ou a manipulações hermenêuticas, ou, *ainda*, a avaliações discricionárias fundadas em razões de conveniência política ou de pragmatismo institucional, eis que a relação *de qualquer* dos Três Poderes com a Constituição há de ser, *necessariamente*, uma relação de incondicional respeito, *sob pena* de juízes, legisladores e administradores converterem o alto significado do Estado Democrático de Direito *em uma palavra vã* e *em um sonho frustrado* pela prática autoritária do poder.

Nada compensa a ruptura da ordem constitucional, *porque nada recompõe os gravíssimos efeitos* que derivam do gesto de infidelidade ao texto da Lei Fundamental.

É por isso que se pode proclamar que o Supremo Tribunal Federal – que não se curva a ninguém, nem tolera a prepotência dos governantes, nem admite os excessos e abusos que emanam *de qualquer* esfera dos Poderes da República – desempenha as suas funções institucionais e exerce a jurisdição que lhe é inerente de modo compatível com os estritos limites que lhe traçou a própria Constituição.

Isso significa reconhecer que a prática da jurisdição, quando provocada por aqueles atingidos pelo arbítrio, pela violência e pelo abuso, não pode ser considerada – ao contrário do que muitos erroneamente supõem e afirmam – *um gesto de indevida interferência* da Suprema Corte na esfera orgânica *dos demais* Poderes da República.

2 A colmatação de omissões inconstitucionais: encargo que foi conferido *ao Supremo Tribunal Federal pela própria* Constituição da República

Revestem-se *de grande importância*, quanto a esse ponto, as reflexões desenvolvidas pelo Ministro Gilmar Mendes,[275] notadamente quando discute o recente desenvolvimento de uma *teoria da omissão inconstitucional*, destacando que o problema da inconstitucionalidade por omissão representa "*um dos mais tormentosos e, ao mesmo tempo, um dos mais fascinantes temas do direito constitucional moderno*".

E isso porque – como observa Gilmar Mendes – a omissão "envolve não só o problema concernente à concretização da Constituição pelo legislador e todas as questões atinentes à eficácia das normas constitucionais", mas "desafia também a argúcia do jurista na solução do problema sob uma perspectiva estrita do processo constitucional", o que o levou a suscitar questões essenciais sobre essa matéria, como se vê, p. ex., das indagações que formulou a propósito de tema tão delicado:

> Quando se pode afirmar a caracterização de uma lacuna inconstitucional? Quais as possibilidades de colmatação dessa lacuna? Qual a eficácia do pronunciamento da Corte Constitucional que afirma a inconstitucionalidade por omissão do legislador? Quais as consequências jurídicas

275 MENDES, Gilmar. *Curso de Direito Constitucional.* nº 1, 7ª ed. São Paulo: Saraiva/IDP, 2012, pp. 1.325 e ss.

> da sentença que afirma a inconstitucionalidade por omissão? (grifei).[276]

O Supremo Tribunal Federal, ao suprir as omissões inconstitucionais dos órgãos estatais e ao adotar medidas que objetivem restaurar a Constituição violada pela inércia dos poderes do Estado, nada mais faz *senão cumprir* a sua missão constitucional e demonstrar, *com esse gesto*, o respeito incondicional que tem pela autoridade da Lei Fundamental da República.

Práticas de ativismo judicial, *embora moderadamente desempenhadas* pela Corte Suprema *em momentos excepcionais*, tornam-se uma necessidade institucional, quando os órgãos do Poder Público se omitem ou retardam, *excessivamente*, o cumprimento de obrigações a que estão sujeitos por expressa determinação do próprio estatuto constitucional, *ainda mais se se tiver presente* que o Poder Judiciário, tratando-se de comportamentos estatais ofensivos à Constituição, *não pode reduzir-se* a uma posição de pura passividade.

Não se censure eventual ativismo judicial exercido pelo Supremo Tribunal Federal, especialmente porque, entre as inúmeras causas que justificam *esse comportamento afirmativo* do Poder Judiciário, de que resulta *uma positiva criação jurisprudencial do direito*, inclui-se a necessidade de fazer prevalecer a primazia da Constituição da República, muitas vezes transgredida e desrespeitada *por pura*, *simples* e *conveniente omissão* dos poderes públicos.

Com efeito, a omissão do Estado – que deixa de cumprir, *em maior ou em menor extensão*, a imposição ditada pelo texto constitucional – qualifica-se como comportamento revestido da maior gravidade político-jurídica, eis que, *mediante inércia*, o Poder Público *também desrespeita* a Constituição, *também ofende* direitos que nela se fundam *e também impede*, por ausência (ou

---

276 MENDES, Gilmar. *Curso de Direito Constitucional*. nº 1, 7ª ed. São Paulo: Saraiva/IDP, 2012, pp. 1.325 e ss.

insuficiência) de medidas concretizadoras, a própria aplicabilidade dos postulados e princípios da Lei Fundamental, *tal como tem advertido* o Supremo Tribunal Federal:

> DESRESPEITO À CONSTITUIÇÃO - MODALIDADES DE COMPORTAMENTOS INCONSTITUCIONAIS DO PODER PÚBLICO.
>
> O desrespeito à Constituição pode ocorrer tanto mediante ação estatal quanto mediante inércia governamental. A situação de inconstitucionalidade pode derivar de um comportamento ativo do Poder Público, que age ou edita normas em desacordo com o que dispõe a Constituição, ofendendo-lhe, assim, os preceitos e os princípios que nela se acham consignados. Essa conduta estatal, que importa em um 'facere' (atuação positiva), gera a inconstitucionalidade por ação.
>
> Se o Estado deixar de adotar as medidas necessárias à realização concreta dos preceitos da Constituição, em ordem a torná-los efetivos, operantes e exeqüíveis, abstendo-se, em conseqüência, de cumprir o dever de prestação que a Constituição lhe impôs, incidirá em violação negativa do texto constitucional. Desse 'non facere' ou 'non praestare' resultará a inconstitucionalidade por omissão, que pode ser total, quando é nenhuma a providência adotada, ou parcial, quando é insuficiente a medida efetivada pelo Poder Público. (...).[277]

Vê-se, *pois*, que *na tipologia das situações inconstitucionais* inclui-se, *também*, aquela que deriva do descumprimento, por inércia estatal, de norma impositiva de determinado comportamento atribuído ao Poder Público *pela própria* Constituição.

---

277 BRASIL. Supremo Tribunal Federal. Medida Cautelar na Ação Direta de Inconstitucionalidade, n. 1.458. Relator: Min. Celso de Mello, Distrito Federal. Julgamento: 23.05.1996. Publicação: DJ 20-09-1996 PP-34531 EMENT VOL-01842-01 PP-00128.

As situações configuradoras de omissão inconstitucional - ainda que se cuide de omissão parcial, derivada *de insuficiente concretização*, pelo Poder Público, do conteúdo material da norma impositiva fundada na Carta Política – *refletem comportamento estatal que deve ser repelido*, pois a inércia do Estado qualifica-se, *perigosamente*, como um dos processos informais de mudança da Constituição, expondo-se, *por isso mesmo*, à censura do magistério doutrinário.[278]

O fato inquestionável é um só: a inércia estatal, em tornar efetivas as imposições constitucionais, traduz inaceitável gesto de desprezo pela Constituição e configura comportamento que revela um incompreensível sentimento de desapreço pela autoridade, pelo valor e pelo alto significado de que se reveste a Constituição da República.

Nada mais nocivo, perigoso e ilegítimo do que elaborar uma Constituição sem a vontade de fazê-la cumprir *integralmente* ou, *então*, com o intuito de apenas executá-la movido pelo *propósito subalterno* de torná-la aplicável somente nos pontos que se mostrarem convenientes aos desígnios dos governantes, em detrimento dos interesses maiores dos cidadãos.

A percepção da gravidade e das consequências lesivas derivadas *do gesto infiel* do Poder Público que transgrida, *por omissão* ou *por insatisfatória concretização*, os encargos de que se tornou depositário por efeito de expressa determinação constitucional, foi revelada, *entre nós*, já no período monárquico, *em lúcido magistério*, por Pimenta Bueno[279] e reafirmada *por eminentes autores*

---

278 FERRAZ, Anna Cândida da Cunha. *Processos Informais de Mudança da Constituição*. Item n. 5. São Paulo: Max Limonad, 1986, pp. 230-232; MIRANDA, Jorge. *Manual de Direito Constitucional*. t. II, 2ª ed. Coimbra: Coimbra Editora, 1988, pp. 406 e 409.; CANOTILHO, Gomes J. J.; MOREIRA, Vital. *Fundamentos da Constituição*. Item n. 2.3.4. Coimbra: Coimbra Editora, 1991, p. 46.

279 BUENO, José Antônio Pimenta. *Direito Público Brasileiro e Análise da Constituição do Império*. 2ª ed. Rio de Janeiro: Ministério da Justiça, 1958, p. 45.

contemporâneos[280] em lições que acentuam *o desvalor jurídico do comportamento estatal omissivo.*

O desprestígio da Constituição –*por inércia* de órgãos meramente constituídos – representa *um dos mais graves aspectos da patologia constitucional*, pois reflete inaceitável desprezo, por parte das instituições governamentais, da autoridade suprema da Lei Fundamental do Estado.

Essa constatação, *também feita* por Karl Loewenstein,[281] coloca em pauta *o fenômeno da erosão da consciência constitucional*, motivado pela instauração, no âmbito do Estado, *de um preocupante processo de desvalorização funcional* da Constituição escrita, como já ressaltado, pelo Supremo Tribunal Federal, em diversos julgamentos, *como resulta* de decisão consubstanciada em acórdão assim ementado:

> A TRANSGRESSÃO DA ORDEM CONSTITUCIONAL PODE CONSUMAR-SE MEDIANTE AÇÃO (VIOLAÇÃO POSITIVA) OU MEDIANTE OMISSÃO (VIOLAÇÃO NEGATIVA)
>
> O desrespeito à Constituição pode ocorrer tanto mediante ação estatal quanto mediante inércia governamental. A situação de inconstitucionalidade pode derivar de um comportamento ativo do Poder Público, seja quando este vem a fazer o que o estatuto constitucional não lhe permite, seja, ainda, quando vem a editar normas em desacordo, formal ou material, com o que dispõe a Constituição. Essa conduta

---

280 SILVA, José Afonso da. *Aplicabilidade das Normas Constitucionais.* nº 4, 3ª ed. São Paulo: Malheiros, 1998; FERRAZ, Anna Cândida da Cunha. *Processos Informais de Mudança da Constituição.* São Paulo: Max Limonad, 1986, pp. 217-218; MIRANDA, Pontes de. “Comentários à Constituição de 1967 com a Emenda n. 1, de 1969”. *Revista dos Tribunais*, São Paulo, 2. ed, t. I, pp. 15-16, 1970.

281 LOEWENSTEIN, Karl. *Teoria de la Constitución.* Barcelona: Ariel. 1983, p. 222.

estatal, que importa em um 'facere' (atuação positiva), gera a inconstitucionalidade por ação.

Se o Estado, no entanto, deixar de adotar as medidas necessárias à realização concreta dos preceitos da Constituição, abstendo-se, em conseqüência, de cumprir o dever de prestação que a própria Carta Política lhe impôs, incidirá em violação negativa do texto constitucional. Desse 'non facere' ou 'non praestare' resultará a inconstitucionalidade por omissão, que pode ser total (quando é nenhuma a providência adotada) ou parcial (quando é insuficiente a medida efetivada pelo Poder Público). Entendimento prevalecente na jurisprudência do Supremo Tribunal Federal: RTJ 162/877-879, Rel. Min. CELSO DE MELLO (Pleno).

A omissão do Estado - que deixa de cumprir, em maior ou em menor extensão, a imposição ditada pelo texto constitucional - qualifica-se como comportamento revestido da maior gravidade político-jurídica, eis que, mediante inércia, o Poder Público também desrespeita a Constituição, também ofende direitos que nela se fundam e também impede, por ausência (ou insuficiência) de medidas concretizadoras, a própria aplicabilidade dos postulados e princípios da Lei Fundamental.

DESCUMPRIMENTO DE IMPOSIÇÃO CONSTITUCIONAL LEGIFERANTE E DESVALORIZAÇÃO FUNCIONAL DA CONSTITUIÇÃO ESCRITA

O Poder Público - quando se abstém de cumprir, total ou parcialmente, o dever de legislar, imposto em cláusula constitucional de caráter mandatório - infringe, com esse comportamento negativo, a própria integridade da Lei Fundamental, estimulando, no âmbito do Estado, o preocupante fenômeno da erosão da consciência constitucional (ADI 1.484-DF, Rel. Min. CELSO DE MELLO).

A inércia estatal em adimplir as imposições constitucionais traduz inaceitável gesto de desprezo pela autoridade da Constituição e configura, por isso mesmo, comportamento que deve ser evitado. É que nada se revela mais nocivo, perigoso e ilegítimo do que elaborar uma Constituição sem a vontade de fazê-la cumprir integralmente ou, então, com o intuito de apenas executá-la movido pelo propósito subalterno de torná-la aplicável somente nos pontos que se mostrarem ajustados à conveniência e aos desígnios dos governantes, em detrimento dos interesses maiores dos cidadãos.

DIREITO SUBJETIVO À LEGISLAÇÃO E DEVER CONSTITUCIONAL DE LEGISLAR: A NECESSÁRIA EXISTÊNCIA DO PERTINENTE NEXO DE CAUSALIDADE

O direito à legislação só pode ser invocado pelo interessado, quando também existir – simultaneamente imposta pelo próprio texto constitucional – a previsão do dever estatal de emanar normas legais. Isso significa que o direito individual à atividade legislativa do Estado apenas se evidenciará naquelas estritas hipóteses em que o desempenho da função de legislar refletir, por efeito de exclusiva determinação constitucional, uma obrigação jurídica indeclinável imposta ao Poder Público.

Para que possa atuar a norma pertinente ao instituto do mandado de injunção, revela-se essencial que se estabeleça a necessária correlação entre a imposição constitucional de legislar, de um lado, e o conseqüente reconhecimento do direito público subjetivo à legislação, de outro, de tal forma que, ausente a obrigação jurídico-constitucional de emanar provimentos legislativos, não se tornará possível imputar comportamiento moroso ao Estado, nem pretender acesso legítimo à via injuncional. Precedentes (...).[282]

O Supremo Tribunal Federal, em julgamentos que versavam *o abusivo e irrazoável retardamento* da União Federal na efetivação de prestação legislativa que a Constituição lhe impôs em tema de greve no serviço público (MI 670/ES, Red. p/ o acórdão Min. Gilmar Mendes - MI 708/DF, Rel. Min. GILMAR MENDES - MI 712/PA, Rel. Min. Eros Grau), supriu, *colmatando-a*, a omissão denunciada por entidades de classe, vindo a conceder mandado de

282 RTJ 183/818-819, Rel. Min. CELSO DE MELLO, Pleno.

injunção *com o objetivo de viabilizar* o exercício, *pelos servidores públicos civis*, do direito de greve, assim neutralizando, *mediante adequada resposta jurisdicional*, o caráter lesivo resultante da lacuna normativa representada pela falta da lei especial a que se refere o texto constitucional (CF, art. 37, VII).

Também em tema de implementação de políticas governamentais *previstas e determinadas* no texto constitucional, notadamente *nas áreas de educação infantil* (RTJ 199/1219-1220) e *de saúde pública* (RTJ 174/687 - RTJ 175/1212-1213), a Corte Suprema brasileira proferiu decisões *que neutralizaram* os efeitos nocivos, lesivos e perversos resultantes da inatividade governamental, em situações nas quais a omissão do Poder Público representava *um inaceitável insulto* a direitos básicos assegurados pela própria Constituição da República, mas cujo exercício *estava sendo inviabilizado* por contumaz (*e irresponsável*) inércia do aparelho estatal.

O Supremo Tribunal Federal, *em referidos julgamentos*, colmatou *a omissão governamental* e conferiu *real efetividade* a direitos essenciais, dando-lhes concreção e, *desse modo*, viabilizando o acesso das pessoas à plena fruição de direitos fundamentais cuja realização prática lhes estava sendo negada, *injustamente*, por arbitrária abstenção do Poder Público.

Assim foi, por exemplo, com a questão concernente à distribuição gratuita de medicamentos a pessoas carentes e portadoras do vírus HIV (AIDS):

> O DIREITO À SAÚDE REPRESENTA CONSEQÜÊNCIA CONSTITUCIONAL INDISSOCIÁVEL DO DIREITO À VIDA
>
> O direito público subjetivo à saúde representa prerrogativa jurídica indisponível assegurada à generalidade das pessoas pela própria Constituição da República (art. 196). Traduz bem jurídico constitucionalmente tutelado, por cuja integridade deve velar, de maneira responsável, o Poder Público, a quem incumbe formular – e implementar – políticas sociais e econômicas idôneas que visem a garantir aos cidadãos,

inclusive àqueles portadores do vírus HIV, o acesso universal e igualitário à assistência farmacêutica e médico-hospitalar.

O direito à saúde – além de qualificar-se como direito fundamental que assiste a todas pessoas – representa conseqüência constitucional indissociável do direito à vida. O Poder Público, qualquer que seja a esfera institucional de sua atuação no plano da organização federativa brasileira, não pode mostrar-se indiferente ao problema da saúde da população, sob pena de incidir, ainda que por censurável omissão, em grave comportamento inconstitucional.

A INTERPRETAÇÃO DA NORMA PROGRAMÁTICA NÃO PODE TRANSFORMÁ-LA EM PROMESSA CONSTITUCIONAL INCONSEQÜENTE

O caráter programático da regra inscrita no art. 196 da Carta Política- que tem por destinatários todos os entes políticos que compõem, no plano institucional, a organização federativa do Estado brasileiro – não pode converter-se em promessa constitucional inconseqüente, sob pena de o Poder Público, fraudando justas expectativas nele depositadas pela coletividade, substituir, de maneira ilegítima, o cumprimento de seu impostergável dever por um gesto irresponsável de infidelidade governamental ao que determina a própria Lei Fundamental do Estado.

DISTRIBUIÇÃO GRATUITA DE MEDICAMENTOS A PESSOAS CARENTES

O reconhecimento judicial da validade jurídica de programas de distribuição gratuita de medicamentos a pessoas carentes, inclusive àquelas portadoras do vírus HIV (AIDS), dá efetividade a preceitos fundamentais da Constituição da República (arts. 5º, 'caput', e 196) e representa, na concreção do seu alcance, um gesto reverente e solidário de apreço à vida e à saúde das pessoas, especialmente daquelas que nada têm e nada possuem, a não ser a consciência de sua própria humanidade e de sua essencial dignidade. Precedentes do STF.[283]

---

283 RE 273.834-AgR/RS, Rel. Min. CELSO DE MELLO.

Diversa não foi a situação ocorrida em rico Município paulista que se absteve, *sem justo motivo*, de adotar medidas necessárias ao adimplemento de sua obrigação constitucional *de proporcionar "educação infantil, em creche e pré-escola, às crianças de até 5 (cinco) anos de idade"* (CF, art. 208, IV):

> A educação infantil representa prerrogativa constitucional indisponível, que, deferida às crianças, a estas assegura, para efeito de seu desenvolvimento integral, e como primeira etapa do processo de educação básica, o atendimento em creche e o acesso à pré-escola (CF, art. 208, IV).
>
> Essa prerrogativa jurídica, em consequência, impõe ao Estado, por efeito da alta significação social de que se reveste a educação infantil, a obrigação constitucional de criar condições objetivas que possibilitem, de maneira concreta, em favor das 'crianças de zero a seis anos de idade' (CF, art. 208, IV), o efetivo acesso e atendimento em creches e unidades de pré-escola, sob pena de configurar-se inaceitável omissão governamental, apta a frustrar, injustamente, por inércia, o integral adimplemento, pelo Poder Público, de prestação estatal que lhe impôs o próprio texto da Constituição Federal.
>
> A educação infantil, por qualificar-se como direito fundamental de toda criança, não se expõe, em seu processo de concretização, a avaliações meramente discricionárias da Administração Pública nem se subordina a razões de puro pragmatismo governamental.
>
> Os Municípios – que atuarão, prioritariamente, no ensino fundamental e na educação infantil (CF, art. 211, § 2º) – não poderão demitir-se do mandato constitucional, juridicamente vinculante, que lhes foi outorgado pelo art. 208, IV, da Lei Fundamental da República, e que representa fator de limitação da discricionariedade político-administrativa dos entes municipais, cujas opções, tratando-se do atendimento das crianças em creche (CF, art. 208, IV), não podem ser exercidas de modo a comprometer, com apoio em juízo de

> simples conveniência ou de mera oportunidade, a eficácia desse direito básico de índole social.
>
> Embora resida, primariamente, nos Poderes Legislativo e Executivo a prerrogativa de formular e executar políticas públicas, revela-se possível, no entanto, ao Poder Judiciário determinar, ainda que em bases excepcionais, especialmente nas hipóteses de políticas públicas definidas pela própria Constituição, sejam elas implementadas pelos órgãos estatais inadimplentes, cuja omissão – por importar em descumprimento dos encargos político-jurídicos que sobre eles incidem em caráter mandatório –mostra-se apta a comprometer a eficácia e a integridade de direitos sociais e culturais impregnados de estatura constitucional. A questão pertinente à 'reserva do possível'. Doutrina.[284]

3 A proteção jurisdicional dos direitos humanos: *um dever-poder* inerente à missão institucional do Supremo Tribunal Federal

A importância do Poder Judiciário na estrutura institucional em que se organiza o aparelho de Estado assume significativo relevo político, histórico e social, pois não há, *na história das sociedades políticas*, o registro de um Povo que, despojado de um Judiciário independente, tenha conseguido, *mesmo assim*, preservar os seus direitos e conservar a sua própria liberdade.

É significativo que se discuta, *portanto*, o tema pertinente aos direitos humanos, valendo destacar, nesse contexto, *a Declaração Universal dos Direitos da Pessoa Humana*, promulgada em Paris, pela III Assembleia Geral da ONU, *em 10/12/1948*.

Esse estatuto das liberdades públicas representou, no cenário internacional, importante marco histórico no processo de consolidação e de afirmação dos direitos fundamentais da pessoa

---

284 RE 436.996-AgR/SP, Rel. Min. CELSO DE MELLO.

humana, pois refletiu, nos trinta artigos que lhe compõem o texto, o reconhecimento solene, pelos Estados, de que todas as pessoas nascem livres e iguais em dignidade e direitos, são dotadas de razão e consciência e titularizam prerrogativas jurídicas inalienáveis que constituem o fundamento da liberdade, da justiça e da paz universal.

Com essa proclamação formal, os Estados componentes da sociedade internacional – estimulados por um insuprimível senso de responsabilidade e conscientes do ultraje representado *pelos atos hediondos* cometidos pelo regime nazifascista, bem assim pelos gestos de desprezo e de desrespeito sistemáticos praticados pelos sistemas totalitários de poder –*tiveram a percepção histórica* de que era preciso forjar as bases jurídicas e éticas de um novo modelo que consagrasse, *em favor das pessoas*, a posse da liberdade em todas as suas dimensões, assegurando-lhes o direito de viverem protegidas do temor e a salvo das necessidades.

O Brasil – que subscreveu esse documento extraordinário no próprio ato de sua promulgação – ainda está em débito com o seu Povo na efetivação das promessas essenciais contidas na Declaração Universal, cujo texto, *mais do que simples repositório* de verdades fundamentais e de compromissos irrenunciáveis, deve constituir, *no plano doméstico dos Estados nacionais*, o instrumento de realização permanente dos direitos e das liberdades nela proclamados.

É preciso, *pois*, que o Estado, *ao magnificar e valorizar* o significado real que inspira a Declaração Universal dos Direitos das Pessoas Humanas, pratique, *sem restrições*, *sem omissões* e *sem tergiversações*, os postulados que esse extraordinário documento de proteção internacional consagra em favor de toda a humanidade.

Torna-se essencial, *portanto*, ter consciência de que se revela inadiável conferir real efetividade, no plano interno, aos compromissos internacionais assumidos pelo Estado brasileiro em tema de direitos humanos.

Sob tal perspectiva, assume relevo indiscutível a definição da estatura hierárquica, *no sistema de direito positivo interno brasileiro*, dos tratados internacionais *de direitos humanos*, valendo referir, *a esse respeito*, a existência de julgamento do Supremo Tribunal Federal a propósito *dessa específica questão*, em cujo âmbito delinearam-se duas posições: *a minha própria*, na qual sustento, *em revisão* a antiga orientação, a qualificação constitucional de referidas convenções internacionais de direitos humanos, e a do eminente Ministro Gilmar Mendes, que confere *a esses mesmos tratados* caráter de supralegalidade.[285]

A questão dos direitos essenciais da pessoa humana – precisamente porque o reconhecimento de tais prerrogativas funda-se em consenso verdadeiramente universal ("*consensus omnium gentium*") – não mais constitui *problema de natureza filosófica* ou *de caráter meramente teórico*, mas representa, *isto sim*, tema fortemente impregnado de significação política, na medida em que se torna fundamental e inadiável instituir meios destinados a protegê-los, conferindo-lhes *efetividade e exequibilidade* no plano das relações entre o Estado e os indivíduos.

É esse, *pois*, o grande desafio com que todos – *governantes e governados* – nos defrontamos no âmbito de uma sociedade democrática: extrair *das declarações internacionais* e *das proclamações constitucionais* de direitos a sua máxima eficácia, em ordem a tornar possível o acesso dos indivíduos e dos grupos sociais a sistemas institucionalizados de proteção aos direitos fundamentais da pessoa humana, quaisquer que sejam as gerações ou as dimensões em que estes se projetem.[286]

Cabe destacar, *neste ponto*, que a própria jurisprudência constitucional do Supremo Tribunal Federal vem refletindo, *em seu*

---

285 HC 87.585/TO - RE 349.703/RS - RE 466.343/SP.

286 BONAVIDES, Paulo. Curso de Direito Constitucional. 21ª ed. São Paulo: Malheiros, 2007, pp. 560-578; MORAES, Alexandre de. Constituição do Brasil Interpretada e Legislação Constitucional. 7ª ed. São Paulo: Atlas, 2007, pp. 96-99, itens n. 5.1 e 5.2; LAFER, Celso. *A Reconstrução dos Direitos Humanos*. São Paulo: Companhia das Letras, 1988, pp. 125-134.

processo de construção, o sentido de contemporaneidade de que se acham impregnadas as mais recentes gerações (ou dimensões) de direitos fundamentais,[287] valendo referir, *entre tais prerrogativas básicas* que realçam o princípio da solidariedade, o direito ao meio ambiente ecologicamente equilibrado:

> Todos têm direito ao meio ambiente ecologicamente equilibrado. Trata-se de um típico direito de terceira geração (ou de novíssima dimensão), que assiste a todo o gênero humano (RTJ 158/205-206). Incumbe ao Estado e à própria coletividade a especial obrigação de defender e preservar, em benefício das presentes e futuras gerações, esse direito de titularidade coletiva e de caráter transindividual (RTJ 164/158-161). O adimplemento desse encargo, que é irrenunciável, representa a garantia de que não se instaurarão, no seio da coletividade, os graves conflitos intergeneracionais marcados pelo desrespeito ao dever de solidariedade, que a todos se impõe, na proteção desse bem essencial de uso comum das pessoas em geral. Doutrina.
>
> A ATIVIDADE ECONÔMICA NÃO PODE SER EXERCIDA EM DESARMONIA COM OS PRINCÍPIOS DESTINADOS A TORNAR EFETIVA A PROTEÇÃO AO MEIO AMBIENTE
>
> A incolumidade do meio ambiente não pode ser comprometida por interesses empresariais nem ficar dependente de motivações de índole meramente econômica, ainda mais se se tiver presente que a atividade econômica, considerada a disciplina constitucional que a rege, está subordinada, entre outros princípios gerais, àquele que privilegia a 'defesa do meio ambiente' (CF, art. 170, VI), que traduz conceito amplo e abrangente das noções de meio ambiente natural, de meio ambiente cultural, de meio ambiente artificial (espaço urbano) e de meio ambiente laboral. Doutrina.Os instrumentos jurídicos de caráter legal e de natureza constitucional objetivam

287 MS 22.164/SP, Rel. Min. CELSO DE MELLO - RTJ 164/158-161.

viabilizar a tutela efetiva do meio ambiente, para que não se alterem as propriedades e os atributos que lhe são inerentes, o que provocaria inaceitável comprometimento da saúde, segurança, cultura, trabalho e bem-estar da população, além de causar graves danos ecológicos ao patrimônio ambiental, considerado este em seu aspecto físico ou natural.

A QUESTÃO DO DESENVOLVIMENTO NACIONAL (CF, ART. 3º, II) E A NECESSIDADE DE PRESERVAÇÃO DA INTEGRIDADE DO MEIO AMBIENTE (CF, ART. 225): O PRINCÍPIO DO DESENVOLVIMENTO SUSTENTÁVEL COMO FATOR DE OBTENÇÃO DO JUSTO EQUILÍBRIO ENTRE AS EXIGÊNCIAS DA ECONOMIA E AS DA ECOLOGIA

O princípio do desenvolvimento sustentável, além de impregnado de caráter eminentemente constitucional, encontra suporte legitimador em compromissos internacionais assumidos pelo Estado brasileiro e representa fator de obtenção do justo equilíbrio entre as exigências da economia e as da ecologia, subordinada, no entanto, a invocação desse postulado, quando ocorrente situação de conflito entre valores constitucionais relevantes, a uma condição inafastável, cuja observância não comprometa nem esvazie o conteúdo essencial de um dos mais significativos direitos fundamentais: o direito à preservação do meio ambiente, que traduz bem de uso comum da generalidade das pessoas, a ser resguardado em favor das presentes e futuras gerações.[288]

4 Extradição e terrorismo: *um novo tópico* na agenda da Suprema Corte

O Supremo Tribunal Federal, ao decidir a Extradição n. 855/Chile, Rel. Min. Celso de Mello, advertiu que a prática do terrorismo *não pode ser qualificada como ato de criminalidade*

288 ADI 3.540-MC/DF, Rel. Min. CELSO DE MELLO, Pleno.

política, vindo, *por isso mesmo*, em consequência desse entendimento, a negar a determinado estrangeiro condenado *por delitos de caráter terrorista* o amparo generoso que a Constituição brasileira dispensa àquele processado ou condenado por crime político (art. 5º, inciso LII).

Em referido julgamento (Ext 855/Chile), o Plenário de nossa Suprema Corte enfatizou *que o repúdio ao terrorismo* – por representar um compromisso ético-jurídico assumido pelo Brasil, quer em face de sua própria Constituição, quer perante a comunidade internacional – constitui *importante vetor hermenêutico* apto a nortear as decisões do Tribunal *no âmbito dos processos extradicionais.*

O alto significado de que se revestiu esse julgamento resultou do fato de que o Supremo Tribunal Federal se recusou a conferir *aos atos delituosos* de *natureza terrorista o mesmo tratamento normativo atribuído às práticas de criminalidade política.*

E a razão desse entendimento – que bem reflete os compromissos que o Estado brasileiro assumiu, *no âmbito da OEA*, em Barbados (2002), quando subscreveu a *Convenção Interamericana contra o Terrorismo* – apoiou-se no reconhecimento de que *o terrorismo constitui um atentado às próprias instituições democráticas*, o que autoriza excluí-lo da benignidade de tratamento que foi conferida, *pela Constituição do Brasil*, aos atos configuradores de criminalidade política.

Essa decisão do Supremo Tribunal Federal, tomada, *nesse ponto*, por unanimidade, foi proferida em 2004, achando-se consubstanciada, *na parte concernente* à descaracterização do terrorismo como ato de criminalidade política, em acórdão assim ementado:

> O REPÚDIO AO TERRORISMO: UM COMPROMISSO ÉTICO-JURÍDICO ASSUMIDO PELO BRASIL, QUER EM FACE DE SUA PRÓPRIA CONSTITUIÇÃO, QUER PERANTE A COMUNIDADE INTERNACIONAL

Os atos delituosos de natureza terrorista, considerados os parâmetros consagrados pela vigente Constituição da República, não se subsumem à noção de criminalidade política, pois a Lei Fundamental proclamou o repúdio ao terrorismo como um dos princípios essenciais que devem reger o Estado brasileiro em suas relações internacionais (CF, art. 4º, VIII), além de haver qualificado o terrorismo, para efeito de repressão interna, como crime equiparável aos delitos hediondos, o que o expõe, sob tal perspectiva, a tratamento jurídico impregnado de máximo rigor, tornando-o inafiançável e insuscetível da clemência soberana do Estado e reduzindo-o, ainda, à dimensão ordinária dos crimes meramente comuns (CF, art. 5º, XLIII).

A Constituição da República, presentes tais vetores interpretativos (CF, art. 4º, VIII, e art. 5º, XLIII), não autoriza que se outorgue às práticas delituosas de caráter terrorista o mesmo tratamento benigno dispensado ao autor de crimes políticos ou de opinião, impedindo, desse modo, que se venha a estabelecer, em torno do terrorista, um inadmissível círculo de proteção que o faça imune ao poder extradicional do Estado brasileiro, notadamente se se tiver em consideração a relevantíssima circunstância de que a Assembléia Nacional Constituinte formulou um claro e inequívoco juízo de desvalor em relação a quaisquer atos delituosos revestidos de índole terrorista, a estes não reconhecendo a dignidade de que muitas vezes acha-se impregnada a prática da criminalidade política.

EXTRADITABILIDADE DO TERRORISTA: NECESSIDADE DE PRESERVAÇÃO DO PRINCÍPIO DEMOCRÁTICO E ESSENCIALIDADE DA COOPERAÇÃO INTERNACIONAL NA REPRESSÃO AO TERRORISMO

O estatuto da criminalidade política não se revela aplicável nem se mostra extensível, em sua projeção jurídico-constitucional, aos atos delituosos que traduzam práticas terroristas, sejam aquelas cometidas por particulares, sejam aquelas perpetradas com o apoio oficial do próprio aparato governamental, à semelhança do que se registrou, no Cone

> Sul, com a adoção, pelos regimes militares sul-americanos, do modelo desprezível do terrorismo de Estado.
>
> O terrorismo –que traduz expressão de uma macrodelinqüência capaz de afetar a segurança, a integridade e a paz dos cidadãos e das sociedades organizadas constitui fenômeno criminoso da mais alta gravidade, a que a comunidade internacional não pode permanecer indiferente, eis que o ato terrorista atenta contra as próprias bases em que se apóia o Estado democrático de direito, além de representar ameaça inaceitável às instituições políticas e às liberdades públicas, o que autoriza excluí-lo da benignidade de tratamento que a Constituição do Brasil (art. 5º, LII) reservou aos atos configuradores de criminalidade política.
>
> A cláusula de proteção constante do art. 5º, LII, da Constituição da República - que veda a extradição de estrangeiros por crime político ou de opinião - não se estende, por tal razão, ao autor de atos delituosos de natureza terrorista, considerado o frontal repúdio que a ordem constitucional brasileira dispensa ao terrorismo e ao terrorista.
>
> A extradição – enquanto meio legítimo de cooperação internacional na repressão às práticas de criminalidade comum – representa instrumento de significativa importância no combate eficaz ao terrorismo, que constitui 'uma grave ameaça para os valores democráticos e para a paz e a segurança internacionais (...)' (Convenção Interamericana Contra o Terrorismo, Art. 11), justificando-se, por isso mesmo, para efeitos extradicionais, a sua descaracterização como delito de natureza política. Doutrina. (...).[289]

Nesse julgamento, o Plenário do Supremo Tribunal Federal, invocando os valiosos fundamentos que o eminente Ministro Néri da Silveira expôs, *em voto-vista*, no exame da Ext 399/República Francesa, destacou a competência da Corte Suprema para apreciar, *com exclusividade*, o caráter jurídico da infração penal imputada

289 Ext 855/REPÚBLICA DO CHILE, Rel. Min. CELSO DE MELLO.

ao extraditando, *podendo legitimamente desconsiderar* como crime político, entre outros atos, a prática do terrorismo.

Eis, *no ponto*, um importante fragmento do voto que o eminente Ministro Néri da Silveira proferiu *na apreciação* da Ext 399/França, e cujo teor foi por mim reproduzido, *como razão de decidir*, no julgamento do pedido extradicional formulado pela República do Chile:

> Ora, reservado ao Supremo Tribunal Federal (Lei n. 6.815/1980, art. 77, §§ 1º e 2º) apreciar o caráter da infração por que condenado o extraditando, no País requerente, (...) esta Corte poderá, assim, deixar de considerar crime político o ato de anarquismo, terrorismo, sabotagem, seqüestro de pessoa (...).
>
> Sob este aspecto, desde logo, cumpre entender que, no Brasil, não se adotou, legislativamente, o mesmo juízo valorativo, quanto a esses atos de terrorismo (...), tornando-se, dessa maneira, inequívoco o espírito de, nos crimes complexos, presente a dimensão do atentado à liberdade pessoal, da violência à pessoa, não se favorecerem os delinqüentes que, mesmo por motivação política, perpetraram crime que atentou também contra os bens da vida e da liberdade pessoal, nas hipóteses aludidas.
>
> Compreendo que, no exercício dessa competência, ao dimensionar sua valorização, acerca do fato político, que esteja presente na perpetração do crime complexo, de que resultou a condenação do extraditando, não se pode deixar de considerar o espírito da legislação brasileira, que desaprova o terrorismo e o seqüestro. Se o STF pode, segundo a lei, não considerar crime político o ato de anarquismo, terrorismo, sabotagem e seqüestro de pessoa, ao examinar pedido de extradição, penso que, ao ajuizar, caso a caso, não pode desconsiderar os valores vigentes no espírito do sistema jurídico, que rege a vida brasileira. (grifei).

Em suma: o Supremo Tribunal Federal, no precedente mencionado (Ext 855/Chile), ao proclamar que os atos de terrorismo configuram *gravíssima ameaça* aos valores democráticos, à paz e à segurança internacionais, descaracterizou, *para efeitos extradicionais*, como crimes políticos *as práticas terroristas*.

5 Nomeação de Ministro de Estado: desvio de finalidade e obstrução de justiça?

Não questiono a afirmação de que o desvio de finalidade se qualifica como vício apto a contaminar a validade jurídica do ato administrativo, inquinando-o de nulidade, tal como adverte o magistério doutrinário.[290]

A configuração desse grave vício jurídico, no entanto, que recai sobre um dos elementos constitutivos do ato administrativo, pressupõe a intenção deliberada, por parte do administrador público, de atingir objetivo vedado pela ordem jurídica ou divorciado do interesse público,[291] desígnio esse que não se presume, sob pena

---

290 MEIRELLES, Helly Lopes. Direito Administrativo Brasileiro. 42ª ed. São Paulo: Malheiros, 2016, p. 176, item n. 1.2.2; MARINELA, Fernanda. Direito Administrativo. 10ª ed. São Paulo: Saraiva, 2016, pp. 341-342, item n. 3.5; PESTANA, Márcio. Direito Administrativo Brasileiro. 2ª ed. Rio de Janeiro: Campus Jurídico, 2010 p. 273, item n. 9.4.5; FIGUEIREDO, Lúcia Valle. Curso de Direito Administrativo. 9ª ed. São Paulo: Malheiros, 2008, pp. 203-204, item n. 5.1.4; DI PIETRO, Maria Sylvia Zanella. Direito Administrativo. 25ª ed. São Paulo: Atlas, 2012, pp. 216-217, item n. 7.7.4; JUSTEN, Marçal Filho. "Curso de Direito Administrativo". 11 ª ed. Revista do Tribunal, 2015, pp. 431-434, item n. 7.15.4.5; FARIA, Edimur Ferreira de. Curso de Direito Administrativo Positivo. 6ª ed. Del Rey, 2007, pp. 263-264, item n. 7.4; GASPARINI, Diogenes. Direito Administrativo. São Paulo: Saraiva, 1989, pp. 44-45, item n. 4; MELLO, Celso Antônio Bandeira de. Curso de Direito Administrativo. 29ª ed. São Paulo: Malheiros, 2012, p. 410, item n. 46; CARVALHO, Raquel Melo Urbano de. Direito Administrativo: parte geral, intervenção do Estado e estrutura da administração. São Paulo: Juspodivm, 2008, pp. 383-389, item n. 2.5.

291 CARVALHO, José dos Santos Filho. Manual de Direito Administrativo. 25ª ed. São Paulo: Atlas, 2012 pp. 118/119, item n. 5.

de subversão dos postulados referentes à presunção de legalidade, de veracidade e de legitimidade de que se reveste todo e qualquer ato emanado da Administração Pública.

Nessa linha de entendimento, incumbe a quem imputa ao administrador público a prática desviante de conduta ilegítima a prova inequívoca de que o agente público, não obstante editando ato revestido de aparente legalidade, ter-se-ia valido desse comportamento administrativo para perseguir fins completamente desvinculados do interesse público.

Não constitui demasia assinalar que o decreto presidencial de nomeação de Ministro de Estado, editado com fundamento no art. 84, n. I, da Constituição da República, à semelhança de qualquer outro ato estatal, reveste-se de presunção "juris tantum" de legitimidade, devendo prevalecer, por tal razão, sobre afirmações em sentido contrário, quando feitas sem qualquer apoio em base documental idônea que possa infirmar aquela presunção jurídica.

Esse entendimento – que põe em evidência o atributo da legitimidade e da veracidade inerente aos atos emanados do Poder Público e de seus agentes – é perfilhado por autorizado magistério doutrinário.[292]

A jurisprudência do Supremo Tribunal Federal, por sua vez, tem enfatizado, em sucessivas decisões, que, em decorrência do atributo da presunção de legitimidade e de veracidade que qualifica os atos da Administração Pública, impõe-se a quem os questiona em juízo o ônus processual de infirmar a veracidade dos

---

292 MELLO, Celso Antônio Bandeira de. Curso de Direito Administrativo. 13ª ed. São Paulo: Malheiros, 2001, p. 373, item n. 59; DI PIETRO, Maria Sylvia Zanellla. Direito Administrativo. 20ª ed. São Paulo: Atlas, 2007, pp. 182/184, item n. 7.6.1; GASPARINI, Diogenes. Direito Administrativo. São Paulo: Saraiva, 1989, p. 63, item n. 7.1; CRETELLA, José Júnior. Direito Administrativo Brasileiro. São Paulo: Forense, 1999, p. 54, item n. 43; CARVALHO, José dos Santos Filho. Manual de Direito Administrativo. 12ª ed. Rio de Janeiro: Lumen Juris, 2005, p. 116, item n. 2, v.g.).

fatos que motivaram sua edição, não lhes sendo oponíveis, por insuficientes, meras alegações ou juízos conjecturais deduzidos em sentido contrário.[293]

Essa diretriz jurisprudencial, além de juridicamente relevante, mostra-se processualmente importante naqueles casos em que a impugnação ao ato de nomeação para o cargo de Ministro de Estado é deduzida mediante mandado de segurança.

Com efeito, não se desconhece, tratando-se de mandado de segurança, que esse "writ" se qualifica como processo de caráter essencialmente documental, que supõe a produção liminar, pelo impetrante, das provas literais pré-constituídas destinadas a evidenciarem a incontestabilidade do direito público subjetivo por ele invocado, tal como adverte o magistério da doutrina[294] e enfatiza a jurisprudência do Supremo Tribunal Federal.[295]

Cabe assinalar, de outro lado, que a nomeação de alguém para o cargo de Ministro de Estado, desde que preenchidos os requisitos previstos no art. 87 da Constituição da República, não configura, por si só, hipótese de desvio de finalidade (que jamais se presume), eis que a prerrogativa de foro – que traduz consequência natural e necessária decorrente da investidura no cargo de Ministro de Estado (CF, art. 102, I, "c") – não importa em obstrução

---

293 ADI 1.935/RO, Rel. Min. CARLOS VELLOSO – HC 118.985-AgR/MG, Rel. Min. EDSON FACHIN – RE 158.543/RS, Rel. Min. MARCO AURÉLIO – SL 610-AgR/SC, Rel. Min. RICARDO LEWANDOWSKI – SS 3.717-AgR/RJ, Rel. Min. RICARDO LEWANDOWSKI, v.g.

294 THEODORO, Humberto Júnior. *O Mandado de Segurança segundo a Lei n. 12.016, de 07 de agosto de 2009*. São Paulo: Forense, 2009, p. 19, item n. 9; BUZAID. Alfredo. *Do Mandado de Segurança*. vol..1. São Paulo: Saraiva, 1989, p. 208, item n. 128, *v.g.*

295 RTJ 83/130 – RTJ 83/855 – RTJ 99/68 – RTJ 99/1149 – RTJ 100/90 – RTJ 100/537 – RTJ 133/1314 – RTJ 134/681 – RTJ 171/326-327 – MS 24.307/DF, Rel. Min. CELSO DE MELLO – RE 195.192/RS, Rel. Min. MARCO AURÉLIO – RMS 23.720/GO, Rel. Min. CELSO DE MELLO – RMS 27.255-AgR/DF, Rel. Min. LUIZ FUX – RMS 33.580/DF, Rel. Min. CELSO DE MELLO, *v.g.*

e, muito menos, em paralisação dos atos de investigação criminal ou de persecução penal.

E a razão é uma só: a mera outorga da condição político-jurídica de Ministro de Estado não estabelece qualquer círculo de imunidade em torno desse qualificado agente auxiliar do Presidente da República, pois, mesmo investido em mencionado cargo, o Ministro de Estado, ainda que dispondo da prerrogativa de foro "ratione muneris", nas infrações penais comuns, perante o Supremo Tribunal Federal, não receberá qualquer espécie de tratamento preferencial ou seletivo, uma vez que a prerrogativa de foro não confere qualquer privilégio de ordem pessoal a quem dela seja titular.

Com efeito, o Ministro de Estado eventualmente sujeito a atos de persecução penal perante o Supremo Tribunal Federal estará sujeito, como qualquer outro cidadão da República, às seguintes medidas, sem prejuízo de outras que sejam aplicáveis ao caso:

> (a) o Ministro de Estado *pode ser submetido*, perante o Supremo Tribunal Federal, a investigação criminal instaurada pela Polícia Judiciária ou pelo Ministério Público (Inq 2.411-QO/MT, Rel. Min. GILMAR MENDES), independentemente *da prévia autorização* da Câmara dos Deputados a que se refere o art. 51, I, da Constituição da República;
>
> (b) o Ministro de Estado poderá ser submetido, pela Polícia Judiciária, ao ato de indiciamento;
>
> (c) o Ministro de Estado, em qualquer fase da investigação criminal ou da persecução penal em juízo, poderá sofrer a decretação de sua prisão cautelar, *como a prisão preventiva, p. ex.*;
>
> (d) o Ministro de Estado não está imune a diligências de caráter probatório, podendo recair sobre ele medidas de busca e apreensão domiciliar ou medidas de busca e apreensão nas dependências do próprio Ministério que dirige;
>
> (e) o Ministro de Estado está igualmente sujeito à medida *de condução coercitiva*, caso ocorra a hipótese prevista no art. 218 do CPP, embora, como *qualquer* cidadão sem

prerrogativa de foro, possa exercer *o direito ao silêncio*, se e quando figurar *como indiciado* ou *réu*;

(f) o Ministro de Estado também está sujeito ao procedimento da acareação, tanto perante a autoridade policial ou o Ministério Público (CPP, art. 6º, VI), quanto em juízo (CPP, art. 229);

(g) o Ministro de Estado, quando preso em razão *de prisão em flagrante* ou *de prisão preventiva*, embora recolhido a "*local distinto da prisão comum*" (CPP, art. 295, I e seu § 1º), estará sujeito, *no entanto*, sem qualquer discriminação, *aos deveres* que se impõem ao preso comum (CPP, art. 295, § 5º) ;

(h) o Ministro de Estado, quando ostentar *a condição de indiciado* ou *de réu*, não terá a prerrogativa prevista no art. 221 do CPP, recebendo, *em consequência*, o mesmo tratamento legal dispensado *a quem não dispõe* de prerrogativa de foro, a significar que deverá comparecer aos atos do inquérito policial ou do processo criminal, inclusive *para interrogatório*, sem a faculdade de poder ajustar com a autoridade policial ou judiciária competente dia, hora e local para a prática dos atos pertinentes à persecução penal (Inq 1.504/DF, Rel. Min. CELSO DE MELLO – Inq 1.628/DF, Rel. Min. CELSO DE MELLO – Pet 4.600/AL, Rel. Min. CELSO DE MELLO, *v.g.)*;

(i) o Ministro de Estado poderá sofrer, *por decisão do Supremo Tribunal Federal*, no âmbito de procedimento penal contra ele instaurado, *o afastamento cautelar* ou *a suspensão provisória* do exercício de sua função pública, quando houver *justo receio da utilização abusiva do cargo ministerial* para o cometimento de infrações penais, especialmente nos casos em que a sua conduta incidir *na prática de improbidade administrativa* (CPP, art. 319, VI);

(j) a exigência de prévia autorização da Câmara dos Deputados como requisito constitucional de procedibilidade (CF, art. 51, I) não se aplica às hipóteses de infrações penais comuns (QCr 427/DF, Rel. Min. MOREIRA ALVES) ou de crimes de responsabilidade (Pet 1.656/DF, Rel. Min.

MAURÍCIO CORRÊA), desde que não guardem conexão com crimes da mesma natureza eventualmente cometidos pelo Presidente da República.

Vê-se *desse rol de medidas* que o Ministro de Estado, além de estar sujeito *a todas elas*, também não dispõe *de quaisquer benefícios adicionais* ou *vantagens processuais* em razão da prerrogativa de foro de que é titular, sendo-lhe dispensada, *nessa matéria*, igualdade de tratamento aplicável *a qualquer outro* cidadão da República, como sucede, *p. ex.*, em relação aos direitos e garantias individuais *a todos assegurados*, indistintamente, pela própria Constituição, com especial destaque, *ante o seu caráter de essencialidade*, para o direito fundamental *de sempre ser presumido inocente* até o trânsito em julgado *de eventual* condenação criminal,[296] valendo acentuar, *ainda*, que esse postulado constitucional - *comum tanto ao Ministro de Estado quanto aos cidadãos em geral* - mostra-se igualmente extensível *à esfera eleitoral* [297] *e ao plano administrativo*, inclusive em matéria de investidura em cargos públicos.[298]

Cumpre insistir, *portanto*, em que a investidura *de qualquer pessoa* no cargo de Ministro de Estado não representa *obstáculo algum* a atos de persecução penal que contra ela venham a ser *eventualmente* promovidos perante o seu juiz natural, que, *por efeito do que determina a própria Constituição* (CF, art. 102, I, alínea "c"), é o Supremo Tribunal Federal.

Nem se diga, *de outro lado*, que o fato *de ser Ministro de Estado* implicaria a necessária observância *da condição de procedibilidade* a que alude o art. 51, I, da Constituição, pois, *segundo*

---

296 RT 418/286 - RT 422/307 - RT 572/391 - RT 586/338 - RTJ 139/885, Rel. Min. CELSO DE MELLO - HC 95.886/RJ, Rel. Min. CELSO DE MELLO, *v.g.*

297 ADPF 144/DF, Rel. Min. CELSO DE MELLO.

298 AI 741.101-AgR/DF, Rel. Min. EROS GRAU - RE 450.971-AgR/DF, Rel. Min. RICARDO LEWANDOWSKI - RE 1.006.604/RJ, Rel. Min. CELSO DE MELLO, v.g.

já decidiu o Supremo Tribunal Federal – como anota autorizado magistério doutrinário –,[299] a exigência constitucional *de autorização prévia* da Câmara dos Deputados somente se aplica, tratando-se *de infrações penais comuns*, se se cuidar de crime comum do próprio Ministro de Estado praticado *em conexão* com delito comum *alegadamente perpetrado* pelo Presidente da República.

É por isso que o Plenário do Supremo Tribunal Federal, já sob a égide *da vigente Carta Política*, ao julgar *questão de ordem* suscitada na QCr 427/DF, Rel. Min. Moreira Alves, decidiu "*pela não aplicabilidade do artigo 51, I, da Constituição às hipóteses de crimes comuns de Ministro de Estado, desde que não conexos com o de Presidente da República*", fazendo-o em acórdão assim ementado:

> – Queixa-crime contra Ministro de Estado. Questão de ordem sobre a necessidade, ou não, de autorização da Câmara dos Deputados para a instauração do processo por crime comum ou de responsabilidade.
>
> ....
>
> – Em face da interpretação sistemática da Constituição, o requisito de procedibilidade a que alude seu artigo 51, I, se restringe, no tocante aos Ministros de Estado, aos crimes comuns e de responsabilidade conexos com os da mesma natureza imputados ao Presidente da República.
>
> Questão de ordem em que se rejeita a preliminar da necessidade, no caso, de autorização prévia da Câmara dos Deputados. (grifos nossos).

Igual entendimento foi reafirmado, *também pelo Plenário* da Corte Suprema, no julgamento da Pet 1.656/DF, Rel. Min.

---

299 POLETTI, Ronaldo. *Constituição Anotada*. São Paulo: Forense, 2009, p. 226; PAULO, Vicente; ALEXANDRINO, Marcelo. *Direito Constitucional Descomplicado*. 14ª ed. São Paulo: Método, 2015, pp. 486/487, item n. 6.2; JORGE E SILVA, Manoel Neto. *Curso de Direito Constitucional*. 8ª ed. São Paulo: Saraiva, 2013, p. 431, item n. 14.4.1.1, *v.g.*

Maurício Corrêa, no sentido de que, no processo por crime de responsabilidade, que possui *natureza penal* e *caráter jurisdicional*, não se aplica *a condição de procedibilidade*, sempre que se tratar *de infração autônoma*, sem qualquer conexão com ilícito da mesma natureza cometido pelo Presidente da República:

> DENÚNCIA POPULAR. SUJEITO PASSIVO: MINISTRO DE ESTADO. CRIMES DE RESPONSABILIDADE. ILEGITIMIDADE 'ATIVA AD CAUSAM'. RECEBIMENTO DA PEÇA INICIAL COMO 'NOTITIA CRIMINIS'. ENCAMINHAMENTO AO MINISTÉRIO PÚBLICO FEDERAL.
>
> 1. O processo de 'impeachment' dos Ministros de Estado, por crimes de responsabilidade autônomos, não-conexos com infrações da mesma natureza do Presidente da República, ostenta caráter jurisdicional, devendo ser instruído e julgado pelo Supremo Tribunal Federal. Inaplicabilidade do disposto nos artigos 51, I, e 52, I, da Carta de 1988 e 14 da Lei 1.079/50, dado que é prescindível autorização política da Câmara dos Deputados para a sua instauração. (...). (grifei)

Resulta claro, *pois*, que a investidura *no cargo de Ministro de Estado*, em contexto no qual inexista *qualquer conexão* de suposta prática delituosa com o Presidente da República, não representa *obstáculo jurídico* à normal e regular sequência *de eventual* procedimento de índole criminal contra referido agente político.

E mesmo *que se entendesse possível* a exigência *de prévio controle parlamentar* pela Câmara dos Deputados (CF, art. 51, I), ainda assim inexistiria *qualquer óbice*, pois a cláusula constitucional em questão somente se refere *a processo judicial*, e não *a inquéritos policiais* ou *a procedimentos administrativos de investigação criminal* promovidos pelo Ministério Público, *a cuja instauração e prosseguimento* não se aplica *a regra de autorização prévia*, à semelhança do que ocorria, *antes do advento da Emenda Constitucional n. 35/2001*, com os membros do Congresso Nacional, em relação aos quais a Lei Fundamental somente exigia, *até então*, prévia licença, *hoje não mais existente*, para efeito de instauração de processo criminal perante o Supremo Tribunal Federal, não, *porém*, para fins de mera investigação criminal ("*informatio delicti*"):

> A garantia da imunidade parlamentar em sentido formal não impede a instauração de inquérito policial contra membro do Poder Legislativo, que está sujeito, em consequência – e independentemente de qualquer licença congressional –, aos atos de investigação criminal promovidos pela Polícia Judiciária, desde que essas medidas pré-processuais de persecução penal sejam adotadas no âmbito de procedimento investigatório em curso perante órgão judiciário competente: o STF, no caso de os investigandos serem congressistas (CF, art. 102, I, 'b').[300]

Inquestionável, *desse modo*, que a mera investidura no cargo de Ministro de Estado, *por si só*, não constitui motivo ensejador de obstrução da justiça nem traduz anômala manifestação da vontade político-administrativa do Presidente da República, a caracterizar *a ocorrência* do vício nulificador *do desvio de finalidade* (defeito jurídico que nunca se presume), sendo oportuno rememorar, *no ponto*, a grave observação feita por André Ramos Tavares *em obra doutrinária*:[301]

> Falar de 'blindagem' em virtude do foro privilegiado, como usualmente se fala em parte da doutrina, é depreciar a dignidade do STF, que não tem sua atuação pautada pela vontade da Presidência da República. Pelo contrário, é um dos 'Poderes' da República e, nesta qualidade, com todas garantias para pronunciar-se de maneira autônoma, sem sucumbir à pressão de outros 'Poderes' e sem o receio de

---

300 Rcl 511/PB, Rel. Min. CELSO DE MELLO, Pleno.

301 RAMOS, André Tavares. *Curso de Direito Constitucional.* 11ª ed. São Paulo: Saraiva, 2013, p. 1.051, item n. 4.1.7.

> represálias posteriores (institucionais, econômicas ou pessoais). (grifei)

Extremamente correta tal observação, pois *não tem sentido algum* sustentar-se que o deslocamento da competência penal *de qualquer* feito (*inquérito policial* ou *processo judicial*) para o Supremo Tribunal Federal represente *inconcebível causa de impunidade*, ou *motivo de absurda frustração da investigação criminal*, ou, ainda, *fator de sua indevida procrastinação.*

CAPÍTULO XIV

FUNDO DE PARTICIPAÇÃO DOS ESTADOS E A ADI 875[302]

José Roberto Rodrigues Afonso
Celso de Barros Correia Neto

Introdução

O Fundo de Participação dos Estados (FPE) foi criado pela Emenda Constitucional n. 18, de 1/12/1965 (art. 21), como forma de repartição de parcelas do produto da arrecadação dos dois principais impostos da União, sobre renda e proventos de qualquer natureza (IR) e sobre produtos industrializados (IPI), em favor do nível intermediário de governo.

A Emenda de 1965 fixou os alicerces do sistema tributário até hoje vigente no Brasil, e o FPE aí foi concebido como instrumento essencial para fins de redistribuição de recursos. Os idealizadores daquele sistema tinham plena consciência de que o exercício das competências tributárias centralizaria a arrecadação direta nos

302 Como de praxe, as opiniões aqui expressas são exclusivamente dos autores e não das instituições citadas. Kleber Castro, Paula Brotas e Bernardo Motta deram suporte às pesquisas. Elaborado com base em informações disponíveis até 30/8/2017.

cofres do governo federal. Por isso, desenharam o sistema com um mecanismo com função redistributiva, de duplo caráter: verticalmente, para descentralizar parcela da arrecadação federal própria em favor dos dois níveis subnacionais de governo (foi criado fundo semelhante, para os Municípios – o FPM); e horizontalmente, para desconcentrar recursos em favor das unidades federadas das regiões menos desenvolvidas e, como tal, com menor potencial para arrecadar e se autofinanciar.[303]

A Constituição de outubro de 1988 não alterou a concepção estrutural nem o objetivo do FPE. Muito pelo contrário, reforçou sua função ao especificar, no seu art. 161, inciso II, que a lei complementar que regular a entrega de seus recursos, disporá "(...) especialmente sobre os critérios de rateio dos fundos previstos em seu inciso I, objetivando promover o equilíbrio socioeconômico entre Estados e entre Municípios (...)". Embora as atenções na reforma tributária então realizadas fossem para a majoração do percentual da arrecadação do IR e IPI destinado ao FPE e ao FPM (fixados em 21.5% e 22.5%, respectivamente, no texto original da Carta Magna), uma inovação importante foi constitucionalizar a função redistributiva do fundo.

A regulamentação posterior dessa norma gerou controvérsia que foi decidida pelo Supremo Tribunal Federal e se pode dizer que foi um marco para uma presença cada vez mais ativa dessa Corte no debate e na decisão de questões da federação brasileira.

O presente texto analisa o julgamento conjunto de quatro ações diretas de inconstitucionalidade – ADI 1.987, ADI 875, ADI 2.727 e ADI 3.243 – ajuizadas contra dispositivos da Lei Complementar 62, de 1989, que estabelece normas sobre o cálculo, a entrega e o controle das liberações dos recursos do Fundo de

303 É interessante consultar os relatórios da comissão de reforma tributária coordenada pela FGV, reunida em 1963 e que propôs o projeto aprovado em 1965: todos os anais e relatórios disponibilizados na internet em IBRE (2015).

Participação dos Estados (FPE). Estava em questão uma omissão legislativa parcial, em face do descumprimento exatamente do já referido inciso II do art. 161, II, da Constituição Federal, ou seja, sobre os critérios para rateio redistributivo dos fundos.

Três aspectos do julgamento devem merecer destaque: (1) a fungibilidade dos instrumentos processuais empregados, ADI e ADO; (2) os fundamentos utilizados para justificar a declaração de inconstitucionalidade da lei; e (3) a técnica de decisão adotada pelo Tribunal. Dessa forma, cada um desses pontos será analisado nos itens que se seguem.

1 O rateio sem critério

Desde sua criação em meados dos anos sessenta, o FPE sempre teve papel relevante no custeio dos governos estaduais, para não dizer essencial no caso daquelas unidades menos desenvolvidas. Do cálculo dos coeficientes de participação até o efetivo repasse e aplicação dos recursos, a matéria sempre foi objeto de apertada regulamentação e razoável transparência.[304]

À parte a correta operacionalização, o atendimento dos preceitos constitucionais da redistribuição foi objeto de questionamento porque, poucos meses depois de editada a nova Constituição, o Congresso aprovou projeto para simplesmente "congelar" o rateio entre unidades federadas até então aplicados, que, aliás, não foi vetado pelo Presidente da República. A medida então foi defendida como uma forma de extensão do esforço descentralizador promovido pela Assembleia Constituinte e que, na visão da então maioria parlamentar, deveria começar por enfraquecer financeiramente o governo federal e também os governos dos estados tido como mais ricos em favor daqueles tidos como mais pobres. Foi uma

---

304 SECRETARIA DO TESOURO NACIONAL – STN. *O que você precisa saber sobre transferências fiscais a União*. Brasília: Ministério da Fazenda, fevereiro 2017.

decisão política que abriu mão de manter ou aprimorar critérios técnicos e científicos, medidos periodicamente, para mensurar e comprovar qual o real grau de desenvolvimento de cada unidade federada. Prevaleceu o desejo da maioria em detrimento da fixação dos critérios técnicos.[305]

Não custa precisar a memória desse processo legislativo. Em princípio, a matéria deveria ter sido revista depois de promulgada a nova Constituição, pois parágrafo único do artigo 39 do Ato das Disposições Constitucionais Transitórias (ADCT) determinava que o Congresso votasse tal lei em até um ano. Como não foram aprovados novos critérios de rateio naquele prazo, pouco depois foi editada uma Lei Complementar n. 62, de 28 de dezembro de 1989.[306] Isso porque o § 1° do art. 2° estabelecia: "os coeficientes individuais de participação dos Estados e do Distrito Federal no... FPE a serem aplicados até o exercício de 1991, inclusive, são os constantes do Anexo Único". Ou seja, o rateio do FPE foi "congelado" em 27 cotas por uma medida confessadamente excepcional, tanto que tinha prazo para sua vigência.

Vale recorrer aos anais parlamentares para ler na justificativa da proposição do projeto de lei complementar e também nos pronunciamentos durante as suas votações que a citada tabela com coeficientes rígidos foi acordada entre os representantes dos Estados, reunidos no CONFAZ – Conselho Nacional de Política Fazendária (colegiado das respectivas Secretarias de Fazenda)[307] – Foram

---

305 AFONSO, José Roberto. *FPE: Rateio sem Critério*. Observatório da Jurisdição Constitucional, ano 3, Brasília: IDP, 2009/2010.

306 Ver íntegra da lei em: BRASIL. "Lei Complementar n. 62, de 28 de dezembro de 1989". Disponível em: http://www.planalto.gov.br/ccivil_03/Leis/LCP/Lcp62.htm

307 Segundo CASTRO, Firmo. Repartição da Receita Tributária Federal. Relatório da Comissão Executiva da Reforma Fiscal. vol: II. São Paulo: DBA Dorea Books, 1993, p. 594. : "... A função redistributiva do FPE se expressa na destinação, determinada pela Lei Complementar 62/89, de 85% dos seus recursos para os estados das regiões Norte, Nordeste e Centro-Oeste e Distrito Federal, conforme se observa na Tabela 2, que contém os coeficientes

arbitrados, dentre outros aspectos, que 85% do Fundo caberiam aos estados do Norte, Nordeste e Centro-Oeste, enquanto 15% ao Sul e Sudeste,[308] e que a cota-parte de São Paulo seria reduzida para 1% para elevação da cota de alguns dos outros (como Espírito Santo), relativamente ao que era aplicado até então.

As razões para tal arbitragem em 1989 remontam à Assembleia Constituinte. Quando instalada, o FPE recebia 14% da arrecadação do IR mais IPI. Na primeira fase dos trabalhos, a Subcomissão de Tributação elevou essa fatia para 18,5% e limitou o rateio apenas para as unidades com renda *per capita* inferior à média nacional. Na fase seguinte, a comissão temática de Tributos, Orçamentos e Finanças acabou por aumentar novamente a repartição do fundo para 21,5% dos impostos, mas eliminando qualquer restrição no rateio. Nada mais mudou nas etapas seguintes e assim foi promulgado na Constituição de outubro de 1988. Portanto, a disputa regional determinou uma maior descentralização de recursos – depois atenuada pela política federal de explorar cada vez mais contribuições não compartilhadas – e balizou a cota que caberia àquelas 3 regiões, arredondando 18,5 por 21,5.[309]

Retrocedendo um pouco mais, vale lembrar que o FPE foi criado pela reforma tributária de 1965, com autênticos critérios de rateio – ver arts. 88 a 90 da Lei n. 5.172, de 25/10/1966 (o Código Tributário Nacional). O fundo era dividido segundo três parâmetros: superfície (5%), população (47,5%) e inverso da renda por habitante (47,5% do total). Algum redirecionamento já aparecia na

---

estaduais de participação fixados diretamente naquele diploma legal. Tal distribuição foi obtida a partir de ajustes introduzidos na repartição anteriormente feita com base na área, população e renda *per capita* das diferentes Unidades da Federação, após intensas negociações desenvolvidas no âmbito do Confaz, com vistas a uma maior desconcentração regional desse Fundo".

308 BRASIL. Senado Federal. Resolução n. 22, de 19.05.1989. Disponível em: http://www6.senado.gov.br/legislacao/ListaPublicacoes.action?id=132875

309 REZENDE, Fernando. "A Reforma Fiscal no Processo de Elaboração da Nova Constituição. Texto para Discussão Interna". n. 121, IPEA, nov. 1987. Disponível em: http://www.ipea.gov.br/pub/td/1987/td_0121.pdf.

concepção do fundo para beneficiar as unidades menos populosas e menos desenvolvidas (por acaso, dos governos mais fiéis à ditadura militar): por exemplo, nenhum estado contaria como tendo menos de 2% da população nacional (beneficiaria 15 estados hoje) e nenhum poderia ter mais que 10% (penalizaria os 2 maiores). Nos anos 70, foi criada uma reserva para ratear 20% do FPE apenas entre os do Norte e Nordeste (Decreto-Lei n. 1.434, de 11/12/1975).

Recuperar rapidamente esse passado pretende apenas ilustrar como já se teve critérios de rateio no FPE. Os do CTN foram revogados pela Lei de 1989: é preciso ficar bem claro que a decisão do STF não levanta a menor hipótese de repristinar aqueles critérios, independentemente de suas fórmulas ou lógicas. Isso significa que o STF não escolheu entre este ou aquele rateio, sua decisão nada tem a ver com quanto cada estado recebia e nem implica em determinar quanto receberá no futuro. A decisão, que pode ser considerada histórica, do STF é que foram omitidos os critérios e ficou só o rateio no FPE, arbitrado (politicamente) em torno de uma tabela rígida, que ignora as mudanças e as distâncias entre os Estados, logo, não atende ao preceito básico de reequilibrar as finanças e as condições de governabilidade entre seus governos.[310]

2 O caso no STF

A Lei Complementar de 1989 tinha um claro caráter transitório. Por anos e décadas não mais foi aprovada nova lei complementar para ditar o rateio a partir do exercício de 1992 e o que era provisório se tornou permanente.

Foi nesse contexto que o STF enfrentou o tema no julgamento das quatro ações diretas de inconstitucionalidade – ADI 1.987,

310 VILLELA, Luiz. "Revisão dos Critérios de Rateio dos Fundos de Participação". *In*: *Relatório da Comissão Executiva da Reforma Fiscal.* vol. II. São Paulo: DBA Dorea Books, 1993.

ADI 875, ADI 2.727 e ADI 3.243 – ajuizadas contra dispositivos da Lei Complementar 62, de 1989, abaixo analisas.

Passados mais de 20 anos, o Supremo Tribunal Federal (STF) decidiu, por unanimidade, ser inconstitucional a aplicação de uma tabela rígida de rateio do FPE e que a vigente só poderá ser aplicada até o exercício de 2012. O julgamento teve por objeto o art. 2º, incisos I e II, §§ 1º, 2º e 3º, e Anexo Único da LC 62/89. Discutia-se a constitucionalidade dos coeficientes de repasse fixados pela lei para a divisão entre os Estados e o Distrito Federal dos recursos do FPE, fundo constitucional formado por parcela do produto da arrecadação do Imposto sobre Renda e Proventos de Qualquer Natureza (IR) e do Imposto sobre Produtos Industrializados (IPI).

Dois fundamentos foram determinantes para a declaração de inconstitucionalidade dos dispositivos impugnados. O primeiro foi o descompasso entre os coeficientes de rateio previstos na lei complementar e a finalidade redistributiva imposta pelo art. 161, II, da Constituição Federal. O segundo foi o fato de a LC 62/89 ter estabelecido coeficientes individuais fixos para a divisão dos recursos do FPE, em vez de "critérios de rateio", capazes de evoluir conforme a alteração das circunstâncias socioeconômicas dos Estados e das regiões brasileiras.

O Tribunal julgou procedentes as ações diretas de inconstitucionalidade, no sentido do voto do relator, Ministro Gilmar Mendes, e aplicou o art. 27 da Lei n. 9.868/99 para declarar a inconstitucionalidade, sem a pronúncia da nulidade, do art. 2º, incisos I e II, §§ 1º, 2º e 3º, e do Anexo Único, ambos da LC n. 62/1989, mantendo sua vigência até 31 de dezembro de 2012. Ficou vencido parcialmente o Ministro Marco Aurélio, que votou pela procedência apenas da Ação Direta de Inconstitucionalidade 1.987 e rejeitou a aplicação do art. 27 da Lei n. 9.868/99.

3 Fungibilidade entre ADI e ADO

O primeiro aspecto a ser destacado no julgamento diz respeito aos instrumentos processuais utilizados. O conjunto das ações julgadas contava com ações diretas de inconstitucionalidade por ação e também por omissão. Sem prejuízo de algumas diferenças de objeto e argumentação, todas elas discutiam a constitucionalidade dos critérios de rateio do FPE estabelecidos na LC 62/89, tendo como principal parâmetro o art. 161, II, da Constituição Federal.

A ADI 1.987, proposta pelos Governadores dos Estados do Mato Grosso e de Goiás, pedia a declaração da omissão legislativa e, por conseguinte, da mora do Congresso Nacional em relação à fixação de critérios de partilha condizentes com a finalidade constitucional do FPE. A ADI 875, ajuizada pelos Governadores do Rio Grande do Sul, Paraná e Santa Catarina, e a ADI 2.727, formalizada pelo Governador do Mato Grosso do Sul, impugnavam o art. 2º, §§ 1º, 2º e 3º, da referida lei, bem como seu Anexo Único, no qual constavam os coeficientes individuais de repasse. A ADI 3.243, por sua vez, atacava especificamente o § 3º do art. 2º da mencionada lei, disposição que prorrogava, por prazo indeterminado, a vigência dos coeficientes de rateio.

A diferença de objeto das ADIs em relação à ADO explica-se pela natureza do vício em questão: a inconstitucionalidade por omissão parcial. Os estados de omissão inconstitucional caracterizam-se pela inação do Poder Público em situações específicas nas quais há norma constitucional impondo a adoção de certa providência, notadamente a prática de ato administrativo, pelo Executivo, ou edição de lei, pelo Legislativo.[311] Já na omissão parcial, todavia, não há rigorosamente uma inação do Poder Público; não faltando a providência normativa exigida pelo texto

---

311 MENDES, Gilmar. "O Mandado de Injunção e a Necessidade de sua Regulação Legislativa". *In*: MENDES, Gilmar; VALE, André Rufino do; QUINTAS, Fábio Lima (Coord). *Mandado de Injunção:* estudos sobre sua regulamentação. São Paulo: Saraiva, 2013.

constitucional. Nessas hipóteses, há uma ação desconforme, ou seja, a lei existe, mas seu conteúdo não atende perfeitamente aos parâmetros traçados pela norma constitucional.

Foi essa a situação examinada na ADI 875. O caso da LC 62/1989 seria de inconstitucionalidade por omissão parcial, porque os parâmetros estabelecidos na lei complementar não seriam suficientes para realizar integralmente a norma constitucional do art. 161, II, da Constituição Federal. Haveria, desse modo, um ato legislativo imperfeito, que atenderia apenas parcialmente ao mandamento constitucional e, portanto, poderia ser impugnado tanto pelo que dispôs (ação), quanto pelo que deixou de dispor (omissão).

Sendo assim, coube ao STF enfrentar, em preliminar, a questão do cabimento das ações diretas por ação e por omissão quanto a um mesmo objeto, no caso, a omissão legislativa parcial, consubstanciada na LC 62/89.

A orientação, até então assentada na jurisprudência do STF, era no sentido de recusar a tese da fungibilidade, ante a diferenciação rígida entre as ações diretas de inconstitucionalidade por ação e por omissão. Acolheram tal orientação, por exemplo, as decisões proferidas na ADI 526, de relatoria do Ministro Sepúlveda Pertence; na ADI 986, de relatoria do Ministro Néri da Silveira; e na ADI 1.442, de relatoria do Ministro Celso de Mello.

No julgamento da ADI 875, no entanto, o Tribunal adotou interpretação oposta. Prevaleceu o entendimento do relator, Ministro Gilmar Mendes, que defendia a necessidade de relativizar a rígida distinção entre os instrumentos processuais da ADI e da ADO, nas situações de omissão parcial, nas quais é "imprecisa a distinção entre ofensa constitucional por ação ou por omissão". Afirmou o relator em seu voto o seguinte:

> Tem-se, pois, aqui, uma relativa, mas inequívoca, fungibilidade entre a ação direta de inconstitucionalidade (da lei ou do ato normativo) e o processo de controle abstrato da omissão, uma vez que os dois processos – o de controle de normas e o de controle de omissão – acabam por ter o

> mesmo objeto, formal e substancialmente, isto é, a inconstitucionalidade de norma em razão de sua incompletude.

Para o Ministro relator, a questão central estaria, na verdade, menos no instrumento processual escolhido pelo autor que na técnica de decisão a ser adotada pelo Tribunal. Vale dizer que, mais importante que saber qual o meio mais adequado para levar o tema ao conhecimento do Tribunal (se pela impugnação da ação ou da omissão), seria definir a forma de superar o estado de inconstitucionalidade instalado, diante do fato de que "a declaração de nulidade não configura técnica adequada para a eliminação da situação inconstitucional nesses casos" e pode aprofundar a violação constitucional perpetrada.

A tese da fungibilidade amparou o conhecimento das quatro ações – ADIs 875, 1.987, 2.727 e 3.243 –, a despeito da diferença dos pleitos formulados. A orientação acolhida nesse julgamento supera, em grande medida, a posição anteriormente adotada pelo Tribunal na matéria.

4 Fundamentação

O debate travado no julgamento da ADI 875 chama atenção para a natureza jurídica do Fundo de Participação dos Estados e o papel que lhe cabe no contexto da Constituição Federal de 1988.

O FPE é anterior à Carta de 1988. Foi instituído na década de 1960 pela Emenda Constitucional n. 18/1965 e, desde então, permanece na ordem constitucional brasileira como importante instrumento de cooperação entre União e Estados-membros, tendo se verificado considerável ampliação dos seus percentuais de repasse no curso do processo de descentralização fiscal que marca a década de 1980.[312]

---

312 LOPREATO, Francisco Luiz Cazeiro. *O colapso das finanças estaduais e a crise da federação*. São Paulo: Unesp, Unicamp, 2002.

Na Constituição Federal de 1988, o FPE está previsto no art. 159. A disposição determina que a União *entregará* aos Estados e Municípios 48% do produto da arrecadação do IR e do IPI, sendo 21,5% para o FPE; 23,5% para o FPM e 3% para aplicação em programas de financiamento do setor produtivo das Regiões Norte, Nordeste e Centro-Oeste, por meio de instituições financeiras de caráter regional.

O emprego do verbo "entregar" não é aleatório. A regra do art. 159 da Constituição – como, aliás, também a do art. 158 – estabelece mecanismo de divisão obrigatória do resultado da arrecadação tributária.[313] Assim, apesar de a União deter a competência relativa aos dois impostos mencionados, ela não faz jus à integralidade das receitas que esses tributos produzem. Parte desses recursos é de titularidade dos Estados, dos Municípios e do Distrito Federal, que os recebem, por meio dos fundos, como participação sobre a arrecadação de impostos alheios.[314]

A finalidade dos fundos de participação, FPE e FPM, na Constituição Federal de 1988 é dúplice: garantir autonomia financeira aos entes subnacionais e promover a equalização entre as diferentes regiões do país. Trata-se de assegurar aos Estados e ao Distrito Federal, no caso do FPE, recursos próprios e, na medida do possível, suficientes ao desempenho das competências constitucionais que lhes foram atribuídas,[315] além de proporcionar equilíbrio socioeconômico entre Estados e Municípios, na forma do art. 161, II, da Constituição.

---

313 CORREIA NETO, Celso de Barros. "Repartição de Receitas Tributárias e Transferências Intergovernamentais". *In*: CONTI, José Maurício; SCAFF, Fernando Facury; BRAGA, Carlos Eduardo Faraco. (Coord.). *Federalismo Fiscal:* questões contemporâneas. Florianópolis: Conceito Editorial, 2010.

314 RUBINSTEIN, Flávio. "A repartição de competências tributárias no Brasil sob a ótica da teoria normativa do federalismo fiscal". *In*: VASCONCELLOS, Roberto França. *Direito Tributário:* política fiscal. São Paulo: Saraiva, 2009.

315 IVO, Gabriel. *Constituição Estadual:* competência para elaboração da Constituição do Estado-membro. São Paulo: Max Limonad, 1997.

Sérgio Prado explica que as transferências intergovernamentais têm papel importante no enfretamento de duas espécies de problemas recorrentes nas federações: o "desequilíbrio vertical" e o "desequilíbrio horizontal".[316] O problema do desequilíbrio horizontal decorre do fato de que é mais apropriado (leia-se: eficiente) atribuir os principais tributos aos governos de nível superior, especialmente ao governo central, que, no caso brasileiro, é representado pela União. Isso se justifica "tanto por motivos de eficiência na arrecadação como, principalmente, para evitar que impostos sobre fatores econômicos não fixos sejam utilizados como instrumentos de políticas regionais, gerando a chamada 'guerra fiscal'". Já as responsabilidades – os encargos administrativos – de prestar os principais serviços e desempenhar as funções públicas tendem a ser concentradas nos governos regionais (Estados) e locais (Municípios) também por razões de eficiência. Tal circunstância favorece o surgimento de um "gap vertical", uma assimetria estrutural, na medida em que as receitas estão concentradas nos entes "acima" (União) e as despesas – e as atribuições – nos entes "abaixo" (Estados, Distrito Federal e Municípios).

O problema do desequilíbrio horizontal, por sua vez, é resultado dos diferentes níveis de desenvolvimento encontrados nas diversas regiões do país. A maior ou menor riqueza da uma região influencia, diretamente, sua capacidade fiscal, ou seja, a capacidade de arrecadar recursos com base nos seus próprios tributos. O exemplo do ISS, no Brasil, é particularmente ilustrativo. Somente nos municípios mais ricos é que esse imposto pode ser devidamente aproveitado.

Nesse contexto, as transferências intergovernamentais apresentam-se, assim, como instrumentos para o enfrentamento de ambos os problemas: a assimetria vertical, que se estabelece entre os diferentes níveis de governo – leia-se: União, Estados, Distrito

316 PRADO, Sérgio. *FPE: Equalização Estadual no Brasil* – Alternativas e Simulações para a Reforma. vol. 1. S/l.: FGV Projetos/IDP, 2012.

Federal e Municípios – e a assimetria horizontal, isto é, diferenças existentes entre as diferentes regiões do país. Servem, portanto, para descentralizar receitas, transferindo-as do governo central para os governos regionais e locais – equilíbrio vertical –, e também para carrear recursos dos Estados e dos Municípios mais desenvolvidos para os mais carentes – equilíbrio horizontal –, fazendo com que recebam "recursos que elas mesmas não podem arrecadar, dadas a suas bases tributárias".[317] [318]

No julgamento em comento, ganhou destaque o segundo objetivo: a função redistributiva, de equalização regional. A questão da omissão apresentou-se porque, embora a Constituição Federal de 1988 estabeleça as frações da arrecadação do IPI e do IR que cabem aos Estados e ao Distrito Federal, não traz previsão de percentuais individuais a que tem direito cada um dos entes subnacionais beneficiados pelo fundo. O estabelecimento da fórmula de rateio dos recursos do FPE cabe à lei complementar, observado o objetivo previsto no art. 161, II, da Constituição.

A decisão em análise discutiu precisamente as normas sobre o cálculo do rateio do FPE previstas na LC 62/1989. O art. 2º determinava que 85% dos recursos do fundo fossem destinados às unidades da federação integrantes das regiões Norte, Nordeste e Centro-Oeste e 15% às regiões Sul e Sudeste. Quanto à divisão dos recursos entre os diversos entes individualmente considerados, a lei dispunha que deveriam ser observados os coeficientes individuais fixos previstos no Anexo Único que dela fazia parte.

Inicialmente, os coeficientes deveriam vigorar apenas nos exercícios de 1990 e 1991. O art. 2º, § 2º, determinava que, a

---

317 PRADO, Sérgio, *FPE: Equalização Estadual no Brasil* – Alternativas e Simulações para a Reforma. vol. 1. S/l.: FGV Projetos/IDP, 2012.

318 TER-MINASSIAN, Teresa. "Intergovernmental Fiscal Relations in a Macroeconomics Perspective: an overview". *In*: TER-MINASSIAN, Teresa. *Fiscal Federalism in Theory and Pratice.* Washington: International Monetary Fund, 1997.

partir de 1992, novos critérios de rateio do fundo deveriam ser fixados em lei específica, com base na apuração do censo de 1990. A nova lei, contudo, não chegou a ser editada e, dessa forma, os coeficientes, que eram a princípio temporários, permaneceram em vigor por mais de vinte anos.

Este é, portanto, o cerne da questão constitucional discutida. A forma de rateio dos recursos do FPE prevista na LC 62/1989, com base em índices fixos, estaria em desacordo com a missão constitucional do FPE. A fórmula de partilha prevista na lei não seria apta a produzir o efeito redistributivo que lhe foi designado pelo constituinte: transferir recursos dos entes mais prósperos para os mais necessitados. Essa conclusão no julgamento, no entanto, não decorreu do mero cotejo entre o texto da lei e o da Constituição. A fundamentação adotada na ADI 875 deu particular importância à mudança de contexto social e econômico pela qual passou a federação brasileira nas últimas duas décadas.

Entendeu o Tribunal que os coeficientes individuais que foram estabelecidos na LC 62/1989, por meio de acordo político, há praticamente duas décadas, não mais refletiam a realidade socioeconômica vivenciada pelos Estados brasileiros hoje e, portanto, não seriam capazes de realizar o objetivo institucional do FPE, que é reduzir as desigualdades entre as diferentes unidades federadas. O cenário econômico inicialmente retratado pela lei complementar deixou de existir, alterando-se significativamente. Por isso, se um dia os coeficientes estiveram em consonância com o texto constitucional, a alteração do quadro fático os teria tornado inconstitucionais, porque incapazes de atender ao escopo redistributivo da lei.

Essa forma de argumentar não prescinde da análise do contexto em que se insere a lei impugnada, nem do escopo constitucional a que se volta. Em rigor, a conclusão a que chegou o STF, na ADI 875, foi que, no cenário atual, a LC 62/1989 não poderia atingir, em termos concretos, o objetivo constitucional que justificou sua edição. E essa foi a razão pela qual a lei foi declarada inconstitucional.

5 Técnica de decisão

O terceiro aspecto destacado é a solução adotada no acórdão. O ineditismo da decisão também envolveu o reconhecimento de que a mera e imediata suspensão dos rateios significaria deixar os Estados sem receber os repasses do FPE até que o Congresso conseguisse aprovar uma lei de quórum qualificado, implicando em óbvios e graves danos às finanças dessa esfera de governo. Na prática, a Corte não apenas julgou inconstitucional parte da lei, mas condenou a omissão do legislador em ignorar e deixar de regulamentar um comando tão fundamental para a Federação. Ao limitar a vigência do atual rateio até 2012, o órgão máximo do Poder Judiciário considerou que cerca de três anos seria tempo suficiente para que a sistemática de partilha do FPE fosse revista pelo Poder Legislativo.

Constatado o descompasso entre as disposições impugnadas e a norma constitucional, restou ao Tribunal definir o caminho a ser adotado para a superação do estado de inconstitucionalidade, visto que a mera declaração de nulidade da LC 62/1989 tornaria ainda mais grave o problema.

A saída foi declarar a inconstitucionalidade da lei sem pronúncia de nulidade. O Tribunal usou da prerrogativa que lhe confere o art. 27 da Lei n. 9.868/1999, que lhe permite, ao declarar a inconstitucionalidade de lei ou ato normativo, diante de razões de segurança jurídica ou de excepcional interesse social, restringir "os efeitos daquela declaração ou decidir que ela só tenha eficácia a partir de seu trânsito em julgado ou de outro momento que venha a ser fixado". Nesse caso, o momento fixado foi 31 de dezembro de 2012. Somente a partir dessa data a declaração de nulidade surtiria seus efeitos.

A dificuldade enfrentada pelo Tribunal para solucionar o estado de inconstitucionalidade com que deparou é típica das situações de omissão parcial, nas quais o Tribunal Constitucional vê-se diante do risco de que determinado provimento judicial conduza ao "vácuo legislativo" e, assim, acabe agravando o vício de inconstitucionalidade que se propõe a combater.[319]

No caso da Lei Complementar n. 62/89, a nulidade dos coeficientes de repasse nela previstos deixaria o FPE sem critério de rateio e inviabilizaria, por conseguinte, o repasse dos recursos que formam o fundo. Não caberia, por outro lado, ao Tribunal criar novos critérios para substituir os previstos na Lei Complementar n. 62, de modo a atuar como legislador positivo, em lugar do Congresso Nacional. Daí a opção pela declaração de inconstitucionalidade sem pronúncia de nulidade, mediante a fixação de prazo para que o Poder Legislativo sanasse a omissão.

Técnica de decisão semelhante foi adotada, por exemplo, no julgamento da ADI 2.240, de relatoria do Ministro Eros Grau. No caso, a ação direta foi julgada procedente para declarar a inconstitucionalidade, mas não pronunciar a nulidade pelo prazo de 24 meses, da Lei n. 7.619, de 30 de março de 2000, do Estado da Bahia, que criou o Município de Luís Eduardo Magalhães.

6 Consequências do julgamento

Apesar dos esforços por parte do Congresso Nacional, o prazo fixado pelo STF expirou em 31 de dezembro de 2012, sem que a nova lei complementar tivesse sido editada.

Diante da iminência de interrupção dos repasses do FPE, em 21 de janeiro de 2013, os Governadores dos Estados da Bahia, do Maranhão, de Minas Gerais e de Pernambuco ajuizaram ação direta de inconstitucionalidade por omissão – ADO 23 – a fim de requerer, em sede de liminar, que o Tribunal mantivesse provisoriamente a vigência dos dispositivos da Lei Complementar n. 62/89 anteriormente declarados inconstitucionais, até que o

---

319 MORAIS, Carlos Blanco de. *Justiça Constitucional*. t. I. Coimbra: Coimbra editora, 2002.

órgão omisso adotasse as providências necessárias para disciplinar a matéria.

A liminar foi deferida, monocraticamente, pelo Ministro Ricardo Lewandowski, no exercício da presidência, em 24 de janeiro de 2013. A decisão garantiu, *ad referendum* do Plenário, aos Estados e ao Distrito Federal o repasse, pela União, das verbas do FPE, em conformidade com os critérios anteriormente vigentes, por mais 150 dias.

Finalmente, em 18 de julho de 2013, foi editada a Lei Complementar n. 143, que alterou a LC 62/89 e, em tese, fixou nova sistemática de rateio do FPE. Foram criados dois critérios de distribuição, como reconhecido pelo próprio Tesouro Nacional,[320] tendo um valor de referência como linha divisória. Este é ditado, a partir de 2016, a cada decêndio, pelo valor da cota repassado no mesmo período até 2015 corrigido pela variação acumulada do IPCA e pelo percentual equivalente a 75% da variação real do último PIB disponível. Somente o que puder ser repassado acima do valor de referência passa a seguir uma nova fórmula de rateio fixada na LC 143/2013, ou seja, proporcionalmente a coeficientes individuais que refletem fatores representativos da população e do inverso da renda domiciliar *per capita* da entidade beneficiária, nos termos definidos na lei.

A tabela a seguir mostra os coeficientes individuais de participação por unidade federada do FPE, comparado a aplicada no exercício de 1990 (que reflete o congelamento dos índices ditado pela LC 68/1989) com a fixada para o exercício financeiro de 2017, na qual podem ser usadas duas distribuições: a do TCU, reflete a nova fórmula de rateio da LC 143/2013 e adotado apenas se o seguinte não cobrir toda transferência; a da STN, repete o rateio

320 Reconhecimento é feito em demonstrativo que explica a apuração da distribuição regular do FPE, como consta no demonstrativo, por exemplo, de setembro de 2017, publicado no portal da respectiva Secretaria do Tesouro - e disponível em: https://goo.gl/EUJgsT .

até 2015 atualizado pela inflação e boa parte da variação real do PIB (que, no entanto, decresceu em termos reais nos últimos anos, por conta de uma recessão histórica).

Na prática, o FPE está sendo distribuído em 2017 segundo a distribuição proporcional ditada pela STN e, como se pode verificar, é praticamente a mesma que foi aplicada em 1990, quando adotada a LC anterior (a comparação mostra variações irrisórias na segunda casa decimal).

De fato, se trocou uma tabela de um anexo com percentuais fixos e congelados por estado, como legislado em 1989, por uma regra escrita no corpo da lei, que ao prever o repasse anteriormente realizado mais correção da inflação, como legislado em 2015. Haveria uma mudança mais expressiva se fossem considerados os coeficientes apurados pelo TCU oriundos da nova lei – exemplificando, nos dois casos extremos, o estado do Amazonas ganharia um incremento de 1,6 pontos e o da Bahia perderia 0,96 pontos. Porém, essa redistribuição só é aplicada por incremento no montante global a distribuir do fundo que exceda a 25% da variação real do PIB. Isto significa que apenas quando houver um crescimento muito acelerado e contínuo da economia brasileira (que não ocorre há décadas) para que parâmetros que refletem diferentes estágios do desenvolvimento econômico e social venham a ser aplicados.

Rateio Proporcional do Fundo de Participação dos Estados em 1990 comparado a 2017

UF	1990 [LC 68/1989] (A)	2017 [TCU] (B)	2017 [STN]* (C)	(B-A)	(C-A)	(B-A)
AC	3.42	3.82	3.43	0.40	0.01	0.39
AL	4.16	4.91	4.18	0.75	0.02	0.72
AM	2.79	4.39	2.84	1.60	0.05	1.55
AP	3.41	3.29	3.41	-0.13	0.00	-0.12
BA	9.40	8.43	9.36	-0.96	-0.03	-0.93
CE	7.34	6.60	7.31	-0.74	-0.02	-0.71
DF	0.69	0.66	0.69	-0.03	0.00	-0.03
ES	1.50	2.33	1.53	0.83	0.03	0.80
GO	2.84	2.98	2.85	0.14	0.00	0.14
MA	7.22	6.91	7.21	-0.31	-0.01	-0.30
MG	4.45	4.39	4.45	-0.07	0.00	-0.06
MS	1.33	2.15	1.36	0.82	0.03	0.79
MT	2.31	2.26	2.31	-0.05	0.00	-0.05
PA	6.11	6.36	6.12	0.25	0.01	0.24
PB	4.79	4.32	4.77	-0.47	-0.02	-0.46
PE	6.90	6.06	6.87	-0.84	-0.03	-0.81
PI	4.32	4.20	4.32	-0.12	0.00	-0.12
PR	2.88	2.72	2.88	-0.16	-0.01	-0.16
RJ	1.53	2.84	1.57	1.32	0.04	1.27
RN	4.18	3.89	4.17	-0.29	-0.01	-0.28
RO	2.82	3.49	2.84	0.67	0.02	0.65
RR	2.48	2.29	2.47	-0.19	-0.01	-0.18
RS	2.35	1.22	2.32	-1.14	-0.04	-1.10
SC	1.28	1.23	1.28	-0.05	0.00	-0.05
SE	4.16	3.71	4.14	-0.44	-0.01	-0.43
SP	1.00	1.05	1.00	0.05	0.00	0.05
TO	4.34	3.52	4.31	-0.82	-0.03	-0.80
Total	100.00	100.00	100.00	0.00	0.00	0.00

Elaboração própria. Fontes primárias: Lei Complementar n. 62/1989 (https://goo.gl/zsQt3J); Decisão Normativa TCU n. 150/2016 (https://goo.gl/GYn2Di); e Relatório de Liberações Mensais do FPE/STN (https://goo.gl/k5o6RA).
* Participação calculada a partir dos valores acumulados de janiero a agosto de 2017.

A leitura comparada das distribuições das cotas-parte do FPE pela velha e nova lei retrata que, de certa forma, a solução encontrada pelo Congresso Nacional em resposta a decisão do STF foi aprovar uma lei na qual se "trocou seis por meia dúzia".[321]

321 Uma análise crítica da revisão do rateio do FPE também é realizada, dentre outros autores, por: RESENDE, Rodrigo. *Definição dos critérios de rateio do Fundo de Participação dos Estados:* entre a timidez do legislador e a ditadura do status quo. XXXIX Congresso Nacional dos Procuradores de Estado. agosto de 2013. Disponível em: https://goo.gl/Z81xpo ; ASSUNÇÃO, Matheus Carneiro. "Novos critérios de rateio do Fundo de Participação dos Estados e do Distrito Federal – Inconstitucionalidade persistente?". *Revista Fórum de Direito Financeiro e Econômico – RFDFE*. Belo Horizonte, ano

7 ADI 5.069 contra a nova lei do FPE

A nova lei, no entanto, também não ficou livre de questionamentos judiciais. Em 25 de novembro de 2013, o Governador do Estado de Alagoas ajuizou a ADI 5.069, contra as alterações promovidas pela LC 143/2013 na LC 62/1989.

Os fundamentos jurídicos utilizados na ação são, em parte, similares àqueles que justificaram a declaração de inconstitucionalidade da legislação anterior. Na inicial, afirma-se que a nova lei prorrogou, até 31/12/2015, a vigência dos coeficientes individuais já declarados inconstitucionais pelo STF, no julgamento da ADI 875, e acabou por transformá-los em piso para os repasses, a partir de 2016. Além disso, a nova fórmula de rateio, a ser implementada também a partir de 2016, está subordinada à realização de condição futura e, até certo ponto, incerta, que é o crescimento econômico.

Com base nesses fundamentos, pede o Estado autor que a ação seja julgada procedente para declarar a inconstitucionalidade do art. 2°, incisos I, II e III, primeira parte, isto é, a expressão "também a partir de 1° de janeiro de 2016, a parcela que superar o montante especificado no inciso II", bem como do § 2° e o Anexo Único da Lei Complementar 62/1989, com redação dada pela LC 143/2013.

A ADI é de relatoria do Ministro Dias Toffoli, que aplicou o procedimento abreviado do art. 12 da Lei n. 9.868/99. A Procuradoria-Geral da República opinou, em 15/12/2014, pela improcedência da ação. O parecer chama atenção para a necessidade de implementação gradativa dos novos critérios de partilha previstos na LC 143/2013, uma vez que "o quadro de transferências se consolidou ao longo dos anos e se refletiu sobre expectativas de

---

3, n° 5, pp. 109-116, mar./ago. 2014; SOUZA Neto, Miguel Laurentino. *Por uma verdadeira mudança no FPE*. 2016. Monografia. Universidade de Brasília, Brasília, 2016. Disponível em: https://goo.gl/e4Lnpi

receita de Estados e do Distrito Federal, os quais projetam seus orçamentos de acordo com ingressos de exercícios anteriores".[322]

Assim, a nova regra, que resultou de intensos debates no Congresso Nacional, constitui a construção legislativa possível, diante de um cenário político e econômico complexo. Vale dizer, a "norma em vigor provavelmente não será perfeita, mas é a que surgiu do consenso possível do Parlamento". Daí se afirmar no parecer:

> A adoção gradual de critérios flexíveis atrelados à inflação (IPCA), ao crescimento do PIB, ao crescimento populacional e ao inverso da renda domiciliar per capita, conquanto possa não ser o ideal, impacta de forma menos gravosa os atuais repasses do FPE e permite adaptação lenta e o menos traumática possível às diretrizes propostas pelo Supremo Tribunal Federal no julgamento da ADI 875/DF.
>
> Em resumo, a Lei Complementar 62, de 28 de dezembro de 1989, na redação conferida pela Lei Complementar 143, de 17 de julho de 2013, atende aos requisitos do art. 161, II, da Constituição da República, por permitir promoção de equilíbrio socioeconômico entre os componentes da Federação.

Boa parte da doutrina defende o contrário, porque a nova lei teria repetido os erros da anterior. É o que afirma Matheus Carneiro Assunção, ao assinalar que a LC n. 143/2013, assim como a antecessora, não se encaminhou no sentido de promover uma real mudança na distribuição de recursos, tampouco a necessária redução das desigualdades regionais. Assevera o autor, a propósito da nova legislação:

> (...) *ratio decidendi* do STF no julgamento da ADI n. 875 acabou sendo completamente ignorada no processo legislativo da LC n. 143/2013. Os atuais critérios de rateio, reproduzindo

---

322 BRASIL. Supremo Tribunal Federal. Ação Direta de Inconstitucionalidade n. 5.609. Parecer da Procuradoria-Geral da República. 15.12.2014.

> a mesma trajetória do modelo declarado inconstitucional pelo STF, evidenciam baixa aptidão para promover efetivas reduções das desigualdades regionais e equalizações econômico-financeiras na realidade dos Estados. A conjugação de fatores representativos da população e do inverso da renda domiciliar per capita da entidade beneficiária (a partir de 2016), aplicada somente à parte que superar o patamar definido com base nos coeficientes estáticos da LC n. 62, em suma, traz "mais do mesmo", consagrando um quadro de inconstitucionalidade persistente.[323]

Na mesma linha, Isaias Coelho alega que a "nova lei tem todos os defeitos da anterior, e mais alguns", na medida em que revela o claro propósito de "manter o mais possível o sistema atual dando a impressão de que o reformava".[324] Entre as novidades, destaca o estabelecimento de piso para as transferências, que não tem precedente na legislação anterior. "O mais estranho é que, pela primeira vez, a União aceitou estabelecer um piso ou mínimo para a distribuição do FPE", diz o autor. "Teria a União que encontrar outros recursos para suprir eventual insuficiência do FPE? Tal possibilidade não encontra precedente. Tampouco tem lógica", conclui.

O caso, na data em que se escreve o presente texto, não foi ainda a julgamento. Mas a propositura da ação direta – ADI 5069 – chama atenção pela singular oportunidade que proporciona ao Tribunal de revisitar o tema julgado na ADI 875 e, sobretudo, de avaliar o efetivo atendimento por parte do Congresso Nacional dos parâmetros jurídicos definidos nessa decisão.

---

323 ASSUNÇÃO, Matheus Carneiro. "Novos critérios de rateio do Fundo de Participação dos Estados e do Distrito Federal – Inconstitucionalidade persistente?". *Revista Fórum de Direito Financeiro e Econômico – RFDFE*. Belo Horizonte, ano 3, nº 5, pp. 109-116, mar./ago. 2014.

324 COELHO, Isaias. "Reforma do FPE sai tardia e imperfeita". *Revista Consultor Jurídico*. 18 de julho de 2013. Disponível em: http://www.conjur.com.br/2013-jul-18/isaias-coelho-reforma-fundo-participacao-sai-tardia-imperfeita.

Há, contudo, uma diferença importante entre esse caso (ADI 5069) e o anterior (ADI 875). É que, no julgamento da ADI 875, a procedência da ação e a pronúncia de nulidade, ainda que com efeitos *ex nunc*, deixaria o FPE imediatamente sem critério de rateio, agravando o estado de inconstitucionalidade que o Tribunal pretendia combater.

No caso da ADI 5069, a situação é outra. A eventual procedência da ação não deixará necessariamente o fundo sem parâmetros para o rateio dos recursos, como antes. A nova redação do inciso III do art. 2º da LC 62/1989, dada pela LC 143/2013, traz critérios de repartição, que são fatores representativos da população e do inverso da renda domiciliar per capita da entidade beneficiária, previstos, respectivamente, nas alíneas *a* e *b* do art. 2º, III, da citada lei. O problema reside no fato de que tais critérios de partilha só se aplicam, grosso modo, à "parcela que superar o montante especificado no inciso II", que é dividida segundo os coeficientes individuais de participação dos Estados e do Distrito Federal no FPE constantes do Anexo Único da Lei Complementar, os mesmos já declarados inconstitucionais pelo STF.

Assim, no julgamento da ADI 5069, caso o Tribunal decida pela procedência da ação, pode simplesmente declarar a inconstitucionalidade da previsão dos incisos I e II do art. 2º, que, de certo modo, perpetuam a fórmula de partilha anterior e determinar, por outro lado, a aplicação dos critérios previstos no art. 2º, III, a e b, sobre o montante total do FEP, adotando a necessária modulação de efeitos pelo prazo que julgar adequado. Essa opção, bem se vê, não havia quando do julgamento da ADI 875, já que a LC 62/1989 não trazia verdadeiramente critérios de rateio, a não ser os coeficientes fixos que o STF considerou inconstitucional. Dessa forma, o Tribunal escaparia de um novo apelo ao legislador, que poderia arriscar a autoridade e a eficácia da decisão da Corte.

Seja como for, o novo julgamento da lei do Fundo de Participação dos Estados certamente poderá contribuir de maneira significativa para a compreensão e o aprimoramento dos instrumentos de superação das omissões inconstitucionais no direito brasileiro.

Considerações finais

A confusão que envolvia o FPE antes do julgamento do STF é uma amostra pequena e emblemática das finanças públicas estaduais e mesmo das nacionais. Mesmo depois de editada nova lei complementar, continuarão faltando critérios objetivos para avaliar e situar a posição socioeconômica de cada estado e para redistribuir recursos entre eles através do FPE.

Em 1965, quando criado, o FPE da atual controvérs a, os estados detinham cerca de 35% da receita tributária nacional, mas, nos dias de hoje, sequer conseguem receber 26%. Já a União, que detinha 55% na mesma época, hoje tem para 53,9%. Os municípios, por sua vez, foram os grandes ganhadores (de 10% para 20% do total da receita). A federação mudou sensivelmente e os estados perderam muito de seu espaço, financeiro e político. A cena não mudará caso, não apenas o FPE, como a federação e a política fiscal seguirem com o mesmo traço comum: sem critérios, sejam eles técnicos ou racionais. A contradição é ainda maior quando se verifica que o volume total do FPE sofre com a queda na arrecadação de IR e IPI mais intensa do que no resto da arrecadação federal, fruto da maior desaceleração dos lucros das grandes empresas e das desonerações concentradas nesses impostos e que poupam as contribuições não compartilhadas. Há muito já foi proposto como melhor solução o alargamento da base do FPE/FPM para ser alimentado por todos os tributos. Já há o precedente da desvinculação da receita (a DRU), que alcança a eles todos, mas nunca houve empenho político para avançar em tal proposta que, obviamente, não agradará a União.

As autoridades federais procuram atenuar a inegável debilidade das finanças estaduais oferecendo cada vez mais financiamentos, inclusive externos e via bancos federais, mas sempre com garantias do Tesouro – até para aqueles que não teriam condições de tomá-los pela classificação de risco do próprio Tesouro, segundo denunciado pelo TCU. Ideal seria revisar a rolagem da dívida de modo retroativo para reposicionar qual o correto nível de endividamento de cada estado e, só então, avaliar quanto poderão pagar de novas operações. Porém, parece que crédito virou a nova modalidade de transferência negociada, compatível com um quadro de centralização que analistas políticos já qualificam como igual ou pior que na ditadura militar.

Muito se propõe – e há bastante tempo, diga-se – reformar a tributação vigente no País. No entanto, o FPE é um dos aspectos mais relevante do sistema tributário e raramente é objeto de qualquer proposição de mudança – tampouco de análises mais extensas e consistentes. Pode-se dizer que é tratado como um tabu, sobretudo nos meios parlamentares. Muda o comando do governo federal e mudam as propostas de reformas, quase sempre concentradas no imposto estadual sobre circulação de mercadorias e alguns serviços (ICMS), mas sempre se foge a mencionar (quanto mais esboçar alguma mudança) o FPE. Esse quadro pouco muda no Congresso Nacional, considerado como um tema intrinsecamente vinculado à chamada questão regional, que pautou a maior parte dos debates e decisões da Assembleia Constituinte em torno do capítulo tributário.

O temor de mudar o FPE é que venha a desperta anseios e interesses tão díspares e conflitantes dos governos estaduais. Afinal, o Brasil ainda é um dos países do mundo de mais profunda desigualdade econômica e social, entre regiões e entre famílias. Paradoxalmente, é justamente para encurtar essa distância que o FPE existe, como, aliás, consta no inciso II do art. 161.

De qualquer forma, o julgamento da ADI 857 apontou três diretrizes importantes para a jurisprudência do STF. A primeira está na superação da rígida divisão entre ADI e ADO pela adoção da tese da fungibilidade. Foi isso que permitiu, no caso analisado, o conhecimento de todas as ações propostas e seu julgamento em conjunto, a despeito das relativas diferenças de objeto e fundamentação.

A segunda diretriz está nos fundamentos adotados pelo Tribunal para a declaração de inconstitucionalidade. Não se limitou a decisão ao cotejo entre o texto da lei complementar e o da Constituição Federal. A fundamentação adotada abriu-se ao exame do contexto socioeconômico da lei impugnada em contraste com o objetivo jurídico que a Constituição atribuiu ao FPE. Considerou que a norma se tornou inconstitucional pela alteração do substrato socioeconômico sobre o qual deveria incidir.

A terceira está na técnica de decisão. A opção pela declaração de inconstitucionalidade sem pronúncia de nulidade justificou-se diante da natureza do vício atacado, a inconstitucionalidade por omissão parcial. O Tribunal teve, então, que constituir uma solução que, de um lado, não agravasse a questão constitucional apresentada – como seria a pura cassação dos critérios do FPE – e, de outro, não avançasse sobre as competências do Congresso Nacional. E foi tal decisão que impulsionou a edição da LC 143/2013, hoje vigente.

Esses três aspectos fazem do julgamento da ADI 875 um precedente importante quando se trata de compreender a atual jurisprudência do Supremo Tribunal Federal e os novos caminhos que precisará seguir a legislação do FPE para atender o comando constitucional de promover o equilíbrio socioeconômico entres as regiões do país.

Referências bibliográficas

AFONSO, José Roberto. *FPE: Rateio sem Critério.* Observatório da Jurisdição Constitucional. ano 3. Brasília: IDP, 2009/2010.

ASSUNÇÃO, Matheus Carneiro. "Novos critérios de rateio do Fundo de Participação dos Estados e do Distrito Federal – Inconstitucionalidade persistente?". *Revista Fórum de Direito Financeiro e Econômico – RFDFE.* Belo Horizonte, ano 3, n. 5, pp. 109-116, mar./ago. 2014.

BERCOVICI, Gilberto. *Desigualdades Regionais, Estado e Constituição*. São Paulo: Max Limonad, 2003.

BRASIL. Supremo Tribunal Federal. Ação Direta de Inconstitucionalidade n. 875. Relator Ministro Gilmar Mendes. Julgamento em 24.2.2010.

BRASIL. Supremo Tribunal Federal. Ação Direta de Inconstitucionalidade n. 5.609. Parecer da Procuradoria-Geral da República. 15.12.2014.

BRASIL. Supremo Tribunal Federal. Ação Direta de Inconstitucionalidade n. 875. Relator Ministro Gilmar Mendes. Julgamento em 24.2.2010.

BRASIL. Senado Federal. Resolução n. 22, de 19.05.1989. Disponível em: http://www6.senado.gov.br/legislacao/ListaPublicacoes.action?id=132875.

BRASIL. Senado Federal .Subcomissão de Tributos, Participação e Distribuição das Receitas. art.21,§4°.Brasília,maio1987. Disponívelem:http://www.camara.gov.br/internet/constituicao20anos/DocumentosAvulsos/vol-150.pdf .

BRASIL. Senado Federal. Comissão da Tributação, Orçamento e Finanças. art.21, §2°.Brasília,junho,1987.Disponivel em:http://www.camara.gov.br/internet/constituicao20anos/DocumentosAvulsos/vol-142.pdf.

BRASIL. Senado Federal. Comissão da Tributação, Orçamento e Finanças. Brasília, junho,1987.Disponívelem:http://www.camara.gov.br/internet/constituicao20anos/DocumentosAvulsos/vol-145.pdf.

BRASIL. Código Tributário Nacional (Lei n. 5.172, de 25 de outubro de 1966) .art.89. Constituição (1988).

CASTRO, Firmo. *Repartição da Receita Tributária Federal*. Relatório da Comissão Executiva da Reforma Fiscal. vol: II. São Paulo: DBA Dorea Books, 1993.

COELHO, Isaias. "Reforma do FPE sai tardia e imperfeita". *Revista Consultor Jurídico*, 18 de julho de 2013. Disponível em: http://www.conjur.com.br/2013-jul-18/isaias-coelho-reforma-fundo-participacao-sai-tardia-imperfeita.

CONTI, José Maurício. *Federalismo Fiscal e Fundos de Participação*. São Paulo: Juarez de Oliveira, 2001.

CORREIA NETO, Celso de Barros. "Repartição de Receitas Tributárias e Transferências Intergovernamentais". *In*: CONTI, José Maurício; SCAFF, Fernando Facury; BRAGA, Carlos Eduardo Faraco. (Coord.).

Federalismo Fiscal: questões contemporâneas. Florianópolis: Conceito Editorial, 2010.

IBRE. *50 Anos da Reforma do Sistema Tributário Nacional.* Rio de Janeiro: IBRE/FGV, 2015. (Relatórios digitalizados e divulgados em: https://goo.gl/wkURq4).

IVO, Gabriel. *Constituição Estadual*: competência para elaboração da Constituição do Estado-membro. São Paulo: Max Limonad, 1997.

LOPREATO, Francisco Luiz Cazeiro. *O colapso das finanças estaduais e a crise da federação.* São Paulo: Unesp, Unicamp, 2002.

MENDES, Gilmar. "O Mandado de Injunção e a Necessidade de sua Regulação Legislativa". *In*: MENDES, Gilmar; VALE, André Rufino do; QUINTAS, Fábio Lima (Coord.). *Mandado de Injunção:* estudos sobre sua regulamentação. São Paulo: Saraiva, 2013.

MORAIS, Carlos Blanco de. *Justiça Constitucional.* t. I. Coimbra: Coimbra editora, 2002.

PRADO, Sérgio. *FPE: Equalização Estadual no Brasil* – Alternativas e Simulações para a Reforma. vol. 1. S/l.: FGV Projetos/IDP, 2012.

RESENDE, Rodrigo. *Definição dos critérios de rateio do Fundo de Participação dos Estados:* entre a timidez do legislador e a ditadura do status quo. XXXIX Congresso Nacional dos Procuradores de Estado. agosto de 2013. Disponível em: https://goo.gl/Z81xpo.

REZENDE, Fernando. *A Reforma Fiscal no Processo de Elaboração da Nova Constituição.* Texto para Discussão Interna. n. 121, IPEA, nov. de 1987. Disponível em: http://www.ipea.gov.br/pub/td/1987/td_0121.pdf.

RUBINSTEIN, Flávio. "A repartição de competências tributárias no Brasil sob a ótica da teoria normativa do federalismo fiscal". *In*: VASCONCELLOS, Roberto França. *Direito Tributário:* política fiscal. São Paulo: Saraiva, 2009.

SECRETARIA DO TESOURO NACIONAL – STN. *O que você precisa saber sobre transferências fiscais a União.* Brasília: Ministério da Fazenda, fevereiro 2017.

SOUZA Neto, Miguel Laurentino. *Por uma verdadeira mudança no FPE. 2016.* Monografia. Universidade de Brasília, Brasília, 2016. Disponível em: https://goo.gl/e4Lnpi.

TER-MINASSIAN, Teresa. "Intergovernmental Fiscal Relations in a Macroeconomics Perspective: an overview". *In*: TER-MINASSIAN, Teresa. *Fiscal Federalism in Theory and Pratice*. Washington: International Monetary Fund, 1997.

VILLELA, Luiz. "Revisão dos Critérios de Rateio dos Fundos de Participação". *In*: *Relatório da Comissão Executiva da Reforma Fiscal*. vol. II. São Paulo: DBA Dorea Books, 1993.

CAPÍTULO XV

DECLARAÇÃO DE INSCONSTITUCIONALIDADE SEM PRONÚNCIA DE NULIDADE: ESTUDO DE CASO SOBRE A CRIAÇÃO INCONSTITUCIONAL DE MUNICÍPIOS

José S. Carvalho Filho

Introdução

O constitucionalismo contemporâneo não mais se satisfaz com a solução dicotômica clássica proposta pela jurisdição constitucional, cujas únicas opções de decisão são a atestação de constitucionalidade da norma jurídica objeto de controle ou a sua declaração de inconstitucionalidade e consequente aplicação do dogma da nulidade.

Com efeito, seja em decorrência de autorização legal, seja mediante construção jurisprudencial, tanto no ordenamento jurídico brasileiro como no direito comparado, o controle de constitucionalidade admite hoje diversas técnicas de decisão diferenciadas, que emergem para solucionar casos em que o dualismo proposto pelo sistema clássico não é suficiente para sanar a inconstitucionalidade.

São exemplos dessas técnicas de decisão em controle de constitucionalidade: a interpretação conforme a Constituição, a modulação temporal dos efeitos da decisão declaratória de inconstitucionalidade, as decisões manipulativas de efeitos aditivos e/ou modificativos, a atestação de norma em processo de inconstitucionalização e a declaração de inconstitucionalidade sem pronúncia de nulidade. Este último método de decisão é o objeto deste artigo, em que se reflete sobre o tema a partir de estudo de caso sobre a criação inconstitucional de municípios brasileiros.

Inicialmente, apresenta-se a técnica da declaração de inconstitucionalidade sem pronúncia de nulidade, bem como sua justificativa no sistema de controle de constitucionalidade brasileiro. Em seguida, analisa-se a jurisprudência do STF acerca desse modelo de decisão, especificamente no que diz respeito à criação de municípios no federalismo pátrio. Finalmente, lançam-se algumas reflexões sobre a eficiência e os limites desse tipo de decisão.

1 A sofisticação do contencioso constitucional e o fim do dualismo decisional

O dogma da nulidade adotado pelo Brasil decorre de inspiração em doutrina e jurisprudência estadunidenses, as quais defendem que a consequência para a constatação de inconstitucionalidade de dado ato jurídico deve ser a sua declaração de nulidade, diante do aforismo segundo o qual "*the inconstitucional statute is not law at all*".[325] [326] A propósito, Canotilho sustenta que a nulidade da lei inconstitucional representa um "silogismo tautológico": (1) a lei inconstitucional é nula; (2) a lei é nula

325 WILLOUGHBY, Westel Woodbury. *The Constitutional Law of the United States*. vol. 1. New York: Baker, Voorhis, 1910, pp. 9/10.

326 COOLEY, Thomas M. *A treatise on the constitutional limitations*. 4ª ed. Boston, 1878, p. 227.

porque é inconstitucional; (3) a inconstitucionalidade reconduz à nulidade e a nulidade à inconstitucionalidade.[327]

Ocorre que esse caráter extremista do contencioso constitucional[328] é duramente criticado, por limitar o poder de decisão do juiz constitucional. Há casos em que o dualismo proposto pelo sistema clássico – nulidade/constitucionalidade da lei – não se mostra hábil a contornar ou poderia mesmo agravar o estado de inconstitucionalidade da situação analisada. García de Enterría chega a afirmar que, em certos casos, a declaração de nulidade de uma lei pode implicar verdadeira catástrofe.[329]

Assim, o princípio da nulidade não pode e não deve ser encarado como absoluto. Thierry Di Manno, por exemplo, sustenta que o esquema clássico da jurisdição constitucional é uma espécie de berlida da qual o juiz deve se libertar, para seguir também linhas decisionais alternativas.[330]

Nesse contexto, o caráter ortodoxo das decisões tomadas no seio do contencioso constitucional, que ficou enclausurado durante muito tempo em um sistema binário, deve ceder lugar a modelos de decisão alternativos, como a interpretação conforme a Constituição, a modulação temporal de efeitos da decisão de inconstitucionalidade e a declaração de inconstitucionalidade sem

---

327 CANOTILHO, J. J. Gomes. *Direito constitucional*. 4ª ed. Coimbra: Almedina, 1986, p. 729.

328 O contencioso constitucional é definido por Guillaume Drago como termo que designa o conjunto de litígios sobre a contestação de constitucionalidade dos atos subordinados à Constituição, bem como os procedimentos e técnicas cujo escopo é solucionar os litígios. (Cf. DRAGO Guillaume. *Contentieux constitutionnel français*. 3ª ed. PUF, 2011, pp. 16-7).

329 GARCÍA DE ENTERRÍA, Eduardo. "Justicia Constitucional: la doctrina prospectiva em la declaratión de ineficacia de las leyes inconstitucionales". *Revista de Direito Público*, nº 92; pp. 12-13, out./dez. 1989.

330 DI MANNO, Thierry. *Le juge constitutionnel et la technique des décisions 'interprétatives' en France et en Italie*. Paris : Économica, 1997, pp. 189-90.

pronúncia de nulidade. O controle de constitucionalidade admite hoje diversas técnicas de decisão diferenciadas.

Apesar de certos autores ainda defenderem estritamente o paradigma da função de legislador negativo[331] do juiz como condição de legitimidade da jurisdição constitucional,[332] é fato que a adoção de técnicas alternativas de decisão ganha amplitude em diversos países do mundo. Além do Brasil, Portugal, Itália, Colômbia, Chile, Canadá, Suíça, Alemanha e Estados Unidos, dentre outros, já aderiram ao movimento do constitucionalismo contemporâneo de expandir os tipos de técnicas de decisão em controle de constitucionalidade.[333]

Gilmar Mendes defende que a experiência do Direito Comparado demonstra forte tendência no sentido da universalização de alternativas à técnica de nulidade. Segundo o autor, independentemente do modelo de controle adotado – concentrado ou difuso –, a criação de técnicas de decisão diferenciadas na jurisdição constitucional é comum aos mais diversos sistemas, seja por meio de

331 Segundo Kelsen, a diferença entre a função jurisdicional e a função legislativa consiste, antes de tudo, no fato de que essa última cria normas gerais, ao passo que a primeira cria apenas normas individuais. No que diz respeito à jurisdição constitucional, Kelsen complementa afirmando que anular uma lei é apresentar uma norma geral, pois a anulação tem o mesmo caráter genérico da criação. Assim, para o referido autor, é possível dizer que o juiz constitucional exerce função legislativa com sinal invertido (Cf. KELSEN, Hans. *La garantie juridictionnelle de la Constitution :* la justice constitutionnelle, Revue de droit public et de science politique. vol.XLV, 1928, p. 224).

332 Sobre o tema, conferir BUSTAMANTE, Thomas. *L'interprétation juridique et la Cour suprême fédérale du Brésil:* considérations sur le récent dépassement du positivisme juridique et sur la révision de la théorie du 'législateur négatif'. *Les cahiers de droit*, vol. LIV, nº 1, pp. 15-31, 2013.

333 Virgílio Afonso da Silva escreveu precioso trabalho sobre o manejo da técnica de interpretação conforme a Constitucional em diversos contextos no Direito Comparado. Sobre o tema, conferir: SILVA, Virgílio Afonso da. "Interpretação conforme a constituição: entre a trivialidade e a centralidade judicial". *Revista Direito GV*, vol.II, nº 1, pp. 191-210, jan./jun. 2006.

previsões constitucionais ou legais, ou ainda com base em simples opção de política judiciária.[334]

Nessa conjuntura, o direito constitucional aposta em novas possibilidades de atuação do juiz no contencioso constitucional. Ao rediscutir o significado do termo "legislador negativo", Alexandre Viala sustenta que a função da jurisdição constitucional vai além de simplesmente atrapalhar a atuação do Parlamento[335] e Christian Behrendt propõe o termo "legislador-balizador positivo"[336] para o juiz constitucional.

No Brasil, especialmente a partir da edição da Lei 9.868/1999, ficou clara a opção legislativa em adotar fórmulas alternativas à pura e simples declaração de nulidade. O parágrafo único do art. 28 da referida lei dispõe expressamente sobre o efeito vinculante das decisões de interpretação conforme a Constituição e de declaração de inconstitucionalidade parcial sem redução de texto. Além disso, Gilmar Mendes defende que a Constituição de 1988 possibilitou o desenvolvimento sistemático de uma declaração de inconstitucionalidade com limitação de efeitos (sem a pronúncia da nulidade), na medida em que atribuiu particular significado ao controle de constitucionalidade da chamada omissão do legislador.[337]

---

334 BRASIL. Supremo Tribunal Federal. Voto do Ministro Gilmar Mendes na Ação Direta de Inconstitucionalidade 2.240, Rel. Min. Eros Grau, Tribunal Pleno, DJ 3/8/2007.

335 VIALA, Alexandre. "Les réserves d'interprétation dans la jurisprudence du Conseil constitutionnel". *Bibliothèque Constitutionnelle et de Science Politique*, Tome 92, Paris, LGDJ, 1999, p. 64.

336 Em francês, o termo empregado é "législateur-cadre positif" (Cf. BEHRENDT Christian. *Le juge constitutionnel, un législateur-cadre positif* : une analyse comparative en droit français, belge et allemand. Bruxelles/Paris : Bruylant/LGDJ, 2006).

337 MENDES, Gilmar Ferreira; BRANCO, Paulo Gustavo Gonet. *Curso de Direito Constitucional.* 11ª ed. São Paulo: Saraiva, 2016, p. 1358.

Essa última técnica de decisão, declaração de inconstitucionalidade sem pronúncia de nulidade, é bastante ilustrativa do fenômeno mundial de expansão da jurisdição constitucional.

No controle de constitucionalidade, a consequência fundamental da decisão que reconhece a existência de omissão parcial é a suspensão de aplicação da norma. Entretanto, é preciso reconhecer que a aplicação da lei, mesmo após a pronúncia de sua inconstitucionalidade, pode ser exigida pela própria Constituição, sobretudo nos casos em que a sua aplicação se mostra indispensável no período de transição, até a promulgação da nova lei.[338] Igualmente, a aplicação da lei se impõe nos casos em que a decretação de nulidade agravaria ainda mais o estado de inconstitucionalidade.

O Supremo Tribunal Federal possui alguns precedentes relevantes em que adotou a técnica de decisão da declaração de inconstitucionalidade sem pronúncia de nulidade. No julgamento do Recurso Extraordinário com Repercussão Geral 567.985, sobre o critério objetivo de ¼ do salário mínimo de renda familiar *per capita* para fins de concessão de benefício assistencial de prestação continuada, a Corte declarou a inconstitucionalidade, sem pronúncia de nulidade, do art. 20, §3º, da Lei 8.742/1993.[339] Essa fórmula foi igualmente utilizada no julgamento de diversas ações relativas ao Fundo de Participação dos Estados (FPE), ocasião em que o STF declarou a inconstitucionalidade, sem pronúncia de nulidade, de dispositivos da Lei Complementar 62/1989, ressalvando a sua aplicação *pro futuro*, pelo prazo fixado – até 31 de dezembro de 2012.[340]

---

338 MENDES, Gilmar Ferreira; BRANCO, Paulo Gustavo Gonet. *Curso de Direito Constitucional*. 11ª ed. São Paulo: Saraiva, 2016, p. 1363.

339 BRASIL. Supremo Tribunal Federal. Recurso Extraordinário com Repercussão Geral 567.985, Rel. Min. Marco Aurélio, Red. p/ acórdão Min. Gilmar Mendes, Tribunal Pleno, DJe 3/10/2013.

340 BRASIL. Supremo Tribunal Federal. Ação Direta de Inconstitucionalidade 875, Rel. Min. Gilmar Mendes, Tribunal Pleno, DJe 24/2/2010.

Neste trabalho, analisa-se a técnica da declaração de inconstitucionalidade, sem pronúncia de nulidade, bem como seus limites e possibilidade, a partir de estudo de caso relativo à criação inconstitucional de municípios no Brasil.

2 A criação inconstitucional de municípios e a solução apresentada pela jurisprudência do Supremo Tribunal Federal

No federalismo pátrio, as reformulações territoriais relativas aos entes federativos atípicos denominados municípios são disciplinadas pelo art. 18, §4º, da Constituição, que assim dispõe sobre o tema:

> Art. 18 (...)
> § 4º A criação, a incorporação, a fusão e o desmembramento de Municípios, far-se-ão por lei estadual, dentro do período determinado por Lei Complementar Federal, e dependerão de consulta prévia, mediante plebiscito, às populações dos Municípios envolvidos, após divulgação dos Estudos de Viabilidade Municipal, apresentados e publicados na forma da lei.

Referido dispositivo, cuja redação atual decorre da Emenda Constitucional 15/1996,[341] estabeleceu os requisitos para a criação, incorporação, fusão e desmembramento de municípios no Brasil: 1) A modificação territorial deve ser promovida por lei estadual; 2) A alteração deve ocorrer dentro do período determinado por lei complementar federal; 3) É necessária consulta plebiscitária às populações

341 Referida emenda foi objeto de impugnação no Supremo Tribunal Federal, por meio da ADI 2.395, Rel. Min. Gilmar Mendes. Entretanto, o pedido da ação foi julgado improcedente, com a consequente declaração de constitucionalidade da norma (Cf. BRASIL. Supremo Tribunal Federal. Ação Direta de Inconstitucionalidade 2.395, Rel. Min. Gilmar Mendes, Tribunal Pleno, DJe 23.5.2008.)

dos municípios envolvidos, com a ressalva de que a imposição abrange toda a população afetada pela modificação territorial (no caso de desmembramento, deve envolver tanto a população do território a ser desmembrado quanto a do território remanescente).[342]

Portanto, desde a promulgação da EC 15, de 12 de setembro de 1996, as reformulações territoriais de municípios, além de respeitar outros requisitos (formalização por meio de lei estadual e consulta às populações interessadas), deveriam se realizar dentro do período fixado por lei complementar federal.

Ocorre que o legislador federal não cumpriu seu dever constitucional de editar a lei complementar em que se estabelecem os prazos para as modificações territoriais de municípios, ocasionando a configuração de inconstitucionalidade por omissão.

Paralelamente, a despeito da inexistência de lei complementar federal, alguns Estados promulgaram leis reorganizando os territórios de seus municípios, mas, diante do não atendimento dos requisitos previstos na Constituição, essas leis são formalmente inconstitucionais.

Nesse contexto, instalou-se situação de dupla inconstitucionalidade: no plano federal, a inércia legislativa quanto à edição da lei complementar federal implicou inconstitucionalidade por omissão; por seu turno, em âmbitos estaduais, a reorganização de territórios municipais foi promovida por atos inconstitucionais, tendo em vista que não se respeitou um dos requisitos expressamente estabelecidos pela Constituição – modificação territorial dentro do período fixado em lei complementar federal. Essas duas questões foram submetidas a julgamento do Supremo Tribunal Federal.

Quanto à omissão inconstitucional, o STF julgou a Ação Direta de Inconstitucionalidade 3.682.[343] Na oportunidade, a Corte

---

342 BRASIL. Supremo Tribunal Federal. Ação Direta de Inconstitucionalidade 2.650, Rel. Min. Dias Toffoli, Tribunal Pleno, DJe 17.11.2011.

343 A rigor, trata-se de ação direta de inconstitucionalidade por omissão, mas, até o advento da Lei 12.063/2009, o Supremo Tribunal Federal não tratava

assentou, em síntese, que, diante do transcurso de mais de dez anos desde a promulgação da EC 15/96, sem que a lei complementar federal definidora do período dentro do qual poderão tramitar os procedimentos de reorganização territorial de municípios, era preciso reconhecer a mora legislativa em relação ao cumprimento do dever constitucional de legislar. Ademais, a Corte afirmou que a omissão normativa federal acabou dando ensejo à instituição de estados de inconstitucionalidade (*e.g.* criações inconstitucionais de municípios), os quais não podem ser ignorados pelo legislador na elaboração da lei complementar federal. Assim, o STF declarou a mora do Congresso Nacional e indicou o prazo de dezoito meses para que adotasse todas as providências legislativas impostas pelo art. 18, § 4º.

No que diz respeito a leis estaduais que reformularam territorialmente municípios, diversos casos[344] foram julgados pelo Supremo Tribunal Federal, tendo maior destaque o precedente sobre a criação do município baiano Luís Eduardo Magalhães.

Na Ação Direta de Inconstitucionalidade 2.240,[345] proposta pelo Partido dos Trabalhadores, questionou-se a Lei n. 7.619, de 30 de março de 2000, do Estado da Bahia, a qual criou o Município Luís Eduardo Magalhães. Segundo o autor da ADI, a lei seria flagrantemente inconstitucional, uma vez que foi publicada após a EC 15/96 e na pendência de lei complementar federal definidora do período em que os municípios poderiam ser criados. Alegou-se, ainda, que a criação desse município se deu em ano eleitoral e que o princípio democrático foi violado, na medida em

---

como classes processuais distintas as ações de inconstitucionalidade por ação e por omissão.

344 Por todas, citem-se as Ações Diretas de Inconstitucionalidade 2.240, 3.316, 3.489 e 3.689.

345 BRASIL. Supremo Tribunal Federal. Voto do Ministro Gilmar Mendes na Ação Direta de Inconstitucionalidade 2.240, Rel. Min. Eros Grau, Tribunal Pleno, DJ 3.8.2007.

que apenas parte da população interessada manifestou-se sobre essa reorganização territorial.

O processo foi distribuído ao Ministro Eros Grau, que procedeu à instrução do feito, determinando a requisição de informações às autoridades que editaram o ato normativo, a manifestação da Advocacia-Geral da União e a remessa dos autos à Procuradoria-Geral da República, para parecer.

Tanto o Governador quanto a Assembleia Legislativa do Estado da Bahia posicionam-se pela constitucionalidade da lei, defendendo, em síntese, a higidez do processo legislativo adotado, a realização de consulta plebiscitária e a razoabilidade do período em que se criou o município – entre um ano, no máximo, e seis meses, no mínimo, das eleições municipais.

O Advogado-Geral da União pugnou pela procedência do pedido, seja porque a lei estadual foi editada na pendência da lei complementar federal que deveria dispor sobre o período de sua edição, seja porque a consulta plebiscitária efetuada não respeitou os ditames constitucionais.

O Procurador-Geral da República também se manifestou no sentido da inconstitucionalidade da norma atacada, diante da flagrante violação do texto constitucional pela lei baiana, que não cumpriu as condições insertas no art. 18, §4º, da Constituição.

Na Sessão Plenária de 18/5/2006, o Supremo Tribunal Federal deu início ao julgamento desse caso paradigmático. Naquela ocasião, o Ministro Eros Grau proferiu voto em que reconheceu o estado de inconstitucionalidade na criação do Município Luís Eduardo Magalhães, entretanto apresentou diversas ressalvas que justificariam a improcedência do pedido de declaração de inconstitucionalidade do ato impugnado.

Em seu voto, o Ministro Eros Grau ponderou que, apesar de a lei do Estado da Bahia realmente ser inconstitucional, em virtude da ausência de lei complementar federal prevista no Texto Constitucional (art. 18, §4º), não se pode ignorar a existência de situação de fato consolidada. Segundo o relator, o princípio da segurança jurídica impõe o reconhecimento e o acolhimento da força normativa dos fatos. Em outros termos, considerando que o Município Luís Eduardo Magalhães assumiu existência de fato enquanto ente federativo dotado de autonomia, há mais de seis anos, o Ministro Eros Grau rechaçou a possibilidade de a Corte realizar mero exercício de subsunção, para declarar a inconstitucionalidade da norma.

Ora, o município em foco tem lei orgânica própria, legisla sobre assuntos de interesse local, já realizou eleições (de prefeito, vice-prefeito e vereadores), com respaldo da Justiça Eleitoral, instituiu e arrecadou tributos de sua competência, exerceu poder de polícia, prestou serviço público de interesse local, foi área de celebração de casamentos, bem como de registros de nascimentos e óbitos etc. Tudo isso não pode ser simplesmente ignorado e/ou desconstituído pela Corte, notadamente se se considera que o STF poderia ter suspenso a aplicação da lei desde julho de 2000, quando foi ajuizada a ADI, quatro meses apenas após a edição da lei estadual.

Portanto, consolidada a situação de fato, incumbe verificar o que menos compromete a força normativa futura da Constituição e sua função de estabilização. Segundo o Ministro Eros Grau, o princípio da segurança jurídica prospera em favor da preservação do município, razão por que seu voto foi pela improcedência do pedido de declaração de inconstitucionalidade.

Após, o Ministro Gilmar Mendes pediu vista dos autos para melhor examinar a questão. O julgamento só foi retomado na Sessão de 9/5/2007, oportunidade que, por meio de voto-vista denso, apresentou significativas contribuições para o aperfeiçoamento das técnicas de decisão em controle de constitucionalidade no Brasil.

De início, o Ministro Gilmar Mendes pontuou que se estava a definir os contornos que a decisão do STF deveria assumir para que fosse, na maior medida possível, menos gravosa à realidade fundada sobre a nova unidade federativa. Em seguida, decretou que a solução para o problema não poderia advir da simples decisão de improcedência da ação.

Sobre o tema, são relembradas as lições de Jorge Miranda, para quem a fixação dos efeitos da inconstitucionalidade tem o escopo de adequá-los às situações da vida, a ponderar o seu alcance e a flexibilizar a rigidez que o sistema binário pode comportar. Objetiva-se evitar que, para fugir de consequências demasiadamente gravosas da declaração de nulidade, o juiz constitucional seja compelido a não decidir pela ocorrência de inconstitucionalidade. Trata-se, assim, de válvula de segurança da própria finalidade e da efetividade da jurisdição constitucional.[346]

Feitas essas considerações, o Ministro Gilmar Mendes passou a discorrer sobre a necessidade de decisões diferenciadas que aperfeiçoem o controle de constitucionalidade. Para ele, o princípio da nulidade da lei inconstitucional tem peso elevado, mas precisa ser ponderado com o princípio da segurança jurídica, o que permitiria o recurso a técnicas inovadoras de controle de constitucionalidade das leis e atos normativos.

É exatamente disso que se trata no caso sob exame. Diante da existência de fato do Município Luís Eduardo Magalhães, bem que de sua consolidação ao longo de mais de seis anos, assume peculiar relevo o princípio da proporcionalidade em sentido estrito. Como assevera Rui Medeiros, é preciso ponderar se as consequências da declaração de nulidade da norma jurídica que instituiu o ente federativo são excessivas. Dito de outro modo, para efeito de ponderação dos diferentes interesses em jogo, impõe-se o confronto entre os interesses afetados pela lei inconstitucional e aqueles que seriam sacrificados como corolário da declaração de inconstitucionalidade com eficácia retroativa.[347]

---

346 MIRANDA, Jorge. *Manual de Direito Constitucional*. 3ª ed. t. 2. Coimbra: Coimbra Editora, 1991, p. 500.

347 MEDEIROS, Rui. *A decisão de inconstitucionalidade*: os autores, o conteúdo e os efeitos da decisão de inconstitucionalidade da lei. Lisboa:

Nesse contexto de ponderação, constata-se que não se deve declarar a nulidade de uma lei que acarrete caos jurídico. Isso porque o princípio da nulidade cede lugar ao princípio da segurança jurídica, pois a aplicação continuada da lei por diversos anos tornou impossível a declaração de sua nulidade. É verdade que a nulidade da lei inconstitucional tem caráter de princípio geral, entretanto ele não incide nos casos em que se revela absolutamente inidôneo à finalidade perseguida, notadamente em situações de omissão, exclusão de benefício incompatível com o princípio da isonomia ou, como ocorre no caso analisado, em que a sua aplicação traria danos para o próprio sistema jurídico constitucional (grave ameaça à segurança jurídica).

Finalmente, o Ministro Gilmar Mendes relembrou a introdução do art. 27 da Lei 9.868/99 no ordenamento brasileiro, que passou a permitir a modulação temporal dos efeitos da declaração de inconstitucionalidade das leis, desde que haja razões de segurança jurídica ou excepcional interesse social que justifique o afastamento do princípio da nulidade e pelo menos dois terços dos membros do STF manifestem-se nesse sentido. Esse dispositivo legal autoriza o Supremo Tribunal Federal a atribuir efeitos prospectivos à declaração de inconstitucionalidade da norma jurídica examinada.

Diante de todo o exposto, o Ministro Gilmar Mendes concluiu seu voto no sentido da declaração de inconstitucionalidade, sem pronúncia de nulidade, da lei estadual que instituiu o Município Luís Eduardo Magalhães, mantendo a sua vigência pelo lapso temporal de 24 (vinte e quatro meses).[348]

Universidade Católica Editora, 1999, p. 703.

348 Registre-se que o período de 24 meses foi fixado porque a Corte entendeu tratar-se de lapso temporal razoável dentro do qual o legislador estadual poderia reapreciar o tema, tendo como base os parâmetros que deveriam ser fixados em lei complementar federal, conforme a já mencionada decisão proferida na ADI 3.682.

Concluído esse voto, o Ministro Eros Grau reajustou sua posição, para incorporar as sugestões feitas pelo Ministro Gilmar Mendes e também votar pela declaração de inconstitucionalidade, sem pronúncia de nulidade, da lei instituidora do Município Luís Eduardo Magalhães.

Tomados os demais votos, o pedido da ação foi julgado procedente, à unanimidade,[349] nos termos do voto do Ministro Gilmar Mendes e do voto reajustado do Ministro Eros Grau.

Trata-se de um dos mais relevantes precedentes do Supremo Tribunal Federal acerca de técnicas alternativas de decisão em controle de constitucionalidade, especialmente no que diz respeito à declaração de inconstitucionalidade, sem pronúncia de nulidade.

Como se viu, as contribuições do Ministro Gilmar Mendes foram cruciais para a conclusão do julgamento. Embora o Ministro Eros Grau tenha permanecido relator do feito, por ter reformulado seu voto, foi a proposta lançada pelo Ministro Gilmar Mendes que prevaleceu, para resolver o problema da criação inconstitucional de municípios brasileiros.

3 Contribuições e limites da incorporação da decisão de inconstitucionalidade sem pronúncia de nulidade: notas conclusivas

É fato que decisões alternativas ao sistema ortodoxo binário de jurisdição constitucional (nulidade/constitucionalidade da lei) ganham amplitude no constitucionalismo mundial. Entretanto, certas fórmulas novas são bastante questionadas, especialmente quando se tenta colmatar lacunas, no controle de omissões inconstitucionais.

349 Houve divergência apenas do Ministro Marco Aurélio quanto à modulação dos efeitos da decisão de inconstitucionalidade, uma vez que ele defendeu a manutenção da tese da nulidade da lei inconstitucional.

Dentre as principais críticas, ou o juiz constitucional recebe a alcunha de ativista – se, por exemplo, adota posição concretista em julgamento de mandado de injunção – ou a efetividade da decisão alternativa é refutada – se o juiz constitucional se limita a declarar a mora da autoridade legislativa responsável pela omissão normativa.

Ainda quando se adota posição intermediária – nem concretista, nem declaração de mora *tout court* –, com fixação do prazo considerado razoável para que o legislador edite o ato normativo inexistente, não há consequência jurídica a ser aplicada pelo Judiciário em caso de persistência da omissão das autoridades legislativas, nem mesmo após o esgotamento do prazo fixado. No máximo, o juiz constitucional poderia tentar avançar para a adoção de posição concretista, se as circunstâncias do caso concreto permitissem, como ocorreu no precedente sobre o direito de greve dos servidores públicos, em que o STF invocou a aplicação analógica da lei de greve da iniciativa privada.[350]

No caso da reorganização territorial de municípios, a despeito de o Supremo Tribunal Federal ter reconhecido a mora legislativa e indicado o prazo de 18 (dezoito) meses para que o ato fosse editado, a lei complementar federal a que se refere o art. 18, §4°, da Constituição, não foi elaborada até o presente momento – mais de dez anos após o julgamento da ADI 3.682, Rel. Min. Gilmar Mendes.

Ocorre que, não obstante o decurso do prazo indicado para a colmatação da lacuna normativa pelo Congresso Nacional, o princípio da Separação dos Poderes limita a atuação do juiz constitucional, de modo a restringir a possibilidade de fixação, por decisão judicial, do período em que os municípios brasileiros ficariam autorizados a se reorganizar territorialmente, enquanto não sobrevém a lei complementar federal a que se refere a Constituição.

---

350 BRASIL. Supremo Tribunal Federal. Mandado de Injunção 670, Rel. Min. Maurício Corrêa, Red. p/ acórdão Min. Gilmar Mendes, Tribunal Pleno, DJe 31.10.2008.

Felizmente, no que diz respeito aos municípios criados até 31 de dezembro de 2006 – caso de Luís Eduardo Magalhães –, a Emenda Constitucional 57, de 18 de dezembro de 2008, convalidou suas respectivas leis instituidoras, por meio da inclusão do art. 96 no Ato das Disposições Constitucionais Transitórias. Assim, a situação foi resolvida para o passado, mas a mora legislativa quanto à edição da lei complementar federal definidora de prazos para reformulações territoriais de municípios ainda persiste.

Feitas essas considerações, não se pode negligenciar as contribuições significativas que a jurisprudência do Supremo Tribunal Federal, orientada especialmente por votos do Ministro Gilmar Mendes, ofereceu para o aperfeiçoamento da jurisdição constitucional brasileira. Com efeito, o desenvolvimento de novas técnicas de decisão, como a declaração de inconstitucionalidade sem pronúncia de nulidade, com indicação de prazo para atuação legislativa, representa uma conquista da Justiça Constitucional.

Entretanto, a fragilidade dessa fórmula de decisão, que não prevê consequências para o descumprimento do prazo indicado pelo juiz constitucional, revela que ainda é necessário aprimorar as técnicas de decisão diferenciadas, notadamente no enfretamento do tormentoso problema do controle de omissões inconstitucionais.

Se, por um lado, o Supremo Tribunal Federal deve pautar sua atuação, pelo menos como regra geral, levando em consideração o paradigma do legislador negativo; por outro lado, não deve admitir o esvaziamento de suas decisões.

No caso da reorganização territorial de municípios, a indicação de prazo para a edição de lei complementar federal (art. 18, §4º, da Constituição), sem qualquer consequência para a sua inobservância, seria apenas tentativa simbólica de evoluir, mas, a rigor, a efetividade do julgado seria tão inexpressiva quanto à de uma declaração de mora pura e simples.

Referências bibliográficas

BEHRENDT Christian. *Le juge constitutionnel, un législateur-cadre positif* : une analyse comparative en droit français, belge et allemand. Bruxelles/Paris: Bruylant/LGDJ, 2006.

BRASIL. Supremo Tribunal Federal. Ação Direta de Inconstitucionalidade 875, Rel. Min. Gilmar Mendes, Tribunal Pleno, DJe 24.2.2010.

BRASIL. Supremo Tribunal Federal. Ação Direta de Inconstitucionalidade 2.240, Rel. Min. Eros Grau, Tribunal Pleno, DJ 3.8.2007.

BRASIL. Supremo Tribunal Federal. Ação Direta de Inconstitucionalidade 2.395, Rel. Min. Gilmar Mendes, Tribunal Pleno, DJe 23.5.2008.

BRASIL. Supremo Tribunal Federal. Ação Direta de Inconstitucionalidade 2.650, Rel. Min. Dias Toffoli, Tribunal Pleno, DJe 17.11.2011.

BRASIL. Supremo Tribunal Federal. Mandado de Injunção 670, Rel. Min. Maurício Corrêa, Red. p/ acórdão Min. Gilmar Mendes, Tribunal Pleno, DJe 31.10.2008.

BRASIL. Supremo Tribunal Federal. Recurso Extraordinário com Repercussão Geral 567.985, Rel. Min. Marco Aurélio, Red. p/ acórdão Min. Gilmar Mendes, Tribunal Pleno, DJe 3.10.2013.

BUSTAMANTE, Thomas. "L 'interprétation juridique et la Cour suprême fédérale du Brésil : considérations sur le récent dépassement du positivisme juridique et sur la révision de la théorie du 'législateur négatif'". *Les cahiers de droit.* vol. LIV, n. 1, 2013.

CANOTILHO, J. J. Gomes. *Direito constitucional.* 4ª ed. Coimbra: Almedina, 1986.

COOLEY, Thomas M. *A treatise on the constitutional limitations.* 4ª ed. Boston, 1878.

DI MANNO Thierry. *Le juge constitutionnel et la technique des décisions 'interprétatives' en France et en Italie.* Économica: Paris, 1997, pp. 189-90.

DRAGO Guillaume. *Contentieux constitutionnel français.* 3ª ed. PUF, 2011.

GARCÍA DE ENTERRÍA, Eduardo. "Justicia Constitucional: la doctrina prospectiva em la declaratión de ineficacia de las leyes inconstitucionales". *Revista de Direito Público*, n. 92; out./dez. 1989.

KELSEN Hans. *La garantie juridictionnelle de la Constitution* : la justice constitutionnelle. Revue de droit public et de science politique. vol. XLV, 1928.

MEDEIROS, Rui. A decisão de inconstitucionalidade: os autores, o conteúdo e os efeitos da decisão de inconstitucionalidade da lei. Lisboa: Universidade Católica Editora, 1999.

MENDES, Gilmar Ferreira; BRANCO, Paulo Gustavo Gonet. *Curso de direito constitucional.* 11ª ed. São Paulo: Saraiva, 2016.

MIRANDA, Jorge. *Manual de Direito Constitucional.* 3ª ed. t. 2. Coimbra: 1991.

SILVA Virgílio Afonso da. "Interpretação conforme a Constituição: entre a trivialidade e a centralidade judicial". *Revista Direito GV*. vol.II, n. 1, pp. 191-210, jan./jun. 2006.

VIALA Alexandre. *Les réserves d'interprétation dans la jurisprudence du Conseil constitutionnel.* Bibliothèque Constitutionnelle et de Science Politique. t. 92. Paris: LGDJ, 1999.

WILLOUGHBY, Westel Woodbury. *The Constitutional Law of the United States*. vol. 1. New York, 1910.

CAPÍTULO XVI

REGISTRO E REFLEXÕES SOBRE DILEMAS CONTEMPORÂNEOS DA CONCRETIZAÇÃO DE DIREITOS HUMANOS PELO SUPREMO TRIBUNAL FEDERAL

Luiz Edson Fachin
Christine Peter da Silva

Introdução

A concretização de direitos humanos pelo Supremo Tribunal Federal apresenta- se como um constante desafio, o qual tem suas raízes tanto no plano da teoria constitucional contemporânea, quanto na prática decisória da Corte a qual finda por desembocar na construção de precedentes constitucionais paradigmáticos.

O presente texto alberga reflexões que, em sede acadêmica, recolhem registros de ideias e expressões sobre relevante julgamento levado a efeito pelo Supremo Tribunal Federal, e ao traduzi-las se inscreve, com consideração e temperança no rol das homenagens que se almeja prestar, com o merecimento reconhecido.

O julgamento conjunto dos Recursos Extraordinários 349.703/RS,[351] 466.343/SP[352] e dos *Habeas Corpus* 87.585/TO[353] [354] e 92.566/SP[355] constitui um dos mais emblemáticos do Supremo Tribunal Federal em matéria de teoria constitucional internacional, compondo o seleto grupo de casos notórios, em que se tem a fixação de teses constitucionais relevantes.

A discussão acerca da possibilidade, ou não, de prisão civil de parte inadimplente, por descumprimento do contrato de alienação fiduciária em garantia, com fundamento no art. 5º, LXVII, da Constituição de 1988, encetou intenso debate acerca da força normativa das normas internacionais de direitos humanos, no ordenamento jurídico constitucional brasileiro.

Na discussão dos quatro casos levados conjuntamente à apreciação do Plenário do Supremo Tribunal Federal, a Corte confrontou-se com diversos aspectos da problemática da incorporação de tratados de direitos humanos no ordenamento jurídico- constitucional brasileiro, dentre eles o da hierarquia das referidas normas, das antinomias normativas delas decorrentes e das consequências jurídicas do entrelaçamento dos sistemas normativos nacional e internacional.

A solução da controvérsia posta teve a nevrálgica participação do Ministro Gilmar Mendes, prolator do primeiro voto acompanhado pela maioria dos ministros da Corte, no julgamento do Recurso Extraordinário 349.703/RS, que findou por ser o condutor do entendimento que prevaleceu como jurisprudência dominante do Supremo Tribunal Federal.

---

351 RE 349.703/RS, Redator para o acórdão Ministro Gilmar Mendes, Plenário, DJe 05.06.2009.

352 RE 466.343/SP, Relator Ministro Cezar Peluso, Plenário, DJe 05.06.2009.

353 HC 87.585/TO, Relator Ministro Marco Aurélio, Plenário, DJe 29.06.2009.

354 HC 87.585/TO, Relator Ministro Marco Aurélio, Plenário, DJe 29.06.2009.

355 HC 92.566/SP, Relator Ministro Marco Aurélio, Plenário, DJe 05.06.2009.

É como ensaio reflexivo sob essa mirada que o presente texto articulado ideias e pronunciamentos.

Anote-se, ao término desta introdução, que os desafios do Supremo Tribunal Federal não se esgotaram em 2008, data em que se finalizou o julgamento em referência. Questões referentes aos limites e possibilidades da soberania – como conceito em mutação perante a teoria geral do Estado e da Constituição –, bem como aquelas relacionadas à transterritorialidade das normas de direitos humanos, e por fim, os dilemas vinculados aos aspectos teóricos e procedimentais do controle de convencionalidade entre nós, estão a merecer o olhar verticalizado e cuidadoso da doutrina e jurisprudência constitucionais brasileira. Ali se recolhe, nada obstante, a fonte de múltiplas definições e inquietações.

1 Prisão Civil, Pacto de São José da Costa Rica e Direitos Humanos

1.1 O tema no Supremo Tribunal Federal

Dentre as atribuições do Supremo Tribunal Federal também está a proteção dos direitos humanos, seja na circunstância de incorporação dos respectivos tratados e convenções, na forma do artigo 5º, §3º, seja na fórmula mais abrangente e genérica do artigo 5º, §2º, ambos da Constituição de 1988.

Uma das questões submetidas à apreciação da Suprema Corte brasileira, a qual ganhou notoriedade nesse contexto, foi dirimida no julgamento conjunto dos Recursos Extraordinários 349.703/RS, 466.343/SP e dos *Habeas Corpus* 87.585/TO e 92.566/SP, em que se discutia, a partir de quatro situações concretas específicas, a possibilidade, ou não, de prisão civil do depositário que, diante da obrigação de entregar a coisa depositada, ou seu equivalente em dinheiro, não o faz.

No Recurso Extraordinário 349.703/RS, confrontava-se decisão do Tribunal de Justiça do Rio Grande do Sul a qual entendeu pela inconstitucionalidade da prisão civil, sob o argumento de que o contrato de alienação fiduciária em garantia não poderia ser equiparado a contrato de depósito de bem alheio, para fins de aplicação da exceção prevista no art. 5º, LXVII, da Constituição de 1988, autorizadora da prisão civil de depositário infiel.

O julgamento finalizado em 03/12/2008 foi o marco histórico-temporal em que o Plenário do Supremo Tribunal Federal firmou tese no sentido de que, desde a adesão do Brasil à Convenção Americana sobre Direitos Humanos, não havia mais lastro legal para a prisão civil do depositário infiel, pois o caráter especial dos tratados e convenções sobre direitos humanos reservava-lhes lugar normativo especial, nos ordenamentos jurídicos pátrios, qual seja, o de normas supralegais. A decisão plenária no Recurso Extraordinário 349.703/RS recebeu a seguinte ementa:

> PRISÃO CIVIL DO DEPOSITÁRIO INFIEL EM FACE DOS TRATADOS INTERNACIONAIS DE DIREITOS HUMANOS. INTERPRETAÇÃO DA PARTE FINAL DO INCISO LXVII DO ART. 5º DA CONSTITUIÇÃO BRASILEIRA DE 1988. POSIÇÃO HIERÁRQUICO-NORMATIVA DOS TRATADOS INTERNACIONAIS DE DIREITOS HUMANOS NO ORDENAMENTO JURÍDICO BRASILEIRO. Desde a adesão do Brasil, sem qualquer reserva, ao Pacto Internacional dos Direitos Civis e Políticos (art. 11) e à Convenção Americana sobre Direitos Humanos - Pacto de San José da Costa Rica (art. 7º, 7), ambos no ano de 1992, não há mais base legal para prisão civil do depositário infiel, pois o caráter especial desses diplomas internacionais sobre direitos humanos lhes reserva lugar específico no ordenamento jurídico, estando abaixo da Constituição, porém acima da legislação interna. O status normativo supralegal dos tratados internacionais de direitos humanos subscritos pelo Brasil torna inaplicável a legislação infraconstitucional com ele conflitante, seja ela anterior ou posterior ao ato de adesão. Assim ocorreu com o art. 1.287 do Código Civil de 1916 e com o Decreto-Lei

> nº 911/69, assim como em relação ao art. 652 do Novo Código Civil (Lei nº 10.406/2002).
>
> ALIENAÇÃO FIDUCIÁRIA EM GARANTIA. DECRETO- LEI Nº 911/69. EQUIPAÇÃO DO DEVEDOR-FIDUCIANTE AO DEPOSITÁRIO. PRISÃO CIVIL DO DEVEDOR- FIDUCIANTE EM FACE DO PRINCÍPIO DA PROPORCIONALIDADE. A prisão civil do devedor-fiduciante no âmbito do contrato de alienação fiduciária em garantia viola o princípio da proporcionalidade, visto que: a) o ordenamento jurídico prevê outros meios processuais-executórios postos à disposição do credor-fiduciário para a garantia do crédito, de forma que a prisão civil, como medida extrema de coerção do devedor inadimplente, não passa no exame da proporcionalidade como proibição de excesso, em sua tríplice configuração: adequação, necessidade e proporcionalidade em sentido estrito; e b) o Decreto-Lei nº 911/69, ao instituir uma ficção jurídica, equiparando o devedor-fiduciante ao depositário, para todos os efeitos previstos nas leis civis e penais, criou uma figura atípica de depósito, transbordando os limites do conteúdo semântico da expressão "depositário infiel" insculpida no art. 5º, inciso LXVII, da Constituição e, dessa forma, desfigurando o instituto do depósito em sua conformação constitucional, o que perfaz a violação ao princípio da reserva legal proporcional. RECURSO EXTRAORDINÁRIO CONHECIDO E NÃO PROVIDO.

Situação semelhante estava posta no Recurso Extraordinário 466.343/SP, em que se impugnava acórdão do Tribunal de Justiça de São Paulo o qual, no julgamento de apelação, confirmou procedência do pedido de ação de depósito, sem, entretanto, decretar a prisão civil do devedor fiduciante, por entender que a autorização constitucional constante do art. 5º, LXVII, da Constituição de 1988 não poderia ser invocada.

O argumento principal que prevaleceu na Suprema Corte, não obstante, foi o da ausência de lastro legal para a decretação de prisão civil de depositário infiel, tendo em vista a revogação da legislação infraconstitucional nacional pelo Pacto de São José da Costa Rica, o qual ostenta a condição de norma supralegal em nosso ordenamento jurídico. Assim ficou redigida a ementa desse feito:

> PRISÃO CIVIL. Depósito. Depositário infiel. Alienação fiduciária. Decretação da medida coercitiva. Inadmissibilidade absoluta. Insubsistência da previsão constitucional e das normas subalternas. Interpretação do art. 5º, inc. LXVII e §§ 1º, 2º e 3º, da CF, à luz do art. 7º, §7, da Convenção Americana de Direitos Humanos (Pacto de San José da Costa Rica). Recurso improvido. Julgamento conjunto do RE n. 349.703 e dos HCs n. 87.585 e n. 92.566. É ilícita a prisão civil de depositário infiel, qualquer que seja a modalidade do depósito.

Registre-se, entretanto, que a discussão ganhou o horizonte mais alargado em virtude do caso concreto apresentado no *Habeas Corpus* 87.585/TO, sendo este o que direcionou os ministros do Supremo Tribunal Federal a decidirem, por unanimidade, pela impossibilidade, no ordenamento jurídico brasileiro, da prisão civil por descumprimento de obrigação contratual. Na origem, tratava-se de ação de depósito proposta pela Companhia Nacional de Abastecimento – CONAB em desfavor de um agricultor pessoa física, condenado a entregar ou depositar em juízo 2.761.511 kg de arroz em casca, nos mesmos padrões do produto depositado, ou seu equivalente em dinheiro.

O pedido do *habeas corpus* era contra a decretação da prisão civil por dívida, constituindo a situação jurídica em condições ideais para o enfrentamento da tese que findou vencedora: a de que o art. 5º, LXVII, da Constituição de 1988 não constituía norma autoaplicável, de modo que a revogação da legislação infraconstitucional regulamentadora deste dispositivo constitucional, pela Convenção Americana de Direitos Humanos, incorporada ao ordenamento jurídico brasileiro desde 1992 com o *status* de norma supralegal, impedia a decretação de prisão civil por dívida, salvo aquela decorrente de descumprimento de obrigação alimentícia. O acórdão, firmando a referida tese, abrigou a seguinte ementa:

> DEPOSITÁRIO INFIEL - PRISÃO. A subscrição pelo Brasil do Pacto de São José da Costa Rica, limitando a prisão civil por dívida ao descumprimento inescusável de prestação alimentícia, implicou a derrogação das normas estritamente legais referentes à prisão do depositário infiel.

Por fim, na mesma assentada de julgamento dos processos supramencionados, foi julgado o *Habeas Corpus* 92.566/SP, que se insurgia contra a prisão decretada contra sócio de uma empresa agropecuária que realizou contrato de penhor rural com o Banco do Brasil, tendo sido estipulada como garantia a safra de cana-de-açúcar.

Em virtude do descumprimento de cláusula contratual, a prisão, anteriormente decretada, foi relaxada por ordem do Plenário do Supremo Tribunal Federal, sob o argumento de que a prisão civil somente subsiste no caso de descumprimento inescusável de obrigação alimentícia, o que não se estende para o caso de contrato garantido por cédula rural pignoratícia. É o que ficou registrado na ementa do julgado:

> PRISÃO CIVIL – PENHOR RURAL – CÉDULA RURAL PIGNORATÍCIA – BENS – GARANTIA – IMPROPRIEDADE. Ante o ordenamento jurídico pátrio, a prisão civil somente subsiste no caso de descumprimento inescusável de obrigação alimentícia, e não no de depositário considerada a cédula rural pignoratícia.

Verifica-se, pois, que em um julgamento que se iniciou em 2003 e somente foi concluído em 2008, o Supremo Tribunal Federal fixou a tese de que *"É ilícita a prisão civil de depositário infiel, qualquer que seja a modalidade de depósito"*, estando tal tese vinculada ao Tema 60 da sistemática da repercussão geral,[356] tendo sido aprovada nos termos do item 2 da Ata da 12ª Sessão Administrativa do Supremo Tribunal Federal, realizada em 09.12.2015.

1.2 O argumento infraconstitucional

No Recurso Extraordinário 466.343/SP, a questão jurídica posta apontava para eventual possibilidade de que a questão constitucional enfrentada – referente à possibilidade de prisão civil por descumprimento de obrigação contratual nos termos do artigo 5º, LXVII, da Constituição de 1988 –, não fosse enfrentada pelo Supremo Tribunal Federal. Na primeira sessão de julgamento do referido recurso, a tese central do voto do Ministro Cezar Peluso, seu relator, foi a da impossibilidade de equiparação da alienação fiduciária em garantia ao contrato de depósito. Nesse sentido afirmou expressamente: *"Impossível, portanto, encontrar, na alienação fiduciária em garantia, resíduo de contrato de depósito e, até afinidade de situações jurídico-subjetivas entre ambos"*.

O argumento decisivo em seu voto repousou no fato de a legislação ordinária não poder – mediante ficção – equiparar situações jurídicas distintas, com a finalidade de, a partir de uma analogia, submeter pessoas à violência de uma exceção constitucionalmente posta. Com isso, o Ministro Cezar Peluso recusou a necessidade de se invocar o *Pacto de San José de Costa Rica* para afastar a prisão civil do devedor fiduciante. E sua conclusão foi enfática neste sentido:

> (...) deveras não podia, nem pode ser aplicado, em todo seu alcance, por inconstitucionalidade manifesta, o art. 4º do Decreto-Lei n. 911, de 1º de outubro de 1969, o qual,

---

356 Importante esclarecer que o RE 466.343/SP, Relator Ministro Cezar Peluso, Plenário, DJe 05.06.2009, substituiu, como paradigma do Tema 60 da sistemática da Repercussão Geral, o RE 562.051/MT, Relator Ministro Cezar Peluso, DJe 15.06.2009.

> atribuindo, na ação de depósito, legitimação passiva ad causam ao devedor fiduciante, como se de vero depositário se cuidasse, nesses termos o submeteria ao risco da prisão civil, em caso de descumprimento inescusável de ordem judicial para entregar a coisa ou seu equivalente em dinheiro. Tal prisão não se reveste de legitimidade constitucional.

É de se notar que, muito embora o Ministro Cezar Peluso tivesse consciência da tensão que se estabelecia, nos casos concretos submetidos ao Supremo Tribunal Federal, entre a legislação infraconstitucional brasileira e a Convenção Interamericana de Direitos Humanos, ele preferiu pautar e resolver a questão a partir de um olhar direcionado à própria legislação infraconstitucional, sem enfrentar o debate sob o aspecto da sua constitucionalidade ou convencionalidade.

1.3 O contributo do Ministro Gilmar Mendes

O Ministro Gilmar Mendes, por sua vez, em longo voto-vista sobre o tema, enfrentou a questão da tensão entre normas internacionais e normas internas, mesmo estando a proferir votos para casos concretos em que a discussão poderia ser poupada, afirmando que os tratados internacionais de direitos humanos subscritos pelo Brasil são dotados de natureza jurídica supralegal, com o condão de revogar a legislação infraconstitucional com eles incompatível, não importando se tal legislação é anterior ou posterior ao ato de ratificação.

Com esse raciocínio, o Ministro Gilmar Mendes aduziu que desde a ratificação pelo Brasil do Pacto Internacional dos Direitos Civis e Políticos (especialmente seu art.11) e da Convenção Americana sobre Direitos Humanos (Pacto de San José da Costa Rica – art. 7°, 7) não há, no ordenamento jurídico-constitucional brasileiro, fundamento legal para a prisão civil do depositário infiel. Eis o argumento central do seu voto:

> (...) diante da supremacia da Constituição sobre os atos normativos internacionais, a previsão constitucional da prisão civil do depositário infiel (art. 5º, LXVII) não foi revogada pelo ato de adesão do Brasil ao Pacto Internacional dos Direitos Civis e Políticos (art. 11) e à Convenção Americana sobre Direitos Humanos – Pacto de San José da Costa Rica (art. 7º, 7), mas deixou de ter aplicabilidade diante do efeito paralisante desses tratados em relação à legislação infraconstitucional que disciplina a matéria, incluídos o art. 1.287 do Código Civil de 1916 e o Decreto-Lei n. 911, de 1º de outubro de 1969.

Como conclusão, posicionou-se o Ministro Gilmar Mendes no sentido de que o caráter supralegal dos diplomas normativos internacionais impõe a paralisação da eficácia das normas infraconstitucionais com eles incompatíveis, de modo que, desde o ano de 1992, não mais subsiste base legal para a prisão civil do depositário infiel no ordenamento jurídico-legal brasileiro.

Por ocasião desse memorável julgamento, o Ministro Gilmar Mendes sustentou não ser possível admitir que, diante da ponderação entre a liberdade individual do fiduciante e o direito de crédito do fiduciário prevaleça o direito de crédito, em desfavor da liberdade. Nesse sentido afirmou:

> No caso do inciso LXVII do art. 5º da Constituição, estamos diante de um direito fundamental com âmbito de proteção estritamente normativo. Cabe ao legislador dar conformação/limitação à garantia constitucional contra a prisão por dívida e regular as hipóteses em que poderão ocorrer suas exceções.

E insistiu:

> A definição desse conteúdo pelo legislador há de preservar o direito de propriedade enquanto garantia institucional. Ademais, as limitações impostas ou as novas conformações

> conferidas ao direito de propriedade hão de observar especialmente o princípio da proporcionalidade, que exige que as restrições legais sejam adequadas, necessárias e proporcionais.

Assim, o Ministro Gilmar Mendes finalizou o seu voto reafirmando que, não mais subsistindo, no ordenamento jurídico brasileiro infraconstitucional, o artigo 1.287 do Código Civil de 1916, o Decreto-Lei n. 911/69 e também o artigo 652 do Novo Código Civil (Lei n. 10,406/2002), também não mais seria possível aplicar de forma plena o comando do artigo 5º, LXVII, da Constituição da República, norma constitucional de reserva legal estritamente normativa.

2 Desafios do STF: desde a soberania até o controle de convencionalidade

2.1 Soberania: entre limites e possibilidades

A soberania, como atributo fundamental do conceito de Estado-Nação, deve ser considerada a partir de sua concepção instrumental, apta a justificar o exercício de poder, desde que reverbere a autodeterminação do ser humano como elemento central de sua própria natureza conceitual.[357]

Isso quer dizer que, assim como o Estado-Nação existe para o ser humano e o poder nele exercido deve estar dirigido e limitado pelos direitos humanos garantidos, tanto na ordem internacional, quanto na ordem constitucional, também a soberania deve curvar-se aos mesmos direitos, sob pena de esvaziar-se em conceito anacrônico e estéril.

---

357 KOTZUR, Markus. "La soberanía hoy. Palabras clave para un diálogo europeo-latinoamericano sobre un atributo del Estado constitucional moderno". *In*: HABERLE, Peter; KOTZUR, Markus. (Coord.). *De la soberanía al derecho constitucional común:* palabras clave para un diálogo europeo-latinoamericano. trad. Héctor Fix-Fierro. México: Instituto de Investigaciones Jurídicas de la UNAM, 2003, p. 111.

Os pactos internacionais de direitos humanos, bem como a Carta Europeia de Direitos Humanos e a Convenção Interamericana de Direitos Humanos, concretizam e dão mais força à ideia de soberania, de modo que, do ponto de vista da teoria dos direitos humanos, a soberania não está definida pela ausência de limitação ao poder do Estado-Nação, mas, sim, pela diligente atuação dos poderes internos do Estado em direção à concretização dos direitos humanos.

A açodada constatação de que o Estado Constitucional contemporâneo está em declínio por conta de um crescente esvaziamento de um dos seus elementos, qual seja, a soberania, não se sustenta, diante da evidente importância que esse modelo político ainda possui perante a geopolítica mundial.

Entretanto, é preciso que exista, por parte do Estado-Nação, algum esforço no sentido de uma autorreflexão contínua, não mais pela senda da legitimidade pela força de seus exércitos, mas pela força de suas pautas culturais e institucionais influenciadoras de práticas genuinamente pluralistas e de extraterritorialidades.

No âmbito da teoria constitucional, já é possível atestar o surgimento de uma nova compreensão como alternativa ao conceito clássico de soberania, tendo em vista que a posição central do Estado-Nação, muito embora ainda esteja firmemente sustentada na formulação de hierarquia absoluta da Constituição, encontra-se confrontada com a perspectiva da soberania popular, no contexto de uma relação dinâmica e aberta entre os conceitos de soberania e povo, no ambiente constitucional.[358]

Nesse contexto, a legitimidade para o exercício da soberania passa a ter na Constituição uma forte aliada, por esta conter os anseios do povo que a constituiu como patamar normativo máximo,

358 Nesse sentido: SILVA, Christine Oliveira Peter da; SOUZA, Larissa Mello. "Interpretação evolutiva do conceito de soberania à luz da internacionalização do Direito". *In*: XVII CONGRESSO NACIONAL DO CONPEDI, 2009, Maringá-PR. Anais de Maringá, 2009, p. 3035-3036.

o qual congrega e acomoda sua pluralidade em dupla dimensão: enquanto povo e enquanto comunidade política detentora do poder no Estado-Nação. Mas é necessário compreender e problematizar o fato de que a relação entre Estado-Nação e Povo conduz a questões sobre a decisão soberana que deposita sua legitimidade democrática na própria ideia de autodeterminação.

Se a soberania, antes intrinsecamente vinculada ao conceito de Estado-Nação independente, passa a ser também compreendida como soberania relacionada com a Constituição, desloca-se, por conseguinte, o centro de emancipação de sua força concreta, o que implica o reconhecimento de um modelo de ordem que garanta ao povo soberano plena capacidade de produzir vontade livre, afastada de qualquer tipo de coação, seja no plano interno, seja no plano internacional. Como assevera Markus Kotzur, o Estado-Nação passa a ser "*uma concretização do povo e de seu papel no exercício das funções estatais, pois é um modelo de ordem que permite ao povo atuar politicamente*".[359]

Nesses termos, é possível falar em uma soberania cidadã, focada na autodeterminação do ser humano, que conduz, no âmbito da sociedade internacional, a ações dirigidas pela vontade dos cidadãos, abandonando-se a vetusta visão do Estado-Nação independente, para abraçar a soberania como diretriz de políticas públicas pautadas na autodeterminação de cidadãos livres e iguais, sujeitos de direitos humanos protegidos tanto pela ordem jurídica nacional, quanto pelas ordens internacional e supranacional.

---

359 KOTZUR, Markus. "La soberanía hoy. Palabras clave para un diálogo europeo-latinoamericano sobre un atributo del Estado constitucional moderno". *In*: HÄBERLE, Peter; KOTZUR, Markus. (Coord.). *De la soberanía al derecho constitucional común:* palabras clave para un diálogo Europeo--Latinoamericano. trad. Héctor Fix-Fierro. México: Instituto de Investigaciones Jurídicas de la UNAM, 2003, p. 1-121. Disponível em: http://www.bibliojuridica.org/libros/libro.htm?l=545. Acessado em: 28.1.2008, p. 100.

2.2 Transterritorialidade das normas de direitos humanos

Os direitos humanos merecem reconhecimento e proteção numa organização espacial livre dos limites do território nacional relacionado ao conceito de Estado- Nação. O ponto de vista territorial apresenta-se como categoria analítica cuja definição, sob a perspectiva de um processo em devir, revela-se urgente, sob pena de desnaturação das conquistas alcançadas em matéria de proteção dos direitos humanos.

O lugar da declaração, da garantia e do controle de aplicação dos direitos humanos não pode estar limitado a um território confinado e atrelado ao território do Estado-Nação, pois a transterritorialidade é medida que se impõe para que se possa alcançar a máxima efetividade desses direitos. Somente na medida em que a concretização dos direitos humanos estiver transversamente implementada nas diferentes esferas territoriais, ou melhor, na formulação espacial desterritorializada ou transterritorializada, é que se poderá considerar cumprida a promessa de sua eficácia.

É cada vez mais evidente a importância do referencial territorial nos processos transnacionais de reconhecimento e proteção de direitos humanos. Isso porque a cultura dos direitos humanos que se desloca, que se reorganiza, que se consolida nos espaços comuns de mais de um Estado-Nação, melhor se desenvolve nos espaços 'desterritorializados' das organizações internacionais e multinacionais, podendo também ressurgir, ainda mais robusta, em espaços transterritorializados, porque dotada de uma maior capacidade de resiliência e adaptação às adversidades próprias das resistências contra ela dirigidas.

Os direitos humanos, na perspectiva transterritorial, rompem os limites físicos de suas adversidades, ganhando a força inibitória necessária ao cumprimento de sua função no âmbito dos ordenamentos nacionais, internacionais e transnacionais contemporâneos. Somente a partir de uma visão transterritorializada dos direitos humanos será possível compreendê-los em suas múltiplas dimensões.

As políticas públicas humanistas, as normas de internalização de direitos humanos, bem como as decisões judiciais transconstitucionais, em que se discutem problemas de aplicação de direitos humanos, somente cumprirão suas funções no ambiente institucional que comporte coordenação de expectativas transterritoriais, pois a concretização e máxima eficácia dos valores e bens resguardados pelas normas de direitos humanos, não raras vezes, depende de uma confluência coordenada de políticas, projetos e ações, os quais não podem estar limitados a uma territorialidade específica.

Conforme alerta o Professor José Luis Bolzan de Morais, em trabalho sobre a transformação espacial dos direitos humanos,[360] não há como, no ambiente da pragmática jurídica, esquivar-se da análise da implementação dos direitos humanos que leva em consideração a 'desterritorialização' e a 'reterritorialização' geográfica (em sentido amplo) e subjetiva de suas características. E justifica:

> (...) sobretudo quando visamos instrumentalizar para isso as práticas jurídicas e os operadores do Direito por elas responsáveis, em particular se pensarmos no conjunto de possibilidades e necessidades que se abrem a partir das estratégias de regionalização dos espaços via integração de países, da globalização econômica e das demais diversas fórmulas globais, da mundialização dos vínculos sociais, da universalização das pretensões, da constituição de lugares mundiais de controle/garantia (e.g. Tribunais Inter/Supranacionais), de um cosmopolitismo político- institucional, etc.[361]

---

360 MORAIS, José Luis Bolzan de. *As crises do Estado e da Constituição e a transformação espacial dos direitos humanos*. Porto Alegre: Livraria do Advogado, 2002.

361 MORAIS, José Luis Bolzan de. *As crises do Estado e da Constituição e a transformação espacial dos direitos humanos*. Porto Alegre: Livraria do Advogado, 2002, pp. 13-14.

Assim sendo, se há um esforço teórico, metodológico, político e institucional no sentido de levar-se a sério a garantia e efetividade dos direitos humanos, tal esforço tem que assumir a transterritorialidade como premissa da vontade normativa de direitos humanos, pois de outra forma não logrará atender aos requisitos mínimos das suas próprias expectativas.

2.3 O STF e os dilemas contemporâneos no controle de convencionalidade

O Supremo Tribunal Federal, na conformação institucional que lhe foi reconhecida pela Constituição de 1988, apresenta-se como uma Corte de guarda e proteção dos direitos humanos.

Não obstante a sua jurisprudência ainda seja autocontida, no que diz respeito ao reconhecimento do *status* constitucional das normas internacionais sobre direitos humanos,[362] a decisão proferida por ocasião do julgamento conjunto dos Recursos Extraordinários 349.703/RS, 466.343/SP e dos *Habeas Corpus* 87.585/TO e 92.566/SP, concluída em 2008, teve o mérito de atualizar e rediscutir, também pela via do magistério jurisprudencial, o tema da hierarquia normativa dos tratados e convenções sobre direitos humanos no ordenamento jurídico-constitucional brasileiro.

Entretanto, a questão não era inédita na Corte Suprema brasileira. Até 1977, o Supremo Tribunal Federal tinha posição de que os tratados internacionais sempre prevaleciam sobre o direito interno, entendimento que somente foi modificado em virtude do julgamento do RE 80.004/SE,[363] datado de 01/06/1977, no qual se assentou que os tratados internacionais e as leis internas possuíam

---

362 Esta afirmação tem lastro nos votos vencidos por ocasião do julgamento multicitado no presente artigo. Por todos vide: RE 466.343/SP, Relator Ministro Cezar Peluso, Plenário, DJe 05.06.2009.

363 RE 80.004/SE, Relator Ministro Cunha Peixoto, Tribunal Pleno, DJ 29.12.1977.

paridade normativa, de forma que eventuais conflitos entre elas deveriam ser resolvidos pelos critérios clássicos de resolução de antinomias normativas (cronológico e especialidade). Tal precedente recebeu a seguinte ementa:

> CONVENÇÃO DE GENEBRA – LEI UNIFORME SOBRE LETRAS DE CÂMBIO E NOTAS PROMISSÓRIAS – AVAL APOSTO A NOTA PROMISSÓRIA NÃO REGISTRADA NO PRAZO LEGAL – IMPOSSIBILIDADE DE SER O AVALISTA ACIONADO, MESMO PELAS VIAS ORDINÁRIAS. VALIDADE DO DECRETO-LEI N. 427 DE 22.01.1969.
>
> Embora a Convenção de Genebra, que previu uma lei uniforme sobre letras de câmbio e notas promissórias, tenha aplicabilidade no direito interno brasileiro, não se sobrepõe ela às leis do País, disso decorrendo a constitucionalidade e consequente validade do Dec-lei n. 427/69, que instituiu o registro obrigatório da Nota Promissória em Repartição Fazendária, sob pena de nulidade do título.
>
> Sendo o aval um instituto do direito cambiário, inexistente será ele se reconhecida a nulidade do título cambial a que foi aposto.
>
> Recurso extraordinário conhecido e provido.

Tal compreensão somente foi revisitada por ocasião do julgamento dos Recursos Extraordinários 349.703/RS, 466.343/SP e dos *Habeas Corpus* 87.585/TO e 92.566/SP, em que se consolidou o entendimento de que as normas internacionais de proteção de direitos humanos, quando não internalizadas por meio do procedimento previsto no art. 5º, §3º, da Constituição da República, possuem o *status* de normas supralegais, revogando ou derrogando o ordenamento infraconstitucional com elas incompatível.

Esse julgamento influenciou a doutrina pátria para o tema, de forma que se passou a falar, por sua inspiração, em controle de convencionalidade no ordenamento jurídico-constitucional pátrio. Valério Mazuolli foi doutrinador pioneiro em denominar a verificação de compatibilidade entre as normas jurídicas infraconstitucionais e as normas internacionais de direitos humanos de controle de convencionalidade.[364] Nesse sentido, vale a transcrição de suas conclusões:

> Pode-se também concluir que, doravante, a produção normativa doméstica conta com um duplo limite vertical material: a) a Constituição e os tratados de direitos humanos (1º limite) e b) os tratados internacionais comuns (2º limite) em vigor no país. No caso do primeiro limite, no que toca aos tratados de direitos humanos, estes podem ter sido ou não aprovados com o quórum qualificado de que o art. 5º, §3º, da Constituição prevê. Caso não tenham sido aprovados com essa maioria qualificada, seus status serão de norma (apenas) materialmente constitucionais, o que lhes garante serem paradigma de controle somente difuso de convencionalidade; caso tenham sido aprovados (e entrado em vigor no plano interno, após sua ratificação) pela sistemática do art. 5º, §3º, tais tratados servirão também de paradigma do controle concentrado (para além é claro do difuso) de convencionalidade.[365]

Muito embora tais conclusões não tenham sido integralmente confirmadas pela jurisprudência dominante do Supremo Tribunal Federal, a qual reconheceu o *status* de normas constitucionais somente às normas internacionais incorporadas nos termos da sistemática do art. 5º, §3º, da Constituição da República, a partir delas é possível falar em uma doutrina brasileira do controle de convencionalidade.

---

364 Vide: MAZZUOLI, Valério de Oliveira. "Teoria geral do controle de convencionalidade no direito brasileiro". *Revista de Informação Legislativa*, ano 46, nº 181, pp. 113-139, jan.-mar., 2009.

365 MAZZUOLI, Valério de Oliveira. "Teoria geral do controle de convencionalidade no direito brasileiro". *Revista de Informação Legislativa*, ano 46, nº 181, p.137, jan.-mar., 2009.

A principal consequência da decisão do Supremo Tribunal Federal, proferida no julgamento conjunto dos Recursos Extraordinários 349.703/RS, 466.343/SP e dos *Habeas Corpus* 87.585/TO e 92.566/SP, foi a de reconhecer que toda lei infraconstitucional, incompatível com normas internacionais de direitos humanos, não podem ser aplicadas, em face da sua invalidade por inconvencionalidade, no ordenamento jurídico brasileiro.

A verificação de tal incompatibilidade não necessita de autorização, nem de outro procedimento especial, bastando que qualquer juiz ou tribunal, ao deparar-se com a antinomia normativa, deixe de aplicar a norma interna em favor da norma internacional. É o que Valério Mazzuoli chama de controle difuso de convencionalidade.[366]

Outra importante e primordial consequência da referida decisão, para o ordenamento jurídico-constitucional brasileiro, foi o reconhecimento da força normativa e dos impactos práticos que as normas internacionais de direitos humanos possuem no ordenamento jurídico doméstico, como parte de um processo de expansão da ordem constitucional pátria em direção à concretização de direitos humanos.[367]

Por fim, registre-se como fundamental, a consequência de que o judiciário brasileiro, em todas as suas instâncias, sinta-se

---

366 MAZZUOLI, Valério de Oliveira. "Teoria geral do controle de convencionalidade no direito brasileiro". *Revista de Informação Legislativa*, ano 46, nº 181, p. 128 e ss., jan.-mar., 2009.

367 Nessa direção: CAVASSIN, Lucas Carli; FACHIN, Melina Girardi; RIBAS, Ana Carolina. "Perspectivas do controle de convencionalidade do sistema interamericano de direitos humanos no Brasil: implicações para um novo constitucionalismo". *Ius Constitutionale Commune na América Latina*. vol III: Diálogos Jurisdicionais e Controle de Convencionalidade". Curitiba: Juruá Editora, 2016, p. 284: "*A abertura da ordem constitucional pátria aos direitos humanos corrobora e expande sua proteção local: expande em qualidade ao incorporar novos conteúdos; expande em obrigações ao incluir deveres correlatos; e, por fim, expande o número de indivíduos comprometidos com tal mister, em sua dúplice dimensão: extrínseca e intrínseca*".

vinculado às normas internacionais de direitos humanos, e que, por isso, os juízes e juízas utilizem, na fundamentação de suas decisões, também o ordenamento jurídico-constitucional expandido. Conforme anota a doutrina, nesse sentido:

> a realização do controle de convencionalidade não está adstrita ao Judiciário apenas. Parte significativa das recomendações internacionais ao Brasil refere-se diretamente a atos que impactam a competência de órgãos do Poder Executivo responsáveis pela segurança pública e pelo sistema prisional.[368]

O Supremo Tribunal Federal, ao comprometer-se com uma cultura dos direitos humanos, chancela ser a Suprema Corte referência para uma atuação constitucional empenhada com a vontade de concretizar, na sua máxima e mais ampla potencialidade, as normas nacionais e internacionais protetivas de direitos humanos.

Considerações finais

Ao Supremo Tribunal Federal coube, por diretriz do constituinte de 1988, a tarefa de guardião não apenas da ordem constitucional interna, reconhecidamente generosa no reconhecimento e garantia de direitos fundamentais, como também de um ordenamento expandido para a órbita internacional de proteção dos direitos humanos.

Se a teoria constitucional contemporânea se encontra desafiada pelas mudanças que impõem aos seus corolários mais fundamentais, como é o caso dos elementos clássicos constituintes do modelo Estado-Nação – território, povo e soberania –, é preciso 'relocalizar'

368 CAVASSIN, Lucas Carli; FACHIN, Melina Girardi; RIBAS, Ana Carolina. "Perspectivas do controle de convencionalidade do sistema interamericano de direitos humanos no Brasil: implicações para um novo constitucionalismo". *Ius Constitutionale Commune na América Latina,* vol. III: Diálogos Jurisdicionais e Controle de Convencionalidade. Curitiba: Juruá Editora, 2016, p.296.

estes conceitos, contextualizando-os em tempos, espaços e culturas mais complexas e mais dinâmicas do que aquelas que o forjaram.

Nessa senda, a análise do julgamento conjunto dos Recursos Extraordinários 349.703/RS, 466.343/SP e dos *Habeas Corpus* 87.585/TO e 92.566/SP apresenta-se como caso notório da Suprema Corte brasileira, o qual convida a diversas reflexões no campo das teses constitucionais relevantes.

A primeira dessas reflexões guarda relação com o conceito de soberania, o qual deve reconfirmar-se pela sua relação com a Constituição, passando a significar não mais a ausência de limitação do poder do Estado-Nação, e sim, uma diligente atuação dos poderes internos em direção à concretização dos direitos humanos.

Uma segunda reflexão diz respeito ao rompimento de limites físicos territoriais em que estão as principais adversidades da concretização de direitos humanos. Somente a partir de uma visão transterritorializada dos direitos humanos, será possível compreendê-los em suas múltiplas dimensões, as quais permitem uma maior resiliência e maior probabilidade de cumprimento de sua função no âmbito dos ordenamentos nacionais, internacionais e transnacionais contemporâneos.

Por fim, numa terceira ordem reflexiva, surge o controle de convencionalidade como uma alternativa processual e procedimental à expansão da concretização dos direitos humanos, própria e específica para o universo jurídico. O reconhecimento de que toda lei infraconstitucional incompatível com normas internacionais de direitos humanos não pode ser aplicada em face da sua invalidade por inconvencionalidade é um cânone jurídico importante para o entrelaçamento normativo necessário a uma maior eficácia dos direitos humanos entre nós.

Se estas reflexões conduzirem a um compromisso mais alargado no Brasil com a cultura dos direitos humanos, é certo que o julgamento dos Recursos Extraordinários 349.703/RS, 466.343/SP e dos *Habeas Corpus* 87.585/TO e 92.566/SP terá cumprido sua missão de precedente constitucional relevante em matéria de proteção de direitos humanos.

Referências bibliográficas

CAVASSIN, Lucas Carli; FACHIN, Melina Girardi; RIBAS, Ana Carolina. "Perspectivas do controle de convencionalidade do sistema interamericano de direitos humanos no Brasil: implicações para um novo constitucionalismo". *In*: BOGDANDY, Armin von; Antoniazzi, MARIELA Morales; PIOVESAN, Flávia (Coord.). Ius Constitutionale Commune na América Latina, vol III: Diálogos Jurisdicionais e Controle de Convencionalidade. Curitiba: Juruá Editora, 2016.

KOTZUR, Markus. "La soberanía hoy. Palabras clave para un diálogo europeo- latinoamericano sobre un atributo del Estado constitucional moderno". *In*: HABERLE, Peter; KOTZUR, Markus. De la soberanía al derecho constitucional común: palabras clave para un diálogo europeo-latinoamericano. trad. Héctor Fix-Fierro. México: Instituto de Investigaciones Jurídicas de la UNAM, 2003.

MAZZUOLI, Valério de Oliveira. "Teoria geral do controle de convencionalidade no direito brasileiro". Revista de Informação Legislativa. ano 46, n. 181, jan.-mar., 2009, pp. 113-139.

MORAIS, José Luis Bolzan de. As crises do Estado e da Constituição e a transformação espacial dos direitos humanos. Porto Alegre: Livraria do Advogado, 2002.

SILVA, Christine Oliveira Peter da; SOUZA, Larissa Mello. "Interpretação evolutiva do conceito de soberania à luz da internacionalização do Direito". *In*: XVII Congresso Nacional do CONPEDI, 2009, Maringá-PR. Anais de Maringá, 2009.

CAPÍTULO XVII

A JUDICIALIZAÇÃO DA POLÍTICA E A ERA GILMAR

Manoel Gonçalves Ferreira Filho

A recente publicação do livro *Onze Supremos*, coordenado pelos professores Joaquim Falcão e Diego Arguelles, com a colaboração de muitos outros, enfoca a atuação do Supremo Tribunal Federal e de seus Ministros em face do terreno escorregadio e delicado da judicialização da política. Trata-se de um elenco do estudo de casos – bem no estilo norte-americano – que leva a críticas de normas regimentais do STF, infelizmente personalizando-as como pecados de Ministros. Ora, não é ilícito agir de acordo com as normas, por exemplo editando liminares monocráticas. Esta personalização, ademais, é usada como instrumento de depreciação de membros da Corte, certamente o que está muito longe da intenção dos autores, mas é feita pelos interessados em denegri-los.

Igualmente, o livro, dado o ângulo adotado, ignora as razões substantivas do fenômeno da judicialização da política que trouxe o Supremo Tribunal Federal, e seus membros, à ribalta e redunda em questões que são criticadas.

Há mais de vinte anos acompanho esse fenômeno, tendo mais de uma vez tratado dele em meus escritos. Sinto-me habilitado, por isso, a recordar alguns elementos que, na verdade, parecem ignorados.

A primeira delas é que a Constituição atribui ao STF a função de "guarda da Constituição". Assim é ele o guardião do Estado constitucional de Direito, sem o qual não existe democracia.

Outra é ser a Constituição um documento jurídico, mas cuja matéria é essencialmente política, no sentido amplo do adjetivo. Ou seja, ela fixa a organização suprema do Estado, define seus Poderes, delimita-lhes a competência etc. Ela não é, porém, apenas isto, porque subentende direitos fundamentais, que desdobram dois valores: a liberdade e a igualdade.

Desses dois pontos, decorre um fenômeno inexorável: a aplicação da Constituição envolve mais do que aspectos jurídicos, mas se reflete em questões políticas, na medida em que repercute na governança e no Poder. Por isso, a guarda da Constituição tem de enfrentar a opinião dos partidos, de seus simpatizantes, ostensivos ou não, inclusive em meios teoricamente neutros, quando ela os contraria. E, não sendo o Direito uma ciência exata, sempre há e haverá descontentes com as decisões do Tribunal.

Por outro lado, nas Constituições brasileiras anteriores, a guarda da Constituição tinha um viés negativo – fulminar, invalidando, atos inconstitucionais. Isso, contudo, permitia que normas constitucionais programáticas, muitas delas necessárias no plano social, permanecessem letra morta, quando o Legislativo e o Executivo não se lembravam de concretizá-las.

A Constituição brasileira de 1988 reagiu contra isto e procurou fazer com que seus programas saíssem do papel. Com efeito, previu a ação de inconstitucionalidade por omissão, o mandado de injunção, adotou a ação civil pública etc. Inexoravelmente isto trouxe para o Judiciário e particularmente para o STF, o guardião da Constituição, um novo papel – um papel construtivo para a transformação da ordem social e econômica, e não apenas da política. E isto para afiná-la com o estado de coisas almejado pela Lei Magna. Certamente está aí o ponto de partida da judicialização da política, cujo abuso é o "ativismo judicial". Mais, certamente aí está a principal razão do agravamento do entrechoque entre a decisão judicial e as paixões e ambições partidárias. Qualquer um se apercebe disto.

Este quadro não pode ser ignorado, quando se analisa a atuação do STF e de seus Ministros. É uma consequência natural do desenvolvimento de seu papel positivo para a construção de uma ordem constitucional consentânea com a ordem pretendida pela Constituição. Em teoria, pode-se contestar o acerto da opção feita pelo Constituinte em 1988, de dar papel ativo ao STF, mas ela é lei e lei se cumpre.

A incompreensão do que se apontou motiva críticas não raro pessoais que são objetivamente injustas. O magistrado, o Ministro do STF, por dever de ofício, tem de tomar decisões que têm reflexos políticos. Ele as toma – e é a regra no âmbito do STF – de acordo com a interpretação do direito positivo, mas o descontentamento dos que não apreciam essas consequências frequentemente ultrapassa os limites da moderação e do respeito, fruto que é de paixão desenfreada.

Caso evidente é o que concerne ao Min. Gilmar Mendes, recentemente atacados por operadores do direito e outros descontentes.

Ninguém pode negar os seus amplos conhecimentos jurídicos, fiel discípulo que foi de consagrados jurisconsultos alemães, como Haberle, e, no Brasil, do Min. Moreira Alves, cuja obra examina num livro específico. Deste, aliás, sempre citado como o inimigo do ativismo judicial.

Sua atuação em prol do desenvolvimento dos meios de efetivação das normas da Constituição, com o que o STF cumpre o papel positivo de construtor da ordem prevista pela Lei Magna, é evidente para os instruídos. Ninguém, desde o rábula, desconhece o seu papel no desenvolvimento da doutrina do controle concentrado, da modulação de efeitos, da interpretação conforme, da arguição de descumprimento de preceito fundamental, do alargamento do alcance do mandado de injunção etc.

Por tudo isto, o Min. Gilmar Mendes é o maior inovador do direito constitucional brasileiro desde Rui Barbosa. Este introduziu no direito brasileiro a doutrina clássica do controle de constitucionalidade, essencial para a supremacia da Constituição e, portanto, para a limitação do poder. O Min. Gilmar modernizou esse controle, como mencionado acima, alargando-lhe o alcance e a eficácia, e particularmente abrindo as portas para que, em face do controle concreto, restrito às partes, ganhasse terreno o controle abstrato que serve a todos e acaba rapidamente com a insegurança jurídica. Claro está não ser ele o único responsável por essa evolução, mas sem dúvida foi e é o líder que as tem orientado e promovido. Este é o mérito perene da "Era Gilmar".

Como julgador, enfim, suas posições jurídicas, sempre alicerçadas no direito, e não nas paixões e simpatias, são firmes e claras. Pesam muito, porque são judiciosas apoiadas em razões fortes. A prova cabal está em que, quando submetidas ao plenário, são mantidas. Não podendo contestá-las no fundo, os descontentes lhe atiram pedras – este é o grande motivo da insatisfação para com ele. Tais tentativas, como em artigos publicados, querem desprestigiá-lo, dado o temor de que, em próximos julgamentos de gravidade inequívoca, sua voz prevaleça.

CAPÍTULO XVIII

PARÂMETROS PARA O DEFERIMENTO JUDICIAL DE ACESSO À MEDICAMENTOS: LIÇÕES DA RELATORIA DO AGRAVO REGIMENTAL NA SUSPENSÃO DE TUTELA ANTECIPADA N. 175/CE

Mauro Campbell Marques

Introdução

É recorrente no Poder Judiciário brasileiro ações individuais que demandam o fornecimento de medicamentos ou tratamentos médicos por parte do Estado, o que ficou conhecido pelo termo "judicialização da saúde". O tema conquistou enorme importância teórica e prática nas últimas duas décadas, que envolve, nas palavras do Ministro Gilmar Mendes, não apenas os operadores do direito, mas também os gestores públicos, os profissionais da área de saúde e a sociedade civil como um todo.[369]

---

369 Relatório do Agravo Regimental na Suspensão de Tutela Antecipada 175/CE, p. 9. Disponível em: http://www.stf.jus.br/arquivo/cms/noticianoticiastf/anexo/sta175.pdf. Acessado em: 26.05.2022.

Assim, questões de fundamental importância devem ser consideradas ao falar sobre o tema, como a natureza da norma constitucional prevista no art. 196 da Constituição Federal e a existência de dualismo entre o direito fundamental à saúde e o equilíbrio dos limitados recursos financeiros destinados pelo Poder Público.

Também devem ser analisados alguns parâmetros que indiquem "como e em que medida o direito constitucional à saúde se traduz em um direito subjetivo público a prestações positivas do Estado, passível de garantia pela via judicial?"[370]

Para que esta intervenção possa cumprir com o seu objetivo, usaremos o voto paradigmático do Ministro Gilmar Mendes como relator da AgR-STA 175/CE, julgada em 17 de março de 2010. O significativo precedente do Tribunal Constitucional será a base desta nossa contribuição, em que iremos analisar algumas proposições e parâmetros por ele definidos.

1 Direito fundamental à saúde como instrumento de justiça social diante da limitação dos recursos públicos

Existe uma clara dicotomia na concretização dos direitos sociais: por um lado, as necessidades crescentes da população, especialmente com os avanços médicos e dos tratamentos hospitalares; do outro, a limitação de recursos públicos. Conforme afirma o Ministro Gilmar Mendes, "as divergências doutrinárias quanto ao efetivo âmbito de proteção da norma constitucional do direito à saúde decorrem, especialmente, da natureza prestacional desse direito e da necessidade de compatibilização do que se convencionou denominar 'mínimo existencial' e 'reserva do possível' (*Vorbehalt Des Möglichen*)".[371]

---

370 Idem, p. 6.

371 Relatório do Agravo Regimental na Suspensão de Tutela Antecipada 175/CE, p. 7. Disponível em: http://www.stf.jus.br/arquivo/cms/noticianoticiastf/

O art. 196 da Constituição Federal dispõe que

> A saúde é direito de todos e dever do Estado, garantido mediante políticas sociais e econômicas que visem à redução do risco de doença e de outros agravos e ao acesso universal e igualitário às ações e serviços para a sua promoção, proteção e recuperação.

O preceito constitucional é claro ao definir que a saúde é um direito de todos e um dever do Estado, o que deve ser considerado como um dos pilares que amparam o mínimo existencial à dignidade da pessoa humana. Desta forma, quando falamos em acesso à saúde, estão diretamente em jogo direitos fundamentais dos cidadãos.

Os medicamentos se destinam a prevenir moléstias e seus efeitos danosos, bem como a promover a cura dos pacientes. Em todas as hipóteses, o fornecimento de medicamentos tem relação imediata com a vida e a existência digna dos seres humanos.

Ademais, pode se afirmar que a norma constitucional prevista no art. 196 da CF não possui mero conteúdo programático, a qual dependeria de formulação de políticas públicas para o seu exercício. Ao contrário, o direito à saúde tem aplicabilidade imediata, podendo ser imposto por via judicial ao Poder Público em casos de manifesta omissão estatal.

José Afonso da Silva, ao comentar o preceito constitucional do art. 196, afirma:

> (...) para que não se tenha o direito reconhecido como programático apenas, a norma aperfeiçoa o direito, consignando- lhe garantia. É isso que está previsto: "A saúde é direito de todos e dever do Estado, garantindo (...)" – o direito é garantido por aquelas políticas indicadas, que hão

---

anexo/sta175.pdf. Acessado em: 26.05.2022.

> de ser estabelecidas, sob pena de omissão inconstitucional, até porque os meios financeiros para o cumprimento do dever do Estado, no caso, são arrecadados da sociedade, dos empregadores e empresas, dos trabalhadores e empresas, dos trabalhadores e de outras fontes, consoante já discutimos antes.[372]

Nesse sentido, o eminente Ministro Gilmar Mendes comenta que "os direitos fundamentais não contêm apenas uma proibição de intervenção (*Eingriffsverbote*), expressando também um postulado de proteção (*Schutzgebote*). Haveria, assim, para utilizar uma expressão de Canaris, não apenas uma proibição de excesso (*Übermassverbot*), mas também uma proibição de proteção insuficiente (*Untermassverbot*).[373]

Apesar da indubitável garantia constitucional, a efetividade do direito à saúde encontra algumas barreiras, como a carência de recursos públicos e a necessária otimização de gastos.

Atribuir ao Estado o dever de promover a saúde não autoriza o desperdício de recursos, a gestão inadequada de verbas e a opção por medidas inúteis. É exatamente o oposto. Em outras palavras, o Estado está obrigado a adotar todas as providências necessárias para assegurar a utilização mais racional e eficaz dos recursos estatais alocados no âmbito da saúde.

Sobre este ponto, bem nos lembra o relator do STA 175/CE:

---

372 SILVA, José Afonso. *Comentário Contextual à Constituição*. 7. ed. São Paulo: Malheiros, 2010, p. 782.

373 Relatório do Agravo Regimental na Suspensão de Tutela Antecipada 175/CE, p. 7. Disponível em: http://www.stf.jus.br/arquivo/cms/noticianoticiastf/anexo/sta175.pdf. Acessado em: 26.05.2022. No trecho, se faz referência à obra CANARIS, Claus-Wilhelm. *Grundrechtswirkungen um Verhältnismässigkeitsprinzip* in der richterlichen Anwendung und Fortbildung des Privatsrechts, JuS, 1989, p. 161.

> as contribuições de Stephen Holmes e Cass Sunstein para o reconhecimento de que todas as dimensões dos direitos fundamentais têm custos públicos, dando significativo relevo ao tema da 'reserva do possível', especialmente ao evidenciar a 'escassez dos recursos' e a necessidade de se fazerem escolhas alocativas, concluindo, a partir da perspectiva das finanças públicas, que 'levar a sério os direitos significa levar a sério a escassez'.[374]

Assim, o crescimento da denominada "judicialização do direito à saúde" impõe ao Poder Judiciário o enorme desafio de garantir ao cidadão o efetivo exercício de direitos fundamentais e, ao mesmo tempo, tentar equalizar as premissas elaboradas pelo Poder Público no tocante à implementação de políticas públicas estabelecidas para a área da saúde e respectivos orçamentos.

Efetivamente, é de conhecimento de todos que as limitações orçamentárias formam grande obstáculo para a efetivação dos direitos sociais. Todavia, é preciso ter em mente que o princípio da reserva do possível não pode ser utilizado de forma indiscriminada.

A Segunda Turma do Superior Tribunal de Justiça afastou a incidência da teoria da reserva do possível em caso relacionado à implementação de políticas públicas e ao fornecimento de medicamentos, no qual consignou:

> Não se pode importar preceitos do direito comparado sem se atentar para as peculiaridades jurídicas e sociológicas de cada país. A Alemanha já conseguiu efetivar os direitos sociais de forma satisfatória, universalizou o acesso aos serviços públicos mais básicos, o que permitiu um elevado

---

374 Relatório do Agravo Regimental na Suspensão de Tutela Antecipada 175/CE, p. 7. Disponível em: http://www.stf.jus.br/arquivo/cms/noticianoticiastf/anexo/sta175.pdf. Acessado em: 26.05.2022. No trecho, se faz referência à obra: HOLMES, Stephen; SUNSTEIN, Cass. *The Cost of Rights:* Why Liberty Depends on Taxes. Nova York: W. W. Norton & Company, 1999.

índice de desenvolvimento humano de sua população, realidade ainda não alcançada pelo Estado brasileiro.

Na Alemanha, os cidadãos já dispõem de um mínimo de prestações materiais capazes de assegurar uma existência digna. Por esse motivo é que o indivíduo não pode exigir do estado prestações supérfluas, pois isto escaparia do limite do razoável, não sendo exigível que a sociedade arque com esse ônus. Eis a correta compreensão do princípio da reserva do possível, tal como foi formulado pela jurisprudência germânica.

Situação completamente diferente é a que se observa nos países periféricos, como é o caso do Brasil. Aqui ainda não foram asseguradas, para a maioria dos cidadãos, condições mínimas para uma vida digna. Neste caso, qualquer pleito que vise a fomentar uma existência minimamente decente não pode ser encarado como sem razão, pois garantir a dignidade humana é um dos objetivos principais do Estado brasileiro. É por isso que o princípio da reserva do possível não pode ser oposto a um outro princípio, conhecido como princípio do mínimo existencial.

Desse modo, somente depois de atingido esse mínimo existencial é que se poderá discutir, relativamente aos recursos remanescentes, em quais outros projetos se deve investir. Ou seja, não se nega que haja ausência de recursos suficientes para atender a todas as atribuições que a Constituição e a Lei impuseram ao estado.

Todavia, se não se pode cumprir tudo, deve-se, ao menos, garantir aos cidadãos um mínimo de direitos que são essenciais a uma vida digna, entre os quais, sem a menor dúvida, podemos incluir o pleno acesso a um serviço de saúde de qualidade.

Esse mínimo essencial não pode ser postergado e deve ser a prioridade primeira do Poder Público. Somente depois de atendido o mínimo existencial é que se pode cogitar a efetivação de outros gastos.

Por esse motivo, não havendo comprovação objetiva da incapacidade econômico-financeira da pessoa estatal, inexistirá

> empecilho jurídico para que o Judiciário determine a inclusão de determinada política pública nos planos orçamentários do ente político.[375]

A limitação orçamentária e o uso ineficiente dos recursos públicos não permitem o cumprimento de todas as obrigações sociais constitucionalmente previstas, o que exige, na implementação das políticas públicas, escolhas, que deveriam ser limitadas por critérios de justiça distributiva. Tais decisões, ao considerarem aspectos como o número de pessoas atendidas pela prestação do serviço e a ponderação de resultados, são configuradas como típicas opções políticas que envolvem as denominadas "escolhas trágicas".

Sobre o tema, temos na AgR-STA 175/CE o parecer de seu eminente relator:

> Dessa forma, em razão da inexistência de suportes financeiros suficientes para a satisfação de todas as necessidades sociais, enfatiza-se que a formulação das políticas sociais e econômicas voltadas à implementação dos direitos sociais implicaria, invariavelmente, escolhas alocativas. Essas escolhas seguiriam critérios de justiça distributiva (o quanto disponibilizar e a quem atender), configurando-se como típicas opções políticas, as quais pressupõem "escolhas trágicas" pautadas por critérios de macrojustiça. É dizer, a escolha da destinação de recursos para uma política e não para outra leva em consideração fatores como o número de cidadãos atingidos pela política eleita, a efetividade e a eficácia do serviço a ser prestado, a maximização dos resultados etc.[376]

---

375 AgRg no RESP 1.136.549, Rel. Min. Humberto Martins, DJe 8.6.2010.

376 Relatório do Agravo Regimental na Suspensão de Tutela Antecipada 175/CE, pp. 8/9. Disponível em: http://www.stf.jus.br/arquivo/cms/noticianoticiastf/anexo/sta175.pdf. Acessado em: 26.05.2022.

Outra questão a ser ponderada é a possibilidade da inversão das prioridades e demandas na implementação de políticas públicas relacionadas à saúde da população, nos casos de sobreposição de direitos individuais sobre os direitos coletivos, o que poderá reforçar as desigualdades já existentes do próprio sistema público de saúde.

Outrossim, é importante consignar que os mecanismos e instrumentos para o seu cumprimento devem considerar a demanda social e universal existente, não somente ao contingencial que busca o Poder Público, seja via administrativa (Executivo) ou via judicial (Judiciário), sob o risco de esvaziar a possibilidade de atendimento de todos aqueles que ainda não tomaram a iniciativa de procurar.

O Ministro Gilmar Mendes bem expõe que

> Se, por um lado, a atuação do Poder Judiciário é fundamental para o exercício efetivo da cidadania, por outro, as decisões judiciais têm significado um forte ponto de tensão entre os elaboradores e os executores das políticas públicas, que se veem compelidos a garantir prestações de direitos sociais das mais diversas, muitas vezes contrastantes com a política estabelecida pelos governos para a área de saúde e além das possibilidades orçamentárias.[377]

Por outro lado, é importante lembrar que as conquistas relacionadas aos direitos fundamentais de natureza social não podem ser suprimidas, tampouco mitigadas pelo Poder Público, em respeito ao princípio da proibição do retrocesso.

Sobre o tema, afirma o Min. Celso de Mello que

> Na realidade, a cláusula que proíbe o retrocesso em matéria social traduz, no processo de sua concretização, verdadeira dimensão negativa pertinente aos direitos sociais de natureza prestacional (como o direito à saúde), impedindo,

---

377 Idem, pp. 10/11.

> em consequência, que os níveis de concretização dessas prerrogativas, uma vez atingidos, venham ser reduzidos ou suprimidos, exceto nas hipóteses (...) em que políticas compensatórias venham a ser implementadas pelas instâncias governamentais.[378]

Por fim, também começa a ganhar espaço a crítica da maneira como os operadores do direito de modo geral analisam as questões relacionadas aos direitos econômicos, sociais e culturais. Normalmente o tema é enfrentado por meio de premissas vagas ou superficiais que não refletem o real conhecimento da dimensão do direito invocado, tampouco das consequências das afirmações impressionistas.

Nesse contexto, o Ministro Gilmar Mendes cita trecho da obra do mestre português J. J. Canotilho que afirma que

> paira sobre a dogmática e teoria jurídica dos direitos econômicos, sociais e culturais a carga metodológica da vaguidez, indeterminação e impressionismo que a teoria da ciência vem apelidando em termos caricaturais sob a designação de "fuzzismo" ou "metodologia fuzzy". Em toda a sua radicalidade – a censura do fuzzysmo lançada aos juristas significa basicamente que eles não sabem do estão a falar quando abordam os complexos problemas dos direitos econômicos, sociais e culturais.[379]

---

378 Voto vogal proferido no Agravo Regimental na Suspensão de Tutela Antecipada 175/CE, pp. 23/24. Disponível em: http://www.stf.jus.br/arquivo/cms/noticianoticiastf/anexo/sta175.pdf. Acessado em: 26.05.2022.

379 CANOTILHO, J. J.Gomes. Metodologia "fuzzy" e "camaleões normativos" na problemática actual dos direitos econômicos, sociais e culturais. *In*: *Estudos sobre direitos fundamentais*. Coimbra: Coimbra Editora, 2004, p. 100 *apud* Relatório do Agravo Regimental na Suspensão de Tutela Antecipada 175/CE, p. 10. Disponível em: http://www.stf.jus.br/arquivo/cms/noticianoticiastf/anexo/sta175.pdf. Acessado em: 26.05.2022.

Portanto, são inúmeros os desafios impostos ao Poder Público e à sociedade na concretização do direito à saúde, o que impõe destacar de que forma a nossa Constituição estabelece os limites e as possibilidades de implementação deste direito.

Finalizando sobre o tema, citamos nosso homenageado:

> De toda forma, parece sensato concluir que, ao fim e ao cabo, problemas concretos deverão ser resolvidos levando-se em consideração todas as perspectivas que a questão dos direitos sociais envolve. Juízos de ponderação são inevitáveis nesse contexto prenhe de complexas relações conflituosas entre princípios e diretrizes políticas ou, em outros termos, entre direitos individuais e bens coletivos.[380]

2 Do princípio da separação dos poderes

A Constituição Federal de 1988 introduziu significativa modificação dos direitos sociais, especialmente em relação à obrigação estatal, que passou a ter a função de natureza de concretizar políticas de transformação da realidade social.

A partir dessa mudança, todos os Poderes sofreram alterações em sua estrutura funcional, de modo a possibilitar a efetividade dos direitos sociais.

Assim, o Poder Executivo recebeu a incumbência de criar e implementar políticas públicas necessárias à satisfação dos fins constitucionalmente delineados e o Poder Judiciário teve sua margem de atuação ampliada, como forma de fiscalizar e velar pelo fiel cumprimento dos direitos sociais constitucionalmente garantidos.

---

380 Relatório do Agravo Regimental na Suspensão de Tutela Antecipada 175/CE, p. 11. Disponível em: http://www.stf.jus.br/arquivo/cms/noticianoticiastf/anexo/sta175.pdf. Acessado em: 26.05.2022.

Para atender ao fim último do Estado, que é concretizar os direitos fundamentais, o princípio da separação dos Poderes tem se modernizado e flexibilizado. Neste diapasão, não podem os direitos sociais ficar condicionados à boa vontade do Administrador, sendo de fundamental importância que o Judiciário atue como órgão controlador da atividade administrativa. Seria uma distorção pensar que o princípio da separação dos poderes pudesse ser utilizado justamente como óbice à realização dos direitos sociais.

Além do que, como bem diz o magistrado aqui homenageado, "assim, ao menos o "mínimo existencial" de cada um dos direitos – exigência lógica do princípio da dignidade da pessoa humana – não poderia deixar de ser objeto de apreciação judicial".[381]

Estreitamente vinculado ao princípio da força normativa da Constituição, em relação ao qual configura um subprincípio, o cânone hermenêutico da máxima efetividade orienta os aplicadores da Lei Maior para que interpretem suas normas de forma a lhes otimizar a eficácia, sem alterar o conteúdo.

Nesse sentido, a correta interpretação do princípio da separação dos Poderes, em matéria de políticas públicas, deve ser a de utilizá-lo apenas para limitar a atuação do Judiciário quando a Administração Pública atua dentro dos limites concedidos pela lei.

O descumprimento injustificado do dever do Poder Público em implementar políticas de governo acarreta a desarmonia da ordem jurídica, o que faz merecer correção judicial, sob pena de transformar em letra morta os direitos sociais previstos no texto constitucional.

Há limites para a discricionariedade administrativa, especialmente quando o dispositivo legal é peremptório a respeito do direito fundamental garantido. Se o Poder Público insiste em desconsiderar a norma constitucional, caberá controle e intervenção

381 Idem, p. 9.

do Judiciário, uma vez que, nestes casos, deixa-se o critério da razoabilidade para adentrar-se a seara da arbitrariedade, fato que, em último grau, caracteriza a omissão como ilegal e arbitrária.

O sistema jurídico deve ser analisado sob a premissa de que todos os seus postulados estão em harmonia, sob pena de se quebrar a lógica intrínseca do próprio sistema. Ora, diante de um ordenamento jurídico que consagra o princípio da separação dos Poderes, e que também impõe ao Poder Público a prática de atividades positivas destinadas a efetivar os direitos sociais, a melhor interpretação é aquela que se coaduna com os dois postulados.

Por outro lado, deve ser reconhecido que em algumas situações é impossível se estabelecer, num plano abstrato, a ordem de prioridades que a atividade administrativa deve tomar. Nestes casos, a identificação pela preferência de atuação estatal apenas poderia ser identificada na análise do caso concreto.

Todavia, ainda que abstratamente, não se pode deixar de reconhecer que alguns direitos, como a educação e a saúde, fazem parte de um núcleo de obrigações que o estado deve encarar como prioritárias.

O direito fundamental à saúde, previsto no art. 196 da Constituição Federal, deve ser uma prioridade do Estado, pois está diretamente relacionado ao direito à vida, elementar a todos os outros direitos fundamentais. Assegurar um mínimo de dignidade humana por meio de serviços públicos essenciais, como a educação e a saúde, é finalidade da República Federativa do Brasil, que não pode ser condicionado à conveniência política do administrador público.

Portanto, pode se afirmar que a atuação do Poder Judiciário no controle das políticas públicas não se pode dar de forma indiscriminada, pois isso violaria o princípio da separação dos Poderes. Entretanto, quando a Administração Pública, de maneira clara e indubitável, viola direitos fundamentais por meio da execução ou falta injustificada de programas de governo, a interferência do Poder

Judiciário é perfeitamente legítima e serve como instrumento para restabelecer a integridade da ordem jurídica violada.

3 Ponderação entre a proteção ao direito à vida e a necessidade técnico-científica do tratamento médico

Em seu relatório na AgR-STA 175/CE, o excelentíssimo Ministro Gilmar Mendes colecionou diversos parâmetros que devem servir como base para análises futuras dos magistrados em nosso país nos casos de acesso à medicamentos e tratamentos médicos pela via judicial. Apesar de não serem parâmetros estanques, podendo ser adaptados aos casos concretos, sua análise e discussão podem contribuir ao entendimento de questões-chave a respeito da "judicialização do acesso à saúde".

Em primeiro lugar, conforme aponta o Ministro aqui homenageado,

> No Brasil, o problema talvez não seja de judicialização ou, em termos mais simples, de interferência do Poder Judiciário na criação e implementação de políticas públicas em matéria de saúde, pois o que ocorre, na quase totalidade dos casos, é apenas a determinação judicial do efetivo cumprimento de políticas públicas já existentes.[382]

Dessa forma, o primeiro juízo de valor que o magistrado deve efetuar quando confrontado com um caso em concreto é a "existência, ou não, de política estatal que abranja a prestação de saúde pleiteada pela parte".[383] Nesses casos, não há que se

---

382 Relatório do Agravo Regimental na Suspensão de Tutela Antecipada 175/CE, p 19. Disponível em: http://www.stf.jus.br/arquivo/cms/noticianoticiastf/anexo/sta175.pdf. Acessado em: 26.05.2022.

383 Idem, p. 20.

falar em possível descumprimento do princípio da separação dos poderes, já que o Judiciário não estaria interferindo na competência de criação de políticas públicas, próprias do Poder Executivo. Estaria ele, apenas, determinando que se cumprisse política pública já existente.

Em segundo lugar, e em estando a prestação pleiteada fora da lista de tratamentos previstas pelo SUS, deve-se distinguir algumas situações: "(1) uma omissão legislativa ou administrativa, (2) de uma decisão administrativa de não a fornecer ou (3) de uma vedação legal a sua dispensação".[384]

Em seguida, deve ser considerada a motivação para o não fornecimento de determinada ação de saúde pelo SUS. Isto porque deve diferenciar as seguintes situações: "1°) o SUS fornece tratamento alternativo, mas não adequado a determinado paciente; 2°) o SUS não tem nenhum tratamento específico para determinada patologia".[385]

O Sistema Único de Saúde é obrigado a observar o princípio constitucional do acesso universal e igualitário às ações e prestações de saúde, o que somente consegue realizar se repartir os recursos (naturalmente escassos) da forma mais eficiente possível.[386]

O princípio da eficiência, em termos de utilização do orçamento público no âmbito de assistência à saúde, requer soluções amparadas pelo conhecimento técnico-científico, para que estes valores sejam utilizados do modo mais racional possível.

Contudo, não se pode afirmar que exista exclusiva prevalência de critérios de eficiência nesta situação, o que significaria decisões fundadas exclusivamente em abordagem econômica.

---

384 Relatório do Agravo Regimental na Suspensão de Tutela Antecipada 175/CE, p. 20. Disponível em: http://www.stf.jus.br/arquivo/cms/noticianoticiastf/anexo/sta175.pdf. Acessado em: 26.05.2022.

385 Idem, p. 22.

386 Ibidem, p. 22.

Ao contrário, todas as decisões para fornecimento ou não de tratamento médico pelo Estado devem sopesar a utilização racional do recurso e a concretude do direito à vida e saúde do pleiteante.

Neste diapasão, o Ministro Gilmar Mendes defende que "deverá ser privilegiado o tratamento fornecido pelo SUS em detrimento de opção diversa escolhida pelo paciente, sempre que não for comprovada a ineficácia ou a impropriedade da política de saúde existente".[387] Salienta, contudo, que medicamentos e tratamentos específicos podem e devem ser custeados se o protocolo do SUS for comprovadamente ineficaz para o paciente em questão.

Como já discutimos anteriormente, não seria possível impor ao Poder Público o custeio de todo e qualquer medicamento ou tratamento médico, em razão do princípio da reserva do possível. Esta situação é agravada quando não há certeza técnico-científica sobre a eficácia da medida pleiteada, sob pena de inviabilizar o direito coletivo à saúde em detrimento de direitos individuais.

Outro fato importante a ser considerado é a constante evolução da medicina e dos tratamentos e medicamentos disponíveis no mercado, o que ocasiona constante confronto entre os tratamentos médicos fornecidos pelo Sistema Único de Saúde e aqueles optados pelo cidadão, que muitas vezes ainda não foram reconhecidos ou incorporados pela Administração Pública.

Sobre este tópico, o Relator da AgR-STA 175/CE bem expôs uma fala do então Ministro da Saúde quando da realização da Audiência Pública número 4, ocorrida em 2009, de que "há necessidade de revisão periódica dos protocolos existentes e de elaboração de novos protocolos. Assim, não se pode afirmar que os Protocolos Clínicos e Diretrizes Terapêuticas do SUS são inquestionáveis, o que permite sua contestação judicial".[388]

---

387 Idem, pp. 22/23.

388 Relatório do Agravo Regimental na Suspensão de Tutela Antecipada 175/CE, p. 23. Disponível em: http://www.stf.jus.br/arquivo/cms/noticianoticiastf/

Desta forma, afirma o Ministro Gilmar Mendes que:

> Se, por um lado, a elaboração dos Protocolos Clínicos e das Diretrizes Terapêuticas privilegia a melhor distribuição de recursos públicos e a segurança dos pacientes, por outro a aprovação de novas indicações terapêuticas pode ser muito lenta e, assim, acabar por excluir o acesso de pacientes do SUS a tratamento há muito prestado pela iniciativa privada.[389]

A este respeito, temos inúmeras demandas levadas ao Judiciário que buscam o fornecimento de medicamentos que não possuem registro na ANVISA ou tratamento médico não reconhecido como eficaz em nosso país. Exemplo dessa última hipótese, que ficou conhecida nacionalmente ao ser julgada pelo Superior Tribunal de Justiça, foi a questão relacionada a um tratamento realizado em Cuba na tentativa de tratar a doença retinose pigmentar.

Diversas decisões judiciais, com fundamento no amplo acesso ao direito à saúde, autorizaram o custeio pelo Poder Público do referido tratamento médico. Entretanto, após parecer técnico do Conselho Brasileiro de Oftalmologia desaconselhando o tratamento realizado no exterior, o Ministério da Saúde baixou a Portaria 763, proibindo o financiamento da realização do dito tratamento pelo SUS.

O STJ reconheceu a legalidade da portaria e afirmou que os recursos destinados à saúde não podem ser desperdiçados com tratamentos alternativos, sem a comprovação técnica e científica de sua eficácia:

> ADMINISTRATIVO – SERVIÇO DE SAÚDE – TRATAMENTO NO EXTERIOR – RETINOSE PIGMENTAR.

---

anexo/sta175.pdf. Acessado em: 26.05.2022.

389 Idem, p. 24.

> Parecer técnico do Conselho Brasileiro de Oftalmologia desaconselha o tratamento da "retinose pigmentar" no Centro Internacional de Retinoses Pigmentária em Cuba, o que levou o Ministro da Saúde a baixar a Portaria 763, proibindo o financiamento do tratamento no exterior pelo SUS.
>
> Legalidade da proibição, pautada em critérios técnicos e científicos.
>
> A Medicina social não pode desperdiçar recursos com tratamentos alternativos, sem constatação quanto ao sucesso nos resultados.
>
> Mandado de segurança denegado.[390]

Já em relação aos pedidos de fornecimento de medicamentos que não possuem registro na ANVISA, ressaltamos que legislação infraconstitucional determina que medicamentos e insumos farmacêuticos e correlatos só podem ser comercializados ou utilizados em nosso país com o respectivo registro na Agência Nacional de Vigilância Sanitária. O registro de medicamento é uma garantia de saúde pública, pois exige para a sua concessão estudo técnico de resultados clínicos efetivos, bem como atesta a segurança e o benefício do produto.

Ademais, o registro de medicamento também norteia todo o Sistema Público de Saúde, pois configura requisito para permitir a sua aquisição e distribuição em pelo SUS. Entretanto, tal exigência pode ser superada em casos concretos quando, em não havendo o registro na ANVISA, a medicação importada for reconhecida pela comunidade médica como a única eficaz para o tratamento da doença ou condição do paciente em questão.

Assim, conforme reconhecido pelo Supremo Tribunal Federal na STA 175 AgR/CE, em casos excepcionais, a importação de medicamento não registrado poderá ser autorizada pela ANVISA, quando "adquiridos por intermédio de organismos multilaterais

---

390 MS 8.8956/DF, 1ª Seção, Rel. Min. Eliana Calmon, DJ de 22.10.2003.

internacionais, para uso de programas em saúde pública pelo Ministério da Saúde", nos termos da Lei 9.782/99.

Diante de todas essas considerações, uma das alternativas para amenizar a dificuldade que o Judiciário enfrenta ao decidir questões, muitas vezes de caráter urgente, relacionadas ao fornecimento de medicamentos ou tratamento médico, seria a implementação de equipes técnicas vinculadas ao Judiciário para auxiliar decisões que exigem conhecimento técnico.

Essa ideia foi implantada no Tribunal de Justiça do Estado do Rio de Janeiro, denominada Núcleo de Assessoria Técnica (NAT), formada por 24 profissionais, entre eles: quinze farmacêuticos, dois enfermeiros, quatro nutricionistas e um médico, que auxiliam os magistrados em decisões que envolvam o direito à saúde. A referida equipe elabora pareceres, em curto espaço de tempo (48 horas), com base na medicação ou tratamento pleiteado, bem como analisam o histórico do paciente, a prescrição médica e a pertinência técnica da questão.

O Conselho Nacional de Justiça recomendou a implementação de estruturas técnicas semelhantes aos Tribunais Estaduais e Federais que concentram as ações contra o Sistema único de Saúde e os Planos de Saúde.

Considerações finais

Em conclusão, a implementação pelo Poder Público de políticas públicas que assegurem o efetivo exercício do direito fundamental à saúde é verdadeiro instrumento de Justiça Social, a qual não pode estar sujeita à irresponsável omissão estatal, seja pela incapacidade de administrar os recursos públicos, seja pelo simples descaso com o relevante direito social protegido, o que representa inequívoco desrespeito à própria Constituição Federal que impõe ao Estado o dever inafastável de proteção à vida.

Referências bibliográficas

BRASIL. Supremo Tribunal Federal. Agravo Regimental na Suspensão de Tutela Antecipada 175/CE. Brasília, 17 de março de 2010. Disponível em: http://www.stf.jus.br/arquivo/cms/noticianoticiastf/anexo/sta175.pdf. Acessado em: 26.05.2022.

CANOTILHO, J. J.Gomes. Metodologia "fuzzy" e "camaleões normativos" na problemática actual dos direitos econômicos, sociais e culturais. *In*: *Estudos sobre direitos fundamentais*. Coimbra: Coimbra Editora, 2004.

SILVA, José Afonso. *Comentário Contextual à Constituição*. 7ª ed. São Paulo: Ed. Malheiros, 2010.

CAPÍTULO XIX

A ADO 25 E A HOMENAGEM PRESTADA PELO STF À FORÇA NORMATIVA DA CONSTITUIÇÃO

Misabel Abreu Machado Derzi
Onofre Alves Batista Júnior

1 A ADO 25 e a decisão do Ministro Gilmar Mendes

Com a decisão dada na ADO 25, relatada pelo Ministro Gilmar Mendes em 30 de novembro de 2016 e publicada no Diário Oficial da União em 31 de agosto de 2017, o STF faz uma verdadeira homenagem à força normativa da Constituição. À unanimidade, o STF decretou a inconstitucionalidade por omissão, deixando gizado que houve "omissão lesiva" aos Estados e Municípios por parte da União ao não regulamentar o art. 91 do ADCT. A União, nos termos da decisão, deixou de editar a norma destinada a compensar as perdas experimentadas pelos Estados e Municípios em decorrência da desoneração do ICMS nas exportações operada pela Emenda Constitucional n. 42 de 2003.

A relevante e corajosa decisão significa um marco para que se retome o equilíbrio das relações federativas no Brasil e representa uma virada no entendimento quanto aos efeitos do julgamento de ações diretas de inconstitucionalidade por omissão, não apenas por ter declarado a omissão e determinado prazo para a sua resolução, mas principalmente por restar estabelecido que, caso a norma prevista no *caput* do art. 91 não seja editada no decurso de um ano, caberá ao Tribunal de Contas da União (TCU) fixar o valor do montante a ser transferido aos Estados, DF e Municípios.

Como bem afirma Emílio Meyer,[391] o controle de constitucionalidade das leis requer não apenas uma concepção que cumpra essa tarefa, mas que também, fazendo-a, possa contribuir para a efetividade de um direito que surge como uma das poucas opções de integração social na atual sociedade fragmentada. Para tanto, o desenvolvimento do exercício da jurisdição constitucional promove a transformação das formas de decisão, permitindo a ultrapassagem das decisões binárias (constitucional/inconstitucional). Apenas assim a jurisdição constitucional pode atender às necessidades de institucionalização de um sistema de direito autorreferente que seja neutro e independente dos jogos do poder político.

O voto do Ministro Gilmar Mendes é a prova de que a Corte Superior está sensível a essas necessidades de inovação. O STF, nesse compasso, afasta de vez a ideia de normas constitucionais *not self-executing*. Nos domínios da Ação Direita de Inconstitucionalidade, as sentenças intermediárias aditivas já abriam, no direito constitucional brasileiro, a possibilidade de o Judiciário integrar vazios que não haviam sido previstos pelo constituinte ou pelo legislador, atendendo fins, valores e normas constitucionais. Na ADO 25, o STF reconhece a possibilidade de omissões lesivas serem supridas pela Corte Constitucional em

---

391 Cf. MEYER, Emílio Peluso Neder. *Decisão e jurisdição constitucional:* crítica às sentenças intermediárias, técnicas e efeitos do controle de constitucionalidade em perspectiva comparada. Rio de Janeiro: Lumen Juris, 2017, p. 2.

sede de controle concentrado, e não apenas no controle difuso. Por essa via, privilegia-se a força normativa da carta maior e retira-se a possibilidade de o poder/dever de legislar dar amparo a manobras de fraude à Constituição.

O caso, relatado pelo Ministro Relator, merece ser estudado e compreendido; o voto, por sua profundidade e coragem, é digno de todos os encômios.

2 O pacto federativo e os mandamentos democrático-descentralizadores da CRFB/88

O Brasil, desde sua Independência, sempre foi gerido de forma centralizada.[392] Entretanto, após longo período de ditadura militar (1964-1985), a Constituição da República Federativa do Brasil de 1988 (CRFB/1988) buscou formatar uma verdadeira federação que pudesse romper com essa tradição. No intuito de redemocratizar o País, a CRFB/88 firmou o federalismo[393] como princípio constitucional garantidor da descentralização do poder político e fiscal. O princípio federativo aparece como cláusula pétrea, razão pela qual a manutenção do equilíbrio federativo firma-se como norma a ser mantida incólume, não se admitindo

---

392 Se a Coroa brasileira buscou manter a unidade do país centralizando o poder nas mãos do imperador, o governo militar deixava em Brasília todas as decisões da República. A propósito, vale consultar BATISTA JÚNIOR, Onofre Alves. O projeto democrático-descentralizador da Constituição e o acerto de contas. *Revista Consultor Jurídico,* 27 junho de 2017. Disponível em: http://www.conjur.com.br/2017-jun-27/onofre-junior-projeto-democratico--descentralizador-constituicao. Acessado em: 28.06.2017.

393 Nesse sentido, DERZI e BUSTAMANTE (2016, p. 8), quando expõem que não se deve pensar no federalismo apenas como forma de Estado, mas antes como princípio de organização política, uma vez que está vinculado diretamente a um emaranhado de valores políticos e princípios constitucionais dotados de conteúdo normativo mais específico, relacionados às ideias de autonomia política e autodeterminação do indivíduo.

sua ruptura sequer por emendas constitucionais. Trata-se, enfim, de mandamento basilar que deve garantir o intento democrático--descentralizador da CRFB/88.

Foi assim que a nova Constituição descentralizou o poder. O Brasil não deveria mais ser um gigante (de dimensões continentais e com mais de 200 milhões de habitantes) comandado por um grupo centralizado na capital, mas deveria ser uma federação, com pessoas políticas autônomas. Nunca é demais frisar que a CRFB/88 surgiu em um contexto de redemocratização em que o princípio federal resultou menos da pressão da realidade como fato sociológico anteposto, e mais de uma decisão político-jurídica, para cumprir uma função adicional que não pode ser negligenciada: a de preservação da democracia.

Trajetória similar foi feita pela Alemanha após a Segunda Guerra. Embora já tivesse dado origem a uma Confederação de Estados independentes (de 1815 a 1866), o Estado alemão esteve unificado por mais de dez anos, durante a ditadura do nacional socialismo de 1934 a 1945. Por isso, explicam[394] Richter e Schuppert, deu-se uma decisão, em favor do Estado federativo, no ano de 1949, por quatro motivos:

a) o surgimento da República federativa que encontra os já existentes Estados federativos;

b) a manutenção em aberto da República federativa para o ingresso de outros Estados;

c) a insistência das forças de ocupação ocidentais, na adoção do princípio federal;

d) o desejo de evitar o retorno de uma ditadura do III Reich, que caracterizou a consciência dos novos democratas.

394 Cf. Casebook Verfassungsrecht, München, Verlag C. H. Beck, 1987, p. 358.

Embora não tenhamos tido fortes raízes históricas ligadas ao federalismo, a intermitência da democracia brasileira recomendou e ainda recomenda a adoção dessa forma de Estado e sua manutenção. E não importam as críticas que possam ser levantadas. O papel que cumpre o Estado federal, como garantia adicional da liberdade e da República democrática, é suficiente para legitimá-lo.

Daí que, no Estado do tipo federal, a isonomia entre as ordens jurídicas que nele coexistem é corolário lógico e necessário da descentralização dinâmica (jurídico-política). Se as ordens jurídicas válidas apenas para o Estado e para o Município (descentralização estática) nascem de fonte jurídica própria, por meio de órgãos estatais, eleitos por membros de cada uma dessas comunidades (descentralização dinâmica na expressão de Hans Kelsen),[395] não pode haver hierarquia ou relação de supraordenação de um poder parcial sobre o outro (quer federal, estadual, quer municipal). Caso contrário, a descentralização dinâmica, característica essencial do federalismo, estaria prejudicada. Tanto a União, quanto os Estados e os Municípios (no caso brasileiro) exercem a própria autonomia política, que lhes foi institucionalmente conferida. Uma descentralização política horizontal relativa é sua característica, enquanto no Estado unitário dá-se uma concentração.

Segundo Richter e Schuppert, o Tribunal Constitucional alemão assim resumiu o fenômeno: "os Estados são membros do Estado Federal – embora também delimitados um frente ao outro – com soberania estatal própria não derivada da Federação, porém por ela reconhecida".[396]

Não se nega a possibilidade de a forma unitária de Estado conviver com regimes políticos que adotam o princípio democrático,

---

395 Cf. *Teoria general del derecho y del estado*. Trad.: Eduardo Garcia Maynez. 2. ed. México: Imprenta Universitaria, 1958, p. 268).

396 Cf. Casebook Verfassungsrecht, München, Verlag C. H. Beck, 1987, p. 358.

tampouco o princípio federal representa defesa absoluta contra os regimes ditatoriais. Mas a descentralização de poder, peculiar à forma federal de Estado, acarreta mais facilmente a república democrática, dificultando o totalitarismo. Afinal, enriquecer o federalismo, dotando de maior autonomia os entes estatais que convivem no mesmo Estado, ampliar a competência legislativa de Estados- membros e Municípios é dar maior espaço à codeliberação e à autodeterminação popular.

Embora, como alerta Michael Bothe,[397] federalismo seja um conceito em constante transformação histórica, em que forças políticas em movimentos centrípetos e centrífugos ajustam-se em graus diferentes, o federalismo é ora lembrado como meio de preservar a diversidade cultural e as vocações regionais naturais; ora como forma estatal mais apta a proteger as minorias políticas; ora como modelação política mais eficiente que, em decorrência da subsidiariedade, alcançaria melhores resultados; ora como exercício mais efetivo da liberdade e da democracia por difundir o poder dentro do território nacional. Mas em síntese, pode-se dizer que a decisão por um Estado federal é uma decisão pela liberdade e não deixa de ser uma decisão pela igualdade, na medida em que se respeitam as diferenças e peculiaridades locais e regionais. Tal respeito, ao mesmo tempo, torna essas disparidades menos relevantes ou menos radicais.

Está claro que a democracia republicana, como forma de governo, e o federalismo, como forma de Estado, são conceitos inconfundíveis. Mas guardam conexões, pois se assentam ambos na liberdade e na igualdade, em maior ou menor grau. Pois à medida que mais se fortalece e se enriquece o Estado federal naquilo que é sua característica (descentralização jurídico-política), mais ganha, em termos qualitativos, a república democrática que, nas distintas esferas estatais, obtém novas e mais latas oportunidades de codecisão e coparticipação popular na ordem jurídica.

---

397 Bothe, 1995, pp. 3-14.

Ora, a Constituição de 1988 representa a culminância de um processo de abertura política já lentamente iniciado, para o restabelecimento da vida democrática nacional. Por isso, como não poderia deixar de ser, cuidou de reforçar o federalismo, como garantia adicional da liberdade, cuidou de aumentar o espaço legislativo dos Estados, do Distrito Federal e dos Municípios. Em relação ao Direito Tributário, impostos, antes atribuídos ao campo de competência da União, passaram ao Poder Legislativo estadual, como o incidente sobre serviços de transporte intermunicipal e interestadual e de comunicação, sobre minerais, combustíveis líquidos e gasosos e energia elétrica. Além disso, o imposto incidente sobre a transmissão causa mortis e doação de quaisquer bens ou direitos, como espécie nova, foi conferido aos Estados-membros. Finalmente, a Carta de 1988 permitiu aos entes estaduais, até o advento da Emenda Constitucional n. 03/93, criar adicional ao imposto de renda pago à União. Dois outros impostos compuseram, na redação original da Constituição, o elenco dos tributos de competência municipal, a saber, o de transmissão Intervivos, a qualquer título por ato oneroso, de bens imóveis e o de vendas de combustíveis no varejo, o último também extinto pela mesma Emenda Constitucional n. 3/93. Finalmente, a Constituição de 1988 veda à União conceder isenção de tributos estaduais e municipais, reforçando assim a autonomia dos entes políticos da Federação.

É evidente que, no Direito Tributário, a questão assume dupla importância, envolvendo tanto o fortalecimento político quanto o financeiro. Ao conferir maior renda tributária a Estados, Distrito Federal e Municípios, quer por meio da participação de um ente estatal no produto da arrecadação de outro, quer pela participação em fundos de redistribuição, quer pela atribuição mais lata de competência tributária, a Constituição dotou-os de maior autonomia política, legislativa e financeira. Sem dúvida, especialmente o crescer da autonomia político-jurídica do Estado Federal é que configura fruto e reflexo de um ser democrático de direito.

2.1 Os abalos ao Federalismo, por meio da subjugação política dos Estados membros: o contraste em relação ao federalismo de "política conjunta"

O federalismo, como princípio de organização política, pressupõe a autonomia política e financeira dos entes estatais e previne o comprometimento da unidade da Federação, formada justamente "pela união indissolúvel dos Estados e Municípios e do Distrito Federal" (DF).[398] No que diz respeito à autonomia política, atuam, no sistema federativo, dois mandamentos capitais: "participação" e "autonomia". A ideia de "participação" traduz a necessidade de os Estados membros participarem do processo político relativo a toda a Federação, com voz ativa nas decisões tomadas em conjunto. Nesse compasso, é ofensiva ao princípio federativo a decisão política tomada pela União Federal ao alvedrio dos Estados e DF.[399] A "autonomia" (política), por outro giro, autoriza os Estados-membros a legislar, a estatuir ordens constitucionais próprias e a exercer os poderes que habitualmente modelam o Estado (executivo, legislativo e judiciário), tudo em consonância com a CRFB/88.

Como se sabe, ao implantar a forma federal de Estado, nossa primeira Constituição republicana adotou um Senado Federal, nos moldes existentes nos Estados Unidos da América, com representantes eleitos em cada Estado membro. Tal modelo pretensamente deveria criar a participação efetiva dos Estados Federados na elaboração das principais leis nacionais e propiciar a harmoniosa convivência de uma "política conjunta" entre a União e Estados membros que a integram. Não obstante, entre nós, tal matriz não funciona, estando os senhores senadores antes impactados pelas

---

398 Na dicção do *caput* do art. 1º da CRFB/1988, no qual, destaca-se, "união" vem grafada com letra minúscula.

399 Da mesma forma, é inconstitucional (por afronta ao princípio federativo) a decisão (autoritária) tomada pelo legislador da União em atenção às determinações do Executivo federal (atuando como um "rolo compressor") em flagrante ofensa ao posicionamento e aos interesses dos Estados e Municípios.

metas e políticas de seu próprio partido político em lugar dos interesses dos Estados que representam (em especial se o governador de estado pertence a partido político diverso).

Por tais razões foi rejeitada, na Alemanha, a proposta de implantação de um Senado Federal nos moldes norte-americanos. Preferiu-se acolher um *Conselho Federal composto por representantes dos Governos dos Estados* (os Governadores e seus Secretários de Governo, que nas "cidades-estado" são designados como "Senadores") que teria melhores condições de defender os interesses dos Estados. Nesse sentido, no momento da elaboração da Lei Fundamental,

> O Conselho Parlamentar decidiu-se majoritariamente contra a solução do Senado e a favor da solução do Conselho Federal. Ele defendia a concepção de que, no moderno Estado partidário, o Senado significa apenas uma duplicação do Parlamento central, de modo que não se assegurariam possibilidades de controle nem uma representação adequada dos interesses dos estados. O Conselho Federal seria um contrapeso mais eficaz perante o Governo e o Parlamento do Estado central, com sua variedade de experiências no processo legislativo e administrativo, de modo que através dele os interesses dos estados seriam representados de maneira mais eficiente.[400]

Os membros do Conselho Federal "não são eleitos, não possuem um mandato enquanto tais. Eles são nomeados através de decisão majoritária do governo estadual", e permanecem na condição de Conselheiros apenas enquanto mantiverem essa condição.[401] O Conselho desempenha, no entanto, funções análogas às do Senado Federal (como em nosso País), com destaque para a *participação no processo legislativo*, que constitui a sua principal tarefa. Há

400 Alemanha, 1995, p. 76.

401 Alemanha, 1995, p. 77.

uma classe de leis "especiais" sobre as quais o Conselho Federal tem um poder absoluto de veto, e que devem necessariamente ser aprovadas por maioria absoluta no Conselho. As principais matérias dessas leis especiais são as seguintes:

> leis que podem influenciar as finanças dos estados (...);
> leis que afetem a soberania administrativa dos estados, isto é, a autonomia das administrações estaduais (...);
> leis que tenham por objeto tarefas comuns da União e dos estados (...);
> leis sobre o processo de alterações territoriais dos estados (...);
> leis que são promulgadas em casos de emergência legislativa (...);
> leis que são promulgadas em situações de estado de defesa.[402]

Relata o professor Markus Heintzen[403] que a vinculação dos Estados às políticas elaboradas pelo Governo central nem sempre é bem recebida pelos Estados, que costumam reivindicar maior autonomia em relação ao Poder Central. Não obstante, ao menos sob o ponto de vista democrático, não vislumbramos um problema de legitimidade no modelo de "política conjunta", estabelecido pela República Federal da Alemanha, pois o seu sistema jurídico garante, em medida superior à maioria dos Estados federais, uma *participação efetiva* dos Estados no processo legislativo federal. O Conselho Federal (de representantes dos Estados) atua com eficiência na construção das escolhas políticas mais importantes concernentes à elaboração das políticas públicas e até mesmo nos processos de emenda à Constituição e de escolha dos Juízes do Tribunal Constitucional Federal.

O que caracteriza o modelo alemão como de "política conjunta" é justamente essa mais intensa capacidade que os Estados

---

402 Alemanha, 1995, p. 83.

403 M. Heintzen, 2015,

têm de influir na formação da política nacional por meio do Conselho Federal, que é a instituição destinada à representação dos interesses dos Estados membros.

Em linhas gerais, esse sistema é caracterizado por uma *concentração da competência legislativa no âmbito da União*, que concentra as funções mais importantes no âmbito da produção legislativa (embora com forte participação dos Estados, por meio do Conselho Federal) ficando a cargo dos Entes estaduais a implantação e arrecadação dos tributos.[404] Além dessas funções, o Conselho Federal desempenha ainda outras importantes tarefas, como as de participar da promulgação de decretos da União e regulamentos administrativos e de eleger metade dos juízes integrantes do Tribunal Constitucional Federal.

Pode-se perceber, portanto, que no modelo alemão "não foram os estados, mas os parlamentos estaduais que perderam importância na estrutura de poder da República Federal da Alemanha", de modo que não houve qualquer ruptura em relação ao princípio federalista.[405] Esse é o primeiro pilar do federalismo de política conjunta alemão: a igualdade entre os Estados-membros e a União, na formação de um condomínio cooperativo.

Vê-se, pois, que, na Federação alemã, o problema de que tratamos, a omissão inconstitucional do Congresso Nacional, no que tange às indenizações devidas aos Estados e Municípios, jamais teria ocorrido. Cedo, a tempo e hora, sem necessidade de intervenção do Supremo Tribunal Federal, estariam os Estados exportadores satisfeitos por meio de justas compensações, previstas nas leis e na Constituição.

A propósito, embora a União insista na falsa tese de que as deliberações tomadas na elaboração da Lei Kandir contaram com a participação dos Estados (exigência do princípio federativo), é

---

404 Hesse, 1995, p. 118-120.

405 Klein, 1995, p. 94.

sabido que essa afirmativa não é (e nunca foi) verdadeira. A União sempre modelou seus planos e estratégias à revelia dos Estados e os impõe, sistematicamente, "goela abaixo", em especial porque comanda o processo legislativo no Congresso Nacional. Na difícil aprovação de leis complementares, é óbvio que a bancada governista sempre tem força suficiente para bloquear a aprovação de diplomas legislativos que possam prejudicar os interesses da União.[406] Afinal, o legislador encarregado de elaborar a lei complementar reclamada é membro do Congresso Nacional e o legislativo nacional é parte da União. Portanto, parece evidente que a União não pode se beneficiar por sua própria inação.

Em lugar de uma federação de "política conjunta", como existente na Alemanha, temos uma política federal, unitariamente tomada pela União, sem as devidas compensações (embora previstas nas leis e na Constituição) aos Estados membros.

---

406 Desde 2002, sobrevieram pelo menos dez projetos de lei complementar para alterar a sistemática de compensação na LC 87/96, além dos que foram apensados, e quatro propostas de Emenda à Constituição para assegurar o ressarcimento ou extinguir a desoneração do ICMS para produtos minerais primários ou semielaborados. Atualmente, pelo menos seis projetos de Lei Complementar e três PEC aguardam deliberação no Congresso Nacional – entre eles o mencionado PLP 02/99, que foi apensado ao PLP 221/98. Da análise dos dados acerca da tramitação dos principais projetos de lei e de propostas de emenda à Constituição que até hoje foram apresentados perante o Congresso Nacional, verifica-se que apenas dois projetos de lei complementar receberam pareceres pela sua aprovação na Comissão de Assuntos Econômicos do Senado Federal (CAE). Na Câmara dos Deputados, nenhum PLP conseguiu nem sequer obter parecer. Três PEC foram aprovadas na Comissão de Constituição e Justiça da Câmara, mas duas delas acabaram arquivadas ao final da legislatura. Também é de se notar que os relatores das Comissões instaladas, sempre pertenciam à base governista da Presidência da República no período de sua nomeação. Além disso, pode-se afirmar que todos os projetos e PEC apresentados sempre traziam como justificativa a necessidade de se buscar reverter as perdas decorrentes da desoneração do ICMS nas exportações instituída, em um primeiro momento, pela Lei Kandir (posteriormente elevada ao *status* constitucional pela EC 42/03). Seria mesmo uma ingenuidade acreditar que, sem a ADO, a força da União no Congresso Nacional (o "rolo compressor" legislativo), sobretudo na aprovação de leis complementares, pudesse ser transposta.

Como se não bastasse, as conversações e mediações entre a União e os Estados, em situação de emergência financeira, são pautadas por ameaças de bloqueios dos recursos estaduais, além de outras imposições do governo federal, que vão desde privatizações de empresas estaduais até o constrangimento das assembleias legislativas à aprovação de normas e medidas do agrado federal. Esse fenômeno representa ruptura profunda com a forma federal de Estado, consagrada na Constituição da República, como cláusula intangível.

Apesar da forte concentração legislativa do federalismo alemão, o respeito à autonomia política dos Estados é elevada. Sobre essa questão já teve oportunidade de se pronunciar o Tribunal Constitucional alemão, a fim de rechaçar as tentativas do governo federal de conduzir a política dos Estados, por meio de transferências condicionadas de recursos. Comentando o fato, assim se expressa Heinz Laufer:

> Por meio de ajudas da federação para o investimento, o governo federal conseguiu obter possibilidades consideráveis de influenciar a política dos estados e dos municípios, pois nem sempre ele observa a fidelidade à letra das determinações contidas no art. 104ª, §4 da Constituição. As suas ajudas financeiras são utilizadas ocasionalmente como instrumento para o controle direto ou indireto dos investimentos, para fins de imposição de objetivos genéricos de política econômica, política monetária, política de planejamento regional ou política estrutural do governo federal nos estados; elas estão vinculadas a condições ou exigências ligadas às dotações e têm tendência de restringir a liberdade de planejamento e de projeto dos estados. Isso restringe consideravelmente a liberdade decisória dos estados da República Federal da Alemanha; eles se tornam ainda mais dependentes do governo federal, sofrem como que uma heterodeterminação e se transformam com excessiva facilidade em "pensionistas do governo federal".
>
> O Tribunal Constitucional Federal, invocado pelo Estado Livre da Baviera, bloqueou esse desenvolvimento que ameaça

> o ordenamento federativo, na medida em que decidiu que as ajudas financeiras, a partir do orçamento federal devem continuar sendo exceções e que a sua concessão seja regulamentada juridicamente de tal forma que elas não se possam tornar um meio de obtenção de influência sobre a liberdade decisória dos estados no cumprimento das tarefas que lhes incumbem. O Tribunal Constitucional decidiu ainda, mais especificamente, que deveria ser excluída a possibilidade de que esses subsídios do governo federal, fora dos objetivos de fomento, previstos no Art. 104ª, §4 da Constituição, permitissem a obtenção de influência sobre o cumprimento das tarefas pelos estados, a partir da ótica da política do governo federal. Por conseguinte, a lei, para a qual o consentimento expresso do Parlamento Federal é exigido, conforme as determinações do Art. 104ª, §4 da Constituição, deveria conter tudo o que fosse necessário e não poderia abandonar nada aos regulamentos administrativos nem às decisões discricionais de um ministério e muito menos ainda à mera práxis da administração pública. O Tribunal Constitucional Federal decidiu que sobretudo as condições e as exigências do governo federal de tipo financeiro ou técnico, vinculadas às dotações, seriam inadmissíveis quando tivessem por objetivo vincular a liberdade decisória dos estados a interesses e intenções da política federal (Decisões do Tribunal Constitucional Federal 39, 96 ss.).[407]

Como se vê, o Tribunal Constitucional Federal na Alemanha rejeitou a interferência da União na liberdade decisória dos Estados, ainda que por meio de dotações financeiras.

Vê-se, pois, a alta relevância da decisão do STF na ADO 25, não somente por ter declarado a omissão e determinado prazo para a sua resolução pelo Congresso Nacional, mas ainda principalmente por ter determinado que, em caso de nova omissão

---

407 Laufer, 1995, pp. 145/146.

na elaboração da norma prevista no *caput* do art. 91, deverá o Tribunal de Contas da União (TCU) fixar o valor do montante a ser transferido aos Estados, DF e Municípios. Procura assim a Corte Suprema concretizar a Constituição, desviando as manobras federais de toda ordem e garantindo a lealdade federativa.

2.2 A amputação da autonomia financeira dos Estados membros

A cada ente federado foi assegurada pela CRFB/88 competência tributária, nos artigos 153 (União), 155 (Estados e DF) e 156 (Municípios e DF). Da mesma forma, nos artigos 157 a 159, além dos tributos da competência tributária de cada um dos entes, a CRFB/88 firmou transferências que deveriam complementar os recursos necessários, com os quais cada uma das pessoas políticas poderia contar para cumprir seu papel. Garantia-se, na nova Constituição, a "autonomia" financeira estadual. O Texto constitucional, assim, estabeleceu, exaustivamente, as competências de cada um dos entes, bem como as fontes de receitas necessárias (tributos e transferências). Estabelecidas as atribuições e firmadas as fontes de recursos necessários (autonomia financeira), poderia, finalmente, o Brasil ser uma federação. Assim foi firmado o pacto federativo; dessa forma é que se buscou concretizar um efetivo Estado Democrático de Direito que permitisse o exercício dos direitos sociais e individuais, a liberdade, a segurança, o bem-estar, o desenvolvimento, a igualdade e a justiça. Vigente a CRFB/88, sob sua égide, começaram a funcionar as pessoas políticas em uma verdadeira federação.

Entretanto, menos de 8 anos após a promulgação da CRFB/88, o pacto constitucional começou a ser afetado pela Lei Complementar n. 87 de 1996 (LC 87/1996); nesse compasso, cabe ao princípio federativo garantir o intento democrático-descentralizador da Constituição. Nesse sentido, é o princípio federativo que deve funcionar como verdadeira âncora em mar revolto por jogos políticos de poder.

A CRFB/1988, desde sua promulgação, no art. 155, §2º, X, "a", limitou negativamente o alcance das normas de incidência tributária, criando a imunidade à tributação das exportações de produtos industrializados, no intuito de garantir a competitividade dos produtos da indústria brasileira no mercado externo. Originalmente, a CRFB/88 estabelecia que o ICMS não deveria incidir sobre operações que destinassem ao exterior produtos industrializados (excluídos os semielaborados definidos em lei complementar).[408] No pacto constitucional firmado, assim, os Estados deveriam contar, para fazer frente às suas atribuições constitucionalmente determinadas, com o ICMS incidente sobre os produtos importados, bem como com o imposto incidente sobre os produtos primários e semielaborados que fossem exportados.

Os repasses do IPI, previstos desde 1988 no Texto constitucional (art. 159, inc. II), dizem respeito apenas a produtos industrializados, que foram beneficiados com a imunidade do ICMS pelo constituinte originário. O dispositivo buscou reforçar a ideia de que a União deveria mitigar as perdas sofridas Estados membros e Municípios em seu esforço exportador (tanto assim que previu repasses apenas com relação aos produtos industrializados). Diferente, como se pode verificar, é a situação dos produtos primários e semielaborados. Na realidade, é sabido que as *commodities* contam com pouco valor agregado e geram menos empregos.

Em 1996, o legislador complementar promoveu a desoneração completa do ICMS nas exportações, por meio do art. 3º, II, da LC 87/96 (a chamada "Lei Kandir"),[409] ou seja, excluiu, também, da

---

408 Desde os debates a respeito do Anteprojeto Afonso Arinos havia polêmica acerca do que deveria ser considerado produto semielaborado, categoria não contemplada, inicialmente, pela imunidade de ICMS nas exportações. A solução encontrada pelo constituinte foi remeter sua identificação para lei complementar (o que aconteceu na LC 65/1991).

409 Art. 3º. O imposto não incide sobre: (...) II - operações e prestações que destinem ao exterior mercadorias, inclusive produtos primários e produtos industrializados semielaborados, ou serviços.

incidência do ICMS a exportação dos produtos primários e dos semielaborados, estabelecendo, desde então, a compensação aos Estados pela perda de arrecadação.[410] A EC 43/2003 procedeu à sua convalidação, entretanto, as compensações necessárias, nos moldes determinados pela lei, nunca foram suficientes.

A mencionada desoneração foi elevada ao *status* constitucional pela EC 43/2002 na medida em que incluiu o art. 91 no ADCT, que estabelece que a União deve compensar os Estados e o DF pelas perdas sofridas, nos termos a serem definidos em lei complementar. Entretanto, a lei complementar exigida pela CRFB/88 nunca foi feita, como já se realçou, razão pela qual foi proferida decisão unânime pelo STF na ADO 25 para reconhecer a omissão lesiva do Congresso Nacional, bem como para estabelecer o prazo de 1 (um) ano para que fosse promulgada a norma em comento, sob pena de o Tribunal de Contas da União (TCU) regulamentar a questão.

As palavras do Ministro Gilmar Mendes servem de lição aos estudiosos do Direito, *verbis*:

> Não há dúvidas de que a partilha das receitas, especialmente de impostos, é uma questão fundamental do pacto federativo brasileiro, assim como de qualquer Estado fiscal que se estruture na forma de federação. De nada adianta o zelo na partilha de competências constitucionais, entre os diferentes entes federativos, se essa repartição não é acompanhada da divisão de recursos próprios e suficientes para fazer frente às diversas tarefas que lhes foram conferidas pelo Poder Constituinte. As competências constitucionais esvaziam-se sem

---

410 Art. 31. Até o exercício financeiro de 2.002, inclusive, a União entregará mensalmente recursos aos Estados e seus Municípios, obedecidos os limites, os critérios, os prazos e as demais condições fixados no Anexo desta Lei Complementar, com base no produto da arrecadação estadual efetivamente realizada do imposto sobre operações relativas à circulação de mercadorias e sobre prestações de serviços de transporte interestadual e intermunicipal e de comunicação no período julho de 1995 a junho de 1996, inclusive.

> as condições materiais para o seu exercício. (...) O rearranjo político promovido pela Constituição Federal de 1988 foi impulsionado por duas grandes forças. De um lado, a luta por descentralização política e garantia de autonomia aos entes subnacionais, especialmente os municípios. De outro, o desejo de ampliação do elenco de direitos fundamentais constitucionalmente assegurados, especialmente os direitos sociais, e de torná-los universais para todos os brasileiros. Esses dois elementos foram componentes preponderantes para o desenho do quadro fiscal ainda hoje vigente na Constituição. (...)A luta por autonomia política por parte de estados e municípios iria necessariamente afetar a partilha de recursos públicos. A desejada autonomia política não poderia existir sem que estivesse aliada à autonomia financeira, e esta, no contexto de um Estado fiscal, depende, fundamentalmente, da divisão de competências tributárias e da partilha do produto da arrecadação tributária. (...) Parece correto afirmar, nesse sentido, que as duas décadas que sucederam à promulgação da Carta de 1988 caracterizaram-se pela inversão do quadro de partilha de receitas traçado na Constituinte. (...).

Não obstante, a União alargou a incidência dos impostos sobre o consumo quando criou contribuições (não compartilhadas com os Estados) e instituiu um verdadeiro ICMS federal (PIS e COFINS). Curiosamente, se não compensou os Estados, por outro giro, a União avançou sobre os impostos sobre consumo, corroendo a base de incidência disponível – por meio do ICMS – para os Estados.

A tecnocracia da União nunca absorveu os mandamentos democrático- decentralizadores da CRFB/88 e se ressentiu da lógica federalista. Nunca se conformou, a União, com a descentralização do poder. Muitos são os exemplos de atitudes antifederalistas praticadas pela União Federal, a começar pelo cálculo agravado da dívida pública dos Estados; a criação de contribuições sociais para alcançar a tributação sobre o consumo etc. No caso da PIS/ COFINS, para exemplificar, a União conseguiu ampliar a base de cálculo do imposto estadual deixando para si o produto da nova arrecadação; entretanto, desvincula 30% dessa arrecadação para que tenha margem de governabilidade. Em 2015, a arrecadação tributária nacional correspondeu a 32,42% do PIB. Desse percentual, 68,39% correspondeu à arrecadação da União; 25,40% se referiu à arrecadação estadual e 6,21% à arrecadação municipal. Com relação à arrecadação por tributo, o ICMS respondeu por 6,76% do PIB brasileiro e o PIS/COFINS a 4,33% do PIB. Detalhe importante é que a arrecadação total dos Estados foi de 8,23% do PIB, o que demonstra a sua enorme dependência da tributação pelo ICMS.

Como bem afirma o Ministro Gilmar Mendes, vem ocorrendo uma "inversão do quadro de partilha constitucional":[411] ao longo dos anos, a União aprovou renúncias a tributos cuja arrecadação deve ser compartilhada com os Estados (exonerações do IPI, como em 2009; deduções no IR) e, para cobrir seu déficit, ampliou as contribuições sociais (tributos não compartilhados), desvinculando parcela das receitas. Com isso, os recursos foram se concentrando no ente federal, em claro movimento centrípeto, contrário à tendência centrífuga idealizada pelo constituinte de 1988.

Para a burocracia financeira da União, a nova Constituição foi um verdadeiro choque, porque, em última análise, descentralizou poder. O Brasil não deveria mais ser um gigante comandado por um pequeno grupo centralizado e encastelado em Brasília, mas deveria ser uma Federação, com pessoas políticas autônomas. Enfim, foi assim que a segunda metade da década de 1990 inaugurou uma nova fase do federalismo fiscal brasileiro, com o "fortalecimento do poder central" (mesmo que um pouco aquém dos padrões do regime militar). Na realidade, este fato parece ter decorrido do sucesso do Plano Real e da deterioração das finanças estaduais.[412]

---

411 Tributação e finanças públicas na Constituição Federal de 1988. *In*: MENDES, G.F.; BRANCO, P.G.G. *Curso de direito constitucional*. 8. ed. São Paulo: Saraiva, 2013, p. 1.353.

412 Nesse sentido, PELLEGRINI, Josué Alfredo. *Op. cit*, pp. 9/10.

3 A desoneração do ICMS nas exportações de produtos primários e semielaborados

A Lei Kandir incentivou a exportação de produtos primários e semielaborados às custas não apenas da arrecadação estadual, mas de parcela da autonomia dos Estados, os quais viram reduzida a sua competência tributária constitucionalmente firmada. A União, para não desvalorizar o real e reverter a queda das exportações líquidas, empurrou a conta para os Estados, retirando dos entes estaduais parcela da arrecadação tributária. Foi por isso que os legisladores buscaram resguardar as perdas desde então anunciadas (e que acabaram acontecendo). Em outras palavras, a desoneração operada pela Lei Kandir buscou, sobretudo, dar suporte à política monetária estipulada pela União de valorização cambial que refletia na queda das exportações brasileiras.

Tanto as políticas monetária e cambial como a de comércio exterior estão na esfera de competência constitucional da União (art. 21, VI, VII e VIII da CRFB/1988), que deve executá-las no âmbito de suas atribuições. Entretanto, o governo federal o fez às custas de Estados e Municípios, fazendo com que tais políticas repercutissem na competência tributária dos demais Entes estatais, e abalando, por décadas, o equilíbrio federativo estabelecido na CRFB/88. O voto do Ministro Gilmar Mendes na ADO 25 desvenda tudo isso com maestria:

> As modificações – não é difícil perceber – fizeram-se em prejuízo da competência e da arrecadação tributária dos estados membros. A nova disposição introduzida – *rectius*: modificada – pela EC 42/2003, ao afastar a possibilidade de cobrança do ICMS em relação às operações que destinem mercadorias para o exterior, redefiniu os limites da competência tributária estadual, reduzindo-a, com o evidente escopo de induzir, pela via da desoneração, as exportações brasileiras.
>
> Quero dar ênfase a esse ponto. O esforço de desoneração das exportações, em termos técnicos, ocorreu mediante

> alteração (leia-se: redução) dos limites da competência tributária estadual. Ou seja, deu-se em prejuízo de uma fonte de receitas públicas estaduais. Originariamente, os estados e o Distrito Federal poderiam cobrar ICMS em relação às operações que destinassem ao exterior produtos primários. Agora, não mais.

A justificativa para a proposição do Projeto de Lei Complementar (PLP) n. 95, de 1996, que resultou na chamada Lei Kandir, era exatamente "compensar" as perdas de arrecadação dos Estados. A propósito, foi a previsão das transferências e os potenciais benefícios aos Estados o argumento usado para convencer os Governadores a apoiarem a aprovação da referida Lei.

Originalmente, o PLP 95/1996 pretendia desonerar apenas a exportação de produtos semielaborados, e não a de produtos primários. Por isso, o art. 19 da proposição original previa expressamente que "a União compensará financeiramente os Estados e o Distrito Federal pela perda de arrecadação do imposto sobre circulação de mercadorias e serviços decorrente da revogação da Lei Complementar n. 65/91". Após ter assumido o Ministério do Planejamento, pouco depois da propositura do PLP n. 95/1996, Antônio Kandir trabalhou pela aprovação de uma versão mais ampla da desoneração, envolvendo também os produtos primários. Sob pressão da tecnoburocracia financeira da União, a votação do PLP ocorreu à "toque de caixa".[413]

O art. 19 do projeto original[414] previa expressamente a necessidade de "compensação" dos Estados e Municípios em virtude da

---

413 Desde a leitura e publicação da matéria na Câmara dos Deputados até a sanção presidencial, decorreram apenas 3 (três) meses, período extremamente exíguo para a aprovação de modificação tão drástica na estrutura de arrecadação de Estados e Municípios.

414 Art. 19. A União compensará financeiramente os Estados e o Distrito Federal pela perda de arrecadação do imposto sobre circulação de mercadorias e serviços decorrente da revogação da Lei Complementar n. 65/91, prevista no art. 21 desta lei, e da concessão de crédito ao contribuinte que adquirir

desoneração operada no ICMS.[415] O verbo compensar, no contexto da norma mencionada, significa "reparar um prejuízo com uma vantagem correspondente; contrapesar, reciprocar".[416] Conforme exposto na própria justificativa do PLP, os Estados deveriam efetivamente experimentar significativa queda na arrecadação em decorrência do estreitamento do universo das operações tributáveis, em prol da política de incentivo das exportações conduzida pela União. Nesse compasso, era necessário e fundamental assegurar as receitas (tributárias e transferências) necessárias para que os Estados e Municípios pudessem cumprir seu papel constitucionalmente atribuído. Em outras palavras, para que se mantivesse o equilíbrio federativo e se assegurasse a autonomia financeira dos entes federados, os Estados, DF e Municípios deveriam ser compensados.

O governo federal tinha duas opções para resolver a questão e cumprir seu papel, sem ferir o pacto constitucional: alargar a esfera de incidência do imposto (estadual) sobre o consumo, compensando assim as perdas de arrecadação, ou transferir recursos da União para os demais Entes estatais. Uma alternativa, portanto, ao emprego de

---

bens para seu ativo permanente, até o quinto exercício seguinte ao da promulgação desta lei.

415 Nos termos trazidos pela Justificativa do PLP n. 95/1996: "A Constituição não manda tributar a exportação de produtos industrializados semielaborados. Apenas permite que o legislador o faça se julgar conveniente. Os interesses nacionais requerem que esta tributação não exista e é por esta razão que o projeto faz referência apenas a produtos industrializados, ao mesmo tempo em que revoga a lei complementar n. 65, de 15 de abril de 1991. Basta que o legislador não defina o que são produtos industrializados semielaborados para que eles não sejam tributados quando exportados, uma vez que, na ausência de definição, subsumem-se na categoria de produtos industrializados. (...) Por fim, cabe mencionar a sistemática que o projeto estabelece como forma de compensar, nos cinco exercícios subsequentes à publicação desta lei, as perdas de arrecadação dos Estados decorrentes da revogação da Lei Complementar n. 65/91 e da concessão de crédito ao contribuinte na aquisição de bem para o seu ativo permanente".

416 Verbete retirado do Dicionário Brasileiro da Língua Portuguesa Michaelis. Disponível em: http://michaelis.uol.com.br/busca?id=49Ez. Acessado em: 20.12.2016.

transferências entre esferas de governo seria compensar a desoneração das exportações por meio do aumento da tributação sobre outros agregados da base tributária do ICMS.[417] A Lei Kandir, porém, em seu art. 31, optou por criar um sistema de entrega de recursos financeiros da União para os Estados e Municípios.

O equilíbrio federativo foi colocado em causa logo quando da promulgação da LC 87/1996, em razão da previsão legal da compensação Aos Estados por meio do mecanismo chamado de "seguro-receita". A tecnoburocracia federal afirmava, à época, que, em um período de 5 (cinco) anos, os ganhos com o desenvolvimento da indústria brasileira superariam o montante não tributado (o que nunca ocorreu). Nesse sentido, o mecanismo do "seguro-receita" destinado a "compensar" os Estados e Municípios, garantia a manutenção do nível de arrecadação dos anos anteriores, entretanto, em razão dos cálculos e estudos levados a cabo pelos tecnoburocratas da União, o aumento de receitas pelo incentivo dado às exportações possibilitaria o estabelecimento de um limite global de gastos anual para a União.[418] Por isso, também, a partir de 1999, os repasses seriam reduzidos gradativamente até o ano de 2002, quando cessariam as compensações, nos termos da redação original do *caput* do art. 31 da LC 87/2002.

Evidentemente, porém, os alegados ganhos com o desenvolvimento da indústria, nos termos previstos (e prometidos) pela

---

417 Nesse sentido, PELLEGRINI, Josué Alfredo. *Dez Anos da Compensação Prevista na Lei Kandir: conflito insolúvel entre os entes federados?* Brasília: ESAF, 2006. 73 p. Monografia premiada em 1° lugar no XI Prêmio Tesouro Nacional – 2006, Tópicos Especiais de Finanças Públicas, Brasília (DF), p. 21.

418 Consoante o Anexo I da LC n. 87/1996: 1. A União entregará recursos aos Estados e seus Municípios, atendidos limites, critérios, prazos e demais condições fixadas neste Anexo, com base no produto da arrecadação do imposto estadual sobre operações relativas à circulação de mercadorias e sobre prestações de serviços de transporte interestadual e intermunicipal e de comunicação (ICMS), efetivamente realizada no período julho de 1995 a junho de 1996, inclusive.

tecnoburocracia financeira federal, jamais ocorreram e, obviamente, nunca superaram o montante não tributado. Entretanto, a desoneração operada, que buscou incentivar as exportações, além de provocar o fenômeno da "desindustrialização", feriu mortalmente a fonte de recursos dos Estados que se dedicam à atividade de exportação de produtos primários, como Minas Gerais, Pará etc. Como, afinal, poderia um Estado exportador que viu suas exportações serem desoneradas ter aumentada sua receita tributária? Como se sabe, a desoneração das *commodities* promoveu um grave processo de desindustrialização que levou ao colapso a indústria de diversos Estados e a receita do ICMS.

Se, desde a discussão do PLP 95/1996, havia muitas dúvidas com relação às previsões da tecnoburocracia federal e flagrante insatisfação com a obscuridade da política proposta, a colocação em prática do "seguro-receita" só fez aumentar esse descontentamento. Logo no ano seguinte à edição da Lei Kandir, os Governadores já reclamavam veementemente da insuficiência do mecanismo para compensar as perdas experimentadas. A tecnoburocracia federal respondia, porém, que a modificação no mecanismo de compensação era inviável em razão dos riscos de se "desequilibrarem as finanças públicas" e de se "abalar o Real". A situação se deteriorou ainda mais com a redução das transferências da União a partir de 1999.

Em decorrência dessa insatisfação generalizada,[419] foi aprovada a Lei Complementar n. 102/2000 (LC 102/2000), que alterou a LC 87/1996, no intuito de ajustar as fórmulas de compensação e estabelecer que os repasses, a partir de então e até o ano de 2002, fossem realizados segundo um "fundo orçamentário", valendo-se de coeficientes de participação pré-fixados. Em 2002, porém, também

---

419 Em virtude das perdas verificadas nacionalmente, após 28 meses de vigência da LC 87/96, foi apresentado o Projeto de Lei Complementar 02/99, que pretendia alterar o art. 31 da LC 87/96 para prever tanto (i) o imediato ressarcimento dos estados conforme a receita que deixasse de ser auferida como (ii) a compensação retroativa pelo que foi prometido e não foi entregue. Nada disso efetivamente redundou em reposição de perdas.

para abafar os veementes protestos dos Governadores, sobreveio a Lei Complementar n. 115 (LC 155/2002), que postergou essa sistemática de repasses até 2006.

Como fica evidenciado pelas sucessivas alterações legislativas, a União, para aplacar a ira dos Estados, era forçada a propor adequações na sistemática de cálculo das compensações devidas. A Lei Kandir é de 1996 e, menos de quatro anos depois de sua promulgação, sobreveio a LC 102/2000, para assegurar os repasses até, pelo menos, o ano de 2002. Não tendo sido suficientes as mudanças promovidas, foi aprovada a LC 115/2002, dois anos depois, para prorrogar o período de repasses até 2006. Ano após ano, assistiu-se a um verdadeiro duelo entre a tecnoburocracia financeira da União (que detinha os dados e "trancava a sete chaves" seus cálculos e projeções) e os Estados e Municípios, que assistiam à deterioração de suas próprias finanças. Em 2003, o Congresso Nacional, em vestes de constituinte derivado, aprovou a EC 42/2003, que elevou a desoneração das exportações ao *status* de imunidade, mas que firmou a necessidade de se elaborar lei complementar que resolvesse definitivamente a questão, estabelecendo um mecanismo de compensação efetiva aos Estados e Municípios.

Mesmo para aqueles que, equivocadamente, entendem que a compensação das perdas com a desoneração das exportações de produtos primários e semielaborados deveria viger apenas enquanto perdurasse a sistemática de transferências segundo o chamado "seguro-receita", dúvidas não restam no sentido de que a EC 42/2003 determinou a prorrogação da vigência das transferências e mandou que fossem editadas novas regras de apuração dos repasses pela União de modo a efetivamente compensar as perdas ocorridas com a desoneração heterônoma levada a cabo pela União.

O art. 91 do Ato das Disposições Constitucionais Transitórias (ADCT) da CRFB/88 (alterado pela EC 42/2003) impôs um marco temporal para os repasses (§ 2º) e, sobretudo, em seu § 3º, estabeleceu o dever de o Congresso Nacional legislar. O artigo deixa claro que a efetiva compensação deveria ser estabelecida em lei complementar a ser elaborada e que os repasses na forma da Lei Kandir (com a redação dada pela LC 115/2002) deveriam ser temporários e só poderiam perdurar pelo tempo necessário para se elaborar a nova lei. A propósito, a LC 115/2002 estabelece repasses até o exercício de 2006, portanto, a EC 42/2003 firmou um período máximo de três anos para o Congresso Nacional fazer nova lei complementar. Em outras palavras, o art. 91 do ADCT reclama que a lei complementar seja publicada até 2006, quando termina o período de repasses de acordo com o *caput* do art. 31 da LC 87/1996 (alterado pela LC 115/2002). A EC 42/2003 estipulou, portanto, prazo mais do que razoável para que o Congresso Nacional firmasse um mecanismo de compensação efetiva aos Estados Federados e para que apurasse as perdas sofridas por todos esses anos (desde 1996). Não foi por outra razão que, na Ação Direta de Inconstitucionalidade por Omissão n. 25 (ADO 25), o STF, à unanimidade, decretou a inconstitucionalidade por omissão, firmando que houve omissão lesiva aos Estados e Municípios por parte da União.

A confusa e tendenciosa sistemática de repasses proposta pelos técnicos da União não compensou efetivamente os valores que os Estados deixaram de arrecadar nem durante o período de vigência da LC 87/96 (até 2000, por superveniência da LC 102/2000). De acordo com os cálculos do Conselho Nacional de Política Fazendária (CONFAZ), em 1997, as transferências realizadas pela União Federal cobriram apenas 37,3% das perdas no exercício; em 1998 somente 40,8% e, em 1999, 55,4%.[420]

Enfim, o que resta evidente é que a política de desoneração das exportações de produtos primários e semielaborados da União desestabilizou o equilíbrio federativo e, cabalmente, promoveu

---

420 Estudo realizado pela Comissão Técnica Permanente do CONFAZ (COTEPE), considerando os valores do imposto que deixou de ser cobrado nas exportações de produtos primários e semielaborados, bem como a parcela do ICMS que deixou de ser cobrada nas operações com ativo permanente, descontados dos valores repassados pela União a título de ressarcimento ou de auxílio às exportações.

grave ofensa ao princípio federativo. Entretanto, como bem afirma Dalmo de Abreu Dallari, "o respeito ao federalismo como princípio deve condicionar a legislação, as iniciativas e ações dos governos e também as decisões judiciais. Todo ato com implicações jurídicas que for antifederativo será, por isso mesmo, inconstitucional".[421]

4 O julgamento da ADO 25 e as suas consequências jurídicas

Dez anos após a promulgação da EC 42/2003 sem que fosse sanada a omissão legislativa do art. 91 do ADCT da CRFB/88, o Estado do Pará ingressou em juízo com a ADO 25. Na ação em comento, que tramitou por pouco mais de 3 (três) anos, requereu-se que fosse declarada a inconstitucionalidade por omissão para tornar efetiva norma constitucional.

Na ADO 25, relatada pelo Ministro Gilmar Mendes em 30 de novembro de 2016, o STF, à unanimidade, decretou a inconstitucionalidade por omissão, ou seja, firmou que houve omissão lesiva aos Estados e Municípios por parte da União. Trata-se de decisão extremamente relevante tanto por seu conteúdo de mérito quanto por suas implicações processuais. Explica-se: além de significar um marco para que se retome o equilíbrio das relações federativas no Brasil, representou uma virada no entendimento quanto aos efeitos do julgamento de ações diretas de inconstitucionalidade por omissão, não apenas por ter declarado a omissão e determinado prazo para a sua resolução, mas principalmente por restar estabelecido que, caso a norma prevista no *caput* do art. 91 não seja editada no decurso de um ano, caberá ao Tribunal de Contas da União (TCU) fixar o valor do montante a ser transferido aos Estados e DF.

---

421 Cf. DALLARI, Dalmo de Abreu. Implicações do pacto federativo. *Direito Público: Revista da Procuradoria Geral do Estado de Minas Gerais*, vol. 1, nº 1, p. 77-82, 1999, p. 78.

O art. 103, § 2º, da CRFB/88 dispõe que a ADO tem por objetivo tornar efetiva norma constitucional. Para tanto, deve ser dada ciência ao Poder competente para adoção das providências necessárias e, em se tratando de órgão administrativo, para fazê-lo em trinta dias.[422] O entendimento mais ortodoxo acerca da ADO,[423] agora transposto, vai no sentido de que as ações constitucionais têm caráter meramente declaratório.

Com relação à eficácia temporal dos pronunciamentos do STF em sede de ADO, parece não haver divergências quanto aos efeitos *ex tunc* da decisão, salvo quando expressamente o tribunal, por maioria de dois terços de seus membros, restringir os efeitos da declaração ou decidir que ela só tenha eficácia a partir de seu trânsito em julgado ou de outro momento que venha a ser fixado (art. 12-H c/c/ art. 27, § 2º (da Lei n. 9.868/1999). Nesse compasso, no caso em tela, parece evidente que, não tendo havido determinação expressa do STF em sentido contrário, a decisão tem efeitos *ex tunc*, ou seja, os efeitos da declaração de inconstitucionalidade por omissão retroagem.

Para autores como Mendes,[424] a amplitude da eventual retroatividade apenas deve ser aferida no caso concreto; para outros, como Carrazza,[425] a retroação dos efeitos deve alcançar a data em que a omissão se materializou. No caso da ADO 25, resta evidenciado que os Estados e os Municípios deveriam ser compensados pelas perdas que ocorrem desde 1996, porque as leis editadas para restaurar o equilíbrio federativo não cumpriram sua função primordial. Entendimento contrário seria evidente ofensa

---

422 A ADO está regulamentada pelos artigos 12-A a 12-H da Lei n. 9.868/1999.

423 Nesse sentido, não seria possível ao julgador suprir lacunas deixada pelo legislador, o que não retira da decisão o seu caráter mandamental (CARRAZZA, p. 39; MORAES, p. 777; MENDES, p. 1.126). Diverge CUNHA JÚNIOR (pp. 249/250), que defende a criação de norma temporária para sanar a omissão.

424 MENDES, p. 1.127.

425 CARRAZZA, p. 39.

ao princípio federativo. É patente que deve a União responder por todo o período pelo qual existiu a omissão lesiva aos interesses dos Estados Federados.

Estados e Municípios têm direito, constitucionalmente previsto, ao ressarcimento pelas perdas em sua arrecadação, mas não o foram, por omissão deliberada da União, que não pode se beneficiar por sua própria inação. Nesse mesmo sentido vai a lição de autores como Moraes,[426] que entendem que, declarada a inconstitucionalidade por omissão e dada ciência ao Legislativo, a ocorrência da omissão resta fixada judicialmente, devendo ser dados efeitos retroativos (*ex tunc*) e *erga omnes* à decisão, sendo cabível a responsabilização da União Federal por perdas e danos, se da omissão decorrer qualquer prejuízo.

Como já afirmado, nem sequer aqueles que entendem que a compensação das perdas com a Lei Kandir deveria viger apenas enquanto perdurasse a sistemática de transferências segundo o "seguro-receita" duvidam que a EC 42/2003 prorrogou a vigência das transferências e mandou que fossem editadas regras de apuração dos repasses de modo a compensar efetivamente as perdas decorrentes da desoneração promovida pela União.[427]

A omissão do Congresso Nacional se deu em notório benefício da União, mantendo repasses insuficientes e incapazes de traduzir os valores a que faziam jus os Estados em virtude da perda de arrecadação. Ao não legislar, o Congresso Nacional claramente fez uma opção deliberada por não promover os repasses nos valores justos em detrimento de Estados e Municípios, e em benefício

426 MORAES, p. 777.

427 Aplicado o entendimento de MENDES, CARRAZA ou MORAES, os efeitos da ADO 25 retroagiriam, necessariamente, pelo menos até 2006, período em que, sem sombra de dúvidas, restou materializada a omissão legislativa pela ausência de regramento novo, uma vez que o *caput* do art. 31 da LC 87/1996 apenas previa repasses para "os exercícios financeiros de 2003 a 2006". Por certo, porém, as perdas, ocorrem desde 1996, em razão de omissão lesiva da União.

da União,[428] em desrespeito ao já tão combalido pacto federativo brasileiro firmado na CRFB/88.[429]

---

428 Um dos poucos pareceres elaborados pelo Poder Legislativo ao longo desses 20 anos de destruição da economia dos Estados e Municípios, elaborado pelo Senador Delcídio do Amaral (no PLS 312/2013), deixa tudo muito claro: "Como o autor alega, as perdas anuais estimadas chegam a R$ 18 bilhões, sendo que as compensações estão estacionadas em R$ 5,2 bilhões; observa-se, assim, que elas deveriam sofrer acréscimos anuais da ordem de R$ 13 bilhões. Sob outro ângulo, considere-se que o coeficiente de participação individual do Estado do Rio Grande do Sul – no total alocado pela União para atender as referidas desonerações – está fixado em 10,04%, e que a estimativa de suas perdas, conforme o autor, atinge R$ 2,5 bilhões. Então, pode-se inferir que o total de perdas de todos os Estados com as desonerações alcance cerca de R$ 25,9 bilhões. Nesse ponto, independentemente da maior ou menor precisão dessas estimativas, importa ressaltar que a União não dispõe de meios para atender tal demanda, a não ser que comprometa a obtenção dos resultados e metas fiscais aprovados pelo próprio Congresso Nacional. (...) desde 2007 adota-se como critério o coeficiente individual fixado em fins de 2002 para viger a partir de 2003 (LC 115) e o montante a ser distribuído aquele constante na Lei de Meios Anual. É fato que a EC 42 convalidou esse sistema de entrega de recursos compensatórios aos Estados e seus Municípios, e ao Distrito Federal, até que nova lei complementar seja editada (art. 91, § 3º, do ADCT). É verdade, também, que a norma está inserida nas disposições transitórias. Mas o legislador não definiu prazo para a institucionalização de nova partilha, e, em razão das condições macroeconômicas reais do País, entendo ser conveniente manter-se a regra de entrega de recursos pela compensação com base na fixação de coeficientes de participação individuais e nas dotações anualmente alocadas para tanto na Lei Orçamentária da União (artigo 31 e Anexo da LC 87/96 introduzido pela citada LC 115, de 2002)". (grifos nossos).

429 O parecer do Senador Flexa Ribeiro à PEC 83/2007 também é elucidativo. Confira-se: "A desoneração total dos bens e serviços exportados, extremamente prejudicial às finanças estaduais, foi concebida e executada no contexto do Plano Real, numa fase em que, como forma de estabilização da moeda era extremamente necessário criar uma âncora cambial baseada na sobrevalorização da moeda nacional. A forma de compensar os Estados, chamada inicialmente de "seguro receita" funcionou razoavelmente por algum tempo. Todavia, de uma compensação parcial que cobria cerca de sessenta por cento da perda de receita, chegou-se, ao final, a algo beirando os vinte e dois por cento. Ou seja, a política de exportação do Governo Central se assenta, em grande parte, no sacrifício das finanças estaduais. A constitucionalização da desoneração total das exportações, operada pela Emenda 42, de 2003, deveria estar num contexto mais amplo de reforma

Seguindo essa linha de ideias, o já notável voto do Ministro Relator Gilmar Mendes ilustra perfeitamente o cenário das perdas experimentadas pelos Estados com a desoneração das exportações e a razão para o estabelecimento, na CRFB/1988, de regras de compensação. *Verbis*:

> As modificações – não é difícil perceber – fizeram-se em prejuízo da competência e da arrecadação tributária dos Estados-membros. A nova disposição introduzida – rectius: modificada – pela EC 42/2003, ao afastar a possibilidade de cobrança do ICMS em relação às operações que destinem mercadorias para o exterior, redefiniu os limites da competência tributária estadual, reduzindo-a, com o evidente escopo de induzir, pela via da desoneração, as exportações brasileiras.
>
> Quero dar ênfase a esse ponto. O esforço de desoneração das exportações, em termos técnicos, ocorreu mediante alteração (leia-se: redução) dos limites da competência tributária estadual. Ou seja, deu-se em prejuízo de uma fonte de receitas públicas estaduais.
>
> Originariamente, os Estados e o Distrito Federal poderiam cobrar ICMS em relação às operações que destinassem ao exterior produtos primários. Agora, não mais.
>
> Então, se, de um lado, é certo que a modificação prestigia e incentiva as exportações, em prol de toda Federação, de outro, não é menos verdade que a nova regra afeta uma fonte de recursos dos Estados e haveria de trazer consequências severas especialmente para aqueles que se dedicam à atividade de exportação de produtos primários.
>
> Por isso, em contrapartida, para compensar a perda de arrecadação que naturalmente haveria de decorrer da desoneração

---

do ICMS, o que não ocorreu, considerando que a promulgação fatiada transferiu o restante da reforma para outra PEC que, embora aprovada pelo Senado, não prosperou na Câmara dos Deputados. Também não produziu o efeito desejado a constitucionalização do ressarcimento, pela inclusão do artigo 91 do ADCT, pois o Poder Executivo negligencia na proposição da lei complementar que deveria regulamentar a matéria". (grifos nossos).

> das exportações imposta pela EC 42/2003, esta estabeleceu, no art. 91 do Ato das Disposições Constitucionais Transitórias (ADCT), uma fórmula de transferência constitucional obrigatória da União em favor dos Estados e do Distrito Federal.

Fica evidente pelo voto do Ministro Relator que o art. 91 do ADCT exige que os Estados e Municípios sejam efetivamente compensados em virtude das perdas de arrecadação sofridas em razão de uma política nacional que, possivelmente, não beneficiou a todos os entes federados em igual medida (se é que o fez para algum deles). No julgado, o Ministro Gilmar Mendes ilustrou, com o costumeiro brilho, o cenário das perdas experimentadas pelos Estados com a desoneração das exportações e a razão para o estabelecimento, na CRFB/88, de regras de compensação de perdas. A omissão constitucional, como deixou evidenciado o Ministro, "existe e já perdura por mais de uma década", portanto, "há omissão, há estado de inconstitucionalidade".

O direito, por princípio, consagra a máxima de que aquele que causou prejuízo a outrem deve compensar o dano causado. O que o voto do Ministro Gilmar Mendes deixou evidenciado é que foi a política da União que deu causa à sensível queda de arrecadação dos Estados exportadores de *commodities*. Quem causou o prejuízo aos Estados foi claramente a política (por certo atabalhoada e danosa) da União. Dúvidas não restam, portanto, no sentido de que deve a União repor as perdas pretéritas dos Estados. Evidentemente, se a União avançou por sobre a competência tributária estadual (nos termos do pacto constitucional) ao criar contribuições que se traduzem em um verdadeiro alargamento da base dos impostos sobre o consumo, por certo, deve restaurar o equilíbrio federativo e compensar os Estados pelas perdas sofridas com a desoneração heterônoma da exportação dos produtos primários e semielaborados.

A propósito, o STF estipulou que, se decorrido o prazo de 1 (um) ano a partir da publicação da ata de julgamento (30/11/2016) o Congresso não suprir a lacuna identificada, deverá o TCU atuar. O TCU, porém, é um órgão técnico e não legislativo, portanto, a determinação do STF é a de que o vácuo reconhecido deve ser resolvido tecnicamente, ou seja, a lei complementar a ser elaborada deve tão somente proceder ao cálculo do valor das perdas efetivamente sofridas pelos Estados e estabelecer um mecanismo que propicie a compensação adequada (efetiva) dos Estados membros. Não cabe, no caso, decisão política que dosifique ou tempere a necessidade de compensação.

O Estado Democrático de Direito, de desiderato social, desenhado pela CRFB/88, consagra uma série de direitos sociais passíveis de serem exigidos judicialmente do Estado pelo cidadão, ou seja, deu aplicabilidade imediata aos direitos de saúde, educação etc., independentemente de intermediação legislativa. Se os deveres prestacionais de cunho social de cada um dos entes federados não podem ficar na dependência do legislador, a CRFB/88 impõe um "dever de legislar" para assegurar a eficácia desses mesmos direitos sociais. Nesse compasso, não faria sentido exigir dos Estados Federados a plena efetividade do atendimento de direitos fundamentais (como saúde, educação e segurança) sem garantir-lhes as fontes de recursos. Entendimento contrário significaria esvaziar a efetividade dos direitos sociais pela sua contraface (tributos e transferências). Em outras palavras, se a prestação de serviços públicos essenciais (como a educação, o fornecimento de medicamentos etc.) pode ser exigida judicialmente dos Estados e Municípios, como hoje a jurisprudência mais atualizada admite, não faria o menor sentido entender que a contraface desses direitos sociais (tributos e transferências) não pudesse ser da mesma forma reclamada. Portanto, se os Estados e Municípios sofreram perdas significativas em seus recursos financeiros por culpa da União, que não cumpriu seu "dever de legislar", colocando assim, em causa, a prestação de serviços essenciais, as transferências não realizadas devem ser exigidas da mesma forma que podem ser reclamados os direitos sociais (imediatamente).

Os Estados dependem sobremaneira da sua arrecadação tributária e das transferências federais para a execução de políticas públicas e são responsáveis pelos maiores gastos com o funcionalismo público. São os governos estaduais que devem arcar com as demandas mais próximas da população, sobretudo com as despesas relativas à segurança pública e educação primária, além dos gastos relacionados aos sistemas de saúde e previdenciário. A contraface essencial dos direitos sociais são os recursos públicos. A União, ao ser omissa no seu "dever de legislar", lesou os Estados e Municípios, ou seja, subtraiu recursos públicos do Estado que são a contraface de direitos sociais passíveis de serem exigidos judicialmente dos Estados membros.[430]

A CRFB/88 não desenha um rol de promessas vazias e inatingíveis, especialmente quando firma um "dever de legislar" expresso (como no caso do art. 91 da ADCT). É dever do Estado maximizar o acesso aos direitos fundamentais e reduzir progressivamente os limites da "reserva do possível". Assim, a fundamentalidade dos direitos sociais impõe ao legislador o "dever de legislar" no que se refere à matéria de conteúdo financeiro e orçamentário, mormente para regulamentar os preceitos constitucionais carentes de intervenção legislativa. Exatamente por isso é que a ideia de normas constitucionais programáticas está absolutamente superada. No caso em tela, a União tinha o expresso "dever de legislar" acerca de matéria de conteúdo financeiro e, não o fazendo, decotou capacidade prestacional dos Estados e Municípios, atentando, pela contraface financeira, contra direitos sociais passíveis de serem exigidos em juízo (aplicabilidade imediata). Nesse compasso, a omissão lesiva da União reclama um entendimento diverso do mais ortodoxo acerca da inconstitucionalidade por omissão, mais próximo da evolução jurisprudencial acerca do mandado de injunção.

---

430 Está evidente porque são os entes mais endividados. Em 2016, três grandes Estados da Federação decretaram calamidade pública financeira: Rio de Janeiro, Rio Grande do Sul e Minas Gerais. Também foram noticiados atrasos nos pagamentos de servidores públicos em diversas localidades do país. Cf. "Servidores de 576 cidades estão com salário atrasad"o, *Estadão*, 28 maio 2016. Disponível em: http://economia.estadao.com.br/noticias/geral,servidores-de-576-cidades-estao-com-salario- atrasado,10000053827. Acessado em: 31.05.2017.

O STF, de fato, inovou na ADO 25 e fez evoluir a interpretação constitucional no sentido de fazer efetivos os mandamentos constitucionais. A CRFB/88 não comporta mais manobras no sentido de fazer vazias suas determinações. A propósito, a declaração de inconstitucionalidade por omissão (pelo menos a que traduz uma omissão lesiva e deliberada específica a pessoas determinadas) não pode redundar em mera informação do STF ao legislador que se omitiu deliberadamente. Tal como no caso do mandado de injunção, é muito bem-vinda a evolução jurisprudencial, que busca dar efetividade máxima à Constituição. Exatamente por isso que, se o Congresso Nacional insistir em não cumprir seu "dever de legislar", cabe ao TCU apurar as perdas e estabelecer o mecanismo de compensação efetiva. O Ministro Gilmar Mendes afirmou que "na realidade constitucional brasileira, atormenta-nos o risco de julgados do Supremo Tribunal Federal estarem se transformando em meros discursos lítero-poéticos".

O problema é que o Congresso Nacional conta com legisladores da União (federais) e nacionais. Com os mesmos trajes, as normas da União são feitas pelos mesmos parlamentares que fazem as normas nacionais. O STF sabe da força do Governo Federal na feitura das leis; o julgador da magna Corte sabe da influência da tecnoburocracia da União e de seu esforço hercúleo, sobretudo quando o que está em jogo são repasses de recursos da União para os demais Entes estatais. Foi por isso que, por décadas, o dinheiro dos Estados e dos Municípios se manteve nas mãos da União. Isso foi o que STF, como guardião do pacto federativo, por 11 X 0, expressamente, afastou.

A evolução jurisprudencial que resolve o problema da omissão legislativa de uma forma mais adequada se deu com o julgamento do MI 543, em 26 de outubro de 2000, quando o entendimento do STF sobre o caráter meramente declaratório da ação constitucional sofreu maiores alterações. A partir desse precedente, o STF entendeu desnecessário que os impetrantes pleiteassem reparação em ação de conhecimento perante instâncias inferiores: o procedimento caminharia por meio de ação de liquidação, independentemente de sentença de condenação. A jurisprudência do STF evoluiu no sentido de dar efetividade aos mandamentos da CRFB/88 e passou a reconhecer o direito subjetivo do lesado ao objeto da prescrição normativa de cunho patrimonial, uma vez extrapolado o prazo razoável dado ao legislador nacional para cumprir seu "dever de legislar". No caso em tela, esse "dever de legislar" veio expresso no texto constitucional e a omissão lesiva foi deliberada e pilotada pela União. Portanto, deve ser garantida aos Estados e Municípios a compensação de que trata o art. 91 do ADCT, independentemente da necessidade de ações ordinárias de cobrança. Por essa razão, mais uma vez, a liquidação deve ser feita pelo TCU, nos exatos termos decididos pelo STF.

Na omissão legislativa relativa ao art. 91 do ADCT, a ausência de norma impediu que os pagamentos atendessem ao comando normativo constitucional, uma vez que foram desarrazoadamente insuficientes para compensar as perdas verificadas desde 1996. Mais do que isso, a omissão ofendeu o princípio federativo (cláusula pétrea da CRFB/88) na medida em que afetou gravemente o equilíbrio federativo estabelecido no pacto constitucional. Dessa forma, após décadas de inércia legislativa, que ilegitimamente (inconstitucionalmente) beneficiou a União, os efeitos do julgamento da ADO 25 só podem mesmo ser *ex tunc* e os efeitos da decisão devem retroagir a 1996, ocasião em que o equilíbrio federativo foi gravemente prejudicado e que o princípio federativo foi severamente atingido.

Considerações finais

Existem, atualmente, em trâmite no Congresso Nacional pelo menos 5 (cinco) Projetos de Lei Complementar para alterar a sistemática de compensação da LC 87/1996, destacando-se, dentre eles, o PLP 362 apresentado pelo Deputado Reginaldo Lopes (PT/MG), prevendo o "acerto de contas" entre Estados, DF e União para quitar ou reduzir significativamente as parcelas referentes ao pagamento da dívida que os Estados membros mantêm com a União. Na realidade, a compensação das perdas de arrecadação decorrentes da desoneração do ICMS representa uma oportunidade de os Estados, DF e Municípios, que em sua maioria enfrentam dificuldade financeira (quando não calamidade), voltarem a investir em atividades produtivas sustentáveis a longo prazo, o que é essencial em um contexto de crise. E mais, de concretizaram adequadamente as garantias e os direitos sociais. Os problemas mais gritantes que afligem o povo brasileiro, como as condições dos hospitais, dos presídios etc., estão a depender de um justo encontro de contas.

Para se entender a extensão do problema causado pelo federalismo centrípeto brasileiro, a ADO 25 tem no polo ativo os seguintes Estados: Pará; Minas Gerais; Bahia; Espírito Santo; Maranhão; Mato Grosso; Paraná; Rio de Janeiro; Rio Grande do Norte; Rio Grande do Sul; Rondônia; Santa Catarina; Sergipe; São Paulo; Goiás e Distrito Federal. Da mesma forma, questionando igualmente a omissão a Lei Kandir e a ausência de compensação por parte da União estão os seguintes Estados: Amazonas; Ceará; Paraíba; Tocantins; Pernambuco e Piauí (ACO 1325), bem como o Mato Grosso do Sul (ACO 792). Em outras palavras, praticamente todos os Governadores protestam contra esse modelo institucional centralizador e falido que destrói os Estados e prejudica toda a federação.

Já observamos que, em vários pontos, nos afastamos de um federalismo de "política conjunta". Ao contrário, concentrações políticas e financeiras na União afastam-nos do modelo idealizado pela Constituição de 1988. Também não formamos um federalismo em que os Estados ditam e autorizam mais incisivamente a formação das leis federais, como ainda participam das normas administrativas que executam as leis tributárias (à moda alemã); tampouco são nossos governadores que, por meio do Conselho Federal, elegem metade dos membros que compõem a Corte Constitucional.

Não obstante, assim como no caso do federalismo alemão, o nosso é fortemente impactado pela igualdade. Esse impacto se pode observar em nossos Fundos de Participação dos Estados, Distrito Federal e Municípios em relação à arrecadação dos impostos federais;

nas mais diferentes técnicas de compensação financeira entre tributos de competência estadual em favor dos Municípios – ICMS e IPVA; e em tantas outras compensações obrigatórias ou facultativas que complementam o quadro de transferências de recursos, com o fito de viabilizar um federalismo financeiro de cooperação mais concreto. As compensações previstas no art. 91 do ADCT aperfeiçoam o quadro, que deveria corresponder a verdadeiro sentimento de lealdade e confiança, para garantir padrão de vida digno a todos os cidadãos brasileiros, não importa o Estado a que pertença.

Por meio dessas compensações, dever-se-ia criar um sentimento de *comunidade* entre os Estados e se alcançar uma unidade fundada em princípios de justiça distributiva que leva a sério não apenas as instituições, mas os indivíduos que pertençam a diferentes Estados membros. O ideal de uma "comunidade de princípios" é a concepção de "democracia como parceria". Repetimos com Ronald Dworkin:[431] "a política majoritária não garante o autogoverno a não ser que *todos* os membros da comunidade em questão sejam membros morais". O que faz cada indivíduo membro moral de uma comunidade, por sua vez, é a filiação a uma mesma moralidade constitucional de cunho igualitário, que é capaz de tratar a todos os seus membros com igual respeito e consideração.

A voz que deu o tom e apontou o caminho correto veio do STF, razão pela qual cumpre homenagear e aplaudir o Ministro Gilmar Mendes.

Referências bibliográficas

ALEMANHA. O Conselho Federal – cartilha publicada originalmente em Informationen zur politischen Bildung., n. 204, Bundeszentrale für politische Bildung. Bonn, *in O Federalismo na Alemanha*. vol. 7. Fundação Konrad-Adenauer-Stiftung, 1995.

---

431 Cf. Dworkin, R., 1996, pp. 7/8.

BERCOVIVI, Gilberto. "Brasil continua com a política da acumulação primitiva de capitais". *Revista Consultor Jurídico*, São Paulo, 10 jul. 2016. Disponível em: http://www.conjur.com.br/2016-jul-10/estado-economiabrasil-continua-politica-acumulacao-primitiva-capitais. Acessado em: 19.06.2017.

BOTHE, MICHAEL. "Federalismo, um conceito em transformação histórica". *In*: *O Federalismo na Alemanha*. vol. 7. Fundação Konrad-Adenauer, 1995.

BRASIL. Câmara dos Deputados. Projeto de Lei Complementar n. 95/1996. Brasília, 1996a. Disponível em: http://www.camara.gov.br/proposicoesWeb/prop_mostrarintegra;jsessionid=C3B348723319BFAE49E7AF560C433D8C.proposicoesWebExterno2?codteor=368485&filename=Tramitacao- PLP+95/1996. Acessado em: 06.07. 2017.

BRASIL. Departamento Nacional de Produção Mineral. Sumário Mineral – 2015. Brasília: DNPM, 2016a. Disponível em: http://www.dnpm.gov.br/dnpm/sumarios/sumario-mineral-2015. Acessado em: 05.06.2017.

BRASIL. *Diário da Câmara dos Deputados*, ano LI. Brasília, Imprensa Oficial, 28 ago. 1996b. art. 91 do ADCT.

BRASIL. Medida Provisória n. 193, de 24 de junho de 2004. Planalto, 2004. Disponível em: http://www.planalto.gov.br/ccivil_03/_Ato2004-2006/2004/Mpv/193.htm. Acessado em: 06.07.2017.

BRASIL. Ministério da Fazenda. Receita Federal. Carga Tributária no Brasil – 2015 (Análise por Tributo e Bases de Incidência). Brasília: Ministério da Fazenda, 2016b. Disponível em: http://idg.receita.fazenda.gov.br/dados/receitadata/estudos-e-tributarios-e-aduaneiros/estudos-e-estatisticas/carga-tributaria-no-brasil/ctb-2015.pdf. Acessado em: 08.03.2017.

BRASIL. Ministério das Minas e Energia. Plano Nacional de Mineração 2030 (PNM – 2030). Brasília: MME, 2010. Disponível em: http://www.mme.gov.br/documents/1138775/1732821/Book_PNM_2030_2.pdf/f7cc76c1-2d3b-4490-9d45-d725801c3522>. Acessado em: 09.12.2016.

BRASIL. Ministério do Trabalho e Emprego. Relação Anual de Informações Sociais – RAIS. 2016c.

BRASIL. Senado Federal. Relatório do Projeto de Lei do Senado n. 312, de 2013 (complementar). Relator Senador Delcídio do Amaral, 2014. Disponível em: https://www25.senado.leg.br/web/atividade/materias/-/materia/113831. Acessado em: 06.07.2017.

BRASIL. Senado Federal. Relatório da Proposta de Emenda à Constituição n. 83, de 2007. Relator Senador Flexa Ribeiro, 2009. Disponível em: https://www25.senado.leg.br/web/atividade/materias/-/materia/82257. Acessado em: 06.07.2017.

BRASIL. Supremo Tribunal Federal. Mandado de Injunção n. 543, de 26 de outubro de 2000. Disponível em: http://redir.stf.jus.br/paginadorpub/paginador.jsp?docTP=AC&docID=81863. Acessado em: 06.07.2017.

BRASIL. Supremo Tribunal Federal. Voto do Ministro Gilmar Mendes na ADO n. 25, 2016. Disponível em: http://s.conjur.com.br/dl/ado-25-lei-kandir-renuncia-fiscal-voto.pdf. Acessado em: 06.07.2017.

BONAVIDES, Paulo. *Ciência Política*. 17ª ed. São Paulo: Malheiros, 2010.

CALIENDO, Paulo. Reserva do possível, direitos fundamentais e tributação. *Direitos fundamentais*: orçamento e "reserva do possível". 2ª ed. Porto Alegre: Livraria do Advogado, 2010.

CARRAZA, Roque Antonio. Ação direta de inconstitucionalidade por omissão e mandado de injunção. *Justitia*, São Paulo, vol. 55, n. 163, pp. 35-52, jul./set. 1993. Disponível em: http://www.justitia.com.br/links/edicao.php?ID=163. Acessado em: 06.07.2017.

CARVALHO, David Ferreira. ICMS: Desoneração das Exportações e Perdas de Arrecadação dos Estados da Região Norte do Brasil: 1996 – 1998. *Papers do NAEA (UFPA)*, Belém, vol. 140, pp. 1-25, 2000.

CUNHA JR, Dirley. *Controle de Constitucionalidade:* teoria e prática. 4ª ed. ver. ampliada e atualizada. Bahia: JusPodivm, 2010.

DALLARI, Dalmo de Abreu. Implicações do pacto federativo. *Direito Público*: Revista da Procuradoria Geral do Estado de Minas Gerais, vol. 1, n. 1, pp. 77-82, 1999.

DERZI, Misabel de Abreu Machado; BUSTAMANTE, Thomas da Rosa de. O Princípio Federativo e a Igualdade: uma perspectiva crítica para o sistema jurídico brasileiro a partir da análise do modelo alemão. *Federalismo, justiça distributiva e royalties do petróleo:* três escritos sobre direito constitucional e o Estado federal brasileiro. Belo Horizonte: Arraes, 2016.

DWORKIN, RONALD. *Freedom's Law*: The moral Reading of the American Constitution. Cambridge, MA: Bellknap,1996.

ESTADOS E MUNICÍPIOS..., 2017. Estados e municípios podem não ter compensação esperada por perdas com Lei

Kandir, admitem deputados, de 13 de junho de 2017. *Câmara Notícias*. Disponível em: http://www2.camara.leg.br/camaranoticias/radio/materias/RADIOAGENCIA/536316-ESTADOS-E-MUNICIPIOS-PODEM-NAO-TER-COMPENSACAO-ESPERADA-POR-PERDAS-COM-LEI-KANDIR,-ADMITEM-DEPUTADOS.html. Acessado em: 19.06.2017.

GOVERNO JÁ ADMITE..., 1997. Governo já admite mexer na Lei Kandir. Jornal Folha de São Paulo de 24 set. 1997. Disponível em: http://www1.folha.uol.com.br/fsp/brasil/fc240919.htm. Acessado em: 23.05.2017.

HEINTZEN, MARKUS. A distribuição das verbas públicas entre o governo federal, os estados e municípios na República Federal da Alemanha. *In*: DERZI, Misabel de Abreu Machado; BATISTA JR.; MOREIRA, André (Coord.). *Estado Federal e Guerra Fiscal no Direito Comparado*. Belo Horizonte: Arraes, 2015.

HESSE, JOACHIN JENS. República Federal da Alemanha: do federalismo cooperativo à elaboração de política conjunta. *In*: *O Federalismo na Alemanha*. vol 7. Fundação Konrad-Adenauer, 1995.

KLEIN, HANS. A legitimação do Conselho Federal e sua relação com as assembleias legislativas e os governos estaduais. *In*: *O Federalismo na Alemanha*. vol 7. Fundação Konrad-Adenauer, 1995.

KELSEN, HANS. *Teoria general del derecho y del estado*. Trad. Eduardo Garcia Maynez. 2ª ed. México: Imprenta Universitaria,1958.

LAUFER, HANS. O ordenamento financeiro no estado federativo alemão. *In*: *O Federalismo na Alemanha*. vol 7. Fundação Konrad-Adenauer, 1995.

MENDES, G. F.; BRANCO, P. G. G. Tributação e finanças públicas na Constituição Federal de 1988. *Curso de direito constitucional*. 8ª ed. São Paulo: Saraiva, 2013.

MEYER, Emílio Peluso Neder. *Decisão e jurisdição constitucional:* crítica às sentenças intermediárias, técnicas e efeitos do controle de constitucionalidade em perspectiva comparada. Rio de Janeiro: Lumen Juris, 2017.

MICHAELIS. *Dicionário Brasileiro da Língua Portuguesa*. Melhoramentos, 2015. Disponível em: http://michaelis.uol.com.br/busca?id=49Ez. Acessado em: 20.12.2016.

MINAS GERAIS, Exporta Minas. *Panorama do comércio exterior de Minas Gerais*. Belo Horizonte, 2016, p. 43. Disponível em: http://www.exportaminas.mg.gov.br/images/documentos/Panorama%20do%20Comercio%20Exterio r%202016.pdf. Acessado em: 26.12.2016.

MINAS GERAIS. Tribunal de Contas do Estado de Minas Gerais. Ementa de Parecer Prévio – Tribunal Pleno. Balanço Geral do Estado – exercício de 2013. 2014, p. 28. Disponível em: http://tcjuris.tce.mg.gov.br/Nota/BuscarArquivo/709957. Acessado em: 15.04.2017.

MINAS QUER ACERTO DE CONTAS..., 2017. Minas quer acerto de contas imediato com a União, de 5 de abril de 2017. Disponível em: http://hojeemdia.com.br/primeiro-plano/minas-quer-acerto-de-contas-imediato-com-a-uni%C3%A3o-1.456279. Acessado em: 20.06.2017.

MOURÃO, Licurgo. *Parecer do Auditor*. Prestação de contas do Governador – 2011. Tribunal de Contas do Estado de Minas Gerais, 2012.

MENDES, Gilmar Ferreira. *Curso de Direito Constitucional*. 9ª ed. rev. e atual. São Paulo: Saraiva, 2014.

MORAES, Alexandre de. *Direito Constitucional*. 32ª ed. São Paulo, Atlas, 2016. Ebook.

PELLEGRINI, Josué Alfredo. *Dez Anos da Compensação Prevista na Lei Kandir:* conflito insolúvel entre os entes federados? Brasília: ESAF, 2006.

RIANI, F.; ALBUQUERQUE, C. M. P. Lei Kandir e a perda de receita do estado de Minas Gerais.

XIII Seminário sobre a Economia Mineira, 13, Diamantina, MG, 2008. Disponível em: http://www.cedeplar.ufmg.br/seminarios/seminario_diamantina/2008/D08A032.pdf. Acessado em: 06.07.2017.

RICHTER e SCHUPPERT. Casebook Verfassungsrecht, München, Verlag C. H. Beck, 1987.

SCAFF, Fernando Facury. A desoneração das exportações e o fundo da Lei Kandir – Análise com foco no setor mineral. *R. Fórum Dir. fin. e Econômico* – RFDFE. Belo Horizonte, ano 1, n. 1, 2012.

SERVIDORES DE 576 CIDADES..., 2016. Servidores de 576 cidades estão com salário atrasado. Jornal Estadão de 28 de maio de 2016. Disponível em: http://economia.estadao.com.br/noticias/geral,servidores-de-576-

cidades-estao-com-salario- atrasado,10000053827. Acessado em: 31.05.2017.

WORLD BANK. OTTO, James *et al*. *Mining Royalties:* A Global Study of Their Impact on Investors, Government, and Civil Society. Washington, 2006. Disponível em: http://siteresources.worldbank.org/INTOGMC/Resources/336099- 1156955107170/miningroyaltiespublication.pdf>. Acessado em: 15.04.2017.

CAPÍTULO XX

MANDADO DE INJUNÇÃO N. 708/DF E DIREITO DE GREVE DOS SERVIDORES PÚBLICOS: A CONSOLIDAÇÃO DA FORÇA NORMATIVA DA CONSTITUIÇÃO

Og Fernandes
João Ferreira Braga

À transição entre o regime autoritário e o democrático a doutrina especializada se refere como genuíno curto-circuito histórico,[432] na medida em que a constitucionalização de plenos direitos até então não estabelecidos e implementados pelo poder normativo não seria suficiente, por si só, para proporcionar a efetivação dos princípios e das garantias, findando por necessitar de uma real exequibilidade a ser assegurada pelo Poder Judiciário.

A Carta Política brasileira adotou modelo de constitucionalização abrangente e analítica,[433] revelando-se, nessa medida, densa

---

432 SANTOS, Boaventura de Sousa. *Para uma revolução democrática da justiça.* São Paulo: Cortez, 2007.

433 A Constituição Federal de 1988 segue a linha do constitucionalismo social, caracterizando-se como uma Constituição democrática, eclética e analítica. Para o presente estudo, é importante acentuar, ainda, que, entre as mais importantes

em direitos e garantias fundamentais que destacassem as feições de juridicidade,[434] próprias de um Estado Constitucional de Direito.[435]

Apesar do intenso processo democrático capitaneado pelo constituinte de 1988,[436] constataram-se vazios normativos no plano infraconstitucional, nomeadamente normas operacionais, e a existência de "normas socialmente incompletas", ou "insuficientemente concebidas", o que ensejou a ocorrência de conflitos de dimensão sociológica, os quais deveriam ser dirimidos pelo Poder Judiciário.[437] Considerando que as normas – no âmbito de

---

missões da norma constitucional, estão a de limitar a concentração de poder e a de distribuir as funções estatais entre quem exerce o Poder Público.

434 Segundo Diogo de Figueiredo Moreira Neto (*In*: *Curso de Direito Administrativo*: parte introdutória, parte geral e parte especial, 15. ed. Rio de Janeiro: Forense, 2010), "o *princípio da juridicidade* corresponde ao que se enunciava como um '*princípio da legalidade*', se tomado em sentido amplo, ou seja, não se restringindo à mera submissão à *lei*, como produto das fontes legislativas, mas de reverência a *toda a ordem jurídica*".

435 Daniel Sarmento salienta que o Estado constitucional de direito se consolida após a Segunda Grande Guerra (O neoconstitucionalismo no Brasil: riscos e possibilidades. *In*: NOVELINO, Marcelo; FELLET, André Luiz Fernandes; PAULA, Daniel Giotti de (Coord.). *As Novas Faces do Ativismo Judicial*. Salvador: JusPodium, 2011, pp. 76/77): "Até a Segunda Guerra Mundial, prevalecia uma cultura jurídica essencialmente legicêntrica, que tratava a lei editada pelo parlamento como a fonte principal do Direito, **e não atribuía força normativa às constituições**. As constituições eram programas políticos que deveriam inspirar a atuação do legislador, mas que não podiam ser invocados perante o Judiciário, na defesa de direitos" (grifos nossos).

436 Para Luís Roberto Barroso (*O triunfo tardio do Direito Constitucional no Brasil*. Disponível em: https://www.conjur.com.br/2006-abr-26/triunfo_tardio_direito_constitucional_brasil?pagina=13), "a partir de 1988, e mais notadamente nos últimos cinco ou dez anos, a Constituição passou a desfrutar já não apenas da supremacia formal que sempre teve, mas também de uma supremacia material, axiológica, potencializada pela abertura do sistema jurídico e pela normatividade de seus princípios. Com grande ímpeto, exibindo força normativa sem precedente, a Constituição ingressou na paisagem jurídica do país e no discurso dos operadores jurídicos".

437 Do ponto de vista de Daniel Sarmento (O neoconstitucionalismo no Brasil: riscos e possibilidades. *In*: NOVELINO, Marcelo; FELLET, André Luiz Fernandes; PAULA, Daniel Giotti de (Coord.). *As Novas Faces do Ativismo*

um Estado constitucional – são comandos gerais e abrangentes, a sua ausência ou a sua inadequação social tende a gerar violações crônicas à própria democracia.

Em paralelo às vicissitudes que acometiam a atuação do Poder Legislativo – na solvência de normas adequadas ao novel Estado constitucional –, constatavam-se, também, dúvidas consistentes quanto ao Poder Executivo e a sua capacidade de implementação de políticas relacionadas à concretização de direitos essenciais.

A propósito de tal questão, Konrad Hesse,[438] em seu notável *A força normativa da Constituição*, reportava preocupação quanto à efetividade plena das normas contidas na carta política de um determinado Estado.

Pontua o mencionado doutrinador que as normas constitucionais deveriam ser revestidas de eficácia mínima, a fim de que não se limitassem à condição de "letra morta em papel".[439]

Nessa linha de ideias, Hesse ponderou, ainda, que a Constituição deve observar a realidade jurídica firmada no Estado que configure o seu campo de incidência e de aplicação. A esse respeito, pontua: "A sua essência [da Constituição] reside na

---

Judicial. Salvador: JusPodium, 2011, p. 86), "Até 1988, a lei valia muito mais do que a Constituição no tráfico jurídico (...) O Poder Judiciário não desempenhava um papel político tão importante, e não tinha o mesmo nível de independência de que passou a gozar posteriormente".

438 HESSE, Konrad. *A força normativa da Constituição.* Trad. Gilmar Ferreira Mendes. Porto Alegre: Sergio Antonio Fabris Editor, 1991.

439 Nesse sentido, Luís Roberto Barroso alude à "Carta de 1824 [que] estabelecia que 'a lei será igual para todos', dispositivo que conviveu, sem que se assinalassem perplexidade ou constrangimento, com os privilégios da nobreza, o voto censitário e o regime escravocrata. (...) Indiferentes ao que prescrevia a Lei Maior, os estamentos perenemente dominantes construíam uma realidade própria de poder, refratária a uma real democratização da sociedade e do Estado" (BARROSO, Luís Roberto. O constitucionalismo democrático no Brasil: crônica de um sucesso imprevisto. Disponível em: http://www.luisrobertobarroso.com.br/wp- content/uploads/2017/09/constitucionalismo_democratico_brasil_cronica_um_sucesso_imprevi sto.pdf).

sua vigência, ou seja, a situação por ela regulada pretende ser concretizada na realidade".[440] [441]

É em tal quadro realístico que o Poder Judiciário se torna estuário natural para a afirmação e a efetivação de direitos e garantias constitucionais, o que o leva a ocupar novos e abrangentes espaços sociais. Nesse cenário, torna-se destacável a relevância do Poder Judiciário na afirmação da democracia, assim como um progressivo deslocamento dos debates de dimensão sociológica, da instância política para a judicial. A conjunção de tais fatores impõe ao estudo do Direito Constitucional o reconhecimento de sua força normativa e do seu caráter vinculativo, e a inobservância de seus comandos implicará a adoção de mecanismos próprios de cumprimento forçado.

Contudo, a intervenção do mencionado Poder no controle e na efetivação desses novos espaços encontrou notórias dificuldades, a considerar a transformação do conteúdo das demandas, que migraram de uma compreensão marcadamente individual dos conflitos e passaram a apresentar pressupostos constitucionais e democráticos – exigindo dos magistrados o emprego de novas

---

440 HESSE, Konrad. *A força normativa da Constituição*. Trad. Gilmar Ferreira Mendes. Porto Alegre: Sergio Antonio Fabris Editor, 1991.

441 No Brasil, desenvolve-se um "movimento jurídico-acadêmico conhecido como doutrina brasileira da efetividade. Tal movimento procurou não apenas elaborar as categorias dogmáticas da normatividade constitucional como também superar algumas das crônicas disfunções da formação nacional, que se materializavam na insinceridade normativa, no uso da Constituição como uma mistificação ideológica e na falta de determinação política em dar-lhe cumprimento. A essência da doutrina da efetividade é tornar as normas constitucionais aplicáveis direta e imediatamente, na extensão máxima de sua densidade normativa. Como consequência, sempre que violado um mandamento constitucional, a ordem jurídica deve prover mecanismos adequados de tutela – por meio da ação e da jurisdição –, disciplinando os remédios jurídicos próprios e a atuação efetiva de juízes e tribunais" (BARROSO, Luís Roberto. *O constitucionalismo democrático no Brasil:* crônica de um sucesso imprevisto. Disponível em: http://www.luisrobertobarroso.com.br/wp-content/uploads/2017/09/constitucionalismo_democratico_brasil_cronica_um_sucesso_imprevi sto.pdf).

sensibilidades e de técnicas de julgamento apropriadas à cultura democrática –, a massificação dos processos – gerada pela abrangência de direitos sociais –, a oscilação dos posicionamentos judiciais a respeito de direitos essenciais do cidadão, pondo em questão a afirmação dos princípios da isonomia da tutela jurisdicional, da segurança jurídica e da previsibilidade de atuação do Estado, e os limites das normas processuais que se mantinham confinadas a uma codificação instituída no ano de 1973.

A conjugação dos aspectos acima formou quadros desoladores de instabilidade jurídica, bem assim sentimento popular de insuficiência jurídica da resposta proporcionada pelo Poder Judiciário.

Surge, então, a necessidade de se repensar as funcionalidades do processo – numa perspectiva constitucional, isto é, o processo como o mais nobre instrumento de tutela de direitos fundamentais – em virtude dessa concentração de atribuições confiada ao Poder Judiciário. Reside neste ponto o principal objetivo deste trabalho: a significação do julgamento proferido no Mandado de Injunção n. 708/DF na efetivação da vontade constitucional, no que se refere ao direito de greve pelos servidores públicos civis.

É reconhecida ao processo a precípua missão de harmonizar o mundo empírico às exigências próprias do Estado Constitucional. Assim, "(...) quando hoje se afirma o caráter cultural do direito, sublinham-se justamente as características de humanidade, sociabilidade e normatividade, frisando-se a gênese axiológica e cultural de nossa ciência".[442]

Dessa constatação emergem noções e conceitos próprios de um Processo Constitucional ou de um Direito Processual Constitucional, o qual se traduz "(...) no estudo do Processo frente à Constituição, o estudo do Direito Processual unido ao Direito Constitucional,

---

442 MITIDIERO, Daniel. *Colaboração no processo civil*: pressupostos sociais, lógicos e éticos. 3. ed. rev. atual. e ampl. de acordo com o novo Código de Processo Civil. São Paulo: Revista dos Tribunais, 2015, p. 26.

uma junção entre o Direito Processual e o Direito Constitucional. Não se trata propriamente de um novo ramo do Direito, mas de um movimento (ou esforço) metodológico realizado conjuntamente por processualistas e constitucionalistas de vários países e continentes",[443] deixando "(...) a visão privada e infraconstitucional do Processo (...) para um tratamento público e constitucional".[444] [445]

Conforme a doutrina especializada,[446] é possível inferir do aludido quadro normativo a linha principiológica do sistema, segundo a qual a atuação jurisdicional deve se concretizar a partir de um dimensionamento constitucional de resolução de conflitos.

Nesse contexto de ressignificação do processo dentro do Estado constitucional, não se deve considerar apenas o dispositivo de lei para conter e resolver os conflitos conduzidos ao Poder Judiciário. É necessário que, à luz do inteiro ordenamento e de seus princípios fundamentais, seja proporcionado aos jurisdicionados o acesso à Justiça realizável sob um ponto de vista constitucional.

O Poder Judiciário, portanto, haverá de assumir a condição de intérprete que, em seus pronunciamentos, evidencie a vontade consolidada nas disposições constitucionais e em princípios de igual natureza que expressem os valores permanentes da cultura.

---

443 MITIDIERO, Daniel. *Colaboração no processo civil*: pressupostos sociais, lógicos e éticos. 3. ed. rev. atual. e ampl. de acordo com o novo Código de Processo Civil. São Paulo: Revista dos Tribunais, 2015, p. 26.

444 MADEIRA, Dhenis Cruz. A influência do processo constitucional sobre o novo CPC. *In*: DIDIER JR. Fredie *et al.* (Coord.). *Coleção Novo CPC – Parte geral*. Salvador: JusPodium. 2016, p. 314.

445 Em direção ao tema, com relação ao Direito material, Pietro Perlingieri (*In*: *Perfis do direito civil*. 1997, p. 6): "O Código Civil certamente perdeu a centralidade de outrora. O papel unificador do sistema, tanto nos seus aspectos mais tradicionalmente civilísticos quanto naqueles de relevância publicista, é desempenhado de maneira cada vez mais incisiva pelo Texto Constitucional".

446 THEODORO JÚNIOR, Humberto; NUNES, Dierle; BAHIA, Alexandre Melo Franco; PEDRON, Flávio Quinaud. *Novo CPC* – Fundamentos e sistematização. 2. ed. rev., atual. e ampl. Rio de Janeiro: Forense, 2015, p. 65.

A partir de tais premissas, parece válido afirmar que, para garantir e efetivar os direitos fundamentais, se tornou necessário assegurar direitos processuais submetidos às diretrizes basilares do Estado Democrático de Direito,[447] priorizando a interpretação normativa mais próxima da axiologia constitucional.

E tal constatação encontra fundamentos na própria história contemporânea brasileira. A Constituição Federal de 1988 consagrou a formação de um ambiente democrático na ordem jurídica, avocando para si o foco do ordenamento e ascendendo a pessoa humana como matriz hermenêutica.

Logo, torna-se imperioso repensar o processo a partir de um ponto de vista democrático, a fim de que distanciamentos entre realidade e intenções democratizantes do constituinte fossem diminuídos (e progressivamente eliminados).

De acordo com Antoine Garapon,[448] "o juiz [e, com ele, o processo] surge como um recurso contra a implosão das sociedades democráticas que não conseguem administrar de outra forma a complexidade e a diversificação que elas mesmas geraram".

A Constituição Federal de 1988, como já mencionado em linhas anteriores, estabeleceu um plexo notoriamente amplo de direitos. Alguns desses direitos receberam regulamentação imediata, enquanto a outros coube a necessidade de regulamentação por legislação futura.

Analisados os supostos democráticos em torno do tema, passamos a examinar o tratamento normativo dispensado ao direito de greve no Brasil.

447 Na visão de Norberto Bobbio, "(...) é necessário o poder democrático para garantir a existência e a persistência das liberdades fundamentais". (*O futuro da democracia*. São Paulo: Paz e Terra, pp. 32/33).

448 GARAPON, Antoine. *O juiz e a Democracia:* O Guardião das Promessas. 2. ed. Rio de Janeiro: Revan, 2001, pp. 26/27.

Em perspectiva mundial, com algumas oscilações de períodos e de maior ou menor intensidade da norma proibitiva ou permissiva, a greve recebeu múltiplas qualificações jurídicas. Inicialmente, aponta a doutrina trabalhista[449] para o período em que a greve era considerada um delito, altura em que a paralisação dos trabalhadores era considerada ilícito penal. Posteriormente, retira-se o caráter criminal da conduta, mas o Estado não a reconhece como direito, o que leva a situações de inadimplemento do contrato de trabalho. Por fim, instala-se o período em que a greve se transmuda para a categoria dos *direitos* positivados, passando o Estado a disciplinar o respectivo exercício e os limites.

A Constituição de 1946 reconhece o direito de greve, mas de modo genérico, remetendo as especificações e o disciplinamento para o legislador ordinário.[450] [451] A Constituição de 1967, apesar do período em que promulgada, previu formalmente tal direito, vedando-o, contudo, no âmbito dos serviços públicos e das atividades essenciais. O referido quadro não foi alterado pela Emenda Constitucional n. 1, de 1969.

---

449 MALLET, Estêvão. *Dogmática elementar do direito de greve*. São Paulo, LTr, 2014.

450 No Brasil, as Constituições de 1824 e de 1891 não se referiram ao tema, havendo, todavia, registros sobre greve no Código Penal de 1890, o qual previa, como figura delituosa, o ato de provocar a cessação ou a suspensão de trabalho. Seguindo o modelo das anteriores, a Constituição de 1934 não fez menções à greve. A Carta de 1937, por sua vez, atribuiu à greve e ao *lock-out* a condição de "recursos antissociais nocivos ao trabalho e ao capital e incompatíveis com os superiores interesses da produção nacional".

451 O direito de greve é considerado pela doutrina um dos principais assuntos da Assembleia Constituinte de 1945/1946. Naquele período, várias greves foram deflagradas no Brasil. O direito de greve, a teor do art. 158, passou a ser constitucionalizado nestes termos: "Art. 158. É reconhecido o direito de greve, cujo exercício a lei regulará". No art. 28 do Ato das Disposições Constitucionais Transitórias (ADCT), foi prevista, inclusive, a anistia aos trabalhadores que tivessem, em momento anterior, aderido a movimentos grevistas: "Art. 28. É concedida anistia a todos os cidadãos considerados insubmissos ou desertores até a data da promulgação deste Ato e igualmente aos trabalhadores que tenham sofrido penas disciplinares, em consequência de greves ou dissídios do trabalho".

Com a promulgação da Constituição Federal de 1988,[452] o direito de greve foi reconhecido a todos os trabalhadores e aos servidores públicos em capitulação dedicada aos direitos e às garantias fundamentais.[453] Nessa direção, dispõe a referida norma constitucional, em seu art. 9º, que compete aos trabalhadores "(...) decidir sobre a oportunidade de exercer o direito de greve e sobre os interesses que devam por meio dele defender".[454]

Em relação aos servidores públicos, a norma constitucional, no art. 37, inc. VII, limita o exercício do direito de greve à existência de lei específica (convindo lembrar que a redação original do aludido dispositivo estabelecia que o direito de greve à iniciativa dos servidores públicos civis estaria a depender de edição de lei complementar). A redação do comando constitucional, todavia, é alterada com a Emenda Constitucional n. 19, de 1998, que passou a estabelecer a necessidade de lei específica sobre os contornos e os limites de exercício do direito em questão. No aspecto:

> Art. 37. A administração pública direta e indireta de qualquer dos Poderes da União, dos Estados, do Distrito Federal e dos Municípios obedecerá aos princípios de legalidade,

---

452 "No direito administrativo, a constitucionalização produziu mudanças doutrinárias e jurisprudenciais importantes, que incluíram a redefinição da ideia de supremacia do interesse público sobre o interesse privado, a vinculação do administrador à noção mais ampla de juridicidade e não apenas à lei e a possibilidade de controle de mérito do ato administrativo, com base em princípios como razoabilidade, moralidade e eficiência" (BARROSO, Luís Roberto. *O constitucionalismo democrático no Brasil:* crônica de um sucesso imprevisto. Disponível em: http://www.luisrobertobarroso.com.br/wp-content/uploads/2017/09/constitucionalismo_democratico_brasil_cronica_um_sucesso_imprevi sto.pdf).

453 Algo extremamente importante para a efetivação do direito em análise, se levarmos em consideração, ainda, que pela greve se busca a proteção de uma série de direitos dos trabalhadores.

454 Note-se que a Constituição Federal de 1988, seguindo os passos da Constituição alemã, insere o rol de direitos e garantias fundamentais nos capítulos iniciais do texto normativo (BONAVIDES, Paulo. *Curso de Direito Constitucional.* 23. ed. São Paulo: Malheiros, 2008, p. 369-370).

> impessoalidade, moralidade, publicidade e eficiência e, também, ao seguinte: (Redação dada pela Emenda Constitucional n. 19, de 1998).
>
> (...)
>
> VII - o direito de greve será exercido nos termos e nos limites definidos em lei específica; (Redação dada pela Emenda Constitucional n. 19, de 1998).

Nota-se, portanto, que o direito de greve se encontra previsto nas Constituições brasileiras mais recentes, nomeadamente a partir de 1946, ainda que consideradas as restrições estabelecidas pelos respectivos textos normativos.

No que se prende à Constituição em vigor, a greve integra o rol dos direitos sociais. Para além da normatividade interna, incorporam-se à ordem brasileira documentos internacionais,[455] que sobrelevam o direito de greve à categoria de direito fundamental dos trabalhadores.[456] [457]

Como é possível observar, o disposto no inc. VII do art. 37 da Constituição Federal enquadra-se no conceito de norma constitucional de eficácia limitada, que exige a edição de norma futura,

---

455 "Os direitos fundamentais rompem, por razões substanciais, o quadro nacional, porque eles, se querem poder satisfazer as exigências a serem postas a eles, devem abarcar os direitos do homem. Os direitos do homem têm, porém, independentemente de sua positivação, validez universal. Eles põem, por conseguinte, exigências a cada ordenamento jurídico" (ALEXY, Robert. *Constitucionalismo Discursivo.* Tradução/Organização de Luís Afonso Heck. 4. ed. Porto Alegre: Livraria do Advogado, 2015, p. 55-56).

456 Nesse sentido: Convenção n. 151 da Organização Internacional do Trabalho – OIT (art. 8º) e o Pacto Internacional dos Direitos Econômicos, Sociais e Culturais (art. 8º, 1, *d*).

457 Nota-se que o direito de greve transcende o conceito de direito fundamental, mas abrange a condição jurídica de direito fundamental *de natureza instrumental*, isto é, um direito voltado à concretização de direitos e interesses do trabalhador.

pela qual o Poder Legislativo, conferindo-lhe eficácia mediante lei, garante a capacidade de concretização dos interesses alcançados.

A propósito, outra não foi a compreensão assentada pelo Supremo Tribunal Federal ao julgar o Mandado de Injunção n. 20 (em que aludida Corte examinava a autoaplicabilidade do disposto no inc. VI do art. 37 da Constituição Federal de 1988):

> (...) o preceito constitucional que reconheceu o direito de greve ao servidor público civil constitui norma de eficácia meramente limitada, desprovida, em consequência, de autoaplicabilidade, razão pela qual, para atuar plenamente, depende da edição de lei complementar exigida pelo próprio texto da Constituição.[458]

Desse modo, desde 1994, ano em que o Mandado de Injunção n. 20/DF foi decidido pelo Supremo Tribunal Federal, a omissão legislativa em regulamentar o direito de greve já havia sido denunciada pela referida Corte Constitucional, sem que, entretanto, aludido julgamento tenha colmado a omissão do legislador infraconstitucional.[459] Eis os termos principais do respectivo acórdão:

---

458 BRASIL. Supremo Tribunal Federal. Acórdão no Mandado de Injunção n. 20/DF. Impetrante: Confederação dos Servidores Públicos do Brasil – CSPB. Impetrado: Congresso Nacional. Rel.: Ministro Celso de Mello. *Diário de Justiça*. Publicado em 22/11/1996. Disponível em: http://www.stf.jus.br/portal/jurisprudencia/listarJurisprudencia.asp?s1=%28MI%24%2ESCLA%2.E+E+20%2ENUME%2E%29+OU+%28MI%2EACMS%2E+ADJ2+20%2EACMS%2E%29&base=baseAcordaos&url=http://tinyurl.com/byr8bvz. Acessado em: 29.09.2017.

459 A respeito do tema: "A regulamentação é um imperativo, cujo objeto é garantir a efetividade do conteúdo essencial desses direitos (...). Impõe-se, portanto, sejam compatibilizados tais direitos e liberdades. A greve, mormente nos serviços essenciais, deverá ser exercida em harmonia com os interesses da coletividade, para evitar que os interesses de grupos determinados se sobreponham ao direito coletivo difuso, que se refere a toda comunidade" (BARROS, Alice Monteiro de. *Curso de Direito do Trabalho*. 2ª ed. rev. e ampl. São Paulo: LTR, 2006, p. 1.264).

> O preceito constitucional que reconheceu o direito de greve ao servidor público civil constitui norma de eficácia meramente limitada, desprovida, em consequência, de autoaplicabilidade, razão pela qual, para atuar plenamente, depende da edição da lei complementar exigida pelo próprio texto da Constituição. A mera outorga constitucional do direito de greve ao servidor público civil não basta – ante a ausência de autoaplicabilidade da norma constante do art. 37, VII, da Constituição – para justificar o seu imediato exercício. O exercício do direito público subjetivo de greve outorgado aos servidores civis só se revelará possível depois da edição da lei complementar reclamada pela Carta Política. A lei complementar referida – que vai definir os termos e os limites do exercício do direito de greve no serviço público – constitui requisito de aplicabilidade e de operatividade da norma inscrita no art. 37, VII, do texto constitucional. Essa situação de lacuna técnica, precisamente por inviabilizar o exercício do direito de greve, justifica a utilização e o deferimento do mandado de injunção. A inércia estatal configura-se, objetivamente, quando o excessivo e irrazoável retardamento na efetivação da prestação legislativa – não obstante a ausência, na Constituição, de prazo pré-fixado para a edição da necessária norma regulamentadora – vem a comprometer e a nulificar a situação subjetiva de vantagem criada pelo texto constitucional em favor dos seus beneficiários.

Configuradas a mora legislativa e a necessidade de se assegurar aos servidores públicos o pleno exercício dos direitos constitucionais concernentes à carreira, o Supremo Tribunal Federal, no ano de 2007, ao julgar o Mandado de Injunção n. 708/DF, firmou importante posicionamento no sentido de que, enquanto não for editada a regulamentação infraconstitucional específica do direito de greve do servidor público estável, há de ser aplicada, por analogia, a Lei n. 7.783/89, que disciplina o direito de greve no âmbito do setor privado, respeitando-se, porém, as peculiaridades do serviço público.[460] [461] Aludido julgamento, no ponto de interesse, encontra-se ementado nestes termos:

> (...)
>
> O MANDADO DE INJUNÇÃO E O DIREITO DE GREVE DOS SERVIDORES PÚBLICOS CIVIS NA JURISPRUDÊNCIA DO STF.
>
> O tema da existência, ou não, de omissão legislativa quanto à definição das possibilidades, condições e limites para o exercício do direito de greve por servidores públicos civis já foi, por diversas vezes, apreciado pelo STF. Em todas as oportunidades, esta Corte firmou o entendimento de que o objeto do mandado de injunção cingir-se-ia à declaração da existência, ou não, de mora legislativa para a edição de norma regulamentadora específica. Precedentes: MI no 20/DF, Rel. Min. Celso de Mello, DJ 22.11.1996; MI no 585/TO, Rel. Min. Ilmar Galvão, DJ 2.8.2002; e MI no 485/MT, Rel. Min. Maurício Corrêa, DJ 23.8.2002.
>
> Em alguns precedentes (em especial, no voto do Min. Carlos Velloso, proferido no julgamento do MI no 631/MS, Rel. Min. Ilmar Galvão, DJ 2.8.2002), aventou-se a possibilidade de aplicação aos servidores públicos civis da lei que disciplina os movimentos grevistas no âmbito do setor privado (Lei n. 7.783/1989).

---

460 Note-se que, no julgamento do Mandado de Injunção n. 712/PA, o Ministro Eros Grau destacou a necessidade de assegurar o direito de greve do servidor público, mas de forma a reverenciar o princípio da prestação continuada aplicável aos serviços públicos. Nesse sentido, há de ser considerada a coerência entre o exercício do direito de greve pelo servidor público e as condições necessárias à coesão e interdependência social, que a prestação continuada dos serviços públicos assegura.

461 Em seu voto, o Ministro Gilmar Ferreira Mendes pontuou que os serviços públicos são serviços ou atividades essenciais e, em razão do princípio da continuidade dos mesmos, exigem um tratamento adequado, sem que, contudo, se abdique do reconhecimento do direito de greve.

(...)[462]

Contudo, para além da significação democrática que o julgamento acima referenciado importou para a efetividade dos direitos sociais, a decisão proferida pelo Supremo Tribunal Federal no Mandado de Injunção n. 708/DF apresenta-se como relevante marco hermenêutico no que tange à processualidade e, em especial, aos efeitos da sentença proferida em mandados de injunção.

A referida ação constitucional, de porte civil e procedimentalização especial, visa tutelar o exercício adequado "(...) de direitos, liberdades constitucionais ou prerrogativas inerentes à nossa nacionalidade, soberania ou cidadania, que estão inviabilizados por falta de norma regulamentadora de normas constitucionais".[463]

Para Gilmar Ferreira Mendes,[464] "o mandado de injunção há de ter por objeto o não cumprimento de dever constitucional de legislar que, de alguma forma, afeta direitos constitucionalmente assegurados".

Postas tais premissas, a aplicabilidade do instituto em tela estará reservada às normas constitucionais "(...) que não são bastantes em si, ou seja, não reúnem todos os elementos necessários para a produção de todos os efeitos, são as normas constitucionais de eficácia limitada. Estas vão necessitar da sindicabilidade dos

462 BRASIL. Supremo Tribunal Federal. Acórdão no Mandado de Injunção n. 708/DF. Impetrante: Sintem – Sindicato dos Trabalhadores em Educação do Município de João Pessoa. Impetrado: Congresso Nacional. Rel.: Ministro Gilmar Mendes. Diário de Justiça. Publicado em 31/10/1988. Disponível em: http://www.stf.jus.br/portal/jurisprudencia/listarJurisprudencia.asp?s1=%28MI%24%2ESCLA%2 E+E+708%2ENUME% 2E%29+OU+%28MI%2EACMS%2E+ADJ2+708%2EACMS%2E%2 9&ba se=baseAcordaos&url=http://tinyurl.com/chjgwcv. Acessado em: 29.09.2017.

463 FERNANDES, Bernardo Gonçalves. *Curso de Direito Constitucional.* 7ª ed. Salvador: JusPodivm, 2015, p. 522.

464 MENDES, Gilmar Ferreira. *Curso de Direito Constitucional.* 2ª ed. rev. e atual. São Paulo, Saraiva, 2008, p. 1.207.

Poderes Públicos (mormente do legislador, mas não só dele) para terem uma eficácia plena".[465] [466]

Apesar de a doutrina atribuir ao *writ of injunction* do direito norte-americano traços de ascendência em relação ao mandado de injunção instituído pela Constituição Federal de 1988, é considerável o rol de peculiaridades que o instituto brasileiro adotou, tornando-se necessário intenso labor doutrinário e jurisprudencial sobre o direito à injunção.

Nesse sentido:

> Dentre os vários institutos criados pelo texto constitucional de 1988, sem dúvida que o mandado de injunção será aquele que mais necessitará da criação doutrinária e jurisprudencial, tendo-se em conta que não temos nenhum precedente em nosso ordenamento jurídico que se assemelhe àquele que se encontra no inciso LXXI do artigo 5º, todo este voltado para os Direitos e Deveres individuais e Coletivos.
>
> Ademais, os institutos que no Direito Comparado se assemelham ao nosso instituto não respondem satisfatoriamente ao conteúdo que lhe deram os constituintes de 1987/1988, pelo que, no tocante à sua correta compreensão, haverá de repetir-se o que aconteceu com o Mandado de Segurança, ou seja, a doutrina e a jurisprudência é que lhe traçarão os contornos ontológicos.[467]

---

465 FERNANDES, Bernardo Gonçalves. *Curso de Direito Constitucional*. 7ª ed. Salvador: JusPodivm, 2015, p. 523.

466 A propósito, o Supremo Tribunal Federal, ao julgar os Mandados de Injunção n. 828/DF, 850/DF, 857/DF, 905/DF, 927/DF e MI 998/DF, por exemplo, reafirmou a compreensão de que "(...) o mandado de injunção é ação constitucional de natureza mandamental, destinada a integrar a regra constitucional ressentida, em sua eficácia, pela ausência de norma que assegure a ela o vigor pleno".

467 CAVALCANTI, Francisco Ivo Dantas. *Mandado de Injunção* – Guia teórico e Prático. 2ª ed. Rio de Janeiro: Aide, 1994, p. 34.

Um dos pontos que demandaram a formação de um processo hermenêutico, como sublinhado anteriormente, reporta-se aos efeitos do julgamento proferido no mandado de injunção.[468]

---

468 Cumpre mencionar que aspectos relacionados ao tema passaram a ser disciplinados pela Lei n. 13.300, de 23 de junho de 2016, nestes termos: "Art. 9º A decisão terá eficácia subjetiva limitada às partes e produzirá efeitos até o advento da norma regulamentadora.

§ 1º Poderá ser conferida eficácia *ultra partes* ou *erga omnes* à decisão, quando isso for inerente ou indispensável ao exercício do direito, da liberdade ou da prerrogativa objeto da impetração.

§ 2º Transitada em julgado a decisão, seus efeitos poderão ser estendidos aos casos análogos por decisão monocrática do relator.

§ 3º O indeferimento do pedido por insuficiência de prova não impede a renovação da impetração fundada em outros elementos probatórios.

Art. 10. Sem prejuízo dos efeitos já produzidos, a decisão poderá ser revista, a pedido de qualquer interessado, quando sobrevierem relevantes modificações das circunstâncias de fato ou de direito.

Parágrafo único. A ação de revisão observará, no que couber, o procedimento estabelecido nesta Lei.

Art. 11. A norma regulamentadora superveniente produzirá efeitos *ex nunc* em relação aos beneficiados por decisão transitada em julgado, salvo se a aplicação da norma editada lhes for mais favorável.

Parágrafo único. Estará prejudicada a impetração se a norma regulamentadora for editada antes da decisão, caso em que o processo será extinto sem resolução de mérito.

Art. 12. O mandado de injunção coletivo pode ser promovido:

I - pelo Ministério Público, quando a tutela requerida for especialmente relevante para a defesa da ordem jurídica, do regime democrático ou dos interesses sociais ou individuais indisponíveis;

II - por partido político com representação no Congresso Nacional, para assegurar o exercício de direitos, liberdades e prerrogativas de seus integrantes ou relacionados com a finalidade partidária;

III - por organização sindical, entidade de classe ou associação legalmente constituída e em funcionamento há pelo menos 1 (um) ano, para assegurar o exercício de direitos, liberdades e prerrogativas em favor da totalidade ou de parte de seus membros ou associados, na forma de seus estatutos e desde que pertinentes a suas finalidades, dispensada, para tanto, autorização especial;

IV - pela Defensoria Pública, quando a tutela requerida for especialmente relevante para a promoção dos direitos humanos e a defesa dos direitos

No contexto doutrinário, apontam os constitucionalistas a existência de três principais correntes alusivas aos efeitos do citado julgamento. A primeira delas, Teoria da Subsidiariedade, conclama o Poder Judiciário a declarar tão somente a mora legislativa, tal como ocorre na ação direta de inconstitucionalidade (art. 103, § 2º, da Constituição Federal).

Opõe-se à primeira corrente a Teoria da Independência Jurisdicional, segundo a qual o julgamento proferido na mencionada ação constitucional apresentaria caráter constitutivo *erga omnes*, cumprindo ao Poder Judiciário editar a norma de caráter geral, que se estenderia a todos abstratamente, inclusive aos que não integraram o pleito de tutela jurisdicional.

Agregando premissas das correntes anteriores, a Teoria da Resolutividade assenta que a decisão final do mandado de injunção estabeleceria, "(...) diante da situação concreta, a norma faltante, de forma que a decisão teria natureza constitutiva *inter partes*, possibilitando a imediata efetivação de direito assegurado constitucionalmente por intermédio de atividade integradora do Poder Judiciário".[469]

---

individuais e coletivos dos necessitados, na forma do inciso LXXIV do art. 5º da Constituição Federal.

Parágrafo único. Os direitos, as liberdades e as prerrogativas protegidos por mandado de injunção coletivo são os pertencentes, indistintamente, a uma coletividade indeterminada de pessoas ou determinada por grupo, classe ou categoria.

Art. 13. No mandado de injunção coletivo, a sentença fará coisa julgada limitadamente às pessoas integrantes da coletividade, do grupo, da classe ou da categoria substituídos pelo impetrante, sem prejuízo do disposto nos §§ 1º e 2º do art. 9º.

Parágrafo único. O mandado de injunção coletivo não induz litispendência em relação aos individuais, mas os efeitos da coisa julgada não beneficiarão o impetrante que não requerer a desistência da demanda individual no prazo de 30 (trinta) dias a contar da ciência comprovada da impetração coletiva".

469 ALMEIDA, Gregório Assagra de. *Manual das ações constitucionais*. Belo Horizonte: Del Rey, 2007, pp. 647/648.

Na óptica jurisprudencial, constata-se a ocorrência de patrimônio hermenêutico a partir de concepções assemelhadas aos movimentos doutrinários. No âmbito do Supremo Tribunal Federal, diversas teses foram conduzidas à análise de seus Ministros, entre elas a concretista geral, consoante a qual a sentença do mandado de injunção teria autoridade para implementar o exercício do direito, com efeitos *erga omnes*. A Corte Constitucional não aderiu, contudo, à tal concepção por considerar o princípio da separação dos Poderes.

À avaliação do Tribunal foi submetida, ainda, a tese concretista individual, para a qual, além da implementação do direito, a decisão teria efeitos limitados às partes que integraram o processo.[470] A referida tese se subdivide nas gradações *concretista direta* – o direito deveria ser implementado de forma imediata – e *concretista intermediária* – reconhecida a mora, seria conferido prazo para que o poder competente viesse a suprir o silêncio legislativo.

Firmou-se, ainda no domínio jurisprudencial, a tese não concretista, adotada pela maioria dos Ministros por ocasião do julgamento do Mandado de Injunção n. 107 – QO/DF,[471] de que foi Relator o

---

470 ALMEIDA, Gregório Assagra de. *Manual das ações constitucionais*. Belo Horizonte: Del Rey, 2007, pp. 647/648.

471 MANDADO DE INJUNÇÃO. QUESTÃO DE ORDEM SOBRE SUA AUTOAPLICABILIDADE, OU NÃO. EM FACE DOS TEXTOS DA CONSTITUIÇÃO FEDERAL RELATIVOS AO MANDADO DE INJUNÇÃO, E ELE AÇÃO OUTORGADA AO TITULAR DE DIREITO, GARANTIA OU PRERROGATIVA A QUE ALUDE O ARTIGO 5°, LXXI, DOS QUAIS O EXERCÍCIO ESTÁ INVIABILIZADO PELA FALTA DE NORMA REGULAMENTADORA, E AÇÃO QUE VISA A OBTER DO PODER JUDICIÁRIO A DECLARAÇÃO DE INCONSTITUCIONALIDADE DESSA OMISSÃO SE ESTIVER CARACTERIZADA A MORA EM REGULAMENTAR POR PARTE DO PODER, ÓRGÃO, ENTIDADE OU AUTORIDADE DE QUE ELA DEPENDA, COM A FINALIDADE DE QUE SE LHE DÊ CIÊNCIA DESSA DECLARAÇÃO, PARA QUE ADOTE AS PROVIDÊNCIAS NECESSÁRIAS, À SEMELHANÇA DO QUE OCORRE COM A AÇÃO DIRETA DE INCONSTITUCIONALIDADE POR OMISSÃO (ARTIGO 103, § 2°, DA CARTA MAGNA), E DE QUE SE DETERMINE, SE SE TRATAR DE DIREITO CONSTITUCIONAL OPONÍVEL CONTRA O ESTADO, A SUSPENSÃO DOS PROCESSOS

Ministro Moreira Alves. Conforme a mencionada tese, a sentença do mandado de injunção seria meramente declaratória, limitando-se a afirmar que, "(...) realmente, existe um direito sem regulamentação (complementação) e que os Poderes Públicos se encontram em mora, mas, após esse reconhecimento da mora do legislador, há somente a recomendação para que o mesmo a supra".[472]

Nessa linha de ideias, competiria ao Judiciário cientificar o poder competente acerca da inexistência da norma regulamentadora e da necessidade de instituí-la, não lhe sendo possível substituir-se ao legislador silente, em estrito cumprimento da separação de Poderes.

A propósito do tema e da numerosidade de teses, parece oportuna a menção ao pronunciamento do Ministro Néri da Silveira na sétima sessão extraordinária do Supremo Tribunal Federal,[473] ocorrida em 16 de março de 1995:

> Há, como sabemos, na Corte, no julgamento dos mandados de injunção, três correntes: a majoritária, que se formou a partir do Mandado de Injunção n. 107, que entende deva o

---

JUDICIAIS OU ADMINISTRATIVOS DE QUE POSSA ADVIR PARA O IMPETRANTE DANO QUE NÃO OCORRERIA SE NÃO HOUVESSE A OMISSÃO INCONSTITUCIONAL. – ASSIM FIXADA A NATUREZA DESSE MANDADO, E ELE, NO ÂMBITO DA COMPETÊNCIA DESTA CORTE – QUE ESTÁ DEVIDAMENTE DEFINIDA PELO ARTIGO 102, I, 'Q' –, AUTOEXECUTÁVEL, UMA VEZ QUE, PARA SER UTILIZADO, NÃO DEPENDE DE NORMA JURÍDICA QUE O REGULAMENTE, INCLUSIVE QUANTO AO PROCEDIMENTO, APLICÁVEL QUE LHE É ANALOGICAMENTE O PROCEDIMENTO DO MANDADO DE SEGURANÇA, NO QUE COUBER. QUESTÃO DE ORDEM QUE SE RESOLVE NO SENTIDO DA AUTOAPLICABILIDADE DO MANDADO DE INJUNÇÃO, NOS TERMOS DO VOTO DO RELATOR. (MI 107 QO, Relator: Min. MOREIRA ALVES, Tribunal Pleno, j. 23/11/1989, DJ 21/9/1990).

472 FERNANDES, Bernardo Gonçalves. *Curso de Direito Constitucional.* 7ª ed. Salvador: JusPodivm, 2015, p. 532.

473 Pronunciamento do Ministro Néri da Silveira. Ata da sétima sessão extraordinária do Supremo Tribunal Federal. Diário da Justiça da União. Seção I. 4 de abril de 1995, p. 8.265.

Supremo Tribunal Federal, em reconhecendo a existência da mora do Congresso Nacional, comunicar a existência dessa omissão, para que o Poder Legislativo elabore a lei. Outra corrente, minoritária, reconhecendo também a mora do Congresso Nacional, decide, desde logo, o pedido do requerente do mandado de injunção e provê sobre o exercício do direito constitucionalmente previsto. Por último, registro minha posição, que é isolada: partilho do entendimento de que o Congresso Nacional é que deve elaborar a lei, mas também tenho presente que a Constituição, por via do mandado de injunção, quer assegurar aos cidadãos o exercício de direitos e liberdades, contemplados na Carta Política, mas dependentes de regulamentação. Adoto posição que considero intermediária. Entendo que se deva, também, em primeiro lugar, comunicar ao Congresso Nacional a omissão inconstitucional, para que ele, exercitando sua competência, faça a lei indispensável ao exercício do direito constitucionalmente assegurado aos cidadãos. Compreendo, entretanto, que, se o Congresso Nacional não fizer a lei, em certo prazo que se estabeleceria na decisão, o Supremo Tribunal Federal pode tomar conhecimento de reclamação da parte, quanto ao prosseguimento da omissão, e, a seguir, dispor a respeito do direito *in concreto*. É, por isso mesmo, uma posição que me parece concilia a prerrogativa do Poder Legislativo de fazer a lei, como o órgão competente para a criação da norma, e a possibilidade de o Poder Judiciário garantir aos cidadãos, assim como quer a Constituição, o efetivo exercício de direito na Constituição assegurado, mesmo se não houver a elaboração da lei. Esse tem sido o sentido de meus votos, em tal matéria. De qualquer maneira, porque voto isolado e vencido, não poderia representar uma ordem ao Congresso Nacional, eis que ineficaz. De outra parte, em se cuidando de voto, no julgamento de processo judicial, é o exercício, precisamente, da competência e independência que cada membro do Supremo Tribunal Federal tem, e necessariamente há de ter, decorrente da Constituição, de interpretar o sistema da Lei Maior e decidir os pleitos que lhe sejam submetidos, nos limites da autoridade conferida à Corte Suprema pela Constituição.

A consolidação da tese não concretista, no entanto, enfrentou sentidas ponderações e críticas, que não concordavam com as restrições dela decorrentes e inviabilizavam a máxima efetividade dos comandos constitucionais que estivessem a carecer de regulamentação pelo legislador infraconstitucional.

A tais circunstâncias somava-se o fato de que os Poderes Públicos, não obstante notificados da omissão legislativa, se demonstraram contumazes em não produzir o corpo legislativo regulamentador dos direitos estabelecidos pela Constituição Federal, gerando, com esse proceder, um quadro de permanente ineficácia da norma constitucional e a negação da "(...) existência de condicionamento recíproco entre a Constituição jurídica e a realidade político-social", que não devem ser tomadas de modo isolado.

Nesse sentido, o acórdão proferido para o Mandado de Injunção n. 708/DF, como pontuado linhas acima, promove um importante redirecionamento na jurisprudência do Supremo Tribunal Federal no que tange ao alcance dos efeitos da sentença final da ação constitucional em tela, revelando a preocupação da Suprema Corte em assegurar a efetividade dos direitos e das garantias constitucionais por meio do ato legislativo essencial à plena eficácia jurídica e empírica do preceito constitucional concernente ao direito de greve, assim como atribuir ao mandado de injunção funcionalidades republicanas.

O referido julgamento, além de consagrar a relativização da tese não concretista, trouxe a relevo nuanças entre os posicionamentos adotados até então pela Corte, pondo-se, por um lado, em genuína reação à prolongada inadimplência do legislador competente e, por outro, com a premente necessidade de se atribuir ao mandado de injunção uma conformação mais ampla do que aquela admitida pela Corte.

Destacou-se no acórdão, com lastro em reflexões voltadas à atuação da Corte, que o mandado de injunção não estaria a conduzir o Judiciário ao desempenho de competências normativas que lhe seriam estranhas, mas a impor "(...) a estrita observância do princípio constitucional da divisão funcional do poder". A partir dessa nova compreensão, estabeleceu-se a necessidade de admitir uma solução normativa para o caso sob julgamento.

Ainda nos fundamentos do acórdão, o Relator, Ministro Gilmar Mendes, destacou sua preocupação em não promover uma assunção, pelo Tribunal, de um protagonismo legislativo. Contudo, no caso em apreciação, estava firmada situação de notória indiferença do poder competente para a elaboração da norma, que a intervenção meramente declaratória da Suprema Corte poderia configurar uma espécie de "omissão judicial".

Sendo assim, pontuou o Ministro Relator: "(...) não estou a defender aqui a assunção do papel de legislador positivo pelo Supremo Tribunal Federal. Pelo contrário, enfatizo, tão somente, que, tendo em vista as imperiosas balizas constitucionais que demandam a concretização do direito de greve a todos os trabalhadores, este Tribunal não pode se abster de reconhecer que, assim como se estabelece o controle judicial sobre a atividade do legislador, é possível atuar também nos casos de inatividade ou omissão do Legislativo".

Em outras palavras, o Supremo Tribunal Federal sinalizou, no julgamento em análise, a adoção de nova compreensão sobre o alcance dos efeitos da decisão prolatada em mandado de injunção – mais decisiva, ressalte-se –, passando a admitir, tal como nos moldes do Direito europeu, a "sentença de perfil aditiva",[474]

---

474 Entre os sentidos admitidos, são decisões "(...) em geral aceitas quando integram ou completam um regime previamente adotado pelo legislador ou ainda quando a solução adotada pelo Tribunal incorpora solução constitucionalmente obrigatória" (MENDES, Gilmar Ferreira. Jurisdição constitucional no Brasil: o problema da omissão legislativa inconstitucional.

considerada a expressão utilizada pela doutrina italiana, a mitigar, de certa maneira, o entendimento cristalizado no enunciado n. 339 da Súmula do próprio Tribunal.

A par de tais considerações, é possível afirmar que o julgamento proferido pelo Supremo Tribunal Federal no Mandado de Injunção n. 708/DF já consolidava a noção de um modelo constitucional de processo voltado à afirmação dos direitos e das garantias constitucionais.[475]

Referências bibliográficas

ALEXY, Robert. *Constitucionalismo Discursivo*. Tradução/Organização de Luís Afonso Heck. 4ª ed. Porto Alegre: Livraria do Advogado, 2015.

ALMEIDA, Gregório Assagra de. *Manual das ações constitucionais*. Belo Horizonte: Del Rey, 2007.

BARROS, Alice Monteiro de. *Curso de Direito do Trabalho*. 2ª ed. rev. e ampl. São Paulo: LTR, 2006.

BARROSO, Luís Roberto. O triunfo tardio do Direito Constitucional no Brasil. Disponível em: https://www.conjur.com.br/2006-abr- 26/triunfo_tardio_direito_constitucional_brasil?pagina=13).

BARROSO, Luís Roberto. O constitucionalismo democrático no Brasil: crônica de um sucesso imprevisto. Disponível em: http://www.

Disponível em http://www.stf.jus.br/arquivo/cms/noticiaArtigoDiscurso/anexo/Lituania.pdf).

475 "Se um mandado de injunção puder, mesmo modestamente, limitar a arrogante discricionariedade dos órgãos normativos, que ficam calados quando a sua obrigação jurídico- constitucional era vazar em moldes normativos regras atuativas de direitos e liberdades constitucionais; se, por outro lado, através de uma vigilância judicial que não extravase da função judicial, se conseguir chegar a uma proteção jurídica sem lacunas; se, através de pressões jurídicas e políticas, se começar a destruir o "rochedo de bronze" da incensurabilidade do silêncio, então o mandado de injunção logrará seus objetivos" (CANOTILHO, José Joaquim Gomes. *Direito Constitucional*. Coimbra: Almedina, 1993).

luisrobertobarroso.com.br/wp- content/uploads/2017/09/constitucionalismo_democratico_brasil_cronica_um_s ucesso_imprevisto.pdf).

BOBBIO, Norberto. *O futuro da democracia (uma defesa das regras do jogo)*. Trad. Marco Aurélio Nogueira. Rio de Janeiro: Paz e Terra, 1986.

BONAVIDES, Paulo. *Curso de Direito Constitucional*. 23ª ed. São Paulo: Malheiros, 2008.

BRASIL. Supremo Tribunal Federal. Acórdão no Mandado de Injunção n. 20/DF. Impetrante: Confederação dos Servidores Públicos do Brasil – CSPB. Impetrado: Congresso Nacional. Rel.: Ministro Celso de Mello. Diário de Justiça. Publicado em 22/11/1996. Disponível em: http://www.stf.jus.br/portal/jurisprudencia/listarJurisprudencia.asp?s1=%28MI% 24%2ESCLA%2E+E+20%2ENUME%2E%29+OU+%28MI%2EACMS%2E+ADJ2+20%2EACMS%2E%29&base=baseAcordaos&url=http://tinyurl.com/byr8bvz.

BRASIL. Supremo Tribunal Federal. Acórdão no Mandado de Injunção n. 708/DF. Impetrante: Sintem – Sindicato dos Trabalhadores em Educação do Município de João Pessoa. Impetrado: Congresso Nacional. Rel.: Ministro Gilmar Mendes. Diário de Justiça. Publicado em 31/10/1988. Disponível em: http://www.stf.jus.br/portal/jurisprudencia/listarJurisprudencia.asp?s1=%28MI% 24%2ESCLA%2E+E+708%2ENUME%2E%29+OU+%28MI%2EACMS%2E+ADJ2+708%2EACMS%2E%29&base=baseAcordaos&url=http://tinyurl.com/chjg wcv.

CANOTILHO, José Joaquim Gomes. *Direito Constitucional*. Coimbra: Almedina, 1993.

CAVALCANTI, Francisco Ivo Dantas. *Mandado de Injunção* – Guia teórico e prático. 2ª ed. Rio de Janeiro: Aide, 1994.

FERNANDES, Bernardo Gonçalves. *Curso de Direito Constitucional*. 7ª ed. Salvador: JusPodium, 2015.

GARAPON, Antoine. *O juiz e a Democracia:* O Guardião das Promessas. 2ª ed. Rio de Janeiro: Revan, 2001.

HESSE, Konrad. *A força normativa da Constituição*. Trad. Gilmar Ferreira Mendes. Porto Alegre: Sergio Antonio Fabris Editor, 1991.

MADEIRA, Dhenis Cruz. A influência do processo constitucional sobre o novo CPC. In: DIDIER JR. Fredie *et al.* (Coord.). *Coleção Novo CPC – Parte geral*. Salvador: JusPodium, 2016.

MALLET, Estêvão. *Dogmática elementar do direito de greve*. São Paulo, LTr, 2014.

MENDES, Gilmar Ferreira. Jurisdição constitucional no Brasil: o problema da omissão legislativa inconstitucional. Disponível em: http://www.stf.jus.br/arquivo/cms/noticiaArtigoDiscurso/anexo/Lituania.pdf.

MENDES, Gilmar Ferreira. *Curso de Direito Constitucional*. 2ª ed. rev. e atual. São Paulo: Saraiva, 2008.

MITIDIERO, Daniel. *Colaboração no processo civil*: pressupostos sociais, lógicos e éticos. 3ª ed. rev. atual. e ampl. de acordo com o novo Código de Processo Civil. São Paulo: Revista dos Tribunais, 2015.

THEODORO JÚNIOR, Humberto; NUNES, Dierle; BAHIA, Alexandre Melo Franco; PEDRON, Flávio Quinaud. *Novo CPC* – Fundamentos e sistematização. 2ª ed. rev., atual. e ampl. Rio de Janeiro: Forense, 2015.

CAPÍTULO XXI

DIGNIDADE DA PESSOA HUMANA: A FÓRMULA DO OBJETO – HC 84.409

Paulo Gustavo Gonet Branco

O Supremo Tribunal conta no seu acervo de jurisprudência diversos precedentes de rejeição de denúncia penal por falha de forma na sua concepção. No HC 84.409,[476] o redator para o acórdão, o homenageado por este volume, situou a questão no plano mais elevado ao do mero respeito a regras processuais, indicando que o tema deve ser resolvido sob o prisma do devido respeito à dignidade da pessoa humana.

---

476 EMENTA: *HABEAS CORPUS*. DENÚNCIA. ESTADO DE DIREITO. DIREITOS FUNDAMENTAIS. PRINCÍPIO DA DIGNIDADE DA PESSOA HUMANA. REQUISITOS DO ART. 41 DO CPP NÃO PREENCHIDOS. 1 - A técnica da denúncia (art. 41 do Código de Processo Penal) tem merecido reflexão no plano da dogmática constitucional, associada especialmente ao direito de defesa. Precedentes. 2 - Denúncias genéricas, que não descrevem os fatos na sua devida conformação, não se coadunam com os postulados básicos do Estado de Direito. 3 - Violação ao princípio da dignidade da pessoa humana. Não é difícil perceber os danos que a mera existência de uma ação penal impõe ao indivíduo. Necessidade de rigor e prudência daqueles que têm o poder de iniciativa nas ações penais e daqueles que podem decidir sobre o seu curso. 4 - Ordem deferida, por maioria, para trancar a ação penal. (HC 84409, relator para o acórdão, o Ministro Gilmar Mendes, Segunda Turma, julgado em 14.12.2004, DJ 19-08-2005, RTJ 195/126).

Este não foi, certamente, o primeiro acórdão do STF em que se apelou ao princípio constitucional para a solução de controvérsia. O princípio da dignidade da pessoa humana – que, como fundamento explícito da República, fez sua estreia, entre nós, na Constituição de 1988 – já havia sido invocado antes desse julgado de dezembro de 2004 e o foi muitas outras vezes, em arestos posteriores.

No mesmo ano de 2004, seis meses antes, o Tribunal tomara a dignidade da pessoa humana como razão para admitir, contra disposição legal, prisão domiciliar a idoso, sentenciado por crime hediondo, que padecia de doença grave e que precisava de cuidados hospitalares especiais.[477] A dignidade da pessoa humana, em março daquele mesmo ano, tinha sido o decisivo argumento para que o Plenário endossasse lei do Rio de Janeiro que viabilizara a transformação de taxistas auxiliares em permissionários, num passo dado para romper com o que a Corte identificou como situação ensejadora da exploração do homem pelo homem.[478] Em 30.9.2003, o STF havia se escorado substancialmente no princípio da dignidade da pessoa humana, para arredar a inclusão da propaganda antissemita do âmbito normativo da liberdade de expressão.[479] Do mesmo modo, em 7.8.2003, no RE 248.869, a Corte assentou que o direito ao nome também participa do domínio normativo do postulado da dignidade da pessoa humana.

Em precedente de 30.9.2003, o HC 82.969, o relator, Ministro Gilmar Mendes, havia antecipado posição sobre o significado para o Direito da dignidade da pessoa humana. Indicou filiação à doutrina, de raiz germânica, bastante difundida no direito comparado, da dignidade como oposição a transformar o ser humano em objeto de processos estatais – a chamada *fórmula do objeto*. O STF entendeu que a instauração de inquérito penal, quando

---

477 HC 83.358, rel. o Ministro Ayres Britto, julgado em 4.5.2004.

478 RE 359.444, rel. o Ministro Marco Aurélio, julgado em 24.3.2004

479 HC 82.424, rel. para o acórdão o Ministro Maurício Corrêa, DJ 19.3.2004 – caso Elwanger.

desde logo se pode antecipar razoavelmente a falta de perspectiva de êxito da demanda penal por falta de tipicidade da conduta, atenta contra a dignidade da pessoa, por degradar o ser humano à posição de objeto de um processo inútil. Rejeitou o argumento de que "a mera instauração de um inquérito não constitui ofensa ilegítima à liberdade", que havia prevalecido na instância anterior. Acrescentou que "negar proteção judicial nas hipóteses em que é devida e (...) inexorável (...) implica ferir a um só tempo o princípio da proteção judicial efetiva (art. 5º, XXV) e o princípio da dignidade humana (art. 1º, III)".

O tema da dignidade da pessoa humana no campo do processo penal veio à tona, enfim, e com mais pormenores de justificação, no julgamento do HC 84.409, em 7 de dezembro de 2004. O Ministro Gilmar Mendes foi o relator para o acórdão desse caso, em que se discutia o atendimento do mínimo exigido de apuro técnico numa denúncia. Assumindo a voz da Corte, o Ministro Gilmar Mendes apontou que as denúncias vagas, "que não descrevem os fatos na sua devida conformação, não se coadunam com os postulados básicos do Estado de Direito". Para ele, além disso, "quando se fazem imputações vagas, dando ensejo à persecução criminal injusta, está a se violar, também, o princípio da dignidade da pessoa humana". Salientou as consequências nada desprezíveis para a normalidade da vida de quem vê pesar contra si uma denúncia, observando que "não é difícil perceber os danos que a mera existência de uma ação penal impõe ao indivíduo". Daí ter deduzido "a necessidade de rigor e prudência por parte daqueles que têm o poder de iniciativa nas ações penais e daqueles que podem decidir sobre o seu curso".

Essas ponderações se seguiram à exposição de que contra o réu na ação, um magistrado, teria sido atribuída apenas uma "participação peculiar na quadrilha", "nada se [esclarecendo] sobre tais serviços, nem sobre o que seria a *peculiar participação*". Donde a conclusão: "parece que estamos no campo da vagueza absoluta, da indeterminação ilimitada, da acusação pela acusação". Outro voto, vogal, apodou de "cruel" a denúncia, além de inepta.

De forma análoga ao que aconteceu com o precedente do ano anterior, o Ministro Gilmar Mendes se socorreu da fórmula do objeto, para demonstrar que a causa merecia ser analisada sob o influxo do princípio da dignidade da pessoa. Lê-se no seu voto:

> Como se sabe, na sua acepção originária, este princípio proíbe a utilização ou transformação do homem em objeto dos processos e ações estatais. O Estado está vinculado ao dever de respeito e proteção do indivíduo contra exposição a ofensas ou humilhações. A propósito, em comentários ao art. 1º da Constituição alemã, afirma Günther Dürig que a submissão do homem a um processo judicial indefinido e sua degradação como objeto do processo estatal atenta contra o princípio da proteção judicial efetiva e fere o princípio da dignidade humana.

Um pouco mais tarde, em artigo doutrinário, o Ministro cuidaria de explicitar, mais detidamente, a doutrina que abraçara.[480] Associou a positivação do princípio da dignidade ao reconhecimento de que o Estado existe para a pessoa humana, seu último fim.[481] Relacionou, ainda, o princípio como impedimento a que "o homem seja convertido em objeto dos processos estatais".[482]

Como Gilmar Mendes expôs no seu estudo acadêmico, o STF vem, desde então, conferindo relevância expressiva ao que toma como desdobramentos necessários do reconhecimento constitucional da dignidade da pessoa, sobretudo no campo do direito repressivo, em que é habitualmente "associado às garantias constitucionais de duração razoável do processo, motivação das decisões judiciais

---

480 Gilmar Ferreira Mendes. A dignidade da pessoa humana na Constituição Federal de 1988 e sua aplicação pelo Supremo Tribunal Federal. *Observatório da Jurisdição Constitucional*. Brasília: IDP, Ano 6, no. 2, jul./dez. 2013, pp. 83-97.

481 Op. cit., p. 86.

482 Op. cit, p. 93.

ou oferecimento de denúncia vaga ou imprecisa, por impedir ou dificultar o exercício do direito de defesa".[483]

Advertiu, porém, ser necessário estar-se premunido, como alertado pela Corte Constitucional da Alemanha, contra os riscos de que "a aplicação inflacionada e despropositada do princípio da dignidade humana [conduza] ao esvaziamento de seu próprio conteúdo".[484]

O perigo de se distender a compreensão do princípio da dignidade da pessoa humana para além do que lhe permitiria produzir efeito útil é tributário da vagueza dos seus termos e da indefinição seu significado. Importou-se do campo da filosofia moral para a pauta jurídica uma expressão que motiva situações de perplexidades inconciliáveis com a imperiosidade de, no plano da aplicação do Direito, serem resolvidos celeremente problemas concretos.

É de se convir que, nesse ponto, a Corte não vai encontrar, na doutrina, nada semelhante a um saber interdisciplinar cristalizado sobre o desenho denotativo da expressão *dignidade da pessoa humana*. A viscosidade da noção é reconhecida por todos os que a ela dedicam atenção. Michael Rosen, por exemplo, um filósofo que escreveu sobre o tema por incentivo de um renomado jurista, inicia o seu inquérito sobre o conteúdo da expressão com uma provocativa referência a Schopenhauer, para quem, "depois de ter sido [ela] pronunciada por Kant, tornou-se recurso linguístico vazio e pomposo [Shibboleth] de moralistas perplexos e sem ideias".[485] Rosen alude à falta de interesse mais denodado dos filósofos modernos pela locução, que deles atrairia ora atitudes de desdém, ora de franca hostilidade.[486]

---

483 Op. cit., p. 93.

484 Op. cit., p. 92.

485 ROSEN, Michael. *Dignity* – Its History and Meaning. Cambridge: Mass, Harvard University Press, 2012, p. 1.

486 Op. cit., pp. 4 e ss. Rosen cita título de editorial de revista médica assinado por Ruth Macklin: "Dignidade é um conceito inútil. Não significa mais do que respeito pelas pessoas e por sua autonomia". A autora acidamente diz

Efetivamente, é comum a observação de que a dutibilidade do princípio do respeito à dignidade da pessoa humana termina por torná-lo invocável na defesa de interesses e posições morais e jurídicas frontalmente opostos – ou, o que é igualmente nefasto para a altitude ética que a expressão deve inculcar, para enfrentar qualquer trivialidade.

O descaso para com uma mínima busca de precisão no conceito de "dignidade da pessoa" no campo jurisdicional levou o Ministro Dias Toffoli a se permitir este desabafo, no curso de voto de relator do RE 363.889 (DJe 16.12.2011):

> (...) Considero haver certo abuso retórico em sua invocação [da dignidade humana] nas decisões pretorianas, (...) transformando a conspícua dignidade humana, esse conceito tão tributário das Encíclicas papais e do Concílio Vaticano II, em verdadeira panaceia de todos os males. Dito de outro modo, se para tudo se há de fazer emprego desse princípio, em última análise, ele para nada servirá.

O voto transcreve e abona a crítica mordaz de João Batista Villela a que se recorra em tudo, sem rigor metodológico, ao princípio da dignidade humana, assim avaliado quanto ao seu uso no momento atual:

> Empobreceu-se. Esvaziou-se. Tornou-se um tropo oratório que tende à flacidez absoluta. Alguém acha que deve ter

---

que "apelos à dignidade são ou repetições redundantes de outras noções mais precisas, ou mero *slogans* que nada acrescentam à compreensão do tópico". Para outros, citados, como James Griffin, falar em dignidade é se valer desnecessariamente de um termo obscuro para tratar de autonomia (p. 5). Atribui o ceticismo que a palavra *dignidade* atrai também à sua inevitável polissemia, por "não possuir um significado coerente próprio, mas atribuído por uma larga escala de desconectadas convicções políticas, sociais e religiosas, com o que a palavra, ela mesma, acaba por funcionar como um mero receptáculo" (p. 6).

> melhores salários? Pois que se elevem: uma simples questão de dignidade da pessoa humana. Faltam às estradas condições ideais de tráfego? É a própria dignidade da pessoa humana que exige sua melhoria. O semáforo desregulou-se em consequência de chuvas inesperadas? Ora, substituam-no imediatamente. A dignidade da pessoa humana não pode esperar.

Sem um mínimo de consistência na definição do conceito de dignidade e da sua extensão é impossível o controle racional das decisões tomadas com base nesse princípio.

O voto do Ministro Gilmar Mendes nos precedentes mencionados tem o mérito de apontar o que, para ele, se pode exigir a título de respeito à dignidade da pessoa. Adotou a *fórmula do objeto*, que repudia que o homem seja tratado pelo Estado como objeto de um processo oficial. Por esse enfoque, a pessoa deve ser abordada invariavelmente como sujeito, e, não como mero objeto.

A doutrina acolhida tem ressonância na tradição ocidental gerada pelo tema da dignidade, motivo para que seja considerada com atenção. Corresponde a uma compreensão bastante difundida nos meios jurídicos alemãs e nos que neles retiram ensinamento. Não é, porém, a única teoria a tratar do que significa a dignidade da pessoa humana para o Direito Constitucional. Tampouco é doutrina imune a desvios e inadequações concretas.

Pode-se arguir que a noção de dignidade da pessoa é como um Janus,[487] com as faces viradas simultaneamente para a moral e para a lei. O tópico de debate crucial está em definir de que ponto de vista moral se cogita.

---

487 Jürgen Habermas utiliza a mesma imagem para se referir aos direitos humanos (The Concept of Human Dignity and the Realistic Utopia of Human Rights. Metaphilosophy, Julho/2010, vol. 41, nº 4, p. 470). Com maioria de razão parece ser adequada quando se fala da dignidade da pessoa como princípio constitucional.

Há uma tradição subjacente à noção de dignidade da pessoa, como ideada nos documentos internacionais e nas constituições dos países redemocratizados em seguida à Segunda Guerra Mundial. A compreensão do princípio da dignidade proclamado como fundamento da República na Constituição de 1988 não se dá a compreender de modo desgarrado dessa tradição. Não se está, aqui, diante de uma locução aberta a receber qualquer significado por parte dos seus intérpretes. O primeiro passo para que se reconheça força normativa ao preceito do art. 1º, III, da Constituição Federal, está em partir do pressuposto de que a locução remete a um conceito pré-constitucional.

A nossa Carta vigente insere-se na linhagem da Lei Fundamental alemã de 1949, que eleva a dignidade da pessoa ao vértice do sistema político-jurídico. A Constituição alemã foi erigida na percepção de que a dignidade deveria ser preservada, até como modo de exorcizar o espetáculo de horrores que o término do totalitarismo nazista descortinou. A ideia de dignidade, de acordo com relevantes autores locais, assimilou a tradição cristã e preocupações de ordem social.[488]

---

488 Assim, Ingo von Münch relata que a Lei Fundamental como um todo "repousa sobre um compromisso estabelecido na Assembleia Constituinte entre os campos cristão e socialista" (Ingo von Münch. La Dignidad del Hombre en el Derecho Constitucional. *Revista Española de Derecho Constitucional*, maio-agosto 1982, nº 5, pp. 12-13). Acrescenta: "no que concerne à dignidade da pessoa humana, penso que seria falso desvincular totalmente o conceito de suas raízes cristãs e jusnaturalistas". Preconiza que essa tradição seja contemplada na interpretação constitucional, com a óbvia ressalva de que não seja o único embasamento hermenêutico (id., p. 13). De seu turno, Ernst Benda também se refere a filiação pelo constituinte de 1949 da corrente que liga dignidade da pessoa humana à perspectiva judaico-cristã da dignidade resultante da imagem de Deus impressa em cada pessoa. Diz ele ser "otimista [a] presunção de que no Ocidente desde tempos imemoriais imperou a crença nos direitos humanos", o mais exato seria verificar que, "historicamente, a garantia da dignidade humana se encontra estreitamente ligada ao cristianismo. Seu fundamento radica no fato de que o homem foi criado à imagem e semelhança de Deus" (Dignidad

A associação da dignidade humana à tese do *imago Dei* não pode, pois, ser alheada do enfoque de problemas que envolvam a aplicação do princípio. Por isso mesmo, a perspectiva transcendental não deve ser desprezada, quando se cuida de identificar as necessidades elementares da pessoa, merecedoras de proteção e promoção pelo Estado, em face da sua vinculação ao princípio declinado no art. 1º, III, da Carta da República. Esse modo de ver confirma-se com a observação dos diversos momentos em que o nosso Estatuto Político alude positivamente à religião, e mesmo na "proteção de Deus" que o constituinte impetra, no Preâmbulo, para o atingimento dos fins últimos dos seus trabalhos.

Essa concepção da dignidade da pessoa humana apoia a assertiva de que a todos os seres humanos se predica a dignidade, "sem nenhum matiz diferencial", conforme a dicção de Francisco Segado, que ajunta ao seu argumento a declaração da Convenção Americana de Direitos Humanos de que "pessoa é todo o ser humano".[489] Postulados de isonomia e instâncias de atenção para com exigências de justiça social são consequências derivadas dessa perspectiva.[490]

Uma vertente secularizada da visão sublime da pessoa humana realça a pertença ao gênero humano como razão de

---

Humana y Derechos de la Personalidad.*In*: Benda *et al.* (Coord.). *Manual de Derecho Constitucional.* Madri: Marcial Pons, 1996, pp. 117-118).

489 Francisco Segado. *Estudios Constitucionales* – Constitución y valores. México: UNAM, 2010, p. 26.

490 A premissa do *imago Dei* insufla a ideia básica da igualdade de todos os homens como resultado da dignidade humana, como ressaltado por Francisco Segado, no ponto em que recorda a visão do Concílio Vaticano II (*Gaudium et Spes,* § 29), no sentido de que "como todos os homens, dotados de alma racional e criados à imagem e semelhança de Deus, têm eles a mesma natureza, e como, redimidos que foram por Cristo, gozam de uma mesma vocação e de um mesmo destino divino, deve-se reconhecer, mais e mais, a fundamental igualdade entre todos". O documento pontifício prossegue, aduzindo que "mesmo que haja justas diferenças entre os homens, a igual dignidade das pessoas exige que se chegue a uma mais humana e justa condição de vida" (Op. cit., pp. 26-27).

tratamento fraterno e singular para todos os seres que partilham a natureza humana. A dignidade se configura por se estar inserido na humanidade.

Tanto essa representação como a embasada no *imago dei* servem para complementar uma outra, que se concentra na autonomia da pessoa como característica distintiva essencial a apartar os seres humanos do restante da Criação. A ênfase na capacidade de autorreflexão realça a aptidão dos homens para forjar o seu futuro e escolher conscientemente os meios dirigidos a atingir os seus objetivos.

Aqui, cabe mencionar a tradição filosófica iluminista de raiz kantiana para melhor compreender a relevância da dignidade no sistema constitucional. A essa linhagem de pensamento se deve a *fórmula do objeto*, referida no acórdão, objeto destes comentários.

A corrente é classificada como imanentista, por tomar a dignidade como uma característica da pessoa em si, encarecida na sua capacidade de ser racional, com poder para se autogerir. Daí a autonomia predicada à pessoa, relacionada com o seu dom de definir, responsável e livremente, a sua conduta.

A autonomia, para Kant – esclarece Rosen, pretendendo desfazer um equívoco difundido – não significa reconhecimento moral para escolher o que quer que as inclinações da vontade sugiram.[491] A lei que o homem deve dar a si mesmo – e que o eleva a grau inexcedível – não é a que resulta da inclinação da vontade, mas a que a "domina ou que, pelo menos, a exclui do cálculo da

491 Diz Rosen: "o que Kant tem em mente como *autonomia* é a ideia de que a lei moral que nós devemos acolher como impositiva para nós mesmos é "autodeterminada" [*self given*]. Isso é bem diferente do entendimento moderno de autonomia como capacidade dos indivíduos de escolher o curso das suas vidas como bem quiserem" (Op. cit., p. 25). O que há de sublime no homem, para Kant – diz Rosen – tem a ver com dever. Cita, a propósito, o filósofo, quando diz que "não há realmente elevação naquele que é apenas sujeito à lei moral, mas o há, certamente, na medida em que ele é, ao mesmo tempo, formulador da lei e apenas por essa razão subordinado a ela" (p. 28).

escolha, quer dizer, a lei por si mesma".[492] Essa lei corresponde ao que Kant chama de "legalidade universal das ações em geral", imperativo que diz que "devo agir sempre de modo que possa querer que minha máxima [de ação] se converta em lei universal".[493] Continua: "é necessário poder querer que uma máxima da nossa ação se transforme em lei universal: este é o cânone pelo qual julgamos moralmente".[494] Essa faculdade somente se encontra em seres racionais, no homem, por isso, prossegue o iluminista, a pessoa "existe como fim em si mesmo, e não como meio para uso arbitrário desta ou daquela vontade".[495] Daí, afinal, o conhecido imperativo prático que formula: "age de tal maneira que possas usar a humanidade, tanto em sua pessoa como na pessoa de qualquer outro, sempre e simultaneamente, como fim e nunca simplesmente como meio".[496] A necessidade de agir segundo esse imperativo corresponde ao termo "dever".[497] A ideia de dignidade se liga à capacidade do homem de se dotar de lei moral, que corresponda ao imperativo prático. Kant atribui "dignidade" ao "ser racional que não obedece a outra lei senão aquela que dá a si mesmo" e imediatamente explicita outro célebre enunciado: "no reino dos fins, tudo tem ou um preço ou uma dignidade. Quando uma coisa tem preço, pode ser substituída por algo equivalente; por outro lado, a coisa que se acha acima de todo preço, e por isso não admite qualquer equivalência, compreende uma dignidade".[498]

A autonomia, entendida como "não escolher senão de modo que as máximas da escolha no próprio querer sejam simultaneamente incluídas como lei universal", é, portanto, "o fundamento da

---

492 KANT, Immanuel. *Fundamentação da Metafísica dos Costumes e outros Escritos*. Trad. Leopoldo Kolzbach. São Paulo: Martin Claret, 2005, p. 28.

493 Id., p. 29.

494 Id., p. 51.

495 Id., p. 58.

496 Id., p. 59.

497 Id., p. 64.

498 Id., p. 65.

dignidade da natureza humana e de toda a natureza racional", e a ela, como "valor incondicional, incomparável", se deve *respeito*.[499] A liberdade está, sob esse ângulo, "em não agir segundo nenhuma outra máxima que não aquela que possa ser objeto de si mesma como lei universal".[500]

Assumidamente inspirada nessa linha de pensamento, a fórmula do objeto propõe um sentido prático para o princípio da dignidade, para dele extrair um mandamento negativo, sem se deter no campo das controvérsias que a pesquisa sobre o conteúdo do princípio atrai. Por esse ângulo, o princípio da dignidade da pessoa humana veda a reificação do homem. A inconstitucionalidade, resume Reis Novais, "advém do fato de a pessoa ser utilizada só como meio",[501] máxima que se tornou parâmetro de mais larga utilização nas jurisdições constitucionais.[502]

É essa representação da dignidade da pessoa para o Direito que o acórdão em comento homenageia.

Convém estar atento, não obstante, para que da fórmula do objeto não se espere mais do que o auxílio propiciado pelo recorte assumidamente limitado da temática está apto para render.

A fórmula é notoriamente vaga e imprecisa, refletindo a consciência da extrema dificuldade de se apreenderem todas as potencialidades da noção da dignidade da pessoa. A fórmula não se presta como elemento de ligação do princípio com todas as multidimensionais realidades fáticas; dela não se produzem imediatos juízos de subsunção.

Corrijam-se, desde logo, os enfoques que negam que a pessoa possa ser empregada, em qualquer caso, como meio para fim de

---

499 Id., p. 66.

500 Id., p. 80.

501 NOVAIS, Jorge Reis. *A Dignidade da Pessoa Humana* – Dignidade e Inconstitucionalidade. Coimbra: Almedina, 2017, p. 113.

502 Reis Novais, Op. cit., p. 113.

outrem. O que a fórmula na sua inspiração kantiana refuta é a redução da pessoa a *mero* meio a um fim que lhe é alheio. De outro modo, seria ilegítimo qualquer contrato de trabalho, por exemplo. A fórmula cobra é que, ainda que a relação formada tenha um objetivo pragmático, aquele que presta o serviço seja tratado com o respeito e a consideração devidos a um sujeito de direitos.

Reis Novais menciona, ainda, outras situações admitidas num Estado democrático em que a pessoa é instrumentalizada e nem por isso se suscita a objeção do desrespeito à dignidade da pessoa. Alude ao caso do alistamento militar para ser levado a combate, numa guerra com que eventualmente o conscrito não concorda e em que possivelmente perderá a vida.[503]

Situações assim motivam um refinamento da fórmula do objeto, que passa a se referir a hipóteses qualificadas negativamente pelo elemento da degradação – quer a humilhação e o desprezo sejam intencionais, quer a humilhação decorra objetivamente do contexto em que a conduta retificadora se dá, à vista das finalidades pretendidas e das suas razões motivadoras. Essa retificação, contudo, não elude todas as controvérsias, em especial diante de casos limítrofes. A propósito, Bodo Pieroth dá conta de que "também recentemente o Tribunal Constitucional Federal não precisou a fórmula-objeto, mas constatou que a questão de saber 'o que significa concretamente' a obrigação do Estado de proteger a dignidade humana não pode ser definida de uma vez por todas".[504]

A fórmula não apenas não logra superar as desvantagens da equivocidade de sentido como, ainda, não é apta para abarcar todas as situações em que se pode cogitar de desprezo à dignidade da pessoa. Não está aparelhada, por exemplo, para qualificar juridicamente certas omissões do Estado.

---

503 NOVAIS, Reis. Op. cit., pp. 115-116.

504 PIEROTH, Bodo. *Direito Constitucional* – Direitos Fundamentais. São Paulo: Saraiva, 2012. iBooks. Item 376.

Sem que seja necessário abandoná-la, é de todo pertinente considerá-la juntamente com outras perspectivas, mesmo que cada uma delas seja também insuficiente e passível de controvérsia.

O que se percebe é que os variados enfoques que o princípio convoca à discussão têm como pressuposto o reconhecimento do homem como ser merecedor de máximo respeito e de consideração, além da ideia – esta moderna – de que o Estado "nada mais é do que uma realidade acidental, ordenada como fim para o bem das pessoas individuais".[505] Esse respeito e consideração e essa precedência da pessoa sobre o Estado podem ser compendiados na visão de que a dignidade humana exige reconhecer que todos os homens têm sempre o direito de serem reconhecidos como pessoas humanas, sujeitos de direito.

À falta de uma conceituação em abstrato capaz de conter todas as virtualidades do princípio da dignidade da pessoa humana, torna-se inevitável que o exame da sua aplicabilidade se submeta a reflexões de ordem contingencial. Não se larga a premissa essencial de que todo o ser pertencente ao gênero humano, não importando o seu estágio de desenvolvimento ou as vicissitudes que tenham impactado sobre a sua capacidade de discernimento, é sempre merecedor do reconhecimento da sua dignidade intrínseca. Mas a situação concreta do indivíduo posto em situação em que, *prima facie,* o tema do respeito à dignidade se vê chamado à baila muitas vezes haverá de ser analisada tendo em vista o momento, o ambiente econômico e as próprias condições pessoais do interessado, impondo juízos sobre o que é justo – juízos, assim, inevitavelmente impregnados de historicidade e de subjetivismo.

Determinados serviços desagradáveis e dos quais muitos procurariam se esquivar – pense-se, por exemplo, nos trabalhos relacionados com limpeza de materiais pútridos – podem, ou não, ser atentatórios à dignidade conforme as condições oferecidas para a sua execução, dado o estádio da tecnologia disponível em

---

505 Francisco Segado. Op. cit., p. 11. O autor cita e segue Werner Goldschimidt.

cada instante. Um modo de tratamento pode ser adequado para uma criança, mas ser humilhante e inadmissível para um adulto. Se, portanto, há situações em que a ofensa a dignidade da pessoa estará inexoravelmente configurada, com abstração de circunstâncias variáveis (por exemplo, a proibição de que se tenha crença religiosa), em outras mais a avaliação depende de fatores instáveis e inconstantes.

O *consentimento*, elemento reconhecido como inerente à ideia mesma de dignidade, pode também conduzir a algum pasmo. Cabe indagar sobre a admissibilidade de alguém optar por uma posição vista por outrem ou por uma maioria como degradante. A questão intriga, e tampouco aqui se encontra solução simples e definitiva. No contexto europeu, já se referendou a proibição de que anões consentissem em serem atirados, em competições de lançamento a distância, dentro barris de cerveja, para o divertimento de plateias em bares nos anos finais do século passado.[506] A restrição busca justificar-se pelo prisma objetivo da dignidade da pessoa, que extrai desse atributo uma característica da humanidade, a ser protegida em favor da imagem do homem, que não poderia ser tisnada, nem mesmo com o assentimento da pessoa em concreto submetida ao tratamento controvertido.[507]

A dificuldade está em evitar que esse argumento da proteção da dignidade leve ao apequenamento da autonomia do sujeito, ensejando decisões de cunho paternalista,[508] em si mesmo inconciliáveis com a dignidade da pessoa. Por isso mesmo, essas limitações, que não visam

---

506 O caso chegou à Comissão de Direitos Humanos da ONU, que não censurou as decisões tomadas pelos órgãos jurisdicionais franceses de apoio à proibição da atividade por autoridade administrativa na França (caso Wackenheim contra França, de 15.7.2002).

507 Para uma exposição crítica desse tópico, ver Reis Novais, Op. cit., pp. 25-27.

508 Paternalismo aqui tomado no sentido resumido por Costa Neto como "usurpação do processo de tomada de decisão, tanto impedindo ou coagindo aquele que toma a decisão como sonegando informações que poderiam fazê-lo tomar uma decisão distinta dos interesses paternalistas" (COSTA NETO, João. *Dignidade Humana*. São Paulo: Saraiva, 2014, p. 35).

a proteger diretamente a igual possibilidade de se autodeterminar de outra pessoa, merecem ser lidadas com cuidado redobrado.[509]

A autodeterminação do indivíduo não deve, de toda sorte, ser absolutizada na vida de relações, mas se devem extrair do seu reconhecimento como elementar à dignidade deveres dos Poderes Públicos, tanto no campo político como no social.

Admite-se que a defesa de terceiros, isoladamente ou como integrantes de um grupo, contra danos à sua dignidade justifique restrições à autonomia.[510]

Numa sociedade política, ainda, em especial num ambiente democrático, não se pode recusar ao Direito a função de promoção de valores assumidos pela própria sociedade ao se auto-organizar e se autogerir.

Há de se ter presente, também, que, para haver exercício próprio da autonomia, é preciso que se reúnam condições satisfatórias de acesso ao espaço público e político, ao conhecimento da realidade, além de contentamento das necessidades materiais

---

509 É o que aconselha Gerald Dworkin, ao apontar que "o respeito decente pela autonomia dos indivíduos leva-nos a estar especialmente atentos para as limitações de escolha, mesmo quando isso se dá no interesse razoável dos indivíduos envolvidos". (DWORKIN, Gerald. *The Theory and Practice of Autonomy*. Cambridge: Cambridge University Press, 1997, p. 78).

510 A propósito, neste passo, Luís Roberto Barroso, quando sustenta que "a ideia de dano aos outros confere à restrição uma justa presunção de legitimidade. O dano a si mesmo pode também constituir uma base aceitável para a limitação da autonomia pessoal (...), mas nesse caso o ônus de comprovar a sua legitimidade vai usualmente recair sobre o Estado, uma vez que o paternalismo deve normalmente levantar suspeitas. Finalmente, a limitação da autonomia pessoal fundamentada na moral pública exige um consenso social forte". (BARROSO, Luís Roberto. "Aqui, lá e em todo lugar: a dignidade humana no direito contemporâneo e no discurso transnacional". *Revista dos Tribunais*, maio de 2012, vol. 919, p. 180).

No Brasil, o caso Elwanger se situa nesse quadro, não reconhecendo a legitimidade do *hate speech* (HC n. 82.424/RS, Plenário, Rel. Min. Maurício Corrêa, j. 19.9.2003).

básicas da vida. Daí se poder extrair como reivindicação inerente à dignidade da pessoa que os Poderes Públicos supram, ao menos no grau mínimo, os direitos sociais de prestação e, simultaneamente, que assegurem as liberdades básicas para um agir informado e consequente.

Esse modo de ver direciona o sentido da igualdade e da liberdade como emanações forçosas da dignidade substancial de cada ser humano. Com efeito, se é próprio da pessoa a capacidade de se autogerir e de buscar o bem para si, não se lhe pode recusar a liberdade para isso. Além disso, essa prerrogativa deve ser identificada como própria de todas as pessoas, e respeitada por todas as pessoas, vistas como detentoras de igual dignidade substancial.[511] Ocioso é frisar que desse enfoque não se pode expungir a nota da responsabilidade por toda tomada de decisão livre e autônoma, diante do agente mesmo e da coletividade.

***

O acórdão cuja redação coube ao Ministro Gilmar Mendes provocou a atenção para a necessidade de se refinar o argumento centrado no princípio da dignidade da pessoa humana, com vistas a prevenir o risco – ainda bem presente – de se tratar a norma constitucional como panaceia que converta todo desejo e aspiração em direito fundamental. Resistir à inflamação do conceito é peremptório, a fim de que lhe seja conservada a força normativa ínsita à grandeza da sua superlativa inspiração. Do princípio da dignidade da pessoa podem ser extraídos limites aos limites dos direitos fundamentais e confirmados conteúdos a ele *prima facie* atribuíveis; podem ser também embasados deveres mínimos de ação do Estado. O princípio impõe ao Estado de Direito o tratamento de toda e qualquer

---

511 O Tribunal Constitucional espanhol nessa trilha entende que "a dignidade é um valor espiritual e moral inerente à pessoa, que se manifesta singularmente na autodeterminação consciente e responsável da própria vida e que leva consigo a pretensão de respeito por parte dos demais", na dicção de Francisco Segado, Op. cit., p. 17.

pessoa como sujeito de direitos, merecedora de todo respeito e consideração pelos poderes públicos e pelos seus semelhantes. Esse cuidado deve estar sempre no horizonte do aplicador do Direito, sobretudo no sensível âmbito do processo penal, em que a técnica jurídica deve ser observada pontualmente e em que mais aparente se mostra o risco de ações estatais se desvirtuarem em medidas de humilhação pública, mediante o uso incondizente dos meios de persecução legal.

CAPÍTULO XXII

O RESGASTE DO PRINCÍPIO DA FRATERNIDADE NA ADPF-MC 186

Reynaldo Soares da Fonseca
Rafael Campos Soares da Fonseca

Introdução: Eminente Ministro e professor Gilmar Ferreira Mendes

Algumas palavras preambulares se impõem: este artigo possui o singelo objetivo de refletir sobre aspectos da contribuição jurisdicional decorrente de quinze anos de atividade judicante do Eminente Ministro Gilmar Ferreira Mendes na mais alta instância do Poder Judiciário brasileiro, o Supremo Tribunal Federal.

Nesse sentido, muito nos honra o convite à análise detida da farta jurisprudência da Suprema Corte sobre a qual o Homenageado influiu a partir de incontáveis votos e manifestações nesse profícuo período principiado em 20 de junho de 2002, data de posse no órgão, após indicação presidencial e sabatina senatorial, assim como pregressa e extensa participação na *vita activa* brasileira.

Pelo fato da trajetória acadêmica e profissional do professor Gilmar Mendes confundir-se com a consolidação da arquitetura constitucional do Estado de Direito brasileiro no período de redemocratização, reconhece-se o qualificado valor de obras coletivas, como certamente é a presente, as quais proponham um olhar retrospectivo aos dilemas jurídicos enfrentados pela individualidade do Homenageado em conjunto com a colegialidade do STF em suas mais diversas composições.

A propósito, sem desconsiderar esforço inigualável intentado pelo próprio Ministro Gilmar Mendes, ao catalogar sua própria produção jurisdicional no período de 2002 a 2010 e submetê-la a escrutínio dialético da Academia e da comunidade jurídica na obra "Estado de Direito e Jurisdição Constitucional – 2002/2010",[512] pretende-se versar qualitativamente sobre a jurisprudência do Supremo Tribunal Federal e respectiva função de compatibilizar hermeneuticamente os princípios jurídicos com guarida constitucional, notadamente a partir da moderna tríade da liberdade-igualdade-fraternidade.

Busca-se na espécie perquirir o pronunciamento do Ministro Gilmar Mendes, na qualidade de Presidente do STF em recesso forense, emitido na medida cautelar em Arguição de Descumprimento de Preceito Fundamental 186, ajuizada pela agremiação política Democratas (DEM) em face de atos administrativos da Universidade de Brasília (UnB) que instituíram o programa de cotas raciais para ingresso na referida instituição pública de ensino superior.

O presente ensaio justifica-se não só pela questão altercada referente às ações afirmativas em sociedades democráticas e Estados constitucionais, mas igualmente pela engenhosa solução proposta pelo então Ministro Presidente para indeferir a medida cautelar, consistente em pleito de suspensão da matrícula dos alunos aprovados no 2º vestibular de 2009 da UnB e interferência nas deliberações internas da universidade.

---

512 MENDES, Gilmar Ferreira. *Estado de Direito e Jurisdição Constitucional*. São Paulo: Saraiva, 2012.

Com espeque no pensamento possibilista do Professor Peter Häberle, o Homenageado propôs nova mirada à simbiose entre Estado Democrático de Direito e os valores jurídico-políticos da igualdade e da liberdade, sob as luzes do princípio da fraternidade, cuja juridicidade possui aptidão para a resolução de incontáveis problemas decorrentes da condição humana em sociedades multiculturais e complexas.

Sendo assim, o itinerário argumentativo deste estudo consistirá em três seções. Em primeiro lugar, pretende-se expor uma síntese processual do caso analisado e das soluções jurisdicionadas adotadas na espécie. Após, será investigada a categoria da fraternidade na esfera pública, a partir das tradições filosóficas do racionalismo científico e judaico-cristã, de modo a definir a estrutura e o conteúdo do ideário fraterno nos subsistemas sociais do Direito e da Política. Por fim, torna-se conveniente a realização de um pensamento possibilista acerca do potencial conciliatório do princípio da fraternidade no Sistema de Justiça brasileiro.

Com estas palavras introdutórias, registra-se homenagem e inicia-se o percurso argumentativo.

1 A medida cautelar na Arguição de Descumprimento de Preceito Fundamental 186

Como já adiantado no introito, a ADPF 186 proposta pelo DEM insurgiu-se contra uma série de atos estatais emanados da UnB, os quais instituíram reserva de vagas de 20% para a população negra no que diz respeito ao acesso às matrículas universais proporcionadas pela instituição pública. De acordo com o Arguente, houve ofensa por parte do Poder Público a diversos preceitos fundamentais, notadamente os princípios republicano, da dignidade da pessoa humana, da igualdade, da legalidade, do devido processo legal, da razoabilidade, da proporcionalidade, da autonomia universitária, entre outros; as vedações ao preconceito de cor e ao racismo; e os direitos à informação e à educação universal.

Nesse quadro, estreitou-se a pretensão de inconstitucionalidade, de modo a não questionar a constitucionalidade de ações afirmativas como políticas necessárias para inclusão de minorias sociais, mas a adoção de políticas afirmativas baseadas no conceito de raça, inadequada à sociedade brasileira. Isto porque o elemento "raça", como fenótipo, não poderia, por si só, ser considerado critério legítimo de discriminação entre cidadãos.

Nesse mesmo sentido, articula-se que o sistema de cotas impugnado possui aptidão a agravar o preconceito racial, tendo em vista que promove ofensa arbitrária ao princípio da igualdade, "discriminação inversa" aos brancos pobres e favorecimento da classe média negra. Assim, ressalta-se a maior pertinência e adequação da escassez de recursos econômicos (pobreza) como fator de discrímen, considerados a realidade brasileira e as necessidades das políticas de cotas às universidades públicas.

Conforme o art. 13, VIII, do Regimento Interno do Supremo Tribunal Federal, é competência da Presidência da Suprema Corte decidir questões urgentes nos períodos de recesso ou de férias. Valendo-se dessa hipótese normativa, o Ministro-Presidente Gilmar Mendes requisitou informações dos Arguidos e os pareceres técnicos do Advogado-Geral da União e do Procurador-Geral da República.

Em 31.07.2009, último dia do recesso do ano judiciário, o Homenageado indeferiu o pedido de medida cautelar, a ser referendado pelo Plenário, em linha de coerência com o princípio da colegialidade, ainda que diferido, há muito defendido em sede doutrinária,[513] e submeteu o feito à livre distribuição, a partir

513 "Portanto, a única exceção à reserva de plenário prevista pela lei encontra-se no excepcional poder conferido ao Presidente do Supremo Tribunal Federal para decidir cautelarmente nos períodos de recesso e de férias. De toda forma, mesmo nessa hipótese excepcional, deverá a medida cautelar ser levada ao referendo do Tribunal Pleno tão logo termine o período de recesso ou de férias (art. 21, IV e V, RI-STF). Caberá ao Relator do processo (designado com a regular distribuição da ação, após o término do período de férias) levar ao referendo do Plenário a medida cautelar decidida pela

desse ato processual passou a figurar na condição de Relator, Sua Excelência o Ministro Ricardo Lewandowski.

Decerto, trata-se de julgamento histórico do Supremo Tribunal Federal no exercício de sua típica função contramajoritária e promocional dos direitos fundamentais, imbuído de intenso debate no âmbito da sociedade aberta de intérpretes constitucionais[514] no tocante à hermenêutica constitucional apropriada às ações afirmativas.

Posta a largueza da temática, o presente estudo cinge-se à argumentação do Homenageado em relação à concretização dos direitos fundamentais da liberdade, da igualdade e da fraternidade, nas suas mais diversas concepções no Estado Constitucional.

De plano, a perspectiva que informa a decisão monocrática em análise é a ressignificação dos valores da liberdade e da igualdade no limiar do século XXI e no plano da dogmática constitucional, em conformidade a um direito fraterno. Nas palavras do Ministro Gilmar Mendes, "Com isso quero dizer que a fraternidade pode constituir a chave por meio da qual podemos abrir várias portas para a solução dos principais problemas hoje vividos pela humanidade em tema de liberdade e igualdade". Evitam-se, portanto, fundamentalismos firmados em visões unilaterais e intolerantes do binômio igualdade-liberdade, em prol da tolerância nas sociedades multiculturais.

Por outro lado, a posição inicial adotada revela o compromisso do então Ministro Presidente do STF à "teoria do pensamento

---

Presidência. Em hipóteses excepcionais, poderá o próprio Presidente levar sua decisão ao referendo do Pleno, tal como já ocorreu no julgamento da ADI 3.929-MX-QO, REl. Min. Ellen Gracie (julgamento em 29-8-07, DJ de 11-10-07)". (MENDES, Gilmar Ferreira; VALE, André Rufino do. "Questões Atuais sobre as Medidas Cautelares no Controle Abstrato de Constitucionalidade". *Observatório da Jurisdição Constitucional*, Brasília, a. 5, pp. 1-23, 2011-2012, pp. 9/10).

514 HÄBERLE, Peter. *Hermenêutica Constitucional*: a sociedade aberta dos intérpretes da constituição. Trad. Gilmar Ferreira Mendes. Porto Alegre: S.A. Fabris, 2002.

de possibilidades" de Peter Häberle como modo alternativo de interpretação do Direito Constitucional, da lógica jurídica e da teoria da argumentação. Trata-se de pensar a partir e em novas perspectivas, de modo a questionar sobre a viabilidade de novas soluções jurídicas a uma mesma questão e consequentemente a prática de uma cultura da tolerância, contemplando a realidade e a necessidade do contexto social.[515]

Na verdade, essa constante abertura a novas possibilidades proposta por Häberle e incorporada em sua judicatura pelo Homenageado encontra-se na centralidade dos princípios jurídico-constitucionais mais relevantes, como a tríade liberdade-igualdade-fraternidade. Sendo assim, a harmonização pluralista da Constituição ao ideal democrático consiste em um compromisso atual e futuro com as possibilidades, isto é, uma proposta de soluções e de coexistências possíveis. Nas palavras de Gilmar Mendes, "os direitos fundamentais acabam por representar importante meio de alternativas e de opções, fazendo que, com eles, seja possível um pluralismo democrático. Liberdade é, assim, sinônimo de democracia".[516]

Já na decisão em tela, assenta que "pensar a igualdade segundo o valor da fraternidade significa ter em mente as diferenças e as particularidades humanas em todos os seus aspectos (...) expressa uma normatividade constitucional no sentido de reconhecimento e proteção das minorias".

Nesse contexto de possibilidades, além de juiz constitucional, o Homenageado revela-se humanista, porquanto se interessa por questionar a partir dos mais diversos pontos de vista as ações afirmativas orientadas ao objetivo de remediar desigualdades históricas entre

---

515 MENDES, Gilmar Ferreira. "A Influência de Peter Häberle no Constitucionalismo Brasileiro". *Revista de Estudos Institucionais*, vol. 2, nº 1, pp. 30-56, 2016, pp. 34-35.

516 MENDES, Gilmar Ferreira. "A Influência de Peter Häberle no Constitucionalismo Brasileiro". *Revista de Estudos Institucionais*, vol. 2, nº 1, 2016, pp. 37.

grupos étnicos e sociais, à luz da justiça social, para além de pré--compreensões liberais ou comunitaristas, bem como de importação acrítica de modelos alienígenas à sociedade brasileira para questões raciais. Nesse ponto, perquire até mesmo o conceito de democracia racial, por sua vez articulada na obra de Gilberto Freyre "Casa Grande e Senzala", mas também a fórmula excludente do modelo de ensino superior pátrio historicamente construído.

A título de elucidação, recorre-se novamente à literalidade do raciocínio declinado pelo Ministro Gilmar Mendes segundo o qual:

> É certo que o Brasil caminha para a adoção de um modelo próprio de ações afirmativas de inclusão social, em virtude das peculiaridades culturais e sociais da sociedade brasileira, que impedem o acesso do indivíduo a bens fundamentais, como a educação e o emprego.

Enfim, após qualificar o debate sobre ações afirmativas ao diferenciá-lo de uma de suas espécies, a política de cotas afirma a importância da prestação da jurisdição constitucional no caso em questão para o fortalecimento da democracia no Brasil. Ademais, com esteio no pensamento de possibilidades, formula indagações a respeito de conceitos fundamentais para o deslinde da controvérsia a si mesmo, aos eminentes pares e à sociedade brasileira, de maneira a construir uma interpretação constitucional republicana acerca do modelo querido e possível de ações afirmativas.

Ante essas considerações, o Ministro-Presidente terminou por indeferir a medida liminar pretendida, por não constatar caso de extrema urgência ou perigo de lesão grave, conforme requer o art. 5º, §1º, da Lei 9.882/1999.

2 A fraternidade na esfera pública

Descrita a utilização da fraternidade em relevante decisão em sede de jurisdição constitucional, torna-se imperativo perquirir acerca da própria validade normativa dessa categoria no âmbito do constitucionalismo.

Uma comum objeção ao uso da fraternidade como razão de decidir consiste na origem religiosa da expressão, o que não se compatibilizaria com a secularização do Estado e da sociedade civil levada a cabo na modernidade. De fato, observa-se no mundo ocidental a persistência de uma retórica fraterna influenciada pela religião cristã, desde o Novo Testamento, perpassando por diversos sentidos teológicos. Na verdade, a ideia de fraternidade detém assento fundante em diversas civilizações como ideal de orientação e inspiração das relações humanas, como se depreende, por exemplo, de Cain e Abel, Antígona e Ismene, Rômulo e Remo.[517]

Nesse sentido, antes mesmo da apropriação cultural do termo pela Revolução Francesa, verifica-se que a fraternidade já possuía função notável na dinâmica pública no medievo e na Era moderna, ao se traduzir em uma ligação universal entre seres igualmente dignos, que resulta num complexo sistema de solidariedade social e atenção aos necessitados, previamente à própria falência do Estado liberal.

Por sua vez, com o advento da Revolução de 1789, a fraternidade é recolocada como elemento conectivo entre a liberdade e a igualdade, distinguindo-se destes por sua peculiar fundação relacional em favor de um projeto moderno de sociedade. Pouco tempo depois de referido movimento, a categoria fraternal do tripé republicano recai em desuso, ao contrário das expressões do binômio entre liberdade e igualdade, passíveis de expressão como princípios constitucionais e diretrizes de movimentos políticos, progressivamente antagônico a partir de sistemas de

517 BAGGIO, Antonio Maria. "The Forgotten Principle: Fraternity in Its Public Dimension". *Claritas – Journal of Dialogue and Culture*, West Lafayette-EUA, vol. 2, nº 2, pp. 35-58, 2013, p. 38.

produção e governo, ou mesmo visões de sociedade, tal como a Guerra Fria exemplificou.[518]

Na verdade, já se trata de elemento aparentemente paradoxal a recepção e operabilidade de uma categoria originariamente religiosa por racionalistas iluministas, cujos principais obstáculos para a construção de uma nova ordem jurídica burguesa eram justamente a aristocracia nobiliárquica (*Ancien Régime*) e a Igreja Católica.[519] Contudo, tornou-se necessário o recurso à universalidade na forma de igualdade e liberdade, de maneira a unir o Terceiro Estado, notadamente o descontentamento da burguesia dotada de riqueza e as revoltas das camadas populares urbanas e rurais, sendo que coube a primeira a liderança do desmonte da ordem feudal.

Em contraposição à Revolução Inglesa, na qual a nobreza possuía privilégios nababescos desde a Magna Carta e interesses em comum com a burguesia, particularmente a partir da expansão marítima e colonial, o que permitiu a transição de ordens com viés conservador, o quadro francês demandou certa radicalidade democrática, traduzível na igualdade de direitos entre todos os homens livres, com indisfarçável apelo fraternal.

Nesse quadro, houve uma profunda alteração nas estruturas sociais da França de 1789 em diante, como se depreende de António José Avelãs Nunes:

---

518 BAGGIO, Antonio Maria. "The Forgotten Principle: Fraternity in Its Public Dimension". *Claritas – Journal of Dialogue and Culture,* West Lafayette--EUA, vol. 2, nº 2, pp. 35-58, 2013, p. 36.

519 "Uma lei de 14 de maio de 1790 veio a regular a venda dos bens da Igreja (...) Dessas medidas resultou a destruição da base econômica do poder da Igreja (cujos bens – cerca de 10% das terras do país – foram integralmente expropriados para além da perda do dízimo) e a liquidação do Clero como ordem (ou classe), até porque muitos dos seus membros foram mortos, alguns emigraram e outros ainda abdicaram". (NUNES, António José Avelãs. *A Revolução Francesa: as origens do capitalismo*: a nova ordem jurídica burguesa. Belo Horizonte: Fórum, 2017, p. 121).

> O novo poder revolucionário veio a proclamar que todos os cidadãos são livres e iguais em direitos; destruiu a propriedade feudal sobre a terra e libertou os camponeses de todas as sujeições; aboliu as corporações e os monopólios corporativos (...) eliminou antigas autonomias e privilégios locais e regionais; aboliu as alfândegas no interior do espaço geográfico da França; consolidou a unidade nacional ainda imperfeita em 1789; dotou a nação francesa de um aparelho de estado moderno e de uma administração racionalizada.[520]

No entanto, após consolidada a nova ordem jurídica e com esteio nos fundamentos filosóficos da burguesia revolucionária, os princípios da igualdade e da liberdade foram funcionalizados em prol da propriedade, por sua vez pedra-angular do sistema como direito imprescritível e natural. Propriedade essa que possuía como caracteres a exclusividade, ao dividir a sociedade em classes (proprietários e não proprietários) e a separação entre os meios de produção e os trabalhadores não proprietários.

Nesses termos, já constam no art. 2º da Declaração Universal dos Direitos do Homem e do Cidadão, de 26 de agosto de 1789, que os direitos naturais e imprescritíveis do homem, cuja conservação é função de toda associação política, são a liberdade, a propriedade, a segurança e a resistência à opressão.

Além disso, no art. 6º do mesmo documento, a igualdade confunde-se com a ideia de meritocracia, porquanto os cidadãos são iguais segundo a sua capacidade e as distinções são possíveis, desde que com espeque em suas virtudes e talentos. Esse dado é particularmente relevante no presente artigo, pois a controvérsia referente à política de cotas para o ingresso em universidade pública perpassa pelos critérios legítimos para tratamentos desiguais com base em um senso de justiça social e correção estrutural de

---

520 NUNES, António José Avelãs. *A Revolução Francesa*: as origens do capitalismo: a nova ordem jurídica burguesa. Belo Horizonte: Fórum, 2017, pp. 115/116.

circunstâncias históricas adversas a minorias sociais. Ou seja, a despeito da importância da meritocracia como elemento legitimador em sociedades de mercado, a ênfase excessiva neste discurso tem a potencialidade de gerar exclusão massiva de grupos sociais tendencialmente não proprietários.

Por conseguinte, na prática histórica do Estado liberal, a necessária afirmação de que todos os homens são livres e iguais em direitos traduz-se em uma "filosofia individualista que justifica a concepção atomística da sociedade (concebida como o mero somatório de indivíduos isolados) e que serve de fundamento ao contratualismo, que foi um dos pilares do liberalismo econômico e do estado liberal".[521]

Sendo assim, por ausência de finalidade específica na consolidação dessa nova ordem jurídica do Estado capitalista pós-absolutismo, a fraternidade tornou-se um "princípio esquecido"[522] e se interdita qualquer intelecção de uma categoria política ou jurídica. Assim, a fraternidade persiste com multifuncionalidade na tradição cristã, mas atrai pouca atenção no paradigma racional-científico. Quando muito, diante do esgotamento do Estado mínimo, o princípio da solidariedade satisfaz no âmbito do Estado Providência, em alguma medida, o papel que a fraternidade desempenharia, como, por exemplo, na assistência social ou entidades beneméritas. Porém, note-se a maior abrangência da fraternidade, pois esta não admite subordinação entre os sujeitos, haja vista que pressupõe a horizontalidade das relações, em contraposição à verticalidade observável entre Estado e cidadão, ricos e pobres, bem como uma dimensão de reciprocidade para além de uma gratidão impassível de retribuição.

Por razões diversas, as quais não serão tratadas neste ensaio, observa-se uma crise do Estado-nação e sua soberania, assim como a

---

521 NUNES, António José Avelãs. *A Revolução Francesa*: as origens do capitalismo: a nova ordem jurídica burguesa. Belo Horizonte: Fórum, 2017, p. 127.

522 BAGGIO, Antonio Maria. *O Princípio Esquecido*. vol. 1. São Paulo: Cidade Nova, 2008.

ocorrência de processos transnacionais e fragmentados. Nas palavras do Homenageado postas na decisão analisada, "Vivemos, atualmente, as consequências dos acontecimentos do dia 11 de setembro de 2001 e sabemos muito bem o que significam os fundamentalismos de todo tipo para os pilares da liberdade e da igualdade".

De acordo com Antonio Baggio, há uma crise existencial do Estado, o que significa o desaparecimento de sujeitos políticos e civis capazes de assumir as responsabilidades da democracia e das suas instituições, sendo que esta ausência é verificável nos planos procedimental e substancial. Ainda segundo o professor italiano, essa crise manifesta-se como uma rejeição dos valores da política atual, inatingibilidade dos fundamentos morais necessários ao próprio Estado e da insignificância de valores, com a perda de importância da ética pública.[523]

Nesse contexto, o mínimo que se espera de um "pensamento de possibilidades" é alternativa do resgaste ao princípio da fraternidade, por ser esta "a categoria de pensamento capaz de conjugar a unidade e a distinção a que anseia a humanidade contemporânea".[524] Isso porque a experiência e metodologia concernentes à fraternidade, tal como proposta por Chiara Lubich, são caracterizadas pelos seguintes elementos: (i) compreensão da fraternidade como experiência possível, (ii) o estudo e a interpretação da história, à luz da fraternidade, (iii) a colaboração entre teoria e prática da fraternidade na esfera pública, (iv) a interdisciplinaridade dos estudos e (v) o diálogo entre culturas.[525]

---

523 BAGGIO, Antonio Maria. "Fraternidade, democracia e direito na crise existencial do Estado". *III Congresso Nacional de Comunhão e Direito*. Cauraru: CeD, 2016, pp. 15-18.

524 LUBICH, Chiara. "Mensagem ao I Congresso Nacional sobre o tema 'Direito e Fraternidade'". *Mariápolis Ginetta*, 2008. Disponível em: http://groups.google.com/group/comunhao-e-direito/files?hl=pt-BR. Acessado em: 17.05.2022.

525 BAGGIO, Antonio Maria. "The Forgotten Principle: Fraternity in Its Public Dimension". *Claritas – Journal of Dialogue and Culture,* West Lafayette--EUA, vol. 2, nº 2, pp. 35-58, 2013, p. 44.

Com essa diretriz metodológica, torna-se possível tratar a fraternidade como categoria política com aptidão a refundar a prática democrática, ao compatibilizar o relacionamento entre a igualdade (paridade) e a liberdade (diferença), em prol de uma causa unificante. Logo, o conteúdo mínimo desse princípio político expressa-se como a condição de igualdade entre irmãos e irmãs de modo a ser possível que cada um seja livre na sua própria diversidade.[526]

Sendo assim, a fraternidade abre-se a possibilidades atuais e futuras, ganhando universalidade perante a humanidade e a própria condição humana. Enfim, esse princípio político tem o potencial de atuar como método e conteúdo da política, ao tornar-se parte constitutiva do processo de tomada de decisões políticas, assim como guia hermenêutico das demais normas em interação dinâmica, inclusive em ambiente jurisdicional, como se haure das razões de decidir do Ministro Gilmar Mendes na ADPF-MC 186.

Por outro lado, dado que é valor jurídico-político próprio do constitucionalismo, também possui conteúdo no âmbito do Direito cuja estruturação emana da dignidade da pessoa humana. Ao traduzir-se no código jurídico, a fraternidade possui natureza normativa principiológica, servindo para a construção hermenêutica de outras normas, mas impondo comandos deônticos mediante a soberania estatal.

A respeito disso, recorre-se ao escólio de Clara Cardoso Machado Jaborandy:

> Defende-se, portanto, que fraternidade é princípio fundamental introduzido de maneira expressa ou implícita no texto constitucional que atua como vetor interpretativo na construção de significado de outros enunciados, além de

526 BAGGIO, Antonio Maria. "The Forgotten Principle: Fraternity in Its Public Dimension". *Claritas – Journal of Dialogue and Culture,* West Lafayette--EUA, vol. 2, nº 2, pp. 35-58, 2013, p. 47.

> fomentar no indivíduo o reconhecimento da dignidade humana e realizar o princípio da responsabilidade no âmbito estatal, individual e coletivo.
>
> Além disso, o princípio da fraternidade é fonte direta de direitos e deveres transindividuais na medida em que constitui fundamento jurídico-normativo de tais direitos. Assim, direitos fundamentais transindividuais que não estejam expressamente enumerados na Constituição serão protegidos em razão da fraternidade (...) O conteúdo da fraternidade realiza-se quando cada um, desempenhando sua função social, reconhece a existência e dignidade do outro, e é tratado pela sociedade individualmente com necessidades e fins próprios de forma que a felicidade, que é um fim individual por excelência, se realize em comunidade.[527]

Por conseguinte, considerada a Constituição como o estatuto jurídico do político, a fraternidade possui guarida como princípio explícito ou implícito na Constituição da República de 1988, como bem destaca Carlos Augusto Alcântara Machado:

> A Constituição do Brasil de 1998, já no preâmbulo, assume tal compromisso, ao referir-se, de forma expressa, que perseguirá, com a garantia de determinados valores, a sociedade fraterna. Adiante, indica como objetivo fundamental, além dos tradicionais e clássicos místeres estatais com a liberdade e a igualdade, a construção de uma sociedade solidária (art. 3º, I – CF).
>
> Ademais, o sistema jurídico constitucional brasileiro, além de garantir direitos de *status* diferenciado, como destacado, busca assegurar o bem-estar de todos os que se submetem à ordem jurídica pelo constituinte plasmado por meio e a partir da Constituição de 1988. Assim, em

527 JABORANDY, Clara Cardoso Machado. *A Fraternidade no Direito Constitucional Brasileiro*: um instrumento para proteção de direitos fundamentais transindividuais. Tese (Doutorado). Salvador: Universidade Federal da Bahia, 2016, p. 71.

> oito oportunidades, considerando a dimensão fraternal do constitucionalismo, refere-se ao bem-estar, inicialmente como valor supremo de uma sociedade fraterna, no preâmbulo da Constituição Federal, e depois em campos específicos do seu disciplinamento normativo: no art. 23, parágrafo único (bem-estar nacional); no art. 182, *caput* (bem-estar dos habitantes da cidade); art. 186, IV (bem--estar dos proprietários e trabalhadores – requisito para aferição da função social da propriedade rural); art. 193, *caput* (bem-estar social); art. 219, *caput* (bem-estar da população); art. 230, *caput* (bem-estar dos idosos) e art. 231, §1º (bem-estar dos índios).[528]

Em síntese, revela-se coerente e adequada a utilização da categoria jurídica da fraternidade como chave analítica normativamente válida para enfrentar a temática das ações afirmativas orientadas ao objetivo de remediar desigualdades históricas entre grupos étnicos e sociais, sob as luzes do ocorrido na ADPF--MC 186.

3 A fraternidade e o constitucionalismo do porvir

Inspirados pela teoria do pensamento das possibilidades, impende em arremate tratar da segunda dimensão da perspectiva possibilista, isto é, superada a distinção impossível/possível, cabe perquirir o que será possível no futuro, de maneira a guiar a teoria constitucional. Em outras palavras, torna-se imperativo analisar o Estado constitucional sob as lentes da tríade revolucionária de 1789. Nesse sentido, Peter Häberle estabelece três vertentes para o porvir desse ideal de Estado: 1789 como princípio da irrenunciabilidade do passado, como princípio da esperança no sentido de

528 MACHADO, Carlos Augusto Alcântara. *A Garantia Constitucional da Fraternidade: constitucionalismo fraternal.* 272 f. Tese (Doutorado). São Paulo: Pontifícia Universidade Católica de São Paulo, 2014, p. 130.

Ernest Bloch e como princípio da responsabilidade em consonância ao proposto por H. Jonas.[529]

Por fortuna, todas essas promessas dos princípios da igualdade, fraternidade e liberdade apresentam-se presentes na temática das ações afirmativas, por representar a um só tempo: uma dívida histórica inspirada em justiça social, uma medida propositiva para a superação de desigualdades sociais e econômicas em prol de uma sociedade mais livre, justa e solidária, assim como uma ética de tolerância e cuidado ao próximo. Nesses termos, reside a felicidade digna de cumprimento referente ao Homenageado, ao propor a fraternidade como chave analítica de sua perspectiva jurisdicional.

Nesse contexto, é possível ir além para fins de dar novo significado ao constitucionalismo, agora de matriz fraternal. A esse respeito, revela-se pertinente o conceito de constitucionalismo fraternal elaborado pelo Ministro Carlos Ayres de Britto em "Teoria da Constituição":

> Desde que entendamos por Constitucionalismo Fraternal esta fase em que as Constituições incorporam às franquias liberais e sociais de cada povo soberano a dimensão da Fraternidade; isto é, a dimensão das ações estatais afirmativas, que são atividades assecuratórias da abertura de oportunidades para os segmentos sociais historicamente desfavorecidos, como, por exemplo, os negros, os deficientes físicos e as mulheres (para além, portanto, da mera proibição de preconceitos). De par com isso, o constitucionalismo fraternal alcança a dimensão da luta pela afirmação do valor do Desenvolvimento, do Meio Ambiente ecologicamente equilibrado, da Democracia e até de certos aspectos do urbanismo como direitos fundamentais. Tudo na perspectiva de se fazer da

---

529 HÄBERLE, Peter. *Liberdad, igualdad, fraternidade*: 1789 como história, actualidad y futuro del estado constitucional. Trad. Ignacio Gutiérrez. Madri: Trotta, 1998, pp. 87-92.

> interação humana uma verdadeira comunidade. Isto é, uma comunhão de vida.[530]

Mais especificamente ao ofício da judicatura constitucional, o Ministro Luiz Edson Fachin articula a inevitabilidade da fraternidade como categoria jurídica na atualidade e no futuro:

> O Direito Fraterno, conquanto já aplicado pelo Judiciário, como se vê das decisões do STF, no seu estado atual, não pode ser visto como um mero ponto de vista, nem mesmo como um parâmetro de abordagem de determinados temas especiais ou como mesmo uma metateoria. É prudente que se passe a tratá-lo como paradigma, um vetor hermenêutico de julgamento.
>
> (...)
>
> Para magistrados constitucionais, não apenas a impossibilidade de valer-se do *non liquet* complexifica seu *modus operandi*. A falta de hospitalidade fraterna ao diferente, ao respeito do que é diverso, se traduz também em desafio de inclusão, de ir ao encontro da existência do Outro, da inclusão do diferente.[531]

Com espeque nessas reflexões, espera-se que a garantia constitucional da fraternidade como posta em decisão do Ministro Gilmar Mendes na ADPF-MC 186 transforme-se no constitucionalismo do futuro em que o paradigma jurídico dos juristas brasileiros seja um direito fraterno e altruísta.

---

530 BRITTO, Carlos Ayres. *Teoria da Constituição*. Rio de Janeiro: Forense, 2003, p. 216.

531 FACHIN, Luiz Edson. "De Fraternidade Falando". *Revista Eletrônica do Tribunal Regional do Trabalho da 9ª Região*. Curitiba, vol. 6, nº 58, mar./abr. 2017, p. 17.

Considerações finais

A título de homenagear o douto Ministro do STF e Professor Doutor Gilmar Mendes, pretendeu-se investigar a categoria constitucional da fraternidade, notadamente mediante um estudo de caso, em termos de coesão e coerência, acerca dos limites e das condições de possibilidade da efetivação da tríade revolucionária igualdade-liberdade-fraternidade no constitucionalismo brasileiro.

De início, almejou-se avaliar a decisão de indeferimento de medida cautelar por Ministro Presidente do STF em recesso forense no âmbito da medida cautelar em Arguição de Descumprimento de Preceito Fundamental 186, ajuizada pela agremiação política Democratas (DEM) em face de atos administrativos da Universidade de Brasília (UnB) que instituíram o programa de cotas raciais para ingresso na referida instituição pública de ensino superior.

Para isso, ressaltou-se a engenhosidade da solução jurisdicional adotada, tendo em vista o marco teórico da "teoria do pensamento das possibilidades", de Peter Häberle, ultrapassando formalismos expostos como igualdade formal e liberdades na diferença sem pretensões de união. Nesse quadro, somente a fraternidade como categoria do pensamento possuía condições de relacionar harmonicamente as demandas de paridade e distinção em tema delicado e relevante ao fortalecimento da democracia brasileira e à concretização dos direitos fundamentais de minorias sociais.

Após, tratou-se da secularização e incorporação da fraternidade na retórica moderna, ao possibilitar sua existência na esfera pública como critério ético de tomada de decisão coletiva. Ressaltou-se a apropriação do léxico pela Revolução Francesa, haja vista a necessidade de criação de uma nova ordem jurídica em substituição do medievo, assim como posterior "esquecimento" da categoria em prol da afirmação da propriedade como direito imprescritível e natural aos detentores dos meios de produção.

Articulou-se, ainda, o resgaste do princípio da fraternidade em momento pós-secular, ante a crise existencial do Estado-nação.

Assim, como elo entre a igualdade e a liberdade, o terceiro elemento da tríade adquire nova função política voltada a refundar a prática democrática no bojo do relacionamento entre a igualdade (paridade) e a liberdade (diferença), em prol de uma causa unificante com base na universalidade da condição humana.

No subsistema jurídico, a fraternidade também é recepcionada como vetor interpretativo e norma de matiz eminentemente principiológica, com assento constitucional expresso e implícito, com fulcro no princípio da dignidade da pessoa humana, fundamento de legitimidade da comunidade estatal.

Por fim, a partir de exemplos como os demonstrados pela decisão em tela e agentes jurídicos e políticos engajados no fortalecimento de um constitucionalismo brasileiro democrático, lança-se a hipótese a ser confirmada pelo transcurso temporal, segundo a qual o direito fraterno humanista detém aptidão para representar novo paradigma jurídico com poder explicativo e propositivo aos desafios imprevisíveis do século XXI.

Referências bibliográficas

BAGGIO, Antonio Maria. "Fraternidade, democracia e direito na crise existencial do Estado". *III Congresso Nacional de Comunhão e Direito*. Cauraru: CeD, 2016.

______. *O Princípio Esquecido*. vol. 1. São Paulo: Cidade Nova, 2008.

______. "The Forgotten Principle: Fraternity in Its Public Dimension". *Claritas – Journal of Dialogue and Culture*. West Lafayette-EUA, vol. 2, nº 2, 2013.

BRITTO, Carlos Ayres. *Teoria da Constituição*. Rio de Janeiro: Forense, 2003.

JABORANDY, Clara Cardoso Machado. *A Fraternidade no Direito Constitucional Brasileiro: um instrumento para proteção de direitos fundamentais transindividuais*. 204 f. Tese (Doutorado). Salvador: Universidade Federal da Bahia, 2016.

FACHIN, Luiz Edson. "De Fraternidade Falando". *Revista Eletrônica do Tribunal Regional do Trabalho da 9ª Região*. Curitiba, vol. 6, nº 58, mar./abr. 2017.

HÄBERLE, Peter. *Hermenêutica Constitucional*: a sociedade aberta dos intérpretes da Constituição. Trad. Gilmar Ferreira Mendes. Porto Alegre: S.A. Fabris, 2002.

______. *Liberdad, igualdad, fraternidade: 1789 como história, actualidad y futuro del estado constitucional*. Trad. Ignacio Gutiérrez. Madri: Trotta, 1998.

MACHADO, Carlos Augusto Alcântara. *A Garantia Constitucional da Fraternidade: constitucionalismo fraternal*. 272 f. Tese (Doutorado). São Paulo: Pontifícia Universidade Católica de São Paulo, 2014.

MENDES, Gilmar Ferreira. "A Influência de Peter Häberle no Constitucionalismo Brasileiro". *Revista de Estudos Institucionais*, vol. 2, nº 1, 2016.

______. *Estado de Direito e Jurisdição Constitucional – 2002/2010*. São Paulo: Saraiva, 2012.

MENDES, Gilmar Ferreira; VALE, André Rufino do. "Questões Atuais sobre as Medidas Cautelares no Controle Abstrato de Constitucionalidade". *Observatório da Jurisdição Constitucional*. Brasília, 2011-2012.

NUNES, António José Avelãs. *A Revolução Francesa*: as origens do capitalismo: a nova ordem jurídica burguesa. Belo Horizonte: Fórum, 2017.

CAPÍTULO XXIII

PAPEL DO SENADO FEDERAL NO CONTROLE DIFUSO DE CONSTITUCIONALIDADE: DUAS PERSPECTIVAS DISTINTAS

Enrique Ricardo Lewandowski

Introdução

O Supremo Tribunal Federal travou interessante debate sobre o papel do Senado no controle difuso de constitucionalidade, que lhe foi atribuído pelo art. 52, X, da Carta Magna. Essa discussão travou-se na Reclamação nº 4.335, de relatoria do Ministro Gilmar Mendes, ajuizada pela Defensoria Pública do Estado do Acre, contra o indeferimento de pedido de progressão de regime requerido por condenados pela prática de crimes hediondos, os quais cumpriam as respectivas penas em regime integramente fechado.

É que o Juiz de Direito da Vara de Execuções Penais da Comarca de Rio Branco/AC, denegou a progressão requerida com base no seguinte argumento: "*(...) conquanto o Plenário do Supremo Tribunal, em maioria apertada (6 votos x 5 votos), tenha declarado* 'incidenter tantum' *a inconstitucionalidade do art. 2º, § 1º, da Lei 8.072/90 (Crimes Hediondos), por via do Habeas*

Corpus nº 82.959, isto após dezesseis anos, dizendo que a norma era inconstitucional, perfilho-me a melhor doutrina constitucional pátria que entende que no controle difuso de constitucionalidade a decisão produz efeitos 'inter partes'".

A reclamante alegou o descumprimento da decisão do STF no HC 82.959, de relatoria do Ministro Marco Aurélio, em que a Suprema Corte afastou a vedação de progressão de regime aos condenados pelo cometimento de crimes hediondos, por considerar inconstitucional o artigo 2º, § 1º, da Lei n. 8.072/1990.

A Procuradoria-Geral da República, em parecer da lavra da Subprocuradora-Geral da República, Cláudia Sampaio Marques, opinou pelo não conhecimento do pedido, alegando que inexistiria decisão do STF cuja autoridade devesse ser preservada.

Resumo do voto do Ministro Gilmar Mendes

No HC 82.959-SP, Rel. Min. Marco Aurélio, julgado em sessão plenária de 23.2.2006, *DJ* de 1º.9.2006, o Supremo Tribunal Federal declarou a inconstitucionalidade do artigo 2º, § 1º, da Lei nº 8.072/90 ("Lei dos Crimes Hediondos"), que vedava a progressão de regime em casos de crimes hediondos.

Preliminarmente, anote-se que não se trata, na espécie, de reclamação incabível, sob o argumento de inexistência de decisão proferida pelo Supremo Tribunal Federal cuja autoridade deva ser preservada, conforme sustenta o Ministério Público Federal (...).

A jurisprudência do Supremo Tribunal Federal deu sinais de grande evolução no que se refere à utilização do instituto da reclamação em sede de controle concentrado de normas. No julgamento da questão de ordem em agravo regimental na Rcl 1.880, em 23 de maio de 2002, o Tribunal restou assente o cabimento da reclamação para todos aqueles que comprovarem prejuízo resultante de decisões contrárias às teses do STF, em reconhecimento à eficácia vinculante *erga omnes* das decisões de mérito proferidas em sede de controle concentrado.

(...)

Entendo que, para analisar o tema, é necessário investigar se o instrumento da reclamação foi, no presente caso, utilizado em consonância com a sua destinação constitucional: a garantia da autoridade das decisões do Supremo Tribunal Federal (art. 102, I, l, da CF/88), no caso, a do HC 82.959/SP, Rel. Min. Marco Aurélio, *DJ* de 1º.9.2006.

Superada essa questão, caberá analisar a afirmação do Juiz de Direito da Vara de Execuções Penais da Comarca de Rio Branco – Acre de que a referida decisão no HC 82.959/SP

> somente terá eficácia a favor de todos os condenados por crimes hediondos ou a eles equiparados que estejam cumprindo pena, a partir da expedição, pelo Senado Federal, de resolução suspendendo a eficácia do dispositivo de lei declarado inconstitucional pelo Supremo Tribunal Federal, nos termos do art. 52, inciso X, da Constituição Federal.

Para apreciar a dimensão constitucional do tema, gostaria de tecer alguns comentários sobre o papel do Senado Federal no controle de constitucionalidade.

A suspensão da execução pelo Senado Federal do ato declarado inconstitucional pelo Supremo Tribunal Federal foi a forma definida pelo constituinte para emprestar eficácia *erga omnes* às decisões definitivas sobre inconstitucionalidade.

A aparente originalidade da fórmula tem dificultado o seu enquadramento dogmático. Discute-se, assim, sobre os efeitos e a natureza da resolução do Senado Federal que declare suspensa a execução da lei ou ato normativo. Questiona-se, igualmente, sobre o caráter vinculado ou discricionário do ato praticado pelo Senado e sobre a abrangência das leis estaduais e municipais. Indaga-se, ainda, sobre a pertinência da suspensão ao pronunciamento de inconstitucionalidade *incidenter tantum*, ou sobre a sua aplicação às decisões proferidas em ação direta.

Embora a doutrina pátria reiterasse os ensinamentos teóricos e jurisprudenciais americanos, no sentido da *inexistência jurídica* ou da *ampla ineficácia* da lei declarada inconstitucional, não se indicava a razão ou o fundamento desse efeito amplo. Diversamente, a não--aplicação da lei, no Direito norte-americano, constitui expressão do *stare decisis*, que empresta efeitos vinculantes às decisões das Cortes Superiores. Daí, ter-se adotado, em 1934, a suspensão de execução pelo Senado como mecanismo destinado a outorgar generalidade à declaração de inconstitucionalidade. A engenhosa fórmula mereceu reparos na própria Assembleia Constituinte. O Deputado Godofredo Vianna pretendeu que se reconhecesse, *v.g.*, a inexistência jurídica da lei, após o segundo pronunciamento do Supremo Tribunal Federal sobre a inconstitucionalidade do diploma.[532]

Mas que efeitos haveriam de se reconhecer ao ato do Senado que suspende a execução da lei inconstitucional?

Lúcio Bittencourt afirmava que "*o objetivo do art. 45, n. IV* – a referência diz respeito à Constituição de 1967 – *é apenas tornar pública a decisão do tribunal, levando-a ao conhecimento de todos os cidadãos*".[533] Outros reconhecem que o Senado Federal pratica *ato político* que "*confere efeito geral ao que era particular (...), generaliza os efeitos da decisão*".[534]

---

532 ARAÚJO, Castro. *A nova Constituição brasileira*. Rio de Janeiro: Freitas Bastos, 1935, p. 247; Cf. ainda ALENCAR, Ana Valderez Ayres Neves de. *A competência do Senado Federal para suspender a execução dos atos declarados inconstitucionais*. Revista de Informação Legislativa, 15(57): 234-237 jan.mar. 1978.

533 BITTENCOURT, C. A. Lúcio. *O controle jurisdicional de constitucionalidade das leis*. Série "Arquivos do Ministério da Justiça". Brasília: Ministério da Justiça, 1997, p. 145.

534 BROSSARD, Paulo. *O Senado e as leis inconstitucionais*. Revista de Informação Legislativa, 13(50): 61; cf. MARINHO, Josaphat. *O art. 64 da Constituição*

O Supremo Tribunal Federal parece ter admitido, inicialmente, que o ato do Senado emprestava eficácia genérica à decisão definitiva. Assim, a suspensão tinha o condão de dar alcance normativo ao julgado do Supremo Tribunal Federal.[535]

Mas qual era a dimensão dessa eficácia ampla? Seria a de reconhecer efeito retroativo ao ato do Senado Federal?

Também aqui não se logravam sufrágios unânimes.

Themístocles Cavalcanti responde negativamente, sustentando que a "única solução que atende aos interesses de ordem pública é que a suspensão produzirá os seus efeitos desde a sua efetivação, não atingindo as situações jurídicas criadas sob a sua vigência".[536] Da mesma forma, Bandeira de Mello ensina que "a suspensão da lei corresponde à revogação da lei", devendo "ser respeitadas as situações anteriores definitivamente constituídas, porquanto a revogação tem efeito ex nunc".[537] Enfatiza que a suspensão "não alcança os atos jurídicos formalmente perfeitos, praticados no passado, e os fatos consumados, ante sua irretroatividade, e mesmo os efeitos futuros dos direitos regularmente adquiridos". "O Senado Federal – assevera Bandeira de Mello – apenas cassa a lei, que deixa de obrigar, e, assim, perde a sua executoriedade porque, dessa data em diante, a revoga simplesmente".[538]

---

e o papel do Senado. Revista de Informação Legislativa, *1(2);* BUZAID, Alfredo. *Da ação direta de constitucionalidade no Direito brasileiro.* São Paulo: Saraiva, 1958, pp. 89-90; CAVALCANTI, Themístocles Brandão. *Do controle de constitucionalidade.* Rio de Janeiro: Forense, 1966, pp. 162-166; MELLO, Oswaldo Aranha Bandeira de. *A Teoria das Constituições Rígidas.* 2ª ed. São Paulo: J. Bushasky Editor, 1980, p. 210; BASTOS, Celso Ribeiro. *Curso de Direito Constitucional.* São Paulo: Celso Bastos, 2002, p. 84.

535 MS 16.512, Rel. Min. Oswaldo Trigueiro, *RTJ* 38, nº 1, pp. 20/21, 23 e 28.

536 CAVALCANTI, Themístocles Brandão. *Do controle da constitucionalidade.* Rio de Janeiro: Forense, 1966, p. 164.

537 MELLO, Oswaldo Aranha Bandeira de. *A Teoria das Constituições Rígidas.* 2ª ed. São Paulo: J. Bushasky Editor, 1980, p. 211.

538 MELLO, Oswaldo Aranha Bandeira de. *A Teoria das Constituições Rígidas.* 2ª ed. São Paulo: J. Bushasky Editor, 1980, p. 211.

Não obstante a autoridade dos seus sectários, essa doutrina parecia confrontar com as premissas basilares da declaração de inconstitucionalidade no Direito brasileiro.

Afirmava-se quase incontestadamente, entre nós, que a pronúncia da inconstitucionalidade tinha efeito *ex tunc*, contendo a decisão judicial caráter eminentemente declaratório.[539] Se assim fora, afigurava-se inconcebível cogitar de "*situações juridicamente criadas*", de "*atos jurídicos formalmente perfeitos*" ou de "*efeitos futuros dos direitos regularmente adquiridos*", com fundamento em lei inconstitucional. De resto, é fácil de ver que a constitucionalidade da lei parece constituir pressuposto inarredável de categorias como as do direito adquirido e do ato jurídico perfeito.

É verdade que a expressão utilizada pelo constituinte de 1934 (art. 91, IV) e reiterada nos textos de 1946 (art. 64), de 1967/1969 (art. 42, VII) e de 1988 (art. 52, X) – *suspender* a execução de lei ou decreto – não é isenta de dúvida.[540] Originariamente, o substitutivo da Comissão Constitucional que produziu o modelo da Constituição de 1934 chegou a referir-se à "revogação ou suspensão da lei ou ato".[541] Mas a própria *ratio* do dispositivo não autorizava a equiparação do ato do Senado a uma *declaração de ineficácia* de caráter prospectivo. A proposta de Godofredo Vianna

539 BARBOSA, Ruy. Os atos inconstitucionais do Congresso e do Executivo perante a Justiça Federal. *Trabalhos jurídicos*. Rio de Janeiro: Ministério da Educação e Cultura, 1958, vol. 20, t. 5, p. 49, e *O direito do Amazonas ao Acre Septentrional*. Rio de Janeiro: Jornal do Commercio, 1910, vol. 2, pp. 51-52; NUNES, José de Castro. *Teoria e prática do Poder Judiciário*. Rio de Janeiro: Revista Forense, 1943, p. 588; BUZAID, Alfredo. *Da ação direta no Direito brasileiro*. São Paulo: Saraiva, 1958; CAMPOS, Francisco Luiz da Silva. *Direito constitucional*. Rio de Janeiro: Freitas Bastos, 1956, vol. 1, pp. 460/461.

540 A Constituição de 1937 não contemplou o instituto da suspensão da execução pelo Senado Federal.

541 ALENCAR, Ana Valderez Ayres Neves. "A competência do Senado Federal para suspender a execução dos atos declarados inconstitucionais". *Revista de Informação Legislativa*. 15(57): 234-237, jan.mar. 1978.

reconhecia a inexistência jurídica da lei, desde que fosse declarada a sua inconstitucionalidade "*em mais de um aresto*" do Supremo Tribunal Federal. Nos debates realizados preponderou, porém, a ideia de se outorgar ao Senado, erigido, então, ao papel de coordenador dos poderes, a suspensão da lei declarada inconstitucional pelo Supremo Tribunal Federal.

Na discussão travada no Plenário da Constituinte, destacaram-se as objeções de Levi Carneiro, contrário à incorporação do instituto ao Texto Magno. Prevaleceu a tese perfilhada, dentre outras, por Prado Kelly (...).[542]

Na Assembleia Constituinte de 1946, reencetou-se o debate, tendo-se destacado, uma vez mais, na defesa do instituto, a voz de Prado Kelly, "*O Poder Judiciário só decide em espécie. É necessário, porém, estender os efeitos do julgado, e esta é atribuição do Senado*".[543]

Ante as críticas tecidas por Gustavo Capanema, ressaltou Nereu Ramos que:

> A lei ou regulamentos declarados inconstitucionais são juridicamente inexistentes entre os litigantes. Uma vez declarados, pelo Poder Judiciário, inconstitucionais ou ilegais, a decisão apenas produz efeito entre as partes. Para evitar que os outros interessados, amanhã, tenham de recorrer também ao Judiciário, para obter a mesma coisa, atribui-se ao Senado a faculdade de suspender o ato no todo ou em parte, quando o Judiciário haja declarado inconstitucional, porque desde que o Judiciário declara

542 ALENCAR, Ana Valderez Ayres Neves. "A competência do Senado Federal para suspender a execução dos atos declarados inconstitucionais". *Revista de Informação Legislativa,* 15(57): 234-237 jan.mar. 1978, p. 260.

543 ALENCAR, Ana Valderez Ayres Neves. "A competência do Senado Federal para suspender a execução dos atos declarados inconstitucionais". *Revista de Informação Legislativa,* 15(57): 234-237 jan.mar. 1978, pp. 267-268.

> inconstitucional, o Presidente da República não pode declarar constitucional.[544]

Parecia evidente aos constituintes que a *suspensão* da *execução* da lei, tal como adotada em 1934, importava na *extensão dos efeitos* do aresto declaratório da inconstitucionalidade, configurando, inclusive, instrumento de economia processual. Atribuía-se, pois, ao ato do Senado, *caráter ampliativo* e não apenas *paralisante* ou derrogatório do diploma viciado. E, não fosse assim, inócuo seria o instituto com referência à maioria das situações formadas na vigência da lei declarada inconstitucional.

Percebeu essa realidade o Senador Accioly Filho, que defendeu a seguinte orientação:

> Posto em face de uma decisão do STF, que declara a inconstitucionalidade de lei ou decreto, ao Senado não cabe tão-só a tarefa de promulgador desse decisório. A declaração é do Supremo, mas a suspensão é do Senado. Sem a declaração, o Senado não se movimenta, pois não lhe é dado suspender a execução de lei ou decreto não declarado inconstitucional.[545]

Adiante, o insigne parlamentar concluía: "(...) A suspensão por declaração de inconstitucionalidade, ao contrário, vale por fulminar, desde o instante do nascimento, a lei ou decreto inconstitucional, importa manifestar que essa lei ou decreto não existiu, não produziu efeitos válidos".[546]

---

544 ALENCAR, Ana Valderez Ayres Neves. "A competência do Senado Federal para suspender a execução dos atos declarados inconstitucionais". *Revista de Informação Legislativa,* 15(57): 234-237 jan.mar. 1978, p. 268.

545 BRASIL. Congresso, Senado Federal. Parecer n. 154, de 1971, Rel. Senador Accioly Filho, Revista de Informação Legislativa, 12(48):266-268.

546 BRASIL. Congresso, Senado Federal. Parecer n. 154, de 1971, Rel. Senador Accioly Filho, Revista de Informação Legislativa, 12(48):266-268, p. 268.

Essa colocação parecia explicitar a natureza singular da atribuição deferida ao Senado Federal sob as Constituições de 1946 e de 1967/1969. A suspensão constituía ato político que retira a lei do ordenamento jurídico, de forma definitiva e com efeitos retroativos. É o que ressaltava, igualmente, o Supremo Tribunal Federal ao enfatizar que "*a suspensão da vigência da lei por inconstitucionalidade torna sem efeito todos os atos praticados sob o império da lei inconstitucional*".[547]

Vale recordar, a propósito, que no MS 16.512,[548] o Supremo Tribunal Federal teve a oportunidade de discutir largamente a natureza do instituto, infirmando a possibilidade de o Senado Federal revogar o ato de suspensão anteriormente editado, ou de restringir o alcance da decisão proferida pelo Supremo Tribunal Federal. Cuidava-se de Mandado de Segurança impetrado por "Engenharia Souza e Barker Ltda. e outros" contra a Resolução n. 93, de 14 de outubro de 1965, que revogou a Resolução anterior (n. 32, de 25.3.1965), pela qual o Senado suspendera a execução de preceito do Código Paulista de Impostos e Taxas.

O Supremo Tribunal Federal pronunciou a inconstitucionalidade da resolução revogadora, contra os votos dos Ministros Aliomar Baleeiro e Hermes Lima, conhecendo o mandado de segurança como *representação de inconstitucionalidade*, tal como proposto pelo Procurador-Geral da República, Dr. Alcino Salazar.[549]

Ademais, reconheceu que o Senado não estava obrigado a proceder à suspensão do ato declarado inconstitucional. Nessa linha de entendimento, ensinava o Ministro Victor Nunes:

---

547 RMS 17.976, Rel. Min. Amaral Santos, *RDA*, 105:111(113). Evidentemente, esta eficácia ampla há de ser entendida com temperamentos. A pronúncia de inconstitucionalidade não retira do mundo jurídico, automaticamente, os atos praticados com base na lei inconstitucional, criando apenas as condições para eventual desfazimento ou regulação dessas situações.

548 MS 16.512, Rel. Min. Oswaldo Trigueiro, *DJ* de 25.5.1966.

549 *RTJ* 38, N. 1, P.8-9.

> (...) o Senado terá seu próprio critério de conveniência e oportunidade para praticar o ato de suspensão. Se uma questão foi aqui decidida por maioria escassa e novos Ministros são nomeados, como há pouco aconteceu, é de todo razoável que o Senado aguarde novo pronunciamento antes de suspender a lei. Mesmo porque não há sanção específica nem prazo certo para o Senado se manifestar.[550]

Todavia, ao suspender o ato que teve a inconstitucionalidade pronunciada pelo Supremo Tribunal Federal, não poderia aquela Alta Casa do Congresso revogar o ato anterior.[551] Da mesma forma, o ato do Senado haveria de se ater à "*extensão do julgado do Supremo Tribunal*",[552] não tendo "*competência para examinar o mérito da decisão (...), para interpretá-la, para ampliá-la ou restringi-la*".[553]

Vê-se, pois, que, tal como assentado no preclaro acórdão do Supremo Tribunal Federal, o ato do Senado tem o condão de outorgar eficácia ampla à decisão judicial, vinculativa, inicialmente, apenas para os litigantes.

Ressalte-se que a inércia do Senado não afeta a relação entre os Poderes, não se podendo vislumbrar qualquer violação constitucional na eventual recusa à pretendida extensão de efeitos. Evidentemente, se pretendesse outorgar efeito genérico à decisão do Supremo Tribunal, não precisaria o constituinte valer-se dessa fórmula complexa.

As conclusões assentadas acima parecem consentâneas com a natureza do instituto. O Senado Federal não revoga o ato declarado

---

550 Voto do Ministro Victor Nunes Leal, MS 16.512, *RTJ* 38, n.1, p. 23.

551 Nesse sentido, v. votos proferidos pelos Ministros Gonçalves de Oliveira e Cândido Motta Filho, *RTJ* 38, n. 1, p. 26.

552 Voto do Ministro Victor Nunes Leal, MS 16.512, *RTJ*, 38, n. 1, p. 23.

553 Voto do Ministro Pedro Chaves, MS 16.512, *RTJ*, 38, n. 1, p. 12.

inconstitucional, até porque lhe falece competência para tanto.[554] Cuida-se de ato político que empresta eficácia *erga omnes* à decisão do Supremo Tribunal proferida em caso concreto. Não se obriga o Senado Federal a expedir o ato de suspensão, não configurando eventual omissão ou qualquer infringência a princípio de ordem constitucional. Não pode a Alta Casa do Congresso, todavia, restringir ou ampliar a extensão do julgado proferido pelo Supremo Tribunal Federal.

Apenas por amor à completude, observe-se que o Projeto que resultou na Emenda nº 16/65, pretendeu conferir nova disciplina ao instituto da suspensão pelo Senado. Dizia-se na Exposição de Motivos:

> Ao direito italiano pedimos, todavia, uma formulação mais singela e mais eficiente do que a do art. 64 da nossa Constituição, para tornar explícito, a partir da declaração de ilegitimidade, o efeito 'erga omnes' de decisões definitivas do Supremo Tribunal, poupando ao Senado o dever correlato de suspensão da lei ou do decreto (...).[555]

(...)

A proposta de alteração do disposto no art. 64 da Constituição, com a atribuição de eficácia *erga omnes* à declaração de inconstitucionalidade proferida pelo Supremo Tribunal Federal, foi, porém, rejeitada.[556]

---

554 Voto do Ministro Prado Kelly, MS 16.512, *RTJ* 38, n. 1, p. 16.

555 BRASIL. *Constituição* (1946): Emendas. Emendas à Constituição de 1946, n. 16: reforma do Poder Judiciário. Brasília: Câmara dos Deputados, 1968, p. 24.

556 BRASIL. *Constituição* (1946): Emendas. Emendas à Constituição de 1946, n. 16: reforma do Poder Judiciário. Brasília: Câmara dos Deputados, 1968, pp. 88-90.

A ausência de disciplina sobre a matéria contribuiu para que o Supremo Tribunal se ocupasse do tema, especialmente no que dizia respeito aos efeitos da declaração de inconstitucionalidade em sede de controle abstrato (representação de inconstitucionalidade). Nessa hipótese, o Tribunal deveria ou não comunicar a declaração de inconstitucionalidade ao Senado, para os fins do art. 64 da Constituição de 1946 (modificado pela Emenda n. 16/65)?

Em 1970, o Tribunal começou a debater o tema,[557] tendo firmado posição, em 1977, quanto à dispensabilidade de intervenção do Senado Federal nos casos de declaração de inconstitucionalidade de lei proferida na representação de inconstitucionalidade (controle abstrato).[558] Passou-se, assim, a atribuir eficácia geral à decisão de inconstitucionalidade proferida em sede de controle abstrato, procedendo-se à redução teleológica do disposto no art. 42, VII, da Constituição de 1967/1969.[559]

A amplitude conferida ao controle abstrato de normas e a possibilidade de que se suspenda, liminarmente, a eficácia de leis ou atos normativos, com eficácia geral, contribuíram, certamente, para que se quebrantasse a crença na própria justificativa desse instituto, que se inspirava diretamente numa concepção de separação de Poderes – hoje inevitavelmente ultrapassada. Se o Supremo Tribunal pode, em ação direta de inconstitucionalidade, suspender, liminarmente, a eficácia de uma lei, até mesmo de uma Emenda Constitucional, por que haveria a declaração de

557 Cf. Parecer do Min. Rodrigues Alckmin, de 19.6.1975, DJ de 16.5.1977, p. 3124; Cf. também, ALENCAR, Ana Valderez Ayres Neves. "A competência do Senado Federal para suspender a execução dos atos inconstitucionais". *Revista de Informação Legislativa*. 15(57): 234-237 jan.mar. 1978, p. 260, pp. 292-293.

558 Cf. Parecer do Min. Moreira Alves no Processo Administrativo 4.477-72, *DJ* de 16.5.1977, p.3123.

559 Cf. Parecer do Min. Moreira Alves no Processo Administrativo 4.477-72, cit, p.3123-3124.

inconstitucionalidade, proferida no controle incidental, valer tão somente para as partes?

A única resposta plausível nos leva a crer que o instituto da suspensão pelo Senado assenta-se hoje em razão de índole exclusivamente histórica.

Deve-se observar, outrossim, que o instituto da suspensão da execução da lei pelo Senado mostra-se inadequado para assegurar eficácia geral ou efeito vinculante às decisões do Supremo Tribunal que não declaram a inconstitucionalidade de uma lei, limitando-se a fixar a orientação constitucionalmente adequada ou correta.

Isto se verifica quando o Supremo Tribunal afirma que dada disposição há de ser interpretada desta ou daquela forma, superando, assim, entendimento adotado pelos tribunais ordinários ou pela própria Administração. A decisão do Supremo Tribunal não tem efeito vinculante, valendo nos estritos limites da relação processual subjetiva. Como não se cuida de declaração de inconstitucionalidade de lei, não há que se cogitar aqui de qualquer intervenção do Senado, restando o tema aberto para inúmeras controvérsias.

Situação semelhante ocorre quando o Supremo Tribunal Federal adota uma interpretação conforme à Constituição, restringindo o significado de certa expressão literal ou colmatando uma lacuna contida no regramento ordinário. Aqui o Supremo Tribunal não afirma propriamente a ilegitimidade da lei, limitando-se a ressaltar que uma dada interpretação é compatível com a Constituição, ou, ainda, que, para ser considerada constitucional, determinada norma necessita de um complemento (lacuna aberta) ou restrição (lacuna oculta – redução teleológica). Todos esses casos de decisão com base em uma interpretação conforme à Constituição não podem ter a sua eficácia ampliada com o recurso ao instituto da suspensão de execução da lei pelo Senado Federal.

Mencionem-se, ainda, os casos de *declaração de inconstitucionalidade parcial sem redução de texto*, nos quais se explicita que um significado normativo é inconstitucional sem que a expressão literal sofra qualquer alteração.

Também nessas hipóteses, a suspensão de execução da lei ou do ato normativo pelo Senado revela-se problemática, porque não se cuida de afastar a incidência de disposições do ato impugnado, mas tão somente de um de seus significados normativos.

Não é preciso dizer que a suspensão de execução pelo Senado não tem qualquer aplicação naqueles casos nos quais o Tribunal limita-se a rejeitar a arguição de inconstitucionalidade. Nessas hipóteses, a decisão vale *per se*. Da mesma forma, o vetusto instituto não tem qualquer serventia para reforçar ou ampliar os efeitos da decisão do Tribunal naquelas matérias nas quais a Corte, ao prover ou não um dado recurso, fixa uma interpretação da Constituição.

Da mesma forma, a suspensão da execução da lei inconstitucional não se aplica à declaração de não-recepção da lei pré-constitucional levada a efeito pelo Supremo Tribunal. Portanto, das decisões possíveis em sede de controle, a suspensão de execução pelo Senado está restrita aos casos de declaração de inconstitucionalidade da lei ou do ato normativo.

É certo, outrossim, que a admissão da pronúncia de inconstitucionalidade com efeito limitado no controle incidental ou difuso (declaração de inconstitucionalidade com efeito *ex nunc*), cuja necessidade já vem sendo reconhecida no âmbito do STF, parece debilitar, fortemente, a intervenção do Senado Federal – pelo menos aquela de conotação substantiva.[560] É que a "*decisão de calibragem*" tomada pelo Tribunal parece avançar também sobre a atividade inicial da Alta Casa do Congresso. Pelo menos, não resta dúvida de que o Tribunal assume aqui uma posição que parte da doutrina atribuía, anteriormente, ao Senado Federal.

---

560 Cf. RE 197.917 (ação civil pública contra lei municipal que fixa o número de vereadores), Rel. Min. Maurício Corrêa, *DJ* de 31.3.2004.

Todas essas razões demonstram o novo significado do instituto de suspensão de execução pelo Senado no contexto normativo da Constituição de 1988.

Questão interessante agitada pela jurisprudência do Supremo Tribunal Federal diz respeito à necessidade de se utilizar o procedimento previsto no art. 97 da Constituição na hipótese de existir pronunciamento da Suprema Corte que afirme a inconstitucionalidade da lei ou do ato normativo.

Em acórdão proferido no RE 190.728, teve a 1ª Turma do Supremo Tribunal Federal a oportunidade de, por maioria de votos, vencido o Ministro Celso de Mello, afirmar a dispensabilidade de se encaminhar o tema constitucional ao Plenário do Tribunal, desde que o Supremo Tribunal já se tenha pronunciado sobre a constitucionalidade ou a inconstitucionalidade da lei questionada.[561] É o que se pode depreender do voto proferido pelo Ministro Ilmar Galvão, designado Relator para o acórdão (...).

Na ocasião, acentuou-se que referido entendimento fora igualmente adotado pela 2ª Turma, como consta da ementa do acórdão proferido no AI-AgR 168.149, da relatoria do eminente Ministro Marco Aurélio.[562]

Orientação semelhante foi reiterada, em decisão de 15.9.1995, na qual se explicitou que "*o acórdão recorrido deu aplicação ao decidido pelo STF nos RREE 150.755/PE e 150.764/PE*", não havendo necessidade, por isso, de a questão ser submetida ao Plenário do Tribunal.[563]

Em acórdão de 22 agosto de 1997, houve por bem o Tribunal ressaltar, uma vez mais, que a reserva de plenário da declaração de inconstitucionalidade de lei ou ato normativo funda-se na

---

561 RE 190.728, Relator para o Acórdão Min. Ilmar Galvão, *DJ* de 30.5.1997.

562 AI-AgR 168.149, Rel. Min. Marco Aurélio, *DJ* de 4.8.1995, p. 22520.

563 Ag.RegAI nº 167.444, Rel. Min. Carlos Velloso, *DJ* de 15.9.1995, p. 29537.

presunção de constitucionalidade que os protege, somada a razões de segurança jurídica. Assim sendo,

> *a decisão plenária do Supremo Tribunal declaratória de inconstitucionalidade de norma, posto que incidente, sendo pressuposto necessário e suficiente a que o Senado lhe confira efeitos 'erga omnes', elide a presunção de sua constitucionalidade; a partir daí, podem os órgãos parciais dos outros tribunais acolhê-la para fundar a decisão de casos concretos ulteriores, prescindindo de submeter a questão de constitucionalidade ao seu próprio plenário.*[564]

Esse entendimento marca uma evolução no sistema de controle de constitucionalidade brasileiro, que passa a equiparar, praticamente, os efeitos das decisões proferidas nos processos de controle abstrato e concreto. A decisão do Supremo Tribunal Federal, tal como colocada, antecipa o efeito vinculante de seus julgados em matéria de controle de constitucionalidade incidental, permitindo que o órgão fracionário se desvincule do dever de observância da decisão do Pleno ou do Órgão Especial do Tribunal a que se encontra vinculado. Decide-se autonomamente com fundamento na declaração de inconstitucionalidade (ou de constitucionalidade) do Supremo Tribunal Federal proferida *incidenter tantum*.

Todas essas reflexões e práticas parecem recomendar uma releitura do papel do Senado no processo de controle de constitucionalidade.

Quando o instituto foi concebido no Brasil, em 1934, dominava uma determinada concepção da divisão de poderes, há muito superada. Em verdade, quando da promulgação do texto de 1934, outros países já atribuíam eficácia geral às decisões proferidas em sede de controle abstrato de normas, tais como o previsto na Constituição de Weimar de 1919 e no modelo austríaco de 1920.

---

564 RE 191.898, Rel. Min. Sepúlveda Pertence, *DJ* de 22.8.1997, p. 38781.

A exigência de que a eficácia geral da declaração de inconstitucionalidade proferida pelo Supremo Tribunal Federal fique a depender de uma decisão do Senado Federal, introduzida entre nós com a Constituição de 1934 e preservada na Constituição de 1988, perdeu grande parte do seu significado com a introdução do controle abstrato de normas.

Se a intensa discussão sobre o monopólio da ação por parte do Procurador-Geral da República não levou a uma mudança na jurisprudência consolidada sobre o assunto, é fácil constatar que ela foi decisiva para a alteração introduzida pelo constituinte de 1988, com a significativa ampliação do direito de propositura da ação direta.

O constituinte assegurou o direito do Procurador-Geral da República de propor a ação de inconstitucionalidade. Esse é, todavia, apenas um dentre os diversos órgãos ou entes legitimados a propor a ação direta de inconstitucionalidade.

Nos termos do art. 103 da Constituição de 1988, dispõem de legitimidade para propor a ação de inconstitucionalidade: o Presidente da República, a Mesa do Senado Federal, a Mesa da Câmara dos Deputados, a Mesa de uma Assembleia Legislativa, o Governador do Estado, o Procurador-Geral da República, o Conselho Federal da Ordem dos Advogados do Brasil, os partidos políticos com representação no Congresso Nacional e as confederações sindicais ou entidades de classe de âmbito nacional.

(...)

Tal fato fortalece a impressão de que, com a introdução desse sistema de controle abstrato de normas, com ampla legitimação e, particularmente, a outorga do direito de propositura a diferentes órgãos da sociedade, pretendeu o constituinte reforçar o controle abstrato de normas no ordenamento jurídico brasileiro como peculiar instrumento *de correção* do sistema geral incidente.

Não é menos certo, por outro lado, que a ampla legitimação conferida ao controle abstrato, com a inevitável possibilidade de se submeter qualquer questão constitucional ao Supremo Tribunal Federal, operou uma mudança substancial – ainda que não desejada – no modelo de controle de constitucionalidade até então vigente no Brasil.

O monopólio de ação outorgado ao Procurador-Geral da República no sistema de 1967/1969 não provocou uma alteração profunda no modelo incidente ou difuso. Esse continuou predominante, integrando-se a representação de inconstitucionalidade a ele como um elemento ancilar, que contribuía muito pouco para diferençá-lo dos demais sistemas "*difusos*" ou "*incidentes*" de controle de constitucionalidade.

A Constituição de 1988 reduziu o significado do controle de constitucionalidade incidental ou difuso ao ampliar, de forma marcante, a legitimação para propositura da ação direta de inconstitucionalidade (CF, art. 103), permitindo que, praticamente, todas as controvérsias constitucionais relevantes sejam submetidas ao Supremo Tribunal Federal mediante processo de controle abstrato de normas.

Convém assinalar que, tal como já observado por Anschütz[565] ainda no regime de Weimar, toda vez que se outorga a um Tribunal especial atribuição para decidir questões constitucionais, limita-se, explícita ou implicitamente, a competência da jurisdição ordinária para apreciar tais controvérsias.

Portanto, parece quase intuitivo que, ao ampliar, de forma significativa, o círculo de entes e órgãos legitimados a provocar o Supremo Tribunal Federal, no processo de controle abstrato de normas, acabou o constituinte por restringir, de maneira radical, a amplitude do controle difuso de constitucionalidade.

Assim, se se cogitava, no período anterior a 1988, de um *modelo misto* de controle de constitucionalidade, é certo que o

---

565 ANSCHÜTZ, Gerhard. *Die Verfassung des deutschen Reichs*. 2ª ed. Berlim, 1930.

forte acento residia, ainda, no amplo e dominante sistema difuso de controle. O controle direto continuava a ser algo acidental e episódico dentro do sistema difuso.

A Constituição de 1988 alterou, de maneira radical, essa situação, conferindo ênfase não mais ao sistema *difuso* ou *incidental*, mas ao modelo *concentrado*, uma vez que as questões constitucionais passaram a ser veiculadas, fundamentalmente, mediante ação direta de inconstitucionalidade perante o Supremo Tribunal Federal.

Ressalte-se que essa alteração não se operou de forma ainda profunda porque o Supremo Tribunal manteve a orientação anterior, que considerava inadmissível o ajuizamento de ação direta contra direito pré-constitucional em face da nova Constituição.

A ampla legitimação, a presteza e a celeridade desse modelo processual, dotado inclusive da possibilidade de se suspender imediatamente a eficácia do ato normativo questionado, mediante pedido de cautelar, fazem com que as grandes questões constitucionais sejam solvidas, na sua maioria, mediante a utilização da ação direta, típico instrumento do controle concentrado. Assim, se continuamos a ter um modelo misto de controle de constitucionalidade, a ênfase passou a residir não mais no sistema difuso, mas no de perfil concentrado.

Essa peculiaridade foi destacada por Sepúlveda Pertence no voto que proferiu na ADC 1, *verbis*:

> (...) De tal modo, o peso do Supremo Tribunal, em relação aos outros órgãos de jurisdição, que a ação declaratória de constitucionalidade traz, é relativo porque, já no sistema de convivência dos dois métodos, a palavra final é sempre reservada ao Supremo Tribunal Federal, se bem que, declarada a inconstitucionalidade no sistema difuso, ainda convivamos com o anacronismo em que se transformou, especialmente após a criação da ação direta, a necessidade

> da deliberação do Senado para dar eficácia 'erga omnes' à declaração incidente.[566]

Assinale-se, outrossim, que a interpretação que se deu à suspensão de execução da lei pela doutrina majoritária e pela própria jurisprudência do Supremo Tribunal Federal contribuiu decisivamente para que a afirmação sobre a teoria da nulidade da lei inconstitucional restasse sem concretização entre nós.

Nesse sentido, constatou Lúcio Bittencourt que os constitucionalistas brasileiros não lograram fundamentar nem a eficácia *erga omnes*, nem a chamada retroatividade *ex tunc* da declaração de inconstitucionalidade proferida pelo Supremo Tribunal Federal.

É o que se lê na seguinte passagem de seu magno trabalho:

> (...) as dificuldades e problemas surgem, precisamente, no que tange à eficácia indireta ou colateral da sentença declaratória da inconstitucionalidade, pois, embora procurem os autores estendê-la a situações jurídicas idênticas, considerando indiretamente anulada a lei, porque a 'sua aplicação não obteria nunca mais o concurso da justiça', não têm, todavia, conseguido apresentar fundamento técnico, razoavelmente aceitável, para justificar essa extensão (...).[567]

Em verdade, ainda que não pertencente ao universo específico da *judicial review*, o instituto do *stare decisis* desonerava os constitucionalistas americanos, pelo menos em parte, de um dever mais aprofundado de fundamentação na espécie. Como esse mecanismo assegura efeito vinculante às decisões das Cortes Superiores, em caso de declaração de inconstitucionalidade

---

566 *RTJ* 159, pp. 389-390.

567 BITTENCOURT. *O controle jurisdicional de constitucionalidade das leis*. Série "Arquivos do Ministério da Justiça". Brasília: Ministério da Justiça, 1997, pp. 140/141.

pela Suprema Corte, tinha-se a segurança de que, em princípio, nenhum tribunal haveria de conferir eficácia à norma objeto de censura. Assim, a ausência de mecanismo processual assemelhado à "*força de lei*" (*Gesetzeskraft*) do direito alemão não impediu que os autores americanos sustentassem a nulidade da lei inconstitucional.[568]

Sem dispor de um mecanismo que emprestasse *força de lei* ou que, pelo menos, conferisse caráter vinculante às decisões do Supremo Tribunal Federal para os demais Tribunais tal como o *stare decisis* americano,[569] contentava-se a doutrina brasileira em ressaltar a evidência da nulidade da lei inconstitucional[570] e a obrigação dos órgãos estatais de se absterem de aplicar disposição que teve a sua inconstitucionalidade declarada pelo Supremo Tribunal

---

568 A doutrina constitucional alemã há muito vinha desenvolvendo esforços para ampliar os limites objetivos e subjetivos da coisa julgada no âmbito da jurisdição estatal (*Staatsgerichtsbarkeit*). Importantes autores sustentaram, sob o império da Constituição de Weimar, que a *força de lei* não se limitava à questão julgada, contendo, igualmente, uma proibição de reiteração (*Wiederholungsverbot*) e uma imposição para que normas de teor idêntico, que não foram objeto da decisão judicial, também deixassem de ser aplicadas por força da *eficácia geral (...)*. (MENDES, Gilmar Ferreira. *O efeito vinculante das decisões do Supremo Tribunal Federal nos processos de controle abstrato de normas*. Revista Jurídica Virtual, vol. 1, nº 4, agosto de 1999. Disponível em: http://geocities.yahoo.com.br/profpito/oefeitovinculantegilmar.html).

569 Cf., sobre o assunto, a observação de Rui Barbosa a propósito do direito americano: "(...) se o julgamento foi pronunciado pelos mais altos tribunais de recurso, a todos os cidadãos se estende, imperativo e sem apelo, no tocante aos princípios constitucionais sobre o que versa". Nem a legislação "tentará contrariá-lo, porquanto a regra '*stare decisis*' exige que todos os tribunais daí em diante o respeitem como 'res judicata' (...)" (Cf. Comentários à Constituição Federal Brasileira, coligidos por Homero Pires, vol. IV, p. 268). A propósito, anotou Lúcio Bittencourt que a regra *stare decisis* não tinha o poder que lhe atribuíra Rui, muito menos o de eliminar a lei do ordenamento jurídico (BITTENCOURT. O controle jurisdicional de constitucionalidade das leis. Série "Arquivos do Ministério da Justiça". Brasília: Ministério da Justiça, 1997, p. 143, nota 17).

570 Cf., a propósito, BITTENCOURT. *O controle jurisdicional constitucionalidade das leis*. Série "Arquivos do Ministério da Justiça". Brasília: Ministério da Justiça,1997, pp. 140/141.

Federal.[571] A suspensão da execução pelo Senado não se mostrou apta a superar essa incongruência, especialmente porque se emprestou a ela um sentido substantivo que talvez não devesse ter. Segundo entendimento amplamente aceito,[572] esse ato do Senado Federal conferia eficácia *erga omnes* à declaração de inconstitucionalidade proferida no caso concreto.[573]

Ainda que se aceite, em princípio, que a suspensão da execução da lei pelo Senado retira a lei do ordenamento jurídico com eficácia *ex tunc*, esse instituto, tal como foi interpretado e praticado, entre nós, configura antes a negação do que a afirmação da teoria da nulidade da lei inconstitucional. A não-aplicação geral da lei depende exclusivamente da vontade de um órgão eminentemente político e não dos órgãos judiciais incumbidos da aplicação cotidiana do direito. Tal fato reforça a ideia de que, embora tecêssemos loas à teoria da nulidade da lei inconstitucional, consolidávamos institutos que iam de encontro à sua implementação.

Assinale-se que se a doutrina e a jurisprudência entendiam que lei inconstitucional era *ipso jure* nula, deveriam ter defendido, de forma coerente, que o ato de suspensão a ser praticado pelo Senado destinava-se exclusivamente a conferir publicidade à decisão do STF.

Essa foi a posição sustentada, isoladamente, por Lúcio Bittencourt: "Se o Senado não agir, nem por isso ficará afetada a eficácia

---

571 BITTENCOURT. *O controle jurisdicional constitucionalidade das leis*. Série "Arquivos do Ministério da Justiça". Brasília: Ministério da Justiça, 1997, p. 144; NUNES. *Teoria e prática do Poder Judiciário*. Rio de Janeiro: Revista Forense, 1943, p. 592.

572 Cf. item Introdução, supra.

573 FERREIRA FILHO, Manoel Gonçalves. *Curso de direito constitucional*. 30ª ed. rev. e atual. São Paulo: Malheiros, 2003, p. 35; SILVA, José Afonso da. *Curso de direito constitucional positivo*. São Paulo: Malheiros, 2003, p. 52.

da decisão, a qual continuará a produzir todos os seus efeitos regulares que, de fato, independem de qualquer dos poderes".[574]

Tal concepção afigurava-se absolutamente coerente com o fundamento da nulidade da lei inconstitucional. Uma orientação dogmática minimamente consistente haveria de encaminhar-se nesse sentido, até porque a atribuição de funções substantivas ao Senado Federal era a própria negação da ideia de nulidade da lei devidamente declarada pelo órgão máximo do Poder Judiciário.

Não foi o que se viu inicialmente. Como apontado, a jurisprudência e a doutrina acabaram por conferir significado substancial à decisão do Senado, entendendo que somente o ato de suspensão do Senado mostrava-se apto a conferir efeitos gerais à declaração de inconstitucionalidade proferida pelo Supremo Tribunal Federal, cuja eficácia estaria limitada às partes envolvidas no processo.

De qualquer sorte, a ampliação do controle abstrato de normas, inicialmente realizada nos termos do art. 103 e, posteriormente, com o advento da ADC, alterou significativamente a relação entre o modelo difuso e o modelo concentrado. Assim, passou a dominar a eficácia geral das decisões proferidas em sede de controle abstrato (ADI e ADC).

A disciplina processual conferida à Arguição de Descumprimento de Preceito Fundamental – ADPF, que constitui instrumento subsidiário para solver questões não contempladas pelo modelo concentrado – ADI e ADC –, revela, igualmente, a inconsistência do atual modelo. A decisão do caso concreto proferida em ADPF, por se tratar de processo objetivo, será dotada de eficácia *erga omnes;* a mesma questão resolvida no processo de controle incidental terá eficácia *inter partes*.

---

574 BITTENCOURT. O controle jurisdicional constitucionalidade das leis. Série "Arquivos do Ministério da Justiça". Brasília: Ministério da Justiça, 1997, pp. 145/146.

No que se refere aos recursos especial e extraordinário, a Lei n. 8.038, de 1990, havia concedido ao relator a faculdade de negar seguimento a recurso manifestamente intempestivo, incabível, improcedente ou prejudicado, ou ainda, que contrariasse Súmula do Supremo Tribunal Federal ou do Superior Tribunal de Justiça. O Código de Processo Civil, por sua vez, em caráter ampliativo, incorporou disposição que autoriza o relator a dar provimento ao recurso se a decisão recorrida estiver em manifesto confronto com súmula ou com a jurisprudência dominante do respectivo tribunal, do Supremo Tribunal Federal ou de Tribunal Superior (art. 557, § 1º-A, acrescentado pela Lei n. 9.756, de 1998).

Com o advento dessa nova fórmula, passou-se a admitir não só a negativa de seguimento de recurso extraordinário, nas hipóteses referidas, mas também o provimento do aludido recurso nos casos de manifesto confronto com a jurisprudência do Supremo Tribunal, mediante decisão unipessoal do relator.

Também aqui parece evidente que o legislador entendeu possível estender de forma geral os efeitos da decisão adotada pelo Tribunal, tanto nas hipóteses de declaração de inconstitucionalidade incidental de determinada lei federal, estadual ou municipal – hipótese que estaria submetida à intervenção do Senado –, quanto nos casos de fixação de uma dada interpretação constitucional pelo Tribunal.

Ainda que a questão pudesse comportar outras leituras, é certo que o legislador ordinário, com base na jurisprudência do Supremo Tribunal Federal, considerou legítima a atribuição de efeitos ampliados à decisão proferida pelo Tribunal, até mesmo em sede de controle de constitucionalidade incidental.

Observe-se, ainda, que, nas hipóteses de declaração de inconstitucionalidade de *leis municipais*, o Supremo Tribunal Federal tem adotado uma postura significativamente ousada, conferindo efeito vinculante não só à parte dispositiva da decisão de inconstitucionalidade, mas também aos próprios fundamentos determinantes. É que são numericamente expressivos os casos em que o Supremo Tribunal tem estendido, com base no art. 557, *caput* e § 1º-A, do Código de Processo Civil, a decisão do plenário que declara a inconstitucionalidade de norma municipal a outras situações idênticas, oriundas de municípios diversos. Em suma, tem-se considerado dispensável, no caso de modelos legais idênticos, a submissão da questão ao Plenário.

Nesse sentido, Maurício Corrêa, ao julgar o RE 228.844/SP,[575] no qual se discutia a ilegitimidade do IPTU progressivo cobrado pelo Município de São José do Rio Preto, no Estado de São Paulo, valeu-se de fundamento fixado pelo Plenário deste Tribunal, em precedente oriundo do Estado de Minas Gerais, no sentido da inconstitucionalidade de lei do Município de Belo Horizonte, que instituiu alíquota progressiva do IPTU.

Também Nelson Jobim, no exame da mesma matéria (progressividade do IPTU), em recurso extraordinário interposto contra lei do Município de São Bernardo do Campo, aplicou tese fixada em julgamentos que apreciaram a inconstitucionalidade de lei do Município de São Paulo.[576]

Ellen Gracie utilizou-se de precedente oriundo do Município de Niterói, Estado do Rio de Janeiro, para dar provimento a recurso extraordinário no qual se discutia a ilegitimidade de taxa de iluminação pública instituída pelo Município de Cabo Verde, no Estado de Minas Gerais.[577]

Carlos Velloso aplicou jurisprudência de recurso proveniente do Estado de São Paulo para fundamentar sua decisão no AI 423.252,[578] onde se discutia a inconstitucionalidade de taxa de coleta e limpeza pública do Município do Rio de Janeiro,

575 RE 228.844.SP, Rel. Min. Maurício Corrêa, *DJ* de 16.6.1999.

576 RE 221.795, Rel. Min. Nelson Jobim, *DJ* de 16.11.2000.

577 RE 364.160, Rel. Min. Ellen Gracie, *DJ* de 7.2.2003.

578 AI 423.252, Rel. Min. Carlos Velloso, *DJ* de 15.4.2003.

convertendo-o em recurso extraordinário (art. 544, §§ 3º e 4º, do CPC) e dando-lhe provimento.

Sepúlveda Pertence lançou mão de precedentes originários do Estado de São Paulo para dar provimento ao RE 345.048,[579] no qual se arguia a inconstitucionalidade de taxa de limpeza pública do Município de Belo Horizonte.

Celso de Mello, ao apreciar matéria relativa à progressividade do IPTU do Município de Belo Horizonte, conheceu e deu provimento a recurso extraordinário tendo em conta diversos precedentes oriundos do Estado de São Paulo.[580]

Tal procedimento evidencia, ainda que de forma tímida, o efeito vinculante dos fundamentos determinantes da decisão exarada pelo Supremo Tribunal Federal no controle de constitucionalidade do direito municipal. Evidentemente, semelhante orientação somente pode vicejar caso se admita que a decisão tomada pelo Plenário seja dotada de eficácia transcendente, sendo, por isso, dispensável a manifestação do Senado Federal.

Um outro argumento, igualmente relevante, diz respeito ao controle de constitucionalidade nas ações coletivas. Aqui, somente por força de uma compreensão ampliada ou do uso de uma figura de linguagem, pode-se falar em decisão com eficácia *inter partes*.

Como sustentar que uma decisão proferida numa ação coletiva, numa ação civil pública ou em um mandado de segurança coletivo, que declare a inconstitucionalidade de uma lei determinada, terá eficácia apenas entre as partes?

Nesses casos, a suspensão de execução da lei pelo Senado, tal como vinha sendo entendida até aqui, revela-se, para dizer o mínimo, completamente inútil, caso se entenda que ela tem uma

---

579 RE 345.048, Rel. Min. Sepúlveda Pertence, *DJ* de 8.4.2003.

580 RE 384.521, Rel. Min. Celso de Mello, *DJ* de 30.5.2003.

outra função que não a de atribuir publicidade à decisão declaratória de ilegitimidade.

Recorde-se, a propósito, que o Supremo Tribunal Federal, em decisão unânime de 7 de abril de 2003, julgou prejudicada a Ação Direta de Inconstitucionalidade 1.919 (Relatora Min. Ellen Gracie), proposta contra o Provimento n. 556/97, editado pelo Conselho Superior da Magistratura Paulista. A referida resolução previa a destruição física dos autos transitados em julgado e arquivados há mais de cinco anos em primeira instância. A decisão pela prejudicialidade decorreu do fato de o Superior Tribunal de Justiça, em mandado de segurança coletivo,[581] impetrado pela Associação dos Advogados de São Paulo (AASP), ter declarado a nulidade daquele ato.

Em outros termos, o Supremo Tribunal Federal acabou por reconhecer eficácia *erga omnes* à declaração de ilegitimidade do ato normativo proferida em mandado de segurança pelo STJ. *Quid juris*, então, se a declaração de inconstitucionalidade for proferida pelo próprio Supremo Tribunal Federal em sede de ação civil pública?

Se a decisão proferida nesses processos tem eficácia *erga omnes* (Lei n. 7.347, de 24.7.1985 - art. 16), afigura-se difícil justificar a necessidade de comunicação ao Senado Federal. A propósito, convém recordar que, em alguns casos, há uma quase confusão entre o objeto da ação civil pública e o pedido de declaração de inconstitucionalidade. Nessa hipótese, não há como cogitar de uma típica decisão com eficácia *inter partes*.[582]

---

581 RMS 11.824, Rel. Min. Francisco Peçanha Martins, *DJ* 27.5.2002.

582 Cf. RE 197.917, Rel. Min. Maurício Corrêa, *DJ* de 31.3.2004 (inconstitucionalidade de lei municipal que fixa número de vereadores) e Rcl-MC 2.537, Rel. Min. Cezar Peluso, *DJ* de 29.12.2003, a propósito da legitimidade de lei estadual sobre loterias, atacada, simultaneamente, mediante ação civil pública, nas instâncias ordinárias, e ADI, perante o STF.

Ressalte-se, ainda, que as decisões do STF, com efeitos limitados, no julgamento do RE 197.971 (caso vereadores)[583] e no próprio caso da progressão de regime (HC 82.959),[584] são casos notórios a demonstrar que a Corte, ao prolatar referidas decisões, já lhes estava atribuindo efeito *erga omnes*.

No caso do RE 197.917, trata-se de caso típico de decisão que, se dotada de efeito retroativo, provocaria enorme instabilidade jurídica, colocando em xeque as decisões tomadas pela Câmara de Vereadores nos períodos anteriores, com consequências não de todo divisáveis no que concerne às leis aprovadas, às decisões de aprovação de contas e outras deliberações da Casa Legislativa.

(...)

Eis a transcrição do acórdão de julgamento do HC 82.959, já mencionado acima, que confere efeitos limitativos à decisão:

> (...) O Tribunal, por votação unânime, explicitou que a declaração incidental de inconstitucionalidade do preceito legal em questão não gerará consequências jurídicas com relação às penas já extintas nesta data, pois esta decisão plenária envolve, unicamente, o afastamento do óbice representado pela norma ora declarada inconstitucional, sem prejuízo da apreciação, caso a caso, pelo magistrado competente, dos demais requisitos pertinentes ao reconhecimento da possibilidade de progressão.

Essas colocações têm a virtude de demonstrar que a declaração de inconstitucionalidade *in concreto* também se mostra passível de limitação de efeitos. A base constitucional dessa limitação – necessidade de um outro princípio que justifique a não-aplicação do princípio da nulidade – parece sugerir que, se aplicável, a declaração

---

583 Cf. RE 197.917, Rel. Min. Maurício Corrêa, *DJ* de 7.5.2004.

584 HC 82.959, Rel. Min. Marco Aurélio, *DJ* de 1.9.2006.

de inconstitucionalidade restrita revela-se abrangente do modelo de controle de constitucionalidade como um todo.

É que, nesses casos, o afastamento do princípio da nulidade da lei assenta-se em fundamentos constitucionais e não em razões de conveniência. Se o sistema constitucional legitima a declaração de inconstitucionalidade restrita no controle abstrato, essa decisão poderá afetar, igualmente, os processos do modelo concreto ou incidental de normas. Do contrário, poder-se-ia ter inclusive um esvaziamento ou uma perda de significado da própria declaração de inconstitucionalidade restrita ou limitada.

Conforme destacado, a ampliação do sistema concentrado, com a multiplicação de decisões dotadas de eficácia geral, acabou por modificar radicalmente a concepção que dominava entre nós sobre a divisão de poderes, tornando comum no sistema a decisão com eficácia geral, que era excepcional sob a Emenda Constitucional n. 16/65 e sob a Carta de 1967/1969.

No sistema constitucional de 1967/1969, a ação direta era apenas uma idiossincrasia no contexto de um amplo e dominante modelo difuso. A adoção da ADI, posteriormente, conferiu perfil diverso ao nosso sistema de controle de constitucionalidade, que continuou a ser um modelo misto. A ênfase passou a residir, porém, não mais no modelo difuso, mas nas ações diretas. O advento da Lei 9.882/99 conferiu conformação à ADPF, admitindo a impugnação ou a discussão direta de decisões judiciais das instâncias ordinárias perante o Supremo Tribunal Federal. Tal como estabelecido na referida lei (art. 10, § 3°), a decisão proferida nesse processo há de ser dotada de eficácia *erga omnes* e de efeito vinculante. Ora, resta evidente que a ADPF estabeleceu uma ponte entre os dois modelos de controle, atribuindo eficácia geral a decisões de perfil incidental.

Vê-se, assim, que a Constituição de 1988 modificou de forma ampla o sistema de controle de constitucionalidade, sendo inevitáveis as reinterpretações ou releituras dos institutos vinculados ao controle incidental de inconstitucionalidade, especialmente da exigência da maioria absoluta para declaração de inconstitucionalidade e da suspensão de execução da lei pelo Senado Federal.

O Supremo Tribunal Federal percebeu que não poderia deixar de atribuir significado jurídico à declaração de inconstitucionalidade proferida em sede de controle incidental, ficando o órgão fracionário de outras Cortes exonerado do dever de submeter a declaração de inconstitucionalidade ao plenário ou ao órgão especial, na forma do art. 97 da Constituição. Não há dúvida de que o Tribunal, nessa hipótese, acabou por reconhecer efeito jurídico transcendente à sua decisão. Embora na fundamentação desse entendimento fale-se em quebra da presunção de constitucionalidade, é certo que, em verdade, a orientação do Supremo acabou por conferir à sua decisão algo assemelhado a um efeito vinculante, independentemente da intervenção do Senado. Esse entendimento está hoje consagrado na própria legislação processual civil (CPC, art. 481, parágrafo único, parte final, na redação da Lei n. 9756, de 17.12.1998).

Essa é a orientação que parece presidir o entendimento que julga dispensável a aplicação do art. 97 da Constituição por parte dos Tribunais ordinários, se o Supremo já tiver declarado a inconstitucionalidade da lei, ainda que no modelo incidental. Na oportunidade, ressaltou o Relator para o acórdão, Ilmar Galvão, no já mencionado RE 190.728, que o novo entendimento estava "*em perfeita consonância não apenas com o princípio da economia processual, mas também com o da segurança jurídica, merecendo, por isso, todo encômio, como procedimento que vem ao encontro da tão desejada racionalização orgânica da instituição judiciária brasileira*", ressaltando que se cuidava "*de norma que não deve ser aplicada com rigor literal, mas, ao revés, tendo-se em mira a finalidade objetivada, o que permite a elasticidade do seu ajustamento às variações da realidade circunstancial*".[585]

---

585 RE 190.728, Relator para o acórdão Min. Ilmar Galvão, *DJ* de 30.5.1997.

E ela também demonstra que, por razões de ordem pragmática, a jurisprudência e a legislação têm consolidado fórmulas que retiram do instituto da "*suspensão da execução da lei pelo Senado Federal*" significado substancial ou de especial atribuição de efeitos gerais à decisão proferida no caso concreto.

Como se vê, as decisões proferidas pelo Supremo Tribunal Federal, em sede de controle incidental, acabam por ter eficácia que transcende o âmbito da decisão, o que indica que a própria Corte vem fazendo uma releitura do texto constante do art. 52, X, da Constituição de 1988, que, como já observado, reproduz disposição estabelecida, inicialmente, na Constituição de 1934 (art. 91, IV) e repetida nos textos de 1946 (art. 64) e de 1967/1969 (art. 42, VIII).

Portanto, é outro o contexto normativo que se coloca para a suspensão da execução pelo Senado Federal no âmbito da Constituição de 1988.

Ao se entender que a eficácia ampliada da decisão está ligada ao papel especial da jurisdição constitucional, e, especialmente, se considerarmos que o texto constitucional de 1988 alterou substancialmente o papel desta Corte, que passou a ter uma função preeminente na guarda da Constituição a partir do controle direto exercido na ADI, na ADC e na ADPF, não há como deixar de reconhecer a necessidade de uma nova compreensão do tema.

A aceitação das ações coletivas como instrumento de controle de constitucionalidade relativiza enormemente a diferença entre os processos de índole objetiva e os processos de caráter estritamente subjetivo. É que a decisão proferida na ação civil pública, no mandado de segurança coletivo e em outras ações de caráter coletivo não mais poderá ser considerada uma decisão *inter partes*.

De qualquer sorte, a natureza idêntica do controle de constitucionalidade, quanto às suas finalidades e aos procedimentos comuns dominantes para os modelos difuso e concentrado, não mais parece legitimar a distinção quanto aos efeitos das decisões proferidas no controle direto e no controle incidental.

Somente essa nova compreensão parece apta a explicar o fato de o Tribunal ter passado a reconhecer efeitos gerais à decisão proferida em sede de controle incidental, independentemente da intervenção do Senado. O mesmo há de se dizer das várias decisões legislativas que reconhecem efeito transcendente às decisões do STF tomadas em sede de controle difuso.

Esse conjunto de decisões judiciais e legislativas revela, em verdade, uma nova compreensão do texto constitucional no âmbito da Constituição de 1988.

É possível, sem qualquer exagero, falar-se aqui de uma autêntica mutação constitucional em razão da completa reformulação do sistema jurídico e, por conseguinte, da nova compreensão que se conferiu à regra do art. 52, X, da Constituição de 1988. Valendo-nos dos subsídios da doutrina constitucional a propósito da mutação constitucional, poder-se-ia cogitar aqui uma autêntica *reforma da Constituição sem expressa modificação do texto.*[586]

Em verdade, a aplicação que o Supremo Tribunal Federal vem conferindo ao disposto no art. 52, X, da CF indica que o referido instituto mereceu uma significativa reinterpretação a partir da Constituição de 1988.

É possível que a configuração emprestada ao controle abstrato pela nova Constituição, com ênfase no modelo abstrato, tenha sido decisiva para a mudança verificada, uma vez que as decisões com eficácia *erga omnes* passaram a se generalizar.

---

586 JELLINEK, Georg. *Reforma y Mutación de la Constitución.* Tradução espanhola de Christian Förster, Madri: Centro de Estudios Constitucionales, 1991, pp. 15-35; DAU-LIN, Hsü. *Mutación de La Constitución.* Tradução espanhola de Christian Förster e Pablo Lucas Verdú. Bilbao: IVAP, 1998, p.68 e s; FERRAZ, Anna Cândida da Cunha. *Processos Informais de Mudança da Constituição.* São Paulo: Max Limonad, 1986, p.64 e s. e p.102 e s.

A multiplicação de processos idênticos no sistema difuso – notória após 1988 – deve ter contribuído, igualmente, para que a Corte percebesse a necessidade de atualização do aludido instituto. Nesse contexto, assume relevo a decisão que afirmou a dispensabilidade de se submeter a questão constitucional ao Plenário de qualquer Tribunal se o Supremo Tribunal já se tiver manifestado pela inconstitucionalidade do diploma. Tal como observado, essa decisão acaba por conferir uma eficácia mais ampla – talvez até mesmo um certo efeito vinculante – à decisão do Plenário do Supremo Tribunal no controle incidental. Essa orientação está devidamente incorporada ao direito positivo (CPC, art. 481, parágrafo único, parte final, na redação da Lei nº, 9756, de 1998). No mesmo contexto situa-se a decisão que outorgou ao relator a possibilidade de decidir, monocraticamente, os recursos extraordinários vinculados às questões já resolvidas pelo Plenário do Tribunal (CPC, art. 557, § 1º A).

De fato, é difícil admitir que a decisão proferida em ADI ou ADC e na ADPF possa ser dotada de eficácia geral e a decisão proferida no âmbito do controle incidental – esta muito mais morosa porque em geral tomada após tramitação da questão por todas as instâncias – continue a ter eficácia restrita entre as partes.

Explica-se, assim, o desenvolvimento da nova orientação a propósito da decisão do Senado Federal no processo de controle de constitucionalidade, no contexto normativo da Constituição de 1988.

A prática dos últimos anos, especialmente após o advento da Constituição de 1988, parece dar razão, pelo menos agora, a Lúcio Bittencourt, para quem a finalidade da decisão do Senado era, desde sempre, *"apenas tornar pública a decisão do tribunal, levando-a ao conhecimento de todos os cidadãos"*.[587]

---

587 BITTENCOURT. O controle jurisdictional de constitucionalidade das leis. Série "Arquivos do Ministério da Justiça". Brasília: Ministério da Justiça, 1997, p. 145.

Sem adentrar o debate sobre a correção desse entendimento no passado, não parece haver dúvida de que todas as construções que se vêm fazendo em torno do efeito transcendente das decisões pelo Supremo Tribunal Federal e pelo Congresso Nacional, com o apoio, em muitos casos, da jurisprudência da Corte,[588] estão a indicar a necessidade de revisão da orientação dominante antes do advento da Constituição de 1988.

Assim, parece legítimo entender que, hodiernamente, a fórmula relativa à suspensão de execução da lei pelo Senado Federal há de ter simples efeito de publicidade. Desta forma, se o Supremo Tribunal Federal, em sede de controle incidental, chegar à conclusão, de modo definitivo, de que a lei é inconstitucional, essa decisão terá efeitos gerais, fazendo-se a comunicação ao Senado Federal para que este publique a decisão no Diário do Congresso. Tal como assente, não é (mais) a decisão do Senado que confere eficácia geral ao julgamento do Supremo. A própria decisão da Corte contém essa *força normativa*. Parece evidente ser essa a orientação implícita nas diversas decisões judiciais e legislativas acima referidas. Assim, o Senado não terá a faculdade de publicar ou não a decisão, uma vez que não se cuida de uma decisão substantiva, mas de simples dever de publicação, tal como reconhecido a outros órgãos políticos em alguns sistemas constitucionais (Constituição austríaca, art. 140,5 – publicação a cargo do Chanceler Federal, e Lei Orgânica da Corte Constitucional Alemã, art.31, (2), publicação a cargo do Ministro da Justiça). Tais decisões proferidas em processo de

---

588 MS 16.512 (Rel. Min. Oswaldo Trigueiro), RTJ 38 nº 1,p 23; RMS 17.976 (Rel. Min. Amaral Santos) *RDA*, 105:111(113); AI-AgR 168.149 (Rel. Ministro Marco Aurélio), *DJ* de 4.8.1995; AI-AgR 167.444, (Rel. Min. Carlos Velloso), *DJ* de 15.9.1995; RE 190.728 (Rel. Min. Celso de Mello), *DJ* 30.5.1997; RE 191.898 (Rel. Min. Sepúlveda Pertence), *DJ* de 22.8.1997; RE 228.844/SP (Rel. Min. Maurício Corrêa), *DJ* 16.6.1999; RE 221.795 (Rel. Min. Nelson Jobim), *DJ* 16.11.2000; RE 364.160 (Rel. Min. Ellen Gracie), *DJ* 7.2.2003; AI 423.252 (Rel. Min. Carlos Velloso), *DJ* 15.4.2003; RE 345.048 (Rel. Min. Sepúlveda Pertence), *DJ* 8.4.2003; RE 384.521 (Celso de Mello), *DJ* 30.5.2003); ADI 1.919 (Rel. Min. Ellen Gracie), *DJ* 1º.8.2003.

controle de normas são publicadas no Diário Oficial e têm *força de lei* (*Gesetzeskraft*) [Lei do *Bundesverfassungsgericht*, § 31, (2)]. Segundo Klaus Vogel, o § 31, II, da Lei Orgânica da Corte Constitucional alemã faz com que a força de lei alcance também as decisões confirmatórias de constitucionalidade. Essa ampliação somente se aplicaria, porém, ao dever de publicação, porque a lei não pode conferir efeito que a Constituição não prevê.[589]

Portanto, a não-publicação, pelo Senado Federal, de resolução que, nos termos do art. 52, X da Constituição, suspenderia a execução da lei declarada inconstitucional pelo STF, não terá o condão de impedir que a decisão do Supremo assuma a sua real eficácia jurídica.

Esta solução resolve, de forma superior, uma das tormentosas questões da nossa jurisdição constitucional. Superam-se, assim, também, as incongruências cada vez mais marcantes entre a jurisprudência do Supremo Tribunal Federal e a orientação dominante na legislação processual, de um lado, e, de outro, a visão doutrinária ortodoxa e – permita-nos dizer – ultrapassada do disposto no art. 52, X, da Constituição de 1988.

Ressalte-se ainda o fato de a adoção da súmula vinculante ter reforçado a ideia de superação do referido art. 52, X, da CF na medida em que permite aferir a inconstitucionalidade de determinada orientação pelo próprio Tribunal, sem qualquer interferência do Senado Federal.

Por último, observe-se que a adoção da técnica da declaração de inconstitucionalidade com limitação de efeitos[590] parece sinalizar que o Tribunal entende estar desvinculado de qualquer ato do

---

589 VOGEL, Klaus. "Rechtskraft und Gesetzeskraft der Entscheidungen des Bundesverfassungsgerichts". *In*: STARCK, Christian (Coord.). *Bundesverfassungsgericht und Grundgesetz*. 1ª ed. Tübingen: Mohr, 1976, vol. 1, pp. 568-613.

590 Cf. MENDES, Gilmar. *Jurisdição Constitucional*. 5ª ed. São Paulo: Saraiva, 2005, pp. 387-413.

Senado Federal, cabendo tão somente a ele – Tribunal – definir os efeitos da decisão.

No caso em apreço, concedi medida liminar em *habeas corpus* de ofício, em decisão de 21.8.2006, para que, mantido o regime fechado de cumprimento de pena por crime hediondo, fosse afastada a vedação legal de progressão de regime, nos seguintes termos, na parte em que interessa:

> (...) Segundo salientei na decisão que deferiu a medida liminar, o modelo adotado na Lei n. 8.072/1990 faz tábula rasa do direito à individualização no que concerne aos chamados crimes hediondos. Em outras palavras, o dispositivo declarado inconstitucional pelo Plenário no julgamento definitivo do HC 82.959/SP não permite que se levem em conta as particularidades de cada indivíduo, a capacidade de reintegração social do condenado e os esforços envidados com vistas à ressocialização (...).

Com efeito, verifica-se que a recusa do Juiz de Direito da Vara de Execuções da Comarca de Rio Branco, no Estado do Acre, em conceder o benefício da progressão de regime, nos casos de crimes hediondos, desrespeita a eficácia *erga omnes* que deve ser atribuída à decisão deste Supremo Tribunal Federal, no HC 82.959, que declarou a inconstitucionalidade do artigo 2º, § 1º, da Lei n. 8.072/1990.

Diante do exposto, JULGO PROCEDENTE a presente reclamação, para cassar decisões proferidas pelo Juiz de Direito da Vara de Execuções Penais da Comarca de Rio Branco, no Estado do Acre, que negaram a possibilidade de progressão de regime relativamente a cada um dos interessados acima mencionados.

Nesta extensão da procedência da reclamação, caberá ao juízo reclamado proferir nova decisão para avaliar se, no caso concreto, os interessados (pacientes) atendem ou não os requisitos para gozar do referido benefício, podendo determinar, para esse fim, e desde que de modo fundamentado, a realização de exame criminológico.

Resumo do voto do Ministro Ricardo Lewandowski

A tese que se discute na presente reclamação, no fundo, diz respeito à função desempenhada por esta Corte e pelo Senado Federal no controle difuso de constitucionalidade das leis.

Trata-se de saber se a decisão proferida no HC 82.959, quanto ao art. 2º, § 1º, da Lei 8.072/1990, em sua redação primitiva, é dotada de eficácia *erga omnes,* independente ou não do cumprimento do disposto no art. 52, X, da Constituição da República, que confere ao Senado a competência privativa para "*suspender a execução, no todo ou em parte, de lei declarada inconstitucional por decisão definitiva do Supremo Tribunal Federal*".

Lembro, inicialmente, que o exame da compatibilidade entre as leis ordinárias e as normas constitucionais pelo Judiciário, o denominado *judicial review*, tem origem na célebre decisão do *Chief Justice* John Marshall da Suprema Corte dos Estados Unidos, no caso *Marbury v. Madison*, julgado em 1803, com base nas lições de Hamilton,[591] em precedentes jurisprudenciais,[592] e nos propósitos dos constituintes da Filadélfia, que consagraram a *supremacy clause* no inc. VI, al. 2ª, da Constituição americana de 17 de setembro de 1787.

Como bem observou Paulo Bonavides, o *judicial review* foi uma contribuição dos Estados Unidos da América para o mundo, tão importante quanto a do federalismo e do sistema presidencial de governo.[593]

---

591 HAMILTON, Alexander; JAY, John; e MADISON, James. *O Federalista*: um comentário à Constituição americana. Trad. Reggy Zacconi de Moraes. Rio de Janeiro: Editora Nacional de Direito, 1959.

592 BARBOSA, Ruy. *Cartas de Inglaterra*: o Congresso e a Justiça no Regimen Federal. 2ª ed. São Paulo: Livraria Acadêmica Saraiva & C., 1929, p. 418.

593 BONAVIDES, Paulo. *Curso de Direito Constitucional.* 21ª ed. São Paulo: Malheiros, 2007, p. 306.

Naquele país, como se sabe, as decisões proferidas pela Suprema Corte no controle de constitucionalidade possuem eficácia *erga omnes*, por força do mecanismo conhecido como *stare decisis*, expressão que deriva da locução completa "*stare decisis e non quieta movere*", a qual, em essência, significa que os precedentes judiciais devem ser obrigatoriamente observados. Esse sistema expandiu-se primeiramente para as ex-colônias inglesas, como a Austrália, Canadá e Índia, sendo depois adotado em outros países, a exemplo da Argentina, Japão e Suécia.

Durante o século XX, o sistema norte-americano cedeu espaço para um novo modelo de jurisdição constitucional, originário da Áustria, que se concentra em um único Tribunal, ou melhor, numa Corte Constitucional *(Verfassungsgerichtshof)*. Tal sistema foi idealizado por Kelsen que, a pedido do governo austríaco, colaborou na elaboração da Constituição de 1° de outubro de 1920, conhecida como *Oktoberverfassung*, que abrigou tal modelo.

Esse sistema de controle concentrado foi adotado especialmente na Europa continental, ou seja, na Alemanha, Bélgica, Espanha, Itália, Iugoslávia, Portugal, Tchecoslováquia, bem como na Turquia, entre outros países.

Consoante Cappeletti,[594] as razões que levaram os referidos países a adotar o sistema concentrado de jurisdição constitucional têm a ver com a origem romanística de seu Direito, ou seja, com a *civil law*, que não contempla o *stare decisis,* característico da *common law.*

Essa particularidade faz com que se mostre recorrente, no sistema da *civil law*, o problema representado pelo conflito entre normas julgadas constitucionais por alguns juízes, e inconstitucionais por outros. Tal dissonância praticamente não existe no sistema da

---

594 CAPPELLETTI, Mauro. *O controle judicial de constitucionalidade das leis no direito comparado*. Trad. Aroldo Plínio Gonçalves. Porto Alegre: Fabris, 1984.

common law em razão da "força dos precedentes", que decorre do *stare decisis,* no qual, como visto, as decisões da Suprema Corte vinculam todos os órgãos do Poder Judiciário.

No Brasil, o controle de constitucionalidade originou-se com a promulgação da primeira Carta republicana, em 1891,[595] que adotou o modelo de controle difuso norte-americano, sem, contudo, incorporar a sistemática do *stare decisis*, tendo em vista a tradição romanística de nosso Direito.

Tal adaptação criou um problema para a jurisdição constitucional, uma vez que as decisões do Supremo Tribunal Federal, no controle difuso de constitucionalidade, operavam efeitos apenas entre as partes, ensejando a possibilidade de prosperarem soluções distintas para casos semelhantes.

Visando atenuar o problema, o constituinte de 1934 resolveu atribuir competência ao Senado Federal para suspender a execução, no todo ou em parte, de qualquer lei ou ato, deliberação ou regulamento declarados inconstitucionais pelo Judiciário (arts. 91, IV, e 96). Tal fórmula foi mantida pelas Constituições de 1946 (art. 64), de 1967/1969 (art. 42, VII) e a de 1988 (art. 52, X).

Explicando esse múnus constitucional, atribuído à Câmara Alta, o Relator desta Reclamação, Min. Gilmar Mendes, com base em precedentes da Casa,[596] assentou, em seu voto, que

> (...) o Senado Federal não revoga o ato declarado inconstitucional, até porque lhe falece competência para tanto. Cuida-se de ato político que empresta eficácia erga omnes à decisão do Supremo Tribunal proferida em caso concreto. Não se obriga o Senado Federal a expedir o ato de suspensão,

---

595 LEWANDOWSKI, Enrique Ricardo. "Reflexões em torno do Princípio Republicano". *Revista Justiça & Cidadania,* São Paulo, nº 74, set. 2006, pp. 6-11.

596 Voto do Min. Prado Kelly, proferido no MS 16.512, RTJ 38, n. 1, p. 16.

> não configurando eventual omissão qualquer infringência a princípio de ordem constitucional.

Como se sabe, com o advento da Emenda Constitucional 16, de 26 de novembro de 1965, inaugurou-se no Brasil o controle concentrado de constitucionalidade dos atos normativos federais e estaduais – à moda kelseniana –, com a criação da representação genérica de inconstitucionalidade por iniciativa exclusiva do Procurador-Geral da República.

Interessantemente, apenas em 1977 esta Suprema Corte firmou entendimento no sentido da dispensabilidade da intervenção do Senado Federal nas hipóteses de declaração de inconstitucionalidade de lei proferida em sede de controle abstrato, tendo em conta a ocorrência, nas palavras do Min. Moreira Alves, de "*redução teleológica*" quanto ao inc. VII do art. 42 da Constituição de 1967/1969.

Em parecer administrativo elaborado sobre o tema, o referido Ministro assinalou o seguinte:

> Sou dos que entendem que a comunicação do Senado só se faz em se tratando de declaração de inconstitucionalidade incidente (...), pois, passando em julgado o acórdão desta Corte, tem ele eficácia erga omnes e não há que se suspender lei ou ato normativo nulo com relação a todos.[597]

Estudando o assunto em sede acadêmica, Gilmar Mendes e Ives Gandra Martins ressaltam que o sistema de controle concentrado de constitucionalidade foi alargado e aperfeiçoado pela Carta de 1988, assentando que ela:

---

597 Cf. Parecer do Min. Moreira Alves no Processo Administrativo 4.477-72, *DJ* de 16/5/1977, pp. 3123-3124.

> (...) reduziu o significado do controle de constitucionalidade incidental ou difuso, ao ampliar, de forma marcante, a legitimação para propositura da ação direta de inconstitucionalidade (CF, art. 103), permitindo que, praticamente, todas as controvérsias constitucionais relevantes sejam submetidas ao Supremo Tribunal Federal mediante processo de controle abstrato de normas.[598]

Entre as principais inovações trazidas pela Constituição de 1988, destacam-se a extensão do rol de legitimados para a propositura da ação direta de inconstitucionalidade (art. 103), a exigência de citação do Advogado-Geral da União (art. 103, § 3º), a instituição da ação de inconstitucionalidade por omissão (art. 103, § 2º) e o julgamento, pelo STF, do mandado de injunção (art. 102, I, q), além da possibilidade de os Estados-membros instituírem a ação direta de inconstitucionalidade para o controle da higidez das leis e atos normativos municipais e estaduais em face das Constituições locais (art. 125, § 2º).

Analisando a evolução histórica do instituto, o Ministro Relator construiu as seguintes premissas: [i] não é mais possível atualmente cogitar da divisão clássica de poderes, retratada na Constituição de 1934, que ensejou a criação do instituto da suspensão pelo Senado da eficácia de dispositivo normativo declarado inconstitucional pelo STF; [ii] a Constituição vigente, ao ampliar o rol de legitimados, no controle concentrado, acabou por reduzir o significado do controle difuso; e [iii] o Supremo Tribunal Federal, não obstante essa competência da Câmara Alta, vem conferindo caráter geral a diversas decisões prolatadas no âmbito do controle difuso.

A partir dessas premissas, formulou a seguinte questão:

---

598 MARTINS, Ives Gandra da Silva; MENDES, Gilmar Ferreira. *Controle concentrado de constitucionalidade*: Comentários à Lei n. 9.868, de 10-11-1999. São Paulo: Saraiva, 2001, p. 62.

> Se o Supremo Tribunal pode, em ação direta de inconstitucionalidade, suspender, liminarmente, a eficácia de uma lei, até mesmo de uma Emenda Constitucional, por que haveria a declaração de inconstitucionalidade, proferida no controle incidental, valer tão somente para as partes?

O Relator, então, salvo melhor juízo, concluiu que o instituto da suspensão de normas inconstitucionais, pelo Senado, "*assenta-se hoje em razão de índole exclusivamente histórica*", o que permitiria cogitar-se de uma mutação constitucional no tocante ao art. 52, X, da Constituição de 1988.

Após bem refletir sobre tal proposição, ouso divergir de Sua Excelência quanto à ocorrência da aludida mutação constitucional, por não entender tratar-se o instituto de mera reminiscência histórica.

É que, primeiro, constato que a Câmara Alta, não tem descuidado do cumprimento dessa relevante competência que os constituintes brasileiros lhe tem atribuído, de forma reiterada, desde o advento da Carta de 1934.

Nesse sentido, assinalo que, entre 7 de fevereiro de 2007 e 16 de junho de 2010, a Comissão de Constituição e Justiça do Senado Federal pautou, para deliberação dos Senadores, nada menos que 53 ofícios encaminhados por esta Corte, solicitando a promulgação de projeto de resolução para suspender a execução de dispositivos declarados inconstitucionais em sede de controle difuso.

Constatando o mesmo fato, o Min. Joaquim Barbosa, assinalou em seu voto que: "(...) mesmo que se aceitasse a tese da mutação, entendo que seriam necessários dois fatores adicionais: o decurso de um espaço de tempo maior, para a constatação dessa mutação, e a consequente e definitiva 'désuetude' do dispositivo".

Já segundo o voto do Min. Eros Grau, que comunga com o entendimento do Ministro Relator, a menção à competência do Senado Federal para "suspender a execução, no todo ou em parte, de lei declarada inconstitucional por decisão definitiva do Supremo Tribunal Federal", haveria de ser entendida como "dar publicidade à suspensão da execução, operada pelo Supremo Tribunal Federal, de lei declarada inconstitucional, no todo ou em parte, por decisão definitiva do Supremo".

Tal interpretação, contudo, a meu ver, levaria a um significativo aviltamento da tradicional competência daquela Casa Legislativa no tocante ao controle de constitucionalidade, reduzindo o seu papel a mero órgão de divulgação das decisões do Supremo Tribunal Federal nesse campo. Com efeito, a prevalecer tal entendimento, a Câmara Alta sofreria verdadeira *capitis diminutio* no tocante a uma competência que os constituintes de 1988 lhe outorgaram de forma expressa.

A exegese proposta, segundo entendo, vulneraria o próprio sistema de separação de poderes, concebido em meados do século XVIII na França pré-revolucionária pelo Barão de la Brède e Montesquieu, exatamente para impedir que todas as funções governamentais – ou a maioria delas – se concentrem em determinado órgão estatal, colocando em xeque a liberdade política dos cidadãos. O referido teórico, para tanto, concebeu a famosa fórmula segundo a qual "*le pouvoir arrete le pouvoir*", de modo a evitar que alguém ou alguma assembleia de pessoas possa enfeixar todo o poder em suas mãos, ensejando, assim, o surgimento de um regime autocrático.

Não se desconhece que alguns críticos asseveram que a teoria da separação de poderes jamais foi aplicada tal como originalmente concebida, consubstanciando mera prescrição de natureza formal.[599] Em que pesem, contudo, as imperfeições do sistema, que os norte-americanos denominam de *checks and balances*, após terem-no inserido pioneiramente em sua Constituição de

---

599 DALLARI, Dalmo de Abreu. *Elementos de Teoria Geral do Estado*. 20ª ed. São Paulo: Saraiva, 1998, p. 220.

1787,[600] entendo que elas não têm o condão de legitimar a ablação de uma competência constitucional expressamente atribuída a determinado Poder.

Suprimir competências de um Poder de Estado, por via de exegese constitucional, a meu sentir, colocaria em risco a própria lógica do sistema de freios e contrapesos, como ressalta Jellinek.[601]

Não se ignora que a Constituição de 1988 redesenhou a relação entre os poderes, fortalecendo o papel do Supremo Tribunal Federal, ao dotar, por exemplo, as suas decisões de efeito vinculante e eficácia *erga omnes* nas ações diretas de constitucionalidade e nas ações declaratórias de constitucionalidade (art. 102, § 2º). O fortalecimento do STF, no entanto, não se deu em detrimento das competências dos demais poderes, em especial daquela conferida ao Senado Federal no art. 52, inc. X, da Carta em vigor.

Não há, penso eu, com o devido respeito pelas opiniões divergentes, como cogitar-se de mutação constitucional na espécie, diante dos limites formais e materiais que a própria Lei Maior estabelece quanto ao tema, a começar pelo que se contém no art. 60, § 4º, III, o qual erige a separação dos poderes à dignidade de "cláusula pétrea", que sequer pode ser alterada por meio de emenda constitucional.

A nova interpretação que se pretende dar ao dispositivo em comento, a meu ver, difere – e muito – da mutação reconhecida quanto ao art. 97 da Constituição. Nesse caso, a transformação operou-se a partir de uma práxis processual adotada pela Suprema Corte, que, sem desrespeitar qualquer princípio ou norma fundamental de nosso ordenamento jurídico, acabou por dispensar a rígida observância do que nele se contém quando se

---

600 MACDONAL, Forrest. *Novus Ordo Seclorum*: The intellectual origins of the Constitution. Lawrence: University Press of Kansas, 1985, pp. 84 e ss.

601 JELLINEK, Georg. *Teoria General del Estado*. Buenos Aires: ed. IB de F, 2005, p. 747.

trata da apreciação de casos cujas teses já tenham sido julgadas pelo Plenário.

Mas o que se propõe aqui é algo inteiramente diferente. Almeja-se, na verdade, deslocar uma competência atribuída pelos constituintes a determinado Poder para outro. Não me parece, contudo, seja possível materializar-se tal desiderato, mesmo porque os próprios teóricos da mutação constitucional reconhecem que esse fenômeno possui limites.

Nesse sentido, Uadi Lammego Bulos observa que "(...) se o ato interpretativo desvirtuar a letra das normas que embasam a Constituição, quebrando a juridicidade dos princípios informadores da ordem constituída, estaremos diante de mutações inconstitucionais".[602]

Esse é também o entendimento de Anna Cândida da Cunha Ferraz, especialista no tema, para a qual a exegese ensejadora da mutação constitucional apresenta limites, sendo vedada caso contrarie o sentido da norma constitucional.[603]

Não se está a afastar, por evidente, a via da interpretação enquanto forma corriqueira e até mesmo salutar de modificação do alcance de uma norma constitucional, a fim de amoldá-la à evolução social. O que se está a repudiar é a alteração de seu conteúdo essencial pela via da exegese. Em outras palavras, a hermenêutica constitucional desborda dos lindes nos quais lhe é lícito atuar quando afronta o próprio âmago da norma, como parece ser a hipótese sob exame.

O festejado Konrad Hesse, em primorosa obra sobre o tema, também faz alusão aos limites da interpretação constitucional, ao consignar que: "Se o sentido de uma proposição normativa não

---

602 BULOS, Uadi Lammêgo. *Mutação constitucional*. São Paulo: Saraiva, 1997, p. 198.

603 FERRAZ, Ana Cândida da Cunha. *Processos informais de mudança na Constituição*. São Paulo: Ed. Max Limonad, 1986, pp. 9/10.

pode mais ser realizado, a revisão constitucional afigura-se inevitável. Do contrário, ter-se-ia a supressão da tensão entre norma e realidade com a supressão do próprio direito".[604]

Para o autor alemão, duas são, portanto, as formas de mutação constitucional: a primeira consiste na revisão do texto magno, quando a "*reforma constitucional expressa a ideia de que, efetiva ou aparentemente, atribui-se maior valor às exigências de índole fática do que à ordem normativa vigente*"; a segunda corresponde à interpretação que encontra limites na teleologia da norma.[605] Em outras palavras, na impossibilidade de conciliação das exigências de ordem fática com o sentido íntimo da norma, devem os impasses ser resolvidos por meio de emendas à Constituição, por absoluta inadequação das técnicas puramente hermenêuticas.

É evidente que a aplicação da Constituição à realidade fática pressupõe o processo de interpretação, até para que suas normas possam acompanhar a natural e permanente evolução dos cânones sociais. Mas existem parâmetros rígidos para tal. O primeiro deles, é, inegavelmente, o próprio sentido literal do texto. Segundo Heidegger, a palavra é essencial para conferir-se o ser às coisas. "*Nenhuma coisa é onde a palavra, isto é, o nome, faltar*", diz ele. E a interpretação, por óbvio, há de encontrar limites também – e quiçá em primeiro lugar – na literalidade da norma, ou seja, em sua estrutura semântica.[606]

Não me filio, por óbvio, à corrente dos legalistas extremados, que a partir da leitura francesa de Hans Kelsen – divulgador por excelência do positivismo jurídico – acabou por transformar o Estado de Direito em "*Estado Legal*", substituindo a supremacia da

---

604 HESSE, Konrad. *A força normativa da Constituição*. Trad. Gilmar Ferreira Mendes. Porto Alegre: Sergio Antonio Fabris Editor, 1991, pp. 22/23.

605 HESSE, Konrad. *A força normativa da Constituição*. Trad. Gilmar Ferreira Mendes. Porto Alegre: Sergio Antonio Fabris Editor, 1991, p. 22.

606 PISCITELLI, Tathiane dos Santos. *Os limites à interpretação das normas tributárias*. São Paulo: Quartier Latin, 2007, p. 52.

Constituição pela primazia da lei. A doutrina e a jurisprudência, em um tal contexto, desempenham o papel de meros coadjuvantes relativamente aos preceitos legais.

Claro está que essa ótica, levada às últimas consequências, reduz o papel do Estado-julgador à simples "*bouche de la loi*", traduzida na máxima da Escola da Exegese francesa, do século XIX, "*in claris cessat interpretatio*", com a qual se buscava entronizar a norma legal em um sacrário inacessível.

Ocorre que, inconformada, "*a sociedade reclamou uma renovação do Estado de Direito, exigindo que a lei seja necessariamente expressão da justiça*",[607] levando ao fortalecimento do Judiciário, órgão governamental incumbido da magna tarefa de temperar, com a ótica de *Themis*, as normas eventualmente distanciadas do ideal de equidade.

Observo, ademais, que não se está, no caso, a falar de uma norma de natureza principiológica, à qual falece o atributo da autoaplicabilidade. Ao revés, a estrutura semântica do inc. X do art. 52 sugere tratar-se de um dispositivo constitucional de eficácia plena e aplicabilidade imediata, que não comporta grandes manobras exegéticas por parte de seus intérpretes.

Com efeito, se o dispositivo em questão assinala, com todas as letras, que compete ao Senado Federal a suspensão de norma declarada inconstitucional por esta Corte, assim o é, literalmente. Ainda que se possa, no mérito, discordar do que nele se contém, o preceito em tela constitui o Direito posto, e que não admite, dada a taxatividade com que está vazado, maiores questionamentos.

O renomado mestre José Afonso da Silva, emitindo juízo de valor sobre referido preceito constitucional, assim se manifesta:

607 DA SILVA, Enio Moraes. "O Estado Democrático de Direito". *Revista de Informação Legislativa*, 2005, p. 222.

> *Seria mais prático e expedito que se desse à decisão definitiva do STF o efeito* erga omnes *a contar de sua publicação, também nos casos de recurso extraordinário (art. 102, III), que é o ponto final do controle de constitucionalidade* incidenter tantum. *Assim, porém, não quis o constituinte, de sorte que a interferência do Senado é de rigor.*[608]

Reconheço que, na prática cotidiana dos tribunais, as questões decididas pelo STF, no controle difuso de constitucionalidade, têm considerável impacto tanto nas decisões da própria Corte como naquelas proferidas nas demais instâncias jurisdicionais. Não extraio, porém, desse fato, a força necessária para atribuir novos contornos ao art. 52, X, da Constituição Federal.

Isso porque se está diante de dois fenômenos jurídicos que, embora acarretem resultados semelhantes, não podem ser confundidos entre si. O primeiro corresponde às decisões que produzem o denominado efeito *erga omnes,* que as tornam oponíveis a todos; o outro se refere às decisões que, pela autoridade do órgão jurisdicional que as prolatou, constituem fonte de Direito, como, de resto, ocorre com a jurisprudência em geral.

Esclareço melhor. Se, por um lado, o Regimento Interno do Supremo Tribunal Federal confere a seus Ministros a competência para julgar monocraticamente determinado recurso extraordinário quando a decisão está em consonância com a jurisprudência predominante, não estão eles, de outro, obrigados a se curvar ao entendimento predominante na Casa, salvo em se tratando de posição estabelecida em controle concentrado de constitucionalidade ou por meio de súmula vinculante. No primeiro caso, tem-se a manifestação da força dos precedentes da Casa, como fonte de Direito; no segundo, um exemplo da força cogente do efeito *erga omnes.*

---

608 SILVA, José Afonso da. *Comentário contextual à Constituição.* 3ª ed. São Paulo: Malheiros, 2007, pp. 415-416.

Prossigo, ainda, trazendo à baila uma exceção à regra que, como de praxe, contribui para confirmá-la. Com o advento da EC 45/2004, a nenhum Ministro é dado contrariar posição firmada pelo Supremo Tribunal Federal quanto à existência ou não de repercussão geral de matéria veiculada em determinado recurso extraordinário quando assim decidido pelo Plenário da Casa. Com isso, passou-se a conferir efeito *erga omnes* a decisões originadas em sede de controle difuso de constitucionalidade. Acontece que, nesses casos, o referido efeito conta com o beneplácito parlamentar, porquanto deriva de emenda constitucional, regulamentada por lei ordinária.

Sem embargo dos muitos julgados zelosamente colacionados pelo eminente Ministro Relator, os quais ilustram a coerência buscada pelos integrantes da Corte na compatibilização de seus pronunciamentos com a jurisprudência dominante, em homenagem ao princípio da segurança jurídica, penso que tal cuidado não autoriza a conclusão de que as decisões tomadas no controle difuso de constitucionalidade acabem produzindo efeito *erga omnes*, independentemente do cumprimento do que se contém no art. 52, X, da Carta de 1988.

Permito-me lembrar que propus exatamente em nome da segurança jurídica, em questão de ordem, ao egrégio Plenário, que conferisse efeito *ex nunc* às decisões proferidas nos REs 370.682/PR e 353.657/PR, que diziam respeito ao creditamento do IPI na utilização de insumos tributados à alíquota zero.

Ressalto que, naquela ocasião, não defendi a tese de que um precedente do Supremo Tribunal Federal, no controle difuso, tivesse força vinculante. Apenas sugeri a adoção da técnica de modulação dos efeitos daquelas decisões, as quais representaram abrupta alteração do entendimento da Corte acerca da matéria. Lembro, por oportuno, que o Tribunal, em peso, rechaçou a tese por mim ventilada.

De qualquer sorte, entendo que a questão aqui é outra, pois o que se pretende, como visto, é conferir efeito *erga omnes* às decisões tomadas pela Corte no controle difuso de constitucionalidade, independentemente do pronunciamento do Senado Federal.

Ora, conforme sublinhou o Min. Sepúlveda Pertence, ao proferir seu voto, se se deseja emprestar maior alcance às decisões do Supremo nessa sede, basta lançar mão das súmulas vinculantes.

(...)

De fato, é grande o poder conferido a esta Corte pelos constituintes derivados, pois, como registrei em palestra que proferi na Associação dos Advogados de São Paulo, em evento organizado pelo Instituto Victor Nunes Leal, que ao Supremo, não só é dado, agora, conferir efeito vinculante às suas decisões, tomadas reiteradamente em sede de controle difuso de constitucionalidade, por meio de súmulas (...).[609]

Desse modo, também entendo que é possível e conveniente utilizar o referido instituto para ampliar o alcance das decisões da Corte no controle difuso de constitucionalidade, sem que se vulnere a competência do Senado Federal para manifestar-se sobre o tema, no exercício de uma competência que, como bem acentuou o ilustre Relator, tem um caráter eminentemente político.

Isso posto, pelo meu voto, não conheço da presente reclamação, concedendo o *habeas* de ofício, com as considerações supra.

Resultado do julgamento

O julgamento da Reclamação 4.335 deu-se em 20 de março de 2014, prevalecendo, por maioria dos presentes, o voto do Ministro Gilmar Mendes, que conhecia do feito e julgava procedente o pedido, vencidos os Ministros Sepúlveda Pertence, Joaquim

609 Palestra sobre a *Reforma do Judiciário e as súmulas vinculantes*, no ciclo de debates Diálogos sobre a jurisprudência constitucional brasileira, promovido pelo Instituto Victor Nunes Leal e a Associação dos Advogados de São Paulo, em 4/12/2009.

Barbosa, Marco Aurélio e Ricardo Lewandowski, os quais dele não conheciam, mas concediam ordem de *habeas corpus* de ofício.

Referências bibliográficas

ANSCHÜTZ, Gerhard. *Die Verfassung des deutschen Reichs.* 2ª ed. Berlim, 1930.

ARAÚJO, Castro. *A nova Constituição brasileira.* Rio de Janeiro: Freitas Bastos, 1935. ALENCAR, Ana Valderez Ayres Neves de. *A competência do Senado Federal para suspender a execução dos atos declarados inconstitucionais.* Revista de Informação Legislativa, 15(57): 234-237 jan.mar. 1978.

BARBOSA, Ruy. Os atos inconstitucionais do Congresso e do Executivo perante a Justiça Federal. *In*: *Trabalhos jurídicos.* Rio de Janeiro: Ministério da Educação e Cultura, 1958, vol. 20, t. 5.

BARBOSA, Ruy. *O direito do Amazonas ao Acre Septentrional.* Rio de Janeiro: Jornal do Commercio, 1910, vol. 2.

BARBOSA, Ruy. *Cartas de Inglaterra*: o Congresso e a Justiça no Regimen Federal. 2ª ed. São Paulo: Livraria Acadêmica Saraiva & C., 1929

BASTOS, Celso Ribeiro. *Curso de Direito Constitucional.* São Paulo: Celso Bastos, 2002.

BITTENCOURT, C. A. Lúcio. *O controle jurisdicional de constitucionalidade das leis.* Série "Arquivos do Ministério da Justiça". Brasília: Ministério da Justiça, 1997, p. 145.

BONAVIDES, Paulo. *Curso de Direito Constitucional.* 21ª ed. São Paulo: Malheiros, 2007.

BRASIL. Congresso, Senado Federal. Parecer n. 154, de 1971, Rel. Senador Accioly Filho, Revista de Informação Legislativa, 12(48):266-268.

BRASIL. *Constituição* (1946): Emendas. Emendas à Constituição de 1946, n. 16: reforma do Poder Judiciário. Brasília: Câmara dos Deputados, 1968

BROSSARD, Paulo. *O Senado e as leis inconstitucionais.* Revista de Informação Legislativa, 13(50): 61.

BULOS, Uadi Lammêgo. *Mutação constitucional.* São Paulo: Saraiva, 1997.

BUZAID, Alfredo. *Da ação direta de constitucionalidade no Direito brasileiro*. São Paulo: Saraiva, 1958.

CAPPELLETTI, Mauro. *O controle judicial de constitucionalidade das leis no direito comparado*. Trad. Aroldo Plínio Gonçalves. Porto Alegre: Fabris, 1984.

CAVALCANTI, Themístocles Brandão. *Do controle de constitucionalidade*. Rio de Janeiro: Forense, 1966.

DALLARI, Dalmo de Abreu. *Elementos de Teoria Geral do Estado*. 20ª ed. São Paulo: Saraiva, 1998.

DA SILVA, Enio Moraes. "O Estado Democrático de Direito". *Revista de Informação Legislativa*, 2005.

DAU-LIN, Hsü. *Mutación de La Constitución*. Trad. espanhola de Christian Förster e Pablo Lucas Verdú. Bilbao: IVAP, 1998.

FERRAZ, Anna Cândida da Cunha. *Processos Informais de Mudança da Constituição*. São Paulo: Max Limonad, 1986.

FERREIRA FILHO, Manoel Gonçalves. *Curso de direito constitucional*. 30ª ed. rev. e atual. São Paulo: Malheiros, 2003.

HAMILTON, Alexander; JAY, John; e MADISON, James. *O Federalista*: um comentário à Constituição americana. Trad. Reggy Zacconi de Moraes. Rio de Janeiro: Editora Nacional de Direito, 1959.

HESSE, Konrad. *A força normativa da Constituição*. Trad. Gilmar Ferreira Mendes. Porto Alegre: Sergio Antonio Fabris Editor, 1991.

JELLINEK, Georg. *Reforma y Mutación de la Constitución*. Tradução espanhola de Christian Förster, Madri: Centro de Estudios Constitucionales, 1991.

LEWANDOWSKI, Enrique Ricardo. "Reflexões em torno do Princípio Republicano". *Revista Justiça & Cidadania*, São Paulo, n. 74, set. 2006.

MACDONAL, Forrest. *Novus Ordo Seclorum: The intellectual origins of the Constitution*. Lawrence: University Press of Kansas, 1985.

MARINHO, Josaphat. *O art. 64 da Constituição e o papel do Senado*. Revista de Informação Legislativa, *1(2)*.

MARTINS, Ives Gandra da Silva; MENDES, Gilmar Ferreira. Controle concentrado de constitucionalidade: Comentários à Lei n. 9.868, de 10-11-1999. São Paulo: Saraiva, 2001.

MELLO, Oswaldo Aranha Bandeira de. *A Teoria das Constituições Rígidas*. 2ª ed. São Paulo: J. Bushasky Editor, 1980.

NUNES, José de Castro. *Teoria e prática do Poder Judiciário*. Rio de Janeiro: Revista Forense, 1943.

PISCITELLI, Tathiane dos Santos. *Os limites à interpretação das normas tributárias*. São Paulo: Ed. Quartier Latin, 2007.

SILVA, José Afonso da. *Curso de direito constitucional positivo*. São Paulo: Malheiros, 2003.

SILVA, José Afonso da. *Comentário contextual à Constituição*. 3ª ed. São Paulo: Malheiros, 2007.

VOGEL, Klaus. "Rechtskraft und Gesetzeskraft der Entscheidungen des Bundesverfassungsgerichts". *In*: STARCK, Christian (Coord.). *Bundesverfassungsgericht und Grundgesetz*. 1ª ed. Tübingen: Mohr, 1976, vol. 1.

CAPÍTULO XXIV

O RECONHECIMENTO DA SUPRALEGALIDADE DOS TRATADOS DE DIREITOS HUMANOS NO ORDENAMENTO JURÍDICO BRASILEIRO: O RE 349.703-1/RS

Ricardo Villas Boas Cuêva

Introdução

Em 2008, o Plenário do Supremo Tribunal Federal, ao julgar conjuntamente os Recursos Extraordinários n.s 349.703-1/RS e 466.343/SP e os *Habeas Corpus* n.s 87.585 e 92.566, reconheceu a supralegalidade dos tratados de direitos humanos.[610]

Até então prevalecia o entendimento de que os tratados internacionais, internalizados mediante decreto legislativo e ratificação do Presidente da República, qualquer que fosse sua natureza, equiparavam-se à lei ordinária, passíveis, portanto, de alteração por lei posterior. Dentre as poucas exceções contavam-se os tratados tributários e os tratados de extradição. Outra importante exceção:

610 Julgamento concluído em 3/12/2008. Cf. acórdão do RE n. 466.343/SP, rel. Min. Cezar Peluso.

desde a Emenda Constitucional n. 45/2004, que introduziu o § 3º ao art. 5º da Constituição Federal, os tratados de direitos humanos aprovados em dois turnos em cada Casa do Congresso Nacional, por três quintos de seus membros, tornaram-se equivalentes a emendas constitucionais.

Com as decisões proferidas nos recursos extraordinários acima mencionados, que consagraram expressiva mutação constitucional, o Brasil passou a alinhar-se a vários países que já atribuíam eficácia supralegal aos tratados internacionais de direitos humanos. Criou-se, ainda, a possibilidade de controle de convencionalidade das leis, em significativo avanço em direção à internacionalização dos direitos humanos e a uma cooperação entre estados constitucionais.

No presente artigo, escrito para a obra coletiva em homenagem ao Ministro Gilmar Mendes, descrevem-se inicialmente os argumentos discutidos no RE n. 349.703/RS, sobretudo no voto-vista por ele proferido. Em seguida, apresentam-se, em linhas rápidas, as principais implicações do reconhecimento da supralegalidade dos tratados de direitos humanos no Brasil.

1 O RE n. 349.703-1/RS

No julgamento do Recurso Extraordinário n. 349.703-1/RS, concluído em 3.12.2008, relator para o acórdão Min. Gilmar Mendes, foi reconhecida a ilicitude da prisão civil do depositário infiel. O recurso foi interposto por instituição financeira por alegada ofensa aos artigos 5º, LXVII, e 97 da Constituição Federal contra acórdão do Tribunal de Justiça do Rio Grande do Sul, no qual se entendeu que "a prisão civil, a teor do novo texto constitucional, só é admissível em hipótese de depósito para guarda de bem alheio, e não em caso de depósito em garantia, como acontece nos contratos de alienação fiduciária por ter sido retirada do legislador ordinário a possibilidade de equiparações como esta".

O relator originário, Ministro Ilmar Galvão, delimitou a controvérsia, "em primeiro lugar, à questão de saber se, na alienação fiduciária em garantia há, ou não, embutido, um contrato de depósito, ou, em segundo plano, se o Pacto de São José da Costa Rica teve, ou não, o condão de revogar o DL n. 911/1969; podendo-se acrescentar, tão-somente, o argumento de que uma norma infraconstitucional não pode afastar a exceção da prisão civil do depositário infiel prevista na Constituição". Revendo seu entendimento, o relator considerou inconstitucional a prisão civil do depositário infiel e não conheceu do recurso. Em sentido oposto votaram os Ministros Moreira Alves e Sydney Sanches.

Em seu voto-vista, o Ministro Gilmar Mendes, verificando que apenas o inciso LXVII do art. 5º da Constituição foi adequadamente prequestionado, conheceu parcialmente do recurso e negou-lhe provimento. Quanto ao ponto central da controvérsia, a compatibilidade da prisão civil do depositário infiel em face do disposto no art. 7º (n. 7) do Pacto de São José da Costa Rica, discorreu detalhadamente a respeito das quatro correntes doutrinárias e jurisprudenciais acerca do *status* normativo dos tratados e das convenções internacionais de direitos humanos.

Quanto à vertente que reconhece a natureza supraconstitucional dos tratados e das convenções sobre direitos humanos, sustentada entre nós por Celso de Albuquerque Mello, observou a "dificuldade de adequação dessa tese à realidade de estados que, como o Brasil, estão fundados em sistemas regidos pelo princípio da supremacia formal e material da Constituição sobre todo o ordenamento jurídico. Entendimento diverso anularia a própria possibilidade do controle da constitucionalidade desses diplomas internacionais".

No tocante à tese de que os tratados de direitos humanos teriam estatura constitucional, defendida por Cançado Trindade e Flávia Piovesan, os quais sustentam que os §§ 1º e 2º do artigo 5º da Constituição ensejariam a aplicação direta dos tratados de direitos humanos dos quais o Brasil é signatário, lembrou que tal discussão foi esvaziada pela EC 45/2004, que introduziu o § 3º ao art. 5º da Constituição, a qual, na prática, traduz-se em "declaração eloquente de que os tratados já ratificados pelo Brasil, anteriormente à mudança constitucional, e não submetidos ao processo legislativo especial de aprovação no Congresso Nacional, não podem ser comparados à normas constitucionais".

A corrente que equiparava os tratados internacionais à lei ordinária, até então dominante no Supremo Tribunal Federal, foi considerada defasada à vista da "abertura cada vez maior do Estado constitucional a ordens jurídicas supranacionais de proteção dos direitos humanos". É que, na atualidade, "vivemos em 'Estado Constitucional Cooperativo', identificado pelo Professor Peter Häberle como aquele que não mais se apresenta como um Estado Constitucional voltado para si mesmo, mas que se disponibiliza como referência para os outros estados Constitucionais membros de uma comunidade, e no qual ganha relevo o papel dos direitos humanos fundamentais".

Ao explicitar a conveniência de uma revisão crítica do entendimento até então prevalente no Supremo, o Ministro Gilmar lembrou que a tese da legalidade ordinária é incompatível com o art. 27 da Convenção de Viena sobre o Direito dos Tratados, que não admite aos Estados convenentes "invocar as disposições de seu direito interno para justificar o inadimplemento de um tratado", o que, desde logo, recomendaria a adoção da quarta corrente, que confere o predicado da supralegalidade aos tratados e convenções de direitos humanos. Tal tese já havia sido aventada em 2000, no julgamento do RHC n. 79.785-RJ, pelo Ministro Sepúlveda Pertence.

A supralegalidade, de resto, já era encontradiça no direito comparado, a exemplo do art. 25 da Lei Fundamental alemã, do art. 55 da Constituição francesa e do art. 28 da Constituição grega.

Ademais, os tratados de direitos humanos têm caráter especial, que justifica sua internalização no ordenamento jurídico com "o condão de paralisar a eficácia jurídica de toda e qualquer disciplina normativa infraconstitucional com ela conflitante". Isso conduz à conclusão de que a norma constitucional que autoriza a prisão civil do depositário infiel não foi revogada pelo ato de adesão do Brasil ao Pacto de São José da Costa Rica, "mas deixou de ter aplicabilidade diante do efeito paralisante desses tratados em relação à legislação infraconstitucional que disciplina a matéria", o que também se aplica à legislação infraconstitucional posterior, como o art. 652 do Código Civil de 2002. Em suma, dado o caráter supralegal da norma internacional incorporada ao ordenamento pátrio, "não há base legal para aplicação da parte final do art. 5°, inciso LXVII, da Constituição, ou seja, para a prisão civil do depositário infiel", desde a adesão do país à Convenção Americana sobre Direitos Humanos, em 1992.

Outra questão trazida a lume no recurso refere-se à equiparação do devedor-fiduciante ao depositário. A prisão civil do devedor-fiduciante não se justifica em face do princípio da proporcionalidade, na sua tripla dimensão (adequação, necessidade e proporcionalidade em sentido estrito), já que o ordenamento prevê meios menos gravosos. A equiparação do devedor-fiduciante ao depositário, além disso, criou figura atípica de depósito, desfigurando o instituto em sua conformação constitucional, o que caracteriza violação do princípio da reserva legal proporcional.

Foram essas, resumidamente, as razões que levaram o Ministro Gilmar Mendes, em seu voto-vista, a negar provimento ao recurso interposto pela instituição financeira. Tais razões foram reproduzidas no julgamento do RE 466.343/SP.

2 Supralegalidade e controle de convencionalidade

No Brasil, a maior parte da doutrina adere, em matéria de conflito entre direito internacional e ordem interna, ao monismo. Este, como demonstrado por Hans Kelsen, pode ser um monismo com prevalência da ordem interna ou um monismo com prevalência da ordem internacional, do qual é partidário.[611] A orienta-

---

611 BARROSO, Luís Roberto. "Constituição e tratados internacionais: alguns aspectos da relação entre direito internacional e direito interno". *In*:

ção seguida pelo Supremo Tribunal Federal é a de um monismo moderado, em que, na lição de Luis Roberto Barroso, "o tratado se incorpora ao direito interno no mesmo nível hierárquico da lei ordinária, sujeitando-se ao princípio consolidado: em caso de conflito, não se colocando a questão em termos de regra geral e regra particular, prevalece a norma posterior sobre a anterior".[612]

Exceções são os tratados fiscais (art. 98 do CTN) e os de extradição (Lei n. 6.815/1980), em relação aos quais prevalece a norma internacional. Do mesmo modo, os acordos firmados pela União em matéria de ordenação do transporte internacional (art. 178 da Constituição, na redação dada pela EC n. 7) e os tratados internacionais sobre arbitragem, no que diz respeito ao reconhecimento e à execução da sentença arbitral estrangeira (art. 34 da Lei n. 9.307/1996). A supremacia dos tratados internacionais sobre o direito interno, no sentido do original monismo kelseniano, nessas situações, pode ser entendida como um desvio do monismo moderado que se tem afirmado como regra geral no Brasil.[613]

No que diz respeito ao conflito entre tratado internacional e Constituição, tradicionalmente, a maior parte da doutrina, assim como o STF, entendem haver supremacia da Constituição, muito embora o Brasil seja signatário da Convenção de Viena sobre o Direito dos Tratados (de 1969, mas ratificada apenas em 2009),

---

MARINONI, Luiz Guilherme; MAZZUOLI, Valerio (Coord.). Controle de convencionalidade: um panorama latino-americano: Brasil, Argentina, Chile, México, Peru, Uruguai, Brasília, Gazeta Jurídica, 2013, p. 150.

612 BARROSO, Luís Roberto, "Constituição e tratados internacionais: alguns aspectos da relação entre direito internacional e direito interno". *In*: MARINONI, Luiz Guilherme; MAZZUOLI, Valerio (Coord.). *Controle de convencionalidade: um panorama latino-americano*: Brasil, Argentina, Chile, México, Peru, Uruguai, Brasília, Gazeta Jurídica, 2013, p. 154.

613 BARROSO, Luís Roberto, "Constituição e tratados internacionais: alguns aspectos da relação entre direito internacional e direito interno". *In*: MARINONI, Luiz Guilherme; MAZZUOLI, Valerio (Coord.). *Controle de convencionalidade: um panorama latino-americano*: Brasil, Argentina, Chile, México, Peru, Uruguai, Brasília, Gazeta Jurídica, 2013, p. 155.

que só admite a declaração de inconstitucionalidade de tratado quando houver manifesta violação de norma fundamental sobre competência (art. 46), afastada a possibilidade de exame material, intrínseco, do tratado. É que, desde a Constituição de 1891, admite-se no direito brasileiro a análise intrínseca da constitucionalidade de tratado.

A Constituição de 1988, na mesma linha, prevê que a declaração de inconstitucionalidade de tratado é hipótese de cabimento de recurso extraordinário (art. 102, III, b). O princípio da supremacia da Constituição foi reiterado em várias decisões da Corte Suprema, que afastou, por exemplo, a aplicação da Convenção n. 158 da OIT, acerca de demissão sem justa causa (ADI-MC 1.480, julgada em 2001, rel. Min. Celso de Mello). Em outro julgamento significativo, ocorrido em 1997, entendeu-se que as indenizações tarifadas pelo extravio de bagagem, previstas na Convenção de Varsóvia, não podem excluir a indenização por danos morais (RE 172.720, rel. Min. Marco Aurélio).

Tal entendimento somente foi alterado vinte anos depois, quando o Plenário do Supremo, em decisão de 25/5/2017, fixou o seguinte entendimento:

> Nos termos do art. 178 da Constituição da República, as normas e os tratados internacionais limitadores da responsabilidade das transportadoras aéreas de passageiros, especialmente as Convenções de Varsóvia e Montreal, têm prevalência em relação ao Código de Defesa do Consumidor.[614]

---

614 ARE 766.618/SP, rel. Min. Roberto Barroso, e RE 636.331/RJ, rel. Min. Gilmar Mendes. Neste, foi apreciado o tema 210 da repercussão geral, reconhecida em 22/10/2009, no AI 762.184/RJ, rel. Min. Cezar Peluso: "limitação de indenizações por danos decorrentes de extravio de bagagem com fundamento na Convenção de Varsóvia". Por maioria, e nos termos do voto do Relator, vencidos os Ministros Marco Aurélio e Celso de Mello, deu-se provimento ao recurso extraordinário para reduzir o valor da condenação por danos materiais, limitando-o ao patamar estabelecido no art. 22 da Convenção de Varsóvia, com as modificações efetuadas pelos acordos

Esse novo paradigma reflete o olhar moderno a respeito da delicada relação entre direito interno e internacional, que se tornou possível e mais usual após as históricas decisões do Supremo Tribunal Federal em 2008.

Vale acentuar, a propósito dessa evolução jurisprudencial, que, ainda em 1998, o STF, ao examinar a questão da subsistência ou não da prisão civil do depositário infiel, especialmente na hipótese de alienação fiduciária, na qual o devedor-fiduciante é equiparado a depositário, decidiu no sentido da supremacia da Constituição sobre a Convenção Americana de Direitos Humanos, o Pacto de São José da Costa Rica. É que a Constituição autoriza a prisão civil tanto do devedor de alimentos como do depositário infiel (art. 5º, LXVII), ao passo que a Convenção admite apenas a prisão civil quando houver inadimplemento de obrigação alimentícia. No HC 73.044/SP, rel. Min. Maurício Correa, entendeu-se que a posição do STJ, em aberta divergência com a do STF, não poderia prevalecer, pois a Convenção deveria ser interpretada com as limitações impostas pela Constituição.

Em 2008, no entanto, como já lembrado, o STF, revendo a matéria, assentou que a prisão civil do depositário infiel, em qualquer hipótese, é ilegítima,[615] pois o art. 5º, § 2º, da Constituição atribui aos tratados de direitos humanos *status* diferenciado, prevalecendo a Convenção sobre a legislação interna que cuidava da prisão civil do depositário infiel.[616] Em consequência, foi editada a Súmula vinculante n. 25: "É ilícita a prisão civil de depositário infiel, qualquer que seja a modalidade de depósito".[617]

---

internacionais posteriores, conforme Informativo STF n. 866, de 22 a 26 de maio de 2017.

615 RE 466.343/SP, Rel. Min. Cezar Peluso.

616 HC 87.585/TO, rel. Min. Marco Aurélio.

617 No REsp 914.253/SP, rel. Min. Luiz Fux, julgado sob o rito do art. 543-C do CPC/1973, a Corte Especial do STJ, com fundamento nos precedentes fixados pelo STF, negou provimento a recurso especial de fazenda estadual que pretendia subsistente a prisão civil do depositário judicial infiel. Embora

Consoante o § 2º do art. 5º da Constituição, os direitos e as garantias nela expressos não excluem outros decorrentes do regime e dos princípios por ela adotados, ou dos tratados internacionais de que o Brasil seja parte. Até então era pacífico na jurisprudência que os tratados ingressam no direito interno com força de lei ordinária. A maior dificuldade para atribuir-lhes posição superior na pirâmide normativa advinha do fato de que os tratados são incorporados ao ordenamento por quórum simples. Conferir aos tratados eficácia diversa equivaleria, então, a permitir, por via transversa, que a Constituição pudesse ser emendada por quórum ordinário.

Para superar tal dificuldade, a Emenda Constitucional n. 45/2004 adicionou o § 3º ao art. 5º da Constituição, que, como visto, confere aos tratados internacionais sobre direitos humanos o mesmo *status* de emenda constitucional, desde que aprovados em dois turnos pelas duas Casas do Congresso, com quórum qualificado de três quintos de seus membros. É o que ocorreu, por exemplo, com a convenção sobre direitos das pessoas com deficiência, promulgada em 2009.

Os tratados internalizados antes da EC n. 45/2004 mantêm a mesma posição na hierarquia normativa, podendo obviamente ascender ao nível das emendas constitucionais, desde que submetidos ao rito do § 3º do art. 5º da Constituição.[618]

---

tenha acompanhado o relator, o Min. Teori Zavascki ressaltou seu ponto de vista, no sentido de que "o depositário judicial de bens penhorados é um auxiliar da justiça (CPC, arts. 139 e 148 a 150), cuja designação, portanto, não decorre nem dá origem a obrigação contratual. Ao ser investido do encargo, o depositário judicial não está contraindo "dívida" perante o órgão judiciário ao qual serve ou as partes envolvidas na demanda. Está, sim, assumindo, perante o Juízo, os deveres próprios desse encargo, que decorrem diretamente da lei. Relativamente a ele, portanto, a disposição do direito interno que prevê a prisão civil em caso de infidelidade no cumprimento do dever de restituir o bem penhorado não é incompatível com as normas dos tratados internacionais".

618 BARROSO, Luís Roberto, "Constituição e tratados internacionais: alguns aspectos da relação entre direito internacional e direito interno". *In*: MARINONI, Luiz Guilherme; MAZZUOLI, Valerio (Coord.). *Controle*

A novidade, na jurisprudência, foi a acolhida, pelo STF, de posição doutrinária no sentido de que os tratados de direitos humanos, em razão do disposto no § 2º do art. 5º da Constituição, desfrutam de força supralegal, isto é, inferior às normas constitucionais, mas acima das leis. Trata-se de uma espécie de eficácia paralisante em relação às normas de direito interno que se oponham ao convencionado nos tratados internacionais de direitos humanos.

A evolução da jurisprudência, nesse ponto, reflete a abertura a ordens supranacionais consagradas em vários textos constitucionais europeus, bem como a percepção, apontada por Peter Häberle, de que o ideal de um estado constitucional cooperativo deve ser perseguido como forma de garantir máxima eficácia às normas constitucionais "que protegem a cooperação internacional amistosa como princípio vetor das relações entre os Estados Nacionais e a proteção dos direitos humanos como corolário da própria garantia da dignidade da pessoa humana".[619]

Como dito, a tese da supralegalidade já havia sido aventada em 2000, no RHC 79.785-RJ, rel. Min. Sepulveda Pertence:

> Na ordem interna, direitos e garantias fundamentais o são, com grande frequência, precisamente porque – alçados ao texto constitucional – se erigem em limitações positivas ou negativas ao conteúdo das leis futuras, assim, como à recepção das anteriores à Constituição (...)
>
> Se assim é, à primeira vista, parificar às leis ordinárias os tratados a que alude o art. 5º, § 2º, da Constituição, seria

---

de convencionalidade: um panorama latino-americano: Brasil, Argentina, Chile, México, Peru, Uruguai, Brasília, Gazeta Jurídica, 2013, p. 174.

619 MENDES, Gilmar Ferreira, "A supralegalidade dos tratados internacionais de direitos humanos e a prisão civil do depositário infiel no Brasil". *In*: MARINONI, Luiz Guilherme; MAZZUOLI, Valerio (Coord.). *Controle de convencionalidade: um panorama latino-americano: Brasil, Argentina, Chile, México, Peru, Uruguai, Brasília, Gazeta Jurídica*, 2013, p. 226.

> esvaziar de muito do sentido útil a inovação, que, malgrado, os termos equívocos do seu enunciado, traduziu uma abertura significativa ao movimento de internacionalização dos direitos humanos.

A supralegalidade, de todo modo, como observado no voto proferido pelo Ministro Gilmar Mendes, já era consagrada em outros ordenamentos. A Lei Fundamental alemã em seu art. 25 prevê que "as normas gerais de Direito Internacional Público constituem parte integrante do direito federal. Elas prevalecem sobre as leis e produzem diretamente direitos e deveres para os habitantes do território nacional". Semelhantes normas são encontradas nas constituições da França de 1958 (art. 55) e da Grécia de 1975 (art. 28). No Reino Unido, o *European Communities Act*, de 1972, assegurou ao direito comunitário hierarquia superior às leis formais aprovadas pelo Parlamento.

Cançado Trindade assinala, a propósito, que "a tendência constitucional contemporânea de dispensar um tratamento especial aos tratados de direito humanos é (...) sintomática de uma escala de valores na qual o ser humano passa a ocupar posição central".[620]

Como lembra Gilmar Mendes, a internalização dos tratados de direitos humanos "tem o condão de paralisar a eficácia jurídica de toda e qualquer disciplina normativa infraconstitucional com ela conflitante". Isso permite concluir que a norma constitucional autorizativa da prisão civil do depositário infiel não foi revogada pelo Pacto de São José da Costa Rica, "mas deixou de ter aplicabilidade diante do efeito paralisante desses tratados em relação à legislação infraconstitucional que disciplina a matéria".[621]

---

620 TRINDADE, Antônio Augusto Cançado. *Tratado de Direito Internacional dos Direitos Humanos*. Porto Alegre: Sérgio Fabris, 2003, p. 515.

621 MENDES, Gilmar Ferreira. *In*: MARINONI, Luiz Guilherme; MAZZUOLI, Valerio (Coord.). *Controle de convencionalidade: um panorama latino-americano: Brasil, Argentina, Chile, México, Peru, Uruguai, Brasília, Gazeta Jurídica*, 2013, pp. 232-233.

Em resumo,

> os tratados internacionais de direitos humanos aprovados em conformidade aos ditames do § 3º do art. 5º da Constituição são equivalentes às emendas constitucionais; os demais tratados internacionais de direitos humanos subscritos pelo Brasil constituem direito supralegal; e os tratados internacionais que não tratam de direitos humanos têm valor legal.[622]

Exceções, como visto, são os tratados fiscais, de extradição, de transporte internacional e de arbitragem.

A supralegalidade constitui novo parâmetro de controle e de validação do direito ordinário. "Além da Constituição, o direito supralegal está a condicionar e a controlar a validade da lei. Isto significa que a lei está submetida a novos limites materiais, postos nos direitos humanos albergados nos tratados internacionais".[623]

O controle da convencionalidade varia de acordo com o modo pelo qual o tratado de direitos humanos foi internalizado. Se observado o rito do § 3º do art. 5º da Constituição, o controle pode ser concentrado, por meio de ação direta perante o STF, ou difuso. Se os tratados ou convenções tiverem o atributo da supralegalidade, cabe apenas o controle difuso, a pedido da parte ou mesmo de ofício, como sustenta Marinoni, que lembra lição de Mauro Cappelletti a respeito da invalidade absoluta da norma

---

622 MARINONI, Luiz Guilherme. "Controle de convencionalidade (na perspectiva do direito brasileiro)". In: MARINONI, Luiz Guilherme; MAZZUOLI, Valerio (Coord.). *Controle de convencionalidade*: um panorama latino-americano: Brasil, Argentina, Chile, México, Peru, Uruguai, Brasília, Gazeta Jurídica, 2013, p. 65.

623 MARINONI, Luiz Guilherme, "Controle de convencionalidade (na perspectiva do direito brasileiro)". In: MARINONI, Luiz Guilherme; MAZZUOLI, Valerio (Coord.). *Controle de convencionalidade*: um panorama latino-americano: Brasil, Argentina, Chile, México, Peru, Uruguai, Brasília, Gazeta Jurídica, 2013, p. 66.

interna contrária ao tratado, bem como decisão da Corte Interamericana no caso Trabajadores Cesados del Congreso v. Peru.[624]

Um exemplo recente de controle difuso de convencionalidade pode ser encontrado na jurisprudência do Superior Tribunal de Justiça. No REsp 1.640.084, rel. Min. Ribeiro Dantas, a Quinta Turma do STJ, por unanimidade reconheceu a incompatibilidade do tipo penal de desacato (art. 331 do Código Penal) com a Convenção Americana de Direitos Humanos.[625] Posteriormente, ao julgar o HC 379.269/MS, rel. Min. Reynaldo Soares da Fonseca, rel. para o acórdão Min. Antonio Saldanha Palheiro, a Terceira Seção do STJ entendeu, por maioria, não ser possível afastar do ordenamento pátrio o crime de desacato porque as recomendações da Comissão Interamericana de Direitos Humanos não têm força vinculante. Além disso, sobre o tema, não há decisão específica para o Brasil da Corte Interamericana de Direitos Humanos e, mesmo que houvesse, seria aplicável a teoria da margem de apreciação nacional, segundo a qual os estados signatários de direitos humanos mantêm margem de discricionariedade para a adequação de decisões proferidas internacionalmente às especificidades nacionais.[626]

Considerações finais

Em conclusão, pode-se afirmar que a supralegalidade constitui novo parâmetro de controle e de validação do direito ordinário.

Com o reconhecimento de que os tratados de direitos humanos, em razão do disposto no § 2º do art. 5º da Constituição

---

624 MARINONI, Luiz Guilherme, "Controle de convencionalidade (na perspectiva do direito brasileiro)". In: MARINONI, Luiz Guilherme; MAZZUOLI, Valerio

(Coord.). *Controle de convencionalidade*: um panorama latino-americano: Brasil, Argentina, Chile, México, Peru, Uruguai, Brasília, Gazeta Jurídica, 2013, p. 66.

625 Julgado em 15/12/2016.

626 Julgado em 24/05/2017.

Federal, desfrutam de força supralegal, isto é, inferior às normas constitucionais, mas acima das leis, concebeu-se uma espécie de eficácia paralisante em relação às normas de direito interno que se oponham ao ali convencionado.

Desse modo, há a possibilidade de controle de convencionalidade das leis, em significativo avanço em direção à internacionalização dos direitos humanos e a uma cooperação entre estados constitucionais.

Referências bibliográficas

BARROSO, Luís Roberto. "Constituição e tratados internacionais: alguns aspectos da relação entre direito internacional e direito interno". *In*: MARINONI, Luiz Guilherme; MAZZUOLI, Valerio (Coord.). Controle de convencionalidade: um panorama latino-americano: Brasil, Argentina, Chile, México, Peru, Uruguai, Brasília, Gazeta Jurídica, 2013.

MARINONI, Luiz Guilherme, "Controle de convencionalidade (na perspectiva do direito brasileiro)". In: MARINONI, Luiz Guilherme; MAZZUOLI,

Valerio (Coord.). *Controle de convencionalidade: um panorama latino-americano: Brasil, Argentina, Chile, México, Peru, Uruguai, Brasília, Gazeta Jurídica*, 2013.

MENDES, Gilmar Ferreira, "A supralegalidade dos tratados internacionais de direitos humanos e a prisão civil do depositário infiel no Brasil". *In*: MARINONI, Luiz Guilherme; MAZZUOLI, Valerio (Coord.). *Controle de convencionalidade: um panorama latino-americano: Brasil, Argentina, Chile, México, Peru, Uruguai, Brasília, Gazeta Jurídica*, 2013.

TRINDADE, Antônio Augusto Cançado. *Tratado de Direito Internacional dos Direitos Humanos*. Porto Alegre: Sérgio Fabris, 2003.

CAPÍTULO XXV

AS CONTRIBUIÇÕES DO MINISTRO GILMAR MENDES PARA A CONFORMAÇÃO DO DIREITO FUNDAMENTAL DE PROPRIEDADE

Rodrigo Mudrovitsch
Raphael Marcelino

Introdução

A delimitação do conteúdo do direito fundamental de propriedade é tarefa das mais desafiadoras, seja sob a perspectiva doutrinária, de quem almeja apreender o instituto como objeto de análise acadêmica, seja pelo viés da concretização, em casos concretos, dos limites e prerrogativas que poderão se revelar na complexa relação entre sujeito e objeto de apropriação, e os demais titulares de posições jurídicas eventualmente incidentes.

Em ambas as vertentes, o Ministro Gilmar Mendes teve a oportunidade de promover relevantes reflexões a respeito do tema em destaque, contribuindo tanto em sua produção acadêmica, quanto na construção jurisprudencial do conteúdo do instituto, sob a perspectiva constitucional.

Em seus trabalhos acadêmicos, destacou o perfil constitucional do direito de propriedade e a sua compreensão como princípio fundamental, que ora se comporta como garantia institucional, ao traçar limites à ação legislativa, ora como direito subjetivo, que exige uma densidade mínima apta a proteger as posições jurídicas contra intervenções ilegítimas.[627]

De fato, a conformação da densidade constitucional desse direito fundamental se verifica no âmbito de contínuo processo de desenvolvimento. Não há, como afirma o Ministro Gilmar Mendes, "*um conceito constitucional fixo, estático, de propriedade, afigurando-se fundamentalmente, legítimas não só as novas definições de conteúdo como a fixação de limites destinados a garantir sua função social*".[628]

Em tal constatação se vislumbra a relevância da atuação do Supremo Tribunal Federal para o fim de estabelecer o âmbito de proteção do direito fundamental, bem como eventuais limites verificáveis em razão da ponderação de outros princípios, como, notadamente, o da função social da propriedade. De certo modo, o desenvolvimento do conteúdo da propriedade se faz em processos dialéticos, por força dos quais se conhecem suas balizas.

Nesse contexto se colaciona o julgamento do mandado de segurança n. 24.764, da relatoria do Min. Sepúlveda Pertence, tendo como redator para o acórdão, concluído o julgamento, o Ministro Gilmar Mendes.

---

627 MENDES, Gilmar Ferreira. *O direito de propriedade na Constituição de 1988*. *In*: CAMPOS, D. L., MENDES, Gilmar Ferreira; MARTINS, I. d. *A evolução do direito no século XXI*: Estudos em homenagem ao Professor Arnoldo Wald. São Paulo: Almedina, 2010, pp. 78/79.

628 MENDES, Gilmar Ferreira. *O direito de propriedade na Constituição de 1988*. *In*: CAMPOS, D. L., MENDES, Gilmar Ferreira; MARTINS, I. d. *A evolução do direito no século XXI*: Estudos em homenagem ao Professor Arnoldo Wald. São Paulo: Almedina, 2010, p. 99.

Trata-se de representativo acórdão no que concerne ao tema da conformação do direito de propriedade, em razão dos conflitos de interesses – todos legitimados por princípios constitucionais relevantes – incidentes na relação entre a coisa e seu proprietário.

Antes de analisá-lo, porém, se faz oportuno tecer alguns comentários sobre os valores constitucionais que norteiam o direito de propriedade em nosso sistema.

O direito de propriedade e os influxos dos valores constitucionais

A conceituação do direito de propriedade, em nossa tradição civilista, é fortemente influenciada pelo projeto iluminista de codificação, cujo expoente, por excelência, é o Código Napoleão de 1804.

A presença da redação do artigo 544 do Código Napoleão, em nosso sistema, é identificável, não apenas no artigo 1.288 de nosso Código Civil vigente,[629] mas, igualmente, na própria definição de notáveis doutrinadores, como, *v.g.*, Caio Mário da Silva Pereira, para quem o direito de propriedade pode ser definido da seguinte forma: "Fixando a noção em termos analíticos, e mais sucintos, dizemos como tantos outros, que a propriedade é o direito de usar, gozar e dispor da coisa, e reivindicá-la de quem injustamente a detenha".[630]

É de se notar que o caráter individualista e as pretensões absolutistas do projeto liberal clássico foram devidamente atenuadas em virtude de outros valores relevantes. O princípio da função social da propriedade, nesse aspecto, mitiga os fundamentos metafísicos

629 Art. 1.228. O proprietário tem a faculdade de usar, gozar e dispor da coisa, e o direito de reavê-la do poder de quem quer que injustamente a possua ou detenha.

630 PEREIRA, Caio Mário da Silva. *Instituições de direito civil.* 22ª ed., vol. IV - Direito Reais. Rio de Janeiro: Forense, 2014, p. 75.

do direito de propriedade, ao tornar o instituto permeável às condições materiais existentes no contexto fático em que titular e o objeto de domínio estão inseridos.

As condições materiais que se seguiram à Revolução Francesa, notadamente a partir do século XIX, impuseram ao projeto liberal a realidade dos fatos. A liberdade[631] e igualdade,[632] como premissas básicas do direito de propriedade, não poderiam ser invocadas diante de circunstâncias em que grande parte da população da Europa ocidental encontrava-se sujeita à privação dos recursos mais básicos.

Nesse contexto, em contraposição ao caráter individualista e à artificialidade de uma teoria de propriedade absolutamente dissociada das circunstâncias fáticas, exsurge a compreensão de que a propriedade deve cumprir com uma função que atenda aos interesses de uma coletividade eventualmente afetada pelo uso (ou não uso) das prerrogativas inerentes ao domínio.

A fundamentação do direito de propriedade estaria vinculada ao atendimento de determinado interesse coletivo, ainda que contraposto à vontade individual do titular do domínio. A proteção do estado ao direito de propriedade, nesse sentido, estaria legitimada na exata medida do cumprimento da função social, de

631 Para Hegel, o direito de propriedade decorreria da necessidade de exteriorização da liberdade. Nesse sentido, assevera: "deve a pessoa dar-se um domínio exterior para a sua liberdade a fim de existir como ideia. Porque nesta primeira determinação, ainda completamente abstrata, a pessoa é a vontade infinita em si e para si, tal coisa distinta dela, que pode constituir o domínio da sua liberdade, determina-se como o que é imediatamente diferente e separável. HEGEL, Georg Wilhelm Friedrich. *Princípios da Filosofia do Direito*. São Paulo: Martins Fontes, 2009, p. 44.

632 Para John Locke, nesse sentido, o direito de propriedade tem seus alicerces fixados na igualdade metafísica entre os homens e não dependeria de qualquer ajuste contratual ou institucional para que se pudesse verificar, materialmente, a apropriação individual dos recursos disponibilizados por Deus à Humanidade em comum. LOCKE, John. *Segundo Tratado Sobre o Governo*. São Paulo: Martin Claret, 2011, p. 29.

modo que – uma vez não respeitada – o Estado poderia se utilizar de suas prerrogativas para impor a vontade coletiva às pretensões do proprietário.[633]

A função social da propriedade, portanto, em sua gênese, nada mais é do que – em reação ao exacerbado individualismo metafísico do projeto liberal clássico – o reconhecimento de que o direito de propriedade deve atender, paralelamente aos interesses do indivíduo, a uma específica finalidade determinada pela coletividade.

Diante disso, e sinteticamente, poderíamos destacar cinco características principais do princípio da função social da propriedade: (i) origina-se do desgaste do liberalismo clássico e de suas pretensões absolutistas dissociadas das condições materiais; (ii) não resulta na supressão dos interesses individuais do titular do domínio, de modo que com eles deve ser conformado; (iii) estipula que o direito de propriedade deve atender a uma finalidade (ou utilidade); (iv) propõe que a finalidade (ou utilidade) deve ser especificada pela coletividade, ou pela manifestação de vontade legitimada do coletivo; e (v) estabelece um "poder-dever" ao proprietário, ao reconhecer, de um lado, as prerrogativas inerentes ao domínio, e, de outro, impor que a utilização dos atributos do direito de propriedade deve se dar em conformidade com a utilidade da coisa, especificada pelo interesse coletivo.

A necessidade de contemplar esses novos valores sociais no ordenamento jurídico foi manifestada no projeto da Constituição mexicana de 1917, oportunidade em que se pretendeu, com certo ineditismo, a inserção da função social da propriedade.[634]

A Constituição de Weimar, no mesmo sentido, também contribuiu para o desenvolvimento de uma mitigação da relação

---

633 DUGUIT, Léon. *Les Transformations Générales du Droit Privé Depuis le Code Napoléon*. Paris: Librarie Félix Alcan,1912, p. 21.

634 ROCHA, C. A. "O Princípio Constitucional da Função Social da Propriedade". *In*: BACELLAR FILHO, R. F.; MOTTA, P. F.; CASTRO, R. A. *Direito Administrativo Contemporâneo*. Belo Horizonte: Fórum, 2004, p. 75.

estanque entre direito privado e direito público.[635] De fato, o texto constitucional em questão foi um marco na consolidação do paradigma do Estado Social. Dentre outros aspectos relevantes, forneceu arcabouço normativo que consubstanciou valores sociais sensíveis, para o fim de tornar obrigatória a sua observância por todas as instituições do Estado e, inclusive, no âmbito das relações privadas.

Em nossa trajetória constitucional, os valores sociais tiveram inédito tratamento no texto de 1934. Se a Constituição republicana de 1891 encontrava-se alinhada ao pensamento do liberalismo clássico – ainda que entre nós, à época, já se verificassem as contribuições de Auguste Comte – pode-se afirmar que a Constituição de 1934, em evolução, mas sem superar por completo as premissas da Carta anterior, deixou-se influenciar marcadamente pelo paradigma do Estado Social. A propósito, interessantes são os apontamentos de Paulo Bonavides e Paes de Andrade, ao reconhecer que "as preocupações sociais ganham preeminência; já não têm o caráter de 'questão de polícia' que marcou esse tema na República Velha".[636]

Após a guinada de caráter autoritário da Carta outorgada em 1937, a ideia da função social da propriedade retorna em 1946,[637] e consolida-se, em 1967,[638] com a expressão definitiva do princípio, repetida em 1988.

---

635 HESSE, Konrad. *Derecho Constitucional y Derecho Privado*. Madrid: Editorial Civitas, 1995, p. 47.

636 BONAVIDES, Paulo; ANDRADE, Paes de. *História Constitucional do Brasil*. Rio de Janeiro: Paz e Terra, 1991, p. 319.

637 O artigo 147 da Constituição de 1946 dispunha que: "Art 147 - O uso da propriedade será condicionado ao bem-estar social. A lei poderá, com observância do disposto no art. 141, § 16, promover a justa distribuição da propriedade, com igual oportunidade para todos".

638 "Art 157 - A ordem econômica tem por fim realizar a justiça social, com base nos seguintes princípios:

I - liberdade de iniciativa;

II - valorização do trabalho como condição da dignidade humana;

III - função social da propriedade;

Um exame mais aprofundado do perfil ideológico da Assembleia Constituinte de 1987 vai evidenciar, quanto ao particular, uma certa permeabilidade de valores oriundos de grupos sociais organizados de orientação diversificada.[639] Esse relativo pluralismo, de certo modo, resta refletido em diversas oportunidades no texto constitucional.

Não se desconsiderando as demais passagens em que a Constituição de 1988 se dedica ao tratamento da matéria, emblemáticos são os incisos XXII e XXIII do artigo 5º, que estabelecem, como princípios fundamentais autônomos, a garantia do direito individual de propriedade, de um lado; e, de outro, a necessidade de atendimento da função social da propriedade.

Da leitura dos dispositivos em questão, e diante da complexidade e sensibilidade dos valores envolvidos, conclui-se não ser tarefa trivial o alcance de uma percepção exauriente acerca do conteúdo do direito de propriedade.

De fato, o direito de propriedade, em hermenêutica mais abrangente, se comporta ora como garantia, como defesa, como instrumento para determinado fim (utilidade), como limitação, como objeto de convergência de interesses múltiplos, ou, ainda, como elemento essencial de princípios como cidadania, dignidade, igualdade e liberdade.

IV - harmonia e solidariedade entre os fatores de produção;

V - desenvolvimento econômico;

VI - repressão ao abuso do poder econômico, caracterizado pelo domínio dos mercados, a eliminação da concorrência e o aumento arbitrário dos lucros".

639 A propósito do tema, apontam Paulo Bonavides e Paes de Andrade que: "a ação partidária foi substituída pela movimentação dos grupos e a imprensa acusou a organização de lobbies de interesses os mais variados (o lobby santo, da Igreja Católica; o lobby evangélico, das várias ramificações protestantes; o lobby dos prefeitos, dos governadores, das multinacionais, das mulheres, dos cartorários, dos servidores públicos, etc.), como influenciadores ou deformadores da vontade da Constituinte" (Bonavides & Andrade, 1991, p. 472).

Não por outra razão é que se afirma que o conteúdo do direito de propriedade é dinâmico e elástico. Dinâmico porque as características se modificam no tempo e no espaço; vinculam-se a um arcabouço normativo-institucional sujeito a evoluções, que podem impactar direta ou indiretamente na conformação dessas características. Elástico porque o direito de propriedade permite compressões e expansões em seu conteúdo, a depender de eventuais interesses ou valores legitimados que podem restringir ou ampliar as prerrogativas e limitações existentes.

Nada obstante, deve-se enfatizar que o direito de propriedade deve ser incluído no rol de direitos fundamentais, e como tal, no dizer do Ministro Gilmar Mendes, "*hão de ser concebidos, primordialmente, como princípios*".[640]

Diante de tal aspecto, também entende ele que o direito de propriedade, na sua qualidade de direito individual previsto na Constituição, somente pode ser limitado por expressa disposição constitucional (*restrição imediata*) ou mediante lei ordinária promulgada com fundamento imediato na própria Constituição (*restrição mediata*).[641]

De fato, e tal como explicitado de forma abreviada, o histórico evolutivo da conceituação do direito de propriedade evidencia que não se trata de um direito absoluto, como pretendiam os liberais clássicos. Ao contrário, comporta e requer a devida ponderação em face de outros princípios sensíveis que legitimem eventuais restrições ao exercício das prerrogativas de que é titular o proprietário.

É importante destacar, todavia, que, em se tratando de ponderação de princípios, a restrição ao direito de propriedade

---

640 MENDES, Gilmar Ferreira. *Direitos Fundamentais e controle de constitucionalidade*: estudos de direito constitucional. 4ª ed. São Paulo: Saraiva, 2012, p. 42.

641 MENDES, Gilmar Ferreira. *Direitos Fundamentais e controle de constitucionalidade*: estudos de direito constitucional. 4ª ed. São Paulo: Saraiva, 2012, p. 43.

não é, evidentemente, ilimitada. Em outras palavras, por mais relevante e legítimo que possa se apresentar determinado interesse, ainda que de natureza coletiva, não poderá ser considerado suficiente para o fim de suprimir o direito de propriedade, como princípio autônomo.

Conforme assinalado pelo Ministro Gilmar Mendes, trata-se dos denominados limites imanentes ou limites dos limites (*Schranken-Schranken*), que resguardam a proteção de um núcleo essencial do direito fundamental em questão.[642]

Tais reflexões impactam sensivelmente na compreensão do conteúdo do direito fundamental de propriedade, notadamente se confrontado com outros princípios, também sensíveis, como o princípio da função social da propriedade.

É evidente, nos termos do artigo 5º, inciso XXIII, que a propriedade atenderá à sua função social. Assim, a não observância do princípio social da propriedade poderá resultar, no caso concreto, em limitações e, eventualmente, em situações excepcionais, na própria mitigação do direito particular. Não nos parece, todavia, admissível em nosso sistema a conclusão de que a propriedade, *em essência*, deva atender a um determinado fim ou utilidade, ainda que de natureza sociopolítica ou econômica, de modo que, apenas e tão somente na medida do atendimento desse fim ou utilidade, possa ser reconhecida como direito legítimo e, dessa forma, elegível à proteção do Estado.

Em formulação mais sucinta: na hipótese em que a função social suprime o próprio núcleo essencial do direito de propriedade, estar-se-á diante de indevida restrição ao direito fundamental em questão, por violação ao próprio limite imanente às ponderações constitucionalmente cabíveis.

---

642 MENDES, Gilmar Ferreira. *Direitos Fundamentais e controle de constitucionalidade*: estudos de direito constitucional. 4ª ed. São Paulo: Saraiva, 2012, p. 56.

O Mandado de Segurança n. 24.764 e a construção do conteúdo do direito constitucional de propriedade

O mandado de segurança n. 24.764, da relatoria do Ministro Sepúlveda Pertence, é um caso emblemático em que se evidenciou a necessidade de realização de árdua tarefa de ponderação envolvendo o princípio da função social da propriedade e o direito fundamental de propriedade.

O caso trata de ação proposta pela Companhia Brasileira de Equipamentos ("CBE") contra decreto do Presidente da República que havia declarado de interesse social, para fins de reforma agrária, o imóvel rural Engenho Prado Grupo Prado ("Imóvel"), composto pelos engenhos Prado, Papicu, Tocos, Taquara e Dependência, localizados no Município de Tracunhaém, em Pernambuco.

No que relevante à temática, alegou-se, à época, que as glebas Prado e Dependência foram invadidas, sendo que a reintegração de posse teria ocorrido em interstício inferior ao prazo de dois anos entre a desocupação definitiva e a vistoria de que trata o parágrafo 6º do artigo 2º da Lei 8.629/93.[643]

A impetrante sustentou que, em razão das invasões, teria ficado ela, proprietária do Imóvel, impedida de utilizá-lo, tornando-o produtivo.

---

643 Art. 2º A propriedade rural que não cumprir a função social prevista no art. 9º é passível de desapropriação, nos termos desta lei, respeitados os dispositivos constitucionais.

(...)

§ 6o O imóvel rural de domínio público ou particular objeto de esbulho possessório ou invasão motivada por conflito agrário ou fundiário de caráter coletivo não será vistoriado, avaliado ou desapropriado nos dois anos seguintes à sua desocupação, ou no dobro desse prazo, em caso de reincidência; e deverá ser apurada a responsabilidade civil e administrativa de quem concorra com qualquer ato omissivo ou comissivo que propicie o descumprimento dessas vedações (Incluído pela Medida Provisória n. 2.183-56, de 2001).

O Ministro Sepúlveda Pertence, relator do feito, em seu voto, inicialmente, destacou que a gleba Prado, muito embora invadida, não foi declarada como de interesse social, o que elidiria, nesse particular, os fundamentos da impetração.

Já no que concerne à gleba Dependência, fez referência às informações trazidas aos autos, que indicavam que não teria havido invasão efetiva, mas, tão somente, alguns conflitos entre posseiros antigos e a proprietária. Acrescentou, ainda, que a área ocupada seria de aproximadamente 19 hectares, o que representaria parcela ínfima do total, composto de 459,71 hectares. Assim, as características diminutas dessa parcela não poderiam justificar o estado de improdutividade, segundo reiterada jurisprudência do Supremo Tribunal Federal.

Diante disso, concluiu o Ministro Sepúlveda Pertence pelo indeferimento da segurança pretendida. E assim o fez com fundamento em precedentes do Supremo Tribunal Federal estabelecidos no sentido de que a alegação de invasão de pequena parcela do imóvel rural não obstaria a realização da desapropriação em razão do descumprimento da função social da propriedade (MS n. 23.054-PB, DJ de 4.5.2001 e MS n. 23.857-MS, DJ de 13.6.2003).

A discussão, portanto, demonstrou a existência de conflito de interesses contrapostos, todos legitimados por princípios constitucionais relevantes. De um lado, verificam-se os interesses do proprietário do Imóvel, no sentido de manter indene o seu direito à propriedade livre da intervenção estatal. De outro, evidenciam-se as pretensões de determinada comunidade relacionadas ao acesso à terra. Por fim, pode-se mencionar, ainda, os interesses da coletividade no sentido de se atribuir à propriedade rural uma destinação que seja útil, a ser caracterizada pelo atendimento de determinado índice de produtividade.

O Ministro Gilmar Mendes, em seu voto, desenvolveu relevante reflexão no sentido de expor a necessidade de se garantir, primeiramente, o direito de propriedade, com a plenitude dos atributos que lhe são inerentes, para que seja possível, em seguida, se tornarem legítimas as imposições decorrentes do princípio da função social da propriedade. A propósito do tema, asseverou:

> Sra. Presidente, tenho profundas dúvidas quanto à terra invadida.
>
> Se tal invasão for na porteira de uma propriedade, compromete radicalmente a administração do imóvel.
>
> Não me sinto habilitado – talvez por ser da área rural e conhecer um pouco o tema – a fazer esse tipo de 'distinguishing'. Não consigo conviver com a ideia de que se possa ter alguém dentro da propriedade, perturbando o exercício, turbando a posse e ainda assim o seu titular consiga manter a propriedade em funcionamento, especialmente se a invasão estiver localizada, como sói acontecer, em áreas onde haja água, passagens, caminhos.
>
> É de se indagar: como é que se convive com tal estado de coisas? Quem tem um mínimo de experiência sabe: e vinte hectares em quatrocentos hectares é algo significativo.
>
> De modo que, em relação a esta propriedade – Gleba Dependência –, eu concedo a ordem.

Diante de tal quadro, se fez mandatória a realização de efetiva ponderação de princípios, reconhecendo-se a necessidade de se impor limitações ao direito de propriedade, em face da incidência do princípio da função social da propriedade, sem que, todavia, fossem ultrapassados os limites dos limites, a que alude o Ministro Gilmar Mendes em seus apontamentos doutrinários anteriormente especificados.

Considerou-se, assim, que a ocupação, ainda que diminuta, poderia resultar na supressão do próprio direito de propriedade, ao impedir o exercício das prerrogativas por parte do proprietário. Assim, afetado o domínio, em sua essência, não há como se exigir do titular o cumprimento dos deveres inerentes ao atendimento do fim público que consubstancia o princípio da função social da propriedade.

Em acréscimo, mencione-se que conclusões semelhantes quanto à existência de limites das obrigações decorrentes da função social da propriedade também podem ser extraídas do julgamento do recurso extraordinário n. 635.336, da relatoria do Ministro Gilmar Mendes, que tratou do tema da expropriação de propriedades onde forem localizadas culturas ilegais de plantas psicotrópicas (art. 243 da Constituição Federal).[644] [645]

Em seu voto, no que é pertinente à questão ora colocada, asseverou o Ministro Gilmar Mendes:

> Assim, a função social da propriedade aponta para um dever do proprietário de zelar pelo uso lícito de seu terreno, ainda que não esteja na posse direta. Mas esse dever não é ilimitado. Só se pode exigir do proprietário que evite o ilícito, quando evitar o ilícito estava razoavelmente ao seu alcance. (grifos nossos).

---

644 Art. 243. As propriedades rurais e urbanas de qualquer região do País onde forem localizadas culturas ilegais de plantas psicotrópicas ou a exploração de trabalho escravo na forma da lei serão expropriadas e destinadas à reforma agrária e a programas de habitação popular, sem qualquer indenização ao proprietário e sem prejuízo de outras sanções previstas em lei, observado, no que couber, o disposto no art. 5º.

645 O acórdão que consubstancia a decisão a que chegou o STF no RE 635.336 restou assim ementado: "Recurso extraordinário. 2. Constitucional. Administrativo. Cultivo ilegal de plantas psicotrópicas. Expropriação. Art. 243 da CF/88. Regime de responsabilidade. 3. Emenda Constitucional 81/2014. Inexistência de mudança substancial na responsabilidade do proprietário. 4. Expropriação de caráter sancionatório. Confisco constitucional. Responsabilidade subjetiva, com inversão de ônus da prova. 5. Fixada a tese: "A expropriação prevista no art. 243 da CF pode ser afastada, desde que o proprietário comprove que não incorreu em culpa, ainda que in vigilando ou in eligendo". 6. Responsabilidade subjetiva dos proprietários assentada pelo Tribunal Regional. 7. Negado provimento ao recurso extraordinário. (RE 635336, Relator(a): Min. GILMAR MENDES, Tribunal Pleno, DJe 15.2017)".

É precisa, a esse respeito, a previsão constante do artigo 14 da Lei Fundamental de Bonn, ao estipular que "*a propriedade obriga*" e que "*seu uso deve servir, ao mesmo tempo, ao bem comum*".

O dever de atendimento ao fim social, todavia, não precede, logicamente, a próprio direito de propriedade. É imprescindível que o domínio seja reconhecido e protegido, com todos os seus atributos, para que se possa exigir do seu titular o atendimento de determinada utilidade coletiva.

Em outras palavras, por mais relevante que seja a necessidade de atendimento do fim público imposto pela função social da propriedade, não há como se estender o âmbito de proteção de proteção do referido princípio ao ponto de afetar o próprio núcleo essencial do direito de propriedade.

Esse, como visto, foi o entendimento consignado no voto do Ministro Gilmar Mendes, que acabou prevalecente no Plenário quando do julgamento do MS 24.764, o que resultou na superação da jurisprudência anterior do Supremo Tribunal Federal a propósito do tema.[646]

---

646 O acórdão da decisão do Pleno da Corte, ao final, ficou ementado da seguinte forma: "Mandado de Segurança. 2. Desapropriação para fins de reforma agrária. 3. Os recursos administrativos, sem efeito suspensivo, não impedem a edição do decreto de declaração de utilidade pública (Lei 9.794/99, art. 61). Precedente: MS n. 24.163, DJ de 19.9.2003. Inocorrência de ofensa ao princípio do contraditório e da ampla defesa. 4. Vistorias parceladas. Admissibilidade. Glebas exploradas autonomamente por arrendatários distintos. 5. Configuração de plausibilidade da impetração de modo a obstar medidas tendentes a dificultar a própria produtividade do imóvel, especialmente se, como no caso, a invasão ocorre em áreas onde haja água, passagens ou caminhos. 6. Ocupação pelos "sem-terra" de fração que, embora diminuta, é representativa para a administração da propriedade denominada Engenho Dependência. Superação da jurisprudência do STF firmada no MS n. 23.054-PB, DJ de 4.5.2001 e MS n. 23.857-MS, DJ de 13.6.2003, segundo a qual, a ínfima extensão de área invadida, não justifica a improdutividade de imóvel. 7. Mandado de Segurança parcialmente deferido. (MS 24764, Relator(a): Min. SEPÚLVEDA PERTENCE, Relator(a) p/ Acórdão: Min. GILMAR MENDES, Tribunal Pleno, DJ 24.03.2006)".

Considerações finais

O conteúdo do direito de propriedade, como se afirmou alhures, é dinâmico e elástico. Precisamente por tais características é que se mostra desafiadora a missão de conceituá-lo e de determinar, aprioristicamente, o seu âmbito de proteção.

Assim como asseverado acima, é de nossa tradição civilista a referência aos atributos constantes do artigo 1.228 do Código Civil, com eventuais acréscimos do princípio da função social da propriedade, para se alcançar a definição do direito de propriedade.

Conceituações dessa natureza – bastante comuns em nossa doutrina – não estão isentas de maiores reflexões.

Autores mais recentes, como Jeremy Waldron, criticam a compreensão da propriedade segundo a especificação de seus atributos,[647] e propõem uma análise dos fundamentos (inclusive de natureza ética) que sustentam a ideia de sistema de direito de propriedade privada, no âmbito do qual se atribui a um determinado titular a prerrogativa de definir a destinação dos recursos que integram seu domínio.

Os fundamentos éticos que balizam o nosso direito de propriedade integram os princípios fundamentais que compõem o conteúdo constitucional do direito em questão. Muito embora não se deva confundir fundamentos éticos com princípios, é de se reconhecer o influxo dos primeiros em relação aos últimos para o fim de alcançar a devida compreensão do fenômeno.

E desse reconhecimento exsurgem os conflitos a desafiar a missão da hermenêutica constitucional.

---

647 Nesse sentido, assevera o referido autor: "If that were all, there would be no problem of definition: private property would be a bundle of rights, but if it remained constant for all or most of the cases that we want to describe as private property, the bundle as a whole could be defined in terms of its content. But, of course, it does not remain constant, and that is where the difficulties begin". WALDRON, Jeremy. *Law and desagreement.* Oxford: Oxford University Press, 1999, p. 28.

Nesse contexto, se torna imprescindível a análise da construção dinâmica do conteúdo do direito de propriedade que tem se efetivado no âmbito do Supremo Tribunal Federal.

No caso ora destacado, a relevância da conclusão a que se chegou reside, notadamente, na afirmação, pela Corte – em superação de jurisprudência anterior – do entendimento de que o direito de propriedade, como princípio constitucional, está sujeito a limitações impostas por interesses e normas (ainda que infraconstitucionais), na exata medida da legitimação garantida por outro(s) princípio(s) constitucional(is) eventualmente incidente(s).

Tais limitações, todavia, também encontram seus próprios limites, principalmente quando se está diante de hipótese em que se verifica afetado, em juízo de ponderação, o próprio núcleo essencial de outro princípio aplicável.

Ademais, a conclusão vencedora demonstra, igualmente, que o âmbito de proteção do direito de fundamental de propriedade não tem como parâmetro de verificação o princípio da função social da propriedade – muito embora possa limitar e impor conformações ao primeiro.

Trata-se, pois, de direito fundamental autônomo; um princípio constitucional relevante e suficiente, por si só, para demandar proteção do Estado, alicerçado que está em fundamentos éticos que o justificam no âmbito do Estado Democrático de Direito.

Referências bibliográficas

BONAVIDES, Paulo; ANDRADE, Paes de. História Constitucional do Brasil. Rio de Janeiro: Paz e Terra, 1991.

DUGUIT, Léon. Les Transformations Générales du Droit Privé Depuis le Code Napoléon. Paris: Librarie Félix Alcan,1912.

HEGEL, Georg Wilhelm Friedrich. Princípios da Filofia do Direito. São Paulo: Martins Fontes, 2009.

HESSE, Konrad. Derecho Constitucional y Derecho Privado. Madrid: Editorial Civitas, 1995.

LOCKE, John. Segundo Tratado Sobre o Governo. São Paulo: Martin Claret, 2011.

MENDES, Gilmar Ferreira. Direitos Fundamentais e controle de constitucionalidade: estudos de direito constitucional. 4ª ed. São Paulo: Saraiva, 2012.

______. O direito de propriedade na Constituição de 1988. *In*: CAMPOS, D. L., MENDES, G. F.; MARTINS, I. d. A evolução do direito no século XXI: Estudos em homenagem ao Professor Arnoldo Wald. São Paulo: Almedina, 2010.

PEREIRA, Caio Mário da Silva. Instituições de direito civil. 22ª ed., vol. IV - Direito Reais. Rio de Janeiro: Forense, 2014.

ROCHA, C. A. O Princípio Constitucional da Função Social da Propriedade. *In*: BACELLAR FILHO, R. F.; MOTTA, P. F.; CASTRO, R. A. Direito Administrativo Contemporâneo. Belo Horizonte: Fórum, 2004.

WALDRON, Jeremy. The Right to Private Property. New York: Oxford University Press, 2002.

CAPÍTULO XXVI

JUIZ CONSTITUCIONAL E INSTITUIÇÕES DEMOCRÁTICAS

Roger Stiefelmann Leal

Introdução

O exercício da jurisdição constitucional, a exemplo das demais funções estatais, reclama a atenção dos seus titulares quanto aos condicionamentos institucionais impostos pela estruturação funcional e política do Estado. Nesses termos, deve o juiz constitucional exibir qualidades e discernimento adequados à sua posição no sistema político delineado no texto constitucional, de modo a não transgredir os limites que definem a sua esfera de atuação. A presença de tais elementos na composição do perfil dos juízes constitucionais revela singular importância, principalmente em razão da nobre função de guarda e intérprete privilegiado da Constituição. Diferentemente de outras instâncias de poder, os órgãos de jurisdição constitucional – sobretudo Supremas Cortes e Tribunais Constitucionais – têm poderes para interpretar e aplicar, em última instância, os marcos que definem os contornos do seu próprio âmbito de competência. São, por assim dizer, *os juízes constitucionais dos próprios poderes.*[648]

---

648 Tal expressão é utilizada por Alexander Hamilton para considerar descabido que o Poder Legislativo tenha, entre suas funções, o poder de controlar a

É famosa a advertência de Montesquieu de que *todo homem que possui poder é levado a dele abusar; ele vai até onde encontra limites.*[649] Tal observação ganha especial significado ante a circunstância de que, em geral, cabe apenas aos órgãos de jurisdição constitucional o controle da legitimidade jurídica de suas decisões. A observância das limitações à atuação da jurisdição constitucional é fiscalizada por seus próprios agentes.

A violação dos limites e, por conseguinte, o exercício abusivo da função jurisdicional são, no caso, geralmente identificados como decisões de índole política em que, a título de fazer cumprir a Constituição, juízes substituem a posição política aprovada em sede legislativa pela sua própria. Não raro são encontradas referências de que juízes constitucionais, em determinados julgados, teriam atuado como legisladores, e, assim, estariam a atribuir específico conteúdo ideológico e moral a disposições constitucionais de ampla textura, extraindo delas parâmetros normativos *ad hoc* a serem, como regra, exigidos *ex post facto*. Conforme leciona Zagrebelsky, *a acusação de atuar como legisladores, isto é, politicamente, em vez de como juízes, é a mais grave que poderia ser dirigida* àqueles a quem compete o exercício da jurisdição constitucional.[650]

Nesses termos, o presente estudo tem por objetivo examinar a posição da jurisdição constitucional enquanto função integrante do arranjo político-institucional do Estado, bem como realçar os

---

constitucionalidade das leis. Segundo Hamilton, seria impróprio admitir que *os legisladores fossem, eles mesmos, os juízes constitucionais dos próprios poderes e que seu juízo seja definitivo em relação aos demais setores do Estado* (Cf. HAMILTON, Alexander; JAY, John; MADISON, James. "The Federalist n. 78". *The Federalist: a commentary on the Constitution of United States*. New York: Random House, 1937, p. 506).

649 Cf. MONTESQUIEU, Charles de Secondat. *De l'esprit des lois*. Livre XI, Chap. IV, Paris: Flamarion, 1979, p. 293.

650 Cf. ZAGREBELSKY, Gustavo. "¿Qué es ser juez constitucional?". *Díkaion - Lo Justo*: Chia. Ano 20, nº 15, 2006, pp. 165-166. Em sentido semelhante ver FERREIRA FILHO, Manoel Gonçalves. *Lições de Direito Constitucional*. São Paulo: Saraiva, 2017, p. 114.

atributos essenciais que compõem o perfil do juiz constitucional, tomando por base suas condicionantes institucionais. A análise proposta será desenvolvida mediante (a) a identificação de aspectos conceituais da jurisdição constitucional, bem como (b) a análise de seu posicionamento em face das funções do Estado.

Este trabalho visa, sobretudo, prestar merecida homenagem ao Ministro Gilmar Mendes em virtude de sua marcante e produtiva trajetória de, até o momento, 20 anos junto ao Supremo Tribunal Federal. Desse modo, a análise a seguir desenvolvida deter-se-á sobre votos proferidos pelo Ministro com a finalidade de enfatizar traços e características de sua atuação, que permitem detectar a presença das qualidades indispensáveis a um genuíno juiz constitucional.

1 Jurisdição constitucional e Poder Judiciário

É certo que o regime instituído pela Constituição de 1988, a exemplo de vários outros, sedia o exercício da jurisdição constitucional no âmbito do Poder Judiciário. Essa opção do constituinte aliada à ampla disseminação do clássico sistema *monista* de controle de constitucionalidade adotado nos Estados Unidos acabam por estimular compreensão que assimila a jurisdição constitucional à jurisdição ordinária ou comum.[651]

Já em Marbury vs. Madison, de 1803, encontra-se a afirmação de que é da própria essência do Poder Judiciário dizer o que é o direito.[652] Assim, caso duas leis estejam em conflito, assinala Marshall, os tribunais devem decidir sobre a aplicação de cada uma

---

651 Ver a propósito BITTENCOURT, Carlos Alberto Lúcio. *O controle jurisdicional da constitucionalidade das leis*. Fac-símile da 2ª ed. Brasília: Ministério da Justiça, 1997, pp. 35-36; em sentido semelhante VELLOSO, Carlos Mario da Silva. "Controle de constitucionalidade na Constituição brasileira de 1988". *Revista de Direito Público*. São Paulo: RT. n. 92, out./dez. de 1989, p. 46.

652 Cf. *Marbury v. Madison*. 5 U.S. (1 Cranch) at 177.

delas.[653] Esse específico poder – considerado imanente à jurisdição comum ou ordinária – caberia ser exercido no caso de antinomia entre leis de mesma estatura, ou se uma lei estiver em oposição à Constituição.[654] Significa dizer, portanto, que a função de dirimir conflitos entre atos normativos – de mesma ou de diferente estatura – constituiria função própria da atividade jurisdicional.

Questão relevante, a esse propósito, reside na generalização ou equiparação dos conflitos normativos. Ao não se fazer distinção entre tais conflitos, afirma-se a identidade de funções estatais de natureza diversa. O poder de julgar casos concretos com base na lei – jurisdição ordinária – e o poder de decidir sobre a constitucionalidade das leis – jurisdição constitucional – seriam, nesses termos, atividades que integram uma única função. Ou seja, o Judiciário estaria a exercer a mesma função ao resolver sobre a antinomia entre duas leis ou o conflito entre lei e Constituição.[655] Daí a característica básica do modelo estadunidense, de *estrutura monista*, em que a jurisdição constitucional é exercida integrada à jurisdição ordinária.[656]

---

653 Cf. *Marbury v. Madison.* 5 U.S. (1 Cranch) at 177.

654 Cf. *Marbury v. Madison.* 5 U.S. (1 Cranch) at 177.

655 Segundo Martin Shapiro e Alec Stone Sweet, Marshall promoveu a transmutação do controle de constitucionalidade no tipo de problema jurídico que cortes anglo-americanas sempre tiveram a missão de resolver (cf. SHAPIRO, Martin; SWEET, Alec Stone. "Abstract review and judicial law making". On law, politics & judicialization. Oxford: Oxford University Press, 2002, p. 367).

656 Cf. COMELLA, Victor Ferreres. "The consequences of centralizing constitutional review in a special court: some thoughts on judicial activism". *Texas Law Review*, vol. 82, 2004, p. 1705; no mesmo sentido, ver LLORENTE, Francisco Rubio. "Divide et obtempera?: uma reflexión desde España sobre el modelo europeo de convergencia de jurisdicciones en la protección de los derechos". *Revista Española de Derecho Constitucional.* Madrid: Centros de Estudios Constitucionales, nº 67, enero/abril de 2003, p. 49; LEAL, Roger Stiefelmann. "A convergência dos sistemas de controle de constitucionalidade: aspectos processuais e institucionais". *Revista de Direito Constitucional e Internacional.* São Paulo: RT, nº 57, out/dez de 2006, p. 74. Ideia semelhante pode se vislumbrar nas lições de Peter Häberle

Vale notar, contudo, que tal concepção – que inspirou o sistema de controle de constitucionalidade de inúmeros outros países – mistura poderes e funções com características distintas.

A jurisdição ordinária, ao constituir poder de julgar casos concretos com base na lei, assume posição hierárquica infralegal, tendo como limite de sua atuação os textos e diplomas que, em geral, resultam do processo legislativo ordinário. Aproxima-se, em certa medida, da noção de *poder de julgar* que se encontra na teoria clássica da separação dos poderes.[657] Cuida-se de aplicar a lei ao caso concreto. Nesse sentido, a resolução de conflitos entre leis ordinárias de conteúdo divergente – para definição do direito aplicável ao caso – configura operação formalmente submetida aos parâmetros da legislação. Conserva a superioridade da atividade legiferante, cabendo à jurisdição ordinária verificar o sentido dos atos legislativos, bem como sua eventual compatibilidade com textos legais editados anteriormente. Tem por finalidade prestigiar a mais recente manifestação do legislador sobre determinada questão. O juízo sobre conflitos normativos dessa espécie não desvirtua, portanto, a noção fundamental de mera aplicação ou execução da lei. Não envolve, cumpre destacar, qualquer exame de legitimidade ou juridicidade sobre a atuação do legislador.

Por seu turno, a jurisdição constitucional implica o poder de julgar a compatibilidade entre a lei e a Constituição. Assume, em

---

ao definir a sistemática estadunidense como modelo de *jurisdição constitucional não autônoma* (cf. HÄBERLE, Peter. "La jurisdicción constitucional en la fase actual de desarrollo del estado constitucional". *Direito Público*. Ano III, nº 11, jan/mar de 2006, p. 77).

657 A natureza infralegal da função judicial, segundo a teoria da separação dos poderes, é evidenciada claramente na obra de seu principal teórico. Ao tratar do poder julgar, assevera Montesquieu que os julgamentos devem ser fixos, *a tal ponto que não sejam mais do que um texto preciso de lei*. Cumpre recordar também a famosa passagem em que afirma serem os juízes a *boca que pronuncia as palavras da lei* (cf. *De l'esprit des lois*. Livre XI, Chap. VI. Paris: Flammarion, 1979, vol. I, pp. 296-301). Sobre o tema, ver LEAL, Roger Stiefelmann. "A convergência dos sistemas...", p. 74.

termos lógicos, patamar hierárquico diferenciado, sobrepondo-se aos atos de natureza legislativa. Cuida-se, justamente, de controlar as leis e demais atos do poder público em face do texto constitucional. Em outras palavras, o juízo sobre a constitucionalidade das leis revela exercício de função de controle, que naturalmente se situa acima do poder de legislar.[658] A resolução dessa espécie de conflito normativo, portanto, aponta para o exercício de função que, diferentemente da jurisdição ordinária, não tem a lei como parâmetro ou limite insuperável. O objetivo principal da jurisdição constitucional é verificar a legitimidade jurídico-constitucional da atuação dos poderes públicos, especialmente do legislador, ao passo que a jurisdição ordinária visa, em primeiro lugar, solucionar, com base na lei, conflitos de interesse suscitados a partir de casos concretos.

Tal diferença, a propósito, é realçada de maneira singular na teoria de Loewenstein sobre as funções do Estado. Segundo o autor, *o judicial review americano (...) não pertence em absoluto à teoria clássica da separação dos poderes.*[659] *Materialmente pertence*, prossegue, *à categoria do controle da política.*[660] Ou seja, enquanto a jurisdição ordinária constitui, como regra, função de *execução* da *política* (*policy execution*), a jurisdição constitucional configura função de *controle* da *política* (*policy control*).

---

658 Nesse ponto, aproxima-se da noção sustentada por *Brutus*, ao denunciar a instituição de um poder soberano competente para dizer aos demais poderes o que a Constituição permite ou proíbe (cf. Shlomo Slonim – "Federalist n. 78 and Brutus' neglected thesis on judicial supremacy". *Constitutional Commentary*. vol. 23, 2006, p. 24).

659 Cf. LOEWENSTEIN, Karl. *Teoría de la Constitución.* 2ª ed. Barcelona: Ariel, 1970, pp. 67/68.

660 Cf. LOEWENSTEIN, Karl. *Teoría de la Constitución.* 2ª ed. Barcelona: Ariel, 1970, pp. 67/68.

2 Jurisdição constitucional como função arbitral ou moderadora

A noção de jurisdição constitucional, como se viu acima, apresenta determinados aspectos institucionais que permitem diferenciá-la das demais funções estatais. Nesse sentido, designa poder de julgar, de caráter independente e suprapartidário, posicionado acima dos demais poderes do Estado. Sua superioridade hierárquica decorre do juízo que exerce sobre leis e atos normativos, além da estatura formal de que é dotado o texto constitucional, parâmetro fundamental de sua atuação.

A estruturação orgânica da jurisdição constitucional enseja, portanto, a natural percepção entre os atores políticos e sociais de que o modelo institucional adotado conta com esfera própria voltada à resolução de conflitos de natureza política. A dinâmica de sua atuação acaba por atrair, após o esgotamento das instâncias administrativas e parlamentares, divergências e controvérsias de alta relevância entre (a) entes territoriais autônomos, (b) órgãos do Legislativo e do Executivo, (c) governo e oposição, bem como entre (d) partidos e grupos políticos de diferentes correntes de pensamento. Tocqueville assinala, a esse propósito, que *quase não há questão política nos Estados Unidos que não se transforme, mais cedo ou mais tarde, em uma questão judicial.*[661]

Fica claro, nesse sentido, que as divergências surgidas entre os órgãos político-constitucionais ou a respeito de seus comportamentos ficam sujeitas, em última instância, ao controle dos órgãos de jurisdição constitucional. Tais órgãos exercem, desse modo, função de juiz dos demais órgãos estatais, de árbitro supremo

---

661 Cf. TOCQUEVILLE, Alexis de. *A democracia na America*: leis e costumes. São Paulo: Martins Fontes, 1998, p. 317. Raciocínio similar é desenvolvido, em relação aos Tribunais Constitucionais, por Charles Eisenmann (Cf. EISENMANN, Charles. *La Justice Constitutionelle et la haute Cour Constitutionnelle d'Autriche*. Paris: Economica, 1986, p. 137).

dos conflitos entre os poderes.[662] Rui Barbosa ensina, ao analisar o Poder Judiciário, que *ele é o derradeiro árbitro, em todos os assuntos concernentes aos poderes distribuídos na Constituição, o juiz irrecorrível de seus próprios direitos, assim como dos do Congresso e do Executivo.*[663]

Nessa perspectiva, a jurisdição constitucional assume significado institucional similar ao chamado "poder real", nos termos enunciados por Benjamin Constant. Ao analisar o papel do "poder real" – conhecido nas experiências políticas brasileira e portuguesa como Poder Moderador – na estrutura política do Estado, Constant sugere, em interessante paralelo, que sua função seria análoga à atividade exercida por juízes e tribunais.[664] Para o pensador suíço, *quando os cidadãos, divididos entre seus interesses, se lesam reciprocamente, uma autoridade neutra os separa, pronuncia-se sobre suas pretensões, e preserva-os uns dos outros. Esta autoridade é*, conclui o autor, *o poder judiciário.*[665] Em relação ao "poder real", Constant reconhece o desempenho de função semelhante, porém em face de outra categoria de conflitos. Segundo ele, *quando os poderes públicos se dividem, e estão prestes a se lesar, há a necessidade de uma autoridade neutra, que faça em relação a eles o que o poder judiciário faz em relação aos indivíduos. Esta autoridade,*

---

662 Nesse sentido, é clara a lição de Loewenstein, ao referir-se ao Poder Judiciário dos Estados Unidos (cf. *op. cit.*, p. 312). No mesmo sentido, em relação às funções do Supremo Tribunal Federal, ver GRINOVER, Ada Pellegrini. "A crise do Poder Judiciário". *In*: *O Processo em Evolução*. Rio de Janeiro: Forense Universitária, 1996, p. 24. Maurice Duverger parece compartilhar do mesmo ponto de vista, ao afirmar o papel *de controle, de regulamentação e de freio* dos órgãos políticos e administrativos desempenhado pelos tribunais (cf. *op.cit.*, pp. 55/56).

663 Cf. BARBOSA, Ruy. "Os atos inconstitucionais do Congresso e do Executivo". *Obras Seletas de Rui Barbosa*: Trabalhos Jurídicos. Rio de Janeiro: Casa de Rui Barbosa, 1962, p. 94.

664 Cf. *Curso de Política Constitucional*. Granada: Editorial Comares, 2006, p. 16.

665 Cf. *Curso de Política Constitucional*. Granada: Editorial Comares, 2006, p. 16.

na monarquia constitucional, prossegue o autor, *é o poder real.*[666] E, ao final, Constant sintetiza sua comparação: *o poder real é, de alguma forma, o poder judiciário dos outros poderes.*[667]

Muito embora a jurisdição constitucional não adote o instrumental típico[668] do "poder real", o seu conteúdo essencial não destoa do figurino institucional apresentado, nessa passagem, por Benjamin Constant. Cuida-se de específico poder judicante que se sobrepõe aos demais poderes estatais, com o propósito de defender os objetivos permanentes do Estado – hoje, assegurados no texto constitucional – e dirimir conflitos entre os poderes, bem como controlar a licitude e a moralidade dos órgãos políticos e da administração.[669]

A presença dos aspectos nucleares do "poder real" no papel desempenhado pelos órgãos de jurisdição constitucional não tem passado despercebida. Ao examinar a posição institucional do Tribunal Constitucional Federal da Alemanha, Karl Doehring assevera que *pode se comparar este sistema com o famoso quarto poder de Benjamin Constant, quem, no início do século XIX, proclamou que o rei deveria ser detentor do direito de controle abrangente.*[670] E, em seguida, Doehring arremata de forma enfática: "nesse sentido, o Tribunal Constitucional Federal é uma espécie

---

666 Cf. *Curso de Política Constitucional*. Granada: Editorial Comares, 2006, p. 16.

667 Cf. *Curso de Política Constitucional*. Granada: Editorial Comares, 2006, p. 16.

668 Ao "poder real" são tradicionalmente reconhecidos mecanismos próprios da chefia de Estado, que, no entanto, lhe permite exercer o controle das leis e de sua aplicação, a exemplo dos poderes de veto e de graça.

669 Tais funções correspondem ao núcleo essencial da ideia de Poder Moderador (cf. SOUZA JÚNIOR, Cezar Saldanha. *A crise da democracia no Brasil*. Rio de Janeiro: Forense, 1978, p. 137).

670 Cf. DOEHRING, Karl. "A função do Tribunal Federal Constitucional Alemão na qualidade de principal guardião da Constituição, nos termos da lei e da democracia". *In*: *O federalismo na Alemanha*. São Paulo: Konrad Adenauer Stiftung, 1995, p. 207.

de rei".[671] Por seu turno, assinala Cristina Queiroz, apoiada nas lições de Leibhoz e Denninger, que aos tribunais de justiça constitucional é reconhecida a atribuição de uma função "arbitral" ou "moderadora".[672] Em análise sobre o modelo brasileiro de jurisdição constitucional, José Néri da Silveira ressalta, na mesma linha, que "desempenha o Supremo Tribunal Federal o múnus eminente de árbitro dos conflitos entre os Poderes, ou entre a União e os Estados-membros, ou destes entre si, numa autêntica função de Poder Moderador".[673]

A identidade funcional entre a jurisdição constitucional e o Poder Moderador parece, ainda, ter sido intuída por Dom Pedro II nos últimos momentos da monarquia no Brasil. Ao repassar orientações a Salvador Mendonça e Lafayette Rodrigues Pereira, que viajariam em missão oficial aos Estados Unidos em julho de 1889, o Imperador teria lhes determinado:

> (...) estudem com todo o cuidado a organização do Supremo Tribunal de Justiça de Washington. Creio que nas funções da Corte Suprema está o segredo do bom funcionamento da Constituição norte-americana. Quando voltarem, haveremos de ter uma conferência a esse respeito. Entre nós, as coisas não vão bem, e parece-me que se pudéssemos transferir para ele as atribuições do Poder Moderador

---

671 Cf. DOEHRING, Karl. "A função do Tribunal Federal Constitucional Alemão na qualidade de principal guardião da Constituição, nos termos da lei e da democracia", p. 207.

672 Cf. QUEIROZ, Cristina. *Os actos políticos no Estado de Direito*: o problema do controle jurídico do poder. Coimbra: Almedina, 1990, p. 217; no mesmo sentido José Afonso da Silva – "Tribunais constitucionais e jurisdição constitucional". *Revista Brasileira de Estudos Políticos*. Belo Horizonte, nº 60-61, jan.-jul. de 1985, p. 520; André Ramos Tavares - *Teoria da Justiça Constitucional*. São Paulo: Saraiva, 2005, pp. 297 e segs.

673 Cf. SILVEIRA, José Néri da. "Controle de constitucionalidade no Brasil". *Cadernos de Direito*. Pelotas, EDUCAT, 2001, p.16.

> da nossa Constituição, ficaria esta melhor. Deem toda a atenção a esse ponto.[674]

Saliente-se, por derradeiro, que a identificação de aspectos comuns entre a jurisdição constitucional e as funções do "poder real" ou do Poder Moderador não autoriza a conclusão extremada de que há, entre elas, sobreposição plena. Como é sabido, ao Poder Moderador cabia o exercício de outras atribuições políticas relacionadas à chefia de Estado, sobretudo a representação da unidade nacional em âmbito externo e interno,[675] bem assim a defesa do Estado e das instituições democráticas, competindo-lhe, nesse particular, o emprego de instrumental voltado a combater situações de grave anormalidade institucional.[676] Remanesce, ainda, como atribuição da chefia de Estado parcela relevante das funções arbitrais para solucionar controvérsias de natureza política. É certo que, em determinados casos, a mediação política desenvolvida no âmbito da chefia de Estado revela-se mais eficiente e criativa do que a levada a efeito pela jurisdição constitucional, que atua segundo parâmetros próprios da atividade judicante (fórmulas processuais

---

674 Cf. MENDONÇA, Carlos Sussekind de. *Salvador de Mendonça*: democrata do Império e da República. Rio de Janeiro: Instituto Nacional do Livro, 1960, p. 136. A mesma referência histórica é encontrada em VIEIRA, Oscar Vilhena. *Supremo Tribunal Federal*: jurisprudência política. São Paulo: RT. 1994, p. 73; e RODRIGUES, Lêda Boechat. *História do Supremo Tribunal Federal:(1891-1898). Defesa das liberdades civis*. vol. 1. Rio de Janeiro: Record, 1965, p. 1.

675 Cf. SOUZA JÚNIOR, Cezar Saldanha. *A crise da democracia no Brasil*. Rio de Janeiro: Forense. 1978, p. 86; também SCHMITT, Carl. *La defensa de la constitución*. Barcelona: Editorial Labor, 1931, pp. 170-171.

676 Como destaca Pimenta Bueno, o exercício do Poder Moderador é quem evita nos perigos públicos o terrível dilema da ditadura ou da revolução; todos os atributos do monarca levam suas previdentes vistas a não querer nem uma nem outra dessas fatalidades, que quase sempre se entrelaçam e reagem (Cf. BUENO, José Antônio Pimenta. *Direito público e análise da Constituição do Império*. *In*: José Antônio Pimenta Bueno, Marquês de São Vicente. São Paulo: Editora 34, 2002, p. 281). No mesmo sentido, ver também Benjamin Constant. Curso de Política Constitucional, p. 29.

específicas, critério binário lícito/ilícito etc.). Na prática, os órgãos de jurisdição constitucional têm assumido parte das *funções de última instância*, que, em tempos outros, integrava a esfera de atuação do chefe de Estado.[677]

3 O perfil do juiz constitucional

A compreensão do posicionamento institucional da jurisdição constitucional no quadro dos poderes do Estado enseja reflexão sobre o perfil de seus órgãos e agentes. Ao se vislumbrar o caráter *arbitral* ou *moderador*, que qualifica essa específica função estatal, cumpre avaliar seus reflexos práticos, principalmente quanto às características requeridas de seus titulares para o seu adequado exercício. É possível supor, nesse sentido, que determinados elementos inerentes ao perfil do titular do chamado "poder neutro" ou "poder real" também servem de parâmetros em relação aos juízes constitucionais.

Ao examinar os contornos institucionais do "poder neutro", Benjamin Constant apresenta severa crítica à maioria das Constituições de sua época. Consoante o pensador suíço, *o vício de quase todas as constituições tem sido o de não prever um poder neutro, e colocar a porção de autoridade de que ele devia estar investido, em um dos poderes ativos.*[678] *É, sem dúvida, necessário*, assinala, *tomar a precaução de que o poder real não possa atuar em lugar dos outros.*[679] Não seria, nessa linha, possível exercer adequadamente a função arbitral, caso o "poder neutro" estivesse incorporado a qualquer dos demais poderes estatais. Perderia ele

---

677 Cf. SOUZA JÚNIOR, Cezar Saldanha. O *tribunal constitucional como poder*: uma nova teoria da separação dos poderes. São Paulo: Memória Jurídica, 2002, pp. 118/119.

678 Cf. Benjamin Constant – *op. cit.*, p. 15.

679 Cf. Benjamin Constant – *op. cit.*, p. 14.

justamente a neutralidade institucional que lhe caracteriza. Seria, por assim dizer, juiz e parte ao mesmo tempo.[680]

Por isso mesmo, o exercício dessa função arbitral requer que seu agente seja *superior à diversidade de opiniões, sem outro interesse além de que se mantenha a ordem e a liberdade.*[681] Deve manter-se, no desempenho de sua missão, em posição *superior a todas as paixões, a todos os interesses, a toda rivalidade.*[682] Ainda segundo Constant, o titular do "poder neutro" *se sustenta em meio às agitações humanas como a águia quando está à espreita em nuvens tempestuosas.*[683] Ou seja, deve guardar necessária reserva para, sem se substituir às partes envolvidas, dirimir os conflitos que lhe são submetidos.

Tais observações – é possível perceber – cabem ser levadas em conta ao se analisar os parâmetros que compõem o perfil do juiz constitucional. Nesses termos, é imperativo que os juízes constitucionais também tenham presente que não devem tomar o lugar dos demais poderes, instâncias e órgãos estatais. Sua posição exige plena consciência de que não participam das disputas políticas, cumprindo-lhes julgá-las com sobriedade. Assim, ao exercerem a jurisdição constitucional, devem apreciar as controvérsias com espírito elevado, superior, magnânimo, pairando sobre interesses, paixões e dissensos. Na clássica lição de Tocqueville, *não devem ser apenas bons cidadãos, homens instruídos e probos, qualidades necessárias a todos os magistrados; é necessário além disso ter neles homens de Estado.*[684]

---

680 A esse propósito, salienta Benjamin Constant ser necessário advertir que, quando o poder real e o executivo não se distinguem, há indispensavelmente uma grande confusão na teoria e pode dar- se margem a grandes perigos (cf. op. cit., p. 16). No mesmo sentido, ver José Antônio Pimenta Bueno - op. cit., p. 281; e Cezar Saldanha Souza Júnior - A crise da democracia no Brasil, p. 99.

681 Cf. Benjamin Constant – *op. cit.*, p. 17.

682 Cf. José Antônio Pimenta Bueno - *op. cit.*, p. 281.

683 Cf. Benjamin Constant – *op. cit.*, p. 17.

684 Cf. TOCQUEVILLE, Alexis de. - *op. cit.*, p. 170.

O desempenho de *funções de última instância* reclama de seus agentes – monarcas, presidentes e juízes constitucionais – o extremo esforço de tomarem distância de seus sentimentos pessoais e opiniões políticas para que, de forma altiva e independente, decidam sobre as divergências entre os demais. O funcionamento adequado das instituições democráticas não é compatível com juízes constitucionais liberais, socialistas, budistas, conservadores ou feministas. O juiz constitucional ideal é aquele que, ao vestir a toga, consegue deixar de lado, em nome da Constituição, suas preferências pessoais e convicções políticas. Sua nobre missão exige que não ceda ao impulso de distorcer o sentido das cláusulas da Constituição para nelas incutir suas próprias concepções políticas, morais e ideológicas.[685]

É subestimar a razão humana supor impossível encontrar juristas preparados que exibam qualidades suficientes para refrear suas inclinações pessoais e orientações políticas ao ocupar a posição de juiz constitucional. É natural à racionalidade humana o controle de ímpetos, propensões, vontades e emoções. Certamente há aqueles que, embora dotados de exuberante inteligência e profundo conhecimento jurídico, evidenciam imoderação e falta de parcimônia quando está em jogo a prevalência de suas convicções ideológicas e preferências pessoais. Estes, ainda que mantenham comportamento amável e cordial, não apresentam – fica claro – os atributos requeridos para o exercício da jurisdição constitucional, pois fatalmente sucumbirão ao desejo de atribuir ao texto constitucional sentido que se afeiçoe às suas estimadas concepções políticas

---

685 Em sentido contrário, Luís Roberto Barroso sustenta que todo caso difícil pode ter mais de uma solução razoável construída pelo intérprete, e a solução que ele produzirá será, em última análise, aquela que melhor atenda a suas preferências pessoais, sua ideologia ou outros fatores externos, como os de natureza institucional. Ele sempre agirá assim, arremata o autor, tenha ou não consciência do que está fazendo (cf. BARROSO, Luís Roberto. "Constituição, Democracia e Supremacia Judicial: Direito e Política no Brasil Contemporâneo". *Revista Jurídica da Presidência*. Brasília, vol. 12, nº 96, Fev./Mai. 2010, pp. 24-25).

e morais. O adequado desempenho dessa alta função estatal exige de seus titulares virtudes que vão muito além da reputação ilibada e do notável saber jurídico.

4 Juiz constitucional, pluralismo e democracia

Ao reconhecer a Constituição como *democrática*, assume o juiz constitucional - enquanto árbitro das disputas políticas - a posição de garantir espaço suficiente ao debate e à deliberação, que torne viável a concorrência de correntes políticas distintas e a efetiva implementação da plataforma que obtiver o apoio da maioria. Consoante destaca Zagrebelsky, os direitos políticos *pressupõem a existência de um "espaço vazio de direito constitucional"*.[686] Nesses termos, a interpretação levada a efeito pelos juízes constitucionais que empreste específico conteúdo ideológico às disposições da Constituição acaba por promover nocivo estreitamento dos espaços de debate político ordinário e, por conseguinte, da própria *democracia*.[687] Quanto mais os órgãos de jurisdição constitucional atribuírem carga ideológica à Constituição, menos aberta ela será ao debate democrático, constituindo instrumento de exclusão de plataformas e soluções político-partidárias alternativas.

Desse modo, uma exegese marcadamente liberal da Constituição torna-se - parece claro - sério obstáculo a governantes eleitos com plataforma política que defenda a intervenção do Estado no domínio econômico e social. Por outro lado, um governo de orientação liberal não reúne - como regra geral - condições de implementar seu programa, caso prevaleça interpretação de que o

---

686 Cf. ZAGREBELSKY, Gustavo. *La legge e la sua giustizia*. Bologna: Il Mulino, 2008, p. 277.

687 Assevera Hans Peter Schneider que a qualidade de uma Constituição se mede em função da suficiência do espaço que deixa às forças políticas que configuram o futuro de um povo para que possam realizar seus objetivos (cf. Democracia y Constitucion. Madrid: Centro de Estúdios Constitucionales, 1991, p. 50).

texto constitucional exige intervenção estatal no domínio econômico e social. Conforme já ensinava, no início do século passado, Oliver Wendell Holmes, "a Constituição não visa incorporar uma teoria econômica específica (...), é feita para pessoas com pontos de vista fundamentalmente distintos".[688] Não é próprio, como regra geral, de modelo constitucional considerado *democrático* obliterar ou bloquear com excessivas premissas e condicionamentos materiais os espaços necessários ao debate entre plataformas e correntes políticas distintas, sob pena de subtrair dos *cidadãos* o direito de participar efetivamente da condução política do Estado.[689]

Tais considerações refletem o posicionamento institucional que convém ao juiz constitucional, como agente pertencente à instância superior aos dissensos políticos e ideológicos naturais à vida em sociedade. Seria extravagante à posição arbitral ocupada pelos órgãos de jurisdição constitucional a adoção por seus membros de concepção teórica em que se postule, por exemplo, que "os problemas econômicos, sociais, científicos são, simultaneamente, problemas constitucionais suscetíveis de conformação e resolução através de decisões político-constitucionais vinculativas das decisões tomadas pelo poder político".[690] Considerar que *os problemas econômicos, sociais e científicos* são questões de estatura constitucional, passíveis de encontrar solução no juízo que deriva dos preceitos da Constituição, consiste, em síntese, em formulação teórica que (a) superestima o papel, o alcance e a força da jurisdição constitucional no sistema político, bem assim (b) exclui

---

688 Cf. voto dissidente proferido em *Lochner v. New York*, 198 US 45 (1905).

689 Segundo Zagrebelsky, cabe preservar um espaço para a discricionariedade das decisões políticas, um espaço incompatível com a "saturação constitucional" da vida pública. Em seguida, conclui o autor, afirmando que essa saturação é um perigo que sempre ameaça a democracia, em particular a democracia pluralista, cujos êxitos políticos não devem ser determinados a priori (ZAGREBELSKY, Gustavo. *La legge e la sua giustizia*. Bologna, p. 277).

690 Ver a propósito, J. J. Gomes Canotilho – "Brancosos" e interconstitucionalidade: itinerários dos discursos sobre a historicidade constitucional. Coimbra: Almedina, 2006, p. 151.

dos *cidadãos* e, consequentemente, das instituições democráticas o debate e a deliberação sobre as melhores alternativas políticas para a resolução de tais problemas.

Em face de uma Constituição *democrática*, é papel do juiz constitucional descartar vias interpretativas que conduzam à contração demasiada dos espaços institucionais de diálogo, debate, divergência e concorrência entre as diversas linhas de pensamento político. Em relação às correntes políticas em geral, os pontos de divergência ou desacordo recaem, como regra, sobre as concepções que devem prevalecer em determinada sociedade a respeito de *valores*[691] ou bens fundamentais, como igualdade, liberdade, propriedade e segurança. Insere-se, ainda, entre esses pontos a forma de atuação do Estado na promoção de bens escassos como saúde, educação, trabalho e moradia.

Tais conflitos de natureza político-ideológica, consoante Heywood, costumam ser travados com o uso do mesmo vocabulário político, com cada lado empregando termos como "liberdade, "democracia", "justiça" e "igualdade" com seus próprios significados.[692] Ainda segundo o autor, sobre tais expressões existem

---

691 O preâmbulo da Constituição de 1988 enuncia o exercício dos direitos sociais e individuais, a liberdade, a segurança, o bem-estar, o desenvolvimento, a igualdade e a justiça como valores supremos de uma sociedade fraterna, pluralista e sem preconceitos. Segundo Luiz Fernando Barzotto, os bens necessários à vida boa, quando considerados na perspectiva da comunidade, são chamados de valores. Para o autor, os valores integram o bem comum, o conjunto de condições que permite a todos os membros da comunidade alcançarem a vida boa (cf. BARZOTTO, Luiz Fernando. *A democracia na Constituição*. São Leopoldo: Unisinos, 2003, p. 194). Não são os valores puros que são reconhecidos e positivados pelo texto constitucional, mas, como ressalta Miguel Reale, cuida-se da integração normativa de uma exigência de medida decorrente da valoração dos fatos sociais (cf. REALE, Miguel. *Teoria tridimensional do Direito*. São Paulo: Saraiva, 5ª ed., 1994, p. 103 e segs.).

692 Cf. Andrew Heywood – *Ideologias políticas: do liberalismo ao fascismo*. São Paulo: Ática, vol. 1, 2010, p. 27. Raciocínio semelhante é desenvolvido por Cezar Saldanha Souza Júnior, ao reconhecer que expressões como justiça, liberdade e prosperidade *podem ser, e geralmente são tomadas em*

discordâncias tão profundas que não é possível elaborar nenhuma definição consensual.[693] As ideologias políticas divergem, ainda, mediante a sobrevalorização de determinados bens fundamentais em prejuízo de outros, legitimando teorias ou conjuntos de significados específicos.[694]

Desse modo, concepções distintas sobre determinados bens fundamentais sustentam posições políticas divergentes quanto a questões relevantes na sociedade. Inúmeros casos poderiam ser aqui apontados para evidenciar a natureza desses desacordos sob uma Constituição *democrática.*[695]

Tais *valores* ou bens fundamentais, ao mesmo tempo que (a) se encontram no cerne das controvérsias entre as diversas correntes políticas do espectro democrático, são (b) veiculados normativamente mediante expressa inscrição no texto constitucional. Sua positivação posiciona-os como finalidades e metas do Estado, assim como lhes reconhece a qualidade e o *status* de direitos e garantias fundamentais.[696] Sua aprovação como parâmetro constitucional

---

acepções cheias de conteúdo axiológico. Assinala o jurista gaúcho, que esse conteúdo *lhes é emprestado pelas diversas e conflitantes doutrinas e ideologias* (cf. SOUZA JÚNIOR, Cezar Saldanha. *Consenso e democracia constitucional*. Porto Alegre: Sagra Luzzatto, 2002, p. 39). Por seu turno, Bobbio revela compreensão similar sobre a questão ao assinalar que *o critério mais frequentemente adotado para distinguir a direita da esquerda é a diversa postura que os homens organizados em sociedade assumem diante do ideal da igualdade, que é, como o ideal da liberdade e o ideal da paz, um dos fins últimos que os homens se propõem a alcançar e pelos quais estão dispostos a lutar* (cf. *Direita e esquerda: razões e significados de uma distinção política*. São Paulo: UNESP, 1995, p. 95).

693 Cf. HEYWOOD, Andrew. *Ideologias políticas*: do liberalismo ao fascismo, p. 27.

694 Cf. HEYWOOD, Andrew. *Ideologias políticas*: do liberalismo ao fascismo, p. 28.

695 Ver a propósito WALDRON, Jeremy. *Law and desagreement*. Oxford: Oxford University Press, 1999, pp. 11/12.

696 Cf. BARZOTTO, Luiz Fernando Barzotto. *A democracia na Constituição*. São Leopoldo: Unisinos, 2003 pp. 195 e ss.

pelos constituintes certamente encontra elemento facilitador na pluralidade de sentidos e concepções que lhes atribuem as diversas correntes políticas. Ou seja, a plena concordância na inscrição de bens como *igualdade, propriedade* e *liberdade* entre os direitos fundamentais esconde, na prática, dissensos relevantes quanto ao seu significado normativo.

Igualdade, *liberdade*, *segurança*, *propriedade*, *saúde*, *educação* e *trabalho*, a exemplo de outros bens fundamentais, acabam, portanto, por (a) alcançar proteção constitucional em face de sua veiculação normativa como direitos fundamentais e, também, (b) figurar como objeto central do debate público entre correntes, partidos e ideologias.[697] Esse dualismo funcional – (a) direitos fundamentais e (b) objeto da controvérsia política – suscita posicionamentos unilaterais excludentes que contrapõem Constituição e democracia.

Nenhum desses posicionamentos unilaterais merecem, porém, ser acolhidos em sede de jurisdição constitucional. Incumbido da função de guarda da Constituição, descabe ao juiz constitucional negar eficácia ou esvaziar de conteúdo normativo direitos e garantias fundamentais em benefício de amplo espaço livre ao debate político democrático. Entretanto, não deve acoplar a bens fundamentais como *igualdade*, *liberdade*, *segurança* ou *propriedade* concepções amplas, extensas, completas, sob pena de engajar a Constituição em determinada corrente ideológica, negando seu caráter *democrático*. Ao juiz constitucional incumbe significativo esforço de autorrestrição (*self-restraint*) para não considerar os preceitos normativos que prescrevem tais direitos de forma expansiva e otimizadora, que promova dominação jusfundamentalizante da indispensável esfera de dissenso e deliberação entre as correntes políticas.

Ao reconhecer o caráter *democrático* da Constituição, cabe ao juiz constitucional vislumbrar na positivação de tais bens fundamentais,

697 Cf. VIEIRA, Oscar Vilhena. *Direitos fundamentais: uma leitura da jurisprudência do STF*. São Paulo: Malheiros, 2006, p. 53.

de um lado, o seu conteúdo essencial constitucionalmente assegurado e, de outro, a gama de concepções distintas que proporciona. Ou seja, cumpre-lhe perceber que cada corrente política que compõe o espectro democrático propõe de forma legítima diferentes alternativas programáticas para concretizar, segundo sua visão, tais direitos. Ao juiz constitucional incumbe, nesse sentido, prestigiar vias interpretativas que compreendam a natureza de tais variações, de modo a reconhecer a diversidade de opções políticas admitidas em cada caso, bem assim a liberdade de conformação do legislador em relação a esses bens fundamentais. Impende, nesses termos, aos órgãos de jurisdição constitucional atuar com deferência em relação às soluções e medidas adotadas em sede legislativa, mormente em casos de brechas, lacunas e ambiguidades do texto magno.[698]

5 Um juiz constitucional

A complexidade da tarefa do juiz constitucional reside, como se viu, na consciência de preservação dos espaços institucionais da democracia, na percepção da liberdade de conformação do legislador em relação a valores ou bens fundamentais positivados na Constituição e, sobretudo, *na precaução* de que a jurisdição constitucional *não possa atuar em lugar dos outros* poderes. É, sobretudo, um exercício de humildade e desprendimento. Tais elementos, que conformam o substrato do perfil do juiz constitucional, são claramente percebidos na robusta produção jurisprudencial do Ministro Gilmar Mendes. É o que se passa a destacar a partir de quatro casos selecionados para fins deste estudo.

Ao examinar a compatibilidade da chamada Lei de Imprensa (Lei n. 5.250, de 09 de fevereiro de 1967) com a Constituição de 1988, o Ministro Gilmar Mendes não cedeu ao impulso de deixar nas mãos do Judiciário e – ao fim e ao cabo – do próprio

---

698 Cf. VERMEULE, Adrian. *Judging under uncertainty*: an institutional theory of legal interpretation. Cambridge: Harvard University Press, 2006, p. 233.

STF a definição de parâmetros para o exercício da liberdade de imprensa e do direito de resposta a partir de criativa interpretação constitucional. Para ele, "o caráter institucional da liberdade de imprensa não apenas permite, como também exige a intervenção legislativa com o intuito de dar conformação e, assim, conferir efetividade à garantia institucional".[699] Em seguida, assinala, ainda, que "é dever do legislador equacionar, nos termos exigidos pela Constituição, as dimensões da liberdade de imprensa e os demais valores fundamentais carentes de proteção".[700] Fica evidente, no voto proferido, o reconhecimento e a garantia do espaço de conformação do legislador na definição dos parâmetros de aplicação e proteção da liberdade de imprensa. Nesse sentido, evitou comprimir o debate legislativo mediante interpretação otimizadora e extensiva da Constituição, de modo a permitir que proposições distintas fossem cogitadas a respeito da matéria.

Raciocínio semelhante desenvolveu o Ministro Gilmar Mendes no julgamento sobre a constitucionalidade do financiamento de campanhas eleitorais por pessoas jurídicas. As agruras experimentadas, nos últimos tempos, pela democracia brasileira poderiam estimular o uso da jurisdição constitucional para reformular relevantes aspectos do sistema eleitoral, mediante a extração de parâmetros inovadores de cláusulas constitucionais dotadas de ampla textura. No entanto, percebeu o Ministro que tal posicionamento seria, no dizer de Constant, *atuar em lugar dos outros.*[701] Ao analisar a questão, reconheceu *que os princípios democrático, republicano e da isonomia são estruturantes de nossa ordem constitucional.*[702] No entanto, considerou ser *o Poder Legislativo, com seu amplo espaço de conformação, que dá corpo e vida a*

---

699 Cf. voto proferido na ADPF n. 130/DF, Rel. Min. Carlos Britto, in DJ de 06.11.2009.

700 Cf. voto proferido na ADPF n. 130/DF, Rel. Min. Carlos Britto, in DJ de 06.11.2009.

701 Cf. Benjamin Constant – *op. cit.*, p. 14.

702 Cf. voto proferido na ADI n. 4.650, Rel. Min. Luiz Fux, in DJ de 24.02.2016.

tais ditames constitucionais.[703] Mais adiante, foi o Ministro ao cerne da questão ao asseverar que *arroubos interpretativos não devem acometer o Supremo Tribunal Federal e fazer desta elevada Corte a veiculadora de reforma política, confessa e comprovadamente, derrotada nas instâncias democráticas.*[704] Novamente, o voto proferido evidencia a indispensável postura arbitral ínsita ao juiz constitucional, superior aos demais poderes à medida que inadmite desempenhar função ativa, natural às outras instâncias e estruturas do sistema político, a exemplo do Poder Legislativo. Recusa-se, nesse sentido, a formular solução normativa própria, pois reconhece que é outra a esfera legitimada para tanto.

Em julgamento sobre a admissibilidade de extradição em razão de não ter sido assegurado ao extraditando o direito a um recurso contra a condenação criminal, novamente o Ministro Gilmar Mendes apresentou entendimento que sublinha os limites da jurisdição constitucional e assegura espaço de liberdade de conformação ao legislador. Consoante seu entendimento, *o direito ao recurso tem âmbito de proteção de caráter normativo, o que, de um lado, impõe ao legislador interno o dever de conferir densidade normativa adequada a essa garantia e, de outro, permite-lhe alguma liberdade de conformação.*[705] Tratar-se-ia, portanto, de direito que reclama atuação legislativa, muito embora as disposições constitucionais ou internacionais que o amparam não remetam à complementação de índole normativa. *Ainda que o Pacto de San José da Costa Rica* – afirma o Ministro – *não remeta à lei, tenho que o caráter estritamente normativo da garantia está implícito no sistema interamericano.*[706] Observe-se, a propósito, que o voto proferido não se alinha com solução jurídica que desloque para

703 Cf. voto proferido na ADI n. 4.650, Rel. Min. Luiz Fux, in DJ de 24.02.2016.

704 Cf. voto proferido na ADI n. 4.650, Rel. Min. Luiz Fux, in DJ de 24.02.2016.

705 Cf. voto proferido na Extradição n. 1.461/DF, Rel. Min. Gilmar Mendes, in DJ de 24.10.2016.

706 Cf. voto proferido na Extradição n. 1.461/DF, Rel. Min. Gilmar Mendes, in DJ de 24.10.2016.

as instâncias judiciais a definição do conteúdo do referido direito ao recurso. Adota interpretação que torna indispensável o debate político em sede legislativa sobre os termos e parâmetros necessários ao exercício do direito.

O Ministro Gilmar Mendes sustentou, ainda, posição similar ao analisar a constitucionalidade da aplicação de norma penal (§ 3ª do art. 33 da Lei n. 11.343/2006) para inibir eventos públicos de defesa da legalização ou da descriminalização do uso de entorpecentes. Em causa estava, entre outros aspectos, a interpretação e o alcance da liberdade de reunião em espaços públicos. Sobre a questão, destacou o Ministro que o direito fundamental de reunião exprime *um tipo de reserva legal implícita*.[707] Para ele, "a possibilidade de conflitos, a possibilidade de tumulto, a possibilidade de desdobramentos reclama, talvez, disciplina ou regulação que o nosso texto constitucional não contemplou".[708] Desse modo, em que pese a ausência de remissão expressa à complementação legislativa, percebeu o Ministro que a mera disposição constitucional não oferecia solução aos complexos problemas que os protestos em via pública geravam. Havia, portanto, abertura para o debate legislativo voltado a definir medidas e políticas a serem adotadas nessas circunstâncias. Afastou, nessa linha, considerações que dispensavam a mediação legislativa e extraíam do texto constitucional todos os parâmetros balizadores das reuniões em espaços públicos.

Diversos outros pronunciamentos do Ministro Gilmar Mendes poderiam ser colacionados para evidenciar seu compromisso com a função de juiz constitucional e suas condicionantes estruturais. Sua visão mostra-se nítida quanto aos limites institucionais que recaem sobre a jurisdição constitucional. Percebe ele, como salientado acima, a necessidade de que aspectos conformadores de direitos e liberdades sejam submetidos ao debate político democrático, de

---

707 Cf. voto proferido na ADI n. 4.274/DF, Rel. Min. Ayres Britto, in DJ de 02.05.2012.

708 Cf. voto proferido na ADI n. 4.274/DF, Rel. Min. Ayres Britto, in DJ de 02.05.2012.

modo a evitar a imposição de concepções políticas unilaterais pela via da interpretação constitucional.

Considerações finais

Em um de seus famosos escritos, Arthur Conan Doyle coloca na boca de seu mais célebre personagem a seguinte advertência: "a afabilidade de algumas pessoas é mais fatal do que a violência das almas mais brutas".[709] Tal sentença remete ao grave problema das aparências. Nesse sentido, a contenção ou a indevida atuação política do juiz constitucional não são identificadas por declarações públicas veiculadas nos meios de comunicação. Cuidam-se de aspectos exteriores que, em geral, nada indicam acerca da observância dos condicionamentos institucionais a que devem estar submetidos os juízes constitucionais.

É, sem dúvida, o exame detido dos juízos proferidos no exercício da jurisdição constitucional que permite aquilatar a presença dos atributos que integram o perfil do juiz constitucional. Cuida-se, como salientado acima, de função que requer, de um lado, humildade e moderação para não impor à Constituição ideais próprios, preferências pessoais e opiniões políticas. De outro lado, exige elevação e sobriedade para sobrepor-se às opções políticas de modo a julgar sua constitucionalidade sem as paixões e os interesses de um apoiador militante ou de um crítico opositor.

A compreensão do papel institucional do juiz constitucional passa necessariamente pela identificação das características essenciais que distinguem a jurisdição constitucional das demais funções do Estado, bem assim pelo reconhecimento de seu caráter arbitral ou moderador. A partir disso, mostra-se relevante examinar os aspectos que informam o chamado "poder neutro", teorizado por Constant, para detectar traços do perfil de estadista

709 Cf. "The Adventure of the Illustrious Client". *The case-book of Sherlock Holmes*. London: Global Grey, p. 90.

que convém ao juiz constitucional, especialmente em face das democracias contemporâneas. A este perfil, é simples perceber, tem sobejamente atendido o Ministro Gilmar Mendes, a quem se rende esta singela homenagem.

Referências bibliográficas

BARBOSA, Ruy. "Os atos inconstitucionais do Congresso e do Executivo". *Obras Seletas de Rui Barbosa: Trabalhos Jurídicos*. Rio de Janeiro: Casa de Rui Barbosa, 1962.

BARROSO, Luís Roberto. "Constituição, Democracia e Supremacia Judicial: Direito e Política no Brasil Contemporâneo". *Revista Jurídica da Presidência*. Brasília, vol. 12, nº 96, Fev./Mai. 2010.

BARZOTTO, Luiz Fernando. *A democracia na Constituição*. São Leopoldo: Unisinos, 2003.

BITTENCOURT, Carlos Alberto Lúcio. *O controle jurisdicional da constitucionalidade das leis*. Fac-símile da 2ª ed. Brasília: Ministério da Justiça, 1997.

BUENO, José Antônio Pimenta. *Direito público e análise da Constituição do Império*. *In*: José Antônio Pimenta Bueno, Marquês de São Vicente. São Paulo: Editora 34, 2002.

CANOTILHO, J. J. Gomes. *"Brancosos" e interconstitucionalidade*: itinerários dos discursos sobre a historicidade constitucional. Coimbra: Almedina, 2006.

COMELLA, Victor Ferreres. "The consequences of centralizing constitutional review in a special court: some thoughts on judicial activism". *Texas Law Review*, vol. 82, 2004.

CONSTANT, Benjamin. *Curso de Política Constitucional*.

DOEHRING, Karl. "A função do Tribunal Federal Constitucional Alemão na qualidade de principal guardião da Constituição, nos termos da lei e da democracia". *In*: *O federalismo na Alemanha*. São Paulo: Konrad Adenauer Stiftung, 1995.

EISENMANN, Charles. *La Justice Constitutionelle et la haute Cour Constitutionnelle d'Autriche*. Paris: Economica, 1986.

FERREIRA FILHO, Manoel Gonçalves. *Lições de Direito Constitucional.* São Paulo: Saraiva, 2017.

GRINOVER, Ada Pellegrini. "A crise do Poder Judiciário". *In*: *O Processo em Evolução.* Rio de Janeiro: Forense Universitária, 1996.

HÄBERLE, Peter. "La jurisdicción constitucional en la fase actual de desarrollo del estado constitucional". *Direito Público.* Ano III, n. 11, jan/mar de 2006.

HAMILTON, Alexander; JAY, John; MADISON, James. "The Federalist n. 78". *The Federalist*: a commentary on the Constitution of United States. New York: Random House, 1937.

HEYWOOD, Andrew Heywood. *Ideologias políticas*: do liberalismo ao fascismo. São Paulo: Ática, vol. 1, 2010.

LEAL, Roger Stiefelmann. "A convergência dos sistemas de controle de constitucionalidade: aspectos processuais e institucionais". *Revista de Direito Constitucional e Internacional.* São Paulo: RT, n. 57, out/dez de 2006.

LLORENTE, Francisco Rubio. "Divide et obtempera?: uma reflexión desde España sobre el modelo europeo de convergencia de jurisdicciones en la protección de los derechos". *Revista Española de Derecho Constitucional.* Madrid: Centros de Estudios Constitucionales, n. 67, enero/abril de 2003.

LOEWENSTEIN, Karl. *Teoría de la Constitución.* 2ª ed. Barcelona: Ariel, 1970.

MENDONÇA, Carlos Sussekind de. *Salvador de Mendonça: democrata do Império e da República.* Rio de Janeiro: Instituto Nacional do Livro, 1960.

MONTESQUIEU, Charles de Secondat. *De l'esprit des lois.* Livre XI, Chap. IV. Paris: Flamarion, 1979.

QUEIROZ, Cristina. *Os actos políticos no Estado de Direito*: o problema do controle jurídico do poder. Coimbra: Almedina, 1990.

REALE, Miguel. *Teoria tridimensional do Direito.* São Paulo: Saraiva, 5ª ed., 1994.

RODRIGUES, Lêda Boechat. *História do Supremo Tribunal Federal:(1891-1898). Defesa das liberdades civis.* vol. 1. Rio de Janeiro: Record, 1965.

SCHMITT, Carl. *La defensa de la constitución*. Barcelona: Editorial Labor, 1931.

SHAPIRO, Martin; SWEET, Alec Stone. "Abstract review and judicial law making". *On law, politics & judicialization*. Oxford: Oxford University Press, 2002.

SILVA, José Afonso da. "Tribunais constitucionais e jurisdição constitucional". *Revista Brasileira de Estudos Políticos*. Belo Horizonte, n. 60-61, jan.-jul. de 1985.

SILVEIRA, José Néri da. "Controle de constitucionalidade no Brasil". *Cadernos de Direito*. Pelotas, EDUCAT, 2001.

SLONIM, Shlomo. "Federalist n. 78 and Brutus' neglected thesis on judicial supremacy". *Constitutional Commentary*. vol. 23, 2006.

SOUZA JÚNIOR, Cezar Saldanha. *A crise da democracia no Brasil*. Rio de Janeiro: Forense, 1978.

SOUZA JÚNIOR, Cezar Saldanha. *Consenso e democracia constitucional*. Porto Alegre: Sagra Luzzatto, 2002.

SOUZA JÚNIOR, Cezar Saldanha. *O tribunal constitucional como poder*: uma nova teoria da separação dos poderes. São Paulo: Memória Jurídica, 2002.

TAVARES, André Ramos. *Teoria da Justiça Constitucional*. São Paulo: Saraiva, 2005.

TOCQUEVILLE, Alexis de. *A democracia na America: leis e costumes*. São Paulo: Martins Fontes, 1998.

VELLOSO, Carlos Mario da Silva. "Controle de constitucionalidade na Constituição brasileira de 1988". *Revista de Direito Público*. São Paulo: RT. n. 92, out./dez. de 1989.

VERMEULE, Adrian. *Judging under uncertainty*: an institutional theory of legal interpretation. Cambridge: Harvard University Press, 2006.

VIEIRA, Oscar Vilhena. *Direitos fundamentais*: uma leitura da jurisprudência do STF. São Paulo: Malheiros, 2006.

VIEIRA, Oscar Vilhena. *Supremo Tribunal Federal: jurisprudência política*. São Paulo: RT. 1994.

WALDRON, Jeremy. *Law and desagreement*. Oxford: Oxford University Press, 1999.

ZAGREBELSKY, Gustavo. "¿Qué es ser juez constitucional?". *Díkaion - Lo Justo*: Chia. Ano 20, nº 15, 2006.

ZAGREBELSKY, Gustavo. *La legge e la sua giustizia*. Bologna: Il Mulino, 2008.

CAPÍTULO XXVII

A ADI N. 3112/DF, A PROIBIÇÃO DE PROTEÇÃO DEFICIENTE E OS MANDADOS DE CRIMINALIZAÇÃO

Rogerio Schietti

Introdução

Seria fácil, a título de celebração dos seus 20 anos de judicatura do Ministro Gilmar Mendes, selecionar um de seus inúmeros votos, mas, considerando que um edifício sólido é feito não apenas dos seus adornos, mas também daquelas estruturas subterrâneas que lhe dão robustez, preferi um julgado particularmente revelador da multiplicidade das contribuições de Sua Excelência, no qual tratou da questão atinente aos mandados de criminalização, talvez "um dos mais difíceis [temas] da dogmática dos direitos fundamentais: saber se um fato deve, ou não, ser considerado crime".

Trata-se do seu voto na ADI n. 3112/DF, de relatoria do Ministro Ricardo Lewandowski. Neste precedente, o Supremo Tribunal Federal aplicou o princípio da proporcionalidade, ao discutir a legitimidade constitucional da Lei n. 10.826/2003 (Estatuto do Desarmamento), originalmente contestado sob o argumento de violação do direito constitucional à segurança individual e ao exercício da legítima defesa (arts. 5º, *caput*, e 20, § 4º, IV, ambos da CF), afronta ao direito de propriedade (art. 5º, *caput*, da CF), desconsideração do princípio da razoabilidade e contrariedade do devido processo legal (art. 5º, LIV, da CF).

A petição inicial, em um dos seus pontos, atribuiu a pecha de inconstitucionalidade ao aumento de 21 para 25 anos da idade mínima para a aquisição de arma de fogo. A Suprema Corte, confrontando a medida legislativa penal e a realidade social a que se dirigia, com base nas informações prestadas pelo Congresso Nacional, que ofereceu ampla gama de diagnósticos e prognósticos, entre eles a demonstração das estatísticas de que a violência por meio de armas de fogo atinge principalmente os homens com até 24 anos de idade, entendeu que a medida afigurava-se adequada e necessária para atingir os fins almejados no bojo da política criminal de desarmamento.

Ao mesmo tempo, a petição inicial considerou, em relação ao art. 21 do Estatuto do Desarmamento, que, ao estabelecer a insuscetibilidade de liberdade provisória aos delitos previstos nos arts. 16, 17 e 18, o referido dispositivo haveria violado os princípios da presunção de não culpabilidade e do devido processo legal. Neste ponto, o STF entendeu que o referido dispositivo legal partia do pressuposto de que a prisão é sempre necessária, sem levar em consideração, na análise das razões acautelatórias, as especificidades fáticas do caso concreto. Considerou que o art. 21 do Estatuto do Desarmamento criava hipótese de prisão *ex lege*, ao retirar do juiz o poder de, diante das peculiaridades do caso concreto, avaliar a presença dos requisitos do art. 312 do Código de Processo Penal: necessidade de acautelar a ordem pública, a ordem econômica, a instrução criminal, ou a aplicação da lei penal, havendo prova da existência do crime e indício suficiente de autoria.

O STF, por fim, concluiu tratar-se de um excesso legislativo e, por consequência, de límpida violação ao princípio da proporcionalidade como proibição de excesso (*Übermassverbot*) – o que exige a atuação do tribunal quanto ao controle de sua constitucionalidade

– decorrente da implementação, em clara afronta ao princípio da presunção de não culpabilidade, de política criminal lastreada no enrijecimento do controle de certas atividades (como o uso e comércio de armas de fogo e de munições), bem como na proibição da liberdade provisória, com ou sem fiança, tornando obrigatória a prisão cautelar do acusado pelos crimes nela definidos.

A participação do Ministro Gilmar Mendes foi marcante, pois, em seu voto salientou a necessidade de enfatizar que "essa análise não pode prescindir de uma reflexão analítica sobre o controle de constitucionalidade das leis em matéria penal, o papel a ser cumprido pelo Tribunal nesse tema, a atuação do legislador na definição da política criminal, suas margens de ação legislativa, assim como as normas constitucionais (mandados de criminalização e princípio da proporcionalidade) que configuram o parâmetro da constitucionalidade e, portanto, dos limites das atividades legislativa e judicial nessa área". Sublinhou, ainda, que a identificação de um mandado de criminalização expresso na Constituição Federal traduz uma outra dimensão dos direitos fundamentais, decorrente de sua feição objetiva na ordem constitucional, de modo que o Estado

> (...) se obriga não apenas a observar os direitos de qualquer indivíduo em face das investidas do Poder Público (direito fundamental enquanto direito de proteção ou de defesa – *Abwehrrecht*), mas também a garantir os direitos fundamentais contra agressão propiciada por terceiros (*SchutzpflichtdesStaats*).

1 Proibição de proteção deficiente e mandados de criminalização[710]

Forçoso relembrar que um dos antecedentes do desenvolvimento teórico dos mandados implícitos de criminalização surgiu

---

710 ALEXY, Robert. *Teoria dos Direitos Fundamentais*. São Paulo: Malheiros, 2011, p. 37. Alexy, ao estudar os enunciados deônticos, os classifica em

com Peter Lerche, nos anos 1960, que, em sua *Übermass und Verfassungsrecht,* propôs questão que se opunha à estrutura tradicional de relação entre os poderes constituídos e entre esses e a Constituição: continuaria o Poder Legislativo a ser um poder livre nas suas finalidades, ou, pelo contrário, seria possível o desenvolvimento de uma doutrina da discricionariedade legislativa lastreada na noção de Estado Social e Democrático de Direito.[711] Essa teoria buscava a conformação da realidade social através da irradiação das normas constitucionais, cuja eficácia imediata vinculava igualmente os poderes (Executivo, Legislativo e Judiciário).

O próximo passo foi o surgimento de constituições – dirigentes, na expressão de Canotilho – que concretizaram esse novo paradigma, por meio de textos de cunho (a) emancipatório, pelo evidente desejo de tornar a realidade social mais igualitária; (b) analítico, por querer tratar de todos os campos da experiência social; e (c) programático, elegendo programas ditados pelo constituinte sobretudo ao Poder Legislativo, que passou a ter que conviver com o dirigismo constitucional.[712]

A transição de um sistema constitucional baseados em mandados de criminalização para um modelo fundamentado em mandados implícitos de criminalização foi concluída, na Alemanha, em decisão paradigmática do Tribunal Constitucional Alemão, de 1975, a "*Schwangerschaftsabbruch I*", ocasião em que julgou inconstitucional o § 218a, introduzido ao Código Penal Alemão pela 5ª Lei de Reforma do Direito Penal de 1974, que instituía uma dirimente especial no aborto – ao analisar a compatibilidade com os direitos fundamentais da norma que fixava o período de

---

mandados, proibições e permissões. Assim, o termo "mandado" é próprio de um discurso jurídico prescritivo, que qualifica uma ação como obrigatória, dirigido, no caso em estudo, ao Poder Legislativo.

711 CANOTILHO, J. J. G. *Constituição dirigente e vinculação do legislador.* Coimbra: Ed. Coimbra, 1994, prefácio, p. XII.

712 CANOTILHO, J. J. G. *Constituição dirigente e vinculação do legislador.* Coimbra: Ed. Coimbra, 1994, p. 247.

12 semanas a partir da gravidez em que seria lícito abortar – sustentando, pela primeira vez, a existência de mandados constitucionais implícitos de criminalização, sob o argumento de que, na hipótese de a proteção ordenada constitucionalmente não poder ser alcançada de outro modo, cabe ao legislador ordinário valer-se do direito penal, com o objetivo de proteger e garantir a vida em desenvolvimento.

Não obstante seja próprio das democracias representativas o papel central conferido ao legislador – que há de trabalhar a partir da Constituição –, é inevitável a tensão entre as decisões da maioria parlamentar e a atividade própria da Corte constitucional, na sua tarefa de garantir a supremacia da Constituição.

Exemplo dessa tensão pode ser observado na tarefa do legislador de tutelar os valores impressos na carta política (a preservação da ordem econômica, a proteção da infância, do meio ambiente etc.) a partir de sua dimensão de direitos de proteção, o que acaba por atribuir ao legislador a competência (entre outras) para criar tipos penais e impor sanções com uma expressiva margem de discricionariedade.

No entanto, a Constituição não oferece nenhuma resposta apriorística quanto à necessidade de tutela de um direito via a edição de normas penais, cabendo ao Poder Legislativo estabelecer a necessidade de utilização do direito penal, como última *ratio*.

O advento do estado social de direito viabilizou a superação do conteúdo dos direitos fundamentais, antes restritos aos direitos próprios do estado liberal (direitos de defesa), ao gerar um novo tipo de vinculação, de caráter positivo, onde os direitos fundamentais impõem ao Estado um conjunto de "deveres de proteção".

Ao mesmo tempo, os direitos fundamentais deixam de ser na dimensão positiva meras normas programáticas, se convertendo em direitos subjetivos a obter, do Estado, uma proteção efetiva, inclusive por meio da imposição ao legislador do dever de expedir leis penais. Portanto, os direitos fundamentais obrigam o legislador a determinados mandamentos e proibições (implícitos e explícitos), limites dentro dos quais é permitido ao legislador estabelecer a política criminal que considere adequada.

É conhecido o exemplo dado por Alexy, segundo o qual os direitos fundamentais estabelecem o constitucionalmente necessário (os mandamentos) e o constitucionalmente impossível (as proibições), remetendo o legislador ao extenso terreno do constitucionalmente permitido. O "constitucionalmente impossível" decorre da dimensão negativa dos direitos fundamentais, consistindo na proibição de que a lei penal intervenha em excesso nos direitos fundamentais do indivíduo, enquanto o "constitucionalmente necessário" advém dos direitos de proteção, isto é, do dever de os bens mais preciosos do indivíduo serem protegidos pelo legislador de maneira eficaz contra as intervenções do estado e dos particulares. Por fim, o "constitucionalmente possível" se insere nos limites anteriormente traçados pelos mandamentos e pelas proibições – sem prefiguração no texto constitucional –, próprio da política criminal punitiva de uma democracia.

A questão daí decorrente cinge-se à fixação de método a fim de aferir-se o que, do ponto de vista constitucional, é impossível, necessário ou meramente possível.

Com efeito, se os direitos fundamentais são *princípios*, portanto, mandamentos de otimização, então, devem sofrer ponderação, o que possibilita um caminho intermediário entre vinculação e flexibilidade.[713] Vários caminhos foram desenvolvidos, entre eles, dois refletem posições absolutamente antagônicas na doutrina: (a) o indicado por Robert Alexy, que se baseia em sentenças racionais sobre intensidades de intervenção e graus de importância, nos moldes do sistema inaugurado com a sentença Lüth, de 1958,[714] e, (b) o

---

713 ALEXY, Robert. *Direitos Fundamentais no Estado Constitucional Democrático*. RDA, vol. 217, jul/set 1999, pp. 55-66.

714 ALEXY, Robert. *Teoria dos Direitos Fundamentais*. São Paulo: Malheiros, 2011.

indicado por Habermas, que afirma faltar critérios racionais para a ponderação, devendo esta se realizar arbitrariamente, segundo modelos hierárquicos, pois no exame de proporcionalidade em sentido estrito somente a subjetividade do examinador faz valer-se. Habermas alega, ainda, que, na ponderação de valores, o direito é retirado do âmbito do correto e do falso e transferido para um espaço definido pela conveniência e discricionariedade.[715]

Daí a construção do princípio da proporcionalidade – que a doutrina entende como inerente ao Estado de Direito[716] –, que, na sua origem alemã, apresenta dois significados: (a) a proibição do excesso (*Übermassverbot*) – cujos destinatários são tanto o Poder Legislativo, que deve estabelecer penas em abstrato proporcionais à gravidade do delito, quanto o Magistrado, que deve impor ao autor do delito penas proporcionais à sua concreta gravidade – e (b) a proibição da proteção deficiente (*Untermassverbot*), expressão cunhada por Claus-Wilhelm Canaris para definir a proibição, emanada da Constituição, de que a legislação infraconstitucional e as decisões judiciais concretizem os direitos fundamentais abaixo de um certo mínimo de proteção.[717] Aplica-se, sobretudo, como critério de investigação das omissões legislativas, diante do risco de não oferecerem um máximo nível de asseguramento dos direitos de proteção, consubstanciando-se, portanto, em violações destes direitos. Isso porque, interpretados como princípios, os direitos de proteção exigem que o legislador tenha como ponto de partida a outorga de máximo resguardo, caso contrário, a falta de proteção ótima deve ser avaliada sob o critério de vedação à proteção deficiente.

---

715 HABERMAS, Jürgen. *Direito e Democracia: Entre faticidade e validade.* Rio de Janeiro: Tempo Brasileiro, 1997.

716 GONZÁLEZ-CUÉLLAR SERRANO, Nicolás. *Proporcionalidad y derechos fundamentales en el proceso penal.* Madrid: Editorial Colex, 1990, p. 51.

717 CANARIS, Claus-Wilhelm. *Direitos fundamentais e direito privado.* Coimbra: Almedina, 2006, pp. 59-60.

Carlos Bernal Pulido salienta esse entendimento sob a ótica da jurisprudência do Tribunal Constitucional Federal alemão, "a Constituição impõe a proteção como resultado, mas não a sua conformação específica", isto é, inicialmente, fundamenta-se a existência do dever de proteção e, em seguida, verifica-se se o direito infraconstitucional satisfaz esse dever de proteção ou apresenta insuficiências, de modo a determinar-se a eficiência da atuação estatal.[718]

Por fim, vale pontuar que a doutrina alemã entende que o direito processual não se limita à função instrumental do direito material, visto que encarna os princípios da verdade e da justiça, motivo pelo qual essa característica do processo penal deve ser considerada na atividade de ponderação dos valores constitucionais concretizados pelas normas em conflito. Além da aplicação do princípio da proporcionalidade no processo penal a partir da Constituição, em nome da "justiça processual", são motivos para a limitação dos direitos fundamentais no processo penal o interesse estatal na proteção de direitos fundamentais, o adequado desenvolvimento do processo e o funcionamento das instituições processuais.[719]

No Brasil, o STF inaugurou essa discussão no julgamento do Recurso Extraordinário n. 418.376/MS (Tribunal Pleno, julgado em 9/2/2006), no âmbito do qual se questionava se a negativa de equiparação do instituto da união estável ao casamento – para fins de incidência da hipótese especial de extinção de punibilidade nos tipos penais componentes dos "crimes contra os costumes", nos termos do art. 107, VII, do CP – violava o art. 226, § 3º, da CRFB de 1988, que previa a obrigação do Estado brasileiro de

---

718 BERNAL PULIDO, Carlos. *El principio de proporcionalidad y los derechos fundamentales*. 3ª ed. Madrid: Centro de Estudios Políticos y Constitucionales, 2007, p. 807.

719 GONZÁLEZ-CUÉLLAR SERRANO, Nicolás. *Proporcionalidad y derechos fundamentales en el proceso penal*. Madrid: Editorial Colex, 1990, pp. 243-245.

proteger, de modo especial, a família. O acórdão, por maioria, ao negar provimento ao recurso extraordinário, afastou o reconhecimento da união estável, salientando que a hipótese de extinção de punibilidade já havia sido revogada pela Lei n. 11.106/2005.

O Ministro Gilmar Mendes, então, ofereceu voto-vista em que sustentou a proibição da proteção deficiente em matéria penal dos direitos fundamentais. Pela primeira vez na história do STF,[720] sustentou-se que:

> (...) quanto à proibição de proteção insuficiente, a doutrina vem apontando para uma espécie de garantismo positivo, ao contrário do garantismo negativo (que se consubstancia na proteção contra os excessos do Estado) já consagrado pelo princípio da proporcionalidade. A proibição de proteção insuficiente adquire importância na aplicação dos direitos fundamentais de proteção, ou seja, na perspectiva do dever de proteção, que se consubstancia naqueles casos em que o Estado não pode abrir mão da proteção do direito penal para garantir a proteção de um direito fundamental.

Na verdade, o Ministro Gilmar Mendes já havia tratado do tema, em artigo publicado ainda na década de 1990 (*Os Direitos Fundamentais e seus múltiplos significados na ordem constitucional*), ocasião em que tratou do tema dos direitos fundamentais sob a perspectiva do dever de proteção do Estado, com base na doutrina e na jurisprudência alemãs, conforme se pode verificar da seguinte transcrição:

> (...)
>
> 5. Direitos fundamentais e dever de proteção.

---

720 MORAES, Alexandre Rocha Almeida de. *A teoria dos mandados de criminalização e o combate efetivo à corrupção*. Revista Jurídica ESMP-SP, vol.5, 2014: 43-68.

A concepção que identifica os direitos fundamentais como princípios objetivos legitima a ideia de que o Estado se obriga não apenas a observar os direitos de qualquer indivíduo em face das investidas do Poder Público (*direito fundamental enquanto direito de proteção ou de defesa – Abwehrrecht*), mas também a garantir os direitos fundamentais contra agressão propiciada por terceiros (*SchutzpflichtdesStaats*). A forma como esse dever será satisfeito constitui tarefa dos órgãos estatais, que dispõem de ampla liberdade de conformação.

A jurisprudência da Corte Constitucional alemã acabou por consolidar entendimento no sentido de que do significado objetivo dos direitos fundamentais resulta o dever do Estado não apenas de se abster de intervir no âmbito de proteção desses direitos, mas também de proteger esses direitos contra a agressão ensejada por atos de terceiros.

Essa interpretação do *Bundesverfassungsgericht* empresta, sem dúvida, uma nova dimensão aos direitos fundamentais, fazendo com que o Estado evolua da posição de "*adversário*" (*Gegner*) para uma função de guardião desses direitos (*GrundrechtsfreundoderGrundrechtsgarant*).

É fácil ver que a ideia de um dever genérico de proteção fundado nos direitos fundamentais relativiza sobremaneira a separação entre a ordem constitucional e a ordem legal, permitindo que se reconheça uma irradiação dos efeitos desses direitos (*Austrahlungswirkung*) sobre toda a ordem jurídica.

Assim, ainda que se não reconheça, em todos os casos, uma pretensão subjetiva contra o Estado, tem-se, inequivocamente, a identificação de um dever deste de tomar todas as providências necessárias para a realização ou concretização dos direitos fundamentais.

Os direitos fundamentais não contêm apenas uma proibição de intervenção (*Eingriffsverbote*), expressando também um postulado de proteção (*Schutzgebote*). Haveria, assim, para utilizar uma expressão de Canaris, não apenas uma

> proibição do excesso (*Übermassverbot*), mas também uma proibição de omissão (*Untermassverbot*).
>
> Nos termos da doutrina e com base na jurisprudência da Corte Constitucional alemã, pode-se estabelecer a seguinte classificação do dever de proteção:
>
> a) Dever de proibição (*Verbotspflicht*), consistente no dever de se proibir uma determinada conduta;
>
> (b) Dever de segurança (*Sicherheitspflicht*), que impõe ao Estado o dever de proteger o indivíduo contra ataques de terceiros mediante adoção de medidas diversas;
>
> (c) Dever de evitar riscos (*Risikopflicht*), que autoriza o Estado a atuar com o objetivo de evitar riscos para o cidadão em geral, mediante a adoção de medidas de proteção ou de prevenção, especialmente em relação ao desenvolvimento técnico ou tecnológico.
>
> Discutiu-se intensamente se haveria um direito subjetivo à observância do dever de proteção ou, em outros termos, se haveria um direito fundamental à proteção. A Corte Constitucional acabou por reconhecer esse direito, enfatizando que a não observância de um dever proteção corresponde a uma lesão do direito fundamental previsto no art. 2, II, da Lei Fundamental.[721]

Em obra doutrinária mais recente, o Ministro Gilmar Mendes,[722] ao comentar o argumento, segundo o qual, "a Corte Constitucional não estaria legitimada a proceder ao exame sobre a adequação de uma dada medida legislativa, porquanto ela não estaria em condições de verificar a existência de outro meio

---

721 MENDES, Gilmar Ferreira. *Os Direitos Fundamentais e seus múltiplos significados na ordem constitucional.* Revista Jurídica da Presidência. Brasília, vol. 2, nº 13, junho/1999. Disponível em https://revistajuridica.presidencia.gov.br/index.php/saj/article/view/1011/995. Acessado em 19.05.2022.

722 MENDES, Gilmar Ferreira, "Controle de Constitucionalidade e revisão dos fatos e prognoses legislativos". *Direitos Fundamentais e Controle de Constitucionalidade: Estudos de Direito Constitucional.* São Paulo: Saraiva, 2012.

igualmente eficaz e, ainda que isso fosse possível, de confirmar se esse exame seria realizável por pane do legislador", lembrou a Corte constitucional alemã, que:

> (...) recusou o argumento formal quanto à sua incompetência para proceder à aferição dos fatos legislativos, observando que a Constituição confiou-lhe a guarda dos direitos fundamentais em face do legislador e que, portanto, se da interpretação desses direitos decorre limitação para o legislador, deve o tribunal dispor de condições para exercer essa fiscalização.[723]

Nesse texto, ele traça interessantes notas sobre o desenvolvimento sobre a possibilidade de corte constitucionais revisarem os diagnósticos e as prognoses realizadas pelo Poder Legislativo.

2 Voto do Ministro Gilmar Mendes no ADI n. 3112/MS

Neste voto-vista, o Ministro Gilmar Mendes partiu da premissa de que "devemos ter em mente os limites, sempre imprecisos, que demarcam a atividade legislativa e seu controle judicial, o que nos remete também às tensões entre controle de constitucionalidade e democracia, direitos humanos e soberania popular".

Não obstante tais dificuldades, considerou "questão de importância capital para o exercício das atividades jurisdicionais das Cortes Constitucionais [a] possibilidade de exame de fatos legislativos ou prognoses legislativas aceitos ou adotados pelo legislador ao promulgar uma dada norma".

---

723 MENDES, Gilmar Ferreira. "Controle de Constitucionalidade e revisão dos fatos e prognoses legislativos". *In*: *Direitos Fundamentais e Controle de Constitucionalidade: Estudos de Direito Constitucional*. São Paulo: Saraiva, 2012, p. 669.

Daí, desenvolveu, com base em extensa digressão sobre a evolução da dogmática alemã, as bases do seu convencimento, conforme fica evidente na seguinte transcrição:

> (...)
>
> A forma como esse dever será satisfeito constitui, muitas vezes, tarefa dos órgãos estatais, que dispõem de alguma liberdade de conformação. Não raras vezes, a ordem constitucional identifica o dever de proteção e define a forma de sua realização.
>
> A jurisprudência da Corte Constitucional alemã acabou por consolidar entendimento no sentido de que do significado objetivo dos direitos fundamentais resulta o dever do Estado não apenas de se abster de intervir no âmbito de proteção desses direitos, mas também de proteger tais direitos contra a agressão ensejada por atos de terceiros.
>
> Essa interpretação da Corte Constitucional empresta sem dúvida uma nova dimensão aos direitos fundamentais, fazendo com que o Estado evolua da posição de "adversário" para uma função de guardião desses direitos.
>
> É fácil ver que a ideia de um dever genérico de proteção fundado nos direitos fundamentais relativiza sobremaneira a separação entre a ordem constitucional e a ordem legal, permitindo que se reconheça uma irradiação dos efeitos desses direitos sobre toda a ordem jurídica.
>
> Assim, ainda que não se reconheça, em todos os casos, uma pretensão subjetiva contra o Estado, tem-se, inequivocamente, a identificação de um dever deste de tomar todas as providências necessárias para a realização ou concretização dos direitos fundamentais.
>
> Os direitos fundamentais não podem ser considerados apenas como proibições de intervenção (*Eingriffsverbote*), expressando também um postulado de proteção (Schutzgebote). Utilizando-se da expressão de Canaris, pode-se dizer que os direitos fundamentais expressam não apenas uma proibição do excesso (*Übermassverbote*), mas também podem

ser traduzidos como proibições de proteção insuficiente ou imperativos de tutela (*Untermassverbote*).

Nos termos da doutrina e com base na jurisprudência da Corte Constitucional alemã, pode-se estabelecer a seguinte classificação do dever de proteção:

a) dever de proibição (*Verbotspflicht*), consistente no dever de se proibir uma determinada conduta;

b) dever de segurança (*Sicherheitspflicht*), que impõe ao Estado o dever de proteger o indivíduo contra ataques de terceiros mediante a adoção de medidas diversas;

c) dever de evitar riscos (*Risikopflicht*), que autoriza o Estado a atuar com o objetivo de evitar riscos para o cidadão em geral mediante a adoção de medidas de proteção ou de prevenção especialmente em relação ao desenvolvimento técnico ou tecnológico.

Discutiu-se intensamente se haveria um direito subjetivo à observância do dever de proteção ou, em outros termos, se haveria um direito fundamental à proteção. A Corte Constitucional acabou por reconhecer esse direito, enfatizando que a não-observância de um dever de proteção corresponde a uma lesão do direito fundamental previsto no art. 2, II, da Lei Fundamental.

Assim, as normas constitucionais brasileiras referidas explicitam o dever de proteção identificado pelo constituinte e traduzido em mandatos de criminalização expressos dirigidos ao legislador.

Como bem anota Luciano Feldens, os mandatos constitucionais de criminalização atuam como limitações à liberdade de configuração do legislador penal e impõem a instituição de um sistema de proteção por meio de normas penais.

Registre-se que os mandatos de criminalização expressos não são uma singularidade da Constituição brasileira.

Outras Constituições adotam orientações assemelhadas (Cf. Constituição espanhola, art. 45, 1, 2 e 3; art. 46 e art. 55; Constituição italiana, art. 13; Constituição da França, art. 68; Lei Fundamental da Alemanha, art. 26, I). (...).

Após ressaltar que "a Constituição brasileira de 1988 adotou, muito provavelmente, um dos mais amplos, senão o mais amplo 'catálogo' de mandatos de criminalização expressos de que se tem notícia", o voto alude à reserva legal proporcional, a proibição de excesso como limite máximo, e a proibição de proteção insuficiente como limite mínimo da intervenção legislativa penal, *in verbis*:

> (...)
>
> É inequívoco, porém, que a Constituição brasileira de 1988 adotou, muito provavelmente, um dos mais amplos, senão o mais amplo "catálogo" de mandatos de criminalização expressos de que se tem notícia.
>
> Ao lado dessa ideia de mandatos de criminalização expressos, convém observar que configura prática corriqueira na ordem jurídica a concretização de deveres de proteção mediante a criminalização de condutas.
>
> Outras vezes cogita-se mesmo de mandatos de criminalização implícitos, tendo em vista uma ordem de valores estabelecida pela Constituição. Assim, levando-se em conta o dever de proteção e a proibição de uma proteção deficiente ou insuficiente (*Untermassverbot*), cumpriria ao legislador estatuir o sistema de proteção constitucional-penal adequado.
>
> Em muitos casos, a eleição da forma penal pode conter-se no âmbito daquilo que se costuma chamar de discrição legislativa, tendo em vista desenvolvimentos históricos, circunstâncias específicas ou opções ligadas a um certo experimentalismo institucional. A ordem constitucional confere ao legislador margens de ação para decidir sobre quais medidas devem ser adotadas para a proteção penal eficiente dos bens jurídicos fundamentais. É certo, por outro lado, que a atuação do legislador sempre estará limitada pelo princípio da proporcionalidade.
>
> Assim, na dogmática alemã é conhecida a diferenciação entre o princípio da proporcionalidade como proibição de excesso (*Ubermassverbot*) e como proibição de proteção deficiente (*Untermassverbot*). No primeiro caso, o princípio da proporcionalidade funciona como parâmetro de aferição

> da constitucionalidade das intervenções nos direitos fundamentais como proibições de intervenção (...).
>
> Os mandatos constitucionais de criminalização, portanto, impõem ao legislador, para o seu devido cumprimento, o dever de observância do princípio da proporcionalidade como proibição de excesso e como proibição de proteção insuficiente. A ideia é a de que a intervenção estatal por meio do Direito Penal, como *ultima ratio*, deve ser sempre guiada pelo princípio da proporcionalidade.
>
> A reserva de lei penal configura-se como reserva legal proporcional (*Vorbehalt des verhaltnismassigenGesetzes*): a proibição de excesso (*Übermassverbot*) funciona como limite máximo, e a proibição de proteção insuficiente, (*Untermassverbot*) como limite mínimo da intervenção legislativa penal.
>
> Abre-se, com isso, a possibilidade do controle da constitucionalidade da atividade legislativa em matéria penal.
>
> Se é certo, por um lado, que a Constituição confere ao legislador uma margem discricionária para a avaliação, valoração e conformação quanto às medidas eficazes e suficientes para a proteção do bem jurídico penal, e, por outro, que a mesma Constituição também impõe ao legislador os limites do dever de respeito ao princípio da proporcionalidade, é possível concluir pela viabilidade da fiscalização judicial da constitucionalidade dessa atividade legislativa. O Tribunal está incumbido de examinar se o legislador considerou suficientemente os fatos e prognoses e se utilizou de sua margem de ação de forma adequada para a proteção suficiente dos bens jurídicos fundamentais.
>
> Esses argumentos serão analisados no tópico seguinte.

Por derradeiro, o voto-vista em comento tratou do modelo exigente de controle de constitucionalidade das leis em matéria penal, baseado em níveis de intensidade, conforme se constata da seguinte transcrição:

> (...)

O Direito Penal é certamente o instrumento mais contundente de que se vale o Estado para disciplinar a conduta dos indivíduos.

Na medida em que a pena constitui a forma de intervenção estatal mais severa no âmbito de liberdade individual, e que, portanto, o Direito Penal e Processual Penal devem revestir-se de maiores garantias materiais e processuais, o controle de constitucionalidade em matéria penal deve ser realizado de forma ainda mais rigorosa do que aquele destinado a averiguar a legitimidade constitucional de outros tipos de intervenção legislativa em direitos fundamentais dotadas de menor potencial ofensivo.

Em outros termos, se a atividade legislativa de definição de tipos e cominação de penas constitui, *prima facie*, uma intervenção de alta intensidade em direitos fundamentais, a fiscalização jurisdicional da adequação constitucional dessa atividade deve ser tanto mais exigente e rigorosa por parte do órgão que tem em seu encargo o controle da constitucionalidade das leis.

Esse entendimento pode ser traduzido segundo o postulado do princípio proporcionalidade em sentido estrito, o qual, como ensina Alexy, "pode ser formulado como uma lei de ponderação cuja fórmula mais simples voltada para os direitos fundamentais diz: Quanto mais intensa se revelar a intervenção em um dado direito fundamental, maiores hão de se revelar os fundamentos justificadores dessa intervenção".

A tarefa do Tribunal Constitucional é, portanto, a de fiscalizar a legitimidade constitucional da atividade legislativa em matéria penal, lastreado pelo princípio da proporcionalidade, seguindo, dessa forma, a seguinte máxima: quanto mais intensa seja a intervenção legislativa penal em um direito fundamental, mais intenso deve ser o controle de sua constitucionalidade realizado pelo Tribunal Constitucional.

Essas são as premissas para a construção de um modelo exigente de controle de constitucionalidade das leis em matéria penal, baseado em níveis de intensidade.

Podem ser distinguidos 3 (três) níveis ou graus de intensidade do controle de constitucionalidade de leis penais, consoante as diretrizes elaboradas pela doutrina e jurisprudência constitucional alemã.

Na famosa decisão (*Urteil*) *Mitbestimmungsgesetz* do Primeiro Senado de 19 de março de 1979, prolatada na audiência de 28, 29 e 30 de novembro e Ia de dezembro de 1978 - BVerfCE 50, 290 - , o Tribunal constitucional alemão distinguiu os seguintes graus de intensidade do controle de constitucionalidade das leis: a) controle de evidência (*Evidenzkontrolle*); b) controle de sustentabilidade ou justificabilidade (*Vertretbarkeitskontrolle*),– c) controle material de intensidade (*intensiviertieninhaltlichenKontrolle*).

No primeiro nível o controle de constitucionalidade realizado pelo Tribunal deve reconhecer ao legislador uma ampla margem de avaliação, valoração e conformação quanto às medidas eficazes e suficientes para a proteção do bem jurídico. A norma somente poderá ser declarada inconstitucional quando as medidas adotadas pelo legislador são visivelmente inidôneas para a efetiva proteção desse bem jurídico.

(...)

No caso, o *Bundesverfassungsgericht*, após analisar uma grande quantidade de dados e argumentos sobre o tema, reconhece que ainda não estaria concluída, à época, a discussão politico-criminal sobre se a redução do consumo de *canabis* poderia ser melhor alcançada por meio da penalização ou da liberação da conduta. E, justamente devido à incerteza quanto ao efetivo grau de periculosidade social do consumo da *canabis* e à polêmica existente, tanto no plano científico como político-social, em torno da eficácia da intervenção por meio do direito penal, é que não se poderia reprovar, do ponto de vista de sua constitucionalidade, a avaliação realizada pelo legislador, naquele estágio do conhecimento, a respeito da adequação e necessidade da medida penal. Assim, admite o Tribunal que "se o legislador nesse contexto se fixa na interpretação de que a proibição geral de *canabis* sancionada criminalmente afastaria um número maior de consumidores em potencial do que a suspensão

> da previsão de pena e que, portanto, seria mais adequada para a proteção dos bens jurídicos, isto deve ser tolerado constitucionalmente, pois o legislador tem a prerrogativa de avaliação e de decisão na escolha entre diversos caminhos potencialmente apropriados para o alcance do objetivo de uma lei".
>
> Dessa forma, não se pode deixar de considerar que, no âmbito desse denominado controle de sustentabilidade ou de justificabilidade (*Vertretbarkeitskontrolle*), assumem especial relevo as técnicas procedimentais postas à disposição do Tribunal e destinadas à verificação dos fatos e prognoses legislativos, como a admissão de *amicus curiae* e a realização de audiências públicas, previstas em nosso ordenamento jurídico pela Lei n. 9.868/99 (...).

Por fim, salienta a importância dos fatos legislativos para a jurisdição constitucional, *in verbis*:

> (...)
>
> Em verdade, como venho afirmando em estudos doutrinários sobre o tema, no controle abstrato de normas não se procede apenas a um simples contraste entre a disposição do direito ordinário e os princípios constitucionais. Ao revés, também aqui fica evidente que se aprecia a relação entre a lei e o problema que se lhe apresenta em face do parâmetro constitucional. Em outros termos, a aferição dos chamados fatos legislativos constitui parte essencial do chamado controle de constitucionalidade, de modo que a verificação desses fatos relaciona-se íntima e indissociavelmente com a própria competência do Tribunal.
>
> No âmbito do controle de constitucionalidade em matéria penal, deve o Tribunal, na maior medida possível, inteirar-se dos diagnósticos e prognósticos realizados pelo legislador para a confecção de determinada política criminal, pois é este conhecimento dos dados da realidade – que serviram de pressuposto da atividade legislativa – que lhe permitirá

> averiguar se o órgão legislador utilizou-se de sua margem de ação de maneira sustentável e justificada.
>
> No terceiro nível, o controle material intensivo (*intensivierteninhaltlichenKontrolle*) se aplica às intervenções legislativas que, por afetarem intensamente bens jurídicos de extraordinária importância, como a vida e a liberdade individual, devem ser submetidas a um controle mais rígido por parte do Tribunal, com base no princípio da proporcionalidade em sentido estrito. Assim, quando esteja evidente a grave afetação de bens jurídicos fundamentais de suma relevância, poderá o Tribunal desconsiderar as avaliações e valorações fáticas realizadas pelo legislador para então fiscalizar se a intervenção no direito fundamental em causa está devidamente justificada por razões de extraordinária importância.
>
> (...)
>
> Estou certo de que essas devem ser as premissas para a construção de um modelo rígido de controle de constitucionalidade de leis em matéria penal, tendo em vista a proteção dos direitos e garantias fundamentais. O Tribunal deve sempre levar em conta que a Constituição confere ao legislador amplas margens de ação para eleger os bens jurídicos penais e avaliar as medidas adequadas e necessárias para a efetiva proteção desses bens. Porém, uma vez que se ateste que as medidas legislativas adotadas transbordam os limites impostos pela Constituição – o que poderá ser verificado com base no princípio da proporcionalidade como proibição de excesso (übermassverbote) e como proibição de proteção deficiente (*Untermassverbot*) –, deverá o tribunal exercer um rígido controle sobre a atividade legislativa, declarando a inconstitucionalidade de leis penais transgressoras de princípios constitucionais (...).

O Ministro Gilmar Mendes, ao enfatizar que a questão dos mandatos de criminalização talvez seja um dos mais difíceis temas da dogmática dos direitos fundamentais ("saber se um fato deve, ou não ser considerado crime"), ofereceu o que considera uma das indagações mais tormentosas em termos de jurisdição constitucional e, também, em dogmática dos direitos fundamentais, qual "o grau de liberdade do legislador para, eventualmente, tratar como crime aquilo que foi contravenção, ou aquilo que, aparentemente, era, até então, um ato inocente".

Penso que a sua abordagem do tema esclareceu tal questão de modo a oferecer inúmeros subsídios para o enfrentamento de questão tão sensível para a legitimação da atividade da Suprema Corte, sobretudo se pensarmos nos desafios próprios de nossa democracia ainda em construção.

Referências bibliográficas

ALEXY, Robert. *Teoria dos Direitos Fundamentais*. São Paulo: Malheiros, 2011.

BERNAL PULIDO, Carlos. *El principio de proporcionalidad y los derechos fundamentales*. 3ª ed. Madrid: Centro de Estudios Políticos y Constitucionales, 2007

CANARIS, Claus-Wilhelm. *Direitos fundamentais e direito privado*. Coimbra: Almedina, 2006.

CANOTILHO, J. J. G. *Constituição dirigente e vinculação do legislador*. Coimbra: Ed. Coimbra, 1994.

GONZÁLEZ-CUÉLLAR SERRANO, Nicolás. *Proporcionalidad y derechos fundamentales en el proceso penal*. Madrid: Editorial Colex, 1990.

HABERMAS, Jürgen. *Direito e Democracia: Entre faticidade e validade*. Rio de Janeiro: Tempo Brasileiro, 1997.

MENDES, Gilmar Ferreira, "Controle de Constitucionalidade e revisão dos fatos e prognoses legislativos". *In*: *Direitos Fundamentais e Controle de Constitucionalidade: Estudos de Direito Constitucional*. São Paulo: Saraiva, 2012.

MORAES, Alexandre Rocha Almeida de. *A teoria dos mandados de criminalização e o combate efetivo à corrupção*. Revista Jurídica ESMP-SP, vol. 5, 2014.

CAPÍTULO XXVIII

PODER DE INVESTIGAÇÃO DO MINISTÉRIO PÚBLICO

Rui Stoco

Introdução

Questão que açulou os tribunais, os doutrinadores e os operadores do Direito como um todo, refere-se à extensão das atribuições do Ministério Público e, mais precisamente, à possibilidade desse órgão realizar a investigação criminal.

Ou seja, discutiu-se por largo tempo acerca do seu poder e alcance para investigar.

E, como sói acontecer em questões dessa natureza, a tese do poder de investigação do *Parquet* encontrou adeptos e detratores.

É certo que o Supremo Tribunal Federal decidiu essa questão no sentido de admitir o poder de investigação do Ministério Público dando a esse entendimento repercussão geral, como se verá.

Não obstante, no plano doutrinário e para efeito didático, a questão agora posta merece ser revisitada.

1 A legislação

1.1 A Constituição Federal dispõe:

> Art. 127. O Ministério Público é instituição permanente, essencial à função jurisdicional do Estado, incumbindo-lhe a defesa da ordem jurídica, do regime democrático e dos interesses sociais e individuais indisponíveis.
>
> ....
>
> Art. 129. São funções institucionais do Ministério Público:
>
> I - promover, privativamente, a ação penal pública, na forma da lei;
>
> II - zelar pelo efetivo respeito dos Poderes Públicos e dos serviços de relevância pública aos direitos assegurados nesta Constituição, promovendo as medidas necessárias a sua garantia;
>
> III - promover o inquérito civil e a ação civil pública, para a proteção do patrimônio público e social, do meio ambiente e de outros interesses difusos e coletivos;
>
> IV - promover a ação de inconstitucionalidade ou representação para fins de intervenção da União e dos Estados, nos casos previstos nesta Constituição;
>
> V - defender judicialmente os direitos e interesses das populações indígenas;
>
> VI - expedir notificações nos procedimentos administrativos de sua competência, requisitando informações e documentos para instruí-los, na forma da lei complementar respectiva;
>
> VII - exercer o controle externo da atividade policial, na forma da lei complementar mencionada no artigo anterior;
>
> VIII - requisitar diligências investigatórias e a instauração de inquérito policial, indicados os fundamentos jurídicos de suas manifestações processuais;
>
> IX - exercer outras funções que lhe forem conferidas, desde que compatíveis com sua finalidade, sendo-lhe vedada a representação judicial e a consultoria jurídica de entidades públicas.

> Art. 144. A segurança pública, dever do Estado, direito e responsabilidade de todos, é exercida para a preservação da ordem pública e da incolumidade das pessoas e do patrimônio, através dos seguintes órgãos:
>
> ....
>
> § 1º A polícia federal, instituída por lei como órgão permanente, organizado e mantido pela União e estruturado em carreira, destina-se a:
>
> IV - exercer, com exclusividade, as funções de polícia judiciária da União.

Como se verifica, se é certo que a Carta Magna nada dispõe acerca da possibilidade de investigação por parte do Ministério Público, não menos certo é que inexiste em seu corpo dispositivo que, expressamente, veda essa possibilidade, podendo--se, ainda, dar maior compreensão e amplitude interpretativa à disposição do inciso IX, do art. 129 dessa Carta de Princípios, acima transcrito, se considerarmos que as vedações na Constituição são estabelecidas em *numerus clausus*.

Nem mesmo a disposição constante do § 1º, inciso IV, do art. 144 da Constituição Federal, torna a investigação criminal exclusividade da polícia.

Aliás, a Suprema Corte já decidiu nesse sentido.

1.2 O Código de Processo Penal

Revela-se importante, como reforço, observar que o Código de Processo Penal recebeu recentemente acréscimo relevante e revelador, através da Lei n. 13.344, de 2016, assim dispondo:

Art. 13-A. Nos crimes previstos nos arts. 148, 149 e 149-A, no § 3º do art. 158 e no art. 159 do Decreto-Lei n. 2.848, de 7 de dezembro de 1940 (Código Penal), e no art. 239 da Lei n. 8.069, de 13 de julho de 1990 (Estatuto da Criança e do Adolescente), o membro do Ministério Público ou o delegado de polícia poderá requisitar, de quaisquer órgãos do poder público ou de empresas da iniciativa privada, dados e informações cadastrais da vítima ou de suspeitos.

De sorte que, no plano doutrinário, impõe-se aprofundar no estudo, posto que, no plano jurisdicional, a questão já foi apreciada pela Suprema Corte em decisão à qual se atribuiu repercussão geral, impõe-se reiterar.

2 A doutrina

2.1 Autores contrários ao poder de investigação do MP

No plano doutrinário, o tema não encontrou pacificação, impondo-se revelar alguns entendimentos a favor e contra.

Segundo Guilherme de Souza Nucci:[724]

> O tema, sem dúvida, é controverso, comportando várias visões a respeito, mas cremos inviável que o promotor de justiça, titular da ação penal, assuma a postura de órgão investigatório, substituindo a polícia judiciária e produzindo inquéritos visando a apuração de infrações penais e de sua autoria.

Para o articulista Francisco Sannini Neto,[725] a apuração dos delitos é de atribuição exclusiva das Polícias Judiciárias, de sorte que, segundo entende, a investigação efetivada por outros órgãos fere a Constituição da República.

---

724 NUCCI, Guilherme de Souza. *Manual de Processo e Execução Penal.* 1ª ed. São Paulo: Ed. RT. 2005, pp. 124-125.

725 NETO, Francisco Sannini. "Polícia Judiciária e a Devida Investigação Criminal Constitucional". Disponível em: https://www.jus.com.br. Acessado em: 28.07.2017.

Na mesma esteira, o notável jurista e membro do Ministério Público Fauzi Hassan Choukr[726] assume entendimento no sentido de que:

> O modelo de investigação 'inquérito policial' implica não apenas o domínio fático da investigação pela Polícia como, também, a autonomia plena dos atos investigativos, sem que, necessariamente, o Ministério Público *a priori* se manifeste sobre esses atos. Da mesma maneira, para os atos que não impliquem necessária invasão em direitos fundamentais, também não se cogita de qualquer interferência judicial.

Também o incomparável Rogério Lauria Tucci[727] critica acidamente a possibilidade de o Ministério Público investigar, assim se manifestando, *in verbis:*

> Acresce, nesse particular, ao que já foi explanado, em sentido oposto, que, sobre inexistir na realidade essa pretendida concessão, o fato de ser o Ministério Público titular da ação, na defesa do interesse punitivo estatal, mostra-se, ele próprio, inibidor da sua atuação investigatória, posto que, como logo acima ressaltado, manifestamente interessado na colheita da prova desfavorável ao investigado, e reflexivamente, desinteressado da que lhe possa beneficiar.

2.2 Autores favoráveis ao poder de investigação do MP

Todavia, ainda no âmbito da doutrina, não menos expressiva é a plêiade de posicionamentos favoráveis à tese do poder investigativo do Ministério Público.

---

726 CHOUKR, Fauzi Hassan. *Garantias Constitucionais na Investigação Criminal.* 3ª ed. São Paulo: Ed. Lúmen Juris, 2006.

727 TUCCI, Rogério Lauria. *Ministério Público e Investigação Criminal.* São Paulo: Ed. RT, 2004.

O clássico e excepcional penalista Tourinho Filho[728] enfatizou:

> O parágrafo único do art. 4º do Código de Processo Penal deixa entrever que essa competência atribuída à Polícia (investigar crimes) não lhe é exclusiva, nada impedindo que autoridades administrativas outras possam, dentro em suas respectivas áreas de atividades, proceder a investigações. As atinentes à fauna e flora normalmente ficam a cargo da Polícia Florestal. Autoridades do setor sanitário podem, em determinados casos, proceder a investigações que têm o mesmo valor e finalidade do inquérito policial.

Em excelente artigo de doutrina, Ilia Borges[729] invoca excelentes e convincentes argumentos acerca do tema:

> No entanto, a investigação criminal direta pelo Ministério Público encontra perfeita compatibilidade no contexto do sistema acusatório. É preciso esclarecer que a investigação é apenas um dos mecanismos utilizados para respaldar a convicção do Ministério Público, não podendo ser encarada enquanto um fim em si mesma. Por essa razão, a Constituição não atribuiu à Polícia o monopólio da investigação criminal, havendo previsão explícita de outras formas de apuração de ilícitos penais, exemplificadas nas funções das Comissões Parlamentares de inquérito, bem como na ação fazendária e de outros órgãos públicos nas respectivas áreas de sua competência.

---

728 FILHO, Tourinho. *Código de Processo Penal Comentado*. Vol. 1. São Paulo: Ed. Saraiva, 1996, p. 16.

729 BORGES, Ilia. *Poder de investigação do Ministério Público*. Disponível em: http/www.prpb.mpf.mp.br/artigos/artigos-procuradores/copy_of_artigo-teste. Acessado em: 27.07.2017.

No mesmo sentido, admitem o poder de investigação do Ministério Público Lenio Luiz Streck e Luciano Feldens.[730]

Advertem Fernando Zangarini e Marina Santos de Oliveira:[731]

> Desde a edição do Código de Processo Penal de 1941, já se entendia que o Promotores de Justiça podiam efetuar investigações por meios próprios, tendo em vista que o inquérito policial nunca foi indispensável para a propositura da ação penal.

Por sua vez, Ionilton Pereira do Vale[732] ressalta:

> Uma das formas de interpretação da Constituição é através do princípio da unidade da Constituição, em que as normas constitucionais não permitem interpretação isolada, mas dentro do contexto da Constituição. É por isso que, em uma interpretação de unidade e sistema da Constituição, deve-se interpretar simultaneamente o art. 144, com o art. 129 da Constituição Federal.

Refutando a corrente que baseia seu entendimento no sentido de que a polícia judiciária teria o monopólio da investigação criminal, Rodrigo César Rebello Pinho[733] obtemperou:

---

730 STRECK, Lenio Luiz; FELDENS, Luciano. *Crime e Constituição*: a legitimidade da função investigatória do Ministério Público. Rio de Janeiro: Forense, 2003.

731 ZANGARINI, Fernando; OLIVEIRA, Marina Santos. *A investigação criminal promovida pelo Ministério Público*. Disponível em: https://www.jus.com.br. Acessado em: 28.07.2017.

732 DO VALE, Ionilton Pereira. *O poder de investigação do Ministério Público*: possibilidade e limites. Disponível em: https://www.jusbrasil.com.br.

733 PINHO, Rodrigo César Rebello. "Investigação Criminal do Ministério Público". *Folha de São Paulo*, São Paulo, 25 fev. 2004.

> A interpretação sistemática da Constituição não autoriza esse entendimento. É inconcebível que o Ministério Público, titular exclusivo da ação penal e destinatário final das apurações, seja reduzido à condição de mero espectador da atividade investigatória e de simples transmissor de seu conteúdo ao Poder Judiciário.

Verbera Luiz Gustavo Grandinetti Castanho de Carvalho:[734]

> Não seria razoável que a Constituição concedesse o direito de ação com uma mão e retirasse os meios de ajuizá-la adequadamente com a outra. Por isso, deve-se admitir que o Ministério Público possa colher os elementos de convicção necessários para que sua denúncia não seja rejeitada.

A propósito da questão em tela, calha reproduzir a lição de Diego Diniz Ribeiro:[735]

> Sendo assim, respaldando-se na teoria dos poderes implícitos, conclui-se que, se o constituinte atribuiu a uma determinada instituição uma atividade-fim, também está ele, ainda que implicitamente, outorgando--lhe a atividade-meio, pois, do contrário, aquela atividade restaria prejudicada, não passando a disposição legal que a previu de uma determinação vazia e sem efetividade prática. Sendo assim, de tal assertiva se extrai a conclusão lógica de que, se o *Parquet* pode o mais, que é a interposição da ação penal pública, também pode ele, ainda que de forma implícita, o menos, qual seja, a investigação criminal pré-processual, pois, do contrário, o permissivo constitucional que outorga ao MP a função de titular da ação penal seria totalmente inócuo, não passando de mero discurso retórico.

---

734 DE CARVALHO, Luiz Gustavo Grandinetti Castanho. *Lei dos Juizados Especiais Criminais*. Rio de Janeiro: Lumen Juris, 2003, p. 91.

735 RIBEIRO, Diego Diniz. *Boletim do IBCCrim n. 121*. nº 21, dez. de 2002.

2.3 A teoria dos poderes implícitos

Não obstante o respeitável entendimento de Francisco Sannini Neto ao afirmar que "cabe exclusivamente à Polícia Judiciária a apuração de fatos criminosos, objetivando a colheita de prova e elementos informativos que irão demonstrar a necessidade de um processo posterior, meio instrumentalizador do direito de punir do estado", impende invocar a denominada "teoria dos poderes implícitos" (art. cit.).

Cuida-se de tema de elevada importância no plano hermenêutico-constitucional.

Teve essa teoria como origem a decisão da Suprema Corte dos Estados Unidos da América em 1819, conhecida como McCulloch *versus* Maryland.

Segundo consta, McCulloch, funcionário de um banco americano, processado por fraude fiscal pelo Estado de Maryland, recorreu para a Corte Constitucional.

A teoria em estudo também poderia ser explicada pelo famoso adágio "quem pode o mais, pode o menos".

Assim, se o Ministério Público pode o mais (propor a Ação Penal), também pode o menos (realizar investigações preliminares).

Aliás, já se firmou entendimento no sentido de que essa teoria é compatível com a Constituição Federal de 1988.

3 A jurisprudência do STJ anterior ao julgamento do RE 593.727/MG, Rel. Desig. Min. Gilmar Mendes j. 14.05.2015 - com repercussão geral

> "Em que pese o Ministério Público não poder presidir inquérito policial, a Constituição Federal atribui ao *Parquet* poderes investigatórios, em seu artigo 129, incisos VI, VIII e IX, e artigo 8°, incisos II e IV, e § 2°, da Lei Complementar

> n. 75/1993. Se a Lei maior lhe atribui outras funções compatíveis com sua atribuição, conclui-se existir nítida ligação entre poderes investigatórios e persecutórios. Esse poder de modo algum exclui a Polícia Judiciária, antes a complementa na colheita de elementos para a propositura da ação, pois até mesmo um particular pode coligar elementos de provas e apresentá-los ao Ministério Público. Por outra volta, se o *Parquet* é o titular da ação penal, podendo requisitar a instauração de inquérito policial, por qual razão não poderia fazer o menos que seria investigar fatos?" (STJ - 6a. T. - HC 38.495/SC - Rel. Hélio Quaglia Barbosa - j. 09.03.2006 - DJ 27.03.2006).

No mesmo sentido: HC 87.610, 90.099 e 94.173, Rel. Min. Celso de Mello.

4 O julgamento histórico do STF ao afirmar o poder investigatório do Ministério Público

Em sessão realizada em 14 de maio de 2015, o Supremo Tribunal Federal, ao julgar o Recurso Extraordinário 593.727, afirmou, com repercussão geral reconhecida, o poder de investigação do Ministério Público.

O caso concreto refere-se a crime de responsabilidade de Prefeito que descumpriu ordem judicial (art. 1º, inciso XIV, do Decreto-lei n. 201/67).

A tese acolhida foi no sentido de que o Ministério Público dispõe de competência para promover, por autoridade própria, e por prazo razoável, investigações de natureza penal, desde que respeitados os direitos e garantias que assistem a qualquer indiciado ou a qualquer pessoa sob investigação do Estado, observadas, sempre, por seus agentes, as hipóteses de reserva constitucional de jurisdição e, também, as prerrogativas profissionais de que se acham investidos os advogados, sem prejuízo do permanente controle jurisdicional dos atos praticados pelos membros dessa instituição.

Prevaleceu o voto do Ministro Gilmar Mendes como relator para o Acórdão (vencido o Relator sorteado, Ministro Cezar Peluso).

Acompanharam o voto do Ministro Gilmar Mendes os Ministros Celso de Melo, Ayres Britto, Joaquim Barbosa, Luiz Fux, Rosa Weber e Carmen Lúcia, vencidos os Ministros Cezar Peluso, Ricardo Lewandowski e Dias Toffoli, que reconheciam, em menor extensão, o poder de investigação do Ministério Público, e o Ministro Marco Aurélio, que dava provimento ao Recurso Extraordinário e negava ao Ministério Público o poder de investigação.

Da ementa do acórdão, constou, *in verbis*:

1. Repercussão geral. Recurso Extraordinário representativo da controvérsia. Constitucional. Separação dos poderes. Penal e Processual Penal. Poderes de investigação do Ministério Público.

2. Questão de ordem arguida pelo réu, ora recorrente. Adiamento do julgamento para colheita de parecer do Procurador-Geral da República. Substituição do parecer por sustentação oral, com a concordância do Ministério Público. Indeferimento. Maioria.

3. Questão de ordem levantada pelo Procurador-Geral da República. Possibilidade de o Ministério Público de estado-membro promover sustentação oral no Supremo. O Procurador-Geral da República não dispõe de poder de ingerência na esfera orgânica do *Parquet* estadual, pois lhe incumbe, unicamente, por expressa definição constitucional (art. 128, § 1º) a Chefia do Ministério Público da União. O Ministério Público de estado--membro não está vinculado, nem subordinado, no plano processual, administrativo e/ou institucional, à Chefia do Ministério Público da União, o que lhe confere ampla possibilidade de postular, autonomamente, perante o Supremo Tribunal Federal, em recursos e processos nos quais o próprio Ministério Público Estadual seja um dos sujeitos da relação processual. Questão de ordem resolvida no sentido de assegurar ao Ministério Público Estadual a prerrogativa de sustentar suas razões da tribuna. Maioria.

4. Questão constitucional com repercussão geral. Poderes de investigação do Ministério Público: os artigos 5º, incisos LIV e LV, 129, incisos III e VIII e 144, inciso IV, § 4º, da Constituição Federal, não tornam a investigação criminal exclusividade da polícia, nem afastam os poderes de investigação do Ministério Público. Fixada, em repercussão geral, tese assim sumulada: "*O Ministério Público dispõe de competência para promover, por autoridade própria, e por prazo razoável, investigações de natureza penal, desde que respeitados os direitos e garantias que assistem a qualquer indiciado ou a qualquer pessoa sob investigação do Estado, observadas, sempre, por seus agentes, as hipóteses de reserva constitucional de jurisdição e, também, as prerrogativas profissionais de que se acham investidos, em nosso País, os Advogados (Lei 8.906/94, artigo 7º, notadamente os incisos I, II, III, XI XII, XIX), sem prejuízo da possibilidade — sempre presente no Estado democrático de Direito — do permanente controle jurisdicional dos atos, necessariamente documentados (Súmula Vinculante 14), praticados pelos membros dessa instituição*".

5. Caso concreto. Crime e responsabilidade de prefeito. Deixar de cumprir ordem judicial (art. 1º, inciso XIV, do Decreto-Lei n. 201/67). Procedimento instaurado pelo Ministério Público a partir de documentos oriundos de autos de processo judicial e de precatório, para colher informações do próprio suspeito, eventualmente hábeis a justificar e legitimar o fato imputado. Ausência de vício. Negado provimento ao recurso extraordinário. Maioria.

5 A posição do autor

Impende ressaltar que a legislação de número expressivo de países dirigiu-se no sentido de reconhecer os poderes de investigação do Ministério Público, podendo-se exemplificar com a Alemanha, França, Itália, Portugal, Chile, Bolívia e Venezuela, além de outros.

Na Itália, o art. 326 do *Codice di Procedura Penale* dispõe:

> Il pubblico ministero e la polizia giudiziaria svolgono, nell'ambito delle rispettive attribuzioni, le indagini necessarie per le determinazioni inerenti all'esercizio dell'azione penale (50, 358, 405, 412) (O Ministério Público e a Polícia Judiciária realizarão, no âmbito de suas respectivas atribuições, a investigação necessária para o termo inerente ao exercício da ação penal).

Em Portugal, o Estatuto do Ministério Público (Lei n. 47/86, de 15 de outubro de 2011) dispõe:

Art. 3º. Competência

1 - Compete, especialmente, ao Ministério Público:

h) Dirigir a investigação criminal, ainda quando realizada por outras entidades.

Também na França o Código de Processo Penal preceitua:

Art. 41. O Procurador da República procede ou faz proceder a todos os atos necessários à investigação e ao processamento das infrações da lei penal. Para esse fim, ele dirige as atividades dos oficiais e agentes da polícia Judiciária dentro das atribuições do seu tribunal.

Em nosso país, inúmeras foram as manifestações das Cortes Superiores, através de julgados tanto do Superior Tribunal de Justiça, como do Supremo Tribunal Federal, já em parte revelados.

De sorte que não há como negar, divergir ou dissimular quanto ao poder de investigação do Ministério Público.

Ora, se o poder de convencimento para que o Ministério Público possa apresentar denúncia decorre dos fatos, indícios e poder probatório para acusar e instaurar a ação penal, ressuma evidente que esse Órgão pode – e deve – buscar máxima sustentação probatória para que possa oferecer, com segurança, denúncia contra o indiciado e dar início à ação penal.

Interessa ao estudo, todavia, importante advertência de Ionilton Pereira do Vale:

> (...) Contudo este poder de investigação não é incondicional e ilimitado, pois encontra seu contraponto no sistema de freios e contrapesos, nos direitos fundamentais, e nas garantias processuais, porquanto o Ministério Público, sem prejuízo da fiscalização intra-orgânica e daquela desempenhada pelo Conselho Nacional do Ministério Público, está permanentemente sujeito ao controle jurisdicional dos atos que pratique no âmbito das investigações penais que promova *ex propria auctoritate,* não podendo, dentre outras limitações de ordem jurídica, desrespeitar o direito do investigado ao silêncio (*nemo tenetur se detegere*) nem lhe ordenar a conduta coercitiva, nem constrangê-lo a produzir prova contra si próprio, nem lhe recusar o conhecimento das razões motivadoras do procedimento investigatório, nem submetê-lo a medidas sujeitas à reserva constitucional de jurisdição, nem impedi-lo de fazer-se acompanhar de Advogado, nem impor, a este, indevidas restrições ao regular desempenho de suas prerrogativas profissionais (Lei n. 8.906/94, art. 7º). - O procedimento investigatório instaurado pelo Ministério Público deverá conter todas as peças, termos de declarações ou depoimentos, laudos periciais e demais subsídios probatórios coligidos no curso da investigação, não podendo, o *Parquet,* sonegar, selecionar ou deixar de juntar, aos autos, quaisquer desses elementos de informação, cujo conteúdo, por referir-se ao objeto da apuração penal, deve ser tornado acessível tanto à pessoa sob investigação quanto ao seu Advogado.[736]

De outra banda, se a Carta Magna em vigor – como visto – não contém qualquer disposição contrária à possibilidade de o Ministério Público investigar, sem prejuízo da atuação da autoridade policial, não há como afirmar a sua ilegitimidade para tanto,

---

736 DO VALE, Ionilton Pereira. *O poder de investigação do Ministério Público*: possibilidade e limites. Disponível em: https://www.jusbrasil.com.br.

até porque quem pode o mais (denunciar e assumir a ação penal) pode o menos (a mera investigação) que, segundo parece, deve, via de regra, ser concorrente.

Mostra-se relevante a observação de Rômulo de Andrade Moreira, *in verbis*:

> De *lege lata* podemos citar, inclusive, dois dispositivos legais que expressamente legitimam o Ministério Público para atividades investigatórias; o primeiro deles é o art. 179 do Estatuto da Criança e do Adolescente (Lei n. 8.069/90), ao dispor que "apresentado o adolescente, o representante do Ministério Público, no mesmo dia e à vista do auto de apreensão, boletim de ocorrência ou relatório policial, devidamente autuados pelo cartório judicial e com informação sobre os antecedentes do adolescente, procederá imediata e informalmente à sua oitiva e, em sendo possível, de seus pais ou responsável, vítima e testemunhas".

O segundo dispositivo encontra-se na Lei n. 10.741, de 2003, o Estatuto do Idoso, que, no art. 74, dispõe competir ao Ministério Público instaurar procedimento administrativo, podendo expedir notificações, colher depoimentos, requisitar informações, exames, perícias e documentos junto às autoridades e, ainda, promover inspeções e diligências investigatórias, sem prejuízo de outras providências.

Impende, ainda, ponderar e obtemperar que, se o poder de convencimento para que o Ministério Público possa apresentar denúncia e dar início à ação penal decorre dos fatos, das provas e dos indícios que dão sustentação à proposta ("denúncia") de instauração da ação penal, ressuma evidente e palmar que esse Órgão pode e deve buscar máxima sustentação fático-probatória para que possa acusar e instaurar a ação penal.

Após décadas de discussão em torno do tema, por força da decisão da Suprema Corte, viu-se reconhecido o poder de investigação do Ministério Público — com o triunfo do bom senso —, o que constitui notável avanço no âmbito do Direito Processual Penal.

Enfim, a Suprema Corte, decorridas algumas décadas de sua atuação, proferiu decisão histórica, de máxima importância, na medida em que permite ao *Parquet* participar das investigações, sem prejuízo da atuação da autoridade policial.

6 A homenagem ao Ministro Gilmar Mendes

Essa a homenagem que se faz ao Ministro Gilmar Mendes, relator do RE 593.727/MG, cuja decisão da Corte Suprema tornou possível ao Ministério Público atuar na fase anterior à instauração da ação penal, utilizando todos os meios legais para a busca da verdade, juntamente com a autoridade policial, posto que a atuação daquele Órgão não afasta o poder de investigação desta autoridade policial, sabido que, segundo preceitua o Código de Processo Penal, "a polícia judiciária será exercida pelas autoridades policiais no território de suas respectivas circunscrições e terá por fim a apuração das infrações penais e da sua autoria" (art. 4º).

Referências bibliográficas

ALMEIDA, Joaquim Canuto Mendes de. *Atividade policial criminal.* Arquivos da Polícia Civil de São Paulo, ano 3, n. 6, 1943.

ANDRADE, Mauro Fonseca. *Ministério Público e sua investigação criminal.* 2ª ed. Juruá, 2006.

BARROSO, Luís Roberto. *Interpretação e aplicação da Constituição*: fundamentos de uma dogmática constitucional transformadora. São Paulo: Saraiva, 2008.

BASTOS, Marcelo Lessa. *A investigação nos crimes de ação penal de iniciativa pública.* Rio de Janeiro: Lumen Juris, 2004.

BONFIM, Edilson Mougenot. *Código de Processo Penal Anotado.* Saraiva, 2007.

BORGES, Ilia. Poder de Investigação do Ministério Público. Disponível em: http://www.prpb.mpf.mp.br/artigos/artigos-procuradores/copy_of_artigo-teste. Acessado em: 27.07.2017.

BORGES, ILIA. *Poder de investigação do Ministério Público*. Disponível em: http/www.prpb.mpf.mp.br/artigos/artigos-procuradores/copy_of_artigo-teste. Acessado em: 27.07.2017.

BRASIL. Supremo Tribunal Federal. "Recurso de *Habeas Corpus* 97.926". Rel. Min. Gilmar Mendes.

BRASIL. Supremo Tribunal Federal. "Recurso de *Habeas Corpus* 84.548". Rel. Min. Marco Aurélio, Rel. para o acórdão, Min. Gilmar Mendes.

BRASIL. Supremo Tribunal Federal. "Recurso Extraordinário 593.727/MG". Tribunal Pleno, Rel. Min. Cezar Peluso; Rel. para o Acórdão Min. Gilmar Mendes, julgado em 14.5.2015.

CABETTE, Eduardo Luiz Santos. O papel do inquérito policial no sistema acusatório: o modelo brasileiro. Disponível em: http//www.jus.com.br/revista/texto/13037.

CABETTE, Eduardo Luiz Santos; SANNINI NETO, Francisco. "Poder investigatório do MP não tem amparo legal". *Revista Consultor Jurídico*, 09 abr. 2013. Acessado em: 28.07.2017.

CALABRICH, Bruno. *Investigação criminal pelo Ministério Público*: fundamentos e limites constitucionais. São Paulo: Ed. RT.

CALABRICH, Bruno. *Temas atuais do Ministério Público*: a atuação do Parquet nos 20 anos da Constituição Federal. Rio de Janeiro: Lumen Juris, 2010.

CARNEIRO, José Reinaldo Guimarães. *O Ministério Público e suas investigações independentes*. São Paulo: Malheiros Editores, 2007.

CARVALHO, Luiz Gustavo Grandinetti Castanho de. *Lei dos Juizados Especiais Criminais*. Rio de Janeiro: Lumen Juris, 2003.

CAVALCANTE NETO, Antônio de Holanda. "O ministério público e o poder de investigar". *Âmbito Jurídico*, Rio Grande, XV, n. 96, jan 2012.

CHOUKR, Fauzi Hassan. *Garantias constitucionais na investigação criminal*. 3ª ed. São Paulo: Ed. Lúmen Juris, 2006.

CUNHA, Rogério Sanches; TAQUES, Pedro; GOMES, Luiz Flávio (Coord.). *Limites Constitucionais da Investigação*. 1ª ed. São Paulo: Ed. RT, 2009.

DANNEBROCK. *A teoria dos Poderes Implícitos e sua Aplicação no Processo Penal Brasileiro*: páginas de Processo Penal. Disponível em: http//www.paginasdeprocessopenal.com.br.

DECOMAIN, Pedro Roberto. *Comentários à Lei Orgânica Nacional do Ministério Público*. Belo Horizonte: Fórum, 2011.

DOTTI, René Ariel. *O desafio da investigação criminal*. Boletim do IBCCrim, São Paulo, ano 12, n. 138, p. 8, maio 2004.

DO VALE, Ionilton Pereira. *O poder de investigação do Ministério Público*: possibilidade e limites. Disponível em: https://www.jusbrasil.com.br.

EL TASSE, Adel. *Investigação preparatória*. Curitiba: Juruá, 2000, p. 109.

FICHER, Douglas. "Investigação Criminal pelo Ministério Público: sua determinação pela Constituição Brasileira como garantia do investigado e da sociedade". *Limites Constitucionais da Investigação*. Ed. Revista dos Tribunais, 2009.

FURTADO, Valtan. "As quinze razões para o Ministério Público investigar infrações penais". *Boletim IBCCRIM, n. 139*, ano 12, jun./2004.

JESUS, Damásio Evangelista de. *Código de Processo Penal Anotado*, n. 17. São Paulo: Ed. Saraiva, 2000.

LIMA, Marcellus Polastri. *A prova penal*. 2ª ed. São Paulo: Lumen Juris, 2003.

MOREIRA, Rômulo de Andrade. O mais recente entendimento do STF e a investigação criminal pelo Ministério Público. Migalhas de 11.03.2009. Acessado em 28.07.2017.

NUCCI, Guilherme de Souza. *Código de Processo Penal Comentado*. São Paulo: Ed. RT, 2005.

NUCCI, Guilherme de Souza. *Manual de Processo Penal e Execução Penal*. São Paulo: RT, 2005.

PEREIRA DO VALE, Ionilton. O poder de investigação do Ministério Público: possibilidade e limites. Disponível em: http://www.jusbrasil.com.br. Acessado em: 28.07.2017.

PITOMBO, Sérgio Marcos de Moraes. "Procedimento administrativo criminal, realizado pelo Ministério Público". *In*: *Boletim do Instituto Manoel Pedro Pimentel*, São Paulo, n. 22, 2003.

REBELLO PINHO, Rodrigo César. "Investigação criminal e Ministério Público", Folha de São Paulo, São Paulo, 25 fev. 2004.

RIBEIRO, Diego Diniz. *Boletim do IBCCrim n. 121*, dezembro de 2002.

SANNINI NETO, Francisco. Polícia Judiciária e a devida investigação criminal constitucional. Disponível em: http://www.jus.com.br. Acessado em: 28.07.2017.

SANNINI NETO, Francisco; CABETE, Eduardo Luiz Santos. "A importância do inquérito policial para um Estado Democrático de Direito". *Jus Navigandi*, Teresina, ano 14, n. 2176, 16.06.2009.

SANNINI NETO, Francisco; CABETE, Eduardo Luiz Santos. "Poder investigatório do MP não tem amparo legal". *Revista Consultor Jurídico*. 9 ab. 2013. Acessado em: 28.07.2017.

SANTIN, Valter Foleto. *O Ministério Público na investigação criminal*. Bauru/SP: Edipro, 2001.

STRECK, Lenio Luiz; FELDENS, Luciano. *Crime e Constituição*: a legitimidade da função investigatória do Ministério Público. Rio de Janeiro: Forense, 2003.

TOURINHO FILHO. *Código de Processo Penal Comentado*. São Paulo: Ed. Saraiva, vol. 1, 1996.

TUCCI, Rogério Lauria. *Ministério Público e Investigação Criminal*. São Paulo: Ed. Revista dos Tribunais, 2004.

ZANGARINI, Fernando; OLIVEIRA, Marina Santos de. A Investigação Criminal Promovida Pelo Ministério Público. Disponível em: http://www.jus.com.br. Acessado em: 28.07.2017.

CAPÍTULO XXIX

A IMUNIDADE TRIBUTÁRIA E TIPOS CORRELATOS DE EXONERAÇÃO TRIBUTÁRIA

Sacha Calmon Navarro Coêlho

Introdução

O Ministro Gilmar Mendes é um dos Ministros da Suprema Corte com a vasta experiência que do cargo se exige. Foi advogado, inclusive da União, conhece como ninguém o papel do Ministério Público. É versado em Direito Comparado, conhece a fundo o Direito tedesco e é professor e escritor.

Além disso, tem visão política alargada. Não é magistrado de gabinete, afastado da sociedade efervescente. Agrada-me sobremodo um dos atributos mais polêmicos de sua personalidade. O de falar às claras o que pensa, dentro e fora dos tribunais. Eis o polemista ferino, com frases cortantes e juízos densos, embora breves, qualidade rara, poucos podem tê-la. O Ministro Gilmar Mendes é dos melhores nessa seara, até porque não lhe falta para tanto o essencial; coragem intelectual e física, ou seja, o destemor dos bravos.

É, para mim, uma honra escrever em homenagem a esse já grande – posto que jovem – jurista, professor e juiz de nossa Suprema Corte. Que a providência o conserve, a bem do Brasil!

Limitações: princípios e imunidades – Diferenças – O fenômeno jurídico da interpolação normativa

Princípios e imunidades são institutos jurídicos diversos, embora certos princípios expressos façam brotar ou rebrotar imunidades (implícitas). A Profa. Misabel Derzi,[737] pelo manejo profundo dos princípios constitucionais, brinda-nos com o primor de raciocínio que se dá transcrito:

> A consagração de uma imunidade expressa é, às vezes, consequência lógica de um princípio fundamental. Do princípio federal resulta a imunidade recíproca, dedutível mesmo na ausência de recepção literal do texto, porque expressão da autonomia relativa dos entes estatais e de sua posição isonômica, logicamente dedutíveis. Basta considerar que extraímos a doutrina, em suas linhas básicas, da jurisprudência da Suprema Corte constitucional dos Estados Unidos, país cuja Constituição é silente sobre a citada imunidade. Igualmente a imunidade das instituições de educação e assistência social que não almejam distribuição de lucro decorre da inexistência de capacidade contributiva, princípio norteador da igualdade e imprescindível à efetividade da imposição.

Nem todo princípio, contudo, conduz a uma imunidade, como é o caso dos princípios da legalidade, anterioridade e irretroatividade.

---

737 DERZI, Misabel Abreu Machado. "Nota da atualizadora". *In*: BALEEIRO, Aliomar. *Limitações consti- tucionais ao poder de tributar.* 7ª ed. rev. e compl., à luz da Constituição de 1988 até a Emenda Constitucional n. 10/1996. Rio de Janeiro: Forense, 1997, p. 15.

Princípios e imunidades, repita-se, são entes normativos diversos. O que, precisamente, os distingue?

Os princípios constitucionais dizem como devem ser feitas as leis tributárias, condicionando o legislador sob o guante dos juízes, zeladores que são do texto dirigente da Constituição.

As imunidades expressas dizem o que não pode ser tributado, *proibindo ao legislador o exercício da sua competência tributária* sobre certos fatos, pessoas ou situações, por expressa determinação da Constituição (não incidência constitucionalmente qualificada). Sobre as imunidades exerce o Judiciário, igualmente, a sua zeladoria.

De notar, pois, que a expressão *limitações ao poder de tributar* alberga princípios e imunidades.

Imunidade e isenções

A imunidade é uma heterolimitação ao poder de tributar. A vontade que proíbe é a do constituinte. A imunidade habita exclusivamente no edifício constitucional.

A isenção é heterônoma quando o legislador de uma ordem de governo, com permissão constitucional, proíbe ao legislador de outra ordem de governo o exercício do poder de tributar. A distinção em relação à imunidade, na espécie, é feita a partir da hierarquia normativa. Enquanto a norma imunitória é constitucionalmente qualificada, a norma isencional heterônoma é legalmente qualificada (lei complementar da Constituição).

Entre nós, v.g., o legislador federal pode conceder isenção do ICMS (imposto estadual) e do ISS (imposto municipal) se se tratar de mercadoria ou serviço destinado ao exterior sujeitado a tais impostos (política de *export-drive*).

Registre-se que a Lei Complementar n. 87/96 isentou a exportação de quaisquer bens e serviços destinados ao exterior. Agora, quando é a própria pessoa política que se autolimita, concedendo por lei, espontaneamente, a isenção tributária, procede a asserção de que a isenção é autolimitação ao poder de tributar legalmente qualificada. A situação da CF/88, no Brasil, é essa:

INSTITUTO NORMATIVO	EMISSOR DA NORMA	SEDE JURÍDICA DA NORMA
Imunidade (heterolimitação)	O titular do poder constituinte originário ou derivado	A Constituição
Isenção heterônoma (heterolimitação)	O legislador federal	A lei complementar da Constituição
Isenção autônoma (autolimitação)	Os legisladores das três ordens de governo	Leis ordinárias federais, estaduais e municipais

Normas impositivas, imunitórias e isencionais – A que se destinam – Como se integram na norma de tributação

As previsões jurídicas de tributação descrevem *situações tributáveis*. As previsões jurídicas imunitórias e isencionais descrevem *situações intributáveis*.

No plano da linguagem do objeto, existem inúmeros textos, desde a Constituição, prevendo tributações e intributações expressas.

No plano normativo, todas as previsões de tributabilidade e intributabilidade se juntam no *descritor da norma tributária*.

FATO TRIBUTÁVEL	COMANDO NORMATIVO
Previsões impositivas menos Previsões isencionais e imunitórias	Incidentais
⇩	⇩
Ocorrência	Incidência

Isto posto, para saber se em dado município o ISS é cobrável de determinadas pessoas, devo saber a hipótese de incidência e as imunidades constitucionais desse imposto. Em seguida, devo verificar a descrição desse imposto na lei complementar e as isenções heterônomas. Finalmente, devemos nos reportar à lei municipal para examinar o fato jurígeno e o preceito impositivo, bem como as isenções autonômicas. Somente após conjugar o orbe legal, poderei fazer uma proposição descritiva da norma tributária do ISS, digamos, da cidade de Belo Horizonte.

Tipologia exonerativa

Em tema exonerativo, não foram ainda extraídas todas as consequências que é mister extrair da teoria da incidência. Por isso, com base na norma e na sua incidência, situamos o estudo dos tipos exonerativos. Basicamente, as exonerações dividem-se em internas e externas à estrutura da norma. As internas, a seu turno, subdividem-se tendo em vista o seu *habitat* no interior desta. Umas se estruturam nas hipóteses, e outras, nos comandos normativos (consequências).

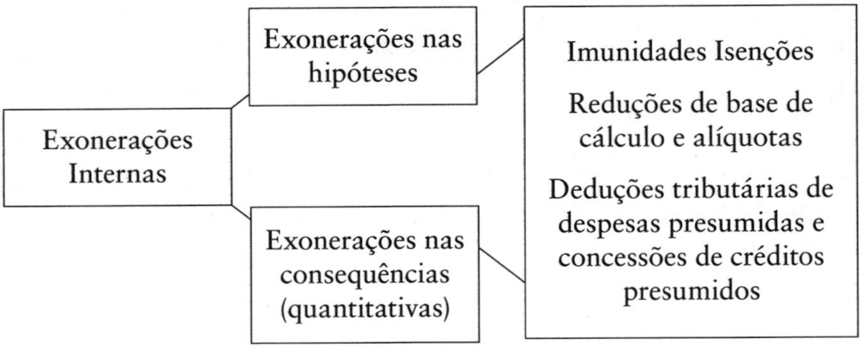

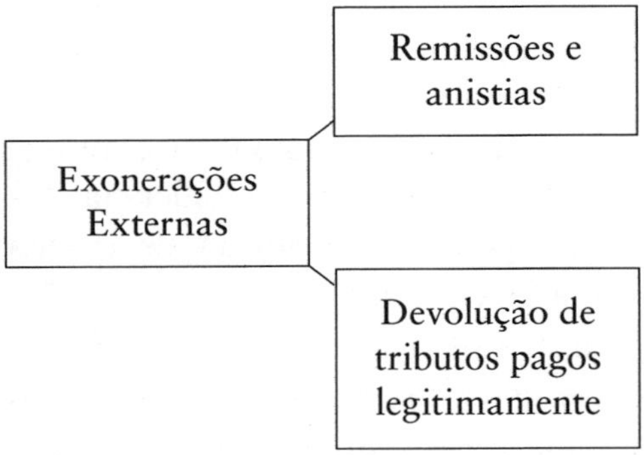

A devolução de tributo pago sem haver razão para a restituição, a não ser o intuito de exonerar total ou parcialmente o contribuinte, é considerada, pela doutrina, matéria estranha ao Direito Tributário. Alega-se estar no capítulo da despesa pública, já na área do Direito Financeiro, a sua sede jurídica. O entendimento é inobjetável. Todavia, porque a *devolução de tributo pago* apresenta-se como autêntica "remissão indireta" – fórmula legal de extinção do crédito tributário –, incluímo-la no temário exonerativo. Em contrapartida, restaram dispensadas do rol das exonerações a anistia, modo de extinguir pena imposta por infração a dever tributário, e a moratória, simples dilação do prazo de pagamento.

Exposto isto, impende examinar, dilucidando, os tipos exonerativos, referindo-os à norma jurídica tributária, conferindo-se especial relevo ao fenômeno central representado pela incidência da norma de tributação.

A *hipótese de incidência da norma tributária* é formada pela integração de várias leis ou artigos de lei que tratam, em nível do Direito Positivo, de fatos que devem dar origem, quando ocorrentes, a obrigações tributárias. No plano mais amplo da "esquematização jurídica do mundo fático", os fatos são selecionados pelo legislador tributário segundo o critério de que uns são irrelevantes, e outros, relevantes para gerar tributação.

Alfredo Augusto Becker[738] observa que:

> Não existe uma regra jurídica para a hipótese de incidência, outra para a base de cálculo, outra para a alíquota etc. Tudo isto integra a estrutura lógica de *uma única regra jurídica resultante de diversas leis ou artigos de leis* (fórmula legislativa literal). É preciso não confundir regra jurídica com lei; a regra jurídica é uma resultante da totalidade do sistema jurídico formado pelas leis. (grifo nosso).

Kelsen,[739] no mesmo sendeiro, já asseverava na Teoria Geral do Direito e do Estado que as normas eram diversas das "regras" (juízos hipotéticos).

A norma jurídica surge da proposição da ciência que *descreve o direito*, sob a forma de juízo hipotético,[740] desvendando a lei, que é a "fórmula legislativa literal" através da qual, por um ato de vontade, o direito é posto, vige e vale. A norma jurídica é o "ser" jurídico por excelência e tem formulação prescritiva. O jurista é o "sujeito cognoscente" que, debruçado sobre o "objeto do seu

---

738 BECKER, Alfredo Augusto. Teoria geral do Direito Tributário. São Paulo: Saraiva, 1972, p. 270.

739 KELSEN, Hans. *Teoría general del Derecho y del Estado*. Tradução Eduardo Garcia Maynez. México: Universidad, 1949, p. 45.

740 (NAWIASKY, Hans. "Las normas jurídicas: o, lo que es lo mismo, las proposiciones jurídicas no se encuentran aisladas". *In*: *Teoría general del Derecho*. Pamplona, Madrid: Estudio General de Navarra/Rialp, 1962, p. 42, tradução nossa).

conhecer" – o mundo do Direito –, desvenda o seu íntimo significado, extraindo do "ser" o "dever-ser". Uma questão gnosiológica.

Pois bem, a hipótese de incidência das normas tributárias contém *fatos tributáveis*. A previsão legal desses fatos é feita pelo legislador de duas formas:

a) em certas leis ou artigos de lei – entes de direito – prevê que dados fatos são aptos a gerar, quando ocorrentes, obrigações tributárias;
b) noutras leis ou artigos de lei prevê, expressamente, que certos fatos, tipos de fatos ou *aspectos factuais* não são "jurígenos" no sentido positivo, isto é, não são aptos a gerar, quando ocorram, obrigações tributárias. Vale dizer, através das leis o legislador "qualifica" os fatos e os reparte, atribuindo a uns efeitos impositivos e, a outros, efeitos exonerativos, segundo os seus desígnios. A saída de mercadorias do estabelecimento industrial, comercial ou produtor é "fato gerador" do ICMS. Todavia, quando saírem para o exterior, tal fato já não mais é "gerador", tendo em vista regra imunizante expressa para os industrializados e regra isencional expressa para as demais mercadorias (LC n. 87/96).

O legislador só pode dizer que dado fato ou aspecto factual não é tributável através de lei (princípio da legalidade). Se usar a lei constitucional, trata-se de imunidade, e se utilizar a lei infraconstitucional, cuida da isenção.

Imunidade

A doutrina, em peso, posiciona a imunidade no capítulo da competência.

Pontes de Miranda[741] preleciona:

741 MIRANDA, Pontes de. *Questões forenses*. Rio de Janeiro: Borsoi, 1958.

> A regra jurídica de imunidade é a regra jurídica no plano da competência dos poderes públicos – obsta à atividade legislativa impositiva, retira ao corpo que cria impostos qualquer competência para pôr, na espécie.

Bernardo Ribeiro de Moraes[742] secunda-o:

> Cabe à Carta Magna estabelecer a competência dos poderes tributantes. Da mesma forma, cabe-lhe limitá-la, podendo, na entrega do poder impositivo, reduzir a competência tributária pela exclusão de certas pessoas, atos ou coisas, colocados fora da tributação.

Aliomar Baleeiro,[743] insigne e saudoso mestre, não discrepa:

> As limitações constitucionais ao poder de tributar funcionam por meio de imunidades fiscais, isto é, disposições da lei maior que vedam ao legislador ordinário decretar impostos sobre certas pessoas, matérias ou fatos, enfim situações que define.

Ataliba[744] aduz que: "(...) imunidade é ontologicamente constitucional" e que só "a soberana Assembleia Constituinte pode estabelecer limitações e condições do exercício do poder tributário".

---

t. 3, p. 364; MIRANDA, Pontes de. *Comentários à Constituição de 1946*. Arts. 15-97. São Paulo: Max Limonad, 1953. vol. 2. p. 156.

742 MORAES, Bernardo Ribeiro de. *Doutrina e prática do imposto de indústrias e profissões*. São Paulo: Max Limonad, 1964, p. 114.

743 BALEEIRO, Aliomar. *Uma introdução à ciência das finanças e à política fiscal*. 3ª ed. Rio de Janeiro: Forense, 1964, p. 262.

744 ATALIBA, Geraldo. *Natureza jurídica da contribuição de melhoria*. São Paulo: Editora Revista dos Tribunais, 1964, p. 231.

Os efeitos da imunidade

Contudo, não é esta a única maneira de *visualizar a imunidade*. À luz da teoria da norma jurídica, os dispositivos constitucionais imunizantes "entram" na composição da *hipótese de incidência das normas de tributação*, configurando-lhe o alcance e fixando-lhe os lindes. José Souto Maior Borges[745] observa com propriedade que "o setor social abrangido pela imunidade *está fora* de âmbito da tributação". O dispositivo constitucional que põe a imunidade atua na hipótese de incidência, excluindo de certos fatos ou aspectos destes a *virtude jurígena*.

Aliás, os dispositivos legais isentantes funcionam da mesma maneira. A diferença é que a imunidade radica na Constituição, enquanto a isenção decorre da lei menor, complementar ou ordinária. Teleologicamente, a imunidade liga-se a valores caros que se pretende sejam duradouros, enquanto a isenção veicula interesses mais comuns, por si sós mutáveis. Mas imunidade e isenção são categorias legislativas. Do ponto de vista da norma, só cabe dizer se ela incide ou não incide. Imunidade e isenção são fatores legislativos que condicionam as normas tributárias, cooperando na formação das mesmas.

Celso Cordeiro Machado,[746] em obra denominada *Limites e Conflitos de Competência Tributária no Direito Brasileiro*, apresentada como tese para provimento da cátedra de Finanças e Direito Financeiro da Faculdade de Direito da UFMG, como que se identificando com a nossa posição que visualiza a imunidade se *refletindo na hipótese de incidência*, discorre nos seguintes termos:

---

745 BORGES, José Souto Maior. *Isenções tributárias*. São Paulo: Sugestões Literárias, 1969, p. 209.

746 MACHADO, Celso Cordeiro. *Limites e conflitos de competência tributária no Direito brasileiro*. Belo Horizonte: [s.n.], 1968, p. 41.

> As imunidades abrangem de modo geral, aquelas situações que estariam normalmente, naturalmente, conceitualmente, *incluídas entre os fatos geradores*. Elas se traduzem em limitações ao poder de tributar ou em *contrações horizontais dos campos de incidência* que decorreriam das projeções espontâneas e totais dos fatos geradores. (grifo nosso).

A imunidade, a isenção, os seus efeitos sobre as hipóteses de incidência das normas de tributação

Os dispositivos isencionais, assim como os imunizantes, "entram" na composição das hipóteses de incidência das normas de tributação, delimitando o perfil impositivo do "fato jurígeno" eleito pelo legislador.

A isenção, como também a imunidade, não exclui o crédito, obsta a própria incidência, impedindo que se instaure a obrigação.

Equívocos da doutrina tradicional

Expressiva corrente doutrinária, contudo, encara a isenção como mera dispensa legal de pagamento de tributo devido. Vale dizer que para estes, sem a nossa adesão, dá-se a obrigação, e nasce o crédito, mas o credor dispensa o pagamento. Num primeiro momento, ocorreria o "fato gerador" apropositando a incidência da regra jurídica instituidora da obrigação tributária. Num segundo momento, o Estado, através de uma regra jurídica autônoma de isenção, dispensaria o pagamento do tributo surgido com a obrigação. A isenção, dessarte, seria um *posterius* em face da incidência, assim como a imunidade seria um *prius* ante a competência para tributar.

O fenômeno da isenção dar-se-ia em momento sucessivo:

1º momento: incidência da regra jurídica de tributação irradiando efeitos jurídicos; surgimento da obrigação e do crédito tributário objeto do *vinculum juris*;

2º momento: incidência da regra jurídica de isenção dispensando o sujeito passivo do pagamento do tributo.

Renomados mestres e escritores de escola prestigiam este entendimento. São eles: Bernardo Ribeiro de Moraes:[747]

> A isenção tributária consiste num favor concedido por lei no sentido de dispensar o contribuinte do pagamento do imposto. Há a concretização do fato gerador do tributo sendo este devido, mas a lei dispensa seu pagamento.

Amílcar de Araújo Falcão:[748]

> Nela[749] (refere-se à isenção), há incidência, ocorre o fato gerador. O legislador, todavia, seja por motivos relacionados com a apreciação da capacidade econômica do contribuinte, seja por considerações extrafiscais, determina a inexigibilidade do débito tributário.

Rubens Gomes de Sousa:[750]

> Tratando-se de imunidade, não é devido o tributo porque não chega a surgir a própria obrigação tributária; ao contrário, na isenção o tributo é devido porque existe obrigação, mas a lei dispensa o seu pagamento. Por conseguinte, a isenção pressupõe a incidência porque, é claro que só se pode dispensar o pagamento de um tributo que seja efetivamente devido.

---

747 MORAES, Bernardo Ribeiro de. *A taxa no sistema tributário brasileiro*. São Paulo: Editora Revista dos Tribunais, 1969, p. 673.

748 FALCÃO, Amílcar de Araújo. *O fato gerador da obrigação tributária*. São Paulo: Editora Revista dos Tribunais, 1973, p. 132.

749 Nossos os parênteses e a ressalva neles contida.

750 SOUSA, Rubens Gomes de. *Compêndio de legislação tributária*. Rio de Janeiro: Edições Financeiras S/A, [s/d] , pp. 75-76.

José Washington Coelho:[751]

> Verificada uma situação legítima de incidência (ocorrência do fato gerador, arts. 114-116), o legislador tem a faculdade de dispensar categorias de contribuintes ou determinados casos do pagamento do imposto. É a isenção.

Cláudio Martins:[752] "A isenção é a dispensa do tributo devido, em virtude de disposição expressa de lei".

Walter Paldes Valério:[753]

> A isenção, como se sabe, é o benefício fiscal instituído pela lei que dispensa, observadas determinadas circunstâncias e condições, o pagamento do crédito fiscal que corresponderia a um fato gerador verificado em relação ao beneficiário.

Fábio Fanucchi:[754] "Se houver dispensa em lei contemporânea à data de ocorrência do fato gerador, está-se diante de uma isenção".

Labora em erro a doutrina que vimos de citar, posto que respeitáveis os nomes que a subscrevem. É que, *permissa venia,* a isenção não é forma de extinção de obrigação pelo dispensamento do crédito, mas fenômeno intrínseco à formação da hipótese de incidência da norma de tributação. Souto Maior, com razão, atribui a erronia neste campo ao transplante acrítico para o nosso Direito de comentários e ensinamentos dos jurisconsultos peregrinos.

---

751 COELHO, José Washington. *Código Tributário Nacional interpretado.* Rio de Janeiro: Correio da Manhã, 1968, p. 176.

752 MARTINS, Cláudio. *Normas gerais de Direito Tributário.* 2ª ed. São Paulo: Forense, 1969, p. 162.

753 VALÉRIO, Walter Paldes. *Programa de Direito Tributário:* parte geral. Porto Alegre: Sulina, 1970, p. 173.

754 FANUCCHI, Fábio. *Curso de Direito Tributário brasileiro.* vol. 1. 3ª ed. São Paulo: Resenha Tributária, 1975, p. 370.

Chega a identificar entre os estrangeiros conceituações similares, v.g., em Angelo Dus[755] e em A. D. Giannini.[756]

A alternativa proposta

Bilac Pinto teve a exata intuição do problema:[757]

> Não pode existir um tributo a cobrar sem que tenha ocorrido previamente um fato imponível. Se, pela lei que concede isenção um fato imponível é excluído do alcance do ônus fiscal, ele perde desde logo essa feição ou categoria de fato imponível para transformar-se em fato não sujeito à imposição tributária.

Ademais, admitir a incidência de uma regra de não incidência é algo contraditório. João Roberto Santos Regnier,[758] em que pese a observação já feita por Souto Maior pouco atrás, acerta em cheio ao observar que:

> Ou a regra jurídica incide e irradia seus efeitos e, nesse mister, o emprego da expressão 'Hipótese de Incidência' é incontestável; ou não incide (em razão de que não produz efeitos jurídicos) e, nesse caso, não se pode aceitar pacificamente a validade do emprego da locução 'Hipótese de não incidência'.

---

755 DUS, Angelo. *Teoria generale dell'illecito fiscale.* Milão: Giuffrè, 1957.

756 GIANNINI, Achille Donato. I Concetti fondamentali di Diritto Tributario. Torino:Torinese, 1956 *apud* FONROUGE, Carlos María Giuliani. Derecho financeiro. vol. 1. 3ª ed. Buenos Aires: Depalma, 1970.

757 A*pud* BORGES, José Souto Maior. *Subvenção financeira, isenção e deduções tributárias.* Separata de: Anuário do mestrado em Direito, Recife, nº 1, pp. 65-84, jan./dez. 1976.

758 REGNIER, J. R. Santos. *A Norma de isenção tributária.* São Paulo: EDUC, Resenha Tributária, 1975, p. 61.

Destarte, é incorreto supor, como faz a doutrina tradicional, que a incidência da norma de tributação precede a incidência da norma de isenção (que, por isso, é "desjuridicizante" ou "destributante"). Tal sucessividade inexiste no plano lógico- jurídico. As relações jurídicas "não se passam no mundo das percepções visuais e auditivas, gustativas ou táteis, passam-se no mundo do pensamento, que é parte do mundo total".[759]

Alfredo Augusto Becker,[760] em que pese a sua convicção de que a isenção é norma (e norma não juridicizante), ao criticar a escola tradicional (isenção como dispensa de pagamento de tributo), oferece-nos um rico adminículo à questão ora tratada, que é a da *integridade* da hipótese de incidência da norma de tributação.

> Na verdade, não existe aquela anterior relação jurídica e respectiva obrigação tributária que seriam desfeitas pela incidência da regra jurídica de isenção. Para que pudesse existir aquela anterior relação jurídica tributária, seria indispensável que antes houvesse incidência da regra jurídica de tributação. *Porém esta nunca chegou a incidir* porque *faltou ou excedeu* um dos elementos da *composição* de sua hipótese de incidência, *sem a qual ou com a qual ela não se realiza*. Ora, aquele elemento faltante, ou excedente é justamente o elemento que entrando na composição da hipótese de incidência da regra jurídica de isenção, permitiu diferenciá-la da regra jurídica de tributação (...). (grifo nosso).

A posição de Becker, retratada na citação, admite que a regra de tributação não incide porque a previsão de isenção retira-lhe a qualidade jurígena de certos fatos considerados "geradores" de

---

759 MIRANDA, Pontes de. *Comentários à Constituição de 1967 com a Emenda n. 1 de 1969*. Tomo 2. Rio de Janeiro: Forense, 1987.

760 BECKER, Alfredo Augusto. *Teoria geral do Direito Tributário*. São Paulo: Saraiva, 1972, p. 277.

obrigação (cooperando, assim, na *formação* da hipótese de incidência da regra de tributação).

O direito subjetivo que se contém na pretensão de não pagar da pessoa beneficiada com previsão legal de isenção ou constitucional de imunidade só aparentemente dá ares de ser deduzido da *lei isentante* ou *imunizante*. A lei existe e vige, mas, em verdade, é da *norma de tributação* que se deduz a inexistência de relação jurídico-tributária. Todo o esforço está centrado em demonstrar que a *norma de tributação não incidiu* por faltar-lhe *tipicidade*.

Aliás, a problemática da norma e a temática da sua incidência implicam diretamente com a teoria da interpretação. Em verdade, os intérpretes das leis: juízes, funcionários públicos, professores, os agentes do Direito, estão sempre às voltas com o problema da *norma*. Em primeiro lugar, controvertem sobre os fatos que compõem a *hipótese da norma*. Em segundo lugar, discutem sobre o *nexo de imputabilidade* entre os fatos e os efeitos jurídicos queridos pelo legislador. Indaga-se, além dos fatos que seriam jurígenos, sobre os reais efeitos decorrentes da sua realização no mundo. Finalmente, quando os fatos estão ocorrendo ou já ocorreram, a controvérsia é sobre se *juridicamente* os ditos fatos efetivamente se deram.

No campo tributário, gasta-se tinta sobre o que é ou não o "fato gerador" desse ou daquele tributo. A discussão aí é sobre a descrição legislativa posta na lei. *A hipótese de incidência da norma* vai depender, obviamente, dos *fatos relatados* pelo legislador como aptos a gerar *tributação*. Melhor, vai depender da "intelecção" do relato. A interpretação não fica aí. Discute-se muito e exaustivamente se a norma incidiu ou não, isto é, se os *fatos ocorridos* guardaram semelhança com os *fatos descritos* na lei (componentes da *hipótese de incidência da norma*).

Isto ocorre porque as palavras com que são feitas as leis são ambíguas, possuem *textura aberta* e são *vagas*, como toda linguagem natural.[761] Disso resulta que as pessoas quase sempre controvertem sobre o *real significado* das palavras. Consequentemente, estas incertezas se transladam para as *normas*, por isso que suas hipóteses são fatos que necessariamente foram descritos pelo legislador.[762] O trabalho está todo em *tipificar as hipóteses de incidência das normas de tributação.*

A diferença entre a exclusão expressa: imunidade e isenções e a não incidência pura ou natural – primeira aproximação

No plano do Direito Positivo, é evidente que a tributação decorre de um ajuizamento prévio da realidade por parte do legislador, em decorrência de que os fatos são medidos e valorados. Alhures, havíamos dito que,[763] "no exercício do poder impositivo, o Estado, além de cingir-se aos ditames da *lex*, curva-se a duas exigências inamovíveis: uma axiológica, outra técnica. Antes de impor o tributo, ao Estado cabe examinar a realidade subjacente, atribuindo-lhe medida e valor. Só depois poderá, adotando técnica condizente, irradiar a imposição tributária".

O aspecto mais saliente do ponto de vista axiológico entronca com a eleição pré--deliberada do fato gerador. Este corresponde a uma opção consciente, e a sua escolha revela, presumivelmente, as potencialidades contributivas ínsitas na coletividade. Dado que é o *suporte real*, fático, da tributação, a pesquisa dele reveste-se

---

761 A propósito, ver: CARRIÓ, Genaro. *Algunas palabras sobre las palabras de la ley*. Buenos Aires: Abeledo-Perrot, 1971. *Passim.*

762 Sobre o assunto, ver trabalho da Profa. Misabel Derzi: DERZI, Misabel de Abreu Machado. *Tipicidade e Interpretação*. 1971. Tese (Doutorado em Direito) - Faculdade de Direito, Universidade Federal de Minas Gerais, Belo Horizonte, 1971.

763 CALMON, Sacha. "A propósito do poder impositivo e das técnicas de tributação". *In*: *Legislação Mineira*, nº 37, Belo Horizonte, 1970.

de invulgar importância e consubstancia todo um ajuizamento da realidade econômico-social.

Importa notar, em princípio, que o fato é sempre um *prius* em face do poder que exerce a imposição tributária. Giorgio del Vecchio[764] ensina:

> A relação jurídica tem sempre substrato real nas coisas e nas pessoas. O Direito não cria os elementos ou termos da relação. Encontra-os já naturalmente constituídos e não faz mais que determiná-los, disciplíná-los: reconhece algo preexistente ao qual dá ou imprime sua forma.

Adaptando a fala ao nosso caso, temos que o ato já existe na realidade exterior ao Direito como *dado pré-constituído*. A sua eleição como suporte de tributação é que lhe confere a qualidade legal de *geratriz de dever tributário*. Mais uma vez, como sempre, ocorre na fenomenologia do Direito, dá-se a "juridicização do fático". No empenho de tornar juridicamente relevantes, sob o ponto de vista tributário, fatos, atos ou situações, o legislador vale-se da lei. Através dela, determina as situações fáticas relevantes aos fins da tributação. Ocorre que os *fatos* nem sempre são simples. Muitos são complexos, proteiformes, apresentam aspectos díspares, sendo necessário muitas vezes distinguir e excepcionar através de comandos expressos de *não tributabilidade*. É quando aparecem, ao lado das regras tributárias, as previsões de imunidade (na Constituição) e isenção (nas leis infraconstitucionais). Caso típico, exemplar, oferta-nos o fato gerador do ICMS. Em princípio, toda circulação de mercadorias promovida por industrial, comerciante ou produtor é tributável. Ocorre que certos "tipos de circulação" não podem, em função de relevantes interesses econômicos ou sociais, ser tributados. Nesse ponto, é absolutamente necessário excepcionar a *regra geral*, seja por imunidade ou através de uma isenção posta por

764 DEL VECCHIO, Giorgio. *Filosofía del Derecho*. Tradução: Luiz Legaz y Lacambra. Barcelona: Bosch, 1942, p. 358.

instrumento infraconstitucional. É a hipótese exata da circulação com destino ao exterior, ou ainda o caso de circulação de obra de arte, que também é mercadoria, promovida por artista ou artesão. Em razão de tais circunstâncias, por um motivo ou outro, não pode o Estado tributar. É que existem regras positivas de exclusão. No primeiro caso, imunidade; no segundo, isenção.

Aqui o momento de retificar a fala de Giorgio del Vecchio, linhas antes. Certamente os fatos preexistem logicamente ao Direito que deles se ocupa, mas o legislador pode "qualificar" ditos fatos de mil maneiras diferentes e lhes atribuir *efeitos diversos*. Ter renda é "fato gerador" do imposto sobre a renda. Todavia, se a renda for obtida em dado lugar, não mais servirá de suporte à tributação. É que pode existir lei isentando a receita assim auferida. *Um mesmo fato* poder dar lugar a efeitos jurídicos diferentes, até mesmo antitéticos, influenciou significativamente a doutrina, com reflexos na área tributária. Certa corrente passou a *qualificar o fato em função de seus efeitos*. Assim, a tributação implicaria um *fato gerador tributário*, e a isenção, um *fato gerador isento*, equívoco que só pode ser superado nos esquadros mais amplos da *teoria da norma jurídica tributária*. Esta tem por hipótese de incidência *fato ou situação* que resulta da totalidade do sistema jurídico positivo. Tal assertiva, neste trabalho mesmo, foi referendada por Becker, Vilanova, Kelsen *et alii*. Partindo, pois, desse pressuposto, temos que as leis e os artigos de lei que preveem tributações, imunidades e isenções em nível do Direito posto são assimilados pela teoria jurídica para o fim de *descrever a norma tributária, composta de hipótese e consequência*. São dois planos diversos que é mister jamais confundir. A norma condensa sistematicamente a normatividade difusa no Direito Positivo. Não se confunde com este Direito, senão que dele dimana, como se fora sua essência.

Ataliba,[765] expressando a ideia de que a norma jurídica é ente de outro nível, diverso da lei, afiança:

---

765 ATALIBA, Geraldo. *Hipótese de incidência tributária*. 5ª ed. São Paulo, Malheiros, 1992, p. 78.

> Hipótese de incidência é a descrição legislativa (necessariamente hipotética) de um fato a cuja ocorrência *in concretu* a lei atribui a força jurídica de determinar o nascimento da obrigação tributária. Pois esta categoria ou protótipo se apresenta sob variados aspectos cuja reunião lhe dá identidade. Tais aspectos não vêm necessariamente arrolados de *forma explícita e integrada na lei*. Pode haver – e tal é o caso mais raro – uma lei que enumere e especifique a todos, mas normalmente os aspectos integrativos da hipótese de incidência estão esparsos na lei, ou em diversas leis, sendo que muitos são implícitos no sistema jurídico. (grifo nosso).

À semelhança de um projetor sofisticado de filmes, o legislador, por razões pré-jurídicas, emite continuamente regras tributárias impositivas e exonerativas (utilizando-se da linguagem que lhe é peculiar, a linguagem vulgar, popular) que expressam a sua vontade de *tributar* ou liberar da tributação *dado, fato ou aspecto de fato*. Se imaginarmos que os "focos jurídico-legais" assim emitidos vão se projetar numa tela, iremos ter a visão de uma "figura típica"; a figura ou perfil do *fato jurígeno* que constitui a hipótese de incidência da norma de tributação.

Vimos, quando tratamos da teoria da norma jurídica tributária, que a sua *hipótese de incidência* é constituída pela descrição do fato, e que é exatamente a *ocorrência* desse fato que provoca a *incidência* do dever jurídico previsto no comando ou consequência da norma. Vimos, ademais, que este fato jurígeno, embora uno, pode ser decomposto logicamente em aspectos: 1) material; 2) espacial; 3) temporal; 4) pessoal. Vale dizer, o *fato*, além de um *substrato* (aspecto material), está referido ao tempo, ao espaço e às pessoas com ele envolvidas (aspectos pessoal, temporal e espacial). Evidentemente os fatos são ricos[766] e apresentam inúmeras facetas.

766 Geraldo Ataliba, em lição de grande valor científico, diz que: "A hipótese de incidência não deixa de ser una e indivisível pelo fato de possuir diversos aspectos cuja consideração não implica sua decomposição em 'partes ou elementos'". É sabido que a hipótese de incidência descreve um fato jurígeno.

Pois bem, a qualificação dos fatos geradores de tributação é feita, em todos os seus aspectos, através de leis impositivas e exonerativas. As previsões exonerativas se fixam ora no aspecto temporal, ora no aspecto pessoal, ora, ainda, no aspecto espacial da hipótese de incidência, para produzir o fator de intributabilidade. O fato de uma pessoa física, residente no país há mais de 12 meses, ter obtido renda acima de "Y" em determinado exercício social (ano-calendário) constitui a hipótese de incidência do imposto sobre a renda da pessoa física, segundo a lei Alfa 1. A lei Alfa 2, no entanto, determina: "Se a pessoa que aufere a renda for diplomata de país estrangeiro residente no país, não pagará o imposto previsto na lei Alfa 1". A lei Alfa 3 diz, a seu turno, que "se a pessoa residir na zona de Pasárgada, estará isenta do imposto".

A lei Alfa 1 pôs a tributação de modo genérico. A lei Alfa 2 instituiu uma *isenção subjetiva*, porque referida ao aspecto pessoal da hipótese de incidência,[767] e a lei Alfa 3 colocou uma isenção qualificada em função do lugar onde ocorre a hipótese de incidência.

Em suma, tanto faz dizer na lei de tributação que o "fato gerador" do imposto é ter renda, com exceção das diárias e ajudas de custo pagas pelos cofres públicos, quanto dizer, apenas, que a obtenção da renda é "fato gerador", e, noutra lei, de isenção, declarar que a renda obtida à conta de diárias e ajudas de custo pagas pelos cofres públicos é isenta. Numa só lei ou em diversas, o importante é que o legislador expresse a sua vontade sobre o que *gera ou não a tributação*. A coleta, pelo jurista, do fato composto

---

Como tal, é uma unidade, embora os elementos pré-jurídicos arrecadados pelo legislador, para descrevê-lo, possam ser múltiplos ou complexos. Preferimos falar em aspectos da hipótese de incidência porque, na verdade, esta unidade conceitual pode ser encarada, examinada e estudada sob diferentes prismas, sem se destituir do seu caráter unitário (ATALIBA, Geraldo. *Hipótese de incidência tributária*. 5ª ed. São Paulo, Malheiros, 1992, pp. 79-80).

767 Aqui se demonstra, mais uma vez, a imprescindibilidade do aspecto pessoal na hipótese de incidência da norma de tributação, contrariamente ao que pensa Paulo de Barros Carvalho (CARVALHO, Paulo de Barros. *Teoria da norma tributária*. São Paulo: Lael, 1974).

por tais declarações de vontade, devidamente combinadas, resulta no *perfil último da hipótese de incidência da norma de tributação.* No exemplo precedente, o que o legislador disse nas leis Alfa 1, 2 e 3 poderia ter dito numa só lei ao declarar sua vontade a respeito do *fato jurígeno tributário.*

Ora, é a conjunção final de todas as declarações do legislador sobre o fato jurígeno que delineia, compõe, estrutura a hipótese de incidência da norma de tributação.

Sob o ponto de vista do Direito Positivo, a imunidade e a isenção são *declarações expressas do legislador sobre fatos ou aspectos fáticos, negando-lhes efeitos tributários.* Dessarte, a definição das "situações-base" dos tributos caracteriza-se pela modificação contínua de seus termos, comportando inevitável delimitação da realidade social subjacente. Isto advém dos critérios de avaliação postos à disposição do legislador, senhor da oportunidade, inoportunidade, conveniência ou inconveniência da tributação em relação a determinado número de aspectos da "situação-base" do tributo.

Um mesmo fato, "grosso modo", pode referenciar interesses diferentes e, disto, descende a exigência de subtrair alguns itens do fato do raio da imposição, através das previsões excludentes: caso da circulação de mercadorias no país, tributada, e direcionada para o exterior, imune. A configuração dos fins extrafiscais nas normas de tributação nada mais é que a tradução, em termos finalísticos, dos critérios de ordem político-social na avaliação das "situações jurígenas". Estes critérios estão sujeitos a variações frequentes, expressão dos mutáveis objetivos políticos, econômicos e sociais.

A razão fundamental para a coexistência das disposições de imposição com aqueloutras de exclusão, acarretando, como visto, constante mutação no perfil dos "fatos imponíveis", deve-se a uma situação de compromisso entre as exigências do *princípio da justiça*[768]

---

768 A aspiração de justiça, embora cada época e cada povo a visualize diferentemente, é constante na base das sociedades humanas. Os valores que se

e os influxos do princípio da segurança, cujo principal requisito é a certeza do direito. O princípio da segurança exige leis estáveis e dotadas de clareza. As necessidades do poder e as aspirações de justiça provocam disciplinas diversas, caso por caso e a todo momento. Em função da exigência de certeza do direito, as leis impositivas são estáveis, simples, e delineiam as linhas básicas dos "fatos geradores". Em torno delas surgem as leis exonerativas ou dispositivos de exclusão, com disposições cuja função precípua é precisar a situação-base, adequando-a às variações que se processam na realidade econômico-social.

O "fato jurígeno", para lá da sua intrínseca textura, decorre em boa parte de "qualificações" subjetivas operadas pelo legislador em razão de um número bem elevado de circunstâncias. E, assim, o reconhecimento de todos os termos que constituem os "fatos geradores" das normas fiscais tem que ser feito a todo momento, através do exame completo do universo legal, compreendendo as regras de imposição e de exclusão.

A questão da não incidência – Conclusão

Se, sob o ponto de vista do Direito Positivo, a imunidade e a isenção são declarações expressas do legislador sobre fatos ou aspectos de fatos ou estados de fato, negando-lhes efeitos tributários impositivos, não vemos como, neste plano, compará-las com a chamada "não incidência natural ou pura". A imunidade e a isenção são, existem, vêm de entes legais positivos. A não incidência natural ou pura como tal inexiste, é um não ser. A imunidade e a isenção são técnicas legislativas.

---

desprendem dessa aspiração infiltram, e cada vez mais, os Direitos Positivos, elevando-os constantemente.

Exoneração nas consequências das normas de tributação – Quantitativas

As imunidades e as isenções são espécies exonerativas encontradiças nas hipóteses das normas de tributação, moldando o perfil do fato imponível (fato gerador *in abstractu*, fato típico, fato jurígeno etc.). Outras espécies exonerativas estão nas consequências normativas das regras de tributação, compondo o perfil do dever jurídico. A descrição do dever tributário: quem deve pagar (sujeito passivo), quem deve receber (sujeito ativo), quando, como, onde, em que montante deve ser realizada a prestação (objeto), está nas consequências jurídicas das normas tributárias ou, se se prefere, nos mandamentos normativos.

Reduções diretas de bases de cálculo e de alíquotas – O efeito das leis que as preveem

As reduções de bases de cálculo e de alíquotas decorrem do modo de calcular o conteúdo pecuniário do dever tributário, determinando uma forma de pagamento – elemento liberatório do dever – que implica, necessariamente, redução do *quantum* tributário em relação à generalidade dos contribuintes (ou em relação à situação impositiva imediatamente anterior).

Nos tributos de alíquotas seletivas, a presença jurídica da tributação amenizada só pode ser detectada levando-se em conta a alíquota anterior incidente sobre a operação. Referimo-nos a tributos do tipo do IPI, cuja tabela de alíquotas é imensa, e em cujos encerros cada produto é *aliquotado* especificamente. Existindo, de saída, alíquotas heterogêneas, *a redução só pode ser percebida* quando um mesmo produto passa a ser tributado a menor. É o que ocorre, de vez em quando, por efeito das chamadas "reduções da carga fiscal", cujo fito é, em termos de política fiscal, ativar as vendas de setores da economia às voltas com retração de demanda.

Os tributos, contudo, dotados de uniformidade de alíquotas e de bases de cálculo,[769] permitem que a redução possa ser observada em contraste com o campo restante sujeito a tributação. É o caso do ICMS dotado de uniformidade de alíquotas. Quando dada mercadoria passa a ser tributada não mais sobre o "valor da saída" – preço de venda ou transferência –, mas sobre 10%, digamos, desse valor, estamos em face de evidente redução de *tributo devido*. E isto é exoneração tributária. Uma espécie de exoneração, melhor dizendo, bem diversa da *isenção ou da imunidade*.

Tecnicamente, as reduções de bases de cálculo e de alíquotas deveriam ser sempre parciais, porquanto as exonerações totais já são atendidas através das fórmulas isentantes e imunizantes. A atuação do legislador sobre o dever tributário, minimizando-o por razões extrafiscais, deveria cingir-se àquelas hipóteses em que, não querendo dar exoneração integral, preferisse apenas reduzir o *quantum debeatur*. Haveria o dever tributário, a obrigação tributária, todavia o *quantum* a pagar seria menor. Com efeito, não faz sentido dizer que da ocorrência do fato "Y" (hipótese de incidência) deve ser a prestação (consequência jurídica imputada ao suposto), mas, ao determiná-la, dizer que é nenhuma, porque não há base de cálculo ou não há alíquota (alíquota zero).

As regras que estipulam estas reduções totais nas consequências normativas – as leis contemplam tais hipóteses – atingem o objetivo econômico colimado, que é exonerar o contribuinte. À luz da Ciência do Direito, a norma que prevê *um fato jurígeno criador de vinculum juris* entre dois sujeitos, em que o *solvens* nada deve ao *accipiens*, é, sem dúvida, uma norma incoerente, uma espécie de desperdício normativo, embora não chegue a ser um despautério. As coisas se passam mais ou menos assim: "B" pratica um fato,

---

769 Preferimos a denominação "base imponível", como sugerido por Geraldo Ataliba. É que, muitas vezes, o tributo não oferece possibilidade de cálculo, mas apenas uma base para a imposição do gravame. Caso de certas taxas: por alvará concedido, R$ 50,00. Se usamos a expressão "base de cálculo", é para facilitar a comunicação segundo os usos e costumes.

previsto em lei, que o torna devedor de "A". Contudo, no momento de calcular monetariamente o valor da dívida de "B" em prol de "A", verifica-se que é *nenhuma* (ou a alíquota é "zero", ou inexiste base de cálculo).

Alíquota zero

Não obstante, o legislador tem insistido na técnica da "alíquota zero" e do "não tributado", mormente nas áreas do IPI e do Imposto de Importação. Diga-se para logo que as expressões "livre", "alíquota zero" e "não tributado" têm, para nós, o sentido de produto não aliquotado. O IPI, assim como os Impostos de Importação e Exportação, possuem "fatos geradores" genéricos que atingem uma infinidade de produtos. Ocorre que, nas respectivas tabelas de incidência, certas alíquotas não existem, o que de modo algum significa ausência de fato gerador, mas sim de medida para cálculo do dever tributário.

Muito se tem discutido na doutrina sobre o exato significado dessas figuras, cujos efeitos são idênticos, em termos econômicos, aos da isenção e da imunidade. Para um setor expressivo da doutrina, tais fenômenos exonerativos ou, melhor dizendo, todos os demais modos exonerativos fulcrados na existência da obrigação, que não a imunidade vista como limitação ao poder de tributar, deveriam ser assimilados pelo conceito de isenção. Esta, então, tenderia a *nominar* toda uma gama de modos exonerativos, transmudando-se em gênero o que hoje é espécie. Albino de Oliveira[770] dá-nos uma mostra da doutrina que vimos de referir:

> O termo isenção usado pelo legislador constituinte na redação do § 6º do art. 23, numa interpretação sistemática da Constituição, deve ser ampliado de modo a compreender

---

770 OLIVEIRA, Fernando Albino de. "Isenção do ICM". *Revista de Direito Público*, vol. 27, p. 230.

> quaisquer benefícios tributários, entendidos estes como sendo os concedidos no âmbito da relação jurídica obrigacional entre fisco e contribuinte, antes de sua extinção pelo pagamento do imposto. Tal ampliação, entretanto, não permite abarcar também as vantagens financeiras, outorgadas em momento lógico e cronologicamente posterior ao da extinção do crédito tributário (...).

Esta posição possui a desvantagem de estimular a promiscuidade conceitual, não distinguindo, nos fenômenos exonerativos, os que se dão nas hipóteses das normas de tributação dos que são determinados nas "consequências" ou "comandos".

Ao procurar estender o conceito de isenção a toda e qualquer fórmula exonerativa contida no desenho obrigacional, a posição *in examen* pratica um velho expediente de tecnologia jurídica: a assimilação das figuras afins. Sem embargo, discordamos. Deve-se reservar à isenção o sentido que lhe é peculiar. As demais figuras exonerativas, a seu turno, devem ser juridicamente esculpidas, ganhando cada qual sentido próprio. A cada espécie deve corresponder um *status* inconfundível, definido e, por isso mesmo, como o nome está a indicar, *específico*! O conjunto das espécies é que forma o gênero da exoneração tributária, figura ainda por construir. Nesse caso, o expediente casuístico, imediatista, posto que pragmático da assimilação: o transmitir ao novo (as novas fórmulas exonerativas) os conceitos do velho (a isenção, mais estudada e disciplinada) seria substituído pela técnica da *construção jurídica*, mais útil e fecunda. Por outro lado, ontologicamente, isenção e "alíquota zero" são mesmo profundamente diversas. A isenção exclui da condição de "jurígeno" fato ou fatos. A alíquota é elemento de determinação quantitativa do dever tributário. Se é zero, não há o que pagar.

Há quem dissinta na doutrina sobre a especificidade da alíquota zero. Esta seria o mesmo que a isenção. O argumento trabalha a ideia de que o *Direito* não pode ser redutível a uma mera ideia arquitetônica formal. O "fato gerador" da obrigação tributária seria, antes de mais nada, como o nome está a indicar, um "fato jurígeno" (criador de efeitos jurídicos). Assim, a teoria do fato gerador estaria radicalmente comprometida com o "princípio da funcionalidade". Ao que a tese ora exposta, por admitir um "fato gerador que nada gera" (não há alíquota positiva), estaria admitindo uma obrigação sem objeto. Sabido que a obrigação só nasce para se extinguir, porquanto é da sua essência a *transitoriedade*, a aceitação da tese implicaria o *absurdo normativo* de uma obrigação sem credor, nem prestação, nem obrigado.

O argumento, a princípio, impressiona. Todavia, se nos detivermos em sadia reflexão, veremos que o fenômeno da alíquota zero não é isolado em termos jurídicos. No Direito Penal, há crime sem punibilidade, tanto quanto no Direito Tributário existe fato gerador sem tributação. Ora, é da lógica jurídica que a "descrição hipotética de fato delituoso" só exista para possibilitar a sua sanção caso venha a dar-se o delito no mundo fático. Não obstante, hipóteses existem em que nuanças situadas no preceito, não "descriminantes", evitam a punibilidade. É o caso do casamento do ofensor com a ofendida na sedução. É ainda o caso da reposição do desfalque no peculato culposo. Em ambos os casos, existe a "hipótese de incidência", a descrição do crime, e há o crime apropositador da sanção. Esta, todavia, não ocorre se se realizam os nódulos da impunibilidade previstos no plano da consequência da norma penal. *Mutatis mutandis,* é o que ocorre com a alíquota zero. Existe a hipótese de incidência (descrição do fato gerador) apropositadora da tributação. Só não há tributo porque, no plano da consequência da norma tributária, existe ressalva expressa de intributabilidade, traduzida na fixação de uma alíquota zero, elemento impossibilitador de quantificação do dever tributário. No Direito Tributário, é possível a técnica da alíquota zero porque o tributo possui natureza pecuniária. No Direito Penal, equivaleria a dizer que há o crime, mas não há a pena (impunibilidade).

A *ratio* de tudo isso?

No Direito Penal, são os interesses de ordem moral ou econômica (hipótese de reposição do prejuízo em tema do peculato). No Direito Tributário, são as razões também econômicas ou de política fiscal.[771]

A crítica dos que inadmitem a alíquota zero, *concessa venia*, é paradoxalmente muito mais "formal" do que "funcional". Não há nada mais funcional do que a alíquota zero como técnica de tributação, sendo de grande utilidade prática nos gravames do fato gerador genérico com alíquotas múltiplas e seletivas. Efetivamente, no campo do IPI e do Imposto de Importação, o fato jurígeno tributário é genérico. Específicas são as alíquotas por produto.

Em situações que exijam decisões rápidas em resposta à conjuntura, muitas vezes, é conveniente não tributar temporariamente dado produto. Isentá-lo para novamente tributá-lo, e assim por diante, demandaria tempo e submissão a princípios irredutíveis, tais quais o da legalidade e o da anterioridade da lei tributária em relação ao exercício da cobrança do tributo. Por ser "funcional", a técnica da alíquota zero substitui com vantagem a isenção.

De se concluir, portanto, que, em Direito, técnica altamente teleológica, a alíquota zero cumpre papel de assinalada utilidade sem se confundir com a isenção, inadequada ou imprópria para resolver certas situações.

Ademais disso, encontra explicação lógica na teoria da norma tributária.

A incongruência que muitos enxergam na alíquota zero decorre de uma defeituosa postura metodológica. Enxerga-se a *norma* apenas como um instrumento de tributação. Ora, ela é também um instrumento de *exoneração*. Não é apenas funcional pela metade. É funcional por inteiro. Faz sentido, em nível prático e lógico, a alíquota zero.

---

771 No Direito Penal, muitas vezes, há o crime, e uma regra de competência permite ao juiz tirar a pena (perdão judicial).

O Supremo Tribunal Federal tem decidido reiteradamente que isenção e alíquota zero não se confundem.[772] A Corte, embora não tenha até hoje fixado os fundamentos científicos da distinção, o que poderia fazer com fulcro na teoria da norma jurídica tributária, tem preferido, circunstancialmente, escorar-se na teoria clássica da isenção, que enxerga na *dispensa legal do pagamento do tributo* o cerne de fenômeno isencional. O STF tem entendido haver uma obrigação surgida e atuante de pagar tributo que fica elidida pela superveniência da regra de isenção, dispensadora do pagamento, a excludente do crédito tributário. No RE n. 76.284,[773] está dito que as "decisões proferidas pelo Supremo Tribunal Federal distinguiram a isenção da tarifa livre ou zero por entender que a figura da isenção tem como pressuposto a existência de uma alíquota positiva e não a tarifa neutra, que corresponde à omissão da alíquota do tributo".

E mais:

> Se a isenção equivale à exclusão do crédito fiscal (CTN, art. 97, VI) o seu pressuposto inafastável é o de que exista uma alíquota positiva que incida sobre a importação da mercadoria. A tarifa livre ou zero, não podendo dar lugar ao crédito fiscal, exclui a possibilidade da lei de isenção.

Embora inaceitável que a isenção pressuponha, antes, a tributação, como visto,[774] somos favoráveis à distinção empreendida pela Suprema Corte. Evidentemente, opomos reparo ao fundamento dos decisórios.

---

772 RE n. 72.433, *RTJ* 63/468; RMS n. 18.191, *RTJ* 47/781; RE n. 72.452; RMS n. 18.616; REMS n. 18.618; RE n. 73.986; *RTJ* 62/809; RE n. 72.872; RE n. 66.567.

773 *Gazeta Mercantil*, São Paulo, 28.11.1974.

774 Se a lei, v.g., diz que a operação "remessa de cebolas do produtor para o comprador" é isenta do ICMS, tal fato está excluído do rol dos fatos que geram a obrigação de pagar ICMS.

A isenção, é de ver, distingue-se da alíquota zero pelo fato de a *previsão isencional* relacionar-se com a *hipótese de incidência da norma* (construção jurídica do fato gerador) e a alíquota zero ligar-se à descrição do dever tributário, atribuindo-lhe conteúdo de gratuidade. Por isso mesmo, o STF, na cita que vimos de transcrever, afirma que "a tarifa livre ou zero *não podia dar lugar a crédito fiscal*" e que, portanto, "excluía a lei de isenção" (grifos nossos). Pena não se ir às últimas consequências da assertiva, plena de elementos para tanto. A lei não incide. O que incide é a norma decorrente da lei ou das leis.

Certo, para haver alíquota zero *nulificando o dever*, é necessária a incidência da hipótese de tributação.

O assunto, advirta-se, não é destituído de interesse prático. Como sabido, as legislações contemplam hipóteses de isenções reflexas: será isenta do ICMS a operação que o for do Imposto de Importação, v.g. Esta regra já existiu no Direito brasileiro.

Assim sendo, a atribuição por simples ato administrativo (Resolução do CPA) de uma "alíquota zero" a dado produto gravado pelo Imposto de Importação não lhe conferia o *status* jurídico de produto isento do ICMS.

A tese em defesa da alíquota zero, enquanto ente diverso da isenção e da imunidade, apresenta quatro fundamentos: o primeiro, escudado na teoria da norma tributária; o segundo, ancorado na técnica da funcionalidade; o terceiro, fundado na universalidade do instituto, comum aos impostos aduaneiros, entre nós estendido ao IOF e ao IPI; o quarto, estadeado na contenção ao poder de tributar e de exonerar sem prévia lei.

Despreza-se aqui o resultado comum dos três institutos, a oclusão do dever de pagar dado imposto. O imune, o isento e o não tributado (alíquota zero) não pagam imposto algum. De fora a imunidade, fixemo-nos nas diferenças entre a isenção e a alíquota zero.

Estrutura da norma – A hipótese de incidência dos impostos descreve fatos jurígenos (descritor). A isenção descreve aspectos não tributáveis ligados a pessoas, atos, fatos ou situações, em função do tempo, do lugar e das pessoas ligadas à materialidade dos fatos jurígenos.

Às vezes, a norma isentiva especializa aspectos específicos da própria materialidade eleita como jurígena. Em quaisquer circunstâncias, o fato isento traduz uma realidade não jurígena. A isenção entra na hipótese da norma aprumando a descrição do fato gerador, que, por isso, não ocorre, impedindo o nascimento do dever tributário. A alíquota, a seu turno, é um quantificador do dever tributário já nascido. Sendo zero, nulifica o *quantum* devido, atuando no mandamento da norma. É no momento de apurar o *quantum debeatur* da obrigação que a técnica atua. O mandamento da norma é um prescritor. Sem valor, a prescrição é, mas não tem como incidir no mundo fenomênico (não há prestação).

Funcionalidade: nos impostos que exigem respostas rápidas às conjunturas, caso dos impostos aduaneiros; as leis ou as Constituições dos mais diversos países autorizam o administrador a variar sem lei as alíquotas, sem afetar os fatos geradores, os quais, como sabido, somente podem ser instituídos e modificados por meio de lei (princípio da legalidade). Entre nós a isenção, sem exceção, é matéria sob reserva de lei (art. 97 do CTN). A Constituição, porém, permite, no tocante ao IPI, IOF, Imposto de Importação e Exportação; ao Poder Executivo variar as alíquotas por ato administrativo (art. 153, § 1º da Constituição Federal). Ao Executivo não se permite tornear os fatos geradores desses impostos; só o legislador pode alterá-los. Estamos falando de praticidade.

Universalidade: a experiência jurídica dos povos, especialmente nos chamados impostos aduaneiros, contempla a alíquota zero, ao lado da isenção, pelo que a sua existência não é esquisitice nossa, mas prática consuetudinária e universal.

CAPÍTULO XXX

SEGURANÇA JURÍDICA EM MATÉRIA ELEITORAL[775]

Tarcisio Vieira de Carvalho Neto

Introdução

Na contemporaneidade jurídica, os princípios constitucionais, dotados de força normativa e eficácia concreta, merecem atenção qualificada dos estudiosos do Direito.

Dentre os diversos princípios merecedores de constante exploração científica, destaca-se o da segurança jurídica, muito

775 Artigo produzido para composição de obra coletiva erigida em justa homenagem ao em. Min. Gilmar Ferreira Mendes, por ocasião dos seus quinze anos de Supremo Tribunal Federal. S. Exa., em três lustros de magistratura suprema, é diretamente responsável por incrível salto de qualidade na literatura jurídica nacional, notadamente no campo do Direito Público. Por sua vasta e erudita produção acadêmica, faz jus ao título de um dos maiores juristas brasileiros não só do seu tempo, mas de todos os tempos. Noutro giro, sua atuação no campo jurisdicional, tanto no Supremo Tribunal Federal quanto no âmbito do Tribunal Superior Eleitoral, é igualmente relevante. A partir de sua pena certeira, foram fincadas estacas indeléveis na jurisprudência pátria, sobre as quais repousam confortáveis o devido processo legal e o Estado Democrático de Direito brasileiro. E no tema do presente estudo – segurança jurídica em matéria eleitoral –, sua contribuição tem sido invulgar.

em voga nas crescentes preocupações da academia e na atividade diuturna dos tribunais pátrios.

Conquanto não seja estabelecido de forma explícita no corpo permanente do texto constitucional atual, é possível extrair o princípio em debate não só do seu preâmbulo, mas também de vários dispositivos,[776] o que exige, do intérprete leal, uma visão mais abrangente de suas múltiplas vertentes, não só jus-publicísticas, mas também daquelas outras relativas à pretensão legítima de elevação do grau civilizatório da coletividade.

Diogo de Figueiredo Moreira Neto,[777] com mestria, definiu como direitos fundamentais os que vêm expressos, explícita ou implicitamente, no Título I da Constituição (arts. 1º a 4º), destacando-se o da segurança jurídica. Afora a emblemática menção no rol de direitos fundamentais, asseverou ainda o autor que se trata "*a segurança jurídica de um megaprincípio do Direito, o cimento das civilizações, que, entre outras importantes derivações relevantes para o Direito Administrativo, informa o princípio da confiança legítima, o princípio da boa-fé objetiva, o instituto da presunção de validade dos atos do Poder Público e a teoria da evidência (...)*".[778]

---

776 Alguns preceitos evidenciam a opção constitucional pela segurança jurídica como princípio estruturante do Estado de Direito, como, por exemplo: *A lei não prejudicará o direito adquirido, o ato jurídico perfeito e a coisa julgada.* (Art. 5°, XXXVI); *Não há crime sem lei anterior que o defina, nem pena sem prévia cominação legal.* (Art. 5°, XXXIX); *A lei penal não retroagirá, salvo para beneficiar o réu.* (Art. 5°, XL); *a lei que alterar o processo eleitoral entrará em vigor na data de sua publicação, não se aplicando à eleição que ocorra até um ano da data de sua vigência.* (Art. 16); Art. 103-A (...) § 1º *A súmula terá por objetivo a validade, a interpretação e a eficácia de normas determinadas, acerca das quais haja controvérsia atual entre órgãos judiciários ou entre esses e a administração pública que acarrete grave insegurança jurídica e relevante multiplicação de processos sobre questão idêntica.*

777 NETO, Diogo de Figueiredo Moreira. *Curso de Direito Administrativo.* 14ª ed. Rio de Janeiro: Forense, 2006, p. 78.

778 Obra citada, p. 79

Ao que Celso Antônio Bandeira de Mello acresceu:

> Ora bem, é sabido e ressabido que a ordem jurídica corresponde a um quadro normativo proposto precisamente para que as pessoas possam se orientar, sabendo, pois, de antemão, o que devem ou podem fazer, tendo em vista as ulteriores consequências imputáveis a seus atos. O Direito propõe-se a ensejar uma certa estabilidade, um mínimo de certeza na regência da vida social. Daí o chamado princípio da "segurança jurídica", o qual, bem por isto, se não é o mais importante dentro dos princípios gerais de Direito, é, indisputavelmente, um dos mais importantes entre eles.[779]

Confira-se o dever de previsibilidade que deve pautar os atos do Poder Público, na preciosa lição de Geraldo Ataliba:

> O quadro constitucional que adota os padrões do constitucionalismo – do ideário francês e norte-americano instalado no mundo ocidental, nos fins do século XVIII – e principalmente a adoção de instituições republicanas, em inúmeros Estados, cria um sistema absolutamente incompatível com a surpresa. Pelo contrário, postula absoluta e completa previsibilidade da ação estatal pelos cidadãos e administrados. É que o legislador atua representando o povo e expressando seus desígnios.
>
> (...)
>
> O legislador e – com maior razão – o administrador não surpreendem o povo. Isso está na consciência cívica intransigente e robusta do *taxpayer* americano como no senso de responsabilidade do *public servant* inglês; é essência do espírito administrativista do servidor francês, como da alma de qualquer agente político ou administrativista alemão. Se os padrões culturais europeus criam clima mais favorável a

---

779 MELLO, Celso Antônio Bandeira de. *Curso de Direito Administrativo*. 28ª ed. São Paulo: Malheiros, 2011, p. 124.

> esse tipo de responsabilidade política, é certo, também, que tais modelos foram entre nós sempre apresentados como paradigmáticos.
>
> (...)
>
> Sob a designação de *fair administration*, a doutrina norte-americana desenvolve essa necessária implicação do princípio republicano (síntese da ideia de democracia representativa), que é a natural lealdade do Estado (Estado-legislador e Estado-administrador, para usar a fecunda elaboração do saudoso Oswaldo Aranha Bandeira de Mello) para com seus cidadãos.[780]

Ao fazer considerações preliminares sobre o tema, Gilmar Ferreira Mendes[781] observa:

> É possível que a aplicação da lei no tempo continue a ser um dos temas mais controvertidos no Direito hodierno. Não raro, a aplicação das novas leis às relações já estabelecidas suscita infindáveis polêmicas. De um lado, a ideia central de segurança jurídica, uma das expressões máximas do Estado de Direito; de outro, a possibilidade e a necessidade de mudança. Constitui grande desafio tentar conciliar essas duas pretensões em aparente antagonismo.

E, após destrinchar aspectos relevantes acerca das garantias constitucionais do direito adquirido, do ato jurídico perfeito e da coisa julgada, bem como dos graus de retroatividade da lei – máxima, média e mínima – o autor elucida que "*o estudo da doutrina do direito adquirido é também o estudo de suas limitações para atender às diversas demandas concernentes à proteção das situações jurídicas constituídas ou em via de consolidação*" e,

---

780 ATALIBA, Geraldo. *República e Constituição.* 2ª ed. 2ª tiragem. São Paulo: Malheiros, 2001, pp. 171-172.

781 MENDES, Gilmar Ferreira. BRANCO, Paulo Gustavo. *Curso de Direito Constitucional.* São Paulo: Saraiva, 2013, pp. 352-3.

em irretocável associação, arremata: "*em verdade, a segurança jurídica, como subprincípio do Estado de Direito, assume valor ímpar no sistema jurídico, cabendo-lhe papel diferenciado na realização da própria ideia de justiça material*".[782]

Com a vinda à baila do Código de Processo Civil de 2015, cuja principiologia envolve regras de cooperação, vedação de decisões-surpresa, boa-fé, ordem cronológica dos julgamentos e motivação, além de prever a submissão do juiz aos fins sociais, às exigências do bem comum, ao resguardo da dignidade da pessoa humana e aos postulados da proporcionalidade, da razoabilidade, da legalidade, da publicidade e da eficiência (art. 8°), inúmeros temas processuais estão carentes de revisitação doutrinária e jurisprudencial, dentre os quais, no específico contexto da segurança jurídica, a questão relativa à força dos precedentes judiciais, versada nos arts. 926 e 927.

Deveras, o dever atribuído a todo e qualquer tribunal de uniformizar a sua jurisprudência e mantê-la estável, íntegra e coerente, de modo a que seja obrigatoriamente observada por juízes e tribunais, isto é, com eficácia vertical e horizontal, consubstancia uma das melhores novidades deflagradas pelo NCPC. O tema é importante não só no processo civil comum, não especializado, mas também nos domínios do processo eleitoral, marcado por peculiaridades que aumentam a importância da jurisprudência eleitoral, em nome da segurança jurídica, da proteção da confiança e da isonomia, tônicas das múltiplas atividades desenvolvidas, no contexto contemporâneo brasileiro, pela Justiça Eleitoral.

Na seara eleitoral, pródiga de lacunas normativas, ontológicas e axiológicas, é dos princípios do Direito Eleitoral e da jurisprudência setorial das Cortes eleitorais, em especial da do Tribunal Superior Eleitoral, que se retira a harmonia sistêmica que vivifica o processo de depuração da democracia brasileira. E, no momento em que o Tribunal Superior Eleitoral relança seus enunciados de

---

782 Obra citada, pp. 380-381.

súmula, já modernizados e compatibilizados com os novos tempos e com a nova lei processual comum, que lhe é aplicada subsidiária e supletivamente, convém precisar a intensidade da sua "força obrigatória" em relação a si e aos demais juízes e tribunais eleitorais.

De outro lado, a Lei n. 9.784/99, regente das atividades administrativas da Justiça Eleitoral, já havia cultuado, sem alarde, a segurança jurídica, sem que se tenha ainda, infelizmente, uma cultura burocrática mais sólida, voltada à concretização e à sua natural adoração.

O tema merece destaque, ainda, no contexto do art. 16, da Constituição de 1988.

O texto constitucional acima aludido – no sentido de que "a lei que alterar o processo eleitoral entrará em vigor na data de sua publicação, não se aplicando à eleição que ocorra até um ano da data de sua vigência" – impõe restrições não só à atividade legislativa do Congresso Nacional, mas também às atividades jurisdicional e administrativa da Justiça Eleitoral.

Se o próprio legislador não pode alterar as regras do jogo democrático em andamento, em evolução, o que se dirá da Justiça Eleitoral? É dizer: se a própria lei eleitoral – a qual goza de inegável superioridade em relação à sentença e ao ato administrativo eleitorais – está condicionada a regimes de transição, também não devem ser toleradas guinadas jurisprudenciais abruptas e reorientações administrativas radicais da Justiça Eleitoral no período de defeso que antecede os pleitos eleitorais.

De se ver, assim, que a segurança jurídica, na seara eleitoral, seja na atuação jurisdicional seja na atuação administrativa, é a métrica de uma Justiça Eleitoral cada vez mais comprometida com o Estado de Direito da justiça material.

1 Especificidades do Novo Código de Processo Civil (CPC/2015) e sua aplicação supletiva e subsidiária aos processos eleitorais e administrativos

O NCPC, arvorando-se numa espécie de teoria geral do processo, abrangente dos processos judicial e administrativo – na trilha da aproximação sistêmica empreendida pelo disposto no art. 5º, LV e LXXVIII, da CF/88 – preocupou-se em estabelecer, em seu art. 1º, que o processo deve ser ordenado, disciplinado e interpretado conforme os valores e as normas fundamentais estabelecidos na Carta Política Maior. E o art. 8º acrescenta que "*ao aplicar o ordenamento jurídico, o juiz atenderá aos fins sociais e às exigências do bem comum, resguardando e promovendo a dignidade da pessoa humana e observando a proporcionalidade, a razoabilidade, a legalidade, a publicidade e a eficiência*".

Diante da aplicação cabal do novel CPC (Lei n. 13.105, de 16 de março de 2015), convém aquilatar, por exemplo, dentre outros temas de sofisticada indagação, se o sistema de valorização dos precedentes judiciais tem aplicação no âmbito setorial do processo eleitoral.

A alusão à aplicação supletiva do NCPC (art. 15) aos feitos eleitorais e administrativos, aliás, guarda correspondência com a ideologia subjacente ao novo diploma processual de se intitular uma espécie de "teoria geral do processo", aplicável, em maior ou menor grau, mas "na máxima extensão" possível, a todos os setores processuais específicos, doravante mais dialogados, mais harmonizados entre si,[783] sendo inadiável interpretação ao mesmo

---

783 Aliás, a leitura dos primeiros artigos do NCPC fomenta tal impressão. Perceba-se, por exemplo, que, no art. 1º, está vertida a regra segundo a qual "*o processo civil será ordenado, disciplinado e interpretado conforme os valores e as normas fundamentais estabelecidos na Constituição da República Federativa do Brasil...*". Também são intuitivas as normas erigidas nos arts. 6º, 7º e 8º, no sentido de uma aplicação por assim dizer mais "monolítica" do sistema processual, justamente na linha do que desejou o texto

tempo amistosa e obsequiosa da ampliação do seu espectro de incidência "*além-muros*".

No que interessa mais de perto aos fins do presente estudo, faz sentido a seguinte indagação: a partir do NCPC, aplicam-se à Justiça Eleitoral, dentre outras, as regras concernentes à técnica de valorização dos precedentes judiciais? Mais diretamente: os precedentes do Tribunal Superior Eleitoral e os seus enunciados de súmula têm força obrigatória? E mais: o que entende por "força obrigatória"? Um simples apelo aos juízes e tribunais eleitorais em prol da racionalização dos trabalhos judiciais?

Saber da aplicação das matérias acima reveladas à seara eleitoral já é, em si, algo complexo diante das peculiaridades e dos princípios setoriais do Direito Eleitoral, mormente diante da própria jurisprudência do TSE erigida no sentido de que há inovações que atentam contra "*normas especiais criadas pelo legislador em atenção às peculiaridades do interesse tutelado pela Justiça Eleitoral*", para fazer uso da boa régua desenvolvida pelo Tribunal Superior Eleitoral no julgamento do PA n. 1446-83.2010.6.00.0000 – Classe 26 – Brasília – Distrito Federal, Rel. Min. Marcelo Ribeiro, j. 20.10.2011.

Acresce, ainda, a edição, pelo TSE, da Resolução n. 23.478, de 10.05.2016, da relatoria do Exmo Min. Dias Toffoli, por meio da qual foram estabelecidas diretrizes gerais para a aplicação da

---

constitucional atual (CF/88) quando promoveu uma visível aproximação sistemática entre processo judicial e administrativo, especialmente no art. 5º, incisos LV e LXXVIII. Relembre-se, ainda, que, no âmbito do processo administrativo, ganham força teorias segundo as quais a Teoria Geral do Processo abrangeria não só o processo judicial (Civil, penal e trabalhista), mas também o processo administrativo. Isso diante de certa uniformidade temática, concretizada não só a partir de princípios semelhantes (legalidade, motivação, ampla defesa, contraditório etc.), mas também de institutos congêneres, tais como competências, impedimentos e suspeições, forma, tempo e lugar dos atos processuais, instrução, decisão etc. E a lei federal atual de processo administrativo (Lei n. 9.784/99) guarda incrível sintonia com as leis regedoras dos processos judiciais, em especial com o CPC.

Lei n. 13.105, de 16 de março de 2015 – Novo Código de Processo Civil –, no âmbito da Justiça Eleitoral, na qual ficou estabelecido, no art. 2º, parágrafo único, que, em razão da especialidade da matéria, "*a aplicação das regras do Novo Código de Processo Civil tem caráter supletivo e subsidiário em relação aos feitos que tramitam na Justiça Eleitoral, desde que haja compatibilidade sistêmica*".

2 Algumas diretrizes da Lei n. 9.784/99 e sua aplicabilidade no âmbito da Justiça Eleitoral

Vale mencionar ainda que, a par das inovações trazidas pelo CPC/2015, a Lei n. 9.784/99 – com incidência geral a processos no âmbito da Administração Pública Federal e ao menos principiológica quanto aos procedimentos com regulação específica e à atividade administrativa do Tribunal Superior Eleitoral –, já havia incorporado sem maiores sobressaltos o princípio da segurança jurídica e algumas ferramentas derivadas.

Nesse sentido, confira-se o teor do artigo 2º da norma, muito festejado por toda a comunidade jurídica, ao incorporar, no direito positivo infraconstitucional, dirigido diretamente ao processo administrativo, princípios e valores expressos e implícitos na Constituição Federal:

> Art. 2º A Administração Pública obedecerá, dentre outros, aos princípios da legalidade, finalidade, motivação, razoabilidade, proporcionalidade, moralidade, ampla defesa, contraditório, segurança jurídica, interesse público e eficiência.
>
> Parágrafo único. Nos processos administrativos serão observados, entre outros, os critérios de:
>
> I - atuação conforme a lei e o Direito;
>
> II - atendimento a fins de interesse geral, vedada a renúncia total ou parcial de poderes ou competências, salvo autorização em lei;

> III - objetividade no atendimento do interesse público, vedada a promoção pessoal de agentes ou autoridades;
>
> IV - atuação segundo padrões éticos de probidade, decoro e boa-fé;
>
> V - divulgação oficial dos atos administrativos, ressalvadas as hipóteses de sigilo previstas na Constituição;
>
> VI - adequação entre meios e fins, vedada a imposição de obrigações, restrições e sanções em medida superior àquelas estritamente necessárias ao atendimento do interesse público;
>
> VII - indicação dos pressupostos de fato e de direito que determinarem a decisão;
>
> VIII – observância das formalidades essenciais à garantia dos direitos dos administrados;
>
> IX - adoção de formas simples, suficientes para propiciar adequado grau de certeza, segurança e respeito aos direitos dos administrados;
>
> X - garantia dos direitos à comunicação, à apresentação de alegações finais, à produção de provas e à interposição de recursos, nos processos de que possam resultar sanções e nas situações de litígio;
>
> XI - proibição de cobrança de despesas processuais, ressalvadas as previstas em lei;
>
> XII - impulsão, de ofício, do processo administrativo, sem prejuízo da atuação dos interessados;
>
> XIII - interpretação da norma administrativa da forma que melhor garanta o atendimento do fim público a que se dirige, vedada aplicação retroativa de nova interpretação. (destacamos)

Ao apreciar o tema da segurança jurídica, na vertente proteção à confiança, no âmbito da lei geral federal de processo administrativo, José dos Santos Carvalho Filho[784] salienta que:

---

784 FILHO, José dos Santos Carvalho. *Processo Administrativo Federal*: comentários à Lei n. 9.784, de 29.1.1999. 5ª ed. São Paulo: Atlas, 2013, p. 59.

> Com efeito, os cidadãos têm o direito a uma relativa continuidade das resoluções provenientes dos órgãos estatais, nas quais depositaram toda a sua confiança. Assim, é mais do que justo que suas expectativas estejam voltadas para a permanência de tais resoluções, tendo a perspectiva do respeito e do reconhecimento que a Administração lhes deve dispensar. O sobressalto, nesse caso, é ofensivo ao próprio sentimento de confiança que tem que ser protegido a todo custo.

Antonio Rulli Neto e Justine Esmeralda Rulli[785] arrematam que é por meio da segurança jurídica que se assegura estabilidade, credibilidade nas relações sociais e jurídicas. E que:

> É uma atuação da Administração Pública não mais pautada friamente na legalidade, mas em busca de resguardar direitos e expectativas por ela lançadas aos próprios administrados. Garantir que situações antigas não se alterem bruscamente sem qualquer resguardo. É preservar a boa-fé daqueles que acreditaram e se guiaram pela conduta da Administração Pública. É preservar estados que já se consolidaram com o passar do tempo. É proteger aquele administrado que acreditou na Administração Pública, na lisura e presunção de legalidade, licitude, veracidade e manutenção de seus atos.

Maria Sylvia Zanella Di Pietro[786] extrai, com precisão, a inviabilidade de interpretação retroativa no âmbito da Administração Pública, como norte do art. 2º, da Lei de Processo Administrativo Federal:

785 NETO, Antonio Rulli; RULLI, Esmeralda. "Segurança Jurídica e Ato Administrativo". *In*: *Os caminhos do ato administrativo* / MEDAUAR, Odete; SCHIRATO, Vitor Rhein (Coord.). São Paulo: Editora Revista dos Tribunais, 2011, pp. 180-182.

786 DI PIETRO, Maria Sylvia Zanella. *Direito Administrativo*. 28ª ed. São Paulo: Atlas, 2015, pp. 118-119.

> Como participante da Comissão de juristas que elaborou o anteprojeto de que resultou essa lei, permito-me afirmar que o objetivo da inclusão desse dispositivo foi o de vedar a aplicação retroativa de nova interpretação de lei no âmbito da Administração Pública. Essa ideia ficou expressa no parágrafo único, inciso XIII, do artigo 2º, quando impõe, entre os critérios a serem observados, "interpretação da norma administrativa da forma que melhor garanta o atendimento do fim público a que se dirige, vedada a aplicação retroativa de nova interpretação".
>
> O princípio se justifica pelo fato de ser comum, na esfera administrativa, haver mudança de interpretação de determinadas normas legais, com a consequente mudança de orientação, em caráter normativo, afetando situações já reconhecidas e consolidadas na vigência de orientação anterior. Essa possibilidade de mudança de orientação é inevitável, porém gera insegurança jurídica, pois os interessados nunca sabem quando a sua situação será passível de contestação pela própria Administração Pública. Daí a regra que veda a aplicação retroativa.
>
> (...)
>
> A segurança jurídica tem muita relação com a ideia de respeito à boa-fé. Se a Administração adotou determinada interpretação como a correta e a aplicou a casos concretos, não pode depois vir a anular atos anteriores, sob o pretexto de que os mesmos foram praticados com base em errônea interpretação. Se o administrado teve reconhecido determinado direito com base em interpretação adotada em caráter uniforme para toda a Administração, é evidente que a sua boa-fé deve ser respeitada. **Se a lei deve respeitar o direito adquirido, o ato jurídico perfeito e a coisa julgada, por respeito ao princípio da segurança jurídica, não é admissível que o administrado tenha seus direitos flutuando ao sabor de interpretações jurídicas variáveis no tempo.**

Tais premissas metodológicas se aplicam às inteiras, por medida de justiça, à atividade administrativa da Justiça Eleitoral.

3 O princípio da segurança jurídica, em matéria eleitoral, segundo precedentes do STF e do TSE

O panorama desenhado no texto constitucional e desdobrado no CPC amplia-se mediante a atuação dos órgãos de cúpula do sistema judiciário brasileiro, cujas súmulas e precedentes denotam fortes traços de segurança jurídica com vistas a conferir estabilidade às relações e justiça material concreta na resolução dos conflitos submetidos à sua apreciação.

Em matéria eleitoral, há precedentes bastante significativos do STF e do TSE na perspectiva da edificação do princípio da segurança jurídica. Sem pretender esgotar a matéria, são dignos de nota os excertos jurisprudenciais a seguir referidos.

Do STF, merece destaque a tese, com repercussão geral, da legitimidade do Ministério Público Eleitoral para recorrer da decisão que julga o pedido de registro de candidatura, ainda que não tenha apresentado impugnação, fixada em homenagem ao princípio da segurança jurídica, no sentido de que tal entendimento valeria a partir das eleições de 2014, inclusive. Confira-se do voto do Ex.mo Min. Relator, Ministro Ricardo Lewandowski: "(...) *por razões de segurança jurídica, o recurso extraordinário não pode ser provido, uma vez que o pleito eleitoral de 2012 já se encerrou e os mandatários ocupam o cargo há quase um ano*". (STF, ARE 728188, Tribunal Pleno, DJe de 12.08.2014).

Também se adotou o princípio da segurança jurídica no caso conhecido como "prefeito itinerante", assentando-se a proibição de terceira eleição em cargo de mesma natureza, ainda que em município diverso. No julgado, o Min. Gilmar Mendes deixou claro que "*mudanças radicais na interpretação da Constituição devem ser acompanhadas da devida e cuidadosa reflexão sobre suas consequências, tendo em vista o postulado da segurança jurídica*". Colaciona-se, por relevante, o seguinte fragmento da ementa:

(...) Não só a Corte Constitucional, mas também o Tribunal que exerce o papel de órgão de cúpula da Justiça Eleitoral devem adotar tais cautelas por ocasião das chamadas viragens jurisprudenciais na interpretação dos preceitos constitucionais que dizem respeito aos direitos políticos e ao processo eleitoral. **Não se pode deixar de considerar o peculiar caráter normativo dos atos judiciais emanados do Tribunal Superior Eleitoral, que regem todo o processo eleitoral. Mudanças na jurisprudência eleitoral, portanto, têm efeitos normativos diretos sobre os pleitos eleitorais, com sérias repercussões sobre os direitos fundamentais dos cidadãos (eleitores e candidatos) e partidos políticos. No âmbito eleitoral, a segurança jurídica assume a sua face de princípio da confiança para proteger a estabilização das expectativas de todos aqueles que, de alguma forma, participam dos prélios eleitorais. A importância fundamental do princípio da segurança jurídica para o regular transcurso dos processos eleitorais está plasmada no princípio da anterioridade eleitoral positivado no art. 16 da Constituição.** O Supremo Tribunal Federal fixou a interpretação desse artigo 16, entendendo-o como uma garantia constitucional (1) do devido processo legal eleitoral, (2) da igualdade de chances e (3) das minorias (RE 633.703). Em razão do caráter especialmente peculiar dos atos judiciais emanados do Tribunal Superior Eleitoral, os quais regem normativamente todo o processo eleitoral, é razoável concluir que a Constituição também alberga uma norma, ainda que implícita, que traduz o postulado da segurança jurídica como princípio da anterioridade ou anualidade em relação à alteração da jurisprudência do TSE. Assim, as decisões do Tribunal Superior Eleitoral que, no curso do pleito eleitoral (ou logo após o seu encerramento), impliquem mudança de jurisprudência (e dessa forma repercutam sobre a segurança jurídica) não têm aplicabilidade imediata ao caso concreto e somente terão eficácia sobre outros casos no pleito eleitoral posterior. (...) (RE 637485, Rel. Min. Gilmar Mendes, Tribunal Pleno, DJe de 21.05.2013).

Em outro relevante julgado do mesmo relator, pode-se citar o caso em que foi analisada a aplicabilidade das regras introduzidas pela Lei Complementar n. 135, a chamada "Lei da Ficha Limpa", que, apesar de ter sido publicada em junho de 2010, somente passou a ser aplicada nas eleições de 2012. Em 2010, ao julgar o primeiro caso concreto que discutiu o indeferimento de um registro de candidatura por inelegibilidade prevista na Lei da Ficha Limpa, o Tribunal Superior Eleitoral (TSE) chegou a entender que a lei seria aplicável às eleições gerais de 2010, mesmo tendo sido publicada havia menos de um ano da data das eleições. No entanto, prevaleceu o entendimento posterior do Supremo Tribunal Federal (STF) de que a norma não deveria ser aplicada ao pleito de 2010, em respeito ao artigo 16 da Constituição, decidindo-se que "*o princípio da anterioridade eleitoral constitui uma garantia fundamental também destinada a assegurar o próprio exercício do direito de minoria parlamentar em situações nas quais, por razões de conveniência da maioria, o Poder Legislativo pretenda modificar, a qualquer tempo, as regras e critérios que regerão o processo eleitoral*". (RE 633703, Rel. Min. Gilmar Mendes, Tribunal Pleno, DJe de 18.11.2011).

O TSE, por sua vez, também vem desenvolvendo sólida jurisprudência sobre os pilares da segurança jurídica, como, por exemplo, no julgamento do Respe n. 27-45/PE (Rel. Min. Gilmar Mendes, DJe de 12.03.2015), no qual ficou consignado que:

> (...) As mudanças radicais na interpretação da Constituição e da legislação eleitoral devem ser acompanhadas da devida e cuidadosa reflexão sobre suas consequências, tendo em vista o postulado da segurança jurídica. Não só a Corte Constitucional, mas também o Tribunal que exerce o papel de órgão de cúpula da Justiça Eleitoral devem adotar tais cautelas por ocasião das chamadas viragens jurisprudenciais na interpretação dos preceitos constitucionais e legais que dizem respeito aos direitos políticos e ao processo eleitoral. 2. A importância fundamental do princípio da segurança jurídica, para o regular transcurso dos processos eleitorais,

> está plasmada no princípio da anterioridade eleitoral, positivado no art. 16 da Constituição. Assim, não pode sofrer alteração jurisprudencial após o resultado do pleito seguinte, sugerindo indevido casuísmo, o entendimento do TSE firmado nas eleições de 2012 de que, na data do pedido de registro, se a rejeição das contas públicas estiver suspensa por força de liminar, é de ser deferida a candidatura, ainda que tal provimento seja posteriormente cassado ou revogado. Precedentes de 2012.

Em outro precedente paradigmático, envolvendo registro de candidatura, o TSE, na linha do voto do Min. Gilmar Mendes, reiterou "*o entendimento do TSE firmado nas eleições de 2010 no sentido de que fato superveniente que afaste a inelegibilidade, como uma medida liminar, poderia ser apreciado a qualquer tempo, desde que não exaurida a jurisdição, não pode sofrer alteração jurisprudencial após o resultado de eleição seguinte, sugerindo indevido casuísmo*" (Respe n. 458-86/GO, Rel. Min. Gilmar Mendes, DJe 20.05.2014).

4 A força obrigatória das novas súmulas do Tribunal Superior Eleitoral

Uma das maneiras mais racionais de promover segurança jurídica em meio às atividades jurisdicionais típicas das Cortes eleitorais é conferir força obrigatória a súmulas e precedentes.

Aliás, na esteira da sistemática do CPC/2015 – de força obrigatória da jurisprudência –, o Tribunal Superior Eleitoral refez, recentemente, os enunciados da Súmula da sua jurisprudência dominante. Há, hoje, 71 (setenta e um) enunciados sobre os variados temas de Direito Eleitoral. Indaga-se: tais enunciados são obrigatórios, vinculantes? Há consequências mais graves quando do seu descumprimento?

Sabe-se bem que o Tribunal Superior Eleitoral, mesmo que parcialmente integrado por 6 (seis) Ministros do Supremo Tribunal

Federal, sendo 3 (três) titulares e 3 (três) suplentes, não dispõe de capacidade legislativa para levar a efeito a edição de "súmulas vinculantes". A matéria é mesmo muito delicada e, por estar situada numa conflituosa zona de interseção entre as atribuições dos Poderes Legislativo e Judiciário, já faz por merecer tratamento em nível constitucional, tal como o fez a Emenda Constitucional n. 45/2004, ao estabelecer a competência do STF para a edição de suas "súmulas vinculantes". Por outro lado, como antes revelado, a jurisprudência sumulada do Tribunal Superior Eleitoral, mesmo *não tecnicamente vinculante*, impõe tratamento privilegiado, compatível com a sua dignidade jurídico-constitucional.

Lançando mão da precisa classificação de Bustamante,[787] forte em Peczenik, a súmula da jurisprudência predominante do Tribunal Superior Eleitoral, se não goza de vinculatividade formal (*formal bindingness*), ao menos pode ser tida como *não formalmente vinculante, mas dotada de força* (*not formally binding but having a force*), o que equivale a dizer que "*um julgamento que não respeite a força do precedente, embora conforme ao Direito, está sujeito a críticas por essa razão, e pode ser revertido por isso*".[788]

---

787 BUSTAMANTE, Thomas da Rosa. *Teoria do precedente judicial*: a justificação e a aplicação de regras jurisprudenciais. São Paulo: Noeses, 2012, p. 299.

788 Para o mesmo autor (Obra citada, pp. 299-300), ainda com base nos estudos realizados por Peczenik, além das duas primeiras categorias antes referidas, de graus de força – (i) vinculatividade formal, submetida ou não a *overruling* e (ii) não formalmente vinculante, mas dotado de força, há mais duas categorias: (iii) não formalmente vinculante e despidos de força jurídica, mas dando suporte adicional à decisão (*not formally binding and not having force but provinding further support*) e (iv) valor meramente ilustrativo (*mere illustrativeness* ou *other value*). No terceiro caso, "um julgamento em que falta menção ao precedente é ainda conforme ao Direito e pode ainda ser justificado, mas não tão bem justificado quando iria estar se o precedente tivesse sido invocado, por exemplo, para mostrar que a decisão alcançada se harmoniza com o precedente". No quarto caso, ao que tudo indica, a menção ao precedente é mero reforço argumentativo.

De acordo com o mesmo autor,[789] na variação do grau de vinculatividade dos precedentes judiciais chamada de *não formalmente vinculante, mas dotada de força*, há duas diferenciações possíveis (graus de força): a) *Defeasible force* – deve ser aplicado a não ser que exceções entrem em ação (exceções podem ou não estar bem definidas); b) *Outweighable force* – deve ser aplicado a não ser que razões concorrentes se apliquem. Bustamante[790] sustenta que a subdivisão logo acima aludida merece críticas, porquanto quando se fala em *precedentes superáveis*:

> (...) parece claro que a exceção que vier a ser criada em um precedente judicial – principalmente se levarmos em consideração que a *ratio decidendi* de um precedente via de regra tem uma estrutura normativa hipotética (sendo, portanto, uma *regra jurídica* na classificação estrutural das normas jurídicas) – há de ser justificada com fundamento em razões que preponderem sobre (*outweigh*) as que militam em favor da sua aplicação incondicional. Não há, portanto, motivo para a separação entre as duas subcategorias separadas. Suficiente seria falar em precedentes obrigatórios *em sentido frágil* ou *prima facie* obrigatórios. São os precedentes que o tribunal deve levar em consideração, ainda que não necessariamente obedeça a eles.

Procedendo a ligeiros ajustes na classificação edificada por Peczenik, Bustamante[791] alcança, para os precedentes vinculantes, a classificação de Aarnio para as fontes do Direito em geral: a) Precedentes vinculantes em sentido forte, considerados fontes de direito em grau máximo (*must-sources*); b) Precedentes vinculantes em sentido frágil, fontes *prima facie* obrigatórias (*should-sources*); e c) Precedentes persuasivos (*not formally binding and not having*

789 Obra citada, p. 299.

790 Obra citada, p. 301.

791 Obra citada, p. 301.

a force but providing further suport), os quais valem apenas como fontes de Direito *permitidas* (*may-sources*).

A nosso sentir, sem qualquer desdouro para posicionamentos contrários, precedentes eleitorais são precedentes em sentido forte. E o descumprimento da jurisprudência consolidada do Tribunal Superior Eleitoral, cristalizada em súmula, deve atrair consequências mais graves.

O sistema processual eleitoral deve buscar ferramentas e meios de concretização da jurisprudência sumulada. Deveras, o Direito Eleitoral, à míngua de um arcabouço normativo lógico e racional,[792] retira sua necessária harmonização sistêmica dos princípios do direito eleitoral e da jurisprudência dos tribunais eleitorais, especialmente da do Tribunal Superior Eleitoral. Sem exageros, é possível dizer que o Direito Eleitoral, mais do que outros ramos do saber jurídico, é um direito de base jurisprudencial.

De outro lado, é importante relembrar que o Tribunal Superior Eleitoral, ao lado de suas competências[793] jurisdicionais, adminis-

---

792 Antes da Lei n. 9.504/97, a chamada Lei das Eleições, era comum cada pleito eleitoral ser precedido de uma lei eleitoral específica, a demandar enorme esforço da comunidade jurídica em termos de interpretação e concretização no plano prático. A lei atual se pretendeu permanente e, por isso, quando do seu nascimento, foi aplaudida de pé pelos operadores do Direito Eleitoral. Finalmente, a estabilidade normativa pretendida e, com ela, a promessa de segurança jurídica. Ledo engano! De lá para cá, se não tivemos uma lei específica antecedendo cada eleição, experimentamos frequentes reformas pontuais da legislação eleitoral. Um olhar descompromissado para a nossa realidade aponta um dado vexatório: já tivemos mais reformas da legislação eleitoral do que eleições propriamente ditas. E o que é pior: reformas não dialogadas entre si, propiciatórias de um quadro de progressiva erosão da coerência sistêmica residual do quadro normativo eleitoral.

793 A Justiça Eleitoral brasileira desenvolve, basicamente, 4 (quatro) funções: a) administrativa; b) jurisdicional; c) normativa; e d) consultiva. José Jairo Gomes bem resume cada uma delas: a) **Função administrativa** – preparação, organização e administração de todo o processo eleitoral. Há exercício de função administrativa – de ofício, com o uso de poder de polícia – na expedição de título eleitoral, na inscrição de eleitores, na transferência de domicílios eleitorais, na fixação de locais de funcionamento de zonas eleitorais,

trativas e consultivas, detém competência normativa. Significa dizer que tem autorização legal para baixar resoluções e instruções para a fiel execução da legislação eleitoral.[794] Ora, se o TSE pode criar normas eleitorais (sem desnaturar a legislação, evidentemente!) dotadas de certo grau de abstração, generalidade e impessoalidade, e essas normas, como curial, inspiram comportamentos obrigatórios, servientes, obsequiosos, de todos os partícipes do processo eleitoral,

---

na designação de locais de votação, na nomeação de pessoas para compor a Junta Eleitoral e a Mesa Receptora, na adoção de medidas para fazer impedir ou cessar imediatamente propaganda eleitoral realizada irregularmente (CE, art. 242, parágrafo único), na autorização de transmissão de propaganda partidária em cadeia e inserções regionais (LPP, art. 46); b) **Função jurisdicional** – ligada à resolução das lides eleitorais, isto é, dos conflitos intersubjetivos de interesses com referência ao Direito Eleitoral. Tem como finalidade atuar o Direito em casos concretos, no que contribui para a pacificação social. Assim ocorre nas decisões que impõem multas pela realização de propagandas eleitorais ilícitas (LE, art. 36, § 3º, e 37, § 1º), que decretam inelegibilidades em ações de investigação judicial eleitoral (AIJE) e que cassam o registro ou o diploma nas ações fundadas nos arts. 30-A, 41-A e 73, todos da Lei n. 9.504/97; c) **Função normativa** – expedição de instruções para fiel execução da legislação eleitoral (CE, art. 1º, parágrafo único, c/c o art. 23, IX). Trata-se de função delicada porque as instruções, segundo imperativo legal recente (LE, art. 105, com a redação determinada pelo art. 3º, da Lei n. 12.034/09), não podem restringir direitos ou estabelecer sanções distintas das previstas em lei, ou seja, não podem invadir a seara legislativa propriamente dita, a cargo do Congresso Nacional; d) **Função consultiva** – Os tribunais eleitorais (não os juízes!) respondem consultas "abstratas" formuladas por determinadas autoridades públicas (p. ex. congressistas) ou partidos políticos para a parametrização de condutas com significação eleitoral. Embora não sejam vinculantes, as respostas dadas às consultas pelas Cortes Eleitorais cumprem importante papel de orientação, sobretudo dos órgãos da Justiça Eleitoral, podendo servir de eloquentes fundamentos para decisões nos planos administrativo e judicial. (cf. GOMES, José Jairo. *Direito Eleitoral*. 10ª ed. São Paulo: Atlas, 2014, pp. 69-73).

794 O Código Eleitoral, no art. 23, inciso IX, estabelece que compete, privativamente, ao Tribunal Superior Eleitoral "*expedir as instruções que julgar convenientes à execução desta Código*". De sua vez, a Lei n. 9.504/97, em seu art. 105, preceitua que: "*Até o dia 5 de março do ano da eleição, o Tribunal Superior Eleitoral, atendendo ao caráter regulamentar e sem restringir direitos ou estabelecer sanções distintas das previstas nesta Lei, poderá expedir todas as instruções necessárias para sua fiel execução, ouvidos, previamente, em audiência pública, os delegados ou representantes dos partidos políticos*".

como negar uma eficácia vinculante, vertical e horizontal, aos enunciados da sua súmula de jurisprudência dominante?

No entanto, é forçoso convir que, também na seara eleitoral, o sistema de "*força obrigatória dos precedentes dos tribunais superiores*", realçado pelo que se contém no art. 927, inciso IV, do NCPC, ficou meio capenga, bambo, em decorrência do fato de não se poder fazer uso do instituto da reclamação em caso de recalcitrância no cumprimento dos enunciados da súmula do TSE. É que a Lei n. 13.256, de 4 de fevereiro de 2016, ao reconfigurar o art. 988, negou a intensidade máxima da "força obrigatória" dos precedentes fincados nas súmulas comuns do STF e do STJ (e, por simetria, dos demais tribunais superiores, incluído o TSE).

E de nada adianta invocar a aplicação supletiva e subsidiária da legislação processual civil aos feitos eleitorais porque a reclamação civil também foi mutilada. Assim, sustentar o cabimento de reclamação no TSE por descumprimento de sua jurisprudência sumulada, infelizmente, não parece admissível no quadro legislativo atual. Haveria ofensa ao princípio da legalidade, pedra de toque do Estado de Direito!

Resta apelar ao legislador para que corrija a falha, pelo menos na matéria eleitoral e, em meio ao "sono" legislativo, pode-se cogitar de uma aplicação mais vigorosa do sistema de responsabilidade das partes por danos processuais, previsto no NCPC (arts. 79 e seguintes), como uma medida paliativa. Afinal, o descumprimento da súmula do TSE é ou não é hipótese qualificada de litigância de má-fé?

5 Resolução n. 23.472 do TSE e sua importância como vetor de segurança jurídica no âmbito da Justiça Eleitoral

Trilhando o virtuoso caminho da segurança jurídica e da estabilização das normas e da jurisprudência eleitorais, o TSE editou a Resolução n. 23.472, de 17.03.2016, mercê da qual restaram fixadas regras norteadoras para o processo de elaboração de instruções, doravante dotado de mais imparcialidade, racionalidade e equilíbrio.

O poder regulamentar do TSE decorre do previsto nos arts. 1º, parágrafo único, e 23, IX, do Código Eleitoral, combinados com o art. 105 da Lei n. 9.504/97, este último segundo o qual, até o dia 5 de março do ano da eleição, poderá expedir todas as instruções necessárias para a fiel execução da Lei das Eleições, ouvidos, previamente, em audiência pública, os delegados ou representantes dos partidos políticos. No desempenho desse nobre mister – e sem prejuízo da regulamentação de outras matérias de natureza administrativa o TSE expede, a cada dois anos, instruções que visam a disciplinar os pleitos gerais e municipais, sempre com vistas ao aprimoramento do processo eleitoral e do sistema democrático brasileiro.

O diploma regulamentar em destaque traçou algumas balizas importantes para conferir mais concretude ao princípio da segurança jurídica, ao estabelecer, dentre outras normas, que:

> a) as instruções para execução da legislação eleitoral e realização das eleições ordinárias serão expedidas exclusivamente pelo Tribunal Superior Eleitoral (art. 1º, *caput*);
>
> b) as instruções para regulamentação das eleições ordinárias serão editadas em caráter permanente e somente poderão ser alteradas nas seguintes hipóteses (art. 2º): i) reconhecimento da ilegalidade ou inconstitucionalidade de dispositivo da instrução pelo próprio Tribunal Superior ou pelo Supremo Tribunal Federal; ii) análise da constitucionalidade de dispositivo legal pelo Supremo Tribunal Federal; iii) superveniência de Lei ou Emenda Constitucional que tenha aplicação para as eleições reguladas pelas instruções; iv) em decorrência do aperfeiçoamento das boas práticas e desenvolvimento tecnológico dos equipamentos, materiais e serviços utilizados nas eleições e das datas em que elas se realizam; v) em decorrência da modificação da jurisprudência do Tribunal Superior Eleitoral e do Supremo Tribunal Eleitoral sobre matéria eleitoral; e vi) para correção de inexatidões materiais e retificação de erros de cálculo;

c) a alteração que verse sobre prestação de contas anuais somente será aplicada ao exercício seguinte, salvo se dela sobrevier evidente benefício para os partidos políticos (art. 2º, § 3º);

d) a modificação da jurisprudência do Tribunal Superior Eleitoral e as alterações previstas na resolução entrarão em vigor na data de sua publicação, não se aplicando à eleição que ocorra até um ano da data de sua vigência (art. 5º);

e) na alteração de qualquer instrução, assim como no julgamento de qualquer feito eleitoral, o Tribunal Superior Eleitoral observará o princípio da segurança jurídica e da confiança (art. 6º).

6 Projeto de Lei do Senado n. 349, de 2015: novas perspectivas

Como explicitado alhures, o princípio da segurança jurídica, em suas diversificadas facetas, consubstancia forte mecanismo de estabilidade das relações sociais e fomenta horizontes bastante auspiciosos, a exemplo do revelado no Projeto de Lei do Senado n. 349, de 2015, já aprovado no âmbito do Senado Federal.

A lei em gestação acrescenta 11 (onze) novos artigos à Lei de Introdução às Normas do Direito Brasileiro e visa a aumentar a credibilidade do Estado brasileiro perante a comunidade nacional e internacional, gerando um ambiente mais favorável à celebração de ajustes e à diminuição dos riscos gerados aos setores públicos e privados, em virtude de incertezas e eventuais injustiças na aplicação das leis.

Ponto importante do projeto diz respeito à obrigatoriedade de se prever uma transição segura (art. 23), com a modulação de efeitos decorrentes das mudanças legislativas, administrativas e interpretativas, incluídas, a nosso ver, as da Justiça Eleitoral. Entre as regras previstas no projeto, vale destacar:

Art. 1º Inclua-se os seguintes artigos na Lei de Introdução às Normas do Direito Brasileiro, Decreto-lei n. 4.657, de 1942:

(...)

Art. 22. A decisão administrativa, controladora ou judicial que, com base em norma indeterminada, impuser dever ou condicionamento novo de direito, ou fixar orientação ou interpretação nova, deverá prever um regime de transição, quando indispensável para que a submissão às exigências se opere de modo proporcional, equânime e eficiente, e sem prejuízo aos interesses gerais.

Parágrafo único. Se o regime de transição não estiver previamente estabelecido, o sujeito obrigado terá direito a negociá-lo com a autoridade, segundo as peculiaridades de seu caso e observadas às limitações legais, celebrando-se compromisso para o ajustamento, na esfera administrativa, controladora ou judicial, conforme o caso.

(...)

Art. 25. A revisão, na esfera administrativa, controladora ou judicial, quanto à validade de ato, contrato, ajuste, processo ou norma administrativa cuja produção já se houver completado levará em conta as orientações gerais da época, não se podendo, com base em mudança posterior de orientação geral, considerar como inválidas as situações plenamente constituídas.

Parágrafo único. Consideram-se orientações gerais as interpretações e especificações contidas em atos públicos de caráter geral ou em jurisprudência judicial ou administrativa majoritária, e ainda as adotadas por prática administrativa reiterada e de amplo conhecimento público.

(...)

Art. 26. A decisão que, na esfera administrativa, controladora ou judicial, decretar a invalidação de ato, contrato, ajuste, processo ou norma administrativa deverá indicar de modo expresso as suas consequências e, quando for o caso, as condições para que a regularização ocorra de modo proporcional, equânime e eficiente, e sem prejuízo aos interesses gerais, não se podendo impor, aos sujeitos atingidos,

> ônus ou perdas que, em função das peculiaridades do caso, sejam anormais ou excessivos.
>
> Parágrafo único. A motivação demonstrará a necessidade e adequação da invalidação e das medidas impostas, inclusive em face das possíveis alternativas.

Na justificativa do elogiável projeto, quanto mais se avança na produção da legislação, mais se retrocede em termos de segurança jurídica, e que "*o aumento de regras sobre processos e controle da administração tem provocado aumento da incerteza e da imprevisibilidade, e esse efeito deletério pode colocar em risco os ganhos de estabilidade institucional*".

Com base em aprofundados estudos acadêmicos,[795] foram didaticamente enumerados alguns fatores de distorção da atividade jurídico-decisória pública, quais sejam: (i) o alto grau de indeterminação de grande parte das normas públicas; (ii) a relativa incerteza, inerente ao Direito, quanto ao verdadeiro conteúdo de cada norma; (iii) a tendência à superficialidade na formação do juízo sobre complexas questões jurídico-públicas; (iv) a dificuldade de o Poder Público obter cumprimento voluntário e rápido de obrigação por terceiros, contribuindo para a inefetividade das políticas públicas; (v) a instabilidade dos atos jurídicos públicos, pelo risco potencial de invalidação posterior, nas várias instâncias de controle; (vi) os efeitos negativos indiretos da exigência de que as decisões e controles venham de processos (que demoram, custam e podem postergar cumprimento de obrigações); (vii) o modo autoritário como, na quase totalidade dos casos, são concebidas e editadas normas pela Administração Pública.

A vingar o (inadiável) projeto, descortinar-se-á campo fértil para a realização de práticas legislativas, administrativas e jurisdicionais

---

795 SUNDFELD, Carlos Ari; MARQUES NETO, Floriano de Azevedo. *Contratações Públicas e Seu Controle*. São Paulo: Malheiros, 2013, p. 278.

cada vez mais obsequiosas do respeito e da consideração que devem presidir as relações entre o Estado e os particulares.

Considerações finais

De se ver, pois, que a segurança jurídica é tema que se inclui, em lugar de destaque, na pauta contemporânea de preocupações do Direito Eleitoral e da Justiça Eleitoral.

Alterações legislativas, guinadas jurisprudenciais abruptas e reorientações administrativas, em matéria eleitoral, devem ser empreendidas com cuidados e critérios especiais. E, sempre que possível, hão de ser acompanhadas de regimes transição, calcados no máximo respeito ao cidadão.

No balanço atual, é possível identificar, a partir da força motriz do art. 16, da CF/88, notáveis esforços no sentido da estruturação de sistemas de valorização da segurança jurídico-eleitoral, com destaque para a jurisprudência mais recente do Supremo Tribunal Federal e do Tribunal Superior Eleitoral.

Em nome da segurança jurídica e na esteira do recém-implantado sistema de valorização dos precedentes judiciais, esculpido nos arts. 926 e 927 do CPC/2015, o Tribunal Superior Eleitoral cuidou de refazer e divulgar o seu corpo de enunciados de súmulas.

Também são dignas de notas as novéis iniciativas do Tribunal Superior Eleitoral e do Congresso Nacional na construção de lastros normativos propiciatórios de maior segurança jurídica na relação por vezes conflituosa entre Estado e cidadão. Destacam-se, assim, respectivamente, a Resolução/TSE n. 23.472/16 e o Projeto de Lei do Senado n. 349, de 2015.

CAPÍTULO XXXI

A LEGITIMAÇÃO DAS DECISÕES DO STJ EM RECURSOS ESPECIAIS REPETITIVOS: AUDIÊNCIAS PÚBLICAS E *AMICUS CURIAE*[796]

André Macedo de Oliveira

A principal função do Superior Tribunal de Justiça é definir a interpretação do Direito Federal. Essa advertência de Luiz Guilherme Marinoni, na qual se evitará que cada Estado da federação trate da lei federal "a seu gosto", é fundante, pois, embora o STJ tenha "missão bastante nítida, a sua prática é incapaz de permitir a realização da função que lhe foi atribuída pela Constituição Federal". Isso ocorre, consoante Marinoni, não em razão dos precedentes do STJ não terem força vinculante sobre os Tribunais Regionais Federais e Estaduais, mas pelo fato de os precedentes do STJ não terem sequer "força persuasiva" sobre os tribunais que lhe são inferiores.[797]

---

796 Este artigo teve a colaboração de Artur Zamperlini Cochito, graduando em Direito pela Faculdade de Direito da Universidade de Brasília.

797 MARINONI, Luiz Guilherme. "Aproximação crítica entre as jurisdições de *civil law* e de *common law* e a necessidade de respeito aos precedentes no Brasil". *Revista da Faculdade de Direito – UFPR*. Curitiba, nº 49, 2009, p. 52.

Aliás, a "mesa-redonda" realizada na Fundação Getúlio Vargas em 1965 traz a origem do debate sobre a concepção do Superior Tribunal de Justiça. Com a participação dos juristas Levy Fernandes Carneiro, Alcino de Paula Salazar, José Frederico Marques, Miguel Seabra Fagundes, G. Ulhôa Canto, Caio Mário da Silva Pereira, Mário Pessoa, Caio Tácito, Flavio Bauer Novelli, Miguel Reale e Themístocles Brandão Cavalcanti, que presidiu os trabalhos, falava-se na criação de um tribunal que se ocupasse de parte da competência do Supremo Tribunal Federal no tocante à apreciação dos recursos extraordinários relativos ao direito federal comum.

O relatório desse debate aponta para a criação de "um único tribunal que teria uma função eminente como instância federal sobre matéria que não tivesse, como especificidade, natureza constitucional, ao mesmo tempo que teria a tarefa de apreciar os mandados de segurança e *habeas corpus* originários, os contra atos dos Ministros de Estado e os recursos ordinários das decisões denegatórias em última instância federal ou dos Estados".[798]

Imbuídos de atribuir um novo papel ao Supremo Tribunal Federal, a ideia desses renomados juristas era, em essência, encaminhar os recursos extraordinários fundados exclusivamente na lei federal ao novo Tribunal, de modo a aliviar a sobrecarga do Supremo Tribunal Federal.[799] Aliás, antes mesmo dessa mesa redonda, José Afonso da Silva apontava a necessidade da criação de um Tribunal Superior "correspondente ao TSE e ao TST para compor as estruturas judiciárias do Direito comum, do Direito fiscal federal e questões de interesse da União e do Direito penal militar". Esse órgão, que José Afonso chamaria de Tribunal Superior de Justiça, "teria como competência fundamental, entre outras, julgar, em grau de recurso, as causas decididas em única

798 Revista de Direito Público e Ciência Política da Fundação Getúlio Vargas, vol. VIII, tomo 2, maio/agosto de 1965, p. 134 e seguintes.

799 Vale conferir ainda o artigo: REALE, Miguel. "O Tribunal Superior de Justiça". *Folha de São Paulo*, São Paulo, 5 jun. 1987. Tendências/Debates.

ou última instância pelos tribunais ou juízes estaduais, dos feitos da fazenda nacional e militares".[800]

Até a Carta de 1988, as questões de uniformização da legislação federal eram submetidas ao Supremo Tribunal Federal, por meio do recurso extraordinário. Foi no art. 27 do ato das disposições constitucionais transitórias que se regulamentou a instalação do Superior Tribunal de Justiça. Egídio Ferreira Lima, na sessão da Comissão da Organização dos Poderes e Sistema de Governo da Assembleia Nacional Constituinte, em 27 de maio de 1987, sob a Presidência de Oscar Corrêa, a qual contou também com a presença do então Procurador-Geral da República, Sepúlveda Pertence, destacou o ponto da "renovação do Judiciário" a partir da criação de um Superior Tribunal de Justiça com "competência para a interpretação da lei federal e para a unificação da jurisprudência no conflito entre Tribunais".[801]

O termo destacado pelo Poder Constituinte, no seu papel de "fundar o Ordenamento Jurídico" e permanecer como referencial para as demais normas,[802] no art. 105, inciso III, da Constituição de 1988, é objetivo ao estabelecer a competência do Superior Tribunal de Justiça para rever as decisões que contrariarem tratado ou lei federal ou negarem-lhes vigência, julgarem válido ato de governo local contestado em face de lei federal e derem a lei federal interpretação divergente da que lhe haja atribuído outro tribunal. Ora, se cabe ao STJ uniformizar a interpretação da lei federal e, em determinados casos, cassar a interpretação destoante, as suas decisões devem, no mínimo, ser consideradas pelos Tribunais Regionais Federais e Tribunais de Justiça dos Estados.[803]

---

800 SILVA, José Afonso. *Do recurso extraordinário*. São Paulo: RT, 1963, p. 456.

801 Diário da Assembleia Nacional Constituinte (Suplemento), Câmara dos Deputados, publicado em 5 de agosto de 1987, p. 8.

802 CF. BRITTO, Carlos Ayres. *Teoria da constituição*. Rio de Janeiro: Forense, 2006, p. 123.

803 Nesse sentido, LUIZ GUILHERME MARINONI é enfático ao afirmar que "a suposição de que os juízes e tribunais podem decidir sem considerar os

Nesse espírito de racionalidade, interpretação da legislação federal e com o aumento substancioso dos processos e a chegada das demandas de massa que, em 8 de maio de 2008, foi sancionado pelo Presidente da República o projeto que estabeleceu o procedimento para o julgamento dos recursos especiais repetitivos no âmbito do Superior Tribunal de Justiça.

Consubstanciando-se na Lei n. 11.672, acrescentando o art. 543-C ao Código de Processo Civil de 1973, a essência do texto estabeleceu que, nas hipóteses em que houver *multiplicidade de recursos com fundamento em idêntica questão de direito*, o recurso especial será processado nos moldes procedimentais estabelecidos neste artigo. No Código de Processo Civil de 2015, o dispositivo manteve essa sua essência na redação dada ao art. 1036, que determinou o rito procedimental dos *recursos com fundamento em idêntica questão de direito* na subseção *Do Julgamento dos Recursos Extraordinário e Especial Repetitivos*.

Os repetitivos têm origem no encaminhamento ministerial n. 40, de 5 de abril de 2007, do então Ministro da Justiça Tarso Genro ao Presidente da República, que destacava a necessidade de alteração do sistema processual brasileiro com o objetivo de conferir racionalidade e celeridade ao serviço de prestação jurisdicional. A raiz da ideia dos repetitivos está nesse projeto de lei, fruto da sugestão de Athos Gusmão Carneiro, "com o objetivo de criar mecanismo que amenize o problema representado pelo excesso de demanda" do Superior Tribunal de Justiça. Assim, com o objetivo de "amenizar esse problema", o anteprojeto encaminhado ao Presidente da República foi inspirado no procedimento previsto na Lei n. 11.418/06 que criou mecanismo para simplificar o julgamento de recursos múltiplos, fundados em idêntica matéria, no Supremo Tribunal Federal.

---

precedentes do Superior Tribunal de Justiça não se coaduna com tal norma constitucional" (Aproximação crítica entre as jurisdições de *civil law* e de *common law* e a necessidade de respeito aos precedentes no Brasil. *Revista da Faculdade de Direito – UFPR*, Curitiba, nº 49, 2009, p. 53).

Os procedimentos dos recursos especiais repetitivos permitem a manifestação de pessoas, órgãos ou entidades com interesse na controvérsia. O relator do recurso especial submetido ao rito dos repetitivos poderá autorizar a manifestação de pessoas, órgãos ou entidades com interesse na controvérsia. Essa faculdade, e não obrigatoriedade do relator, está prevista no inciso I do art. 1.038 do Código de Processo Civil de 2015 e no art. 256-J do RISTJ, incluído pela Emenda Regimental n. 24, de 2016, que estabeleceu os procedimentos relativos ao processamento e ao julgamento de recursos especiais repetitivos.[804]

Não é diferente o poder do relator nos recursos extraordinários. Aplica-se à Suprema Corte, assim como no STJ, o disposto no art. 1.038, I, do Diploma Processual Civil. Há também previsão expressa no Regimento Interno do STF que permite ao Relator admitir a manifestação de terceiros na questão. bem como está previsto no art. 21, XVIII, do RISTF. Do mesmo modo, no procedimento da edição, revisão ou cancelamento de enunciado de súmula vinculante, o disposto no § 2º, do art. 3º, da lei 11.417/2006, assenta ser possível a participação de terceiros. Essas manifestações trazem na sua essência a democratização do debate para a consolidação das teses em matéria repetitiva. A discussão ultrapassa o caráter *inter partes*, alcançando a coletividade.[805]

A faculdade de admitir o *amicus curiae* deverá ser balizada conforme a "relevância da matéria", a ser considerada pelo relator do processo. A admissão da manifestação de pessoas, órgãos ou entidades é avaliada pelo interesse na controvérsia. Muito se assemelha à chamada pertinência temática prevista nas ações diretas

---

804 Art. 256-J. O relator poderá solicitar informações aos Tribunais de origem a respeito da questão afetada e autorizar, em decisão irrecorrível, ante a relevância da matéria, a manifestação escrita de pessoas naturais ou jurídicas, órgãos ou entidades especializadas, com representatividade adequada, a serem prestadas no prazo improrrogável de quinze dias.

805 ANDRIGHI, Fátima Nancy. "Recursos repetitivos". *Revista de Processo*, vol. 35, nº 185, Jul. 2010, p. 277.

de inconstitucionalidade e ações declaratórias de constitucionalidade. Contudo, peca o legislador ao permitir ao relator decidir da manifestação ou não. De toda sorte, a faculdade do relator pode se tornar rotina, de modo a permitir obrigatoriamente a manifestação, contribuindo para a legitimação da tese objeto do recurso especial repetitivo. A abertura do debate e a manifestação de pessoas, órgãos ou entidades contribuirão para a maturação das discussões que permeiam os precedentes a serem consolidados nos recursos especiais repetitivos.

O Supremo Tribunal Federal abriu espaço para manifestação daqueles que possuem interesse na controvérsia, no julgamento das teses relativas à união estável de pessoas do mesmo sexo, anencefalia, cotas raciais nas universidades públicas, células-tronco e demarcação de terras indígenas em Roraima-RR, conhecido como o caso "Raposa Serra do Sol", destacando-se a sustentação oral da "advogada-índia" Joênia Batista de Carvalho na tribuna do plenário do Supremo Tribunal Federal.[806] Contudo, o Superior Tribunal

806 A nota é longa, mas o registro é oportuno: "Pela primeira vez na história do Supremo, um índio sobe à tribuna para fazer uma sustentação oral. A estreia é de uma mulher: a advogada Joênia Batista de Carvalho, do povo Wapichana. Pouco antes de falar aos 11 ministros, ela relia os pontos do texto escrito à mão, com algumas rasuras. Ali estava a defesa dos cerca de 19 mil índios que desejam viver na área integral da Raposa Serra do Sol.

'Será a primeira sustentação que eu faço, e logo no Supremo', dizia a advogada, nervosa, pouco antes de chegar ao microfone. Ela conta que foi a primeira índia a se tornar advogada no Brasil e está acostumada a fazer audiências, mas dessa vez é diferente. "Eu serei a voz dos índios na mais alta Corte do Brasil", resumiu.

Até hoje, poucos colegas de trabalho vieram de tribos. 'Somos cerca de vinte formados no País inteiro, e apenas sete têm carteira da Ordem dos Advogados do Brasil', informa. Joênia reconhece que "advoga em causa própria" a maior parte do tempo. Isso porque ela trabalha no Conselho Indígena de Roraima (CIR). 'Meu trabalho eu faço por amor, porque minha família e meu povo precisam disso. Estou defendendo uma terra que é minha, para a qual pretendo voltar depois desse tempo na cidade', afirma.

Esse 'tempo na cidade' começou quando a menina índia tinha oito anos de idade e a família a levou para estudar em Boa Vista. Foi boa aluna no ensino

de Justiça mostra-se mais refratário quanto à possibilidade de o *amicus curiae* realizar sustentação oral.

Em questão de ordem decidida pela Corte Especial em 17 de agosto de 2011, deliberou-se no STJ que a Corte possui a faculdade de admitir ou não a realização de sustentação oral pelo *amicus curiae*. Esse é o entendimento consubstanciado no recurso especial n. 1.205.946/SP, da relatoria do Ministro Benedito Gonçalves. Requereram o ingresso nesse recurso especial o Estado do Rio Grande do Sul, o Sindicato dos Trabalhadores Federais da Saúde, Trabalho e Previdência no Estado do Rio Grande do Sul-SINDISPREV/RS, a Confederação Nacional dos Servidores Públicos – CNPS, a Associação Nacional dos servidores do Poder Judiciário – CNSP e a União.[807]

Os debates orais dos ministros na sessão da Corte Especial do STJ foram no sentido da falta de previsão legal no texto da lei e na

---

fundamental e passou no vestibular de Direito na Universidade Federal de Roraima. 'Naquela época não havia cotas', lembra. Durante o curso, ela começou a trabalhar com os direitos dos índios, área em que atua desde então. Em casa, ela já ouve Cristina, a filha de 13 anos, dizer que quer seguir os seus passos. "Eu darei apoio à profissão que meus filhos escolherem, porque as tribos precisam de profissionais como médicos, advogados e tantos outros", destaca.

Para ela, a Constituição é uma das melhores em garantias aos índios, e trouxe inovações em relação à anterior. 'Temos um bonito texto, agora precisamos detalhá-la para funcionar melhor, adverte". *Supremo ouve sustentação da advogada-índia*. Disponível em: < http://www.stf.jus.br/portal/cms/verNoticiaDetalhe.asp?idConteudo=95042>. Acessado em: 20.12.2013.

807 "Em questão de ordem, a Corte Especial, por maioria, firmou a orientação de não reconhecer o direito do *amicus curiae* de exigir a sua sustentação oral no julgamento de recursos repetitivos, a qual deverá prevalecer em todas as Seções. Segundo o voto vencedor, o tratamento que se deve dar ao *amicus curiae* em relação à sustentação oral é o mesmo dos demais atos do processo: o STJ tem a faculdade de convocá--lo ou não. Se este Superior Tribunal entender que deve ouvir a sustentação oral, poderá convocar um ou alguns dos *amici curiae*, pois não há por parte deles o direito de exigir sustentação oral". QO no REsp 1.205.946-SP, Rel. Min. Benedito Gonçalves, em 17.8.2011 (Informativo n. 481).

resolução do Superior Tribunal de Justiça. Nesse acórdão, não há a fundamentação da questão de ordem proibindo a sustentação oral. Dos quinze ministros da Corte Especial, oito votaram no sentido da falta de previsão legal para sustentação oral do *amicus curiae* e sete pelo direito à sustentação.[808] Ressalta-se que essa decisão foi proferida ainda sob a égide do Código de Processo Civil de 1973, época em que inexistia previsão semelhante à do atual art. 138, § 2º, do CPC/2015, que, hoje, expressamente autoriza o relator a definir os poderes e as atribuições do *amici curiae*.

As decisões em recursos especiais repetitivos vão além do interesse subjetivo dos litigantes. Atingem milhares de relações jurídicas, o que corrobora com a concretização da utilização dessa forma de participação social e, consequentemente, promove a legitimidade da *ratio* dessas decisões no cenário jurídico brasileiro. O modelo individualista do Código de Processo Civil de 1973 deu lugar ao interesse público. Com os recursos especiais repetitivos, tenta alinhar-se à realidade das demandas de massa.

Nesse sentido, é necessário ser aprimorada a participação de terceiros interessados no procedimento dos recursos especiais repetitivos. Pode-se espelhar no procedimento admitido no âmbito da ação direta de inconstitucionalidade (ADIn);[809] da ação decla-

---

808 Quanto à questão de ordem, foram votos vencedores os Srs. Ministros Cesar Asfor Rocha, Felix Fischer, Gilson Dipp, Francisco Falcão, Nancy Andrighi, Laurita Vaz, Teori Albino Zavascki e Castro Meira. Vencidos os Srs. Ministros João Otávio de Noronha, Arnaldo Esteves Lima, Massami Uyeda, Humberto Martins, Maria Thereza de Assis Moura, Benedito Gonçalves e Ari Pargendler (REsp 1.205.946/SP, Fazenda do Estado de São Paulo *vs.* Magdalena Masagão Romero e outros, relatoria do Ministro Benedito Gonçalves, DJe 2.2.2012.

809 "Quanto à atuação do *amicus curiae*, após ter entendido que ela haveria de limitar-se à manifestação escrita, houve por bem o Tribunal admitir a sustentação oral por parte desses peculiares partícipes do processo constitucional. Em 30.3.2004, foi editada Emenda Regimental 599, que assegurou aos *amici curiae*, no processo de ADI, o direito de sustentar oralmente pelo tempo máximo de quinze minutos, e, ainda, quando houver litisconsortes não representados pelo mesmo advogado, pelo prazo contado em dobro".

ratória de constitucionalidade (ADC), que, por possuir natureza idêntica à ADIn, deve utilizar-se do mesmo procedimento; e da arguição de descumprimento de preceito fundamental (ADPF), nas quais os *amici curiae* tanto podem apresentar manifestação escrita como fazer sustentação oral (art. 6º, §§ 1º e 2º da lei n. 9.882/99).[810]

A Lei n. 9.868/99, que positivou a possibilidade da intervenção da figura do *amicus curiae* no processo objetivo da ação direta de inconstitucionalidade, dispõe em seu art. 7º, § 2º, que o relator, considerando a relevância da matéria e a representatividade dos postulantes, poderá, por despacho irrecorrível, admitir a manifestação de outros órgãos ou entidades. É cediço que o propósito do legislador com a figura *do amicus curiae* foi buscar o aprimoramento das decisões proferidas pelo Supremo Tribunal Federal, visando à pluralização do debate constitucional, como medida de reforço da legitimidade das decisões.

Esse propósito foi consolidado no julgamento da ADIn 2.130, como se depreende da manifestação do voto do Ministro Celso de Mello, no qual afirmou que a admissão de terceiro, na condição de *amicus curiae*, "qualifica-se como fator de legitimação social das decisões da Suprema Corte, enquanto Tribunal Constitucional, pois viabiliza, em obséquio ao postulado democrático, a abertura do processo de fiscalização concentrada de constitucionalidade, em ordem a permitir que nele se realize, sempre sob uma perspectiva eminentemente pluralística, a possibilidade de participação formal

---

MENDES, Gilmar Ferreira; GONET, Paulo Gustavo. *Curso de Direito Constitucional.* São Paulo: Saraiva, 2019, p. 1348.

810 "Independentemente das cautelas que hão de ser tomadas para não inviabilizar o processo, deve-se anotar que tudo recomenda que, tal como na ação direta de inconstitucionalidade e na ação declaratória de constitucionalidade, a arguição de descumprimento de preceito fundamental assuma, igualmente, uma feição pluralista, com a participação de *amicus curiae.* Tal como na ADI e na ADC, os *amici curiae* tanto podem apresentar manifestação escrita como fazer sustentação oral (art. 6º, §§ 1º e 2º da Lei n. 9.882/99)". MENDES, Gilmar Ferreira; GONET, Paulo Gustavo. *Curso de Direito Constitucional.* São Paulo: Saraiva, 2019, p. 1469.

de entidades e de instituições que efetivamente representem os interesses gerais da coletividade ou que expressem os valores essenciais e relevantes de grupos, classes ou extratos sociais". Para o Ministro Celso de Mello, a intervenção processual do *amicus curiae* "tem por precípua finalidade pluralizar o debate constitucional".[811]

Nessa esteira, o Ministro Gilmar Mendes, em voto proferido na ADIn 2.548, ponderou que a participação do colaborador da Corte, o *amicus curiae*, confere um "colorido diferenciado" ao processo. Segundo ele, "a admissão de *amicus curiae* confere ao processo um colorido diferenciado, emprestando-lhe caráter pluralista e aberto, fundamental para o reconhecimento de direitos e a realização de garantias constitucionais em um Estado Democrático de Direito".[812] Na mesma linha, o Ministro Cezar Peluso pondera que a figura do *amicus curiae* é um valioso canal aberto para a "participação de membros do corpo social interessados no processo de tomada de decisão da Corte, em reforço da legitimidade e do caráter plural e democrático da atividade exercida pelo julgador".[813]

Consigna Jorge Amaury Maia Nunes que o amigo da Corte é alguém que acredita que a decisão do Tribunal pode afetar interesse seu ou de terceiros. Não se trata de tutelar os interesses das partes ou de terceiros, "eventualmente não representados no processo, mas sim de assegurar o prestígio da Corte, objetivando impedir que proferisse decisões equivocadas".[814] Para o professor:

---

811 ADI n. 2.130-MC, rel. Ministro Celso de Mello, DJ de 02.02.2001.

812 ADI 2548/PR, rel. Ministro Gilmar Mendes, DJ 24.10.2005.

813 ADI n. 3.474, rel. Ministro Cezar Peluso, DJ 19.10.2005.

814 NUNES, Jorge Amaury Maia Nunes. "Mandado de injunção e *amicus curiae*". *In*: *Mandado de injunção*: estudos sobre sua regulamentação. MENDES, Gilmar Ferreira; VALE, André Rufino do; QUINTAS, Fábio Lima (Coord.). São Paulo: Saraiva, 2013, p. 504 e segs. Outro importante estudo do autor sobre o *amicus curiae*, com destaque para a Arguição de Descumprimento de Preceito Fundamental – ADPF e exaustivo trabalho de pesquisa de jurisprudência relativo à participação do 'Amigo da Corte' nos processos do STF: NUNES, Jorge Amaury. A participação do *amicus curiae*

> Essa peculiar figura provavelmente surgiu no direito inglês medieval e era caracterizada pelo fato de mostrar-se como um sujeito neutro que, a pedido da Corte, atuava no processo, visando a fornecer-lhe informações, subsídios, que permitissem uma análise mais acurada dos fatos controvertidos. (...) Nos Estados Unidos, cujo direito é ligado ao direito inglês em decorrência de óbvias razões históricas, o *amicus curiae* sofreu forte transformação, dado que, lá, a sua atuação faz-se ou na defesa do interesse de terceiros não representados no processo ou, mesmo, na defesa de interesses de uma das partes (embora não deva, a rigor, ter relação com as partes em litígio) quando esse interesse coincida, v.g. com a distribuição de competência entre as unidades da federação, fundamentada na Constituição. Em princípio, a atuação do *amicus curiae*, nos Estados Unidos, fazia-se apenas na defesa do interesse público. Modernamente, entretanto, esse caráter restritivo não mais se faz presente, basta que haja um interesse, ainda que indireto, na solução da demanda, para que o terceiro emita sua opinião jurídica e seja ouvido pela Corte.

É evidente que os efeitos da ação direta de constitucionalidade, da ação declaratória de constitucionalidade e da arguição de descumprimento de preceito fundamental são diferentes de um recurso submetido ao regime dos recursos repetitivos, mas o instituto do *amicus curiae* favorece a interferência de uma pluralidade de sujeitos e argumentos nas ações, pois possibilita o acesso a diversas perspectivas na apreciação da legitimidade de um determinado ato questionado.

A participação de diferentes grupos em processos judiciais cumpre função de integração de extrema relevância no Estado de Direito. Nesse sentido, inclusive, numa perspectiva constitucional, Peter Häberle defende a ampliação dos instrumentos de informação

---

no procedimento de arguição de descumprimento de preceito fundamental – ADPF. *Revista Direito Público*, vol. 1, nº 20, mar-abr/2008, pp. 47-64.

dos juízes constitucionais, em relação às audiências públicas e às intervenções de interessados, assegurando-se formas de participação das potências públicas pluralistas, enquanto intérpretes em sentido amplo da Constituição.[815]

O Supremo Tribunal Federal, a partir de 2009, acrescentou nas atribuições do relator – não apenas para as ações de caráter objetivo – a convocação de audiência pública para ouvir o depoimento de pessoas com experiência e autoridade em determinada matéria, sempre que entender necessário o esclarecimento de questões ou circunstâncias de fato, com repercussão geral ou de interesse público relevante.[816]

O regimento interno do Superior Tribunal de Justiça previa, até 2016, apenas a publicidade de audiências – e não audiências públicas – do Presidente, para a distribuição dos processos e do relator, para instrução de processos. Com a Emenda Regimental n. 22, o RISTJ concebeu a possibilidade de realização de audiências públicas para que fossem ouvidas pessoas ou entidades com experiência e conhecimento em matéria de interesse para a fixação ou alteração de tese repetitiva ou de enunciado de súmula.[817]

---

815 HÄBERLE, Peter. *Hermenêutica Constitucional. A sociedade aberta dos intérpretes da Constituição:* contribuição para a interpretação pluralista e "procedimental" da Constituição. Tradução de Gilmar Ferreira Mendes. Porto Alegre: Sergio Antonio Fabris Editor, 1997, pp. 47/48.

816 Cf. regimento interno do Supremo Tribunal Federal, que, em seu art. 21, dispõe como atribuições do relator: "(...) XVII – convocar audiência pública para ouvir o depoimento de pessoas com experiência e autoridade em determinada matéria, sempre que entender necessário o esclarecimento de questões ou circunstâncias de fato, com repercussão geral ou de interesse público relevante (atualizado com a introdução da emenda regimental 29/2009)".

817 Segundo art. 185 do RISTJ, serão públicas as audiências: I - do Presidente ou do relator para ouvir pessoas ou entidades com experiência e conhecimento em matéria de interesse para a fixação ou alteração de tese repetitiva ou de enunciado de súmula; II - do relator, para instrução do processo, salvo exceção legal. O art. 186 aponta que o Ministro que presidir a audiência deliberará sobre o que lhe for requerido, ressalvada a competência da Corte

O caráter público das teses, das questões levantadas para a uniformização em recursos especiais repetitivos demandam uma discussão apurada, e essa abertura poderá trazer novos pontos e uma maior maturação da tese por parte dos Ministros julgadores. As audiências não devem ter um caráter apenas de sustentações orais de advogados. É o momento da abertura do debate para os institutos, grupos de pesquisa, sociedade civil, professores, empresas.

No âmbito do Supremo Tribunal Federal, a primeira audiência pública realizada possuía como objeto a ADI n. 3510. A tese central da ação direta era a de que a vida humana acontece na, e a partir da, fecundação.[818] A motivação do Ministro Carlos Ayres Britto para a convocação da audiência pública era subsidiar os Ministros do STF e a oportunidade de uma maior participação da sociedade civil no "enfrentamento da controvérsia constitucional, o que certamente legitimará ainda mais a decisão a ser tomada":

> 4. Daqui se deduz que a matéria veiculada nesta ação se torna de saliente importância, por suscitar numerosos

---

Especial, da Seção, da Turma e dos demais Ministros. § 1º Respeitada a prerrogativa dos advogados e dos membros do Ministério Público, nenhum dos presentes se dirigirá ao Presidente da audiência, a não ser de pé e com a sua licença. § 2º O Secretário da audiência fará constar em ata o que nela ocorrer.

818 Cuida-se de ação direta de inconstitucionalidade, proposta pelo Procurador-Geral da República, tendo por alvo o artigo 5º e parágrafos da Lei n. 11.105, de 24 de março de 2005. Ação pela qual o Chefe do *Parquet* Federal sustenta que os dispositivos impugnados contrariam "a inviolabilidade do direito à vida, porque o embrião humano é vida humana, e faz ruir fundamento maior do Estado democrático de direito, que radica na preservação da dignidade da pessoa humana" (fls. 12). Argumenta, ainda, que: a) a vida humana se dá a partir da fecundação, desenvolvendo-se continuamente; b) o zigoto, constituído por uma única célula, é um "ser humano embrionário"; c) é no momento da fecundação que a mulher engravida, acolhendo o zigoto e lhe propiciando um ambiente próprio para o seu desenvolvimento; d) a pesquisa com células-tronco adultas é, objetiva e certamente, mais promissora do que a pesquisa com células-tronco embrionárias. (ADI 3510, Relator Ministro Ayres Britto, DJe 01.02.2007).

questionamentos e múltiplos entendimentos a respeito da tutela do direito à vida. Tudo a justificar a realização de audiência pública, a teor do § 1º do artigo 9º da Lei n. 9.868/99. Audiência, que, além de subsidiar os Ministros deste Supremo Tribunal Federal, também possibilitará uma maior participação da sociedade civil no enfrentamento da controvérsia constitucional, o que certamente legitimará ainda mais a decisão a ser tomada pelo Plenário desta nossa colenda Corte.

5. Esse o quadro, determino:

a) a realização de audiência pública, em data a ser oportunamente fixada (§ 1º do art. 9º da Lei n. 9.868/99);

b) a intimação do autor para apresentação, no prazo de 15 (quinze) dias, do endereço completo dos expertos relacionados às fls. 14;

c) a intimação dos requeridos e dos interessados para indicação, no prazo de 15 (quinze) dias, de pessoas com autoridade e experiência na matéria, a fim de que sejam ouvidas na precitada sessão pública. Indicação, essa que deverá ser acompanhada da qualificação completa dos expertos.

Publique-se.

Brasília, 19 de dezembro de 2006.

Ministro CARLOS AYRES BRITTO

Relator.[819]

Consigna Häberle que, num processo de interpretação constitucional, até os que não são diretamente afetados devem participar do processo. A unidade da Constituição surge da conjugação do processo e das funções de diferentes intérpretes.[820] Noutro giro,

819 Cf. ADI 3510, despacho de DJe 01.02.2007.

820 Em outra passagem, o autor destaca que "a interpretação constitucional não é um 'evento exclusivamente estatal', seja do ponto de vista teórico, seja do ponto de vista prático. A esse processo têm acesso potencialmente todas as forças da comunidade política. O cidadão que formula um recurso constitucional é intérprete da Constituição tal como o partido político que

o STJ, como intérprete da legislação infraconstitucional, poderá alinhar-se à abertura do processo de uniformização de teses não só para os diretamente afetados. Essa análise dos eventuais interessados em colaborar com o STJ nos processos repetitivos, que, de início, estava restrita a manifestações escritas e jungidas ao próprio processo, embora tenha definido em suas decisões que cabe ao relator definir os participantes do debate, ampliou essa participação ao longo dos últimos anos, como revelam as audiências públicas realizadas a partir de 2014.

No âmbito do Superior Tribunal de Justiça, a primeira audiência pública ocorreu em 25 de agosto de 2014, embora a alteração no Regimento Interno apenas tenha ocorrido em 2016. Ressalta-se que, de 2014 em diante, 9 audiências públicas foram realizadas pelo Tribunal.

É inegável que este instituto contribui significativamente para a qualidade da prestação jurisdicional, além de garantir novas possibilidades de legitimação dos julgamentos do Superior Tribunal de Justiça. Uma maior abertura para manifestações escritas, orais, audiências públicas, ou seja, a abertura das discussões para a consolidação da tese nos recursos representativos da controvérsia, permitirá uma maturação desse debate e garantirá a confiabilidade dessas decisões e um constante reencontro do próprio STJ com a vontade da Constituição da República de 1988.

---

propõe um conflito entre órgãos ou contra o qual se instaura um processo de proibição de funcionamento. Até pouco tempo, imperava a ideia de que o processo de interpretação constitucional estava reduzido aos órgãos estatais ou aos participantes diretos do processo. Tinha-se, pois, uma fixação da interpretação constitucional nos 'órgãos oficiais', naqueles órgãos que desempenham o complexo jogo jurídico-institucional das funções estatais. Isso não significa que se não reconheça a importância da atividade desenvolvida por esses entes. A interpretação constitucional é, todavia, uma 'atividade' que, potencialmente, diz respeito a todos". HÄBERLE, "Hermenêutica Constitucional". *A sociedade aberta dos intérpretes da Constituição:* contribuição para a interpretação pluralista e "procedimental" da Constituição. Porto Alegre: Sergio Antonio Fabris Editor, 1997, pp. 23/24.

Referências bibliográficas

ANDRIGHI, Fátima Nancy. Recursos repetitivos. Revista de Processo, vol. 35, n. 185, Jul. 2010.

BRITTO, Carlos Ayres. Teoria da Constituição. Rio de Janeiro: Forense, 2006.

HÄBERLE, Peter. Hermenêutica Constitucional. A sociedade aberta dos intérpretes da Constituição: contribuição para a interpretação pluralista e "procedimental" da Constituição. Tradução de Gilmar Ferreira Mendes. Porto Alegre: Sergio Antonio Fabris Editor, 1997.

MARINONI, Luiz Guilherme. Aproximação crítica entre as jurisdições de civil law e de common law e a necessidade de respeito aos precedentes no Brasil. Revista da Faculdade de Direito – UFPR. Curitiba, n. 49, 2009.

MENDES, Gilmar Ferreira; GONET, Paulo Gustavo. Curso de Direito Constitucional. São Paulo: Saraiva, 2019.

NUNES, Jorge Amaury Maia Nunes. Mandado de injunção e amicus curiae. *In*: Mandado de injunção: estudos sobre sua regulamentação. MENDES, Gilmar Ferreira; VALE, André Rufino do; QUINTAS, Fábio Lima (orgs.). São Paulo: Saraiva, 2013.

NUNES, Jorge Amaury. A participação do amicus curiae no procedimento de arguição de descumprimento de preceito fundamental – ADPF. Revista Direito Público, vol. 1, n. 20, mar-abr/2008.

Revista de Direito Público e Ciência Política da Fundação Getúlio Vargas, vol. VIII, tomo 2, maio/agosto de 1965.

REALE, Miguel. O Tribunal Superior de Justiça. Folha de São Paulo, Tendências/Debates, sexta-feira, 5 de junho de 1987.

SILVA, José Afonso. Do recurso extraordinário. São Paulo: RT, 1963.

CAPÍTULO XXXII

SOBRE A NOÇÃO DE SERVIÇO PÚBLICO: A NECESSIDADE DE AVANÇAR

Sérgio Antônio Ferreira Victor
Fábio Lima Quintas

Introdução

O presente trabalho tem o objetivo de investigar os critérios utilizados por alguns dos principais estudiosos pátrios para a caracterização do que seja serviço público no Brasil, procedendo a uma crítica dessa construção a partir de seus próprios elementos. Para tanto, foram consultadas relevantes produções que discutiram a noção de serviço público delineada pela Constituição brasileira.

Tendo em vista a série de transformações pelas quais a noção de serviço público passou, bem como suas proclamadas crises e superações, anunciadas pela doutrina internacional, sobretudo a francesa, e que repercutiram em trabalhos de autores nacionais, cumpre abordar, ainda que brevemente, a forma como surgiu a noção de serviço público na França do século XIX e mencionar a sua conformação clássica. Nesse sentido, a primeira parte do presente texto buscará relatar como se deu a construção da noção clássica de serviço público e quais foram seus primeiros desdobramentos, principalmente, na doutrina francesa tradicional.

Na segunda parte, serão analisados alguns trabalhos escritos por autores brasileiros sobre o tema. Isso possibilitará que se encontre qual a noção de serviço público que se adota, pelo menos majoritariamente, no Brasil e quais os elementos formadores de tal noção. Da mesma forma, serão utilizadas decisões do Supremo Tribunal Federal que exemplifiquem a utilização dessa doutrina pela jurisprudência nacional.

Por fim, segue-se com a tentativa de analisar os elementos que formam a noção predominante de serviço público no Brasil, tomando por base sua relação com a teoria clássica, a possibilidade de que sirvam às funções a eles atribuídas, a relação de coerência que possam manter uns com os outros e com a Constituição do Brasil, na leitura que lhe emprestou o Supremo Tribunal Federal, em especial no julgamento da ADPF n. 46, bem como com as transformações observadas na realidade da prestação desses serviços com o advento das privatizações, levadas a cabo no Brasil a partir dos anos noventa.

1 O surgimento da noção de serviço público

Assim como a famosa decisão do *Chief Justice Marshal* que, no caso *Marbury vs. Madison,* fundou as bases do *Judicial Review* no direito norte-americano, o acórdão do caso *Blanco*, proferido pelo Tribunal de Conflitos francês, em 8 de fevereiro de 1873, é tido como marco inicial da noção de serviço público. Apesar de não haver consenso a respeito, a grande maioria da doutrina partilha tal convicção.[821]

Odete Medauar afirma que decisões anteriores já proclamavam o sentido do serviço público com nitidez e invoca os arestos *Rothschild,*

821 GROTTI, Dinorá Adelaide Musetti. *O serviço público e a Constituição Brasileira de 1988*. São Paulo: Malheiros, 2003, p. 27.

Carcassone, Baudry, Dekeister como precursores do caso *Blanco*. Todos os acórdãos mencionados pela ilustre professora tratam de ações movidas contra o Estado em função de danos advindos dos serviços públicos (perda de carta com ou sem valores e ferimentos causados em cavalo atrelado à charrete que foi derrubada por carro de equipamentos militares) e, ainda segundo a autora, apenas a decisão *Blanco* repercutiu, sobretudo por dois motivos: foi emitida após o Conselho de Estado tornar-se jurisdição independente e não fez menção em suas *consideranda* ao decreto de 26 de setembro de 1793, que atribuía exclusivamente à autoridade administrativa a decisão de pedidos que podiam fazer do Estado um devedor.[822]

O acórdão *Blanco*, conforme asseverado, foi julgado pelo Tribunal de Conflitos francês e teve por objeto decidir a jurisdição competente para julgar uma ação de responsabilidade pelos danos físicos causados a uma menina, resultantes de acidente envolvendo vagões que circulavam nas instalações da manufatura de tabacos de Bordeaux, atividade comercial desempenhada pelo município.[823] O Tribunal de Conflitos apreciou a questão e remeteu-a para a jurisdição administrativa. O Comissário de governo David, responsável pelas conclusões do acórdão, estabeleceu que a jurisdição administrativa não é uma jurisdição de exceção, mas o juízo natural dos casos administrativos e, assim, colocou o princípio da autonomia do Direito Administrativo, que teria regime próprio capaz de afirmar a competência de jurisdição especializada, ao passo que ligou a esse regime o serviço público, criando o critério do serviço público.

Essa afirmação do Poder Público como encarregado por assegurar os serviços públicos, cujo regime seria exorbitante daquele de direito privado, não é algo comum para a época. No século XIX, o Estado, incapaz economicamente de promover investimentos em determinados empreendimentos, tais como a construção de

822 MEDAUAR, Odete. *Serviço público*. RDA 189, jul./set. 1992, p. 102.

823 JUSTEN, Monica Spezia. *A noção de serviço público no direito europeu*. São Paulo: Dialética, 2003, p. 23.

ferrovias, busca empresas privadas para apoiar a iniciativa, tendo início, assim, a espécies de parcerias entre o Estado e o setor privado, fato que, a princípio, não derrogaria o regime jurídico privado de regência dessas atividades. Corrobora esta constatação o fato de o *arrêt Blanco* só ter sido retomado com vigor pelo Direito Administrativo cerca de trinta anos após proferido.[824]

A partir de então, os arestos *Terrier* (de 6.2.1903, que trata da destruição de víboras, mediante remuneração) e *Thérond* (de 4.3.1910, que cuida de contrato firmado entre a comuna de Montpellier e o Sr. Thérond para que este recolhesse cães errantes e animais mortos, recebendo remuneração por taxa cobrada dos habitantes e pelos despojos dos animais),[825] consolidaram as bases lançadas pelo aresto *Blanco*, distinguindo o serviço público como noção fundamentadora do direito administrativo e como critério de repartição de competências entre as jurisdições administrativa e comum.

O desenvolvimento jurisprudencial da noção de serviço público foi fundamental para a força desse instituto no direito francês, assim a doutrina, percebendo que fora atribuída à noção de serviço público a condição de definidora da aplicação do direito administrativo, conferiu ao instituto importância inimaginável. Surge, portanto, a Escola do Serviço Público, conhecida também como Escola Realista ou de Bordeaux, cujos principais teóricos foram Duguit, num primeiro momento, e Jèze.

Duguit, bastante influenciado pelo positivismo sociológico de Durkheim, criticava o critério de atribuição de competência baseado na expressão de uma autoridade e, portanto, era contrário à ideia de *puissance publique* tal como defendida por Hauriou; pretendia desautorizar a concepção de atuação estatal alicerçada na soberania, ou em qualquer outro poder especial e construir uma teoria de legitimação do Estado fundada na noção de serviço

---

824 GROTTI, Dinorá Adelaide Musetti. *O serviço público e a Constituição Brasileira de 1988*. São Paulo: Malheiros, 2003, p. 29.

825 MEDAUAR, Odete. *Serviço público*. RDA 189, jul./set. 1992, p. 105.

público;[826] e deixar estabelecido de maneira precisa e permanente que os poderes dos governantes têm como único fundamento suas obrigações e que suas atividades são exercidas apenas em função dos deveres que a disciplina social lhes impõe.[827]

Assim, atento à sua convicção alinhada com a concepção de solidariedade social por divisão do trabalho, Duguit difunde as ideias representativas do pensamento da corrente sociológica (objetiva), a qual capitaneou, segundo a qual serviço público *é toda atividade cujo cumprimento deve ser regulado, assegurado e controlado pelos governantes, porque o cumprimento desta atividade é indispensável para a realização e desenvolvimento da interdependência social e porque, ademais, é de tal natureza que não pode ser completamente assegurada senão mediante intervenção da força governante.*[828] *Duguit, portanto, hipertrofiou a importância do serviço público ao entender que o Estado não passava de uma cooperação de serviços públicos organizados e que toda a teoria do Direito Público deveria ser construída sobre essa noção,*[829] *a qual surgiria como limite da atuação estatal em substituição à própria ideia de separação dos poderes.*

Discípulo de Duguit, Gaston Jèze foi quem efetivamente desenvolveu, a partir da noção de serviço público, o sistema de direito administrativo francês.[830] *Mais cingido ao positivismo jurídico normativista, afirma que criar um serviço público é decidir que a satisfação de determinada necessidade de interesse geral*

---

826 JUSTEN, Monica Spezia. *A noção de serviço público no direito europeu.* São Paulo: Dialética, 2003, p. 29.

827 DUGUIT, Leon. *Manual de derecho constitucional.* Granada: Editorial Comares, S. L., 2005, p. 65.

828 DUGUIT, Leon. *Manual de derecho constitucional.* Granada: Editorial Comares, S. L., 2005, p. 65.

829 CAETANO, Marcello. *Princípios fundamentais do direito administrativo.* Coimbra: Almedina, 2. Reimp. Port., p. 217.

830 CAETANO, Marcello. *Princípios fundamentais do direito administrativo.* Coimbra: Almedina, 2. Reimp. Port., p. 217.

poderá se dar mediante os procedimentos de direito público.[831] *Segundo esta concepção (denominada formal), prevalece a vontade dos poderes públicos, desde que positivada, ou seja, manifestada mediante lei ou regulamento. A corrente subjetiva aceita, portanto, as decisões político-democráticas conformadoras do conteúdo dos serviços públicos em dado tempo e local.*[832]

Esta orientação aproxima-se da noção defendida por Hauriou, para quem os serviços públicos, tendo em vista a personalidade do Estado, não podem ser senão instrumentos da autoridade (puissance publique) e, portanto, modos da atividade administrativa que se funda nessa mesma autoridade.[833] Hauriou define o Direito administrativo como um ramo do Direito público que tem por objeto a Administração Pública, isto é, a organização da polícia e dos serviços públicos mediante a qual o Estado satisfaz, de maneira regular e contínua, as necessidades comuns e provê os interesses gerais dos habitantes do país.[834]

Dessa exposição, pode-se verificar que, desde o início da construção da noção, algumas atividades tidas como serviço público pela jurisprudência francesa eram prestadas por particulares em regime de delegação. Ademais, constatou-se ter a doutrina francesa clássica construído a noção em exame a partir dessa mesma construção jurisprudencial, conferindo-lhe, todavia, novos contornos a depender da corrente da qual se cuide: Hauriou (autoridade estatal/subjetiva), para quem a ênfase dá-se relativamente ao ente ou pessoa que realiza o serviço; Duguit (objetiva/material/sociológica), para quem haverá serviço público sempre que se satisfizer necessidade

---

831 JÈZE, Gaston. *Principios generales del derecho administrativo*. Buenos Aires: Editorial Depalma, 1949, p. 103.

832 LE MESTRE, Renan. *Droit du service public*. Paris: Gualino èditeur, EJA, p. 23.

833 CAETANO, Marcello. *Princípios fundamentais do direito administrativo*. Coimbra: Almedina, 2. Reimp. Port., p. 218.

834 HAURIOU, Maurice. *Principios de derecho público y constitucional*. Granada: Editorial Comares, S. L., 2003, p. 1.

de interesse geral – ênfase na coesão social; e Jèze (formal), para quem serviço público é aquele prestado sob regime de Direito público derrogatório e exorbitante do direito comum.

2 O critério de serviço público sob a Constituição Brasileira de 1988

Pela representatividade de seus trabalhos sobre a matéria e tendo em mira sua utilidade para o desenvolvimento do presente texto, a análise que segue fundar-se-á, basicamente, no pensamento de Eros Grau sobre a noção de serviço público adequada ao Direito brasileiro, sobretudo sob a égide da Constituição de 1988. Segundo o professor, que confere a Ruy Cirne Lima os créditos pela tese que sustenta, todos os elementos e critérios necessários à identificação de quais atividades, dentre aquelas empreendidas pelo Estado, que consubstanciam serviço público estão na Constituição[835] e, portanto, afirma ser imprescindível interpretar a Constituição para se chegar à definição do que seja serviço público.

Afirma que a Constituição exige a distinção entre o que seja *atividade econômica* (artigo 173)[836] e *serviço público* (artigo 175)[837] e, em seu artigo 174,[838] dispõe que o Estado atuará como agente

---

835 GRAU, Eros Roberto. *Constituição e serviço público. In: Direito constitucional – Estudos em homenagem a Paulo Bonavides.* GRAU, Eros Roberto e GUERRA FILHO, Willis Santiago (Coord.). São Paulo: Malheiros editores. 1ª ed. 2 tir., p. 249.

836 Art. 173. Ressalvados os casos previstos nesta Constituição, a exploração direta de atividade econômica pelo Estado só será permitida quando necessária aos imperativos da segurança nacional ou a relevante interesse coletivo, conforme definidos em lei.

837 Art. 175. Incumbe ao poder público, na forma da lei, diretamente ou sob regime de concessão ou permissão, sempre através de licitação, a prestação de serviços públicos.

838 Art. 174. Como agente normativo e regulador da atividade econômica, o Estado exercerá, na forma da lei, as funções de fiscalização, incentivo e planejamento, sendo este determinante para o setor público e indicativo para o setor privado.

normativo e regulador da atividade econômica. Segue demonstrando que a expressão "serviço público" subsume-se à atividade econômica, uma vez que se pode dizer que a prestação de serviços públicos está voltada à satisfação de necessidades, o que envolve a utilização de recursos escassos, tais como bens e serviços, razão por que conclui que *serviço público* é um tipo de *atividade econômica*.[839]

Continua o ilustre professor, ao aduzir que "*Serviço público* é o tipo de *atividade econômica* cujo desenvolvimento compete *preferencialmente* ao setor público. Não exclusivamente, visto que o setor privado presta serviço público em regime de concessão ou permissão" e conclui, pois, que "o *serviço público* está para o setor público assim como a *atividade econômica* está para o setor privado".[840] O autor reconhece, nesse passo, ter usado a expressão *atividade econômica* em dois sentidos: quando aduz que *serviço público* é tipo de *atividade econômica*, atribui a esta a significação de *gênero* do qual aquele é *espécie*; quando afirma que o *serviço público* está para o setor público assim como a *atividade econômica* está para o setor privado, a ela atribui o significado de *espécie*. Conclui, portanto, que o *gênero – atividade econômica* – compreende duas *espécies*: o *serviço público* e a *atividade econômica*. E convenciona denominar *atividade econômica em sentido amplo*, o *gênero*, e, *atividade econômica em sentido estrito*, a *espécie*.[841]

Feita essa distinção, o autor passa a demonstrar que o artigo 173 e seu parágrafo primeiro cuidam de atividade econômica no

---

839 GRAU, Eros Roberto. *Constituição e serviço público*. *In*: *Direito constitucional – Estudos em homenagem a Paulo Bonavides*. GRAU, Eros Roberto e GUERRA FILHO, Willis Santiago (Coord.). São Paulo: Malheiros editores. 1ª ed. 2 tir., p. 250.

840 GRAU, Eros Roberto. *Constituição e serviço público*. *In*: *Direito constitucional – Estudos em homenagem a Paulo Bonavides*. GRAU, Eros Roberto e GUERRA FILHO, Willis Santiago (Coord.). São Paulo: Malheiros editores. 1ª ed. 2 tir., p. 250.

841 GRAU, Eros Roberto. *A ordem econômica na constituição de 1988 (Interpretação e critica)*. São Paulo: Malheiros editores. 9ª ed. rev. e at., 2004, pp. 94-95.

sentido estrito (atividades próprias do setor privado), ao passo que, no artigo 174, está a *atividade econômica em sentido amplo* (Estado atua como agente normativo e regulador), o mesmo ocorrendo no artigo 170 (*atividade econômica* tratada como *gênero*), todos da Constituição do Brasil. Passa, pois, a perquirir o que seja *serviço público* dentro da previsão de atuação da *atividade econômica em sentido amplo* e, então, sugere a seguinte divisão: a) *serviços públicos privativos*, cuja titularidade é do Estado que poderá delegar sua prestação aos particulares (artigo 175); b) *serviços públicos não-privativos,* que são atividades que tanto podem ser desenvolvidas pelo Estado (como *serviço público)*, quanto pelo setor privado (como modalidade de *atividade econômica em sentido estrito*). Exemplos típicos destes serviços são educação (artigo 209) e saúde (artigo 199), cujas atividades são livres à iniciativa privada, prescindindo do regime de concessão ou permissão. Por fim, quando desenvolve *atividade econômica em sentido amplo* em função de *imperativo da segurança nacional* ou para atender a *relevante interesse coletivo*, o Estado desenvolve *atividade econômica em sentido estrito*; por outro lado, quando a exerce para prestar acatamento ao *interesse social*, o Estado desenvolve *serviço público*. Tudo isso permite que o autor elabore sua noção de *serviço público* como sendo a atividade explícita ou supostamente definida pela Constituição como indispensável, em determinado momento histórico, à realização e ao desenvolvimento da coesão e da interdependência social (Duguit) – ou, em outros termos, atividade explícita ou supostamente definida pela Constituição como serviço existencial relativamente à sociedade em um determinado momento histórico (Cirne Lima).[842]

Em obra posterior, o autor revisa parte de seu posicionamento. Reconhece que o mesmo serviço não pode ser considerado

842 GRAU, Eros Roberto. *Constituição e serviço público. In*: *Direito constitucional – Estudos em homenagem a Paulo Bonavides*. GRAU, Eros Roberto e GUERRA FILHO, Willis Santiago (Coord.). São Paulo: Malheiros editores. 1ª ed. 2 tir., pp. 252-257 e p. 266.

serviço público se realizado pelo Estado e *atividade econômica em sentido estrito* quando desenvolvido pelo setor privado, como nos casos da educação e da saúde, mencionados acima. A partir dessa reconsideração, portanto, Grau afirma que os serviços previstos pelos artigos 209 e 199 da Constituição são serviços públicos, mesmo quando prestados livremente pelo setor privado (*serviço público não-privativo*).[843]

Note-se que, de fato, a correção empreendida pelo autor em seu próprio raciocínio tem um caráter lógico, porquanto, ao definir sua noção de serviço público, Grau acentua a coesão e interdependência social como fatores caracterizadores do conceito, ou seja, adota uma noção nitidamente material e confessadamente alicerçada em Duguit, de modo que distinguir a natureza de um serviço em função de seu prestador seria absolutamente incoerente com a noção adotada por ele próprio. Ao longo de seu texto, Grau fornece pistas sobre como construiu sua noção de serviço público a partir, segundo afirma, de uma interpretação da Constituição.

Inicialmente, ao tratar de sua classificação das modalidades de *intervenção* (atuação do Estado no campo da *atividade econômica em sentido estrito*), ou atuação estatal (atuação do Estado no campo da *atividade econômica em sentido amplo*), afirma que de dois valores protegidos em economias capitalistas, propriedade privada dos bens de produção e liberdade de contratar, tem-se que este possui o sentido precípuo de viabilizar a realização dos efeitos e virtualidades daquele, sendo apenas seu instrumental. Descreve, também, como a atividade ilícita (atividade econômica em sentido amplo cujo exercício é vedado pela lei) de exploração de loteria migrou do campo da ilicitude para o universo dos serviços públicos, porquanto tenha a lei que procedeu a tal alteração atendido a forte e justificável razão de interesse social.[844]

---

843 GRAU, Eros Roberto. *A ordem econômica na constituição de 1988 (Interpretação e critica)*. São Paulo: Malheiros editores. 9ª ed. rev. e at., 2004, p. 108.

844 GRAU, Eros Roberto. *A ordem econômica na constituição de 1988 (Interpretação e critica)*. São Paulo: Malheiros editores. 9ª ed. rev. e at., 2004, p. 95.

Outro caso interessante refere-se ao julgamento do RE n. 220.999-7/PE pela Segunda Turma do Supremo Tribunal Federal. O caso cuidava de serviço de transporte por via fluvial, prestado por empresa estatal federal, que é paralisado em função de programa de desestatização. A ação buscava a reparação de prejuízos a uma empresa privada, sofridos em virtude da referida paralisação. O artigo 21, XII, "d", da Constituição diz que compete à União: (...) XII – explorar, diretamente ou mediante autorização, concessão ou permissão: (...) d) os serviços de transporte ferroviário e aquaviário entre portos brasileiros e fronteiras nacionais, ou que **transponham os limites de Estado** ou Território".

Conforme assinalado, o serviço examinado pelo Supremo Tribunal Federal transpunha os limites de um Estado, ocorre que, no entendimento do Ministro Nelson Jobim, acompanhado pela maioria dos integrantes daquela Turma, tal atividade não caracterizava *serviço público* por não proporcionar a coesão e interdependência social, de forma que o Estado não tem o dever de manter o serviço. O voto do Ministro Jobim faz expressa menção à noção de serviço público delineada por Grau e citada acima, além de afirmar que a norma do artigo 21 apenas delimita competências, não impondo obrigações de prestação ao Estado.

Comentando este acórdão do Supremo Tribunal Federal, Grau aduz, ainda, que a atividade examinada reclama mera autorização para que possa ser empreendida por empresa privada e, portanto, não consubstancia serviço público que, segundo afirma, exigiria que a delegação fosse empreendida por meio de concessão ou permissão. Note-se que o Ministro Jobim, quando afirma que a norma do artigo 21 cuida de repartição de competências, não corrobora a doutrina esposada por Grau e que serviu como fundamento para a noção de serviço público central para o entendimento que construiu; da mesma forma, o argumento exposto por Grau relativo à necessidade de permissão ou concessão para a prestação de serviços públicos por particulares contraria a sua própria noção de serviço público, que se funda sobre as ideias de coesão e de interdependência social, ao passo que recusa a definição tautológica e formalista de Jèze, centrada no regime jurídico de direito público como caracterizador da existência de um serviço público.[845]

Relativamente à possibilidade de serviços públicos serem prestados por particulares mediante autorização, a doutrina brasileira divide-se,[846] havendo uma série de posições intermédias que consideram que a autorização somente deve ter lugar, por exemplo, na delegação de serviços emergenciais. Contudo, o que se pretende aqui é relacionar a noção de serviço público construída por relevante parcela da doutrina brasileira àquelas trabalhadas pela teoria clássica francesa, mencionada na primeira parte deste texto. Assim, a noção elaborada por Eros Grau afasta, pelo menos parcialmente, a concepção de Hauriou (autoridade estatal), na medida em que compreende os serviços relativos à educação e à saúde, os quais podem ser prestados, em princípio, livremente pela iniciativa privada.

Consoante mencionado acima, o próprio Grau afasta a definição de Jèze por julgá-la excessivamente formalista e até tautológica, de maneira que a submissão ao regime jurídico de direito público não serve de parâmetro à configuração de um serviço público e, ao afirmar que se pode encontrar a noção de serviço público a partir de uma interpretação da Constituição, o ilustre professor propõe-se a empreender sua tarefa que, ao final, funda-se, declaradamente, nas ideias de Duguit, cuja concepção material do serviço público, proveniente da escola sociológica francesa que rendeu tributo ao pensamento de Durkheim, apenas considera como tal aqueles serviços que se relacionam proximamente à coesão e à interdependência social (excluindo, assim, de seu âmbito a intervenção estatal feita com fundamento em

845 GRAU, Eros Roberto. *A ordem econômica na constituição de 1988 (Interpretação e critica)*. São Paulo: Malheiros editores. 9ª ed. rev. e at., 2004, p. 121.

846 A favor: Diogo de Figueiredo Moreira Neto, Maria Sylvia Zanella di Pietro, dentre outros; contra: Fernando Herren Aguillar, Eros Roberto Grau.

segurança nacional ou relevante interesse coletivo, para se utilizar a expressão do art. 173 da Constituição).

Os principais doutrinadores nacionais fazem, cada um ao seu modo, referência ao interesse público, social, geral ou coletivo, como critério para a identificação de serviços públicos, geralmente acompanhado dos outros parâmetros clássicos e balizados pela Constituição.[847] Celso Antônio Bandeira de Mello também inclui em sua conceituação as três dimensões referidas pelos clássicos autores franceses citados.[848] Maria Sylvia Zanella de Pietro também insere todos os elementos dos autores clássicos citados, apenas ressalvando que o regime jurídico de regência do serviço público pode ser total ou parcialmente público.[849]

---

847 ARAGÃO, Alexandre Santos de. *Direito dos serviços públicos*. Rio de Janeiro: Renovar, 1ª ed., 2007, pp. 128-163. Este autor menciona os diversos critérios que fornecem subsídios à elaboração das variadas noções de serviço público. O conceito que ele mesmo propõe e que julga ser um conceito restrito (sua classificação compreende, ainda, os conceitos amplo e restritíssimo) é a seguinte: "serviços públicos são as atividades de prestação de utilidades econômicas a indivíduos determinados, colocadas pela Constituição ou pela Lei a cargo do Estado, com ou sem reserva de titularidade, e por ele desempenhadas diretamente ou por seus delegatários, gratuita ou remuneradamente, com vistas ao bem-estar da coletividade". Notes-se que este conceito aborda todos os pontos referidos pelos três clássicos autores franceses: Hauriou (autoridade estatal); Duguit (interdependência social); e Jèze (regime jurídico de direito público).

848 BANDEIRA DE MELLO, Celso Antônio. *Curso de direito administrativo*. São Paulo: Malheiros editores. 18ª ed., rev. e at., 2005, p. 628. Para o renomado autor, "serviço público é toda atividade de oferecimento de utilidade ou comodidade material destinada à satisfação da coletividade em geral, mas fruível singularmente pelos administrados, que o Estado assume como pertinente a seus deveres e presta por si mesmo ou por quem lha faça as vezes, sob um regime de Direito Público – portanto, consagrador de prerrogativas de supremacia e de restrições especiais –, instituído em favor dos interesses definidos como públicos no sistema normativo.

849 DI PIETRO, Maria Sylvia. *Direito administrativo*. São Paulo: Editora atlas, 13ª ed. 2001, p. 98.

Nesse sentido, Grotti,[850] ao analisar as modificações efetivadas nos serviços de telecomunicações a partir da EC n. 8, de 1995, afirma, dentre outras coisas, que a Lei Geral de Telecomunicações (Lei n. 9.472, de 16 de julho de 1997) prevê a possibilidade de estes serviços serem prestados mediante os regimes público e privado (art. 63), submetidos a distintos níveis de regulação. A Lei prevê que o serviço coletivo pode ser prestado exclusivamente sob o regime de direito público, ou da mesma forma sob o regime de direito privado e, ainda, concomitantemente nos regimes público e privado (Art. 65): esse novo marco legal estabeleceu que certos serviços de telecomunicação não exigiriam concessão/permissão, mas apenas autorização, de modo que certos serviços de telecomunicações podem assumir feição de atividade econômica em sentido estrito, conferindo ao Poder Executivo, certa discricionariedade para definir o regime de prestação dos serviços de telecomunicações por Decreto.[851]

A respeito dessa realidade, oportuna a observação de Rivero, que, há um bom tempo, afirmava que "as tarefas de interesse público" assumidas na ordem econômica pelas empresas públicas estão, na maior parte dos casos, submetidas ao direito privado.[852] A fuga para o direito privado é notada há algum tempo, por exemplo, no direito alemão[853] e, atualmente, verifica-se, também, que, sobretudo diante do novo Estado Regulador, há uma forte relativização do postulado formalista de Jèze, tendo em vista a convivência dos regimes público e privado.

Até em função do texto constitucional, parece haver certo consenso, portanto, de que a noção de serviço público deve estar

---

850 GROTTI, Dinorá Adelaide Musetti. *O serviço público e a Constituição Brasileira de 1988*. São Paulo: Malheiros, 2003, p. 172.

851 ESCOBAR, J. C. Mariense. *O novo Direito de Telecomunicações*. Porto Alegre: Livraria do Advogado, 1999, pp. 28-29.

852 RIVERO, Jean. *Direito Administrativo*. Coimbra: Almedina, 1981, p. 493.

853 ESTORNINHO, Maria João. *A fuga para o direito privado – Contributo para o estudo da actividade de direito privado da Administração Pública*. Coimbra: Almedina, 1996, pp. 122-132.

associada à atuação do Estado na atividade econômica para atender interesses sociais, que não se confundem com a proteção do interesse coletivo ou a segurança nacional, que podem até justificar a intervenção do Estado no domínio econômico, mas não sob o pálio do regime de serviço público. Anote-se, ainda, que certas intervenções estatais não podem ser compreendidas como manifestação do serviço público ou mesmo atividade econômica em sentido estrito, porque não se configuram como atividades econômicas na atual conformação constitucional. Não convém, por exemplo, tratar como concessão de serviço público, ou como atividade econômica *strictu sensu*, a delegação dos serviços notorial e de registros (haja vista ter essa atividade uma disciplina toda peculiar de acordo com o art. 236, CF, não se tratando, portanto, de atuação estatal no âmbito econômico), bem como a outorga de outras funções administrativas como o "exercício do poder de polícia"[854] (que representa a contenção da liberdade do administrado e nunca uma atividade econômica fruível pelo particular), além das atividades jurídicas (que não proporcionam a fruição direta de serviços (no sentido econômico do termo), mas sim oferecem a segurança e a certeza jurídica que o Estado se impõe em decorrência da sua soberania).

Feitas essas observações, cumpre examinar como a noção de serviço público foi trabalhada pelo Supremo Tribunal Federal no julgamento da ADPF 46, que tratou de examinar o monopólio postal da Empresa Brasileira de Correios e Telégrafos.

---

854 Exemplo: expedição de carteira de motorista, mediante exame. Análise de salubridade de produtos industrializados que serão consumidos pela população, vistorias, perícias com o fito de examinar o cabimento da liberação do exercício de atividades privadas, ou com o propósito de fiscalizar-lhes a obediência aos condicionamentos da liberdade e da propriedade. MELLO, Celso Antônio. *Curso de Direito Administrativo*.11ª ed. São Paulo: Malheiros, 1999, pp. 482-484.

3 A noção de serviço público na leitura do Supremo Tribunal Federal sobre o serviço postal: uma análise do julgamento da ADPF 46

Em agosto de 2009, o Supremo Tribunal Federal concluiu o julgamento da Arguição de Descumprimento de Preceito Fundamental n. 46, que havia se iniciado em 2005. Nesta ADPF, a Associação Brasileira das Empresas de Distribuição – ABRAED postulou a declaração da não recepção, pela CF/88, da Lei n. 6.538/78, que instituiu monopólio das atividades postais pela Empresa Brasileira de Correios e Telégrafos – ECT. Neste julgamento, veio a prevalecer, por apertada maioria, o entendimento de que a aludida lei foi recepcionada pela Constituição e que o serviço postal constituiria serviço público, em vista do disposto no art. 21, inciso X, da Constituição.

O Relator originário, Min. Marco Aurélio, propunha o acolhimento da ADPF para declarar a não recepção, pela CF/88, dos artigos da Lei 6.538/78 que disciplinaram o regime da prestação de serviço postal como monopólio exclusivo da União, por entender que esses preceitos violavam os princípios da livre iniciativa, da liberdade no exercício de qualquer trabalho, da livre concorrência e do livre exercício de qualquer atividade econômica (CF, arts. 1º, IV; 5º, XIII; 170, *caput*, IV e parágrafo único, respectivamente).

Em seu voto, o Ministro Marco Aurélio esclarece pontos relevantes para o tema dos serviços públicos:[855] a) a forma como determinado serviço será prestado para a sociedade é, de fato, uma escolha política, cuja opção não compete ao Judiciário fazer; b) dessa forma, segundo o Ministro, o serviço postal pode ser entendido como um serviço público não exclusivo, de modo que os particulares

---

855 ARAGÃO, Alexandre Santos de. *Direito dos serviços públicos*. Rio de Janeiro: Renovar, 1ª ed., 2007, p. 150. Adverte-nos o autor que a narrativa de julgados mostra que se devem evitar absolutizações de afirmações esparsas de Ministros do Supremo, que, naturalmente, devem ser sempre consideradas no contexto do caso concreto.

sejam chamados para atuar em colaboração com o Estado; c) pode ser tido como atividade econômica em sentido estrito, de tal forma que a atuação privada seja regulada apenas pelas leis do mercado; d) pode ser considerada a dualidade de regimes, com prestação tanto no regime público (pela EBCT) como no regime privado (quando empresas privadas operariam no mercado sujeitas à autorização por parte do Poder Público). Segue o Ministro aduzindo que a possibilidade de duplo regime quanto à prestação do serviço foi inserida no nosso ordenamento jurídico por meio da Lei n. 9.472, de 1997, quando se consignou que, no caso das telecomunicações, poderia coexistir o regime público com o privado e afirma que, para afastar essa aparente, porque falsa, dicotomia entre serviço público e atividade econômica é que o constituinte derivado houve por bem retirar o adjetivo "público", que qualificava o serviço de telecomunicações, quando da Emenda Constitucional n. 8 de 1995.

Procede o Ministro à citação de vários exemplos retirados da história do país, que demonstram que a melhor noção de serviço público não se vincula à essência do objeto em si, mas decorre de uma necessidade pontual e historicamente determinada de maior intervenção a ser feita pelo Estado em certa esfera da economia, *v.g.*: o Departamento Nacional do Café, criado pelo Decreto n. 22.452/1933; o Instituto Nacional do Sal, criado pelo Decreto/Lei n. 2.300/1940; o Instituto Nacional do Pinho, criado pelo Decreto/Lei n. 3.124/1941, dentre outros, órgãos cuja instituição manifestavam à época a concepção de que tutelavam serviço público e hoje não passariam de evidente demonstração de interferência (indevida) do ente público na atividade privada. O voto corrobora advertência feita por Fernando Herren Aguillar sobre o fato de as correntes definições sobre serviço público remeterem a generalizações que foram ganhando espaço ao longo do tempo, de forma que o intérprete termina por filiar-se a longínquas tradições que são reproduzidas sem a indispensável crítica.[856]

---

856 AGUILLAR, Fernando Herren. *Controle Social de Serviços Públicos*. São Paulo: Max Limonad, 1998, p. 117 e ss.

Em conclusão, o Min. Marco Aurélio considera que a expressão "manter o serviço postal", contida no inciso X do art. 21 da Constituição, teria adquirido alcance diverso com o passar do tempo, significando, no contexto social presente, não mais monopólio, mas um conjunto de serviços que a União deve garantir e, eventualmente, prestar de forma direta, se inexistente interesse econômico para o desenvolvimento da atividade em certos locais do território brasileiro, mas sem que para isso haja a necessidade de afetação desse serviço ao regime de serviço público.

No voto do Ministro Eros Grau, relator designado, partiu-se de premissa diversa, no sentido de que, por expressa disposição constitucional, o serviço postal seria necessariamente serviço público. Essa visão, aliás, ficou retratada na ementa do acórdão:

> 1. O serviço postal – conjunto de atividades que torna possível o envio de correspondência, ou objeto postal, de um remetente para endereço final e determinado – não consubstancia atividade econômica em sentido estrito. Serviço postal é serviço público. (...) 3. A Constituição do Brasil confere à União, em caráter exclusivo, a exploração do serviço postal e o correio aéreo nacional [artigo 20, inciso X]. 4. O serviço postal é prestado pela Empresa Brasileira de Correios e Telégrafos – ECT, empresa pública, entidade da Administração Indireta da União, criada pelo Decreto-Lei n. 509, de 10 de março de 1.969. 5. É imprescindível distinguirmos o regime de privilégio, que diz com a prestação dos serviços públicos, do regime de monopólio sob o qual, algumas vezes, a exploração de atividade econômica em sentido estrito é empreendida pelo Estado. 6. A Empresa Brasileira de Correios e Telégrafos deve atuar em regime de exclusividade na prestação dos serviços que lhe incumbem em situação de privilégio, o privilégio postal. 7. Os regimes jurídicos sob os quais em regra são prestados os serviços públicos importam em que essa atividade seja desenvolvida sob privilégio, inclusive, em regra, o da exclusividade.

Em seu voto, o Min. Eros Grau observou que, "embora resulte sempre dificultosa a identificação desta ou daquela parcela de atividade econômica em sentido amplo como serviço público ou como atividade econômica em sentido estrito, há casos nos quais essa identificação pode ser operada com facilidade", como ocorreria no caso do serviço postal, que seria inequivocamente serviço público por expressa disposição constitucional. Na mesma linha, com suporte em várias obras doutrinárias de direito administrativo, votou o Min. Joaquim Barbosa, o Min. Cezar Peluso, a Ministra Ellen Gracie (reportando-se ao julgamento da ADI 3.080) e a Ministra Cármen Lúcia.

O Min. Carlos Britto, seguindo a linha de entendimento manifestada pelos Ministros Joaquim Barbosa e Eros Grau, acabou por criar um critério para definir serviço postal (abrangido pelo regime de direito público), que se restringiria às atividades relacionadas com entrega e envio de cartas, o que se chama tecnicamente de "correspondência agrupada", e atividades correlatas, como "fabricação e distribuição de selos".

Num primeiro momento, alinhando-se à linha preconizada pelo Min. Eros Grau, o Ministro Gilmar Mendes partiu de outra premissa, a de que haveria certa reserva legal na definição do serviço público. É dizer, nas palavras do Min. Gilmar Mendes, que também desenvolveu essa linha argumentativa, "a manutenção do serviço postal (...) é um típico poder-dever institucional que comporta uma disciplina legal", representada, no caso, pela lei postal. Num segundo momento, o Min. Gilmar Mendes passou a admitir que poderia se estar diante de um fenômeno de inconstitucionalização: a lei postal, originalmente compatível com a Constituição, passou a com ela ser incompatível em função da evolução econômica e social (citando, por exemplo, o serviço de entrega de jornais). Argumentou, então, que o tema do monopólio postal exigiria hoje "uma completa reinterpretação ou uma reconfiguração pelo legislador daquilo que se entende de manutenção do serviço postal".

Também seguiu a linha de entendimento do Min. Carlos Britto o Min. Ricardo Lewandowski, para defender que está "fora do monopólio estatal a entrega de talões de cheques, de cartão de crédito, de cartões de cobrança, brindes, documentos, amostras trocadas entre empresas, jornais, revistas, impressos que constituem uma atividade tipicamente econômica, até porque uma solução em sentido contrário militaria contra a realidade já delineada no mundo globalizado". Também estariam excluídos do monopólio, para o Min. Ricardo Lewandowski, os serviços de *courrier* e de entrega de encomendas. Alinhou-se ao entendimento do Min. Carlos Britto, por fim, o Min. Celso de Mello.

Desse modo, no resultado final do julgamento, houve cinco votos pela improcedência, quatro votos pela procedência parcial (de uma leitura conforme a Constituição) e um voto pela procedência total. Após longas discussões para se chegar à forma mais adequada de proclamação do resultado, concluiu-se por entender que a ação fora julgada improcedente, dando (apesar da improcedência) interpretação conforme o tipo penal fixado no art. 42 da Lei n. 6.538, para determinar que sua aplicação fosse feita em consonância com as atividades postais descritas no art. 9º da mesma lei, deixando fora da proclamação do resultado uma definição sobre a abrangência do privilégio postal assegurado pela Constituição, se alcançaria ou não encomendas, porque esse objeto não estaria contemplado na exclusividade definida pela lei.

Apesar da grande divergência que marcou esse julgamento, é possível extrair bases para avançar no sentido constitucionalmente adequado de serviço público, a partir da abrangência conferida ao privilégio do serviço postal. Isso porque o STF, no bojo da APDF n. 46 – DF, entendeu que a prestação exclusiva pela União da atividade postal conferida pela lei postal em conformidade com a Constituição se limita ao conceito de **carta, cartão-postal** e **correspondência agrupada**, nos termos do art. 9º da Lei 6.538/78 (apesar de a Corte não ter chegado a explicar o que se entenderia por 'carta').

O art. 7º, § 1º, da Lei n. 6.538, de 1978, define que: "são objetos de correspondência: a) carta; b) cartão-postal; c) impresso; d) cecograma; e) pequena encomenda", sendo que, dentre essas espécies de correspondência, o objeto do aludido monopólio postal se limita, por disposição legal, às cartas, cartões-postais e, ainda, correspondências-agrupadas (art. 9º da Lei n. 6.538, de 1998). Por exclusão, não estariam abrangidos pelo privilégio concedido à ECT as encomendas, as pequenas encomendas e os impressos. Segundo o art. 47 da lei postal, **carta** compreende todo "objeto de correspondência, com ou sem envoltório, sob a forma de comunicação escrita, de natureza administrativa, social ou comercial, ou qualquer outra, que contenha informação de interesse específico do destinatário". Nos termos dos arts. 7º, § 3º, e 47 da Lei n. 6.538, de 1978, **encomenda** deve ser entendida como objeto com ou sem valor mercantil, para encaminhamento por via postal. A **pequena encomenda**, de forma análoga, significa "objeto de correspondência, com ou sem valor mercantil, com peso limitado, remetido sem fins comerciais". Os conceitos de carta, de encomenda e de pequena encomenda, portanto, são distintos. Não obstante todos constituam serviço postal [*lato sensu*], a carta manifesta uma forma de **comunicação** escrita, que contém informação específica do destinatário. A encomenda e a pequena encomenda, de seu turno, não buscam promover **comunicação**, mas sim promover entrega de coisas, a pedido (e no interesse) do destinatário.

Pode-se entender que, à luz do amplo debate que se desenvolveu no Supremo Tribunal Federal para proclamação do resultado, esse entendimento não é apenas uma diretriz interpretativa legal, mas também constitui um fundamento da decisão proferida pelo STF na ADPF 46, na compreensão daquilo que representaria o privilégio postal. A respeito do ponto, o Ministro Carlos Britto pontuou que "a recepção da Lei n. 6.538/78 pela Carta Magna de 88 se restringe às atividades relacionadas com entrega e envio de cartas, o que se chama tecnicamente de correspondência agrupada, e atividades correlatas, como fabricação e distribuição de selos".

O Ministro Cezar Peluso argumentou que o serviço público postal está relacionado à garantia da **comunicabilidade**, julgando a ADPF improcedente por considerar que "os casos em que a lei autoriza o particular a colaborar com a União na prestação dos serviços, já estão dispostos na lei". O Ministro Ricardo Lewandowski (que ficou vencido, na medida em que excluía do monopólio postal todo documento comercial) aduziu que:

> Eu, tal como Vossa Excelência – e, tenho impressão, na linha do que assentou o Ministro Carlos Britto –, entendo que estão fora do monopólio estatal a entrega de talões de cheque, de cartão de crédito, de cartões de cobrança, brindes, documentos, amostras trocadas entre empresas, jornais, revistas, impressos que constituem uma atividade tipicamente econômica, até porque uma solução em sentido contrário militaria contra a realidade já delineada no mundo globalizado.
>
> Eu entendo, também, que estão excluídas desse monopólio as entregas de encomendas, os serviços de 'courrier', mesmo porque já convivem com o correio estatal, não só no Brasil como no exterior, há muitos anos, com êxito, empregando centenas de milhares de pessoas.

Essa leitura do STF busca fazer convergir uma interpretação adequada que leve em consideração o regime constitucional vigente na regulação da atividade econômica, a necessidade de conciliar um conteúdo mínimo para o serviço público postal, com a reserva legal e a autonomia conferida ao legislado, bem como com o regime da Lei n. 6.538, de 1978, concebida num momento em que havia forte intervenção do Estado na economia.

Essa complexa conformação tem orientado a leitura dos Tribunais. Há entendimento jurisprudencial no sentido de que "se os objetos transportados não estão incluídos no conceito de carta, previsto na legislação específica, não estão sujeitos ao monopólio postal da União". (TRF4, APELREEX 2006.72.01.002338-8, Quarta Turma, Relator Luís Alberto D'azevedo Aurvalle, D.E.

15/05/2012). O Tribunal Regional Federal da 5ª Região consignou que "[o] STF, no julgamento da ADPF de n. 46, após fazer a distinção entre o regime de privilégio a que se reveste a prestação de serviços públicos do regime de monopólio, decidiu que a prestação de serviços públicos se desenvolve sob privilégios, dentre os quais está o da exclusividade na exploração da atividade econômica em sentido amplo, afirmando, na mesma decisão que a prestação do serviço postal por empresa privada só seria possível se a CF estabelecesse que esse serviço fosse livre à iniciativa privada, como assim o fez em relação à educação e à saúde. A mesma decisão deixou patente, contudo, que os serviços de entrega de encomendas e impressos estão excluídos do conceito de serviço postal" (PROCESSO: 200681000033842O3, EIAC432447/03/CE, Relator Desembargador Federal Rogério Fialho Moreira, Pleno, julgamento 29/8/2012, DJE 12/9/2012).

Todavia, a disputa sobre a conceituação do serviço público, mesmo no âmbito do serviço postal, está longe de ter se encerrado e ainda constitui uma relevante discussão, dado que o regime jurídico dos serviços públicos, de um lado, marca o protagonismo do Estado no desenvolvimento de determinada atividade econômica, e, de outro lado, impõe a esse mesmo Estado um pesado ônus (como indicam os princípios da obrigatoriedade do Estado de prestar o serviço público, da universalidade e da continuidade), de prestar, diretamente ou não, serviço adequado, entendido como aquele que "satisfaz as condições de regularidade, continuidade, eficiência, segurança, atualidade, generalidade, cortesia na sua prestação e modicidade das tarifas" (§ 1º do art. 6º da Lei n. 8.987, de 1995).

Considerações finais

O presente trabalho procurou proceder a uma leitura da doutrina mais tradicional do Direito Administrativo brasileiro no tocante à questão relativa à configuração da noção do serviço público sob o texto da Constituição de 1988. Para que se pudesse compreender e analisar criticamente tal elaboração doutrinária, reputou-se imprescindível estudar as mais elementares ideias que conformaram a noção clássica do serviço público no direito francês, a partir do julgamento do caso *Blanco*. Feito isso, procedeu-se a uma análise crítica das noções brasileiras de serviço público, tendo em vista o texto constitucional brasileiro. Conclui-se, a partir desse estudo, que a configuração do serviço público deve partir da Constituição, mas exige uma compreensão abrangente sobre o sentido dessa atuação: apenas haverá serviço público quando a atribuição da titularidade de certa atividade econômica ao Estado se fizer em vista da necessidade de manutenção da coesão social. Não por outro motivo, constatamos que pode coexistir, ou se suceder ao longo do tempo, uma mesma atividade econômica sendo regulada no regime de direito público do serviço público ou no regime de privado da atividade econômica em sentido estrito, a depender da natureza da atividade econômica que exigiu e justificou a atuação do Estado.

Na segunda parte do texto, examinamos o julgamento realizado pelo STF na ADPF 46, que tratava do monopólio postal e em que se discutiu a natureza jurídica dessa atividade econômica. Nesse julgamento, no entanto, o Supremo Tribunal Federal não conseguiu indicar parâmetros seguros para a definição constitucionalmente adequada do que seja serviço público na Constituição de 1988, apesar de fixar diretrizes relevantes, sobre a necessidade de conjugar o regime constitucional de intervenção do Estado no domínio econômico, com a existência de um serviço público postal por definição constitucional, com a liberdade de conformação do legislador, bem como da interpretação constitucionalmente adequada da legislação pré-constitucional, consubstanciada, no caso, pela Lei n. 6.538, de 1978.

Referências bibliográficas

AGUILLAR, Fernando Herren. *Controle Social de Serviços Públicos*. São Paulo: Max Limonad, 1998.

ARAGÃO, Alexandre Santos de. *Direito dos serviços públicos*. Rio de Janeiro: Renovar, 1ª Ed., 2007.

ÁVILA, Humberto. *Repensando o "Princípio da supremacia do interesse Público sobre o particular"*. *In*: *Interesses públicos versus interesses privados: desconstruindo o princípio de supremacia do interesse público.* Rio de Janeiro: Lumen Júris, 2007.

BANDEIRA DE MELLO, Celso Antônio. *Curso de direito administrativo.* São Paulo: Malheiros. 18ª ed, rev. e at., 2005.

BINENBOJM, Gustavo. *Da supremacia do interesse público ao dever de proporcionalidade: um novo paradigma para o direito administrativo. In: Interesses públicos versus interesses privados: desconstruindo o princípio de supremacia do interesse público.* Rio de Janeiro: Lumen Júris, 2007.

CAETANO, Marcello. *Princípios fundamentais do direito administrativo.* Coimbra: Almedina, 2. Reimp. Port., 2003.

DI PIETRO, Maria Sylvia. *Direito administrativo.* 13ª ed. São Paulo: Editora atlas, 2001.

DUGUIT, Leon. *Manual de derecho constitucional.* Granada: Editorial Comares, S. L., 2005.

ESCOBAR, J. C. Mariense. *O novo Direito de Telecomunicações*. Porto Alegre: Livraria do Advogado, 1999.

ESTORNINHO, Maria João. *A fuga para o direito privado – Contributo para o estudo da actividade de direito privado da Administração Pública.* Coimbra: Almedina, 1996.

GARCÍA DE ENTERRÍA, Eduardo; FERNÁNDEZ, Tomas-Ramón. *Curso de Derecho Administrativo V. I.* Madrid: Civitas editiones. 12ª ed. reimp, 2005.

GRAU, Eros Roberto. *Constituição e serviço público. In: Direito constitucional – Estudos em homenagem a Paulo Bonavides.* GRAU, Eros Roberto;GUERRA FILHO, Willis Santiago (Coord.). São Paulo: Malheiros, 2003, 1ª ed. 2 tir.

GRAU, Eros Roberto. *A ordem econômica na Constituição de 1988 (Interpretação e critica).* 9ª ed. rev. e at. São Paulo: Malheiros, 2004;

GROTTI, Dinorá Adelaide Musetti. *O serviço público e a Constituição Brasileira de 1988.* São Paulo: Malheiros, 2003.

HAURIOU, Maurice. *Principios de derecho público y constitucional.* Granada: Editorial Comares, S. L., 2003.

HORBACH, Carlos Bastide. *A nova roupa do direito constitucional: neo-constitucionalismo, pós-positivismo e outros modismos. In: Revista dos Tribunais. Ano 96, V. 859, maio de 2007*. São Paulo: RT.

JÈZE, Gaston. *Princípios generales del derecho administrativo*. Buenos Aires: Editorial Depalma, 1949.

JUSTEN, Monica Spezia. *A noção de serviço público no direito europeu*. São Paulo: Dialética, 2003.

LE MESTRE, Renan. *Droit du service public*. Paris: Gualino èditeur, EJA, 2003.

MAXIMILIANO, Carlos. *Comentários à Constituição Brasileira de 1891*. Ed. Fac-sim, Brasília: Senado Federal, 2005.

MEDAUAR, Odete. *Serviço público*. RDA 189, jul./set. 1992.

RIVERO, Jean. *Direito Administrativo*. Coimbra: Almedina, 1981.

SARMENTO, Daniel. *Interesses Público vs. Interesses privados na perspectiva da teoria e da filosofia constitucional. In: Interesses públicos versus interesses privados: desconstruindo o princípio de supremacia do interesse público*. Rio de Janeiro: Lumen Júris, 2007.

SUPREMO TRIBUNAL FEDERAL, ADPF 46, Rel. Min. Marco Aurélio, Rel. p/ acórdão Min. Eros Grau, Tribunal Pleno, julgado em 5/8/2009, DJe 26/2/2010.

SUPREMO TRIBUNAL FEDERAL, RE 220.999-7/PE, Rel. Min. Marco Aurélio, Rel. p/ acórdão Min. Nelson Jobim, 2ª Turma, julgado em 25/4/2000, DJ 24/11/2000.

TRIBUNAL REGIONAL FEDERAL DA 5ª REGIÃO. PROCESSO: 200681000033842O3, EIAC432447/03/CE, Relator Desembargador Federal Rogério Fialho Moreira, Pleno, julgamento 29/8/2012, DJE 12/9/2012.

TRIBUNAL REGIONAL FEDERAL DA 4ª REGIÃO, APELREEX 2006.72.01.002338-8, Quarta Turma, Relator Luís Alberto D'azevedo Aurvalle, D.E. 15/05/2012.

CAPÍTULO XXXIII

ESTADO FISCAL E CONSTITUIÇÃO FEDERAL DE 1988

Luciano Felício Fuck

1 Estado Fiscal e formas de financiamento do Estado

A ideia de Estado Fiscal (*Steuerstaat*) surgiu pela primeira vez na doutrina alemã e austríaca em obra de 1885 de LORENZ VON STEIN[857] e ganhou grande repercussão com os trabalhos de 1917 de RUDOLF GOLDSCHEID e de 1918, de JOSEPH SCHUMPETER.[858] A partir desses estudos, cuidou-se das características do Estado que era financiado prioritariamente por meio de impostos.

Em língua portuguesa, o Estado Fiscal foi bastante estudado pelo professor JOSÉ CASALTA NABAIS, principalmente na obra *O Dever Fundamental de Pagar Impostos.*[859]

---

857 STEIN, Lorenz Jacob von. *Lehrbuch der Finanzwissenschaft.* 5ª ed. Theil II, Abtheilung I, Leipzig: Brodhaus, 1885, pp. 133-134.

858 A propósito do desenvolvimento histórico da ideia de Estado Fiscal cf. NABAIS, José Casalta. *O Princípio do Estado Fiscal.* Coimbra: Coimbra editora, 2000, p. 364 e ss.

859 NABAIS, José Casalta. *O Dever Fundamental de Pagar Impostos.* 3ª Reimpressão. Coimbra: Almedina, 2012.

No Brasil, por sua vez, o conceito de Estado Fiscal foi abordado por RICARDO LOBO TORRES, sobretudo a partir da obra A ideia de liberdade no Estado Patrimonial e no Estado Fiscal.[860]

1.1 Origens do Estado Fiscal

A origem do conceito de Estado Fiscal decorre da preocupação com as formas de financiamento do Estado moderno, principalmente após a separação dos recursos do príncipe da Fazenda Pública.[861]

Nas comunidades antigas, o Estado não se financiava internamente, mas, antes, extraía seus recursos primordialmente de povos vizinhos e estrangeiros, inclusive por meio de saques e guerras de conquistas. É certo que os primeiros tributos surgiram quando a humanidade começou a viver em sociedade, principalmente na forma de tributos reais,[862] porém eles tinham pouca relevância no custeio das necessidades públicas, até porque, em muitos casos, constituíam manifestação de sujeição, não atingindo os cidadãos.[863]

No sistema feudal, de outra parte, era comum o financiamento do príncipe, inclusive para os preparativos de guerra, por meio das prestações naturais, da servidão e da exploração direta da propriedade e da atividade econômica pela coroa.[864]

---

860 TORRES, Ricardo Lobo. *A ideia de liberdade no Estado Patrimonial e no Estado Fiscal*. Rio de Janeiro: Renovar, 1991.

861 TORRES, Ricardo Lobo. "Estado Patrimonial, Estado Fiscal e Pensamento Autoritário no Brasil". *In*: RIO DE JANEIRO (estado), Universidade do Estado do Rio de Janeiro. Faculdade de Direito. *Temas atuais do Direito Brasileiro*. Rio de Janeiro: UERJ, 1987, p. 135 (135).

862 BIRK, Dieter. *Steuerrecht*. 7ª ed. Heidelberg: C. F. Müller, 2004, p. 4.

863 SCHOUERI, Luís Eduardo. *Direito Tributário*. São Paulo: Saraiva, 2011, p. 17.

864 KIRCHHOF, Paul. "Staatliche Einnahmen". *In*: ISENSEE, Josef & KIRCHHOF, Paul (Coord.). *Handbuch des Staatsrecht*. vol. 4, 2ª ed. Heidelberg: C. F. Müller, 1999, pp. 87-89.

No entanto, com o advento do Estado moderno, a geração de recursos desconcentra-se, de modo que o centro de gravidade passa do príncipe – que era dono de toda a propriedade e era o único responsável pela atividade econômica – para os indivíduos.[865] O desenvolvimento da economia de mercado e do capitalismo consolida a produção da riqueza para o setor privado e transforma a tributação na principal fonte de recursos públicos.[866]

Assim, a arrecadação pecuniária torna-se essencial para a efetivação dos serviços e atividades estatais, constituindo-se, a um só tempo, como pré-condição, meio e objeto indispensável para o próprio exercício do poder estatal.[867]

Nesse contexto, em que a Fazenda Pública necessita retirar dos particulares os meios de pagamentos necessários para seu funcionamento, os tributos destacam-se das demais formas de financiamento do Estado, como os espólios de guerra, das prestações naturais, da produção e do comércio realizados diretamente pelo Estado, dos empréstimos e da emissão de moeda, por permitirem que o Estado participe dos resultados da riqueza gerada pela economia privada.[868]

Evidentemente, os tributos só são necessários quando a atividade econômica se desenvolve pelos sujeitos privados, que dependem da segurança institucional promovida pelo Estado.[869]

---

865 MUSGRAVE, Richard Abel. "Schumpeter's crisis of the tax state: an essay in fiscal sociology". *Journal of Evolutionary Economics*, 2, 1992, pp. 89-92.

866 MUSGRAVE, Richard Abel. "Schumpeter's crisis of the tax state: an essay in fiscal sociology". *Journal of Evolutionary Economics*, 2, 1992, pp. 89-99.

867 VOGEL, Klaus. "Grundzüge des Finanzrechts des Grundgesetzes". *In*: ISENSEE, Josef & KIRCHHOF, Paul (Coord.). *Handbuch des Staatsrecht*. vol. 4, 2ª ed. Heidelberg: C. F. Müller, 1999, pp. 3-4.

868 KIRCHHOF, Paul. "Staatliche Einnahmen". *In*: ISENSEE, Josef; KIRCHHOF, Paul (Coord.). *Handbuch des Staatsrecht*. vol. 4, 2ª ed. Heidelberg: C. F. Müller, 1999, pp. 87-89.

869 TIPKE, Klaus; LANG, Joachim. *Steuerrecht*. 18ª ed. Köln: Otto Schmidt, 2005, p. 2.

Entre os tributos, os impostos sobressaem no financiamento do Estado,[870] por possuírem fatos geradores desvinculados (*Losgelöstheit*) de qualquer atividade estatal.[871] A relevante quantidade de recursos que pode ser obtida por meio dos impostos acabou por viabilizar o Estado com grandes atribuições. Surge, então, a necessidade de investigar melhor esse Estado cujas necessidades financeiras eram cobertas primordialmente por impostos, o denominado Estado Fiscal (*Steuerstaat*).

Em primeiro momento, por sua própria origem histórica, vinculava-se o Estado Fiscal ao estado mínimo, de perfil idealizado no liberalismo clássico. Todavia, o desenvolvimento do estado social – fundado tanto na experiência do *welfare state* quanto do *Soziale Marktwirtschaft* – foi devidamente absorvido pelo sistema do Estado Fiscal, que se adaptou às novas necessidades de recursos originadas desse novo modelo.[872]

Logo, tanto o estado liberal quanto o estado social podem corresponder ao descrito Estado Fiscal.[873]

1.2 Conceito de Estado Fiscal e seus elementos

A partir dessas reflexões, delineia-se o conceito de Estado Fiscal como aquele Estado que tem os impostos como a principal fonte

870 VOGEL, Klaus. "Grundzüge des Finanzrechts des Grundgesetzes". *In*: ISENSEE, Josef; KIRCHHOF, Paul (Coord.). *Handbuch des Staatsrecht*. vol. 4, 2ª ed. Heidelberg: C. F. Müller, 1999, pp. 3-30.

871 KIRCHHOF, Paul. "Staatliche Einnahmen". *In*: ISENSEE, Josef & KIRCHHOF, Paul (Coord.). *Handbuch des Staatsrecht*. vol. 4, 2ª ed. Heidelberg: C. F. Müller, 1999, pp. 87-110.

872 MUSGRAVE, Richard Abel. "Schumpeter's crisis of the tax state: an essay in fiscal sociology". *Journal of Evolutionary Economics*, 2, 1992, pp. 89-102.

873 Cf. NABAIS, José Casalta. O *Princípio do Estado Fiscal*. Coimbra: Coimbra editora, 2000, p. 364.

de financiamento.[874] Trata-se, portanto, de espécie de organização do Estado, classificada de acordo com a principal fonte de recursos arrecadados pelo ente público para realização de suas funções.

Nessa linha, o conceito de Estado Fiscal denota os seguintes elementos essenciais: (i) a preponderância da produção da riqueza e do desenvolvimento econômico em domínio privado; (ii) a prevalência dos tributos não vinculados sobre as demais formas tributárias; e (iii) a existência de limites na capacidade de tributar.[875]

1.2.1 Preponderância da atividade econômica privada

Em primeiro lugar, é importante destacar que prestigiar a arrecadação tributária como principal fonte de recursos significa confiar à iniciativa privada o desenvolvimento econômico, para que o Estado possa participar de seu sucesso.[876]

Na realidade, como a tributação constitui forma de transferir recursos do setor privado para o setor público,[877] é indispensável que haja condições para a formação e acumulação de recursos privados.

Assim, o Estado Fiscal pressupõe a propriedade privada, a economia de mercado e a livre iniciativa dos contribuintes.[878] Por

---

874 BIRK, Dieter. *Steuerrecht*. 7ª ed. Heidelberg: C. F. Müller, 2004, p. 19. NABAIS, José Casalta. *O Dever Fundamental de Pagar Impostos*. 3ª Reimpressão. Coimbra: Almedina, 2012, p. 192.

875 NABAIS, José Casalta. *O Dever Fundamental de Pagar Impostos*. 3ª Reimpressão. Coimbra: Almedina, 2012, p. 195. MUSGRAVE, Richard Abel. "Schumpeter's crisis of the tax state: an essay in fiscal sociology". *Journal of Evolutionary Economics*, 2, 1992, pp. 89-102.

876 KIRCHHOF, Paul. "Staatliche Einnahmen". *In*: ISENSEE, Josef; KIRCHHOF, Paul (Coord.). *Handbuch des Staatsrecht*. vol. 4, 2ª ed. Heidelberg: C. F. Müller, 1999, pp. 87-89.

877 MUSGRAVE, Richard Abel. "Schumpeter's crisis of the tax state: an essay in fiscal sociology". *Journal of Evolutionary Economics*, 2, 1992, pp. 89-94.

878 TORRES, Ricardo Lobo. *A ideia de liberdade no Estado Patrimonial e no Estado Fiscal*. Rio de Janeiro: Renovar, 1991, p. 98.

óbvio, tributos são dispensáveis quando o Estado é o proprietário de tudo e único ator econômico relevante.[879] A necessidade de tributação é contingente da separação entre propriedade privada e propriedade pública.[880]

Justamente quando os particulares exploram atividades econômicas e produzem riquezas é que se verificam as bases econômicas necessárias – como renda, patrimônio e lucros – para a imposição de tributos permanentes, exigidos por meio de estrutura burocrática profissional.[881]

No Estado Fiscal, o papel estatal na economia é necessariamente subsidiário, regulamentar e complementar,[882] no sentido de que permite à iniciativa privada o pleno desenvolvimento da atividade econômica. Cabe a esta ser protagonista na geração de riquezas e ao Estado Fiscal participar, por meio dos tributos, dos resultados obtidos pelos particulares.

Evidentemente, isso não impede que o Estado intervenha na economia ou tenha papel relevante na atividade econômica,[883] mas apenas exclui o cenário em que o Estado se confunda com a própria economia.[884]

---

879 TIPKE, Klaus; LANG, Joachim. *Steuerrecht.* 18ª ed. Köln: Otto Schmidt, 2005, p. 2.

880 MUSGRAVE, Richard Abel. "Schumpeter's crisis of the tax state: an essay in fiscal sociology". *Journal of Evolutionary Economics,* 2, 1992, pp. 89-98.

881 MUSGRAVE, Richard Abel. "Schumpeter's crisis of the tax state: an essay in fiscal sociology". *Journal of Evolutionary Economics,* 2, 1992, pp. 89-99.

882 NABAIS, José Casalta. "Estado Fiscal, Cidadania Fiscal e Alguns dos Seus Problemas". *In*: NABAIS, José Casalta. *Por um Estado Fiscal Suportável: estudos de direito fiscal.* Coimbra: Almedina, 2005, pp. 40-54.

883 BÖCKENFÖRDE, Ernst-Wolfgang. Recht, *Staat, Freiheit.* 2ª ed. Frankfurt am Main: Suhrkamp, 2006, p. 240.

884 Cf. NABAIS, José Casalta. *O Princípio do Estado Fiscal.* Coimbra: Coimbra editora, 2000, p. 371.

Ao contrário do que defendido inicialmente por SCHUMPETER, os tributos não precisam se pautar pela neutralidade, isto é, não necessitam evitar a interferência no comportamento econômico.[885] Ora, o próprio sistema fiscal é instrumento importante e adequado para intervenção na economia.[886] Além disso, a adaptação dos tributos e do Estado Fiscal aos valores e às demandas da expansão do estado social[887] demonstrou a desnecessidade da neutralidade nos impostos.[888]

Ressalte-se, ainda, que o Estado Fiscal não exige que **todas** as despesas estatais sejam financiadas por meio de tributos, mas apenas implica a predominância das receitas tributárias. Isto é, o Estado Fiscal não exclui outras formas de financiamento estatal – inclusive receitas patrimoniais ou decorrentes de atividade econômica direta do Estado –, apenas demanda o predomínio das receitas fiscais na sua sustentabilidade.

Logo, a atividade econômica estatal – seja reguladora, seja diretamente produtora – não é incompatível com o Estado Fiscal, desde que não absorva a atividade econômica privada, que deve permanecer como relevante geradora de bens e riquezas passíveis de tributação.

---

885 MUSGRAVE, Richard Abel. "Schumpeter's crisis of the tax state: an essay in fiscal sociology". *Journal of Evolutionary Economics*, 2, 1992, pp. 89-97.

886 WONNACOTT, Paul; WONNACOTT, Ronald. *Economia*. 2ª ed. Tradução e Revisão Técnica de Celso Seiji Gondo, Antonio Martins Cortada e Jayme Fonseca Francisco Junior. São Paulo: Makron, 1994, p. 108.

887 MUSGRAVE, Richard Abel. "Schumpeter's crisis of the tax state: an essay in fiscal sociology". *Journal of Evolutionary Economics*, 2, 1992, pp. 89-104.

888 NABAIS, José Casalta. *O Dever Fundamental de Pagar Impostos*. 3ª Reimpressão. Coimbra: Almedina, 2012, p. 244.

1.2.2 Prevalência dos tributos não vinculados

Em segundo lugar, para a configuração do Estado Fiscal, não basta a natureza tributária das principais fontes de receitas estatais, que devem consistir em impostos ou, mais propriamente, em tributos não vinculados.

De fato, o Estado Fiscal não é indiferente às espécies tributárias que devem prevalecer no ordenamento jurídico e na arrecadação de recursos, mas está inerentemente ligado aos impostos no direito comparado.[889]

A razão dessa prevalência reside na característica dos impostos de não estarem vinculados à determinada atividade estatal,[890] diferenciando-se assim de tributos vinculados, como as taxas e as contribuições de melhoria.

Por não estarem vinculados a nenhuma contraprestação estatal, os impostos podem ser exigidos de todos os cidadãos de acordo com sua capacidade contributiva,[891] independentemente da divisão de custos quanto ao benefício usufruído com a atividade pública.[892]

Mesmo na concepção mais limitada da atuação da administração pública, o Estado Fiscal deve responder por grandes atribuições que não são passíveis de individualização e, dessa forma, não podem ser financiadas por meio de taxas ou outros tributos vinculados. Com efeito, a manutenção de exército, polícia e corpo diplomático, por exemplo, não comporta a identificação

---

889 NABAIS, José Casalta. "Estado Fiscal, Cidadania Fiscal e Alguns dos Seus Problemas". *In*: NABAIS, José Casalta. *Por um Estado Fiscal Suportável: estudos de direito fiscal*. Coimbra: Almedina, 2005, pp. 40-41.

890 CARVALHO, Paulo de Barros. *Curso de Direito Tributário*. 23ª ed. São Paulo: Saraiva, 2011, p. 67.

891 BIRK, Dieter. *Steuerrecht*. 7ª ed. Heidelberg: C. F. Müller, 2004, p. 20.

892 NABAIS, José Casalta. "Considerações sobre a sustentabilidade do estado fiscal". *Revista* Fórum de Direito Tributário. Belo Horizonte, ano 9, nº 49, jan./fev. 2011, pp. 19-22.

dos beneficiários diretos, de forma que só podem ser financiados por meio de impostos arcados por toda a coletividade.

Por outro lado, com o desenvolvimento do estado social, diversas atribuições do Estado são dirigidas exatamente aos que menos condições têm de arcar com os custos da despesa estatal, principalmente quando relacionadas aos direitos fundamentais.

A título ilustrativo, citem-se as preocupações com a assistência social e com os serviços relacionados à saúde e à educação destinados aos mais carentes. Nesse sentido, apesar de alguns serviços prestados pelo Estado Fiscal serem suscetíveis de individualização, de modo a permitir a cobrança de tributos vinculados, o custeio desses serviços deve ser arcado por quem tem maior capacidade contributiva, e não necessariamente por seus beneficiários diretos.[893]

No contexto brasileiro, além dos impostos, há outras espécies de tributos não vinculados que dão suporte ao Estado Fiscal, a saber, as contribuições sociais, de intervenção no domínio econômico, de interesse de categorias profissionais ou econômicas e de custeio do serviço de iluminação pública.

Ressalte-se que o ganho de importância das contribuições no orçamento brasileiro, ainda que quase iguale o peso dos impostos como forma de financiamento público,[894] não desnatura o Estado Fiscal, uma vez que consubstanciam também **tributos não vinculados**. No entanto, essa hipertrofia das contribuições não é despicienda, pois implica ascendência de **tributos destinados**, em oposição aos impostos, o que limita consideravelmente o espaço de liberdade da administração pública.

Frise-se que a ligação do Estado Fiscal com os impostos não significa a necessidade de exclusividade dessa espécie tributária.

---

893 NABAIS, José Casalta. "Considerações sobre a sustentabilidade do estado fiscal". *Revista* Fórum de Direito Tributário. Belo Horizonte, ano 9, nº 49, jan./fev. 2011, pp. 19-22.

894 Cf. Anexo II.

Outras formas de tributo podem ser exigidas pelo Estado Fiscal, desde que os impostos sejam predominantes na obtenção das receitas.

Logo, para o estabelecimento do Estado Fiscal, os tributos não vinculados devem prevalecer sobre outras espécies tributárias, notadamente as taxas e as contribuições de melhoria, no que concerne à principal forma de financiamento das necessidades do Estado.[895]

1.2.3 Limites na capacidade de tributar

Em terceiro lugar, o conceito de Estado Fiscal também pressupõe a existência de limites na capacidade de tributar. Como os recursos privados são finitos, é evidente que a transferência para o Poder Público, por meio de impostos, também encontra limites intransponíveis.

No Estado Fiscal, porém, esses limites vão além do mínimo existencial, pois o potencial de tributação do Estado Fiscal deve preservar a própria autonomia da economia privada. A tributação, no Estado Fiscal, não pode ser tão exagerada a ponto de esgotar os limitados recursos privados ou de desestimular os contribuintes a produzirem, a gerarem riqueza.[896]

Determinar com precisão o ponto máximo de tributação não é simples, mas é essencial ao Estado Fiscal que haja esse limite,[897] sob pena de confisco, de estatização das forças produtivas e de destruição de sua própria capacidade financeira.[898]

---

895 NABAIS, José Casalta. "Considerações sobre a sustentabilidade do estado fiscal". *Revista* Fórum de Direito Tributário. Belo Horizonte, ano 9, nº 49, jan./fev. 2011, pp. 19-21.

896 MUSGRAVE, Richard Abel. "Schumpeter's crisis of the tax state: an essay in fiscal sociology". *Journal of Evolutionary Economics*, 2, 1992, pp. 89-92.

897 MUSGRAVE, Richard Abel. "Schumpeter's crisis of the tax state: an essay in fiscal sociology". *Journal of Evolutionary Economics*, 2, 1992, pp. 89-94.

898 NABAIS, José Casalta. *O Dever Fundamental de Pagar Impostos*. 3. Reimp. Coimbra: Almedina, 2012, p. 244.

Ademais, é necessário considerar que, além de limite superior da tributação, há também limite inferior, qualificado pela necessidade de recursos mínimos suficientes para o Estado Fiscal desempenhar suas funções básicas.[899]

De fato, o Estado Fiscal contém limites máximos, sob pena de absorver a economia privada, e mínimos, sob pena de deixar de ser Estado.

São exatamente esses limites intrínsecos do Estado Fiscal que, desde as obras de 1917 de RUDOLF GOLDSCHEID e de 1918 de JOSEPH SCHUMPETER, provocam a reiterada denúncia de "Crise do Estado Fiscal".[900]

Nada obstante os desafios da sempre crescente carga tributária, principalmente diante das demandas do Estado Social,[901] ao menos por enquanto o Estado Fiscal tem conseguido se adaptar.[902]

Portanto, o conceito de Estado Fiscal estipula a necessidade de atenção aos limites da imposição tributária, ainda que sejam variáveis e pouco precisos.

1.3 Distinção do Estado Fiscal de espécies semelhantes

Para denotar as características do Estado Fiscal, é importante diferenciá-lo de outras figuras assemelhadas. Nessa linha, é necessário destacar principalmente aquelas espécies de Estado

899 NABAIS, José Casalta; SILVA, Suzana Tavares da. "O Estado pós-moderno e a figura dos tributos". *Revista de Legislação e de Jurisprudência*, ano 140, nº 3965, Nov.-dez./2010, pp. 80-87.

900 NABAIS, José Casalta. "Estado Fiscal, Cidadania Fiscal e Alguns dos Seus Problemas". *In*: NABAIS, José Casalta. *Por um Estado Fiscal Suportável: estudos de direito fiscal*. Coimbra: Almedina, 2005, pp. 40-63.

901 A propósito cf. TÔRRES, Heleno Taveira. *Direito Constitucional Financeiro*. São Paulo: Revista dos Tribunais, 2014, pp. 108-109.

902 MUSGRAVE, Richard Abel. "Schumpeter's crisis of the tax state: an essay in fiscal sociology". *Journal of Evolutionary Economics*, 2, 1992, pp. 89-108.

moderno classificadas de acordo com as fontes principais de financiamento público, quais sejam: o Estado Patrimonial e o Estado Tributário.

1.3.1 Estado Fiscal e Estado Patrimonial

O **Estado Patrimonial** consiste no Estado que tem como principal suporte financeiro as rendas patrimoniais.[903]

Enquanto o Estado Fiscal depende da arrecadação de impostos, o Estado Patrimonial depende da exploração do patrimônio do príncipe, que se confunde com a Fazenda Pública,[904] seja por meio de rendas dominiais – como foros, laudêmios, aluguéis –, seja pela venda de cargos públicos (também considerados como bens do príncipe), seja pela exploração de monopólios.[905]

Nesse contexto, o Estado Patrimonial também pode se financiar por atividades comerciais e industriais diretamente executadas.[906]

Nesse ponto, parece irrelevante a distinção entre Estado Patrimonial e suas vertentes: Estado Produtor (*productive state*), Estado Empresário ou Estado Proprietário. Em todas essas formas, o Estado financia-se por meio da exploração direta de atividade econômica, não importando a natureza desta.

---

903 NABAIS, José Casalta. "Reflexões sobre quem paga a conta do Estado Social". *Revista Tributária e de Finanças Públicas*. Ano 17, nº 88, set.-out./2009, pp. 269-274.

904 TORRES, Ricardo Lobo. "Estado Patrimonial, Estado Fiscal e Pensamento Autoritário no Brasil". *In*: RIO DE JANEIRO (estado), Universidade do Estado do Rio de Janeiro. Faculdade de Direito. *Temas atuais do Direito Brasileiro*. Rio de Janeiro: UERJ, 1987, p. 135.

905 TORRES, Ricardo Lobo. *A ideia de liberdade no Estado Patrimonial e no Estado Fiscal*. Rio de Janeiro: Renovar, 1991, p. 14.

906 NABAIS, José Casalta. *O Dever Fundamental de Pagar Impostos*. 3ª Reimpressão. Coimbra: Almedina, 2012, p. 193.

Dessa forma, o Estado Patrimonial funda-se em receitas originárias,[907] independentemente de se tratar de juros, rendas de preços públicos, *royalties* pelo uso de bens públicos, laudêmios, foros ou receitas de explorações comerciais.

Historicamente, o Estado Patrimonial consubstanciou a típica forma de Estado absolutista e de exploração do mercantilismo.

Atualmente, porém, essa espécie de Estado, classificado quanto à forma de financiamento, ainda encontra exemplos como Brunei, Kuwait, Irã e outros países dependentes exclusivamente da produção de petróleo, gás natural, ouro e diamante. Além disso, ainda há países que se financiam por meio do jogo, como Macau e Mônaco.[908]

No pertinente ao **Estado Socialista**, também se configura como Estado Patrimonial, na medida em que assume a posição de principal agente econômico – quase exclusivo – produzindo e distribuindo bens e serviços primariamente,[909] a exemplo da Coreia do Norte.

1.3.2 Estado Fiscal e Estado Tributário

O **Estado Tributário**, por sua vez, destaca-se por ser financiado prioritariamente por receitas derivadas, ou seja, provenientes da transferência de riquezas produzidas por particulares ao Estado, tais como os tributos e as multas.[910]

---

907 SCHOUERI, Luís Eduardo. *Direito Tributário*. São Paulo: Saraiva, 2011, p. 119.

908 NABAIS, José Casalta. *O Dever Fundamental de Pagar Impostos*. 3ª Reimpressão. Coimbra: Almedina, 2012, p. 193.

909 NABAIS, José Casalta. "Reflexões sobre quem paga a conta do Estado Social". *Revista Tributária e de Finanças Públicas*. Ano 17, nº 88, set.-out./2009, pp. 269-275.

910 SCHOUERI, Luís Eduardo. *Direito Tributário*. São Paulo: Saraiva, 2011, p. 128.

Ao contrário do Estado Fiscal, o Estado Tributário não se assenta nos impostos, mas em tributos bilaterais ou vinculados, como as taxas e contribuições de melhoria.[911] Nesse caso, prevalecem os tributos vinculados a determinada atividade estatal,[912] cujo ônus recai sobre seus beneficiados diretos.

Atualmente, a possibilidade de privilegiar tributos bilaterais como as taxas é pouco pragmática e realista.[913] Em primeiro lugar, porque muitas tarefas desempenhadas pelo Estado – como a manutenção de polícia, exército, diplomatas e parlamentares – não são passíveis de individualização necessária para a exigência de tributos bilaterais.[914]

Em segundo lugar, diversas atribuições do estado social são dirigidas exatamente a quem não pode arcar com as respectivas despesas, como a assistência social, os serviços de educação e saúde destinados aos mais carentes.

Daí que a distinção entre Estado Fiscal e Estado Tributário seja mais doutrinária que concreta. No entanto, a mencionada diferenciação permite destacar elemento essencial do Estado Fiscal, qual seja, a prevalência e a importância dos impostos.

---

911 NABAIS, José Casalta. *O Princípio do Estado Fiscal*. Coimbra: Coimbra editora, 2000, p. 5.

912 SCHOUERI, Luís Eduardo. *Direito Tributário*. São Paulo: Saraiva, 2011, p. 152.

913 NABAIS, José Casalta. "A face oculta dos direitos fundamentais: os deveres e os custos dos direitos". *Revista* de Direito Público da Economia – RPDE. Ano 5, nº 20, out.–dez. 2007, pp. 153-173.

914 NABAIS, José Casalta. "A face oculta dos direitos fundamentais: os deveres e os custos dos direitos". *Revista* de Direito Público da Economia – RPDE. Ano 5, nº 20, out.–dez. 2007, pp. 153-173.

2 Constituição Federal de 1988 e Estado Fiscal

Delineado o conceito de Estado Fiscal e constatada a necessidade de vultosos recursos públicos para realização dos mais caros direitos estabelecidos na Carta Magna, é importante determinar se a Constituição Federal de 1988 impõe a utilização prioritária de determinada fonte de financiamento público.

Desse modo, deve ser examinado se o Estado Fiscal possui eventualmente vantagens comparativas para a concretização dos direitos fundamentais.

2.1 Receitas públicas e CF/1988

Na tarefa de verificar se a CF/1988 elege forma prioritária de financiamento do Estado, a classificação das receitas públicas em **originárias** e **derivadas** ajuda a elucidar o tratamento constitucional, ao separar as fontes de recursos de acordo com sua origem, por meio de critério jurídico e econômico.[915]

Enquanto as receitas originárias são produzidas pelo próprio Estado, seja por meio da exploração de seus bens, seja por meio do exercício de sua atividade econômica, as receitas derivadas provêm do constrangimento e da participação sobre o patrimônio do particular.[916]

---

915 Cf. RUBINSTEIN, Flávio. "Capítulo II – Da Receita". *In*: CONTI, José Maurício. (Coord.). *Orçamentos Públicos: A Lei 4.320/1964 comentada.* 2ª ed. São Paulo: Revista dos Tribunais, 2010, pp. 50-51.

916 Cf. ATALIBA, Geraldo. *Apontamentos de Ciência das Finanças, Direito Financeiro e Tributário.* São Paulo: Revista dos Tribunais, 1969, pp. 25-28. OLIVEIRA, Regis Fernandes de. *Curso de Direito Financeiro.* 4ª ed. São Paulo: Revista dos Tribunais, 2011, p. 130. RUBINSTEIN, Flávio. "Capítulo II – Da Receita". *In*: CONTI, José Maurício. (Coord.). *Orçamentos Públicos: A Lei 4.320/1964 comentada.* 2ª ed. São Paulo: Revista dos Tribunais, 2010, pp. 50-51.

É certo que, nessa classificação, RÉGIS FERNANDES DE OLIVEIRA ainda contempla as denominadas receitas transferidas, que são arrecadadas por um ente diverso daquele que utilizará os recursos.[917] No entanto, em consideração ao Estado Fiscal, importa apenas se o Estado, como um todo, e não cada ente da Federação, produz diretamente os recursos ou participa do patrimônio adquirido pelos cidadãos.

Assim, o Estado moderno pode se financiar preferencialmente por meio de receitas originárias, provenientes da exploração do patrimônio e da atividade econômica exercida diretamente pelo Estado (Estado Patrimonial), ou de receitas derivadas, provenientes da participação da riqueza gerada pelo setor privado (Estado Fiscal e Estado Tributário).

No caso da CF/1988, resta verificar o tratamento normativo das fontes de recursos públicos para ponderar se a arrecadação de impostos é, efetivamente, prestigiada pela Carta Magna.

2.1.1 Receitas Originárias

No que se refere às receitas originárias, ganha destaque a exploração da atividade econômica pelo Estado.[918] A propósito, dispõe o art. 173 da Constituição Federal, na redação dada pela Emenda Constitucional n. 19/1998:

> Art. 173. Ressalvados os casos previstos nesta Constituição, a exploração direta de atividade econômica pelo Estado só será permitida quando necessária aos imperativos de

---

917 Cf. OLIVEIRA, Regis Fernandes de. *Curso de Direito Financeiro*. 4ª ed. São Paulo: Revista dos Tribunais, 2011, p. 130. RUBINSTEIN, Flávio. "Capítulo II – Da Receita". *In*: CONTI, José Maurício. (Coord.). *Orçamentos Públicos: A Lei 4.320/1964 comentada*. 2ª ed. São Paulo: Revista dos Tribunais, 2010, pp. 50-51.

918 SCHOUERI, Luís Eduardo. *Direito Tributário*. São Paulo: Saraiva, 2011, p. 127.

> segurança nacional ou a relevante interesse coletivo, conforme definidos em lei.

O mencionado dispositivo deixa claro o caráter subsidiário da exploração da atividade econômica pelo Estado.

Ainda que o Texto Constitucional ressalve várias atividades extremamente lucrativas, como a lavra de recursos minerais, que eventualmente poderiam tornar financeiramente viáveis o Estado brasileiro, a Carta Magna prestigia de forma indubitável as receitas tributárias, destacando um Título inteiro (Título VI, CF/1988) ao sistema tributário nacional e ao orçamento.

Nesse sentido, parece clara a tendência de restrição da atividade econômica do Estado na CF/1988,[919] ao menos no sentido estrito de atividade econômica,[920] resguardando as receitas derivadas, em especial os tributos como o principal instrumento de financiamento do Estado.

Se eventualmente as receitas originárias superarem as demais receitas derivadas, será por mera contingência fática, não por expressa determinação constitucional.

Destaque-se que outras receitas originárias são pouco ou não são resguardadas pela CF/1988, como a compensação financeira por exploração de recursos minerais (art. 20, §1º, CF/1988) juros por empréstimos públicos, *royalties*, foros ou laudêmios.

Logo, a CF/1988 não impõe a Constituição de um Estado Patrimonial, que obtém a maior parte de seus recursos pela exploração da atividade econômica.

---

919 MENDES, Gilmar Ferreira; BRANCO, Paulo Gustavo Gonet. *Curso de Direito Constitucional*. 8ª ed. São Paulo: Saraiva, 2013, p. 1358.

920 GRAU, Eros Roberto. *A Ordem Econômica na Constituição de 1988*. 14ª ed. São Paulo: Malheiros, 2010, pp. 103-117.

Ao contrário, a Constituição é explícita em caracterizar como subsidiária a exploração pública das atividades econômicas.

2.1.2 Receitas Derivadas

No pertinente às receitas derivadas, a Carta Magna claramente prestigia os tributos em relação às demais modalidades, em especial às multas, à receita de senhoriagem pela emissão de moeda e à emissão de títulos.

Com efeito, as breves disposições da Carta Magna sobre a emissão de moeda e emissão de títulos, a exemplo dos arts. 163 e 164 da CF/1988, estão mais voltadas aos impactos na política monetária do que ao levantamento de receitas, sobretudo tendo em vista os limites materiais desses institutos e os riscos de efeitos deletérios, seja quanto à inflação naquele, seja quanto ao superendividamento neste.[921]

De outra sorte, a Constituição Federal dedica especial atenção aos tributos, em especial aos impostos, com esmiuçadas disposições sobre sua incidência e o destino de seus recursos.

Desde logo, o presente trabalho adota a classificação dos tributos detalhada por PAULO AYRES BARRETO,[922] que aplica sucessivamente os seguintes critérios de divisão: vinculação, destinação e restituição.[923] Assim, nada obstante a classificação encampada pelo voto condutor no RE 138.284/CE, Rel. Min. Carlos Velloso, Pleno, DJ 28.8.1992, tem razão a corrente que identifica cinco espécies

---

921 MENDES, Gilmar Ferreira; BRANCO, Paulo Gustavo Gonet. *Curso de Direito Constitucional.* 8ª ed. São Paulo: Saraiva, 2013, p. 1367.

922 BARRETO, Paulo Ayres. *Contribuições: regime jurídico, destinação e controle.* 2ª ed. São Paulo: Noeses, 2011, pp. 50-74.

923 A propósito da pertinência constitucional desses critérios na classificação dos tributos cf. MOUSSALLEM, Tárek Moysés. "Classificação dos Tributos: uma visão analítica". *In*: IV Congresso Nacional de Estudos Tributários. São Paulo: IBET, dezembro 2007. Disponível em: http://www.ibet.com.br/download/Tárek%20Moysés.pdf. Acessado em: 19.05.2022.

tributárias na CF/1988, a saber: impostos (tributo não vinculado, não destinado e não restituível); contribuições (tributo não vinculado, destinado e não restituível); empréstimos compulsórios (tributo não vinculado ou vinculado, destinado e restituível); taxas e contribuições de melhoria (tributos vinculados, não destinados e restituíveis).

Ademais, é importante destacar que, no âmbito da CF/1988, o dever fundamental de pagar impostos encontra amparo no seu art. 145, §1º,[924] que dispõe:

> Art. 145. A União, os Estados, o Distrito Federal e os Municípios poderão instituir os seguintes tributos:
>
> I – impostos;
>
> (...)
>
> §1º. Sempre que possível, os impostos terão caráter pessoal e serão graduados segundo a capacidade econômica do contribuinte, facultado à administração tributária, especialmente para conferir efetividade a esses objetivos, identificar, respeitados os direitos individuais e nos termos da lei, o patrimônio, os rendimentos e as atividades econômicas do contribuinte.

Esse dispositivo não impõe um estado de sujeição permanente do contribuinte,[925] mas determina a arrecadação compulsória de tributos desvinculados cingidos aos direitos individuais e à capacidade contributiva, isto é, sem dependência da vontade ou da autorresponsabilidade dos cidadãos.[926]

---

924 MENDES, Gilmar Ferreira; BRANCO, Paulo Gustavo Gonet. *Curso de Direito Constitucional*. 8ª ed. São Paulo: Saraiva, 2013, p. 1368.

925 TÔRRES, Heleno Taveira. *Direito Constitucional Tributário e Segurança Jurídica: metódica da segurança jurídica do Sistema Constitucional Tributário*. 2ª ed. São Paulo: Revista dos Tribunais, 2012, p. 332.

926 NABAIS, José Casalta. *O Dever Fundamental de Pagar Impostos*. 3ª Reimpressão. Coimbra: Almedina, 2012, p. 186.

Assim, a Constituição Federal é clara em assegurar direitos – e direitos fundamentais – aos contribuintes, mas também em afastar qualquer pretensão ao não pagamento dos impostos. Por outro lado, tanto quanto possível deve ser observada a capacidade econômica do contribuinte. Logo, as duas características essenciais do dever fundamental de pagar impostos estão presentes na CF/1988.

Ainda que o prevalecimento do Estado Fiscal sobre o Estado Tributário seja imperiosidade prática, como já exposto, a Carta Magna indubitavelmente prestigiou os impostos em detrimento dos tributos vinculados.

De fato, os tributos vinculados autorizados pela Constituição são previstos em breves disposições, quais sejam, as taxas (art. 145, II e § 2º, CF/1988) e as contribuições de melhoria (art. 145, III, CF/1988), enquanto os impostos foram pormenorizados cuidadosamente, com diversas regras típicas de legislação infraconstitucional e, até, infralegal.

Quanto aos estados e municípios, a rigor, os impostos são quase a fonte de receita exclusiva, seja pelas competências diretas (arts. 155 e 156 da CF/1988), seja pelas repartições constitucionais das receitas dos impostos (arts. 157 a 162 da CF/1988).

Mesmo em relação à União, há evidente prevalecimento de competências e regras sobre impostos. Ressalte-se que eles também são hegemônicos comparados a outros tributos não vinculados previstos na Constituição e, em regra, de competência exclusiva da União.

No que se refere aos empréstimos compulsórios, a Constituição só os autoriza, nos termos do art. 148 da CF/1988, em caso de despesas extraordinárias decorrentes de calamidade pública, guerra externa ou sua iminência, bem como de investimento público de caráter urgente e de relevante interesse nacional.

Por outro lado, quanto às contribuições sociais, de intervenção no domínio econômico e de interesse das categorias profissionais ou econômicas, que têm ganhado bastante relevância nos últimos anos, trata-se de típicos tributos não vinculados, cujo prevalecimento não descaracterizaria o Estado Fiscal.

A rigor, essas contribuições têm as mesmas características essenciais dos impostos, com a única distinção de o produto de sua arrecadação estar dirigido à determinada finalidade constitucional.

Não se confundem, portanto, essas contribuições com tributos especiais do direito comparado, tais como as contribuições de Portugal,[927] *Beiträge* da Alemanha, *contribuciones especiales* da Espanha, *tributo speciale* da Itália e *cotisation sociale* da França, que invariavelmente pressupõem benefícios aos contribuintes.[928] Apenas a contribuição de melhoria guarda alguma semelhança com esses tributos estrangeiros.

No que se refere ao peso na arrecadação global, os impostos permanecem como a maior fonte de receitas públicas no Brasil,[929] tendo arrecadado aproximadamente 892,78 bilhões de reais em 2013 nas três esferas. As contribuições sociais, de intervenção no domínio econômico e outras espécies de tributos não vinculados arrecadaram aproximadamente 815,78 bilhões de reais, enquanto os tributos vinculados arrecadaram pouco mais de 28 bilhões de reais.

É certo que há um peso cada vez maior das contribuições sociais, principalmente na arrecadação da União, mas, ao menos por enquanto, os impostos seguem como as mais importantes fontes de receita pública no Brasil.

Além disso, os próprios princípios fundamentais da CF/1988, presentes em seu art. 1º, apontam o prevalecimento do Estado Fiscal no Brasil, como se verificará a seguir.

---

927 Cf. BARRETO, Paulo Ayres. "Contribuições: classificação, destinação e limites". *Revista de Direito Tributário* nº 98. São Paulo: Malheiros, 2007, pp. 193-194".

928 SCHOUERI, Luís Eduardo. *Direito Tributário*. São Paulo: Saraiva, 2011, p. 153-154.

929 Cf. Anexo II, sobre a arrecadação da União, Estados e Municípios.

2.2 Comparação das formas de receita

Examinadas as disposições constitucionais quanto às receitas originárias e derivadas, é possível a devida comparação para examinar se a CF/1988 privilegia certa forma de receita e, em caso positivo, determinar se o Estado Fiscal é decorrência necessária da Carta Magna.

2.2.1 Estado Fiscal e Federalismo

Em relação ao princípio do Federalismo, repita-se que a CF/1988 atendeu a antigo anseio de descentralização de recursos da União para os estados e municípios e de recursos dos estados para os municípios,[930] por meio da repartição de competências e das receitas dos impostos.[931]

Note-se que, em relação a outras fontes de receitas, já há o esforço na construção de novas fórmulas de descentralização, como a distribuição de *royalties* na exploração de recursos minerais e da contribuição de intervenção no domínio econômico relativa a petróleo e gás natural (art. 177, §4º, c/c 157, III, da CF/1988).

Todavia, os impostos contêm, mais do que qualquer outra fonte de recursos, regras de repartição de receitas e maior participação de estados e municípios no produto.

Nessa esteira, o prevalecimento dos impostos como principal fonte de recursos públicos implica, ao menos em maior extensão, maior autonomia financeira das entidades políticas descentralizadas, principalmente aquelas com maior dificuldade de obter recursos por sua própria arrecadação.

---

930 LEAL, 2012, p. 70.

931 OLIVEIRA, Fabrício Augusto de. "A Evolução da Estrutura Tributária e do Fisco Brasileiro: 1889-2009". *In*: Texto para Discussão do IPEA, nº 1469, Brasília: Instituto de Pesquisa Econômica Aplicada (IPEA), jan. 2010, p. 1 (40). Disponível em: http://www.ipea.gov.br/portal/images/stories/PDFs/TDs/td_1469.pdf. Acessado em: 19.05.2022.

Ressalte-se que essa autonomia financeira, principalmente quanto aos municípios, é essencial para a efetivação de direitos fundamentais justamente nas áreas mais carentes, longe dos grandes centros urbanos e das capitais. A distribuição de recursos, nesse aspecto, amplia a efetividade dos direitos.[932]

A dificuldade de repartir verbas provenientes tanto da exploração do patrimônio e de atividade econômica do Estado quanto de tributos vinculados, como se verifica do impasse político na distribuição dos *royalties* atualmente, indica a vantagem dos impostos como principal fonte de recursos públicos.

Frise-se que essa vantagem se reflete inclusive comparativamente aos tributos de arrecadação vinculada, como as contribuições sociais.

É certo que a União tem expandido aceleradamente a base das contribuições, principalmente das contribuições sociais, justamente por não precisar dividir o produto da arrecadação com estados e municípios. No entanto, essa inclinação pode prejudicar sensivelmente o equilíbrio federativo contra a clara tendência descentralizadora da CF/1988, constituindo mais uma razão para o prevalecimento dos impostos e do Estado Fiscal sobre a estrutura do Estado Federal brasileiro.

Dessa forma, o Estado Fiscal prestigia a máxima efetividade do Federalismo no Brasil em proveito, também, da eficácia dos direitos fundamentais.

2.2.2 Estado Fiscal e Democracia

Além disso, outro parâmetro apto a avaliar a adequação do Estado Fiscal é sua compatibilidade em maior grau com o regime democrático.

---

932 HOLMES, Stephen; SUNSTEIN, Cass. *The Cost of Rights.* New York: W. W. Norton & Company, 2000, p. 113 e ss.

De fato, o Estado Fiscal está associado a esse tipo de regime, tanto em seu perfil mais liberal, quanto social.[933]

No Brasil, além de desvinculados de qualquer atividade estatal no que toca ao seu fato gerador, os impostos são insuscetíveis de vinculação de suas receitas a órgão, fundo ou despesa, ressalvadas as exceções constitucionais, nos termos do art. 167, IV, da CF/1988.

Isso significa que os impostos têm fatos geradores independentes de qualquer atividade estatal e sua arrecadação deve permanecer livre para o investimento nas prioridades determinadas pelo sucesso eleitoral.

Por definição, o regime democrático está aberto à alternância de dirigentes políticos com regularidade,[934] permitindo que novas prioridades sejam eleitas e novas escolhas tomadas.

Como os recursos são limitados, a eleição de prioridades é aspecto essencial na efetivação das regras constitucionais, principalmente quanto aos direitos fundamentais.[935]

É certo que a CF/1988 cuidou de prever a alocação mínima de recursos para algumas de suas prioridades, como a saúde (art. 198, §2º, da CF/1988, na redação dada pela Emenda Constitucional n. 63/2010) e a educação (art. 212 da CF/1988, na redação dada pela Emenda Constitucional n. 59/2009). Daí a importância de tributos criados com a arrecadação vinculada, especialmente as contribuições sociais.

No entanto, a Constituição democrática de 1988 parece zelar para que a maior parte dos recursos públicos arrecadados não tenha destinação pré-fixada, possibilitando justamente a

---

933 MUSGRAVE, Richard Abel. "Schumpeter's crisis of the tax state: an essay in fiscal sociology". *Journal of Evolutionary Economics,* 2, 1992, pp. 89-99.

934 CANOTILHO, José Joaquim Gomes. *Direito Constitucional e Teoria da Constituição.* 7ª ed. Coimbra: Almedina, 2003, p. 543, grifos no original.

935 HOLMES, Stephen; SUNSTEIN, Cass. *The Cost of Rights.* New York: W. W. Norton & Company, 2000, p. 118 e ss.

flexibilidade necessária para que novos governos assumam novos projetos, investimentos e prioridades. Esse papel parece plenamente atendido pela primazia dos impostos e, consequentemente, pelo estabelecimento de Estado Fiscal, principalmente em relação ao mencionado Estado Tributário.

Por outro lado, a própria experiência de diversos Estados Patrimoniais com perfis autoritários,[936] a exemplo do Estado Socialista, demonstra, no mínimo, a vantagem da separação entre poder político e o econômico que ocorre quando o Estado permite ao capital privado a exploração das atividades econômicas e retira desse capital os recursos para suas necessidades financeiras.

Evidentemente, isso não significa que só pode haver respeito à democracia em Estados Fiscais nem que todo Estado Fiscal seja plenamente democrático. No entanto, resta marcado que o Estado Fiscal prestigia o regime democrático em maior grau que suas figuras semelhantes.

Portanto, é possível concluir pela compatibilidade do Estado Fiscal com o Estado Democrático de Direito instalado pela CF/1988.

2.2.3 Estado Fiscal e Dignidade da Pessoa Humana

O Estado Fiscal ainda precisa ser comparado com base na defesa da dignidade da pessoa humana, fundamento previsto no art. 1º, III, da CF/1988 e pilar dos direitos fundamentais.

Os impostos, como tributos independentes de qualquer atividade estatal, dispensam também contraprestação direta aos contribuintes. Ao contrário das taxas e contribuições de melhoria,

---

936 TORRES, Ricardo Lobo. "Estado Patrimonial, Estado Fiscal e Pensamento Autoritário no Brasil". *In*: RIO DE JANEIRO (estado), Universidade do Estado do Rio de Janeiro. Faculdade de Direito. *Temas atuais do Direito Brasileiro*. Rio de Janeiro: UERJ, 1987, pp. 135-138.

o contribuinte dos impostos não tem benefício algum direto da ação do Estado.

Essa característica permite que os impostos sejam arrecadados não de acordo com a contraprestação, benefício ou com os custos do Estado envolvendo determinada atividade, mas consoante a capacidade econômica de cada contribuinte, nos termos do art. 145, §1º, da CF/1988.

A prevalência desses tributos permite, assim, que grande parte dos serviços e investimentos promovidos pelo Estado seja dispensada justamente a quem detém menor condição financeira. Em síntese, a atuação do Estado é direcionada não aos que mais contribuem, mas aos que mais necessitam.

Por óbvio, em eventual prevalecimento do Estado Tributário, há natural predominância de serviços públicos que exigem contraprestação dos contribuintes e são mais utilizados por quem pode contribuir.

Os impostos, por outro lado, permitem o financiamento de diversos serviços em que não é possível sequer a individualização do beneficiário ou cujas respectivas despesas os beneficiários não têm condições financeiras de arcarem.[937]

Portanto, em relação ao Estado Tributário, o Estado Fiscal apresenta-se como mais adequado para proteger a dignidade da pessoa humana e mais amplamente financiar a concretização dos direitos fundamentais.

937 NABAIS, José Casalta. "A face oculta dos direitos fundamentais: os deveres e os custos dos direitos". *Revista* de Direito Público da Economia – RPDE. Ano 5, nº 20, out.–dez. 2007, pp. 153-173.

Considerações finais

(1) A preocupação com as formas de financiamento do Estado moderno originou, na doutrina alemã, o conceito de Estado Fiscal, fundado na preponderância dos impostos entre as formas de financiamento público. Nesse sentido, constitui aquele Estado cujas necessidades financeiras são cobertas em sua maior parte por impostos. Entre os tributos, os impostos devem ser destacados por possuírem fatos geradores desvinculados de qualquer contraprestação estatal, permitindo o levantamento de relevantes quantidades de recursos. O Estado Fiscal mostrou-se compatível com o clássico estado mínimo liberal, bem como com o estado social.

(2) O Estado Fiscal possui como elementos essenciais: (a) a preponderância da produção da riqueza e do desenvolvimento econômico em domínio privado; (b) prevalência dos tributos não vinculados sobre as demais formas tributárias; e (c) a existência de limites na capacidade de tributar.

(3) A CF/1988 tende a restringir a atividade econômica do Estado, resguardando as receitas derivadas – que provêm do constrangimento e da participação sobre o patrimônio do particular – como o principal instrumento de financiamento do Estado.

(4) Em razão dos limites materiais e dos possíveis efeitos deletérios na política econômica das multas e das receitas de senhoriagem pela emissão de moeda e de títulos, a CF/1988 claramente prestigia os tributos em relação às demais receitas derivadas.

(5) O art. 145, §1º, da CF/1988 ampara o dever fundamental de pagar impostos no Brasil, isto é, o financiamento do ente público não depende da vontade ou da autorresponsabilidade dos cidadãos. No entanto, isso não significa a imposição de estado de sujeição permanente do contribuinte por determinar a arrecadação compulsória de tributos desvinculados, uma vez que cingidos aos direitos individuais e à capacidade contributiva.

(6) Considerando os valores constitucionais do federalismo, da democracia e da dignidade da pessoa humana, é imperioso concluir que a CF/1988 é compatível com o Estado Fiscal e impõe, de fato, que as necessidades financeiras necessárias para a efetivação dos direitos fundamentais sejam cobertas, em maior medida, pelos impostos.

Referências bibliográficas

ATALIBA, Geraldo. *Apontamentos de Ciência das Finanças, Direito Financeiro e Tributário*. São Paulo: Revista dos Tribunais, 1969.

BARRETO, Paulo Ayres. *Contribuições*: regime jurídico, destinação e controle. 2ª ed. São Paulo: Noeses, 2011.

BIRK, Dieter. *Steuerrecht*. 7ª ed. Heidelberg: C. F. Müller, 2004.

CANOTILHO, José Joaquim Gomes. *Direito Constitucional e Teoria da Constituição*. 7ª ed. Coimbra: Almedina, 2003.

CARVALHO, Paulo de Barros. *Curso de Direito Tributário*. 23ª ed. São Paulo: Saraiva, 2011.

GRAU, Eros Roberto. *A Ordem Econômica na Constituição de 1988*. 14ª ed. São Paulo: Malheiros, 2010.

HOLMES, Stephen; SUNSTEIN, Cass. *The Cost of Rights*. New York: W. W. Norton & Company, 2000.

KIRCHHOF, Paul. "Staatliche Einnahmen". *In*: ISENSEE, Josef; KIRCHHOF, Paul (Coord.). *Handbuch des Staatsrecht*. vol. 4, 2ª ed. Heidelberg: C. F. Müller, 1999.

MENDES, Gilmar Ferreira; BRANCO, Paulo Gustavo Gonet. *Curso de Direito Constitucional*. 8ª ed. São Paulo: Saraiva, 2013.

MUSGRAVE, Richard Abel. "Schumpeter's crisis of the tax state: an essay in fiscal sociology". *Journal of Evolutionary Economics*, 2, 1992.

NABAIS, José Casalta. *O Princípio do Estado Fiscal*. Coimbra: Coimbra editora, 2000.

NABAIS, José Casalta. *O Dever Fundamental de Pagar Impostos*. 3ª Reimpressão. Coimbra: Almedina, 2012.

NABAIS, José Casalta. "Estado Fiscal, Cidadania Fiscal e Alguns dos Seus Problemas". *In*: NABAIS, José Casalta. *Por um Estado Fiscal Suportável*: estudos de direito fiscal. Coimbra: Almedina, 2005.

NABAIS, José Casalta. "Considerações sobre a sustentabilidade do estado fiscal". *Revista Fórum de Direito Tributário*, Belo Horizonte, ano 9, n. 49, jan./fev. 2011.

NABAIS, José Casalta; SILVA, Suzana Tavares da. "O Estado pós-moderno e a figura dos tributos". *Revista de Legislação e de Jurisprudência*, ano 140, n. 3965, nov.-dez./2010.

NABAIS, José Casalta. "Estado Fiscal, Cidadania Fiscal e Alguns dos Seus Problemas". *In*: NABAIS, José Casalta. *Por um Estado Fiscal Suportável*: estudos de direito fiscal. Coimbra: Almedina, 2005.

NABAIS, José Casalta. "A face oculta dos direitos fundamentais: os deveres e os custos dos direitos". *Revista de Direito Público da Economia – RPDE*. Ano 5, n. 20, out.–dez. 2007.

OLIVEIRA, Regis Fernandes de. *Curso de Direito Financeiro*. 4ª ed. São Paulo: Revista dos Tribunais, 2011.

RUBINSTEIN, Flávio. "Capítulo II – Da Receita". *In*: CONTI, José Maurício. (Coord.). *Orçamentos Públicos*: A Lei 4.320/1964 comentada. 2ª ed. São Paulo: Revista dos Tribunais, 2010.

SCHOUERI, Luís Eduardo. *Direito Tributário*. São Paulo: Saraiva, 2011.

STEIN, Lorenz Jacob von. *Lehrbuch der Finanzwissenschaft*. 5ª ed. Theil II, Abtheilung I, Leipzig: Brodhaus, 1885.

TIPKE, Klaus; LANG, Joachim. *Steuerrecht*. 18ª ed. Köln: Otto Schmidt, 2005.

TORRES, Ricardo Lobo. *A ideia de liberdade no Estado Patrimonial e no Estado Fiscal*. Rio de Janeiro: Renovar, 1991.

TORRES, Ricardo Lobo. "Estado Patrimonial, Estado Fiscal e Pensamento Autoritário no Brasil". *In*: RIO DE JANEIRO (estado), Universidade do Estado do Rio de Janeiro. Faculdade de Direito. Temas atuais do Direito Brasileiro. Rio de Janeiro: UERJ, 1987.

TORRES, Ricardo Lobo. *A ideia de liberdade no Estado Patrimonial e no Estado Fiscal*. Rio de Janeiro: Renovar, 1991.

TÔRRES, Heleno Taveira. *Direito Constitucional Financeiro*. São Paulo: Revista dos Tribunais, 2014.

VOGEL, Klaus. "Grundzüge des Finanzrechts des Grundgesetzes". *In*: ISENSEE, Josef; KIRCHHOF, Paul (Coord.). *Handbuch des Staatsrecht*. vol. 4, 2ª ed. Heidelberg: C. F. Müller, 1999.

WONNACOTT, Paul; WONNACOTT, Ronald. *Economia*. 2ª ed. Tradução e Revisão Técnica de Celso Seiji Gondo, Antonio Martins Cortada e Jayme Fonseca Francisco Junior. São Paulo: Makron, 1994.

CAPÍTULO XXXIV

O "APELO AO LEGISLADOR" NO CONTEXTO DA PROCEDURALIZAÇÃO: UMA HOMENAGEM AO MINISTRO GILMAR FERREIRA MENDES

Georges Abboud
Rafael Valim
Walfrido Warde

Introdução

Se ainda hoje podemos constatar que a legislação brasileira referente ao processo constitucional é uma das mais arrojadas de nosso ordenamento, afirmar com tranquilidade que as ações diretas de inconstitucionalidade por *ação* e *omissão* possuem o mesmo *pedido* (declaração de inconstitucionalidade) e, portanto, são fungíveis entre si,[938] que o ato administrativo fundado em lei

938 STF, Tribunal Pleno, ADIns 1987/DF, 875/DF, 2727/ DF e 3243/DF, rel. Min. Gilmar Mendes, j. 24.02.2010, DJe 30.04.2010.

declarada inconstitucional não é automaticamente inválido[939] ou que a vinculação dos particulares às decisões de mérito proferidas em sede de controle abstrato de constitucionalidade decorre do efeito *erga omnes* – por ser esse o efeito correspondente à "força de lei" alemã – devemos ao Ministro e Professor Gilmar Ferreira Mendes, um dos mais ilustres constitucionalistas de sua geração.

O sem-número de contribuições de nosso homenageado ao direito brasileiro torna a escolha de um assunto específico em uma homenagem algo difícil e, em algum grau, arbitrário, de sorte que nossa escolha pelo tema do *apelo ao legislador* deve-se, a um só tempo, ao seu caráter exemplar de importação da doutrina alemã levada a cabo pelo Min. Gilmar Mendes e de sua capacidade de ilustrar a tarefa do hermeneuta de, a partir de sua própria situação existencial, analisar e fundir os horizontes passado e futuro da jurisdição constitucional.

Em 1992 era publicado pela prestigiosa Revista de informação legislativa o artigo *O Apelo ao Legislador* – Apellentscheidung – *na práxis da Corte Constitucional Federal Alemã*, de autoria do então Procurador da República Gilmar Ferreira Mendes.[940]

A data da publicação não nos é em nada irrelevante: tratava-se de discutir, à época, a técnica do *apelo ao legislador* – a partir da experiência do *Bundesverfassungsgericht*, o Tribunal Constitucional Alemão – num Brasil recém-saído do regime ditatorial iniciado em 1964 e cuja Constituição Federal ainda buscava arrendar para si a simpatia dos brasileiros.

A distância de trinta anos que nos separa do artigo em comento nos encontra com um gosto amargo na boca: as trincheiras entre direito e política, típicas de uma jurisdição constitucional,

---

939 STF, 2.ª T., AgRg RE 217141-SP, rel. Min. Gilmar Mendes, j. 13.06.2006, DJU 04.08.2006.

940 MENDES, Gilmar Ferreira. O Apelo ao Legislador – *Apellentscheidung* – na práxis da Corte Constitucional Federal Alemã. *Revista de Informação Legislativa*, vol. 29, nº 114, pp. 473-502, abr./jun. 1992, pp. 473-502.

abrigam hoje os mais violentos conflitos institucionais de nossa história recente.

Ao que parece, ainda não nos acostumamos com as implicações de se atribuir *força normativa* a uma Constituição: sujeitar a política a um "segundo código de poder" (Niklas Luhmann) que é o Direito, o que inclui chancelar posturas contramajoritárias do Supremo Tribunal Federal quando necessárias à preservação dos direitos fundamentais.

O artigo do hoje Ministro homenageado inicia-se com uma constatação importante: já naquela época, o BVerfGE de há muito não se limitava a declarar constitucional ou inconstitucional determinada lei, de modo que se fizeram necessárias "determinadas variantes de decisões que conferem maior relevo à eterna discussão sobre o binômio "direito e política".[941]

Podemos afirmar, sem erro, que o Min. Gilmar Mendes levou, e continua a levar, muito a sério a "eterna discussão" a que fez referência em 1992; seja em sua atuação como Ministro do Supremo Tribunal Federal ou no empréstimo de sua *expertise* na elaboração da L 9868/99 (LADIn) e L 9882/99 (LADPF), nosso homenageado sempre teve em boa conta que a guarda da Constituição Federal não prescindia da adoção de técnicas decisórias sofisticadas.

Hoje, mais do que nunca, percebemos a importância de uma jurisdição constitucional arrojada e preparada para enfrentar a gama praticamente infinita de problemas judicializáveis e cuja solução – cada vez *menos* definitiva e *mais* provisória – passa pela abertura cognitiva e dialógica do Judiciário.

Neste artigo resgataremos a *Apellentscheidung* apresentada pelo então Procurador da República em 1992 para lançarmos algumas ideias sobre como essa técnica decisória adquire hoje uma

---

941 MENDES, Gilmar Ferreira. O Apelo ao Legislador – *Apellentscheidung* – na práxis da Corte Constitucional Federal Alemã. *Revista de Informação Legislativa*, vol. 29, nº 114, pp. 473-502, abr./jun. 1992, p. 474.

impressionante vitalidade no contexto do paradigma da proceduralização e, em verdade, ares de urgência.

1 A técnica do "apelo ao legislador" (*Appellentscheidung*)

Conforme ensina nosso homenageado, cuida o *apelo ao legislador* de decisão "na qual o Tribunal reconhece a situação como ainda constitucional, anunciando a eventual conversão desse estado de constitucionalidade imperfeita numa situação de completa inconstitucionalidade".[942]

Por esse mecanismo, o Tribunal estabelece um diálogo com o Parlamento, comunicando-o de que determinado dispositivo, no mais das vezes em virtude de superveniências fáticas ou jurídicas, pode vir a se tornar inconstitucional, convidando-o a suprir tal estado de "constitucionalidade imperfeita".

Em verdade, a técnica do apelo ao legislador forma, segundo nos diz Gilmar Mendes, uma "constelação fortemente diferenciada" que impõe a designação de ao menos três "grupos típicos". Trata-se de *apelos* ao legislador em virtude de: (i) mudança nas relações fáticas ou jurídicas; (ii) descumprimento do dever constitucional de legislar; e (iii) falta de "evidência" da inconstitucionalidade.[943]

Analisemos brevemente cada uma dessas hipóteses. Com relação a (i), um exemplo, de relatoria do Min. Gilmar Mendes, nos será de grande valia: o RE 641.320[944] (Tema RG 423) – que

---

942 MENDES, Gilmar Ferreira. O Apelo ao Legislador – *Apellentscheidung* – na práxis da Corte Constitucional Federal Alemã. *Revista de Informação Legislativa*, vol. 29, nº 114, pp. 473-502, abr./jun. 1992, p. 482.

943 MENDES, Gilmar Ferreira. O Apelo ao Legislador – *Apellentscheidung* – na práxis da Corte Constitucional Federal Alemã. *Revista de Informação Legislativa*, vol. 29, nº 114, pp. 473-502, abr./jun. 1992, pp. 484-485.

944 STF, Tribunal Pleno, RE 641.320-RS, rel. Min. Gilmar Mendes, j. 11.5.2016, DJe 1.8.2016.

posteriormente serviria de suporte para a edição da Súmula Vinculante 56[945] - no qual se tratava da possibilidade de o condenado cumprir pena em regime menos gravoso quando não houvesse vagas no estabelecimento penitenciário adequado.

O STF decidiu que viola os princípios da individualização da pena e legalidade (CF 5° XLVI e XXXIX) o cumprimento de pena em regime fechado quando não estiverem disponíveis vagas no estabelecimento prisional adequado. Na ocasião, o Tribunal fixou o entendimento de que:

> (h)avendo déficit de vagas, deverão ser determinados: (i) a saída antecipada de sentenciado no regime com falta de vagas; (ii) a liberdade eletronicamente monitorada ao sentenciado que sai antecipadamente ou é posto em prisão domiciliar por falta de vagas; (iii) o cumprimento de penas restritivas de direito e/ou estudo ao sentenciado que progride ao regime aberto. Até que sejam estruturadas as medidas alternativas propostas, poderá ser deferida a prisão domiciliar ao sentenciado.

Atento ao fato de que a legislação sobre execução penal tem como função precípua a tutela dos direitos fundamentais dos condenados, bem como que a legislação atual se encontra muito distante da realidade fática, o Min. Gilmar Mendes realizou um apelo ao legislador para que avaliasse a "possibilidade de reformular a execução penal e a legislação correlata", fornecendo, para tanto, uma série de parâmetros, dentro dos quais destacamos a compatibilização dos "estabelecimentos penais à atual realidade".

É evidente que não se estava a reconhecer que a legislação referente à execução penal tenha sido sempre inconstitucional. Reconheceu-se, contudo, que a realidade atual já não seria mais

---

945 "A falta de estabelecimento penal adequado não autoriza a manutenção do condenado em regime prisional mais gravoso, devendo-se observar, nessa hipótese, os parâmetros fixados no RE 641.320/RS".

suficientemente tutelada pela legislação existente; reformulá-la, contudo, envolve sensíveis questões de política criminal para as quais o legislador é o legitimado por excelência.

A mudança na realidade fática, portanto, impôs uma situação de inconstitucionalidade que se avizinhava ou, mesmo que já existisse, poderia continuar a se agravar. Judiciário e Legislativo precisavam atuar em conjunto.

Quanto a segunda possibilidade albergada em (i) – alteração na situação jurídica – basta pensarmos no exemplo da *mutação constitucional*: "(f)inalmente, cumpre mencionar os casos de mudança na concepção jurídica que podem produzir uma mutação normativa ou a *evolução na interpretação*, permitindo que venha a ser reconhecida a inconstitucionalidade de situações anteriormente consideradas legítimas".[946]

Quanto a (ii) - inercia legislativa – um comentário maior será necessário. De início, cumpre anotar que somente pode-se falar de omissão legislativa inconstitucional se houver *determinação* do nosso texto constitucional para se efetuar a regulamentação legislativa.[947]

Contudo, tal determinação não precisa ser necessariamente explícita. Vale dizer, ainda que não haja um comando constitucional explícito, faz-se necessário evidenciar que dispositivo constitucional (direito subjetivo ou bem jurídico constitucional) está sendo prejudicado em virtude da omissão legislativa.

---

946 MENDES, Gilmar Ferreira. O Apelo ao Legislador – *Apellentscheidung* – na práxis da Corte Constitucional Federal Alemã. *Revista de Informação Legislativa*, vol. 29, nº 114, pp. 473-502, abr./jun. 1992, p. 488.

947 ABBOUD, Georges. *Processo Constitucional Brasileiro*, 5ª ed. São Paulo: Revista dos Tribunais, 2021, nº 3.7, p. 608 e ss. Cf. MENDES, Gilmar Ferreira. O Apelo ao Legislador – *Apellentscheidung* – na práxis da Corte Constitucional Federal Alemã. *Revista de Informação Legislativa*, vol. 29, nº 114, pp. 473-502, abr./jun. 1992, pp. 499 e ss.

Talvez a reação mais imediata do leitor seja a de entender deslocado o apelo ao legislador quando esse encontra-se inerte; tratar-se-ia, antes, de efetiva *declaração de inconstitucionalidade por omissão*, e não de situação de diálogo.

No entanto, o apelo ao legislador de que nos fala Mendes deve ter lugar quando "a omissão legislativa se revela *ainda constitucional* (*noch verfassungsgemäss*), enfatizando o dever do legislador de promulgar as providências reclamadas".[948]

Pensemos aqui na ADPF 828, ajuizada pelo PSOL contra atos do Poder Público relacionados a desocupações, despejos e reintegrações de posse no contexto da pandemia de COVID-19. Em 07.4.2022, o Plenário do STF referendou a liminar que prorrogou até 30.6.2022 os critérios previstos pela Lei n. 14.216/2021 – que tratava de desocupações e despejos no contexto da pandemia – e realizou um apelo ao legislador para que deliberasse "sobre meios que possam minimizar os impactos habitacionais e humanitários eventualmente decorrentes de reintegrações de posse após esgotado o prazo de prorrogação concedido".[949]

Poderíamos pensar, no contexto da discussão levantada pelo artigo em comento, que um *outro* apelo ao legislador seria possível: o de reconhecer que a inércia legislativa é *ainda constitucional*, mas encontra-se em vias de conversão a um estado perfeito de inconstitucionalidade tendo em vista que o fim do prazo de prorrogação se aproxima.

Devemos lembrar, ainda, que as omissões inconstitucionais podem ser totais, ou seja, o dever de legislar é completamente descumprido, ou parciais, quando a lei elaborada pelo Parlamento é deficiente, o que em geral ocorre por violação à isonomia ou

---

948 MENDES, Gilmar Ferreira. O Apelo ao Legislador – *Apellentscheidung* – na práxis da Corte Constitucional Federal Alemã. *Revista de Informação Legislativa*, vol. 29, nº 114, pp. 473-502, abr./jun. 1992, pp. 489-490.

949 STF, Tribunal Pleno, ADPF 828 MC, rel. Min. Luís Roberto Barroso, j. 7.4.2022.

por proteção deficiente (*Untermassverbot*) ou excessiva (*Übermassverbot*).[950]

Pode ocorrer de o STF, até mesmo em vislumbre da superveniência de alterações fáticas – entender que determinado ato normativo questionado *encontra-se em vias de se tornar inconstitucional* por promover, nas condições futuras, uma proteção excessiva ou insuficiente, convidando o Legislativo a agir.

Todas essas situações poderiam, ainda, se enquadrar na hipótese (iii) vista acima, a saber, quando a inconstitucionalidade não é ainda *evidente*.

Como se pôde observar daquilo que foi exposto até aqui, há, no apelo ao legislador, um nítido caráter *preventivo* que o difere, como ressalta Gilmar Mendes, da declaração de inconstitucionalidade sem pronúncia da nulidade (*Unvereinbarkeitserklärung*), no qual há um "juízo de desvalor" em relação à norma, sem, contudo, nadificá-la, mas com conteúdo mandamental para que o Legislador supra a inconstitucionalidade declarada.[951]

Dito de outra forma, enquanto a *Unvereinbarkeitserklärung* tem caráter jurídico *mandamental* e no qual evita-se a pronúncia de nulidade para que o estado de inconstitucionalidade não se agrave, o apelo ao legislador atua no campo da prevenção, antes de a norma questionada tornar-se plenamente inconstitucional.

Nossa leitura é a de que ambas as técnicas já preconizavam algo que viria a adquirir o *status* de cláusula geral com a LINDB 20: a necessidade de observância das consequências *práticas* da decisão. Em uma enorme quantidade de casos somente um juízo

---

950 Ver ABBOUD, Georges. *Processo Constitucional Brasileiro*, cit, nº 4.10.2, p. 961 e ss; MENDES, Gilmar Ferreira e BRANCO, Paulo Gustavo Gonet. *Curso de Direito Constitucional*, 13ª ed. São Paulo: Saraiva, 2018, pp. 1350-1352.

951 MENDES, Gilmar Ferreira e BRANCO, Paulo Gustavo Gonet. *Curso de Direito Constitucional*, 13ª ed. São Paulo: Saraiva, 2018, pp. 483-484.

consequencialista pode corroborar a impressão do Tribunal de que determinada norma esteja em vias de inconstitucionalização.[952]

Para as finalidades deste artigo, vale destacarmos também a figura da chamada "eficácia prévia" (*Vorwirkung*), na qual há uma "forte tendência das forças políticas adaptarem-se ao entendimento já manifestado pelo Tribunal (...)" e "revela-se sobretudo na tendência demonstrada pelo Parlamento de positivar as decisões, ou até mesmo as recomendações oriundas da Corte Constitucional".[953]

Aqui, o Parlamento se antecipa e transforma em lei determinado entendimento do Tribunal antes que esse profira decisão mandamental. Gilmar Mendes destaca ainda que, por vezes, o Parlamento Alemão demonstrou preocupação em realizar tais reformas legislativas de acordo com uma efetiva ou até mesmo suposta orientação do Tribunal, realizando audiências públicas por meio do qual tente antecipar qual será a eventual decisão da Corte e, com isso, garantir uma "eficácia prévia".[954]

A conclusão parcial é a de que a técnica do apelo ao legislador, nos parece, fornece um imenso potencial para a solução dialogada de inconstitucionalidades ainda não concretizadas. No próximo item procuraremos "atualizar" o panorama no qual a *Apellentscheidung* deve se tornar ainda mais importante.

---

952 Cf. ABBOUD, Georges; SCAVUZZI, Maira; KROSCHINSKY, Matthäus. Consequencialismo, teoria da decisão e jurisdição constitucional. *In*: *Revista dos Tribunais*, vol. 1038, abril/2022, pp. 249-279.

953 ABBOUD, Georges; SCAVUZZI, Maira; KROSCHINSKY, Matthäus. Consequencialismo, teoria da decisão e jurisdição constitucional. *In*: *Revista dos Tribunais*, vol. 1038, abril/2022, p. 477.

954 ABBOUD, Georges; SCAVUZZI, Maira; KROSCHINSKY, Matthäus. Consequencialismo, teoria da decisão e jurisdição constitucional. *In*: *Revista dos Tribunais*, vol. 1038, abril/2022, pp. 477-478.

2 O "apelo ao legislador" no contexto da proceduralização

Já de há muito resistimos à ideia de que a crescente complexidade das demandas sociais levadas ao Judiciário importe no ocaso da jurisdição constitucional. De modo oposto, cremos em sua alta capacidade de adaptação às realidades sociais hipercomplexas.[955]

No entanto, para que essa mesma jurisdição constitucional fuja da obsolescência, faz-se necessária uma mudança de paradigma que não tem outra consequência a não ser uma modificação profunda na forma como o Supremo Tribunal Federal encara a própria natureza do ato de julgar.

Trata-se aqui de uma mudança de paradigma decorrente da constatação de que os códigos inerentes ao paradigma da decisão (procedente/improcedente; legal/ilegal; constitucional/inconstitucional) padecem de três deficiências fundamentais que, acreditamos, podem ser superadas por um paradigma diverso, a respeito do qual um dos coautores já dedicou uma extensa monografia: a proceduralização.[956]

As deficiências a que nos reportamos são aquelas de *aprendizado*, *(re)flexibilidade* e *adaptabilidade*. Para superar essas deficiências, o paradigma da proceduralização acopla ao ato decisório certas possibilidades aptas a permitir a absorção da complexidade:

---

955 Cf. ABBOUD, Georges; CAMPOS, Ricardo. A autorregulação regulada como modelo do Direito proceduralizado. Regulação de redes sociais e proceduralização. *In*: ABBOUD, Georges; NERY JUNIOR, Nelson; e CAMPOS, Ricardo (Orgs). *Fake News e Regulação*. 3ª ed. São Paulo: Revista dos Tribunais, 2021, pp. 135-162.

956 ABBOUD, Georges. *Direito Constitucional Pós-Moderno*, 1ª ed. São Paulo: Revista dos Tribunais, 2021, Parte III. Cf. LADEUR, Karl-Heinz. *Der Staat gegen die Gesellschaft: Zur Verteidigung der Rationalität der "Privatrechtgesellschaft"*. Hamburgo: Mohr Siebeck Tübigen, 2006; LADEUR, Karl-Heinz. Constitucionalism and the State of the "Society of Networks": the design of a new "control project" for a fragmented legal system. *Transnational Legal Theory*, vol. 2, iss. 4, 2011, pp. 463-475.

diálogo, acordo ou autorregulação, certo de que mais de uma modalidade pode ser aplicada a um mesmo litígio e, em maior ou menor medida, pode haver interação entre elas.

No presente item apresentaremos, em compêndio, como a técnica do *apelo ao legislador* tratada acima pode ser integrada ao paradigma da proceduralização na modalidade do diálogo interinstitucional, permitindo uma interface entre os poderes Judiciário e Legislativo que beneficie a carga de adaptabilidade da decisão judicial.

O apelo ao legislador oferece a ocasião ideal para o estabelecimento de diálogo, e a proceduralização dá à prática nova utilidade, já que torna o Legislativo um partícipe mais ativo no controle de constitucionalidade, por exemplo.

São diversas as suas modalidades e potencialidades democráticas, tais como a possibilidade de o Legislativo intervir em sede de mandado de injunção ou ação direta por omissão informando interesse em deliberar sobre determinada matéria ou a atuação conjunta do STF com o Parlamento para a criação de regimes normativos de transição aptos a trabalharem em conjunto com eventual modulação de efeitos.

As figuras do "apelo ao legislador" e da "eficácia prévia" são absolutamente salutares e, para nós, detém o conteúdo preciso do diálogo em sua dimensão mais democrática. Se a proceduralização busca corrigir as insuficiências da decisão mediante principalmente acordos, autorregulações e diálogos, o Parlamento pode desempenhar um papel fundamental na produção e manutenção de regimes legislativos adaptáveis.

Qualquer manual de direito constitucional mostrar-nos-á a distinção clássica entre os mecanismos "prévios" e "repressivos" de controle de constitucionalidade, sendo os primeiros exercidos pelos poderes políticos e os segundos pelo Judiciário. Há um desgaste na expressão "controle repressivo" que precisa ser equacionado em termos de diálogo. Cremos que os Poderes devem se imaginar como partícipes comuns da realização da Constituição.

Daí a importância de um controle de constitucionalidade menos repressivo e verticalizado, e mais dialogado, cooperativo, em que, simultaneamente, tenhamos um Judiciário atento às dificuldades do Legislativo e do Executivo, e estes Poderes atentos às orientações do Supremo Tribunal Federal.

A consequência de tal modelo é a produção de resultados muito mais democráticos e, com isso, uma drástica redução de momentos de choque institucional entre Poderes. Há um ganho democrático nessa redução de tensionamento.

É claro que por "diálogo" não pretendemos só aquele havido entre Poderes. Aliás, muito ao contrário, a participação da sociedade civil e de outros setores que possam fornecer conhecimentos metajurídicos para a solução de casos submetidos à jurisdição constitucional é absolutamente essencial, e é, em verdade, o mote do paradigma da proceduralização. A ideia de um controle "repressivo" transporta a ideia de uma racionalidade jurídica que se esgota em si e impõe decisões verticais.

O modelo dialógico, noutro giro, estressa a importância da decisão de inconstitucionalidade como construção coletiva e aprimoramento do ordenamento jurídico em especial tendo por norte a crescente complexidade regulatória e tecnológica que tem desafiado a jurisdição constitucional na pós-modernidade.

O apelo ao legislador pensado no contexto da proceduralização impõe também repensarmos o conceito de *mora legislativa*, objeto do mandado de injunção e da ação direta por omissão, ambas criações da Constituição de 1988. Como é sabido, o controle da omissão inconstitucional é ainda um dos temas mais polêmicos dentro da jurisdição constitucional e talvez um dos menos efetivos de nossa Constituição.

Obviamente, no momento da promulgação da Constituição, a real preocupação era impedir a inércia por completa do Legislativo. Nesse contexto, a maior preocupação era a de criar mecanismos para o enfrentamento de omissões legislativas totais. A grande questão atual das omissões inconstitucionais, contudo, é justamente o enfrentamento das omissões *parciais*, já tratadas no item anterior.

Entendemos que na atual quadra da teoria do direito o conceito de mora legislativa deve ser ressignificado como um espaço proceduralizável, e aqui as três ferramentas (acordo, diálogo e autorregulação) aparecem de forma bastante evidente.

Como se sabe, a ação direta por omissão não é vocacionada a tutelar direitos subjetivos, mas tão somente declarar a mora congressual em realizar, no plano infraconstitucional, a Constituição Federal. Nesse campo, as ferramentas mais adequadas são o diálogo e o acordo em jurisdição constitucional.

É salutar que o Congresso permaneça atento às omissões declaradas pelo STF, e promova sua colmatação da maneira mais célere, até, por vezes, mediante a já mencionada "eficácia prévia".

Não se trata de mera especulação teórica; entendemos que é possível, com o regramento atual brasileiro, permitir uma maior participação do Congresso Nacional na solução das omissões inconstitucionais.

Verificada uma omissão inconstitucional, seria de todo desejável que o Supremo Tribunal Federal, no prazo de informações prevista pela LADIn 6 e 12-E, determinasse a manifestação do Congresso Nacional para que informe sobre propostas em tramitação sobre o tema ou o interesse de qualquer Congressista em propô-la.

Por óbvio, incumbe ao STF a tutela precípua de direitos fundamentais. Isso, contudo, não pode anular a existência do tempo da política, de modo que o Tribunal deve fazer um exercício de autocontenção para analisar, em cada caso, o nível de maturidade das discussões sobre determinado assunto no Congresso.

Além disso, o STF não detém o monopólio dos prognósticos. Podemos facilmente pensar num exemplo em que o Tribunal acredite estar diante de uma situação de inconstitucionalização apta a permitir um *apelo ao legislador* e eventuais informações fornecidas pelo Parlamento demonstrem que, em verdade, o prognóstico mais preciso é outro.

Isso significa dizer que o apelo ao legislador é uma das formas de manter aberto o canal de comunicação Judiciário-Legislativo para reflexão e adaptabilidade das decisões judiciais. Essa característica é crucial para possibilitar à jurisdição constitucional enfrentar e, minimamente decidir/regulamentar temas concernentes às novas tecnologias ou inovações científicas ou questões referentes à responsabilização de provedores e a interação das decisões judiciais com aplicativos.

Introduzir a noção de adaptabilidade consiste em uma das maiores conquistas a serem fornecidas à jurisdição constitucional por permitir a ela exercer atividade para além da decisão, mediante solução e descrição da realidade.

Com a possibilidade de flexibilidade e adaptabilidade, a jurisdição constitucional adquire condição de aprendizado de modo a poder enriquecer cognitivamente e ajustar tanto as prognoses quanto procedimentos de adaptabilidade seja para incorporar novas conquistas tecnológicas ou científicas bem como para corrigir consequências prejudiciais não previstas na decisão/regulamentação inicial.

O apelo ao legislador não deve sempre conduzir a uma mudança legislativa. Por vezes, a própria correção de prognósticos do STF ou o fornecimento de elementos mais concretos acerca do desenrolar de determinada situação fática podem servir para manter a decisão judicial aberta a atualizações e, com isso, fazer o *apelo* cumprir sua função.

Daí conclui-se que a técnica em comento pode também assegurar um padrão de *accountability* no acompanhamento dos resultados do diálogo entre Judiciário e Legislativo.

Na obra monográfica *The Integrity of the Judge*,[957] Johnathan Soeharno convida-nos a fazer a seguinte pergunta: qual é o

957 SOEHARNO, Jonathan. *The Integrity of the Judge: a philosophical inquiry*. Routledge, 2016.

fundamento último da legitimidade das instituições públicas nos atuais Estados democráticos? A resposta simplificada a esta indagação: o caráter dos seus membros. Para que uma autoridade seja aceita como tal, é preciso que se confie nas pessoas que a compõem e que são – afinal – os meios de expressão do poder político.[958]

Aqui, a expressão caráter relaciona-se diretamente com a ideia de *accountability*, ou seja, todo aquele que desempenha uma função pública se vê na obrigação de continuamente prestar contas acerca de seus atos. A exigência dessa confiança nos agentes do Estado e, principalmente, nos juízes, permite definir a integridade como uma norma condicionante do exercício legítimo do Poder Público.[959] Como tal, ela possui caráter dúplice: incide tanto sobre o caráter ou a conduta profissional do juiz, quanto sobre a *accountability* externa da instituição por ele integrada.[960]

O apelo ao legislador demonstra uma predisposição do Judiciário a não solucionar isoladamente os casos complexos submetidos ao seu crivo, bem como permite que o Legislativo – e, por extensão, a sociedade – acompanhem os prognósticos e continuem a auxiliar na eficácia das decisões judiciais mediante informações, regimes de transição ou a "eficácia prévia" da legislação que consolida a jurisprudência.

Considerações finais

Num momento em que o país vive constantes ataques ao STF e em especial aos seus integrantes, é importante que resgatemos o passado. Foi na qualidade de Presidente do Conselho Nacional

---

958 SOEHARNO, Jonathan. *The Integrity of the Judge: a philosophical inquiry*. Routledge, 2016, p. 22.

959 SOEHARNO, Jonathan. *The Integrity of the Judge: a philosophical inquiry*. Routledge, 2016, p. 24.

960 SOEHARNO, Jonathan. *The Integrity of the Judge: a philosophical inquiry*. Routledge, 2016, pp. 24-25.

de Justiça que o Ministro Gilmar Mendes capitaneou o *mutirão carcerário*, cujos resultados culminaram na detecção de uma série de irregularidades e a soltura de milhares de presos encarcerados além do tempo estabelecido em sentença.

Passada mais de uma década, o Min. Gilmar Mendes determinou, em 10.5.2022, a realização de outro mutirão, a ser conduzido pelo Departamento de Monitoramento e Fiscalização Carcerária e do Sistema de Execução de Medidas Socioeducativas (DMF), para que sejam revistas prisões e circunstâncias de encarceramento, e, na maior extensão possível, promover a substituição da prisão preventiva de pais ou responsáveis por crianças menores ou com deficiência pela prisão domiciliar.[961]

Como tantas outras, a decisão descrita no parágrafo anterior não atraiu os holofotes. Nenhum podcast elogioso foi gravado e nenhum livro em defesa dos direitos humanos foi dedicado àquele que passou a ser o maior bode expiatório na Suprema Corte do Brasil.

Nossa homenagem ao Ministro Gilmar Mendes no presente artigo, é bem verdade, tomou a forma de uma discussão eminentemente jurídica: a (re)colocação do *apelo ao legislador* no paradigma da proceduralização.

Essa opção, contudo, nem de longe era a única possível dadas a sua atuação protagonista na tutela dos direitos fundamentais no âmbito do Supremo Tribunal Federal e a quantidade de técnicas arrojadas que nosso homenageado importou e adaptou às exigências da realidade constitucional brasileira.

Soubessem os extremistas algo acerca do real conteúdo da expressão "direitos humanos" ou da importância das técnicas decisórias no âmbito da jurisdição constitucional e nossa homenagem se multiplicaria em subscritores.

---

961 STF, decisão monocrática, HC 165704-DF, rel. Min. Gilmar Mendes, j. 10.5.2022.

Referências bibliográficas

ABBOUD, Georges. *Direito Constitucional Pós-Moderno*, 1ª ed. São Paulo: Revista dos Tribunais, 2021.

ABBOUD, Georges. *Processo Constitucional Brasileiro*, 5ª ed. São Paulo: Revista dos Tribunais, 2021.

ABBOUD, Georges; CAMPOS, Ricardo. A autorregulação regulada como modelo do Direito proceduralizado. Regulação de redes sociais e proceduralização. *In*: ABBOUD, Georges; NERY JUNIOR, Nelson; e CAMPOS, Ricardo (Orgs). *Fake News e Regulação*. 3ª ed. São Paulo: Revista dos Tribunais, 2021.

ABBOUD, Georges; SCAVUZZI, Maira; KROSCHINSKY, Matthäus. Consequencialismo, teoria da decisão e jurisdição constitucional. *In*: *Revista dos Tribunais*, vol. 1038, abril/2022.

LADEUR, Karl-Heinz. Constitucionalism and the State of the "Society of Networks": the design of a new "control project" for a fragmented legal system. *Transnational Legal Theory*, vol. 2, iss. 4, 2011.

LADEUR, Karl-Heinz. *Der Staat gegen die Gesellschaft: Zur Verteidigung der Rationalität der "Privatrechtgesellschaft"*. Hamburgo: Mohr Siebeck Tübigen, 2006.

MENDES, Gilmar Ferreira e BRANCO, Paulo Gustavo Gonet. *Curso de Direito Constitucional*, 13ª ed. São Paulo: Saraiva, 2018.

MENDES, Gilmar Ferreira. O Apelo ao Legislador – Apellentscheidung – na práxis da Corte Constitucional Federal Alemã. *Revista de Informação Legislativa*, vol. 29, n. 114. abr./jun. 1992.

SOEHARNO, Jonathan. *The Integrity of the Judge: a philosophical inquiry*. Routledge, 2016.

NOTAS

NOTAS

NOTAS

NOTAS

NOTAS

NOTAS

A Editora Contracorrente se preocupa com todos os detalhes de suas obras! Aos curiosos, informamos que este livro foi impresso no mês de junho de 2022, em papel Pólen Natural 80g, pela Gráfica Grafilar.